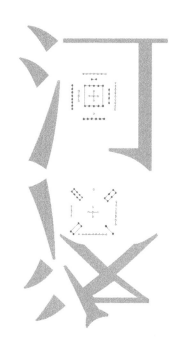

河洛文化研究丛书

河洛文化与闽台文化

杨海中　扈耕田　鲁庆中　著

河南人民出版社

图书在版编目（CIP）数据

河洛文化与闽台文化／杨海中等著．— 郑州：
河南人民出版社，2018.2
（河洛文化研究丛书）
ISBN 978 - 7 - 215 - 11342 - 8

Ⅰ．①河… Ⅱ．①杨… Ⅲ．①文化史—河南—
文集 ②文化史—福建—文集 ③文化史—台湾—文集
Ⅳ．①K296.1 - 53 ②K295.7 - 53 ③K295.8 - 53

中国版本图书馆 CIP 数据核字（2018）第 027223 号

河南人民出版社出版发行
（地址：郑州市经五路 66 号 邮政编码：450002 电话：65788063）
新华书店经销 北京虎彩文化传播有限公司印刷
开本 710 毫米 × 1000 毫米 1/16 印张 30.75
字数 350 千字
2018 年 2 月第 1 版 2018 年 2 月第 1 次印刷

定价：203.00 元

目　　录

导　　言

在世界进入全球化、现代化的历程中,很多国家和民族一方面致力于全球的经济竞争,一方面致力于发展、发掘和利用民族文化,以全面提高国家的综合实力。实践使人们进一步看到和更深刻地体会到民族文化是民族复兴的强大精神支撑,如果缺失了先进的民族文化,一个国家和民族是不可能真正强大与繁荣起来的。

河洛文化是中华民族的核心文化,深入研究河洛文化的丰富内涵与优良传统,弘扬河洛文化的现代性精神,对民族的复兴、国家的统一、国家的富强与国际地位的提高,无不具有非凡的意义。

一

认识一个民族,认识一个国家,了解一个地域、一个群体,没有比从文化切入更能直截了当、更能透视其本质和把握其脉搏的了。

何谓现代意义上的"文化"呢?

教科书上说:文化是人类在社会历史发展过程中所创造的物质财富和精神财富的总和,特指精神财富。

中国的一位哲人说:"一定的文化是一定社会政治和经济在观念形态上的反映。"

近代史上第一个对文化的概念进行描述的人是英国人泰勒。1871年,他在《原始文化》一书中概括说:文化"乃是包括知识、信仰、艺术、道德、法律、习俗和任何人作为一名社会成员而获得的能力和习惯在内的复杂整体"。

由此可知,文化是一种社会现象,同时又是一种历史现象。具体地说,文化是指一个国家、一个民族的历史、地理、传统习俗、风土人情、生活方式、行为规范、文学艺术、思维方式、价值观念、审美情趣等等。

由于人们的经历、职业的不同以及地域的差异,对文化的理解也就千差万别,哲学家、社会学家、人类学家、历史学家、语言学家等各有不同的侧重点,因而也就有各自不同的切入点和不尽相同的结论。

有人从文化的结构和范畴着眼,把文化区分为广义文化和狭义文化两种。

有人从研究的角度把广义文化分为物质文化、制度文化和心理文化三种。三种之下又分若干类。狭义的文化则指人们普遍的社会习惯,如生活方式、行为规范、风俗习惯、衣食住行等。

有人从文化的形态入手,把文化区分为信息类、行为类和成就类。三类之下又分若干方面。

有人认为,文化有文野之别,于是将文化区分为高级文化、大众文化和深层文化三个不同的层次。不同的层次又有不同的内容。

由此可知,文化是一个非常广泛的概念,要想得到一个统一的、严格的、精确的定义,看来是十分困难的。

然而,历史的生活比书本更理性、更定格、更绚烂多彩。历史上的河洛文化及其在闽台的传承,造就了中华民族灿烂辉煌的昨天。

现实的生活比书本更丰富、更鲜活、更富有情趣。半个多世纪以来大陆翻天覆地的变化及台湾经济的快速发展,使人们看到更新的愿景和更加美好的明天。

本书所讨论的是河洛文化、闽台文化之间的关系及其对民族复兴的影响。作者深信,河洛文化与闽台文化虽然有着源与流的深远关系,但若从对民族复兴的意义之角度而论,二者同等重要的促进与支撑作用则是不可能再区分彼与此的。

二

2005 年 4 月 29 日,中国国民党主席连战先生怀着崇敬的心情走进了母亲赵兰坤女士年轻时就读过的北京大学。他向师生发表了热情的演讲。他深情地说："在台湾，我们有原住民，有客家人，我们大多是'河洛郎'。"

这里所说的"河洛"，即中原河洛地区。"河"指黄河，"洛"指洛河。

河洛郎"根在河洛"！

黄河出青藏高原，以其巨大的力量每年裹挟着黄土高原近20亿吨的泥沙奔腾而下，从而造就了中下游一片片肥沃的谷地和广阔无垠的大平原。

源于华山之阳的洛河，在豫西流经数县后于洛阳与伊河交汇，至巩义境，向北穿越邙山，注入黄河。

洛河与黄河交汇形成了一个巨大的夹角。

河洛地区即指这一夹角内外以嵩山、洛阳为中心的四邻地区，其范围大致相当于今洛阳市辖区及其与周边接壤的部分地区。

我们的先人认为，河洛地区为"天下之中"，因而三千年前就称其为"中国"。

司马迁在《史记·封禅书》中说："昔三代之居，皆在河洛之间。"在《史记·货殖列传》中又说："昔唐人都河东，殷人都河内，周人都河南。夫三河在天下之中，若鼎足，王者所更居也，建国各数百千岁。"这里说的"天下之中"，范围相当明确，它涵盖了"三河"所辖之全部，即指以洛阳为中心的河南及晋南一带。

"天下之中"的说法，一方面反映了当时人们对宇宙的看法，认为洛阳一带是大地的中心；另一方面，就社会政治、经济发展情况而言，认为在这里建国家的政治中心，更有利于国家对各地区的统治与控制。这一点，司马迁在《史记·刘敬传》中记述成王东迁原因时说得更为明白："成王即位，周公之属傅相焉，乃营成周雒邑，以此为天下之中也，诸侯四方纳贡职，道里均矣。"

那么，不言而喻，广义的河洛地区范围则更大些，不仅包括"三河"，从文化圈角度来说，还应包括西至豫陕交界，南达颍水、汝河，东至开封、淮泗，北逾黄河到晋南、豫北这一广大地区。

这里是一片无垠而古老的沃土！

这里是一座神奇而广阔的舞台！

考古学家在这里发现了裴李岗文化、仰韶文化、河南龙山文化、二里头文化！

中国七八千年前，五六千年前，三四千前的历史在这里得到了凿凿印证！

夏都阳城，殷都于亳，中国最早的两个王朝建立在河洛地区。

　　洛阳自周代移都于此后,在漫长的封建社会中,还曾为东汉、曹魏、西晋、北魏、隋、唐、后梁、后唐、后晋等朝之都。

　　开封在战国时即为魏国之都,五代时又为梁、晋、汉、周之都,宋统一中国后仍以其为都,之后成为金朝之都。

　　就这样,中国历史上的八大古都,位于"天下之中"的便有其四:郑州、安阳、洛阳、开封。

　　所谓"河洛文化",就是指:在河洛这块土地上,导源于远古,产生于夏商,成熟于周,发达于汉魏唐宋,传承于其后历代的文化,它既包括以农耕经济为中心的物质文明,也包括由此产生的政治、经济、习俗、心理在内的政治文明和精神文明。

　　河洛文化渊源深远。北京大学教授汤一介《"河洛文化"小议》中说:黄河出现龙图,洛水出现龟书,于是黄帝效法"河图"作"八卦",夏禹效法"洛书"作"九畴"。河洛文化肇始于此。

　　河洛文化博大精深。河南大学教授朱绍侯指出:简言之,河洛文化应是产生于河洛地区的,包括原始社会的彩陶文化(仰韶文化)和河南黑陶文化以及神秘而代表河洛人智慧的"河图"、"洛书";还应包括夏商周三代的史官文化,及集夏商周文化大成的周公制礼作乐制度;还应包括综合儒、道、法、兵、农、阴阳五行各家学说而形成的汉代经学、魏晋文学、宋明理学以及与儒道思想互相融合的佛家文化等等,以上各种文化的总和就是河洛文化。

　　历史表明,河洛文化孕育了华夏文明,河洛文化是中华民族的核心文化,是中国传统文化的主体。河洛文化以其强大的生命力、辐射力、同化力以及它的根源性、厚重性、融合性,充分反映了中华民族文化的宏博与精深。不言而喻,河洛文化代表了中华文化。

三

　　为了说明河洛文化与闽台文化的渊源关系,本书侧重探讨了中原汉人的南迁及客家民系的形成,探讨了河洛光州固始人陈元光的开漳及王审知等对闽地发展的贡献。

以河洛为中心的黄河中游地区,是一片广袤的膏腴之地,历史上,这里长期以来既是政治核心区,也是农业、手工业和贸易最发达经济核心区,加之军事上的重要地位——"得中原者得天下",故又是历来兵家必争之地。

战争是血与火的洗礼,兵燹之乱使河洛地区饱受苦难。

据文献记载,由于政治的动乱和战争,加之自然灾害,从汉代末年起,中原汉人就不断地逃离故土,向南方播迁,规模较大的就有七、八次之多,其中最有影响的是西晋末年的"永嘉之乱",唐代的"安史之乱"、黄巢举义及唐朝末年军事上的入闽靖边,北宋的"靖康之变"以及蒙元、清南进时期。

福建古称"闽",其名源自当地土著部落居民为闽人。闽地十分辽阔,除今福建全境外,南至今广东的梅、潮,北至今浙江的温、台,西则涉及赣南个别地方。闽地虽处蛮荒,但其北部与中原联系甚多,著名的越王勾践即自称为夏禹的后裔,具有河洛的文化传统与民族意识。越亡于楚后,越人南下闽中,河洛文化从此深入闽地。秦统一中国后,设立闽中郡,今之福建省域基本形成于那个时候。

大批中原汉人的南迁,在中国南方形成了一个特殊群体——客家民系。赣南、闽西、闽南、岭南的客家人至今在语言、习俗、宗亲、教育、伦理、礼仪等方面还保留着中原文化的特色,有的已历千载而沿袭如初。

客家民系的形成是一个漫长的过程,从一个自在的群体逐渐演化成为一个自觉的群体,从时间上看,元代之前是客家形成的孕育期,明代是客家形成的成熟期。

作为一个独具特色的客家民系,客家人也有自己独具特色的客家文化。客家文化的核心是河洛文化,因而可以说,客家文化实质上是河洛文化的亚文化。

台湾自古就与大陆联系密切,宋代即有闽南人移居台湾,之后连续不断,尤其是16、17世纪,闽、粤人开始大规模地进入台湾。明末清初流向台湾的汉人大多是闽南漳泉及粤东潮梅等沿海一带人,但移民中之大部分是由原河洛地区南迁的客家人。一项调查表明,闽南、台湾汉人中陈、林、黄、郑四大姓占总人口的一半以上,故有"陈林满天下,黄郑排满街"和"陈林半天下,黄张排成山"之谚语流行。而且在这些大姓的族谱上,都明白无误地标明其祖先为河洛人。这一现象的出现,和唐初陈政率58姓中原子弟入闽戍边与王潮、王审知率数万农民义军转战江淮,之后入闽并在闽掌握政权数十年是分不开的。客家人、闽南人来自中原,虽然也包括今河南周边一些地区,但主要是河南,因而国学大师章太炎在《客方言序》中非常肯定地说:"客家大抵来自河南。"

闽南文化和客家文化虽然同源于河洛文化,但相对河洛文化大陆性特点而言,闽南和客家文化的海洋性开放性特征更为浓重,因而闽南人、客家人的开拓精神、重商意识也更加突出和鲜明,闽南人、客家人对台湾的开发,则是这种精神最伟大的凸显,也是中华民族精神不断丰富与发展的生动体现。

大陆性文化与海洋性文化的结合,使得河洛文化得到了升华,使得中华传统文化焕发出了新的活力。20世纪七八十年代台湾经济的起飞,之后一直到今天大陆改革开放促使经济的快速发展,引发了世人深深地思考——中国经济与综合实力的增强,中华民族的复兴,作为其背后的思想根源,传统文化的作用到底有多大?

这不禁使人想起了20多年前的一件事。

1988年1月,世界75位诺贝尔奖获得者和一些科学家在巴黎开会,会议结束后,1月24日,澳大利亚《堪培拉时报》有一篇发自巴黎的报道,题目为《诺贝尔奖获得者说要汲取孔子的智慧》。这篇报道的第一句是:"诺贝尔奖获得者建议,人类要生存下去,就必须回到25个世纪以前,去汲取孔子的智慧。"文章说:上述结论是"上周在巴黎召开的主题为'面向21世纪'的第一届诺贝尔奖获得者国际大会上,参会者经过四天的讨论得出的结论之一。"还说,"要汲取孔子的智慧"这句话,出自与会的瑞典物理学家汉内斯·阿尔文博士,他是一位等离子物理学家,一直致力于空间研究,1970年获得诺贝尔物理学奖。他的话得到了科学家的认可,成为会议的16个结论之一。

这里所说的"孔子的智慧",不言而喻,即以儒学为核心的中华传统文化的精华,如主张天人合一,重视自然秩序,推天道以明人事,治世要崇德重才,以人为本,民族之间要相互尊重,世界大同,人际间要仁爱诚信,"己所不欲,勿施于人"等。

诺贝尔奖获得者的结论以及亚洲尤其中国现代化的事实,无可争辩地说明:在现代文明高度发达的今天,人们终于打破了现代世界的文明仅限于欧洲文明单一典范的狭窄思维模式,认识到文化也是相对的,"现代化"不等于"西欧化"。

在现代文明高度发达的今天,西方人终于理解了早在17、18世纪法国历史哲学家维柯(1668—1744)和德国历史哲学家赫尔德(1744—1803)提出的"多元文化论",即"每一民族都有其自己的独特文化",由于它们"绝非出于一元","尤其不能以欧洲文化为衡量其他文化的普遍准则"。赫尔德特别强调,"中国文化的形成与中国人的民族性有关,其他民族如果处于中国古代的地理和气候的环境中,则不一定会创造出中国文化"(转引自余英时《内在超越之路》)。

在现代文明高度发达的今天,人们终于认识到,"现代化"与"民族传统"并非是绝对对立的,民族传统文化应通过扬弃,使其富有价值和生命力的东西与现代文化结合起来,并在创造现代化的过程中得到弘扬和发展。这一点,大陆 60 年来的经济发展、文化进步、政治稳定是其最好的证明;海峡两岸关系的发展与交流也是最好的证明;台湾经济的崛起、科技的飞跃也是最好的证明。

河洛文化作为中华民族文化的核心文化、根文化,在世界现代化进程中必将会更好地与一切先进的文化相结合,为中华民族的伟大振兴作出应有的贡献。这也是我们今天致力于河洛文化、闽台文化研究的意义所在。

主要参考资料:

1. 白寿彝《中国通史》,上海人民出版社,1999 年 4 月。

2. 余英时《内在超越之路——余英时新儒学论著辑要》,中国广播电视出版社,1992 年 5 月。

3. 陈义初主编《根在河洛》,大象出版社,2004 年 10 月。

第一章 河洛人南迁与客家民系的形成

早在夏商时期,中原汉人就有通闽越者,最著名的例子可能就是越王勾践了,他自称其先祖是禹的后裔,因而一直十分向往中原天朝。秦始皇统一天下后,在闽地设闽中郡,虽无实际建制,但也足以显示始皇帝天恩浩荡了。至汉代,国家的实力已达闽粤。西晋以后,由于战争、动乱和灾荒等原因,中原汉人更是不断向南方播迁,规模较大的就有七八次之多。

历史上中原汉人的南迁,虽然伴随着许多的血水和泪水,但无疑,北方人口的大量南徙,不仅促进了南方生产力的发展、社会的进步,更促进了民族的融合和国家的统一与强大。尤其客家民系的产生与形成,则为中华民族悠久灿烂的文化增添了更加丰富的内容和绚丽的色彩。

第一节 一次又一次的苦难之旅

著名客家问题研究专家罗香林在《客家源流考》中说,客家人是由中原汉人南迁形成的,并指出,最重要的南迁有五次:一是西晋时五胡乱华,二是唐末黄巢事变,三是金人南侵北宋灭亡,四是明末满人南下,五是太平天国前后。罗先生认为客家人的形成在宋元时期,但他又将明朝以后汉人南迁也列入客家人的形成过程之内,无形中他犯了一个二元背反的错误。中原人口大规模的南迁并对客家的形成起到重大作用是在元、明之前,其中最重要的几次是西晋的"永嘉之乱",唐代的"安史之乱"、"黄巢起义"、"平定蛮獠啸乱"以及北宋的"靖康之变"和南宋末年百姓避蒙元入侵而南下。

一、永嘉流亡

周时,我国西北方的少数民族就已崛起。周平王为避犬戎之祸,在经过大臣们反复讨论之后才下决心迁都洛邑的。从周至汉,北方胡狄虽不断对汉人进行骚扰,但尚无力占领中原。草原文化哺育出来的强悍民族正式入主中原,西晋时首开先河。

西汉后期,生活在我国西部及北部的匈奴、鲜卑、羯、氐、羌等少数民族开始不断地向南迁居,汉王朝之所以不予驱逐,重要原因之一是:身体强健的少数民族男子成了汉王朝不断的兵力来源。史载,汉文帝时,晁错就力主用重赏厚酬招胡民实边;宣帝主张和亲,曾纳呼韩邪"保塞内附";光武帝时还徙数万南匈奴人居西河;东汉末年,在曹操主持下,把降伏的匈奴分为五部,南下居汾水流域。正由于此,至西晋时,"西北诸郡皆为戎居"。在汉、胡杂居的过程中,胡人大量地接触了汉文化,并不断地被同化。但在胡汉文化交融中,也不断地迸发出火花,相互之间发生抢掠与格杀。

西晋初年,关中百姓中胡人将近半数,居于渭水、泾水流域,加之晋中胡人,实际上已对首都洛阳形成弧状包围圈。

朝廷已察觉胡汉矛盾可能会爆发危机,对此,朝廷内部议论纷纷。

武帝时,侍御史郭钦上《徙戎疏》指出:"戎氏强犷,历古为患。西北诸郡皆为戎居,今虽服从,若百年之后有风尘之警,胡骑自平阳、上党不三日而至孟津,北地、西河、太原、冯翊、安定、上郡,尽为敌庭矣。"[①]为尽早消除隐患,应用武力将他们强行迁回漠北,迁到大草原上。郭钦劝武帝不要再让胡人实边,并力主实边必须汉人。武帝听后不仅不以为然,反而仍坚持接受匈奴归附,继续重用胡人,如以刘渊为北部都尉,留下了无法铲除的后患。

惠帝时,陈留人江统为江阴令,《晋书·江统传》说:"时关陇屡为氐羌所扰,孟观西讨,自擒氐帅齐万年。统深惟四夷乱华,宜杜其萌,乃作《徙戎论》。"他认为,"非我族类,其心必异;戎狄志态,不与华同",因此,应徙戎于塞外,并采取民族分隔措施,方可解晋长远之忧。他主张应以"戎晋不杂"为基本国策,"戎晋不

---

① 《晋书》卷97《北狄·匈奴传》,中华书局1974年。

杂,并得其所,上合往古即叙之义,下为盛世永久之规"①。他历数春秋以来胡汉杂居之教训,强调一定要行《春秋》"内诸夏而外夷狄"之义,否则,晋室岌岌可危。惠帝以为其言过其实,不甚理会。

以后,"徙戎"之议虽仍不断,但最高统治者不是不以为然,就是犹豫不决:不实施则必坐观其乱;实施则又无力量,弄不好,反而会促成动乱!

无法实施的另一个原因是统治阶级内部矛盾重重,为争夺中央最高权力而相互残杀和争斗,以至于发生了"八王之乱"。权力核心之人犹自身难保,何暇再顾一致御敌!

晋武帝为确保其家族利益,大封宗室诸嫡亲子弟,前后将27人册封为王,以为屏藩。

卷入"八王之乱"者为汝南王司马亮、楚王司马玮、赵王司马伦、齐王司马同、长沙王司马乂、成都王司马颖、河间王司马颙、东海王司马越。

太熙元年(290),晋武帝为使白痴儿子能继位(更为了使聪明过人的皇孙司马遹将来能为帝),临终时授命杨皇后之父、车骑将军杨骏为太傅、大都督,掌管朝政。但杨骏并非德高望重之人,而是个无能之辈,《晋书·杨骏传》载"素无美望",执权柄后,"为政严碎,愎谏自用,不允众心","又多树亲党,皆领禁兵。于是公室怨望,天下愤然矣"。②

皇后贾南风对大权落入杨氏之手不满,第二年,就与楚王司马玮合谋,发动禁军杀死了杨骏,但不料大权又落在汝南王司马亮及元老卫瓘手中。贾后于心不甘,当年六月,一面使楚王司马玮杀死司马亮,一面又诬楚王是矫命妄为,将其处死。

贾后当权大树党羽,并急不可耐地于元康九年(299)废掉愍怀太子司马遹,又于第二年三月将其杀害。诸王对此极为愤恨,在太子遇害不到一个月时,赵王以统领禁军之便,于永康元年(300)四月,联合齐王诛杀了贾后。

永宁元年(301),私欲膨胀的赵王竟冒天下之大不韪,废帝自立。赵王的篡位,激起了天下的公愤。镇守许昌的齐王第一个举起义旗,发兵讨伐,镇守邺都

---

① 《晋书》卷56《江统传》,中华书局1974年。
② 《晋书》卷40《杨骏传》,中华书局,1974年。

的成都王、镇守关中的河间王立即响应,在禁军将领王舆的支持下,众人杀掉了赵王,迎惠帝复位,齐王入京辅政。

齐王司马同专权后,为巩固自己的地位,大肆任用亲信,引起河间王的不满,第二年,河间王从关中发兵讨齐王。时在洛城中的长沙王见时机成熟,一举人宫杀死了齐王,攫取了中央大权。

河间王不甘心大权旁落于长沙王,太安二年(303)又联合成都王讨伐长沙王。双方分别从关中和洛东以7万和20万的兵力夹击洛阳,但屡被长沙王击败。二人见硬攻不行,便秘密联络在城中的东海王司马越,利用禁卫军擒杀长沙王。成都王因讨长沙王有功,以丞相之职专政。东海王对此极为不满,曾挟帝统兵至邺伐成都王,以兵力不支而失败,仓皇逃回山东封地。河间王则趁帝在邺之机占领了洛阳。

东海王之弟、并州刺史司马腾见其兄失利,便联合幽州刺史王浚一起攻邺都。成都王见势不妙,便率众人挟帝投洛阳,之后转长安。在封地的东海王见形势大变,即统兵西下,大败河间王,光熙元年(306)迎帝回洛阳,之后又连败成都王、河间王并杀死二王。同年十一月,东海王毒死惠帝,另立惠帝之弟、豫章王司马炽为怀帝,晋室大权从此落入东海王司马越之手,八王之乱至此才告终结。

"八王之乱"历时16年(291—306)之久,占整个西晋王朝51年的近三分之一。16年间,从宫廷政变演化为大规模的军事屠杀,"司马氏骨肉相残,四海鼎沸"①,一座座的城镇被劫掠,一片片乡村被焚烧,生产遭到了严重破坏,十多万无辜百姓生灵涂炭,更多人则死于流离失所。

其间,一些手握重权的匈奴贵族无时不在虎视眈眈地在觊觎中原,等待可行之机。

"八王之乱"为早就蓄势待发的异族强者创造了"革命"的温床。

匈奴人刘渊,其祖父为南匈奴单于,其父为匈奴左部帅。武帝时,刘渊为晋北部都尉,惠帝时又升为建威将军、五部大都督,还被封为汉光乡侯。

"八王之乱"使晋王朝丧失元气。永兴元年(304),刘渊认为时机已到,在左国城(今山西离石)起兵反晋,并自称"汉王",永嘉二年(308)又正式称帝。四年

① 《晋书》卷101《刘元海载记》,中华书局,1974年。

刘渊死,其子刘聪继位。匈奴人兵强马壮,南侵并屡屡得胜,大军在部将石勒统领下,曾在苦县平城(今河南鹿邑西南)歼晋十万大军。

永嘉五年(311),刘曜率兵攻入洛阳,俘怀帝,史称"永嘉之乱"。《晋书·刘聪载记》记:胡人"纵兵大掠,悉收宫人珍宝,曜于是害诸王公及百官以下三万余人"。这里说的"王公",包括位居三公的王衍、王戎、乐广等人。《晋书·王衍传》载,太尉王衍被杀前似对晋室内乱、清谈误国有所觉悟:"将死,顾而言曰:呜呼!吾曹虽不如古人,向若不祖尚浮虚,以戮力匡天下,犹不至今日!"不久,怀帝被杀。

关于西晋的衰亡,教训很多,《晋书》概括曰:"难起萧墙,骨肉相残……友属肇其祸端,戎羯乘其间隙",可谓一言中的。①

永嘉之乱,造成了我国历史上第一次大规模的人口南播。《资治通鉴》载:"时海内大乱,独江东差安。"②《晋书·慕容廆载记》:"自永嘉丧乱,百姓流亡,中原萧条,千里无烟,饥寒流陨,相继沟壑。"《晋书·王导传》:"洛京倾覆,中州仕女避乱江左者十六七。"

永嘉南播移民大致有三个流向:一支是陕西、甘肃及部分山西人,称作"秦雍流人",主要拥向洞庭湖流域。一支是河南及部分河北人,称作"司豫流人",主要拥向鄱阳湖流域;另一支是山东及安徽、江苏北部人,称作"青徐流人",主要拥向太湖流域。

据史家推算,此次中原汉人南下大约有80万到100万人。

二、天宝胡沙

在唐代历史上,玄宗李隆基可谓是一位十分有作为的皇帝。当时的大唐帝国,不仅疆域广大,国力强盛,而且文化发达,国泰民安,到处是一派繁荣景象。继"贞观之治"后,开元盛世屡屡为史家所赞,杜甫的《忆昔》是当时物阜民丰、太平景象最生动而简洁的写照:

---

① 《资治通鉴》卷87《晋纪九》,中华书局,1975年。
② 《晋书》卷59《八王列传》,中华书局,1974年。

忆昔开元全盛日,小邑犹藏万家室。稻米流脂粟米白,公私仓廪俱丰实!

但有谁能料到,玄宗晚年竟发生了"安史之乱",一代英主不得不仓皇出逃,不仅国不能保,就连陪伴自己半生的一个女子也无法幸免于兵士哗变,大唐从此一蹶不振!

天宝十四年(755)十一月甲子日,也即公元755年12月16日,一个在中国历史上永远不会消失的日子。

这一天,出身于营州柳城杂种胡(一说为粟特族),身为大唐范阳、平卢、河东三镇节度使的安禄山,在史思明的陪同下,于凛冽的寒风中登上范阳的一座土台,凭着手中十五万兵力,沙哑着嗓子高叫:拿下长安!

"渔阳鼙鼓动地来,惊破霓裳羽衣曲!"

安禄山一路南下,势如破竹,不足两月,攻陷了洛阳。之后,叛军又挥师关中,大破潼关,生俘唐将哥舒翰,直指长安。长安一片混乱,玄宗仅带亲随军士一千余人,不顾六月之炎热,西逃而去。行至马嵬驿,禁军驻马,大喊不处死杨国忠、杨玉环誓不向前。玄宗无奈,只好听任杀死杨国忠,忍痛命缢死杨贵妃。受命于危难的太子李亨,连举行一个简单的即位仪式也来不及,七月,率众逃至宁夏的灵武之后方正式登极,是为肃宗。

为平息安史之乱,朝廷起用了能征善战的郭子仪、李光弼等人为将。至德二年(757)九月,长安收复,接着又收复了东都洛阳。由于叛军内讧,至德二年(757)正月,安禄山被其子安庆绪所杀,乾元二年(759)春,史思明又乘援邺之机杀死了安庆绪,上元元年(760),史思明南下攻占洛阳,次年二月被其子史朝义所杀。宝应元年(762)十月,官军收复洛阳,盘踞在洛阳的史朝义立即北逃老巢范阳。广德元年(763)正月,途至广阳(今北京房山东北)时,由于众叛亲离,走投无路,史朝义仰天长叹数声,垂泪自缢。

史朝义自尽后,叛军无首,在强大的官军追剿面前纷纷投降,历时八年的动乱方完全平定。

安史之乱实为一场浩劫,使北方大片良田和城镇化为焦土。《旧唐书》有一段真切的描述:"东周之地,久陷贼中,宫室焚烧,十不存一。百曹荒废,曾无尺橡。中间畿内,不满千户,井邑榛荆,豺狼站嗥。既乏军储,又鲜人力。东至郑、汴,达于徐方,北自覃、怀,经于相土,为人烟断绝,千里萧条。"①饱经动乱辛酸的"诗圣"杜甫不仅写出了"三吏"、"三别"等大量的"史诗",记述社会的动荡、山河的破败、人民的疾苦,同时也记述自己颠沛流离、九死一生之经历。《无家别》一诗所记,恰与《忆昔》形成鲜明的对照:

> 寂寞天宝后,园庐但蒿藜。我里百余家,世乱各东西。存者无消息,死者为尘泥。

《全唐文》所载代宗《缘汴河置防援诏多有资贼,漕运商旅,不免艰虞》称:"自东都至淮泗,缘汴河州县,自经寇难,百姓凋残,地阔人稀。"②

昔日的大好河山已是满目疮痍,昔日鸡犬相闻的村庄,如今是一片萧条。

为了避难,当时许多人逃到了南方。正如诗人郎士元《盖少府新除江南尉问风俗》所说:"避地衣冠尽向南。"这里所说的"南",即淮河、汉水、长江之南。

《旧唐书·权德舆传》载,"两京蹂于胡骑,士君子多以家渡江东"。韩愈《考功员外卢君墓铭》说:"当是时,中国新去乱,士多避处江淮间,尝为显官得名声以老故自认者,以千百数。"顾况《送宜歙李衙推八郎使东都序》:"天宝末,安禄山反,天子去蜀,多士奔吴为人海。"

李白在《永王东巡歌》中将此次北方离乱类比为又一次永嘉之乱:"三川北虏乱如麻,四海南奔似永嘉。"他在《为宋中丞请都金陵表》中说:"天下衣冠士庶避地东吴,永嘉南迁,未盛于此。"两京破坏惨重,洛阳尤甚。李白《扶风豪士歌》曾说到遭到洗劫后的情况:"洛阳三月飞胡沙,洛阳城中人怨嗟。天津流水波赤血,白骨相撑如乱麻。我亦东奔向吴国,浮云四塞道路赊。"从这场灾难中走出的诗人钱起,当他再次到洛阳时,荒芜的故都使他感到痛苦和悲凉,他强忍悲愤写下了《过故洛城》:"故城门外春日斜,故城门里无人家。市朝欲认不知处,漠漠野田空草花。"

---

① 《旧唐书》卷 120,《郭子仪传》,中华书局,1975 年。
② 《全唐文》卷 46,上海古籍出版社,1990 年。

"安史之乱"造成的南迁人口虽无确凿记载,但一时间人口骤增,使得南方一些号称鱼米之乡的地方也无法承受,足见人数之巨。《全唐文》中梁肃《吴县令厅壁记》载:"自京口南,被于浙河,望县十数,而吴为大。国家当上元之际,中夏多难,衣冠南避,寓于此土,参编户之一。"①

拥入的人数竟占了吴县人口的三分之一!有没有比例更大者,不可而知。吴县为唐代苏州治所,据《元和郡县图志》载,天宝时有约 68093 户。如以每户 4.5 人计,为 306418 人,三分之一也就超过了 100000 人!正由于此,元和年间达到了 100808 户,增长了 32%。梁肃所记是可信的,其本人为陇之安定(今属甘肃泾川县)人,曾游于长安。《全唐文》收有他的《过旧园赋》,文中说:"余行年十八,岁当上元辛丑,盗人洛阳,三河间大涂炭,因窜身东下,旅于吴越,转徙厄难之中者垂二十年。"②他是"安史之乱"的逃难者、目击者、见证者!

这仅仅是吴县一地!周边和其他一些地方又怎么样呢?

中原衣冠南渡除吴越外还有荆湘、西蜀各地,那里去了多少人呢?

《旧唐书·地理志》载:"自至德后,中原多故,襄邓百姓,两京衣冠,尽投江湘,故荆南井邑,十倍其初。"③这里人口增加了十倍!

高适《请罢东川节度使疏》载:"关中米贵,而衣冠士庶颇亦出城,山南、剑南、道路相望。村坊市肆,与蜀人杂居,其升合斗储,皆求于蜀人矣。"④这里是道路上川流不息,市肆中争求米粟!

《元和郡县志》中有唐开元(713—741)及元和(806—820)两个时期的户数统计。以"安史之乱"的重灾区中原为例,可知其对社会的破坏是多么严重。开元时,河南府、怀州、滑州、郑州、汴州、许州、颍州、汝州、宋州、陈州等十地,共有人口为 640791 户,元和时为 96895 户,锐减了 75%。其中尤其陈州、宋州,下降幅度更大。陈州由 52692 户减为 4038 户,减幅为 92%;宋州由 103000 户减为 5200 户,减幅达 95%。

若以中原的十州与江南的歙州、宣州、婺州、润州、苏州、常州、湖州、杭州、越

---

① 《全唐文》卷 519,上海古籍出版社,1990 年。
② 《全唐文》卷 517,上海古籍出版社,1990 年。
③ 《旧唐书》卷 43,《地理志二·荆州江陵府》。中华书局,1975 年。
④ 《全唐文》卷 357,上海古籍出版社,1990 年。

州、睦州等十州相比,情况就会更为明显。开元时北方十州为640791户,江南十州为783359户,南方虽然超过北方,但北方仍是南方的81.8%。元和时南方十州人口也有所减,为457597户,而北方十州仅为96895户,仅为南方的21.1%。

"安史之乱"造成北方的人口既减又迁,就其南播而言,是中国历史上规模最大的一次。据史家推算,当在100万以上,改变了人口分布以黄河流域为重心的基本格局。

三、乾符南逃

"安史之乱"是唐代历史发展的一个拐点:盛唐景象不再,国家从此一蹶不振。

咸通十四年(873)十月,暗弱无能的唐懿宗病逝,其子李儇即位,是为僖宗,改元乾符。面对国力日衰的唐帝国,僖宗不仅不忧,反而比当太子时更沉湎于声色之中。

当年,黄河流域遭受数月的严重干旱,有粮仓之称的河南、河北、山东等地大片大片的麦子枯死,收成仅有四五成左右。由于秋作物无法播种,秋季则完全绝收。

赤地千里! 饥民的救命之物只有树叶、树皮和野草! 国库亏空300万贯!

毫无恤民之心的李儇不仅赋税不减,而且又增加了徭役。

乾符元年(874)七月,王仙芝在长垣(今属河南)聚集三千余人举行起义,自称"天补平均大将军兼海内诸豪都统",号召人民起来推翻昏暗的唐帝国。第二年夏天,盐枭黄巢在曹州冤句(今属山东曹县)率数千人响应。王仙芝东进攻占濮州、曹州后,两军会合,无家可归的农民纷纷加入义军,队伍很快发展到近十万人。为壮大力量,黄巢将义军转战的地域确定为山东、河南和湖北。由于义军斗志昂扬,一路所向披靡,攻城略地,势如破竹。其间,在朝廷许以高官的诱降下,王仙芝曾一度动摇,878年2月,义军被官军击败,仙芝遭到杀害。

王仙芝死后,王黄两部合二为一,推举黄巢为统帅,号"冲天大将军"。

黄巢是位有谋略的军事家,为扩大影响,积蓄力量,他坚持仍不围攻长安的战略,率众继续南下。大军在淮河南北站稳之后,他又不失时机地指挥各部渡过长江,接连攻下虔州、吉州、饶州、信州和福州。879年10月,义军又夺取了南方重镇广州。11月,黄巢集主力于桂州(今广西桂林)后,决定沿湘江北进,不久,即攻克永州、衡州和潭州,之后又乘势攻下鄂州。

义军连克数省,威震天下,长安朝廷十分惊恐,急忙调兵遣将,布置沿江设防。880年,黄巢以奇兵突破长江、淮河防线,并直取东都洛阳。年底,经过激战,又占领了长安的东大门——潼关,广明二年(881)一月,僖宗效法先祖玄宗,仓皇逃出长安奔往成都。义军当天攻下长安,一月十六日,黄巢自称皇帝,改国号为"大齐"。

登上皇帝宝座、陶醉于胜利之中的黄巢过高地估计了自己的势力,过低地估计了唐帝国的实力,既未及时肃清敌对的残余武装,也未能建立起巩固的根据地。富有经验的唐朝统治者在喘过一口气后,迅速组织各地武装力量,并联络西北沙陀、党项贵族武装力量向长安进行反扑。883年,陷于唐军包围之中的黄巢看到形势危急,大势已去,难以坚持,便匆忙率军退出长安。884年6月,义军退回山东,在莱芜遭到官兵的围击,虎狼谷一战,义军损失惨重,无数将士阵亡,黄巢亦为其部将所杀。

军队几十万、转战十几省、两渡黄河、四渡长江、持续十余年的一场空前壮烈的农民起义以失败而告终。

波澜壮阔的黄巢起义,一方面动摇了唐王朝的统治,另一方面,有流寇之习的义军所到之处,劫掠财货、滥杀无辜(按《旧唐书·黄巢传》有"贼俘人而食,日杀数千"的记载,《新唐书》也有同样记载),也造成了河洛一带兵火连年,各方面受到极大的破坏。鉴于前代经验,中原士民不堪痛苦,迅即再次流向东南。此次中原汉人南播,多聚赣闽粤交界处,尤其以入闽者居多。现所见福建各姓氏家谱所记,很多都称其先祖为僖宗时避难来闽。如谢氏,福建惠安东园上仑《谢氏族谱》、南安东门《谢氏族谱》和台湾《万兴户谢氏家谱》均称其祖上为避黄巢之乱,分别从河南到了闽县、晋江、惠安和宁化石壁。

北人南渡,使福建人口激增。漳、汀、泉、福、建五州最为典型。据《元和郡县图志》(卷36)记载,唐元和年间(806—820),上述五地人口户数分别为1343、2618、35571、19455和15410户。据《太平寰宇记》(卷100)所记,至宋太平兴国年间(976—84),分别增长至24007、24007、76581、94475和90492户。从中可以看出,最高增长17.7倍,最少增长2.1倍,平均增长7.9倍。

四、靖康之难

谈到中国历史上的王朝,大多人都认为汉、唐时期最为辉煌,并能历数具有雄才大略的汉武帝、唐太宗、唐玄宗,出现过"文景之治"、"贞观之治"、"开元盛世"等。

谈到大宋朝,多数人以为它是一个弱国。

其实,宋朝在中国历史上也是很辉煌的,有许多可圈可点之处。让我们看几个数字并作些简单的比较。

就国祚而言,汉代居第一,达 410 年,居第二位的就是宋代,共 319 年。

宋代天禧五年(1021),耕地面积达到了 524 万多公顷,比繁盛的唐代 337 万多公顷增加了近二百万公顷。

北宋时财政收入平均每年为 8000 万—9000 万贯文,最高达 16000 万贯文,是明代张居正改革年间的 10 倍,比 600 年后版图极大的清朝还要多!

宋代的工商业十分发达,为国家财政收入的主要来源。熙宁十年(1077),财政总收入为 7070 万贯,其中农业税为 2162 万贯,占 30%,工商税为 4911 万贯,占 70%。这是中国历史上第一次工商税收超过了农业税收。

就文化发达程度而言,唐代最盛,其次即宋,不仅是城市文化,最让人自豪的是四大发明中有三项是在宋代,并在宋代得到了广泛的应用。

就思想而言,宋代是最具改革性的一个时期。如王安石变法,政治上的意义姑不论,在经济上,实际上就是要用国家调控手段促进农业、手工业和商业的发展。王安石变法在 11 世纪 60 年代,凯恩斯提出的调整宏观需求理论在 20 世纪 30 年代,王安石早于凯恩斯 850 多年!

由于工商业的发达,大大促进了城市的发展,10 万户以上的城市由唐代的十多个增加到 50 个,汴京超过了 100 万,临安在 120 万以上(此前世界上过百万的城市只有长安、洛阳、金陵)。

工商业的发达也促进了金融业的发展,宋真宗时,成都等一些城市已使用纸币"交子",且出现了银行信用,这在世界上是第一次。

宋代也是中国历史上政局和社会最为稳定的时期,没有宦官、外戚、后妃干政现象。更值得称道的是封建当局立法"不以言论杀人","政敌"只革职、流放而不杀。300 多年间没有出现过一次全国性大规模的农民起义。

然而,宋代最大的不足是什么呢?

屡遭国侮,西夏常扰,辽、金南下,二帝被掳,偏安江南……蒙军灭宋……

"不言而喻:军事战斗力不足当是宋朝最大的不足!"

实际上也并非如此。宋朝在军事上还是相当强大的。兵员很足:最多的庆历年间达到 125 万人。军费充足:平时 2000 万贯文,战时最多达 3300 万贯文。

一个不争的事实是:宋朝从立国到灭亡,三百多年间,没有一天不是在异族强敌威胁下生存的。

强悍的辽国,威猛的西夏,野心勃勃的金国,穷凶极恶的可汗蒙军。世界上没有一个国家像宋这样外患深重。当是时,蒙军铁蹄踏遍了中亚和欧洲,几十个国家被其侵吞或灭绝,宋朝是唯一与之对抗十多年且多次击败过它的国家,如开庆元年(1259),元宪宗大汗蒙哥被南宋军击毙于合州(今四川合川),入侵的蒙军因而被迫北撤。

宋代出了许多反抗侵略的名将:杨家将让辽军闻风丧胆,杨业在辽人眼中是"杨无敌";岳家军令金人不寒而栗,无奈慨叹"撼山易,撼岳家军难";范仲淹、韩琦、狄青,西夏人视之为北宋长城;此外,李纲、韩世忠、刘光世、虞允文等,在抵御外患上,无不以坚决主战且忠勇善战而名垂青史。

宋为何而亡呢?

国学大师南怀瑾在《孟子旁通》一书中说,清人吴楚材曾将宋徽宗与隋炀帝、陈后主相比,认为他们都是沉湎于声色中的行尸走肉、亡国之君。吴说,宋徽宗昏聩、奢靡之极:任人为市井丐儿,享乐纵欲逆天。"书曰:'内作色荒,外作禽荒,甘酒嗜音,峻宇雕墙',有一于此,未或不亡,况三君兼有者乎?"①

尽管如此,宋朝最大的失败仍是在军事上,尤其让时人感到耻辱是两帝被掳的"靖康之难"。

宣和七年(1125),金兵分两路南下,宋徽宗闻讯手足无措,遂将帝位传于太子赵桓,是为钦宗,改元靖康。钦宗任用李纲,取得了抗击金兵、保卫汴京的胜利。第二年,金人再举南下,并于九月占领太原。十一月,金人大军围汴京,提出

---

① 南怀瑾《孟子旁通》,复旦大学出版社,1996 年。

必钦宗亲自出面方能议和。闰十一月三十日,钦宗被迫出城至金营屈求敌酋,三日而回。由于金人提出的苛刻条件和索要的巨额金银无法满足,在相持两个月后,靖康二年(1127)二月六日,金人宣布废徽、钦二帝。北宋至此灭亡。之后,金人又掠押二帝及随从三千余人北上,1130 年 9 月,将其囚于五国城(今黑龙江依兰县)。

金人的南下完全出于劫掠。当钦宗至金营议和时,金人除提出割地外,还提出要金一百万锭,银五百万锭。当得知山穷水尽的宋廷无力献纳时,无耻的金人又提出可用妇女抵金银犒军的无理要求。据金人李天民的《南征录汇》记载:"原定犒军金一百万锭,银五百万,须于十日内输解无阙。如不敷数,以帝姬、王妃一人准金一千锭,宗姬一人准金五百锭,族姬一人准金二百锭,宗妇一人准银五百锭,族妇一人准银二百锭,贵戚女一人准银一百锭,听任帅府选择。"①这里所指的帝姬就是皇帝的女儿,即公主;王妃指皇子之妻,即皇帝的儿媳;宗姬指诸王之女,即郡主;族姬指皇族的女子;宗妇、族妇则指皇族人的妻子。在这奇耻大辱面前,怯懦如鼠的宋钦宗居然同意了。据统计,宋室共献出妇女 11635 人,其中包括公主 22 人。在"皇孙女 30 人"中,最大的只有 8 岁,最小的仅 1 岁。在诸王之女 23 人中,10 岁以下的就有 14 人。金人统帅将这些妇女作为战胜品,分发给军中,由他们蹂躏。《南征录汇》载:"国相(完颜宗翰)自取数十人,诸将自谋克以上各赐数人,谋克以下间赐一二人。"该书还记载,凡不从者,反抗者,皆当场杀死,"一女以箭镞喉死","烈女张氏、陆氏、曹氏抗二太子命,刺以铁竿,肆账前,流血七日"。手段之残暴,令人发指。因不堪凌辱,多有自尽者。

金人嗜血劫掠成性。"虏骑所至,唯务杀戮生灵,劫掠财物,驱虏妇人,焚毁房舍"。② 不仅抢掠地上财物,而且"坟冢无大小,启掘略遍,郡县为之一空"。③ 时人庄绰以其从南阳到开封一路所见写道:"千里无复鸡犬,井皆积尸,莫可饮。佛寺俱空,塑像尽破胸背以取心腹中物。殡无完柩,大逵已蔽于蓬蒿。"④千里中原沃野陷入了惨绝人寰的浩劫之中。

---

① 《靖康稗史笺证》,中华书局,1988 年。
② (宋)徐梦莘《三朝北盟会编》炎兴下帙六,上海古籍出版社,2008 年。
③ (宋)丁特起《靖康纪闻》,上海古籍出版社,1996 年。
④ (宋)庄绰《鸡肋编》卷上,上海书店,1990 年。

偏安于东南一隅的宋高宗此时虽无复兴中原之志，毕竟还是一面旗帜，于是中原士族百姓纷纷南下，一些军队和武装流民也以"勤王"之名，以数万之众南下。其中一部分到了荆襄，大部分到了浙、赣、闽。著名理学家朱熹在回忆此段历史时说："靖康之乱，中原涂炭，衣冠人物，萃于东南"（《跋吕仁甫诸公帖》）。①

李心传在《建炎以来系年要录》中说：因临安为都，中原百姓更是望风归附，故"四方之民云集二浙，百倍常时"。

"靖康之难"南播的人口有多少呢？

以成书于宋神宗元丰年间的《元丰九域志》所载人口为据，若仍以上一节为例的北方十州与江南十州相比，北方为775350人，南方为1328221人。

以《宋史·地理志》所载人口为据，北十州为1694614人，南十州为2893334人。

可以看出，南方人多，北方人少，南方高出北方将近一牛。

"靖康之难"以后呢？

据胡焕庸、张善余《中国人口地理》统计，以北宋崇宁元年（1102）和南宋嘉定十六年（1223）各路人口密度相比，假设北宋为100%，那么，南宋时，处于北方的京西南路为2.3%，淮南东路为45%，淮南西路为51.5%；处于南方的两浙路为107%，江南东路为111.8%，江南西路为136.1%，福建路为158.1%。② 不难看出，南方是大大增加了。究其原因，大概有三：一是生活环境比较安定，二是受到破坏较少，三是北方人口的迁入。最后这一点，正如李心传在《建炎以来系年要录》中所说："中原士民，扶携南渡，不知其几千万人。"

总之，此次北人南下，两浙、福建人口增长最多。《三山志》③载，北宋太平兴国年间（976—984），福州路人口为94475户，至南宋淳熙九年（1182），已增加到321284户，两百年间净增2.3倍。其中主户211500户，客户109692户。一些山区人口增长更快，如永福（永泰）县，主户11276人，客户16368人，客户超过了主户5092人。人口的增加使可耕地更加紧张，故而《宋史·地理志》说："福建土地迫狭，生籍繁夥，虽硗确之地，耕耨殆尽。"

---

① （宋）朱熹《晦庵先生文集》卷83，国家图书馆出版社，2004年。
② 《中国人口地理》（上、下），华东师大出版社，1985年、1986年。
③ （宋）梁克家《三山志》卷10《版籍类·人口》，方志出版社，2003年。

北方百姓士人的大量南播,一方面使南方人口激增,一方面给南方带去了先进的生产技术,同时也带去了深厚博大的中原文化,从而促进了南方经济、文化的发展与繁荣。从南宋始,中国南方经济、文化、科技等的发展大大超过了北方。

第二节 南国人的河洛梦与客家民系

历史是无情的,也是有趣的。

封建王朝的倾覆,使北方汉人感到耻辱和愤慨,出于无奈,出于生存,出于战略转移,他们才被迫南渡,他们中的绝大多数人,从骨子里说,也是不愿偏安的。

然而,历史又是无情的,一向守土重迁、主张"落叶归根"的河洛人,最后却不得不"落叶生根"了。客家民系的形成是"落叶生根"的伟大结晶和成果。

一、南国人的河洛梦

公元 317 年,司马睿在建邺即位,是为晋元帝,改号建武。因建邺与刚被杀的晋愍帝司马邺之名犯讳,故改建邺为建康。

东晋都建康,做梦都想收复中原,克复神州,回到洛阳。

靖康之难,康王赵构渡江后,由建康又来到杭州,他和大臣们把所在地称为"行在",叫做"临安"。

临安者,临时、暂时之谓也。他们也在做梦:光复河洛,北定中原!

(一)晋人渡江后的"侨居"之梦

狄夷交侵,河洛板荡,晋人身在江东,虽风景不殊,但仍感有河山之异,故常怀故国之思。

西晋南渡百姓及士人虽失了家园,但以正统自居的心理依然如旧,表现在行动上,最突出的一点就是大多聚族而居,而不是与南方人混合分散而居。

这就出现了一些有趣的现象。在民间,一些同族或同一地域的人安顿下来之后,在为居住地命名时,往往带一"晋"字,如福州当时叫"晋安",泉州当时叫"晋江"。或者直接以北方故地之名命新驻地之名。例如到闽南的中原人把所在地的两条河分别起名为"晋江"和"洛阳江",称在洛阳江上所修建之桥名洛阳桥,以时时怀念河洛故乡。宋代书法家、闽南仙游人蔡襄所写《洛阳桥记》就记述过这个经过,明崇祯十三年重修,郡守孙朝让所写重修记仍称:"迄今遵海而居,横江而渡者,悠然有小河洛之思焉。"

另外,官方为了吸引和保护北方士人,在指定的区域内,特置"侨州"、"侨郡"、"侨县",让南渡的人集中居住,仍以北方的原州郡县命名。《隋书》云:"晋自中原丧乱,元帝寓居江左,百姓之自拔南奔者,谓之侨人。皆取旧壤之名,侨立郡县。往往散居,无有土著。"①《宋书》说得更详明:"自夷狄乱华,司、冀、雍、凉、青、并、兖、豫、幽、平诸州一时沦没,遗民南渡,并侨置牧司,非旧土也。"②如随晋元帝从琅琊南迁的有1000多户,大兴三年(320),元帝侨立怀德县于建康,以安置这些琅琊侨民。成帝咸康元年(335),又为这批人在江乘县(今江苏句容县北50里)设琅琊郡,同时下设临沂县。这些侨设的郡、县,只是名义,并无实土,这样,一方面可以安置北方士族,使他们在有限的范围内保持其封建特权,忠于朝廷,一方面以此缓和南北士族在经济与政治上的矛盾,借以巩固政权。东晋之初,侨置的州、郡、县《晋书·地理志》有较详的记载:"永嘉之际,豫州沦于石氏。元帝渡江,以春谷县侨立襄城郡及繁昌县。成帝乃侨立豫州于江淮之间,居芜湖。时淮南人北,乃分丹阳侨立淮南郡,居于湖。又以旧当涂县流人渡江,侨立为县,并淮南、庐江、安丰并属豫州。"③因为是侨置,北方的士人和百姓多无当地户籍,故既不纳税,也不服役。作为流民,他们绝大多数仍想很快就返回北方故里。

侨置之居寄寓的是河洛之思,是对中原故国故园的乡音、乡貌、乡情之眷恋。东晋王朝的建立,一切典章制度无不是西晋的翻版,即如生产、生活、饮食、起居、婚丧、交往也一如旧制。但南方毕竟是南方,除了自然山川之异外,语言之差异更使人们的交流受到了极大的限制。如何"王化"、如何"固本",是摆在仍带有莫名自高情绪的王公、门阀、士人面前的一个十分现实问题。侨置州郡只能使这些人自我封闭,主动接触才是明智之举。大臣王导就力主北入学习吴越之语,南迁士族必须与江南士族联合相处,只有这样才是长治久安之策。在王导的推动下,痛定思痛而清醒后的东晋统治集团才一改南迁之初的迂腐之举,开始了兴学

---

① 《隋书》卷24《食货志》,中华书局,1974年。
② 《宋书》卷35《州郡志一》,中华书局,1977年。
③ 《晋书》卷14《地理志上》,中华书局,1974年。

校,倡儒学,履仁爱,奖诚孝,号召有志之士立身敬业,勤于国事,戮力王室。在王导等人带领下,河洛文化在东晋南朝得到了继承与弘扬。

后来,东晋多次北征均告失败,返回北国已毫无希望,加之侨置造成南北人员的矛盾、国家财政收入的流失,最高当局便取消了侨置,实行"土断",即所有的人统统都要编入当地的户籍,取消对侨人的一切优待。此举对抑制豪强、增加收入、扩大兵源和促进南北方人员的融合都起到了重要作用。

东晋初年侨置郡县,为一大批人勾画了一个硕大而虚幻的梦。

东晋末年及后来的南朝强行推行"土断",使这个硕大的梦变得更加虚幻和遥远。

(二)祖逖北伐的"誓清中原"之梦

一个人,一个民族,如果连梦也没了,他还会有生命与活力吗?

在我们中华民族的子孙中,就有无数为实现自己梦想而奋斗不息的铮铮铁汉。

晋代祖逖就是这样一位爱国志士!

祖逖字士雅,西晋时与好友司空刘琨一起任司州主簿,后又任太子中书舍人。

西晋末年,政治黑暗,危机四伏,祖逖与刘琨交好,不仅同为"司州主簿",还同榻而卧,相约为国效力,有时谈及国事,至深夜不能入睡。《晋书》对此事也专门作了记载:"与刘琨俱为司州主簿,情好绸缪,共被同寝,中夜闻荒鸡鸣,蹴琨觉,曰:'此非恶声也。'因起舞。"两人相互勉励:"若四海鼎沸,豪杰并起,吾与足下当相避于中原耳!"[①]正是由于如此长期的砥砺,两人才都成了国家的栋梁之材:祖逖为镇西将军,刘琨为都督。"闻鸡起舞"也从此成了志士自励自勉之警语。

在八王之乱中,祖逖曾先后随齐王、长沙王、豫章王、东海王谋事。诸王为权力而争斗使他大失所望,他从旋涡中退了出来。

永嘉五年(311),匈奴陷洛阳,怀帝被俘(两年后被杀),中原板荡,祖逖率亲近数百家南下避难。至泗口(今江苏清江北),遇镇东大将军司马睿,被授命为

---

① 《晋书》卷62《祖逖传》,中华书局,1974年。

徐州刺史。因祖逖精于兵事,不久又被任命为军咨祭酒,驻京口(今江苏镇江)。建兴元年(313)四月愍帝在长安即位,以司马睿为左丞相,令其率军 20 万攻洛阳,六月复遣使催促。《资治通鉴》卷 88 载,司马睿以"方平定江东,未暇北伐"为由,按兵不动。此时,祖逖上书司马睿,请其"发威命将",北伐中原,自己甘当前锋。司马睿并无北上之意,但面对大义凛然的祖逖,他无法拒绝。于是,他任命祖逖为奋威将军、豫州刺史并予千人之饷,3000 匹布,但不予一兵一卒一武器,要祖自筹。祖逖义无反顾,招募志士及旧部数百人毅然渡江北上。《晋书·祖逖传》写道:

> 将本流徙部曲百余家渡江,中流击楫而誓曰:"逖不能清中原而复济者,有如大江!"辞色壮烈,众皆慨叹。

渡江后,祖逖很快组织起了一支精锐善战之旅,兵力所到,敌人望风披靡。经过四年多的苦战,收复了黄河以南大片土地,由是,"百姓感悦,石勒不敢窥兵河南"。

建兴四年(316)十一月,汉军攻占长安,西晋亡,第二年(317)三月,琅琊王司马睿在建康称帝,是为元帝。眼望中原倾覆,水深火热,时屯兵庐州(今安徽亳州东)的祖逖再次请命北伐,复地雪耻。大兴二年(319)十一月,石勒在邺自立称王,史称后赵。祖逖联合一些当地武装,抗击石勒南侵。大兴三年(320)七月,祖逖率部在雍丘(今河南杞县)消灭石勒精锐骑兵 10000 余人,晋廷加其为镇西将军。正当祖逖练兵积粟,准备越过黄河,一举消灭石勒时,惧怕祖逖功大难控的晋元帝以尚书仆射戴渊为征西将军,统辖祖逖兵力。祖逖不满受制于戴,又见东晋最高统治当局钩心斗角,不图北进,忧劳郁愤成疾,九月卒于雍丘。

祖逖克复中原之梦未竟,不久,一代名将所收失地又尽落石勒之手。

(三)王导新亭的"克复神州"之梦

东晋是我国封建门阀制度最盛的时期,王权与大族相结合,是其重要的政治特点。在东晋国祚一百年间,先后出现了最有势的琅琊王氏、颍川庾氏、谯郡桓氏和陈郡谢氏,而王导、王敦、庾亮、桓温、桓玄、谢安、谢石是这些豪族门阀中的代表。

司马睿15岁时被袭封为琅琊王,八王之乱时依附东海王司马越,结识了王府司马参军王导,两人"雅相器重,契同友执",遂成至交。司马越拥立惠帝后大权在握,司马睿备受重用,被封为平东将军、监徐州诸军事,驻守下邳(今江苏睢宁北)。应司马睿请求,司马越将王导派给了司马睿,任平东司马,从此两人形影不离。北汉两次大举进攻洛阳之后,晋王室风雨飘摇,为避北乱,以图后事,王导建议司马睿将驻地南移建邺,保存实力,建兴元年(313),司马睿被任命为镇东大将军,都督扬、江、湘、交、广五州军事,允许移驻建邺。

司马睿曾任琅琊王,琅琊人在其南下建邺后有千余户追随前往。在王导的策划、组织下,司马睿实力很快得到了提高。由于受到南方士族的拥戴,南北方大批士族弟子前来投奔,其中最有名的有106位,时称"百六掾"。西晋灭亡后,东晋代起,司马睿于318年四月二十六日顺利即位,王导作用至伟,故史称"晋中兴之功,导实居其首"(邓粲《晋纪》),时人誉其为"江左管仲夷"(《世说新语·语言》),司马睿更是感激不尽,不仅将其比做"今世萧何",而且称其为"仲父"。①

司马睿登基后改元建武,是为元帝。元帝之初,由于国祚初立,实力不济,北伐之议尚无着落,故南下衣冠每提到社稷倾覆,恢复无望时,无不长吁短叹,涕泗交流。在此关键时期,王导深知让大臣们树立信心、振作精神十分重要。《世说新语·言语》载,一次,众人在江边新亭相聚,面对大江,不见黄河,因故国之思,不禁垂泪:

> 过江诸人,每至美日,辄相邀新亭,借卉饮宴。周侯中坐而叹曰:"风景不殊,正自有江河之异!"皆相视流泪。唯王丞相愀然变色,曰:"当共戮力王室,克服神州,何至作楚囚相对泣邪!"②

文中的周侯即王颙,丞相即王导。相比之下,他们的精神面貌真是天壤之别。面对国家的分裂,百姓的苦难,王导不赞成悲观失望,更不赞成无所作为,而

---

① 《世说新语校注》,岳麓书社,2007年。
② 《世说新语校注》,岳麓书社,2007年。

是以一种进取的心态,教导大家不能空有故国之思,而要以实际行动,凝聚人心,团结奋斗,积蓄力量,才能实现国家的统一。王导有如此心力,在其位,谋其政,故为后人所称赞。

然而,晋元帝并无远图,加之东晋门阀势力的制约,王导考虑得更多的是如何巩固王氏家族的权势,防止江南周、顾、陆氏诸门阀士族势力的膨胀和王氏大权的旁落。

果不其然,司马睿在皇位稳定之后,就暗中准备利用江南士族力量除掉王导之兄、手握军事大权的王敦且有意疏远王导,以至引起了王敦的两次反叛。

试想,在内部斗争如此尖锐、激烈的形势下,王导何暇再谋北征。

新亭对泣,所表现的仅仅是北方南渡部分士人之梦、一个无法实现的梦!

（四）桓温北征的"移都"之梦

东晋初年,统治集团内部矛盾重重,因争夺权力而发生了多次内乱。永昌元年（322）,因荆州刺史王敦武昌起兵进攻建康,元帝忧惧而死。明帝即位后两年,王敦再次进攻建康,但因身患重病而被击退。明帝在位三年而死,年仅五岁的司马衍继位,是为成帝,由外戚庾亮专政。曾因抗击王敦有功而拥有权势的苏竣、祖约对大权旁落不满,遂起兵反叛,后兵败被杀。

桓温为北方世族,其父桓彝为宣城太守,明帝时娶南康公主为妻,拜驸马都尉,袭父爵为万宁县男。咸康元年（335）,为琅琊太守,建元元年（343）为徐州刺史,都督青、徐、兖三州军事。永和元年（345）八月,被任为安西将军,持节,都督荆、司、雍、益、梁、宁六州诸军事,领任护南蛮校尉、荆州刺史。

桓温颇有军事才能,《晋书》说他:有"挺雄豪之逸气,韫文武之奇才"。[①] 晋穆帝时,东晋国力已有所恢复。桓温感到自己在荆州刺史位上已坐稳,加之手中握有兵权,于是上疏请求北伐,但未得到晋帝应允。于是,他又提出西征巴蜀。永和二年（346）,桓温率大军溯江而上,直取成都,消灭了成汉,收复了梁州、益州。

永和八年（352）,朝廷以中军将军、都督五州诸军事的殷浩北伐,但却大败而归,翌年再次北伐,又遭大败。朝野怨愤,殷浩被削职,军权移于桓温。桓温深

---

① 《晋书》卷98《桓温传》,中华书局,1974 年。

知,北伐既合民心,又是借机造势的最好之举,且此时已大权在握,再无人能阻挡了。

永和十年(354)二月,桓温率步兵、骑兵四万余众从江陵出发第一次北伐,一路收复了上洛(今陕西商州)等地,挥师入关中,于蓝田击破氐人苻健 5 万余众,前锋直抵前秦长安之东的灞上,《晋书·桓温传》载:百姓"持牛酒迎温于路者十八九,耆老感泣曰:不图今日复见官军!"时至六月,由于当时麦子已经收割,秦人实行坚壁清野,使得晋军无法筹措粮草,不得不罢兵后撤。前秦趁机追击,晋军损失惨重。九月,桓温回到襄阳。

永和十二年(356),桓温以征讨大都督之职再次北伐。六月,主力大军出襄阳,徐、豫二州兵沿淮、泗西进。八月,大军击败羌军姚襄,收复了洛阳。不久,桓温上疏晋帝极力主张还都洛阳,南渡士人返回中原。该疏(节略)云:

> 巴蜀既平,逆胡消灭……诚宜远图庙算,大存经略,光复旧京,疆理华夏,使惠风阳泽治被八表,霜威寒飙陵振无外……若……永结根于南垂,废神州于龙漠,令五尺之童掩口而叹息!……丧乱缅邈,五十余载……眷言悼之,不觉悲叹!……自永嘉之乱播流江表者,请一切北徙,以实河南……然后陛下建三辰之章,振旆旗之旌……则宇宙之内谁不幸甚!……伏愿陛下决玄照之明,断常均之外,责臣以兴复之效,委臣以终济之功。此事既就,此功既成,则陛下盛勋比隆前代,周宣之咏复兴当年。如其不效,臣之罪也,褰裳赴镬,其甘如荠。①

众人虽知中原荒凉萧条,洛阳残破不堪,但由于是桓温之表,朝廷竟无人敢于反对。最后,以迁都事大,洛阳恢复营建需徐徐而图为由下诏回复,才不了了之。

太和四年(369),桓温第三次北伐,率精兵五万征讨前燕。大军一路长驱直入,至金城(今江苏句容北,为昔侨置琅琊郡治)时,桓温见 35 年前为琅琊太守

---

① 《晋书》卷98《桓温传》,中华书局,1974 年。

时所种柳,皆已十围,慨然曰:"木犹如此,人何以堪!"①攀枝执条,泫然泪涕。晋军渡过黄河,一路连战连胜,直至军事要地枋头(今河南浚县西南),距邺都仅200余里,但因敌人切断了晋人运送粮草之水路,致使给养无法接济。桓温无奈,被迫南退,途中又遭前燕骑兵伏击,损失惨重。

桓温历20余年的三次北伐,其梦多缺而未圆,最终仍以泡影而了结。

(五)淝水大捷的"恢复"之梦

西晋灭亡后,北方陷入了分裂局面,由匈奴、羯、鲜卑、氐、羌族等先后在北方建立了汉、前赵、后赵、冉魏、前燕、前凉和前秦。前秦经过30年的发展,统一了黄河流域,迅速强大了起来,并于晋孝武帝宁康元年(373)攻占了东晋的梁州、益州。《晋书·苻坚载记》称:前秦"平燕定蜀,擒代吞凉,跨三分之二,居九州之七。"②也就是说,天下九州,除东晋所属的荆州、扬州外,已全部属于前秦了。

疆域的扩大,也使前秦皇帝苻坚的野心迅速膨胀了起来。

苻坚曾多次与大臣们商议南下伐晋之事,他要"混一六合,以济苍生"。众人皆以为不可,一是东晋上下团结,人气很旺,二是有长江天堑之固。苻坚不以为然,他除了以上古有道帝君自比外,还狂妄地说:"以吾之众旅,投鞭于江,足断其流。"其弟苻融也劝他不可轻举妄动,他训斥说,"今有众百万,资仗如山","以累捷之威,击垂亡之寇,何不克之有乎?"③

晋孝武帝太元八年(383)八月,苻坚不顾众人的反对,率步兵60万、骑兵27万、羽林军3万从长安分路东进,企图一举荡平长江,灭掉东晋。东进大军浩浩荡荡,"前后千里,旗鼓相望",号称百万。

在强敌压境的危急关头,以东晋丞相谢安为代表的主战派坚决主张迎头痛击来犯之敌。在他的建议下,朝廷任命其弟谢石为征讨大都督,其侄谢玄为先锋,率8万精锐的北府兵沿淮河布防,同时命胡彬率5000水军增援寿阳(今安徽寿县),命桓冲为江州刺史,率10万大军沿长江布防,以阻击从荆巴来犯之敌。

10月18日,苻坚闻其弟苻融攻占了寿阳,立即率8千精骑赶到,并派降将、原襄阳守将朱序到晋营劝降。朱序先前以弱不敌强而降前秦,此次见到谢石,不

---

① 《世说新语·言语》,《世说新语校注》,岳麓书社,2007年。
② 《晋书》卷115《载记十五苻丕苻登》,中华书局,1974年。
③ 《晋书》卷114《载记十四苻坚下》,中华书局,1974年。

仅不劝其降,而是将前秦兵力情况详告晋军统帅,并说:秦军百万,尚在行军途中,若全部到来,实难抵挡。目前应抓住主力未到之时,垮其前锋,挫其锐气,之后击破其大军也就可能有了希望。谢石听后,立即决定改变原定"坚守疲敌"之策为"主动出击"的作战方针。

经过精心研究,谢石派英勇善战的大将刘牢之率5000精兵奔袭对方防守较弱的洛涧(今安徽淮南东)。洛涧守将梁成猝不及防,与其弟梁云一起被击杀,于是全军溃乱,5万之众被消灭1.5万,余者纷纷夺命渡淮而逃。晋军士气大振,乘胜追击,直抵淝水东岸,与彼岸寿阳之敌形成对峙之势。《晋书·苻坚载记》对此有生动的记述:黄昏之时,"坚与苻融登城而望王师,见部阵齐整,将士精锐,又北望八公山上草木,皆类人形,顾谓融曰:'此亦劲敌,何谓少乎?'怃然有惧色"。[1]

由于秦军在淝水西岸布阵,使得晋军无法渡河。足智多谋的谢玄就派人去见苻融并挑战说:"君悬军深入,置阵逼水,此持久之计,岂欲战者乎!若小退师,令将士周旋,仆与君公缓辔而观之,不亦美乎!"[2]秦将多以为不可,利令智昏的苻坚以为可将计就计,部队稍稍后退,秦可趁晋军半渡时,以骑兵进行冲杀,便可全歼。苻融依苻坚之意指挥军队后撤。始料不及的是,本来就士气不振、无心恋战的北军听到后撤命令后,急速而退,失去了控制,无法再行布阵。已渡江的晋军乘势猛力攻杀,秦军大乱。苻融在马上下令阻止后退,乱军将其冲翻倒于马下,被晋军一刀砍掉了头颅。兵溃如山倒,无人指挥的秦军乱作一团,没命地向北逃窜,弃甲宵遁,又"闻风声鹤唳,皆谓晋军之至"[3],军队更加慌乱,人马相踏,尸横郊原,蔽野塞川。突奔中的苻坚也中箭负伤,舍车乘骑,只身逃到淮北。回到洛阳时,随军人马仅十万余众,除鲜卑慕容垂3万人马未遭损伤外,被歼及逃亡兵士达70余万。

淝水之战击溃了北方异族的南下之梦,使偏安于江左的汉人政权进一步得到了巩固,汉文化之正朔借此得以张扬与传承。

淝水之战也为晋人继续做恢复中原之梦留下一张不大不小的绵软温床。

---

①　《晋书》卷114《载记十四苻坚下》,中华书局,1974年。

②　《晋书》卷114《载记十四苻坚下》,中华书局,1974年。

③　《晋书》卷114《载记十四苻坚下》,中华书局,1974年。

（六）宗泽念念不忘的"渡河"之梦

宗泽,字汝霖,婺州义乌(今属浙江)人。靖康元年(1126)后任磁州知州,太原失守后奉命救援真定,以神臂弓弩挫敌凶焰,破敌寨30余座。当年冬,钦宗任康王赵构为兵马大元帅,宗泽副之。

建炎元年(1127)春,金人掳徽、钦二帝北上,六月,70高龄的宗泽被任命为东京留守、知开封府。面对破败的故都,宗泽鼓励战士守卫好自己的家园。同时,积极准备防御,加固城池,打造弓弩战车,并将所招募的义兵200余万,分别布置在开封四围16个县进行防卫。在城郊险要处构筑堡垒24个,沿黄河修纵横相连的连珠寨,分兵把守。期间,还发现岳飞为人忠勇,人才奇异,予500骑兵由其指挥。

建炎元年(1127)十二月初,金人乘灭辽破宋之后兵威最盛之机,由完颜宗翰统帅,分三路围攻开封。宗泽作为东京留守,担当起了抗敌最前沿的军事指挥使命。

金人之所以所向无敌,再次南下,与其有一支精锐善战的女真骑兵有关。首先,装备精良。金人骑兵的马具在当时世界上质量最好、最为完备。马镫的使用,使战士不仅上下方便,而且在奔驰中安全更有保障。金人的弓箭不仅强劲、锐利,而且重量较轻,既便于携带又便于使用。所穿铠甲,厚重坚固,防御刀砍箭穿,性能极好;所戴兜鍪,只露双目,保护头颅面颊效果甚佳。其次,应对事变能力强,作战心理训练有素,顽强而坚韧,在不利的情况下不慌不乱,听从指挥,能够快速整合,继续战斗。再次,战术灵活,既善于奔袭野战,亦善攻打城池。最后,在以冷兵器长矛、大刀、弓箭为主的同时,兼用火药兵器。北宋灭亡前夕的太原之战,宋军两援均以失败告终,显示了金兵军事实力与作战能力的不凡。

面对金人围汴二路人马,宗泽一方面在开封近郊设下埋伏,一方面又派兵支援郑州、滑州两地,以分散金兵。建炎二年(1128)正月,英勇善战的完颜宗翰以为宋军过年懈于防备,指挥大军从郑州东进攻汴。金人虽然进军凌厉,攻势狠猛,无奈陷入早有准备的伏击圈内。在宗泽的指挥下,宋军同仇敌忾,奋力拼杀,金兵溃不成军,尽弃辎重而逃。宋军乘胜追击,一举收复延津、河阴等地,并直捣滑州,摧毁了金兵囤积粮草的营寨。二月,完颜宗翰组织大军反扑,宗泽再败敌寇于滑州。金人一败涂地,完颜宗翰慌忙引大军越过黄河而北逃。

宗泽两次大败完颜宗翰，金人不可战胜的神话从此破灭，金人南下以来"有掳掠无战斗"的现象被他一战掀翻。从此，金兵每提起宗泽，无不惧怕，口称"宗爷爷"，不敢再犯汴京。

在大获全胜的情况下，宗泽又接连上《乞回銮疏》（自上任至第二年五月，共上 24 疏），亟劝高宗还驾汴京，坐镇中原，指挥全面收复失地，并派人到时在扬州的高宗，当面陈述北伐大计。不料高宗不仅予以拒绝，而且怀疑宗泽企图拥兵自重，于是派侍卫马军都指挥使郭荀为东京留守副使，监督宗泽并阻止六月北渡黄河。

不久，宗泽疽发于背，卧床不起。作为一员老将，诚而被疑，忠而被谤，内心异常悲愤，病情不断加剧。岳飞等人前去探视，宗泽虽感慨万千，却无言以对，含泪嘱其万万不要忘记收复失地。同时，不无遗憾地想起了诸葛亮的北伐中原，想起了杜甫的著名诗篇，不由得吟出："出师未捷身先死，长使英雄泪满襟！"

宗泽临终时无一词言及个人及家事，他念念不忘的梦仍是北伐，弥留之际，又连呼"渡河，渡河，渡河！"方闭目而逝。[①]

时为建炎二年（1128）七月十二日。

（七）岳飞的"餐房"之梦

岳飞受宗泽影响很深，因而一直是坚定的主战派。建炎三年（1129），金将兀术统兵南下，秋天，建康失守，高宗南逃。岳飞奉命拒敌，在牛头山设伏，大破金兵，收复建康。岳家军名声大振，金兀术无功北撤，高宗亲书"精忠岳飞"四字予以褒奖。之后，岳飞又在楚州（今江苏淮安）、庐州（今安徽合肥）等地多次大败金兵。绍兴六年三月，岳飞升任湖北、京西宣抚副使（按：无宣抚使），置司襄阳。七年二月，升为宣抚使，后移驻鄂州（今湖北武昌）。

绍兴九年（1139）夏，岳飞在鄂州听到宋金议和已达成的消息，立即上书表示不可，他大声疾呼："金人不可信，和好不可恃。"[②]岳飞在衙署登楼远眺，面对滔滔东去的大江，想到失陷于水深火热中的中原父老，他情不自禁，挥毫写下了千古绝唱《满江红》：

---

① 《宋史》卷 360《宗泽传》（中华书局，1977 年版）："翌日，风雨昼晦。泽无一语及家事，但连呼'过河'者三而薨。"

② 《宋史》卷 365《岳飞传》，中华书局，1977 年。

　　　　怒发冲冠,凭栏处,潇潇雨歇。抬眼望,仰天长啸,壮怀激烈。三十功名尘与土,八千里路云和月。莫等闲白了少年头,空悲切!

　　　　靖康耻,犹未雪,臣子恨,何时灭? 驾长车,踏破贺兰山阙。壮志饥餐胡虏肉,笑谈渴饮匈奴血。待从头收拾旧山河,朝天阙!

　　和议成后,高宗颁诏大赦天下,文武官员晋级加爵,岳飞对所授"开封府仪同三司"之爵坚辞不受。据《宋史·岳飞传》载,他痛切地说:"今日之事,可危而不可安,可忧而不可贺;可训兵饬,谨备不虞,而不可论功行赏,取笑敌人。"①

　　果不其然,和议条款墨迹未干,第二年,金兵就在兀术率领下进攻中原。在强敌压境之际,岳飞奉命北击。北上途中,岳飞曾夜宿南阳武侯祠,当他想到诸葛亮六出祁山,北伐中原未果时,心潮澎湃,夜不能寐,奋笔疾书《出师表》以明志。七月,大军抵郾城时,与金人150 叩骑兵发生遭遇战。早有准备的宋军在岳飞指挥下,针对敌人"拐子马"和凶猛的侍卫军"铁浮图",实施突击围割战术,一举将其击溃,并乘胜追击。兀术连夜逃回开封,重新组织10 万大军阻击,又被岳飞在朱仙镇打得落花流水,有生力量几乎全军覆没,慌忙准备撤过黄河逃窜。郾城和朱仙镇大捷,宋军收复了蔡州、陈州、郾城、颍昌、郑州和朱仙镇,再向前45里即是汴京。岳飞异常兴奋地激励诸将,相约"直捣黄龙府,与诸君痛饮!"

　　然而,情势的发展与岳飞的计划完全相反,以奸相秦桧为首的投降派害怕岳飞北进而势力壮大,以"孤军不可久留"为借口,一天内连下12 道金牌,急令岳飞立即"措置班师"。就这样,刚刚从敌人手中收复的失地,又一次使金人唾手而得。

　　回到临安的岳飞立即遭到秦桧和张俊等人的诬陷,不仅兵权被削,而且在绍兴十一年九月以"谋反"之罪名,将岳飞与其子岳云一起拘至大理寺关押受审。此时,正值宋金双方策划第二和议。秦桧深知,岳飞是和议的重大障碍;金人深知"撼山易,撼岳家军难",要想继续在军事上占强势,必须除掉岳家军。于是,兀术在给秦桧的密信中要挟说:"必杀岳飞而后和可成。"

―――――――――――――

　　① 《宋史》卷365《岳飞传》,中华书局,1977 年。

一个阴谋就这样酿成了。

绍兴十一年(1141)除夕之夜,临安城大理寺漆黑阴冷,遍体鳞伤的岳飞强忍悲愤,在供状上疾书"天日·昭昭,天日昭昭"八个大字后,以"莫须有"之罪名,惨遭冤杀,年仅 39 岁。

(八)陆游的"北定中原"之梦

陆游生于公元 1125 年,也即"靖康之难"的前夕,他的一生都是在社会的动荡与不安中度过的。

陆游的一生是渴望恢复中原的一生,是渴望杀敌报国的一生,也是壮志未酬遗恨终身的一生。

陆游入仕后曾做过建德县主簿、镇江通判,乾道六年(1170)入蜀后,曾有过两年的军旅生涯,其后知严州,官至宝章阁待制。陆游一生的政治主张就是坚决抗战,收复中原,但这一崇高、美好的愿望他并没有看到,因而,即使晚年退居家乡,这一主张和信念仍是坚贞不渝。

陆游的抗战复土信念集中反映在他的诗词之中,在他现存的 9300 多首诗词中,"言恢复者十之五六"。①

爱国的激情充溢在陆游整个生命的全部细胞之中,可以毫不夸张地说,生活中的任何一件事,一草、一木、一马、一图,都能激起他的爱国之情、报国之意、雪耻之志和杀敌之心。但遗憾的是,他屡屡受阻,报国无门,死无战场!

陆游不仅是宋代最杰出的诗人,也是中华民族历史上爱国主义诗派最卓越的代表。

陆游诗词中所反映的忧国、恤民、抗战的爱国主义精神,既是他个人思想与生活的真实写照,也是时代强音的空谷传唱、人民思想的高度概括、民族灵魂的深度显现,更是南宋时期千千万万人民梦想的艺术映像。

第一,陆游的诗反映了南宋人民抗敌御辱的决心、豪情及大志未申的悲怆情怀。

陆游在青年时就以身许国,他在《夜读兵书》中说:"平生万里心,执戈王前驱。战死士所有,耻复守妻孥。"他要"一寸丹心唯报国"(《江北庄取米至作饭香

---

① (清)赵翼《瓯北诗话》,人民文学出版社,1981 年。

甚有感》）。这里所说的报国，除了一般的意义外，更多的是杀敌驱虏。他的这一愿望，直到中年才有了机会。

乾道六年（1170），陆游人蜀为夔州通判，八年一月，时任四川宣抚使的主战派将领王炎邀陆游人幕府襄赞军务。三月，陆游第一次身着戎装来到了南郑军事前线，这使他心情十分激动。半年当中，他到过两当县、凤县、黄花驿、金牛驿等地，所到之处，无不仔细考察地形，认真了解敌情，广泛接触士兵、商人和农民。同时，他还参与了渭水强渡和大散关遭遇战。其间，他曾向王炎提出过收复中原的军事方略，《宋史·陆游传》载："游为炎陈进取之策，以为经略中原必自长安始，取长安必从陇右始。当积粟练兵，有衅而攻，无则守。"①他对收复中原充满信心，他在南郑时所写《太息》一诗，集中表达了这种心情："平生铁石心，忘家思报国……切勿轻书生，上马能击贼！"他对恢复中原很有信心："王师人秦驻一月，传檄足定河南北。"（《晓叹》）这一段的从戎生活，使他感到格外的充实和有意义，以至在后来常常引起他的回忆："从军乐事世间无！"（《独酌有怀南郑》）然而，正当陆游踌躇满志之时，不料王炎于当年九月被调临安，汉中的宣抚使幕府被撤，陆游也改职成都，这不禁使他心中感到一阵悲凉，他在《自兴元赴官成都》中写道："今朝忽梦破，跋马临漾水。此生均是客，处处皆可死。"

乾道九年（1173）年夏，陆游被任命为蜀州（今四川崇州）通判，八月二十七日，他参加了一次阅兵，当他又身着戎装时，不禁想起了两年前在南郑前线的戎马倥偬的生活，他无比兴奋，在《蜀州大阅》中说：

戎陇旧游真一梦，渡辽奇事付他年。刘琨晚抱闻鸡恨，安得英雄共着鞭。

回到驻地，他又展开长安地图仔细检看，当想到三秦百姓至今仍然生活在胡虏铁蹄之下，他心中十分怅然，写了《观长安城图》：

许国虽坚鬓已斑，山南经岁望南山。横戈上马嗟心在，穿堑环城笑虏

---

① 《宋史》卷395《陆游传》，中华书局，1977年。

扆。日暮风烟传陇上,秋高刁斗落人间。三秦父老应惆怅,不见王师出散关。

让他意想不到的是,淳熙二年(1175)却遭人弹劾,削职在家闲居。即使这样,他抗战杀敌的决心也没动摇过。淳熙三年(1176)夏,他写了《病起书怀》:

病骨支离纱帽宽,孤臣万里客江干。位卑未敢忘忧国,事定犹须待闻棺。天地神灵扶庙社,京华父老望和銮。出师一表通今古,夜半挑灯更细看。

虽然他"位卑未敢忘忧国",而且以诸葛亮为榜样以身许国,"逆胡未灭心未平,孤剑床头铿有声"(《三月十七日夜醉中作》),但让他感到更多的则是"报国欲死无战场"(《陇头水》),他常常为此感到心中不平,借酒浇心中之块垒,"起倾斗酒歌出塞,弹压胸中十万兵"(《弋阳道中遇大雪》)。淳熙十三年(1186)春,62 岁的陆游再次被罢官,这次他回到了家乡山阴。想起这些年的经历,他无论如何也难以平静,不甘于壮志难酬,他写了《书愤》:

早岁哪知世事艰,中原北望气如山。楼船夜雪瓜州渡,铁马秋风大散关。塞上长城空白许,镜中衰鬓已先斑。出师一表真名世,千载谁堪伯仲间。

第二,陆游的诗也充满着对腐朽无能、苟且偷安的统治阶级上层的愤怒与谴责。

陆游深知,抗战驱金是恢复中原的先决条件,而抗战驱金的最大阻力来自主和派以及投降派。陆游的仕途并不平坦,几次遭到罢官,尽管如此,在主和派和投降派面前,他仍犹如一把铮铮的钢刀,宁折不弯,并同他们进行坚决的斗争。

陆游认为"和亲自古非长策"(《估客有自蔡州来者,感怅弥日》),但现实却是"诸公尚守和亲策,志士虚捐少壮年"(《感愤》),因而他感到无限气愤。淳熙四年(1177),他在成都闲居,此时距"隆兴和议"已 15 年。想到中原遗民之苦,

目睹南宋将军仍沉湎歌舞,他痛心地写下了《关山月》:

> 和戎诏下十五年,将军不战空临边。朱门沉沉按歌舞,厩马肥死弓断弦。戍楼刁斗催落月,三十从军今白发。笛里谁知壮士心,沙头空照征人骨。中原干戈古亦闻,岂有逆胡传子孙! 遗民忍死望恢复,几处今宵垂泪痕。

诗中,他慨叹壮士之心白白地被消磨,谴责不恤国难的文武大员一味奢靡享乐,同时表达了对中原父老的关心与同情。

陆游尖锐地反对和痛斥投降派,旗帜鲜明地把矛头指向秦桧及其同党,使人读后感到痛快淋漓,大快人心。请看《追感往事》:

> 诸公可叹善谋身,误国当时岂一秦? 不望夷吾出江左,新亭对泣亦无人!

他指出,爱国志士功不可没:"剧盗曾从宗父命,遗民犹望岳家军。"(《书愤》)是秦桧及其党羽们误国,是他们在压制和迫害忠良:"公卿有党排宗泽,帷幄无人用岳飞。"(《夜读范至能〈揽辔录〉言中原父老见使者多挥涕感其事作绝句》)。像这样直斥权奸,在他人的诗作中是很难见到的。

第三,陆游的诗充满着对中原父老百姓深深的挚爱与拳拳的手足之情。

史载,金人南下后在中原的劫掠与后来的统治都是非常粗暴和野蛮的,他们不仅焚烧村镇,还滥杀无辜,甚至以人为食。在敌人蹂躏下的中原、关中父老翘首企盼就是早日驱除虏寇,重见天日。陆游"遗民忍死望恢复,几处今宵垂泪痕"(《关山月》),"三秦父老应惆怅,不见王师出散关"(《观长安城图》),就是对当时沦陷区人民望眼欲穿心情的真实写照。

实际情况又是怎样呢? 南宋孝宗时人林升的《题临安邸》道出了当时的境况:

> 山外青山楼外楼,西湖歌舞几时休? 暖风熏得游人醉,直把杭州作汴

州！

在奢靡"暖风"的熏吹之下，那些把持南宋小朝廷的"游人"还知道什么是国难吗？他们整天醉生梦死，早已把北国的父老忘在了九霄云外！

陆游对中原人民无限怀念，对当局收复失地的消极态度十分不满。绍熙三年(1192)作于山阴故里的《秋夜将晓，出篱门迎凉有感》，再一次强烈地表达了收复大好河山的心情并为北方万千"遗民"呼喊：

> 三万里河入东海，五千仞岳上摩天。遗民泪尽胡尘里，南望王师又一年。

第四，陆游的诗也是他壮志未酬无限遗憾的哀歌与幽远梦想的寄托。

由于陆游所处的时代并非太平盛世，所以，他在童年和青年时期就文武兼修，他的理想就是要具有文韬武略，报效国家，"上马击胡狂，下马草军书，二十抱此志，五十犹腥臊"。(《观大散关图》)从二十岁到五十岁，他为没能实现自己的愿望而遗憾、而愧疚、而自责。驱胡杀寇，下为黎庶，上报天子，他深信自己有这个能力。《金错刀行》一诗是他愿望、决心、自信最集中的表白：

> 黄金错刀白玉装，夜穿窗扉出光芒。丈夫五十功未立，提刀独立顾八荒。京华结交尽奇士，意气相期共生死。千年史册耻无名，一片丹心报天子。尔来从军天汉滨，南山晓雪玉嶙峋。呜呼，楚虽三户能亡秦，岂有堂堂中国空无人。

然而，遗憾终归是遗憾。从青年到壮年是遗憾，从壮年到老年仍是遗憾。他在《夜泊水村》中抒写了自己报国无门的苦闷与怅惘："腰间羽箭久凋零，太息燕然未勒铭。老子犹堪绝大漠，诸君何至泣新亭！一身报国有万死，双鬓向人无再青。记取江湖泊船处，卧闻新雁落寒汀。"他另有《谢池春》一词，以苍凉、旷远的笔触，传寄了他雄浑、高迈的慨叹：

　　壮岁从戎,曾是气吞残虏。阵云高,狼烟夜举。朱颜青鬓,拥雕戈西戍。笑儒冠,自多来误。功名梦断,却泛扁舟吴楚。漫悲歌,伤怀吊古。烟波无际,望秦关何处?叹流年,又成虚度!

　　面对时事危艰及自己人轻言微的现实,他也感到无奈与悲凉,"江声不尽英雄恨,天意无私草木秋"(《黄州》),因而有时也不免有些英雄气短,感到有点凄怆,"君看赤壁终陈迹,生子何须似仲谋"(同上),甚至"悲歌仰天泪如雨"(《闻虏乱有感》),非常痛心。但可贵的是,陆游并不因此而消沉,他的爱国激情至死不减。晚年,他虽然远离了政治中心,但依然心系国家,心系边陲。

　　他不断地温习着过去的梦,同时还做着新的梦。他的那首被世人传诵了千年的《诉衷情》一词,感人至深,他要向世人诉说对国家、对人民不尽的"衷情",诉说他永远做不完的"梦":

　　当年万里觅封侯,匹马戍梁州。关河梦断何处,尘暗旧貂裘。胡未灭,鬓先秋,泪空流。此生谁料,心在天山,身老沧州。

　　冷酷的现实使他只能在梦境中寄托恢复中原之志,"壮心自笑何时豁,梦绕梁州古战场"(《秋思》),"一身寄空谷,万里梦天山"(《感秋》)。《十一月四日风雨大作》写于绍熙三年(1192)山阴故里,时陆游67岁。已离开前线18年的他,不仅做梦回到了边关,而且还梦想着再次戍边:"僵卧孤村不自哀,尚思为国戍轮台。夜阑卧听风雨声,铁马冰河入梦来。"读着这铿锵有力的诗句,人们感受到的仍然是他那炽热奔放的感情,嵚崎磊落的胸怀和矢志不渝的追求。

　　宁宗嘉定三年(1210)一月,一代杰出的爱国诗人陆游在山阴故去,年85岁。

　　弥留之际,他留下了一生最后一首诗《示儿》:

　　死去元知万事空,但悲不见九州同。王师北定中原日,家祭无忘告乃翁!

一代诗宗带着不尽的遗憾,绵绵的遗恨、痴情的遗梦与深情的遗嘱离开了人间!

二、客家人的"三江"情

当今,全世界的客家人约在7000万以上,其中6000余万在中国。国内客家人聚居的地区有21个省、市、自治区,分布在310个县(市)。客家人占95%以上的纯客住县(市)有42个。客家人最集中的地区是赣南、闽南和粤东北。江西有纯客住县(市)18个,非纯客住县(市)21个。福建有纯客住县(市)8个,非纯客住县(市)21个,广东有客家人2000多万,占全省人数近30%,其中纯客住县(市)16个,非纯客住县(市)66个。其他省、自治区非纯客住县(市)较多的是:广西75个,四川35个,台湾16个。

客家的形成与发展是一个漫长的历史过程,赣南、闽西是客文化的发源地,研究表明,至今粤台及海外的客家人,绝大多数的姓氏都把最早迁抵赣南,尤其是闽西的先祖尊为客家的开基祖或始祖,把赣南、闽西作为客家先民告别中原的终点和形成客家文化的起点。回顾历史,作为客家"大本营"、"集散地"或"第一故乡",最值得客家永远怀念的是哺育他们生存、繁衍与发展的赣江、汀江与梅(韩)江。

(一)中原人南迁的路线

历史上中原汉人南迁的路线较多,粗略而言有西、中、东三途。西线主要是从陕甘入蜀,中线主要是从河洛入荆湘,东线主要是沿江淮到浙赣。

就东线而言,客家先人南迁的主要路线是过长江后,通过鄱阳湖、赣江由赣北溯江而上至赣南。赣南占据江西省南部整个狭长地带,古代是中原与粤闽两地沟通的咽喉孔道。赣南西部有罗霄山阻隔湖南,南部有大庾岭阻隔广东,东部有武夷山阻隔福建。唯独从西南大余县越过唐代张九龄开辟的梅关直通粤地;东南由石城至宁化石壁也有平地如带,经过武夷而连接赣闽。这些通道不但是客家人南迁的路线,也是先前广府人、潮州人南迁的路线。

史载,宋代后期的户籍有了主、客之分,南下移民编入"客籍",但由于在数量上"客籍"胜于"主籍",客家人很快就由"客"而变成了"主"。现代意义上的"客家"就是在这个变化的过程中逐步形成的。

（二）客家人与赣江

从武夷山奔腾而下的贡水西向后折北而去。从大庾岭奔腾而下的章水东向后也折北而去。

二水在赣州汇流，之后称作赣江。滔滔的赣江水面宽阔，河床甚深，因而成了贯穿江西南北的交通要道，从这里起航，顺流经吉安、丰城、南昌等地后，可直达鄱阳湖。

赣江是江西水上交通的大动脉，赣江是哺育客家人的母亲河！

1. 客家的"大本营"——赣州

聚集赣州

"永嘉之乱"南播的河洛汉人渡过长江后继续南下，沿着古驿道翻过武夷山进入了赣江流域，当一批批流离失所的难民来到赣江上游时，一片硕大无比、空旷开阔的肥美沃土像磁石般地把他们吸引住了。于是，他们留下了；于是，他们开始了新的生活。经过十数代人的辛苦耕耘，终于结下了甘甜的果实，一座美丽的城市——赣州，就在这块红土地上诞生了，并且成了赣南的政治、经济和文化中心。

客家人崇敬祖先，为了不忘先祖的开拓之功与养育之恩，他们用修家谱的方式保存和续写着自己一宗一脉的历史。在赣南现存的大量家谱中，记录显示，最早到达这里的河洛汉人的祖籍是颖川。颖川郡为秦代所设，汉晋承之，治所在阳翟（今河南禹州），后曾移治于今许昌市。

400 多年后，饱受"安史之乱"之苦的河洛同胞再次来到了这里，赣州人张开双臂，接纳了来自故乡的骨肉。这次河洛移民的南下，由于北方异族的不断入侵而持续了半个多世纪。史料显示，从唐末至五代时期，由于北方汉人的移入，赣州经济、社会得到了的快速发展，仅在行政区划上，由原来的 7 个县增划为 11 个县，增幅超过了 63%。

扩散四方

赣州地处闽、粤、赣的交界处，历来是交通要冲。发展壮大起来的客家人为了摆脱人口拥挤的困境，求得更大的发展空间，又以赣州为起点，开始了新的图强征途。

他们主要沿着两条通道进发。一支东向，翻越了武夷山，来到了福建的长汀、宁化、上杭一带。其中一些人经过会昌南下,来到了粤东北的龙川、梅州、兴宁、大埔一带。

一支南向,由大余攀上梅岭,穿过梅关,来到广东的南雄。先民们在这里的珠玑港作一短暂的停留后,转向珠江三角洲地区,来到了佛山、广州等地。

在以后的日子里,生活在闽西和粤东北的客家人的后裔又不断一批批、一步步地扩散,他们向沿海发展,进而走向澎湖和台湾。后来,他们又越海跨洋到了东南亚和欧美各地。

赣州之北有一抚州,其建制晚赣州而先于汀州。抚州与汀州一山之隔,相距较近,自古有驿道可通。抚州有粮仓之誉,除当地销售外,很大一部分通过驿道和水路运到了闽西,因而抚州与汀州往来一向比较密切。抚州客家先民在唐开元年间就开始向汀州迁移,汀州不少大族为抚州望族后裔,两地很多姓氏有血缘关系。如唐僖宗时,为避黄巢之乱,宗室李孟、李钰从抚州赤栏门迁到宁化石壁,今闽粤台及东南亚李氏奉其为祖,李登辉、李光耀均为抚州李氏后裔(李氏由赣迁闽,又迁粤之大埔)。中国国民党主席吴伯雄的先祖,也是由抚州迁到福建永定的。北宋文学家曾巩,其先祖为西汉末年关内侯曾据,曾据为避王莽之乱迁至抚州曾家园,儿孙辈开始四迁,其中也有迁到宁化石壁及粤之梅州者。今港澳曾氏均为曾据、曾洪裔孙。

返归赣南

从赣南走向闽粤及海外的客家人,发扬客家吃苦耐劳,敢于开拓、敢于冒险的奋斗精神,在各地建造了自己新的家园,为当地的发展与繁荣贡献了青春与智慧。然而,他们当中的一些人也遇到了很多的坎坷与困难,有的甚至连生存也难以为继。如清康熙年间,清廷为了收复台湾,曾在很长的一段时间内孤立和封锁台湾,清廷颁布了严厉的"禁海令",不仅不许下海进行渔业生产,还限期强行命沿海居民内迁30里,使沿海数百里成为无人区。不少失去土地、不能出海的客家人被逼得走投无路。出于生计的考虑,一些人又想到了舒适而美丽的赣南,于是,他们携家带口,沿着先人走过的道路,又返回了祖上曾经生活过的热土,与故园的乡亲们一起,开始了新的生活。

就这样,在那漫长而艰辛的岁月里,赣州这片红土地既承接和吸纳了大量南下的北方乡亲,又送走了一批批再南下的父老族人,同时,也迎回了一些远道而归的子孙。

客家人永远忘不了赣江，忘不了赣州，忘不了赣南，因为那里是客家人地地道道的大本营。

2. 赣南的围屋

在客家文化中，赣南方形围屋、闽西圆形土楼、粤东北弧形围龙屋受到了举世的瞩目，无不认为是客家文化中最辉煌的创造。2008年7月7日，在加拿大魁北克举行的第32届世界遗产大会上，21个委员国一致表示通过，将中国福建土楼正式列入《世界文化遗产名录》就是最有力的明证。

查检历史文献可知，闽西土楼源于赣南方形围屋。

赣南客家方形围屋原型为北方地主豪强的庄园建筑，大约形成于东汉中期（河南博物院陈列的出土文物——东汉时期的陶制庄园可为其印证）。这种庄园建筑集宅、祠、堡于一体，实际上是一个功能齐全的小城堡，故也称为"坞堡"，它不仅是聚族而居的需要，也是防兵、防匪自卫的需要。著名建筑学家梁思成先生在考察客家民居时曾指出，北魏至唐代北方稍大一些的庄园，一般都在院落的四角建有角楼，以便于哨望和守卫。至宋代以后，角楼渐少。南宋以后，尤其明清时期，南方经济得到了快速发展，但社会的不安定因素也在显现，出于生活与治安的需要，客家人把北方先人的创造加以改进和提高，再现于赣南。故有学者称誉赣南方形围屋为汉代坞堡的"活化石"。

不过，赣南的客家方形围屋与北方的坞堡相比已有很多的改进与提高：一是设计更加精细，在结构上已有很多现代建筑的理念，如比较高，注意采光与通风；二是体制更加高大，出现了可容纳上百家的大型围屋。三是形式多样，已不全是方形，同时出现了圆形、弧形、五角形、马蹄形及八卦形，个别地方甚至出现了不规则形。这说明，天方地圆的观念已随着生活环境的改变而改变，"变通"的思想更加灵活了。

对赣闽粤客家民居的考察研究表明，赣南方形围屋与闽西圆形土楼、粤围龙屋有着明显的演进关系。著名客家民居研究专家、赣州市博物馆馆长韩振飞先生指出："围屋、土楼、围龙屋……三者有着十分紧密的内在联系，应当是同出一源，源于赣南，源于围屋。当坞堡这一建筑形式由客家移民从赣南越过大庾岭和九连山传人粤北和粤东西部时，其建筑形式没有发生多大变化，仍是平面为方形并带有角楼的围屋。当客家移民由赣南越过武夷山,进入闽西的时候,同时也将坞堡这一建筑形式带去。在闽西土楼中约占半数的方土楼,就基本上承继了坞堡而与赣南围屋大同小异,只不过由于受自然环境、建筑技术改进和区域文化的影响,这一地区才出现了颇具地主特色的圆形土楼。"①实际情况正是如此,中国土楼之乡、拥有土楼最多的福建永定县曾对土楼进行过统计,全县有土楼20000余座,最典型的较大圆楼有360多座,方楼4000多座("中国永定土楼文化丛书·前言"),可见方形居多。因此说赣南方形围屋是"客家民居之母"是完全符合实际的。②

赣南客家民居的一个重要特点是,围屋的建造十分注意地理方位、自然环境的选择与配置,从而使生活环境的质量(水源、阳光、空气流通)得到了充分的保障,人与自然和谐相处,因而格外受到世人的注目。究其原因,这和客家先民与裔孙们十分信奉与讲究风水有关。

较早来到赣南的客家先人,虽然是"做客",但更重要的是要以此地"为家",因而他们十分重视建造新的家园。在中原,受《易》理、阴阳五行影响,民间及官府都相当讲究宅地的选择,到赣南之后,为了家族的兴旺,为了克服和避免瘴疠阴邪对人的危害,人们更加注意了屋藏地理风水环境,这也是后来赣南客家人以"堪舆术"著称而人才辈出的原因。唐朝被风水界奉为形势派始祖的杨筠松流亡到赣南后,把为朝廷、官府服务的风水术转向了民间,并在兴国三寮收徒授艺,使得堪舆术极大普及。明朝兴国的"堪舆大师"曾从政勘测修复长城后,还相卜勘测了天坛的建筑。同乡另一位"堪舆大师"廖均卿,曾参与勘测明十三陵之首长陵和故宫大皇城的堪址营建。此外,赣南比较有名的"堪舆大师"还有曾文迪、刘江东、廖伯禹、赖布衣、王伋、李国纪等。

(三)客家人与汀江

汀江是福建省四大河流之一(其他三条是闽江、九龙江、晋江)。汀江源头有二:一出宁化治平乡,南下经长汀庵杰乡入境;一出长汀龙门峡。这里的"龙门"并非比喻两岸河谷悬崖壁立如门,而是一座天然如门的石洞,江水这条"巨

---

① 韩振飞《赣南围屋源流考——兼谈闽西土楼和粤东围龙屋》,《南方文物》,1993年第2期。

② 永定土楼文化研究会"中国永定土楼丛书"(内部),1995年。

龙"从洞中奔腾而出,先跌人无底的"龙潭",然后又一跃而出,经上杭、永定汇集了大大小小的溪流之后南向奔广东。汀江在广东大埔县三河坝与梅江汇流后称韩江,流经潮州而人海。

人们对汀江并不陌生。一是其江名有趣。当地有民谚曰:天下水皆东,唯汀独南。依天干地支而论,南的方位为"丁",于是"水""丁"相合而成"汀"。二是这里是中国现代革命的红色摇篮。

20 世纪 20 年代末和 30 年代初,毛泽东曾在这里指挥翻身农民与敌人作战,"红旗跃过汀江,直下龙岩上杭","宁化、清流、归化,路隘林深苔滑。今日向何方,直指五夷山下",那豪迈的诗句,至今传唱不衰,也一次次引起人们对往昔汀江闽山的回忆。

三是汀江流域是客家人的故乡,闽西作为"客家的祖地"、汀江作为"客家人的母亲河"而饮誉世界。

1. 客家首府——汀州

汀州从诞生那天起就和客家结下了不解之缘。

从西晋末年起,数不尽的中原汉人跋山涉水来到长汀。客家先民们不畏艰辛,开垦出了一片片肥沃的山田,在青山绿水的呵护下,不仅得到丁休养生息,而且不断地繁衍发展。汀州气候宜人,林木、土地、水源丰厚的美名不胫而走,因而吸引了无数的北方南下百姓。据《旧唐书·地理志三》(《新唐书·地理志六》)和李吉甫《元和郡县志》记载,唐代开元二十一年(733),时任福州长史的唐循忠奉命查检潮州北、虔州东、福州西和光龙洞户籍,不仅发现在册人口大增,而且"检责得诸州避役百姓三千余户"。鉴于当时又开福、抚二州山峒,于是奏请设置汀州。① 开元二十四年(736)汀州正式成为建置,治州设在新罗,辖新罗、长汀、黄莲三县,时有 4600 余户(其中原住户约 1000 余),13720 人。从此,汀州与福州、泉州、漳州、建州并称福建五大州。②

汀州虽设,但在朝廷目中,那里仍是一片蛮荒之地,因而常将失势的官吏贬到这里。如唐顺宗"永贞革新"失败后,柳宗元、刘禹锡、韩泰、韩晔、陈谦遭到流

---

① 李吉甫《元和郡县志》卷 30《江南道·汀州》,《文渊阁四库全书·史部 226 地理类》,台湾商务印书馆,1986 年。
② 《旧唐书》卷 40《地理三》,中华书局,1974 年。

放式的任职,韩晔被贬到了汀州,柳宗元还为此写下了《登柳州城楼寄漳、汀、封、连四州刺史》。其后,著名传奇《霍小玉传》的作者蒋防、著名诗人张籍的好友元自虚也被贬至汀州为刺史。然而,对汀州来说,这却成了好事,大唐诗魂的到来,为文化荒山带来了辉煌的中原文明。从唐代至宋代,由于汀州偏离中原,无兵火战乱之苦,因而社会、经济得到快速发展,宋《汀州志》载:"迨宋朝承平日久,生聚日滋。《元丰九域志》已载主户66157,客户15299,视唐既数倍。庆元旧志载主客户218570,主客丁453231,视元丰又数倍。"北宋名宦陈轩(字元舆,嘉枯八年进士)很重视农业生产,元丰六年(1083)知汀州后,遍览各地风物,看到汀州繁荣景象,十分感慨,情不自禁地高吟:"五百年前兴废事,至今人号旧州城。"著名诗人黄庭坚对陈轩知汀的政绩十分赞赏,赠诗曰:"平生所闻陈汀州,蝗不入境屡丰收。"(《戏答陈元舆》)至南宋末年,汀州更加繁荣,户数超过22万,成年男丁超过了50万,总人口已逾百万。由于经济的发展,汀州社会面貌也发生了很大变化。北宋淳化五年(994),从长汀南境析出了上杭县,长汀西境的武平场升格为武平县;元符元年(1098),长汀东北析出清流县。南宋绍兴三年(1133),长汀东析出莲(连)城县。汀州四县的增设,与人口激增有关,不言而喻,这是唐末至南宋大量接纳中原南下汉人的必然结果。明成化六年(1470),朝廷又将宁化、清流、沙县、将乐四县交界之地析出,设立归化县(今明溪县),上杭县南部析出设立永定县。从宋至清,汀州所辖区域和称谓虽也有变化,但总体上辖长汀、宁化、清流、归化、连城、上杭、武平、永定8县没有变化。

汀州自设立建置后,作为首府的长汀,就成了汀江通往梅江、韩江的重要起航点,不仅上游的竹木及各种农副产品源源不断地运到了梅州、潮州,而且大批海盐溯江而上直抵长汀再转至赣南各地。过去,抚州、赣州一带百姓吃的都是淮盐,从北方靠人力挑运而来,由于路途遥远,价格相当昂贵,每斤需银在十六、七文。于是,大量私盐就从潮、汕溯韩江、梅江、汀江运至赣南及抚州,再转至各地。私盐为闽盐和广盐,不仅质量优于淮盐,而且价格很低,每斤只七、八文。

汀江通航的顺畅,与主政者积极治理有关。南宋绍定五年(1232),理学家宋慈(朱熹再传弟子)任长汀知县,其间,组织数千长汀官民清巨石、扩水面,疏浚汀江航道,设立和完善码头。这一举措,不仅使潮、汕之盐更加畅通北运,同时对客家先人向粤东播迁提供了更加便利和安全的条件。

汀江、韩江这条大动脉是客家继续南迁的主要通道,调查表明,当今生活在梅州地区和韩江流域的客家人约有130多个姓氏,其中有90多个姓氏的家谱上,都明确地记载着其先人是从汀州移居而来的。据粤北《翁源县志》载,该县从上杭迁入的有11姓,分别为吴(渤海郡)、黄(江夏郡)、张(清河堂)、王(太原堂)、李(陇西堂)、杨(弘农郡)、涂(五桂堂)、温(太原堂)、郭(太原堂)、丘(河南堂)、林(西河郡)。上述11姓中,今人口在10000以上者有黄、李、张三姓,5000—10000者有吴、王、杨、温、郭、林六姓,显然,几乎都是旺族。又如南宋末年永定的张化孙(1175—1267),有子18人,孙108人,除少数在闽西守业外,大都移居广东梅、潮、汕各地及台湾。深圳的南岭村,是全国有名的工业化示范村,全村有张氏后裔800多人,走进气势宏伟的张氏祠堂,人们才知道,这里的开基祖张绍玉,就是清康熙年间从汀州顺汀江、韩江南下而来的。

汀州上杭作为客家的一个中转站,实际上是继石壁之后客家的另一个宜居地。20世纪50年代初,罗香林在《客家源流考》中说,粤东18个客家姓氏中有16个来自上杭,占88%。至90年代新的统计表明,仅梅州一地(7个县市区)130多个客家姓氏中,在上杭开基的就有117个,占90%。上杭李姓的迁播史也表明,上杭是客家发展中的中转站。上杭李氏的开基祖为李火德,本唐高祖李渊的第28代裔孙。李火德的父亲李珠在宋时南下迁赣之石城,再迁至闽之宁化石壁。为图发展,李珠令其儿子们继续外迁。于是,火德及其兄木德来到了上杭的丰朗,不久木德又外迁。李火德有三个儿子,若干孙子。从李火德后裔第二代起,李氏不断从丰朗外迁,有的到了永定,有的到了南平,还有的到了广东、广西、浙江及东南亚和欧美等地。据当代李氏后人统计,李火德一支后裔当今已遍布全国14个省市自治区及香港、澳门特别行政区,在海外则分布在13个国家和地区。李火德被尊为"李氏闽粤大始祖"和"李氏入闽始祖"。清道光十八年(1838),李氏后人在上杭县稔田镇官田村建造了规模宏大的李氏大宗祠,奉李火德为"稔田李氏一世祖",从那时至今日,每年春分前前来祭祖者不计其数。

今日的长汀新区虽然也是高楼鳞次栉比、车水马龙,但旧城与老街却依然保持着古朴的风姿,高大的城墙曲折蜿蜒,穿过三元阁宽厚的门洞,一栋栋客家的民居、一座座客家宗祠便会无声地向人们诉说昔日陈迹。陈氏宗祠、赖氏坦园宗祠、紫云公祠,高大雄伟的牌楼,各种各样的雕镂绘饰精美绝伦。

到长汀的人一般都还要到和田镇,因为那里是客家历史旧貌的"活化石"。和田镇为长汀的旧城,距现在的长汀有 10 多公里,举世闻名的客家宗祠街就坐落在那里。在狭而不阔的街道两侧,挺立着李、丘、廖、吴、余、俞、刘、叶、黄、赖、游、郑等 20 多个姓氏的宗祠。宗祠内的一件件文物,一方方先祖的灵位,无不在向人们诉说着千百年来客家人的家族史,同时,它也使人感悟到,客家人正是以自己艰辛不懈的奋斗,创造了历史,延续了生命,因而其香火也得到了永久的传承。

新西兰女作家路易·艾黎在 50 多年前向世人说:"中国有两个最美丽的小城,一个是湖南的凤凰,一个是福建的长汀。"

凡是到过长汀的人,都会很自然地想起这句名言。

2. "客家的摇篮"——宁化石壁

中原汉人进入福建后形成了不同的两个民系。进入闽南的中原移民与当地居民相融合,形成了以闽南话为特征的福佬系,进入赣南之后又辗转迁徙到闽西、粤东北的汉人则形成了以客家话为特征的客家民系。

闽西宁化石壁之所以历来有"客家摇篮"、"客家祖地"之称,与客家先祖到这个地方最早有关。除正史记载外,一些传说也可视为有力的旁证,如"葛藤坑"的传说就是一个关于姓氏祖脉、家族世系传续的证明。

唐朝末的黄巢起义,在十余年中,黄巢率部从鲁到豫,由河南挺进淮南,进而转战浙东、赣中、赣北、闽西,又由赣西经湘入桂,之后南下粤穗,从粤经湘入鄂,渡江淮后攻占洛阳,最后夺取长安,失败后又退回山东。由于其行踪遍及大半个中国,因而留下了许多传说,其中既有赞颂者,亦有唾骂者。葛藤坑"石壁端午挂葛藤"仅是其中涉及客家的一个。

　　在昔,黄巢造反,隔山摇剑,动辄杀人。时有贤妇,挈男孩二人,出外逃难,路遇黄巢。(巢)怪其负年长者于背,而反携幼者以并行,因叩其故。妇人不知所遇即黄巢也,对曰:闻黄巢造反,到处杀人,旦夕且至。长者先兄遗孤,父母双亡,惧为贼人所获,至断血食,故负于背;幼者固吾生子,不敢置侄而负之,故携行也。巢嘉其贤,因慰之曰:毋恐!巢等邪乱,惊葛藤,速归家,取葛藤悬门首,巢兵至,不厮杀矣。妇人归,急于所居山坑径口,盛挂葛藤,巢兵过,皆以巢曾命勿杀悬葛藤者,悉不敢入,一坑男子,因得不死。后人遂称其地曰葛藤坑,今日各地客家,其先,皆葛藤坑居民。[①]

葛藤坑在今石壁西4公里左右的一个山坳里,其之所以以"葛藤"命名,也来源于上述传说,不过,现在又叫南田村。挂葛藤这一充满传奇色彩的传说,不仅说明了客家人的苦难,也表明了客家人的坚毅。就是在这样的千百个避难所中,经过九死一生的客家人才得以生存、繁衍与发展。

客家先民来到石壁,他们在这里歇息,面对宽广的盆地沃土、青山绿水与相对安定的环境,他们同时也感到欣慰和兴奋,这不是他们正要想去的地方吗?

于是,他们在这里安营扎寨,拓荒辟地,搭屋修堰,建立起了自己新的家园。

于是,李家坪、张家屋、陈家垄、杨家排、黄家坑、马家围……便如雨后春笋般地在山坡、垭口、塘边、林旁出现了。

谱牒资料研究表明,在客家的主要姓氏中,至少有180余个姓氏,其先人都在石壁生活过,也就是说,他们是从中原到石壁,尔后又从这个大本营播迁各地。因此可以说,宁化石壁不仅是客家人延续香火的重要中转站,而且更是客家人延续香火的圣地!

研究表明,下列各姓氏的客家先人都曾在石壁创业、生活、繁衍,留下了自己的足迹和许多有案可稽的家谱等资料。它们是管、钟、邓、巫、罗、赖、李、陈、雷、丘、伍、杨、温、欧阳、伊、刘、唐、施、夏、黄、贝、洪、何、吴、孙、曾蓝、范、廖、谢、邬、郑、薛、张、黎、江、官、蔡、阮、高、滕、萧、魏、王、卢、傅、方、阴、危、汪、池、徐、熊、万、丁、沈、易、侯、杜、上官、谌、梁、郭、柳、邹、甘、周、马、潘、汤、曹、姚、林、戴、彭、贺、叶、龙、童、缪、刁、程、俞、余、姜毛、朱、涂、饶、翁、胡、游、阙、白、袁、詹、严、龚、卜、古、房、幸等。

"北有大槐树,南有石壁村",这就是历史对石壁这一"客家摇篮"在中国移民史上重要地位的公正评价。

3. 永定、南靖、华安的土楼

福建土楼作为民居,其建筑的典型性在世界上是绝无仅有的。土楼属土

① 谭元亨《客家圣典》,海天出版社,1997年。

(石)木结构,但其规模高大、造型别致、结构奇巧,加之十分重视与周围自然环境的和谐相融,因而具有丰富的文化内涵。

福建是全国客家土楼最多的省,其中,永定、南靖、华安三县尤以数量居多且富有特色而著称。2008 年 7 月,168 千世界遗产公约缔结国的代表和观察员 800 多人参加了在加拿大魁北克召开的第 32 届世界遗产大会,7 月 7 日上午 6 时 30 分,经过热烈而紧张的讨论,包括中国在内的 21 个委员国一致通过将"福建土楼"正式列入世界文化遗产名录。

列入世界文化遗产的"福建土楼"由"六群四楼"组成,共 46 座。即永定县初溪、洪坑、高北土楼群以及衍香楼、振福楼;南靖县田螺坑、河坑土楼群以及怀远楼、和贵楼;华安县以二宜楼为代表有大地土楼群。

永定土楼是客家民居建筑的杰出代表,它不仅历史久远、规模宏大、功能齐全,而且结构奇巧、文化含量大,因而具有极高的历史与艺术、科学价值。联合国教科文组织顾问史谛文斯·安德烈称其为"世界上独一无二的、神话般山村居民建筑",日本专家誉其为"天上掉下来的飞碟"、"世界建筑奇葩"。

位于高北村的"承启楼"始建于明崇祯年间,至清康熙四十八年(1709),经三代人的努力方竣工。该土楼呈圆形,直径 73 米,外墙高 12.4 米,有 384 个房间,总面积达 7376.17 平方米,最多时曾住过 800 多人。该楼以其形制高大、雄伟,风格精犷、厚重而著称,一些专家考察承启楼之后赞不绝口,无不认为其堪称"土楼之父"。

在洪坑土楼群中,振成楼有"土楼王子"之称。该楼始建于 1912 年,占地 5000 多平方米,为悬山顶抬梁式构架,费时 5 年而成。楼分内外两圈,依八卦方位分置,前门为"巽",后门为"乾"。外楼圈 4 层,每卦 6 间,故每层 48 间。振成楼为湖坑镇洪坑土楼群最有文化内涵的一座,楼主为林逊之,为"中华民国"第一届参政院参议员,故该楼大门门厅及中堂有时任参政院院长、后为大总统的黎元洪的多副题词。所谓"振成",就是门联所说的"振纲立纪,成德达材"之意。楼内还有一副勉励族人恪守"修身齐家"之道的楹联屡屡被人称道,就是因为它既通俗又蕴含哲理,其上联为"振作哪有闲时,少时壮时老年时,时时须努力",下联为"成名原非易事,家事国事天下事,事事要关心",真可谓言简意赅。洪坑土楼群中方形土楼的杰出代表作为福裕楼,始建于 1880 年,占地 7000 多平方米,历时 3 年而成。该楼为仿西洋式建筑风格,整个建筑中轴对称,屋宇错落,前楼两层,两侧三层,后楼五层,后人称其为"宫殿府系式"。该楼之所以敢以宫殿式设计,盖因楼主之父曾为清朝四品朝政大夫。福裕楼为当时任汀州知府的张星炳设计,张还为土楼撰写了对联"福田心地,裕后光前",既体现了楼主的文化理想,又说明楼名之由来。

下洋镇初溪村土楼群由五座圆楼和数十座方楼组成,尤其是北面的三座巨型圆楼与一座方楼紧密相连,使得土楼群更显得气势磅礴。楼群中的集庆楼年纪最长,兴建于明永乐十七年(1419),距今已 580 余年。楼为土木结构,72 座楼梯将全楼分作 72 个独立的单元,楼梯、房间、隔墙均用杉木材料构建,墙体及各种木质构件历六个世纪仍然挺立,令人称奇。

尤其值得一提的是坐落在南溪土楼群中的衍福楼、振福楼和环极楼。

在南溪不足十里的溪流峡谷两侧,分布着一百多座形态各异的土楼,三角形、四边形、六边形、八角形、圆形、马蹄形,凡土楼之态,可以说这里是应有尽有。衍香楼外形依八卦图形而建,内部犹如一座官府,有前堂、中堂和后堂,左右两侧为厢房,楼内外除了有各种雕绘装饰外,还根据厅、堂、室的不同功能,悬挂有内容不一、大小各异的书法和绘画,从而使整个土楼的气氛显得古朴而文雅。另一不同之处是大门。为加强防卫,厚厚的木门上还钉上了一层钢板,门的上部设有水箱,这对防火、防撞击来说,都起到了非常了不起的作用。振福楼与振成楼可谓是兄弟楼,也是一座富丽堂皇的中西合璧之作。土楼背为青山,面向溪流,整个大楼呈圆状,但内部结构按八卦方位设计。楼门有联曰"凤起丹山秀,蛟腾碧水环",透露着楼主崛起后不可按捺的自豪。环极楼距振福楼不足 3 里,是一座气势壮观的大圆楼,建于清康熙三十二年(1693)。土楼分内外两环,内环单层,外环四层。此楼建造十分坚固,1918 年农历正月初三(2 月 13 日),当人们正在欢度春节时,这里发生了一次地震,不到半小时内余震数次,附近水田中的泥浆喷起数米之高,楼正面第三、四层墙体出现裂缝一尺多宽。但使人难以置信的是,余震过后,楼体趋稳,裂缝竟慢慢合拢,仅剩下一条细长的裂纹。

华安、南靖两县土楼不仅历史悠久,分布广阔,而且类型众多、内涵丰富。华安大地土楼群中最著名的为二宜楼、南阳楼、东阳楼。始建于乾隆五年(1740)的华安县仙都乡大地村的蒋氏二宜楼历 30 年而竣工,其规模之大,结构之精令人叹为观止。二宜楼处在前后两山的黄金分割点上,建筑平面与空间布局别开生面,既旷达,又和谐。室内单元式建筑与通廊相结合。在防卫上,既有通廊,也有隐廊,可防、可抗、可逃。由于其建造奇特,故有"神州第一楼"、"土楼之王"及"民居瑰宝"之美誉。二宜楼文化内涵十分丰富,如大门两侧有一对青斗石雕刻的抱鼓石,其上雕有如意锁、四龙戏珠等吉祥图案。楼中有各种壁画226幅,彩绘、中堂等228幅,楹联、堂联163对,大小木雕349件。二宜楼为大地村蒋氏第十四代孙蒋士雄所建,1996年被确定为全国重点文化保护单位。该村的另外两楼——东阳楼和南阳楼也是蒋氏所建。东阳楼为两层方形围屋,由蒋士雄的孙子、太学生蒋宗祀所建,竣工于嘉庆二十二年(1817)八月。该楼内部设计与装修典雅精致,雕镂绘饰,美轮美奂,是防御型向舒适型转化的一个范例。南阳楼为三层圆形围屋,由蒋士雄的另一个孙子蒋经邦所建,竣工于嘉庆二十二年(1817)。南靖县田螺坑土楼群由五座土楼组成,站在高处俯视,如从天而降的彩碟,错落有致。这组建筑,在建筑方位、布局及对人的视觉效应方面,设计都颇费匠心,有很高的审美价值。河坑的土楼群包括13座土楼,疏密有致地坐落在山谷溪流侧畔,与茂林修竹相掩映,构成一幅人与自然和谐相处的天然画图。梅林乡卦山村的和贵楼地处沼泽,是建造最奇特的土楼。梅林乡坎下村有一座怀远楼,顾名思义,是一座充满崇礼重教等传统文化内涵的土楼。

福建土楼是客家人智慧的结晶,是南北方文化交流与合璧的杰作,是全中国、全人类最宝贵的物质与精神财富(有的研究者将闽南土楼区分为客家土楼与闽南人土楼,本人认为虽有区别,但很难截然区分)。

(四)客家人与梅江

梅江流域的客家素有"先客"与"后客"之别。所谓"先客",指宋以前播迁而来的客家人,"后客"则指南宋末年和元代迁移而来的客家人。

1. "客家之都"——梅州

最早到岭南的不是后来的"客家人",而是早于他们的广府人和潮州人。中原汉人越过五岭到珠江三角洲,成为广府人。其后又有一批中原人从福建进入韩江三角洲,这就是最早的潮州人。广州被称作五羊城,传说为周代北方的五位仙人骑着五只口衔谷穗的羊而来。史载,秦朝统一中国后,曾向五岭派兵,于始皇三十三年(前214)"谪徙民五十万戍五岭"①。此次南迁的路线有多条。一是顺着湘江、灵渠、漓江、西江而至,二是沿着潇水、新道、贺水、西江而至,三是从耒水、湟水、北江而来,四是由赣江到梅关(即横浦)再由浈水、北江而至,五是直接由赣江、东江而至,六是从赣南经贡水、濂江、湘水,再经过定南水、寻邬水、东江而至。第一、二支西江水系的是后来广州话语系的主要分布区;第五、六支东江水系的是后来客家话的主要分布区;三、四支北江水系的则是广州话与客家话的杂居区域。

梅州的客家人十分重视教育,曾在这里传教20多年的法国天主教神甫赖里查斯曾于1901年著《客法词典》,他在序言中曾记述了当地的教育情况。他说:"在嘉应州这个不到三四十万人的地方,我们可以看到随处都是学校。一个不到三万人的城中,便有十余间中学和数十间小学,学生的人数几乎超过城内居民的一半。在乡下每一个村落,尽管那里只有三五百人,至多亦不过三五千人,便有一个以上的学校。因为客家人的每一个村落都有祠堂,那就是他们祭祀祖先的所在,而那个祠堂也就是学校。全境有六七百个村落,都有祠堂,也就有六七百个学校。这真是一个骇人听闻的事实,按人口比例来说,不但全国没有一个地方可以和它相比,就是较之欧美各国也毫不逊色。"②

梅州同时也是客家人的集散地,唐末从闽、赣南达这里的客家先人,又先后外迁至惠东、惠阳和宝安一带。据惠阳地方文献记载,到惠阳(当时叫归善)的北方汉人当不下五万人。南宋末年,元兵南扰,又有一批汉人拥进惠阳,因而就惠阳的风俗习惯而言,"全是汉家风味"是其最突出的特色。

2. 潮汕的"福佬人"

"福佬"一词原指由闽徙潮的中原汉人后裔,以别于潮汕土著。潮汕地区的原住民多为俚人,同时也有畲、僚人。晋唐中原汉人南播潮汕后,一部分俚人南迁桂、琼,发展为黎族,留下来的则被汉化。最初从中原直接来到潮汕的汉人,因来自河洛(河南、河东),也被称作"河佬",但由于后来"福佬"人的数量大大超过了当地人,成为了主干,因而包括"河佬"在内的当地人也多从于后者,"福佬"

---

① 《资治通鉴》卷7《秦纪二》,中华书局,1964年。
② 转引自何国华《梅州教育发展历程及其发达原因初探》,载《守护客家文化的尊严》,(香港)中国评论学术出版社,2008年。

一词也就逐渐被用作潮人的泛称,即对讲潮汕话人的泛称。在潮、梅地区只有大埔县是纯客家县,澄海是纯福佬人,故有民谚曰"大埔无福,澄海无客"。在潮、梅相交的广大区域中,既会讲潮汕话又会讲客家话的人占多数,他们则被称作"半福佬"。

福佬人与客家人的相同之处是,都是从中原南播的汉族人,不同的是南下迁徙的路线不同、时间不同,因而形成了两个民系。

福佬人主要由闽南泉州、漳州一带沿海岸线南移,故被称作海系;客家则主要由赣南和闽西南向闽粤山区迁播,故又被称作陆系。从时间上来说,福佬人在前,客家人在后。客家人入粤,约在东晋义熙九年(413)前后。当时,梅县、大埔一带已有从赣人粤的五个集中点,被称作"流民营"。为便于管理,东晋王朝将东官郡一分为二,析出了一个义安郡,下辖六县,其中新设立的义招县便是由五个流民营形成的。唐开元年间福州长史唐循忠在闽赣粤的福、虔、潮州稽查出"避役之民"约3000余户,为加强管理,开元二十四年(736)专门在避役之民比较集中的长汀(今属福建)一带设置了汀州。此两地之客人,一向被视为闽南和粤东的客家之祖。据《元和郡县志》载,当时的程乡(即今兴宁、梅县一带)的户籍,尚无主客户之分。成书于宋初太平兴国年间的《太平寰宇记》所载当时户籍,潮汕一带也不分主客,梅州一带则开始有了主客之别,但客户也不过367家。再看一百年后成书的《元丰九域志》,情况则出现了很大的变化。时梅州的客户为6548户,而潮州已达17770户。由此可知,客家人大量进入潮、梅地区,应在北宋和南宋之时。

潮汕一带的福佬人,大多是由中原南下定居福建后又辗转迁到潮汕的。如闽王王审知,原籍光州固始,其玄孙王坦由泉州先移漳浦,再迁饶平,最后来到海阳(今潮安)。又如明代潮籍学者薛侃(中离),其先祖为光州固始人薛播,唐玄宗时因先后任泉州和晋江刺史而落籍福建,至南宋淳熙末年,其后人薛兰由闽之廉村迁于潮州,卜居凤陇(今潮安薛陇),为薛氏人潮开基祖。随王审知入闽的庄氏开基祖为庄森,因其后人入潮汕,因而潮汕望族庄氏尊庄森为始祖。潮汕望族陈氏,自称"颍川旧家",可知其也来自河南,因为"颍川"即许昌,颍川始祖为东汉太邱长陈寔。潮汕的另一大姓郑氏也源自河南。南宋末年丞相郑清芝,其先人为光州固始人,入闽后世居莆田。郑清芝之侄郑虎臣不满奸相贾似道误国殃民而在漳州刺杀了贾似道,朝廷命郑清芝办理此案。郑清芝的四个儿子惧怕遭到株连,分别逃到了饶平、澄海、潮安和揭阳,从而成了当地郑氏开基者。

客家人进入粤东并不顺利,正在发展中的畲族人不愿看到自己的土地、山林、河汉、湖泊被"客人"所占,以强悍剽勇著称的畲民,在"蛮獠"大族盘、雷、蓝、第、赖五姓头人的蛊惑下,曾视客家为仇寇,不断以武力对客家相挟。畲人虽人多势众,但毕竟文化落后,在汉人的打击、怀柔和感化下,最终被强势的先进文化所同化,以至到明代初年,许多畲族后裔已不再称自己为畲民了。20 世纪 60 年代有学者对潮安凤南公社碗窑畲族调查表明,"该地的畲族同胞,在生活和生产习惯上已与潮州的汉族人民没有什么大的差异,只是语言上才有所分别。"在1000 多畲族人中,"成年人大都能讲潮州话,在本族内部交际用畲语,对外则用潮州话"。即使畲语,也"很接近汉语的潮州方言"。《潮州市文物志》载,在畲语的词语成分中,"客家话约 70% ~ 80%",而且与"客家语言大部分相同或相似"。①

虽然福佬人与客家人在语言、生活习俗方面很不相同,但由于客家人的拥入,客、福杂居则成了很正常的现象。杂居就免不了相互影响。以兴宁、梅州一带与潮州、汕头一带相比,只有大埔是纯客县,澄海县是纯福佬县,其余各地均为混杂相居之县,因而客福之间各自互异之处渐渐趋少,相通相同、相互融合之点则越来越多,越来越强了。

（五）客家人与海洋

客家先人从河南走向闽、赣、粤,又走向台湾和东南亚及世界各地。

以丘氏为例可见一斑。

武王伐纣建立了周朝,周朝实行分封制,吕尚在兴周灭纣中功劳至伟,武王封他为齐王,封地在齐地营丘。吕尚又将封国属地中的一部分划分给了他的三子穆,即封丘,这一支人就世居封丘。越 11 代,从封丘移居山东,居 5 代又回迁河南原籍。居 14 代,社会动乱,迁至福建汀州的上杭,居 16 代迁至四川,居 7 代又迁回河南,居 6 代迁至江西石城县,居 9 代迁福建宁化石壁乡,再 4 代迁广东梅州,之后又由梅州走向港澳台和世界各地。所以,就中华丘氏源流而言,"受

---

① 谢逸《潮州文物志》(内部发行),1985 年本。

封于山东营丘,始姓于河南封丘",是其最简要而准确的概括。丘氏前后在河南生活、繁衍了 31 代,历时近千载,故而丘姓堂号为"河南堂",堂联为"河南世泽,渭水家声"。所谓"河南世泽",即指世世代代生活在河南,深得黄河之恩泽,深沐中原之礼尚;所谓"渭水家声",指吕尚于渭水之上得周文王知遇之恩,拜为师,尊为父,方有之后的荣耀家声。

三、客家民系的形成

历史上中原汉人的多次大规模南迁,在中国南方形成了一个特殊群体——客家民系。客家先民最早来到赣南,并在那里择地而居。南宋末年,由于元兵的南下掠侵,客家先民从赣南、闽西南进入到了粤东的梅、循、惠州,至明末清初,闽南及粤北沿海一带的客家人又流向了澎湖和台湾。

(一)客家人的"自为"与"自觉"

1."客籍人"不等于"客家人"

寓居于赣南、闽西、闽南、岭南的客家先人从河洛地区带来了先进的农业、手工业技术和悠久而深厚的文化传统,如语言、习俗、宗亲、教育、伦理、礼仪等等,随着客家人的渡海,以河洛文化为主体的闽粤客家文化又传播到了台湾。一项调查表明,闽南、台湾汉人中陈、林、黄、郑四大姓占总人口的一半以上,故有"陈林半天下,郑黄排满街"之谚语流行。在这些大姓的族谱上,也都明白无误地标明其祖先为河洛人。客家人来自中原,不言而喻,也包括今河南周边一些地区,但主要是河南,因而国学大师章太炎在《客方言序》中非常肯定地说:"客家大抵来自河南。"

虽然晋、唐时期已有大批中原汉人南迁,但成书于唐代的《元和郡县志》,在记述户籍制度时,并没有主客户之分。客家人大量南迁在宋代,据成书于宋初的《太平寰宇记》载,宋时,粤之潮州尚无客主之别,但梅州已开始有"主"、"客"之分,以当地人为土籍,也即主籍,新进移民皆编入"客籍"。让人始料不及的是,由于大量移民的拥入,百年后却发生了沧桑之变,竟出现了"客"多于"主"的现象。

但是,人们不禁要问,南迁的北方汉人及其后裔都是客家人吗?二者之间可以画等号吗?显然不完全是。

陇右、关中、河洛一带的汉人南迁有 2000 多年的历史,到闽、赣、粤的汉人后裔,有的成了客家人,有的并未成为客家人,而成了福佬人、广府人或当地人。众所周知的开闽圣王王审知,唐代从光州固始入闽,后来攻城开疆,势力极大,号称闽王。但他并未成为客家人,而是属于福佬人。宋代最著名的理学家朱熹,先祖为河南人,后移徽州婺源(今属江西)、寓居建阳(今属福建),他却是客家人。

另外,由于南迁中原汉人在政治、经济、文化上的优势和强势,使得当地的一些土著居民,其中包括畲、瑶等族,少部分转移到了闽东、浙南,大部分则同化于汉人或客家之中了。

由此可知,"客家人"不等于"客籍人",判定是否是客家人,既与北方汉人的南向播迁有关,同时还有其他各种因素,如地域、血缘、语言、文化等诸因素。

2. 客家人的自励自强

分析"客家"一词的由来可知,它的传播与使用曾经有一个"他称"与"自称"的过程。所谓"他称",起源于官府,即起于官府在登记户籍时有"主"、"客"之别,但大量使用则始于福建沿海福佬人及广东沿海的广府人,时间大概在明末清初。至清中期,客家人自己开始用"客"自称,这标志着客家人的觉醒与对"客家"一词内涵的自我认同。

社会发展的道路是曲折、坎坷的。客家的发展也是如此,有着优良传统的客家人在中国封建社会末期曾经遭到了严重的社会歧视。

客家史表明,赣南、闽西的客家人与当地人或土著人虽也发生过这样或那样的矛盾,但总体上说是和谐相处、共同发展、相互融合的。但客家人在粤北的后人遭遇却并非如此,客、土不仅矛盾尖锐,而且曾出现过长期的、大规模的血与火的冲突与掠杀。

成书于明崇祯十二年(1639)的《东莞县志》,一改历史上汉人称岭南少数民族为"獠"的做法,称客家人为"獠",同治《高要县志》、光绪《新宁县志》等称客家为"贼"或"客贼",同治《新会县志》凡提到客家时,还侮辱性地在"客"字左边加一"犬"旁。

此外,一些地方还因为土地、山林、水利、商贸等纠纷发生械斗,致使一些客家人为此而付出了惨重的代价。县志对械斗也有一些记载,如咸丰同治年间发生在广州府、肇庆府,先后波及开平、恩平、增城、新宁、高明、鹤山、阳春、新会等地的土客械斗持续了 14 年之久(1854 年至 1867 年),2000 多座村庄遭到焚掠,双方死亡人数近百万,迫使无数客家人流离失所。如《赤溪县志·开县事纪》"开恩客属泰同团之安插及遣散"一节记载,同治元年(1862),开平、恩平两县土客虽开始和解,但未过多久复又械斗:

> 同治元年,土客解和。恩、开两县金鸡、赤水、东山等客属复迭遭土人侵攻。客丁众多,尚能与御,被攻客村旋失旋复。惟是时,斗事靡已,人难乐居,稍有赀者皆纷纷迁眷他去。①

此段后加有小注,说"是时,客民回惠、潮、嘉原籍及往广西各县已数十万人"。可以想见,当时广、肇两地客家人生存是何等的艰难。

直到清朝末年,广东一带歧视客家之陋风仍弥漫于社会。光绪三十三年(1907),顺德人黄节编写《广东乡土地理教科书》,其中论及地方民族现状时竟说"广东种族有曰客家、福佬族,非粤种亦非汉种"。在一些殖民主义者眼中,客家人更加下劣,1920 年上海商务印书馆出版的乌尔葛德英文版《世界地理》,其中在"广东"条下竟说"其山地多野蛮的部落、退化的人民,如客家等等便是"。

面对侮辱与诬蔑,客家有志之士拍案而起,决心为客家人正名,为客家人立言。

黄遵宪、丘逢甲于光绪三十一年(1905)创办组织了"客家研究会",在廓清史实的基础上向世人大声宣告,客家人"根在中原",是历史上南迁的汉人,其文化传统是正统中原文化。其后,著名学者、中山大学校长邹鲁撰写了《汉族福佬考》,以确凿的史实说明客家人与中原汉人同祖同宗同源。不久,他又撰写了《广东语言说略》,进而从语言角度论述客家人与北方汉人之关系。胡曦撰《广东民族考》,论证客家来自中原河洛,是汉族的一支。罗蔼其撰《客方言》,第一次全面地从方言角度论证了客家人与中原的渊源关系,章太炎在为该书所作序中也肯定了客家人大抵来自河南。在为客家正名的研究中,不少知名人士都积极参与,并以史实证明客家是汉民族中优秀的一支。如张资平的《粤客音之比

---

① 转引自孙谦《清代华侨与闽粤社会变迁》,厦门大学出版社,1999 年。

较》、钟用和的《客家源流》、温廷敬的《客家非汉族驳辩》、古直的《客人对》等，从不同侧面对客家的历史进行了考辨。1921 年，由广东知名学者赖际熙、刘友梅、林翊球发起，在香港成立了客家人第一个组织"崇正总会"，之后，崇正会又联络同仁，对上海商务印书馆《世界地理》的"退化"说进行了义正词严的批评与驳斥。在正义面前，该书停止了发行，新版时改称客家为"中国进步的汉族民系"。

更令客家人气愤和不能容忍的是，国民政府广东省建设厅主办的《建设周报》，竟在 1930 年 7 月的一期文章中侮辱客家人"不甚开化"，有大种、小种之分。文章一出，客界、侨界一片哗然，抗议之声四起。最后，在广东省政府的命令下，建设厅表示了公开道歉。

1933 年，罗香林教授出版了《客家研究导论》，对客家的源流、血脉，客家形成的年代、大致分布以及客家的语言、文化、教育、习俗和民系特征等进行了全面的梳理研究，标志着客家问题的研究达到了一个新的水平。在客家与少数民族关系上，该书第一次指出，客家与畲族之间存在着血缘上的交融，至于文化上的相互交融则更多，一些畲族人的汉化是最明显的例证。1942 年，罗香林又发表了《国父家世源流考》，称孙中山为客家人，其先祖孙俐为汴州陈留（今河南开封县）人，唐僖宗中和四年（884）统兵闽粤间，遂居虔州虔化县（今属江西），后裔迁至闽之长汀，又迁至广东。孙中山为孙俐之 35 代孙。由于该书有蒋介石、于右任等题写书名，孙中山之子孙科及陈立夫作序，在社会上产生了很大的轰动效应。至此，否认客家为汉人的说法才逐渐销声匿迹。

1950 年，罗香林又在《香港崇正总会三十周年纪念刊》上发表了《客家源流考》的长篇文章，并对何谓"客家"进行了界说性的概括：

> 欲定客家界说，自时间言之，当以赵宋一代为起点。客家居地，虽至今尚无普遍调查，然依其迁移所居，大体言之，其操同一客语而与其邻居不能相混者，则以福建西南部，江西东南部，广东东北部为基本住地，而更及于所再迁之各地，此就空间言之者也。鄙意凡属客家之基本住地，自赵宋以来之文物或活动，除极少数不能并计外，大体皆可认为客家之文物和活动。吾人研究客家问题，固当上溯源流，下瞻演变，然其基本对象，当不能离此地域此

时间一般操客家语之人群及其所活动之迹象。

此文的理论意义及影响相当深远,所论及的客家形成时间、生活地域、所用语言与文化特征,都是界定客家的必要条件,此后的研究,也大多循此进行。1973 年,罗香林又发表了《客家源流及其社会背景和影响》。罗氏关于客家研究的三部重要论著,其功力之深厚、结构之严谨、论述之全面、立论之公允,奠定了他客家研究大师的权威地位。客家为汉民族之重要民系、客家方言为中国七大方言之一等,成了人们认识客家的不刊之论。

勤劳、朴实的客家人,悠久、辉煌的客家史从此揭开了新的一页。

过去,客家由于分散于各地而很少有什么集中的活动。为改变这种状况,1921 年,客家的一些知名人士在香港发起成立了客家崇正总会,之后,各地也相继成立了分支机构或地方性的客家组织。到 21 世纪初,世界各地已有各种分支机构、联谊会、研究会、客属公会或协会上百个。

与此同时,有关客家问题的研究与联谊也如雨后春笋般地在大江南北迅速兴起。客家集中的省市都成立了专门研究机构,如赣南师范学院、嘉应学院、三明学院等高等院校及福建省社会科学院都成立了客家研究中心,河南省社会科学院、洛阳师范学院成立了河洛文化研究中心。有关客家研究的专著、杂志纷纷面世。粤、闽、豫、赣、川的梅州、龙岩、郑州、赣州、成都等市还分别申办了世界客属恳亲大会。各地的客家人也一批批地走出家门,到世界各地寻亲拜友,敦宗睦族,寻求合作,图谋发展。神州大地的客家事业到处都是一片欣欣向荣的景象。

客家人永远忘不了自己家园。新一代的客家人不仅文化素质较高,更具有强烈的事业心和开创精神,在市场经济的大潮中取得了骄人的成绩。国内许多知名的大企业和高科技企业,都是客家人在执掌乾坤,许多重要的领导岗位,也都是客家子弟执掌权柄(仅广东省副省级以上领导即十数人)。无数的海外客家人及其后裔,怀着赤子之心,一起回到中原、回到故乡,寻根谒祖、创办企业、修桥筑路、兴办学校、设立基金等,为国家的发展、人民的福祉贡献力量。盛世与作为使客家在全社会的地位与日俱高,客家事业充满着勃勃生机。

客家人已从一个自为的民系走向了文化自觉,成为世人瞩目的一支重要的社会力量。

（二）客家民系形成于明代

客家民系形成于何时，学术界有多种认识，有宋代说、宋元说、元明说、明清说和近代说种种。至于客家人的成分，主要看法有两种：一是中原汉人南迁与当地土著结合说，一是土著说，即畲、苗、瑶演变说。本文立论的基础是前者，即中原汉人南迁说。

1.《丰湖杂记》

"客主"之分或"客土"之分虽然早见诸历史，但"客人"或"客家"一词用作学术却出现较晚。

福建古称七闽。《周礼·夏官·职方氏》："职方氏掌天下之图，以掌天下之地，辨其邦国、都鄙、四夷、八蛮、七闽、九貉、五戎、六狄之人民。"汉代郑玄注曰："闽，蛮之别也。"又说："闽为蛮之别种，而七乃周所服之国数也。"

至清代中叶，晋江人蔡永兼对"七闽"作了新的解释，他在《西山杂记》中说："福建省周时有七闽，其地域即泉郡之畲家，三山之蜒户，剑州之高山，邵武之武夷，漳岩之龙门，漳郡之南太武，汀赣之客家，此七族称七闽。"

这是最早将"客家"一词用于闽赣，而且强调"七闽"不仅仅是地名，也是"族"名。

但是，这里他所说的"客家"，更多含义上是指臣服于周天子的一个部族的称谓，与今天我们所说之"客家"，含义迥异。

"客人"一词在含义上具有"民系"意义，最早出现者当为清人徐旭曾所著《丰湖杂记》。徐旭曾（1751—1819），字晓初，清广东惠州和平县人，嘉庆四年（1799）进士，曾官户部主事，晚年归里后曾主持惠州丰湖书院。

丰湖书院在惠州，前身为聚贤堂，建于宋淳祐四年（1244），位于银岗岭，宝枯二年（1254）易名为丰湖书院，为广东四大书院之一。清康熙三十三年（1694），丰湖书院扩建，移至惠州西湖。嘉庆六年（1801），著名学者伊秉绶为惠州知府，见房舍损破，亭榭凋敝，庭院荒芜，又加以重建。

清代的惠州领一州九县，是历史上客家人的主要聚集地。罗香林《客家研究导论》将汉族在南方的支系分为五大部分，即江浙系、湘赣系、闽海系、客家系和广府系。就地域区位而言，惠州之东是潮汕人的聚集地，也即罗香林所说闽海系；惠州之西则是广府系的聚集地。惠州实际上成了客家、闽海、广府三民系的交流与融合中心。

徐旭曾为客家人,《丰湖杂记》写于清嘉庆十三年(1808),是他与学生的一篇谈话,后载嘉庆二十年(1815)《和平徐氏族谱》。

《丰湖杂记》不仅是一篇最早记述客家的文献,而且内容极其丰富,凡涉客家内容,几无所不包,如客人形成时间、客人之源、中原汉人南迁路线、主要聚集地、语言、习俗、家教、品行、崇尚、精神、客人妇女、客土关系等。

上述诸多记述,尤为重要,需要强调的有三点。一是关于客家之源流:"今日之客人,其先乃宋之中原衣冠旧族","尚有自东晋后迁来者"。二是关于客家之界说:"客者对土者而言。"三是关于客家之习俗、语言:"行经内地,随处都可相通。"徐旭曾出身客家,进士及第,熟悉历史,口授此文时年已 64 岁,且是应人之请,为说明客、土械斗之因而概述客人简史,文中既未有对客人过誉溢美之词,更无贬损丑化土人之语,不难看出,其态度是平和公允的,持论是客观可信的。

由此也使人想到,客家民系的产生,虽然更多的方面和细节需要更深入的发掘和研究,但总体的发展脉络却是异常清晰的。

2. 客家民系形成于明代

关于客家民系形成于何时,论者虽各有所说,但概括起来,在时间上无非是早、中、晚期三说。

早期说由著名客家研究专家罗香林首倡。罗香林在《客家源流考》中说:"客家系统的形成,大体已晚在五代于宋初。"罗先生是客家研究的拓荒者,此说影响很大。此外也有认为在元末明初者、明末清初者。

说客家民系形成于宋、元、明、清,从总体上来说是不错的,但仔细考察则会发现,言宋初者实有些早,言清初者,实已晚矣。据实情分析,其形成大致在明代。

一个民系的形成绝不是一朝一夕的,而是一个相当漫长的过程,因而时间与文化的积淀是首要条件。第二,必须有一个生存的地域与空间。第三,必须形成共同的语言、心理、生活方式与信仰。第四,与当地土著人已经融合。另外是形成了自己的习俗。对客家历史研究、分析表明,上述条件的完全成熟,当在明代前期。

首先看时间与文化的积淀。从西晋末年"永嘉之乱"中原汉人南下至清初已历 1300 多年,历久不绝的南迁士族百姓及其裔孙,在共同的遭际、利益、信念中已逐渐从一个自在的群体演化成为一个自觉的群体。面对现实,相对土著而言,"客家"的出现,既是自我维权维利的需要,也是共同发展的需要。若从时间上划分,元代之前是客家形成的孕育期,明代是客家形成的成熟期。

西晋末年的南渡,总体上说,应是既有官方行为,又有民间自发行为,基本上是"官主民辅"。就当时的心理状况而言,绝大多数人只是为了暂时避乱,并没有长期居留的打算,因而总是怀着早日收复中原、重回河洛的想法,侨置州郡就是最明显的证明。这次南渡,就人数而言,普通百姓远比"衣冠士人"为多,但就势力而言,上层握有实力的贵族、官僚仍据强势,尤其是高族门阀。就分布而言,由于实行"侨居","身份高贵"的人大多居住在交通方便的城镇,即使从事耕作,也不承担徭役。由于这一阶段是"侨居",加之门阀思想歧视南人,因而还谈不上民族交融。

一代人过去了,两代人过去了,三代人也过去了,客家先民恢复中原之梦一个个破灭了,他们不愿看到的汉人政权偏安一隅的局面却成了事实。最高统治当局对此心里更为清楚,东晋末年及南朝时果断地取消侨置郡县而实行"土断",客家先民的子孙出于无奈,且感到重回河洛无望了,才只好"落地生根"了。

从西晋南渡到隋文帝统一南北,河洛南迁汉人在南方生活了近 300 年,繁衍了十数代,南方的许多地方得到开发与发展。从隋王朝建立到"安史之乱",中国的南北社会又度过了近 200 年的安定生活,已落地生根的河洛汉人后裔又繁衍了八九代。虽然南方的文化还落后于北方,但已有很大发展,尤其南方的农业、手工业、商业生产得到了极大发展。隋炀帝开凿大运河后,南方的稻米、丝织品等大批运到北方,南方不再到处都是"蛮荒"的不毛之地了,尤其是东南江浙一带,那里是鱼米之乡,对北方已具有很大的吸引力。

西晋时的南渡,虽然是大批中原人士到了南方,但此时所说的"南方",仅是与河洛地域相比,若与整个广阔的南方相比,仍只是"南方的北方"。

"安史之乱"、黄巢起义及不满于异族统治所导致的中原汉人的这次南迁,由于持续了 100 多年,因而南向之人不仅数量多,而且走得更远——来到了"南方之南方"的赣、闽、粤交界处,同时也走得更偏僻——边远的山区。清末嘉应州人温仲和光绪二十七年(1901)主修的《嘉应州志》指出了个中原因:"客家多中原衣冠之遗,或避汉末之乱,或随东晋南宋渡江而来。凡膏腴之地先为土著占据,故客家所居之地多涝瘠。"

由于唐代国力强盛,因而重视对边远地区的统治,不仅向闽、粤、桂、贵、滇派出了官员,同时在发展地区也增设了州、县,开办学校,驻守了军队。有唐一代,由于南方无战乱之扰,加之北方文化的影响,我国南方经济、社会等都得到了空前的发展。

唐之后,北方历经五代,战乱仍多于南方。南方数个割据小国政权虽然也不断更迭,却没有大规模的动乱与厮杀,因而各地经济不断增长,而且由于文化的发展,城市经济更加繁荣,尤其金陵、扬州、杭州,不仅富可敌国,而且成了"富贵温柔之乡"。南唐后主李煜就是在这纸醉金迷的享受中玩物丧志,当了赵匡胤的俘虏,成了有名的亡国之君。

此时的闽地也有较大的发展。唐昭宗景福二年(893)随其兄王潮由光州入闽的王审知,于乾宁四年(897)年继王潮为威武军节度使、福建观察使。不久,又统一了八闽之地。他整顿吏治,延揽人才,招抚流民,兴修水利,鼓励垦殖,开放商埠,兴办学校,促进了闽地经济的发展。907年,后梁灭唐。开平三年(909),后梁封他为闽王,但他不为所动,对部下说:"宁为开门节度使,不做闭门天子",拒而不受。王潮在位29年,之后其子继位。王氏先后经营闽地50多年,八闽各地农业、手工业、文化教育、交通及商业贸易等,都有了一定的发展。

北宋是中国封建社会经济最发达的时期,随着政治、文化中心的南移,南宋时期,南方的发展开始了全面的跨越——杭州不仅成了政治中心,也成了经济中心和文化中心。

由北宋兴起的以二程为代表的理学,在南宋得到了光大,而二程的启蒙者是曾任赣州通判、被誉为理学开山之祖的周敦颐。庆历五年(1045),周敦熙任南安军司理,第二年,二程的父亲程响任南安通判,将二程拜于周之门下。由于周敦颐、二程对理学的贡献巨大,周在南安创立的书院被后人称作"周程书院",由于书院影响极大,因而过了将近200年,淳祐元年(1241),宋理宗还亲题"道源书院"匾额以示褒奖。嘉祐元年(1056),周敦颐调任赣州通判,在赣州建濂溪书院,继续授徒传道,脍炙人口的《爱莲说》就写于此时。二程的高足、福建将乐人杨时被东南学者誉为"程学正宗",二程对杨时学有所成十分认可,杨时告别嵩阳书院南归时,程颐感到十分欣慰,曰:"吾道南矣!"杨时曾任虔州(即今赣州)司法,在赣南弘扬理学。杨时的高足、徽州婺源(今属江西)人朱熹,集理学之大成,提出"理气"之说,完成了理学体系的构建。朱熹先后在庐山兴建"白鹿洞书院",在武夷山兴建"武夷精舍",在长沙兴建"岳麓书院"。乾道三年(1167),朱熹任南康军知军(之后任江西茶盐公事)时,先后到宁都的梅江书院、于都的濂溪书院、大余的周程书院讲学。淳熙十六年(1189)朱熹任漳州知州,任内不仅核实田亩,减轻农家赋税,还兴庠讲学,传播理学思想。朱熹理学成就极高,以至于其名声与"二程"并列,理学被称作"程朱理学",其影响之深远,无须赘言。

至明代,理学的杰出代表人物王守仁将理学发展为"心学",主张"知行合一"、"知行并进";王守仁曾任赣南巡抚(驻丰城),并于此讲学,遂使"心学"广为传播。哲学是各种文化的高度综合,理学的发展与传播,不言而喻,也促进和带动了东南一带整体文化素质的提高。

经济的发展、文化的繁荣是民族融合、族系形成的基础。汉民族和其他民族的形成无不如此,无不经历了漫长的时期。正是经历了东晋、唐、宋这样千年的时间积淀和盛世经济的发展与文化繁荣的积淀,数次迁移到南方的中原汉人才与当地民族相融合而形成了新的民系——客家民系。正如台湾学者潘海英指出的那样,这是一个"文化合成"的过程和形成"合成文化"的漫长过程(见《文化合成与合成文化——头社村太祖年度祭仪的文化意涵》载《台湾与福建社会文化研究论文集》,中央研究院民族学研究所,1994年)。

第二,客家生存地域已相对固定。经过无数次的迁移、变动和重新聚合,到明代的时候,北方中原汉人已不再有大规模的南向迁移活动,相反,倒是出现了一些回流现象,一些客家人又返回了河南。同时,一些客家人又西向到了湘、桂、川。这时,客家的聚集地基本形成并稳定了下来。赣、闽、粤交界地带的客家的大本营得到了巩固的同时,在大本营地域中又形成了若干个繁荣点,这就是江西的赣州、福建的汀州、广东的惠州和梅州。

第三,客家"血统"基本形成。一般意义上说,客家人在血统上是有所指的,并非北方南播士族百姓之后裔都是客家人。客家人多指迁居南方后,没有和当地土著人通婚而保留着汉族血统、文化、语言和习俗的人。因而有人戏称客家人是"纯汉人",而留居北方、经过民族融合的汉人则为"胡汉民"。

实际情况更为复杂一些。血统只是客家认同的一部分,并非全部。客家人在形成过程中,与当地畲族及其他土著居民的融合、结合包括通婚是必然的。这就是说,在客家民系形成之前,"客家先人"一定是两类人,一是汉族先民,主要是河洛南迁的汉人及其裔孙;一类是畲(或瑶或古越族)。这样,在融合、结合的过程中,也就是在"客化"的过程中,相互同化和相互异化的现象也一定是同时发生着的,只不过由于北方汉族固有文化的强大,汉人南迁数量的巨大等原因,"以汉化蛮"的结果比"以蛮化汉"的结果更为突出、更为明显罢了。因此可以说,在民族融合后的客家人当中,很难再有纯汉人血统的汉人和纯畲(或瑶或古越族)人血统的畲人。即使今天台湾人中的闽南人和客家人,由于其与原住民也有融合,而原住民(最典型的是平埔族)又多为古越人,因而可以说,已没有原来意义上的"纯"闽南人或客家人了。

上述情况可以概括为汉人、畲人(瑶或其他族)在共同生活中"异化"为客家人。

还有一种情况,就是客家人又"异化"为了非客家人。客家人是流动的,当他流动到非客家地域后,由于环境等的变化,其后人逐渐失去客家人的特点,如不再讲客家话,同时也不再认为自己是客家人。虽然其仍保有先辈的"血统",但实质上他已不是客家人了。

因此,从一定意义上说,客家人的血统,是中原汉人与土著人相互融合、"相互异化"的结晶。对此,罗香林《客家源流考》中也有认可:"就种族遗传说,客家民系是一种经过选择淘汰而保留下来的强化血统。"①

明了以上诸因素后可知,客家人的基本标准有三项:客家"血统"、客家文化素质和客家认同意识。凡符合其中两项者,即视为客家人。

有鉴于此,以文化客家为基点,坚持血统而又不唯血统,才能全面地认识客家的形成。

第四,客家方言已经形成并被公认。文化是最难同化的,其中包括语言。客家语是魏晋时流传下来的,经过南北朝的发展,到唐代基本定型,、至宋代、元代又融进了大量北方官话,因而到明初就形成了有自己特色的方言。

---

① 罗香林《客家源流考》,中国华侨出版公司,1989 年。

　　中国有七大方言区,其中,客家话主要流行在赣、闽、粤地域。奇特的是,客家话虽然流行于闽粤,却与闽粤方言没有关系,而在语音、词汇等方面与中州音韵相同、相通。美国耶鲁大学教授韩廷敦在《种族的品性》中说:"客家人原出北方,他们的方言实在是一种官话,像中州河南的话。"①音韵学大师章太炎对客家语言与音韵进行了研究,他在《客方言·序》一书中指出:"广东称客籍,以嘉应诸县为宗,大抵本之河南,其声音亦与岭北相似。"中州音韵,既是河南土音,也是河南官话。客家话的主体之所以保留着中原音韵,一方面与其官话地位有关,另一方面,其他原因也很多,其中有四个因素是不能忽视的:一是客家人先祖本来自中原,到南方后听不懂当地和土著语言,自然还要讲中原话,正像一个不懂德文的中国人到了慕尼黑,他只有仍说汉语并请人翻译外别无他途。二是客家人先祖聚族而居,且客家人比当地人或土著人还多,这一客观环境使他感到没有讲当地话的必要。三是客家先祖到南方后,多居深山僻壤,相对于北方,交通不便,非常封闭,与外界交流较少,因而语音、词汇与其他语言几乎没有交融的机会。四是就语言的发展规律而言,一个民族,或者一个民系,语言是其文化心态的重要标志,由它形成的凝聚力有时甚至超过了利益关系,因此,它不仅十分稳定,而且十分顽强,因而变异性极小。

　　元代人周德清曾著《中原音韵》一书,被视为当时"标准普通话"的范本记录。清代道光年间举人、广东番禺人陈澧(1810—1882),字兰甫,著名经学家、文学家,著《声律通考》、《切韵考》。他通过调查精考,认为客家话源于中原,尤其与宋元时切近。《中原音韵》所记声母系统的发音方法与客家言基本上是一致的。如所记"武、无、务、维、末、晚、万、望"等字的声母为[Ⅴ],与客家言相同。所记"江、阳、唐"与"东、冬、钟"都是三韵合而为一,与客家言相同。《嘉应州方言志》引黄遵宪之语说:"余闻之陈兰甫先生,谓客人语言,证之周德清《中原音韵》,无不合。"黄遵宪为梅州人,他在《梅水诗传序》中说:"此客人者,来自河、洛,由闽入粤,传世三十,历年七百,而守其语言不少变。"还说:"有《方言》、《尔雅》之字,训诂家失其意义,而客家犹存古意者;有沈约、刘渊之韵,辞章家误其音,而客人犹存古音者。"明代嘉靖年间编写的《惠州府志》、《兴宁县志》均提到

---

　　①　转引自罗香林《客家源流考》,中国华侨出版公司,1989 年。

了客家方言,印之清人所记,可知客家话在明代已经形成是毫无疑义的。

第五,形成了有特色的习俗。民俗文化事象是区别民族和民系的重要标志,客家人在长期的生活生产中形成了有别于当地土著的生活方式、心理意识和信仰。其中比较典型的是民居与葬俗,充分表现了其与众不同的精神风貌和道德诉求。

中原汉人的村落,出于防御,稍大的村子多有土寨相围。客家土楼、围龙屋的修建也是出于防御自保。但研究表明,明代之前尚无土楼、围龙屋,其大量出现是在明中叶之后。这也从一个侧面表明,客家的形成在明代而不是之前。"二次葬"也称洗骨葬,是古越族特有的葬俗。《墨子·节葬下》:"楚之南,有啖人国者,其亲戚死,朽其骨而弃之,然后埋其骨。"客家的"二次葬"从一个侧面说明,客家人这一习俗,是土著人与中原汉人相互"异化"的结果。

上述五个问题,前所录《丰湖杂记》,实际上已作了明确的回答。

关于客家先民。《丰湖杂记》只提宋人,其目的仅在于突出其"义"不帝元,并无排斥先前之意。由此即可推知,北宋南播士民,不可能到南方后立即就演化为客家人,而至明末,已历500年之久,子孙亦越20多代,这正符合客家人演化的过程。

关于客家生活地域。《丰湖杂记》不仅指出为"粤闽赣湘边境",尤其指出"西起大庾,东至闽汀,纵横蜿蜒,山之南、山之北皆属之。即今福建汀州各属,江西之南安、赣州、宁都各属,广东之南雄、韶州、连州、惠州、嘉应各属及潮州之大埔、丰顺,广州之龙门各属是也。"

尤其值得注意的是,《丰湖杂记》明确指出,上述客家生活地域的形成,是在元代之后,"当时元兵残暴,所过成墟。粤之土人亦争向海滨各县逃避,其粤闽赣湘边境,毗连千数里之地,常不数十里无人烟者。于是,遂相率迁居该地焉。"这对我们确定客家形成于明代,也是一个有力的佐证。

关于血统的保持原因。《丰湖杂记》指出:"因风俗语言之不同而烟瘴潮湿,又多生疾病,雅不欲与土人混处,欲择距内省稍近之地而居之。一因同属患难余生,不应东离西散,应同居一地,声气既无隔阂,休戚始可相关。"

关于语言与习俗的保持与形成。《丰湖杂记》指出:"惟与土人风俗语言,至今仍未能强而同之。彼土人,以吾之风俗语言未能与之同也,故仍称吾为客人。

吾客人,亦因彼之风俗语言未能与吾同也,故仍自称为客人。"因而"冠婚丧祭,年节往来之俗"与中原多同。

《丰湖杂记》提到了客家有"农隙讲武"之习。习武是为了自保。

关于客家人的含义。《丰湖杂记》指出:"客者对土而言。土与客之风俗语言不能同,则土自土,客自客,土其所土,客吾所客,恐再千数百年,亦犹诸今日也。"

据此我们可以有根据地推断:如果清代之前客家民系没有形成,徐旭曾不可能这么简要、全面、准确地把客家的历史、流变、特点在这样短的文章中一下子就能概括出来;如果徐旭曾没有看到或听到过前人对客家的描述和品评,他也不可能这么扼要地如数家珍般地向弟子们娓娓道来。

据此我们还可以有根据地推断:如果明初或之前客家民系就已经形成,并与土著发生过如械斗这样严重的矛盾,民间笔记、杂闻中不可能无只字片语的记载;如果明初或之前客家势力已炽,成书于嘉靖年间的《惠州府志》、《兴宁县志》也不可能只提及方言而不及其他。

因此,以《丰湖杂记》作参照,我们可以有根据地说,客家民系大致在社会相对安定的明代形成,其前期已引起人们的重视,其后期即有人进行研究与记述。

(三)客家人的文化特征

文化特征是一个民系有别于其他民系的最本质的差异与标志。所谓"文化特征",并非抽象不可捉摸,简要而论,主要是表现在地域、语言、文化和群族性格等多个方面。

就区域而言,客家先民及客家人的主要聚集地主要在赣、闽、粤交界处,就中心城市而言,赣州、汀州、梅州是这一广阔地域的突出代表。

客家语言是客家人形成的重要标志。在我国,所谓方言,主要指汉语而论。我国有七大方言,即北方方言、吴方言、湘方言、粤方言、赣方言、闽方言和客家方言。客家方言区在赣闽粤交界的广大地域,它既与赣、闽、粤方言有千丝万缕的联系,但又有别于三大方言,其中突出的特点是客家方言中含有大量的古代北方方言的音韵和词汇。清末嘉应州籍人温仲和主修《嘉应州志》,在写到客家方言时曾说:"客家多中原衣冠之遗,或避汉末之乱,或随东晋南宋渡江而来。凡膏腴之地先为土著占据,故客家所居之地多涝瘠。其语音多合中原之音韵。"还说："唐以前之土著,盖无有存者矣。今所谓土,既多由汀、赣而来,其语言声音又与相近。"前已有详述,此不赘言。

就群族性格而言,客家人最为突出的性格或优良品质是艰苦开拓、敢于冒险、团结互助、敦宗睦族。罗香林先生在《客家研究导论》中曾将这种性格的表现概括为七个方面,即:兼顾各业、并蓄人才、女性吃苦耐劳、重视教育,冒险进取、简朴质直、刚愎自用等。

什么是客家精神?简言之,就是革命精神与开拓精神。日本学者山口县造在《客家与中国革命》一书中说:"客家是中国最优秀民族,他们原有一种自信与自傲的气质,使其能自北胡铁骑之下迁到南方,因此,他们的爱国心比任何一族为强,是永远不会被征服的。其后又受到海洋交通环境之影响,养成一种岛国人民之热血与精神。"

上述两种概括,代表了中外研究者的共同认识,尽管表述方式不同,但都很中肯和简要。综合各方所论及客家的自我认同,最能体现客家精神的是以下十六个字:四海为家,冒险进取,敬祖睦族,爱国爱乡。

客家文化内涵十分丰富,客家人有自己的精神信仰、风土俚俗、饮食习惯、有富有个性的群族性格;但需要指出的是,客家文化的形成,实际上是客家先民带来的河洛(中原)文化与当地古越族(主要是畲族)文化冲突与融合的产物。这个融合,以汉文化为主体,吸纳了许多古越文化的成分。台湾学者渊英海在《文化合成与合成文化——头社村太祖年度祭仪的文化意涵》一文中说:"我们常常不自觉地认为,一个社会文化的形成与发展、创新与繁衍是由构成大传统的精英文化所主导,而忽视了小传统形成与异常是主流文化与地方文化接触过程中'再创造'的合成文化。"依此而论,无疑,客家文化就是以河洛文化为基础,大量吸收、融合赣闽粤土著文化而形成的。若用一句话概括之,客家文化的实质——河洛(中原)文化的亚文化。

主要参考资料:

1. 罗香林《客家史料汇编》,中国学社,1965 年版。

2. 罗香林《客家研究导论》,上海文艺出版社,1992 年版。

3. 饶宗颐《饶宗颐潮汕地方史论集》,汕头大学出版社,1996 年 8 月版。

4. 邓振麟许时娘《客家源流的多元探讨》,梅州网转载。

5. 朱维干《福建史稿》,福建教育出版社,2008 年 9 月。

6. 谢逸主编《潮州市文物志》,1985 年 7 月(内部发行)。

7. 潘海英《文化合成与合成文化——头社村太祖年度祭仪的文化意涵》,《台湾与福建社会文化研究论文集》,(台湾)中央研究院民族学研究所,1994 年。

第二章 开漳、开闽与开台

一部福建史、台湾史,不仅是一部福建人、台湾人的奋斗史,也是一部河洛文化的南播史、中华民族的融合史。在闽台发展的历史长河中,曾经涌现出了许多可歌可泣的光辉人物,就早期闽台的开发而论,最为史家称道的有陈元光、王审知和颜思齐。

第一节 陈元光开漳

福建是古越族的故乡,《史记》曰:"闽越王无诸及越东海王摇者,其先皆越王勾践之后也。……秦已并天下,皆废为君长,以其地为闽中郡。"[①]这就是说,早在秦之前,中原的统治势力就已达于福建,但却没有建置,秦时正式设为闽中郡,将其纳入版图。至汉初,以无诸为闽越王,建都于福州,从此,福建与中原政权有了较多的联系。

闽南虽然也有土著居民,但相对而言,开发却较晚。陈元光的名字之所以在当今闽台和东南亚各地家喻户晓,原因就在于他开发了漳州,故被后人誉为"开漳圣王"。

---

① 《史记》卷114《东越列传》,中华书局1975年。

一、蛮獠啸乱　岁为闽患

（一）蛮獠与闽南

"蛮獠"一词，最初两相区分，为"蛮"、为"獠"，为古代北方汉人政权对南方诸多土著民族的统称，其中既指少数民族，恐也包括汉族。《礼记·王制》称："南方曰蛮，雕题交趾，有不火食者矣。"《尚书·周书》："（武王）唯克商，遂通道于九夷八蛮。"见于正史，魏收《魏书》列传即设有"蛮"、"獠"，将其与氐、吐谷浑、宕昌羌、高昌、邓至并列。关于蛮，曰："蛮之种类，盖盘瓠之后，其来自久。……在江淮之间，依托险阻，部落滋漫，布于数州。"关于獠，曰："獠者，盖南蛮之别种……种类甚多，散居山谷，略无氏族之别。"①《北史》因袭《魏书》，列传亦设蛮獠，内容多袭于该书。

《魏书》所记蛮獠，有两点值得注意，一是"盘瓠之后"，一是"种类甚多"。这与许多史籍及大量传说中的"盘瓠生蛮"十分吻合。战国后期，楚人统一了越地，秦汉之时，最高统治者为了开拓疆域，也不断用兵岭南和闽越。此后，由于了解和接触的蛮人众多，北方汉人政权已不再用"八蛮"指称早期的蛮人及蛮人所居之地，代之而用的是"百蛮"、"百越"或"南蛮"等词。而在"百蛮"的民间传说中，皆称盘瓠为其先祖，如瑶、僮、侗、畲等。

史载，越地被楚统辖后，一部分越人到了闽北，因而闽北与中原文化接触较早。而闽南由于交通不便，至隋朝时中央政权势力还十分薄弱，社会非常落后。如《龙溪县志》载："六朝至唐，漳江以西及南北一片之地皆群苗窟穴。"这里所说的"群苗"就是畲族的先民，他们过着刀耕火种的生活："穷山之内，有蓝、雷之族焉，不知其所始"，"姓蓝、雷，无土地，随山迁徙而种谷。三年，土瘠辄弃去"。这里所说的漳江，即今之九龙江。与九龙江毗邻的粤东北，也居住着一批姓蓝、雷的人，顾炎武曾引用他人所记，在《天下郡国利病书》中说：这些部落的人，"自信为狗王之后，家有画像，犬首人服，岁时祝祭。其姓为盘、蓝、雷、钟、苟"。不言而喻，他们也是畲族的先民。

关于闽地的土著居民，晋之前多称"山越"或"山夷"，南北朝和隋唐时期则

---

① 《魏书》卷101《列传八十九》，中华书局，1974年。

称"蛮獠"。《重纂福建通志》云:"六朝以来,戍闽者屯兵于龙溪,阻江为界,插柳为营,两岸尽属蛮獠"。①《上杭县志》认为畲族只是蛮的一种:"畲民编茅别是蛮。"清人杨澜《临汀汇考》曰:"唐时初置汀州,徙内地民居之,而本土之苗仍杂处其间。今汀人呼为畲客。"关于畲族的狗图腾崇拜,地方文献也有记载。《罗源县志》曰:"畲民祖出于盘瓠之后,即瑶人也。"之后,该志还记述了畲人一些行状:"隋时有大功,封为王,生三男一女。长赐姓盘,名自能,封贰骑侯。次姓蓝,名光辉,封护国侯。次姓雷,名巨佑,封立国侯。女婿钟姓,名志深者,官二品。世居会稽七贤洞。后子孙众多,分行自食其食。不与庶民交往,无作庶民田地。"

由以上可知,畲族在闽南生活已久,只是由于长期居住在山林地带,至隋唐时生产生活还十分落后罢了。

闽南畲族至南宋时已相当进步,其重要原因之一是多民族的杂居,汉文化对他们产生了重大的影响。南宋诗人刘克庄在《漳州喻畲》一文中说:在漳州,"省民、山越错居"。这里所说"省民"即州民,即汉人。"山越"即畲民。"凡溪洞,种类不一,曰蛮、曰瑶、曰黎、曰蛋,在漳者曰畲。"刘克庄之后,"畲民"作为对闽地一个族群之称谓,逐步被认同并大量使用了起来。

(二) 蛮獠啸乱

隋唐之时,由于对畲族先民缺乏认识,故一般仍泛称其为蛮獠或南蛮。《隋书·南蛮传》曰:"南蛮杂类,与华人错居,曰蜒、曰攘、曰狸、曰獠,暗俱无君长,随山洞而居,古先所谓百越是也。其俗断发文身,好相攻讨,浸以微弱,稍属于中国,皆列为郡县。"②福建龙溪《白石丁氏古谱》记述说,在陈政到来之前,地方曾派少量官兵在九龙江一带戍守:"先是,泉潮之间故绥安县地也。负山阻海,林泽荒僻,为蛮之薮,互相引援,出没无常,岁为闽广患。且凶顽杂处,势最猖獗,守戍难之。插柳为营……与贼相持者久之。"③

自西晋"永嘉之乱"到南朝期间,由于中原汉人不断地播迁入闽,闽南的南蛮土著人在与汉人的交往中,已经不同程度地汉化,因而汉蛮矛盾并不突出。但

---

① （清）陈寿祺《重纂福建通志》（同治年间刻本）卷85《关隘》。
② 《隋书》卷82《南蛮传》,中华书局,1973 年。
③ 《白石丁氏古谱》。漳州市地方史编委会,1986 年影印本。

到了梁、陈时期,由于粤东北一带的蛮獠不断东进至闽西南抢掠,因而常常与久居此地的农耕汉人和土著人发生争斗。为了保持这一带的稳定,梁武帝天监年间曾在地处闽南的南安郡下置龙溪、兰水两县(辖今龙海、华安、长泰及南靖、平和诸县),一方面派官员安抚,一方面加强戍守。但由于力量的不足,鞭长莫及,仍不能扼制蛮獠的劫掠。朝廷束手无策,汉人只好回避,以至于不得不退到了九龙江之东岸。据《隋书·地理志》载,至隋末唐初,蛮獠势力已扩大到今天的漳州地域。其间,隋开皇十二年(592),朝廷甚至不得不撤掉兰水、绥安两县建制,将其有名无实的地域并入龙溪县中。闽南蛮獠势力之炽,由此可见一斑。

唐高宗总章年间,漳江一带发生了严重的"蛮獠啸乱"。

"岁为闽广患"的这次"蛮獠啸乱"的具体情况如何呢? 由于此时的闽南在士大夫眼中仍是"蛮荒"之地,加之当时交通的不便,史官没有详采,散见于民间的一些见闻被后人收录在了自己的著述之中。较早记述此事的有成书于宋代的《方舆胜览》和《舆地纪胜》。如《方舆览胜》卷13《墓祠·陈侯祠》条下收有记述陈元光事略的陈侯祠碑铭:"公姓陈,讳元光。永隆二年盗次潮州,公击贼,降之。请置漳州……"《舆地纪胜》卷91《循州·古迹》条下收录了威惠庙碑记:"陈元光,河东人,家于漳之溪口。唐仪凤中,广之崖山盗起,潮泉皆应。王以布乞兵,递平潮州。以泉之云霄为漳州,命王为左郎将守之。复以战殁,漳人哭之痛,立祠于径山。有纪功碑。"较为详明的有明嘉靖时的《龙溪县志》、万历元年(1573)的《漳州府志》、万历四十一年(1613)的《漳州府志》、万历四十七年(1619)何乔远的《闽书》以及清嘉庆年间的《云霄厅志》等。

首先看一下《闽书》的记述。"总章二年,泉潮间蛮獠啸乱,居民苦之。金乞镇帅,以靖边方。高宗敕政统领岭南行军总管事,出镇绥安故地。自惟以寡伐众,退保九龙山。奏得援兵五十八姓,乃进屯梁山外之云霄镇。"《云霄厅志》的记述较《闽书》稍细,曰:"(唐)高宗总章二年,泉潮间蛮獠啸乱,民苦之,金乞镇帅有威望者以靖边方。朝廷以政……统岭南行军总管事,镇绥安。比至镇,百凡草创,备极劳瘁。群蛮来侵,自以众寡不敌,退保九龙山,奏请益兵。朝廷命政兄敏暨兄敷领军校五十八姓来援。敏敷道卒,母魏氏多智,带领其众入闽。乃进师屯御梁山之云霄镇,边檄宁弭。"①出自民间的龙溪《白石丁氏古谱》记述更为详明:"陈政奉诏镇闽。……泉潮之间獠蛮出没无常,戍卒阻九龙江之险,插柳为营。江当溪海交流,两山夹峙,波涛激涌,与贼相持。至是,儒与政谋,遣人沿溪而北,就上流缓处结筏,从间道袭击走之。遂移屯江之西。为进取计,且战且抚,追桀寇于盘陀下,尽歼之。"此处所说"儒",即高参丁儒。

(三)陈政父子入闽平乱

由于泉、潮间"蛮獠啸乱"已"岁为闽广患",闽粤交界之郡州告急文书雪片一般飞往朝廷。唐总章二年(669),朝廷经过反复审商,决心予以解决。高宗李治颁《诏陈政镇故绥安县地》之令,命玉钤卫翊府左郎将归德将军陈政为朝议大夫统领岭南行军总管事,前往抚讨。诏书全文如下:

奉天承运皇帝制曰:

朕惟圣王御天下也,一视同仁。况泉潮据闽广之交,岭南为獠蛮之薮,民牧日伸,百害边筹,时仅九重命简于城畴屏翰。玉钤卫翊府左郎将归德将军陈政,刚果有为,谋猷克慎,虽凤沿世赏,非徒读父书者也。其进尔朝议大夫,统岭南行军总管,挂新铸印符,率府兵三千六百名,将士自副将许天正以下一百二十三员,从其号令,前往七闽百粤交界绥安县地方,相视山原,开屯建堡,所辖泉、潮二州官吏,听其提督。军民从其抚绥,暨尔七闽百粤方面官僚,当知会者知会,当节制者节制;事势难为,奏请取旨,不许阿容阻挠。共其垦治,靖寇患于炎荒,奠皇恩于绝域。筮辰佥吉,明发斯征。莫辞病,病则朕医;莫避死,死则朕埋。斯誓斯言,爰及苗裔。汝往钦哉!

皇唐主者施行。

唐总章二年二月十五日。②

陈政(616—677)字一民,号素轩,光州固始人。陈政在固始的开基祖为东汉颍川郡陈孟琏,曾为固始相,因喜固始山水秀美,风俗淳朴,遂移家于此。其父

---

①　(明)何乔远《闽书》,福建人民出版社,1995 年。

②　(清)沈定钧《漳州府志》,光绪四年刻本。

陈犊,字可耕,因佐唐高宗开国有功,被封为玉钤卫翊府中郎将,太宗时为左郎将。陈政嗣位后,官拜归德将军。

陈政受命后,沿运河取道浙江南下,从仙霞岭挺进福建,之后顺闽江东进,经南平、福清到达仙游、安溪,再南进抵龙溪。最初几仗,由于"蛮獠"不把官军放在眼中,仍像以往劫掠百姓一样草莽行事,故宫军所到之处,势如破竹,连连取胜。数次失利之后,蛮酋苗自成、雷万兴不敢轻敌,便纠集各峒寨武装力量与官军较量。陈政由于兵力有限且无补给,寡不敌众,只好退至九龙山,据险而守,并向朝廷求援。

朝廷接到陈政告急报告之后,立即命陈政之兄陈敏、陈敷率58姓中原子弟前往支援。陈敏字一时,时为中郎将怀远将军,陈敷字一贯,时为右郎将云麾将军,均英勇善战。为支持儿子们抗蛮獠、戍闽边,时年75岁陈母魏敬不顾年迈,奋然随军南下。天有不测风云。由于急驰而行,加之气候不适,陈敏、陈敷率军至浙地须江(今浙江江山市)时突然染病而逝。大军刚入闽境汉兴(今福建浦城县),陈敏之子陈元敬、陈敷之子陈无皱也因染病而逝。在如此出师不利的情况下,魏太母刚毅果敢,强抑折子损孙之恸,统领大军兼程而进。经过休整的陈政之军与援军会合后,采用丁儒之上游渡水之计谋,以分割合围之法和"且战且抚"结合之策略,很快便南进古绥安,攻占了军事要地盘陀岭,进驻了梁山之外云霄镇,闽南一带的啸乱大部分得到了平息。

之后,陈政父子又集中力量解决粤东北啸乱问题,较大的战役有三次。

仪凤二年(677)四月,粤寇陈谦兴兵作乱,一度攻占冈州(今广东新会),引起闽粤百姓惶恐。陈政奉潮州刺史常怀德之命前往征讨,但不幸染病不起,未克敌而逝于军中。其子陈元光时年21岁,因文武兼备而受命代理父职。元光果不负朝廷之望,很快就讨平了陈谦之乱。

永隆二年(680),崖山贼盗掠民犯城,潮州吃紧,陈元光奉命二次挥师南下援助循州司马剿敌,大军"沿山倍道,袭寇垒,俘以万计。岭表悉平,还军于漳。"(《云霄县志·陈元光传》)

清雍正年间所修《广东通志》潮州府《人物志》以及《揭阳县志》陈元光条下对此次军事行动也有所记述:"元光人潮,伐山开道,潜袭寇垒,大小百余战,俘馘万计,岭表以次平。"陈元光喜不自胜,曾作《平潮寇》诗以志。此诗今不见《龙湖集》,但《全唐诗》卷45有其副将许天正《和陈元光平潮寇》一诗,从中可略窥当日征程之艰苦、策略之高妙、战斗之激烈、战果之丰硕。诗曰:

> 抱磴从天上,驱车返岭东。气昂无丑虏,策妙诎群雄。
> 飞絮随风散,余氛向日溶。长戈收百甲,聚骑破千重。
> 落剑惟戎首,游绳系胁从。四野无坚壁,群生未化融。
> 丸湖膏泽下,早晚遍枯穷。

第三次是在魏太母病丧、元光守制期间,惠、虔、抚三地遭寇袭扰,时许天正代元光领泉潮事,于是率部前往,寇平之后,为确保平安,开始在漳地设置三十六所。

义无反顾、志在必胜是陈元光军事行动的坚定信念。

在乎抚蛮獠的军事行动中,作为一位身负重任的靖边将军,陈元光心目中的榜样就是汉代的飞将军李广、伏波将军马援——"马皮远裹伏波骨,铜柱高标交趾惊";他耳边经常响起的是母亲司空氏和祖母魏氏的教诲:"司空淑人频劝谕,英雄义死无求生";他与将士们枕戈待旦,始终保持着高昂的斗志,"士友同仇裘共敝,丈夫努力饭加餐";常年的征战虽然"星移物换鬓花白",但他们仍是毫不懈怠,"征夫马健不离鞍";他们坚信自己是正义之师,无敌之师,"义重同胞堪搏虎,身轻战甲不号寒";相信必将取得最后的胜利,"歌啸未残胡虏却,东南取道夕长安"(所引诗见陈元光《龙湖集》之《候夜行师七唱》,下同,只标诗题)。

注意谋略,给敌人以重创是陈元光在军事指挥上的另一特点。

陈元光不仅十分熟悉兵法,更注意灵活运用。他很崇敬秦末楚汉之争时刘邦的谋士张良和大将陈平,他要求自己"奇计绳陈美"(《落成会咏二首》),"筹运访张陈"(《和王采访重九见》)。在作战中,陈元光最擅长运用四种战术。一是集中优势兵力打歼灭战,给敌人以重创,"六月张貔貅,万弓发羊豕"(《旋师之什》),"三军歌按堵,万骑驰鸣镳"(《修文语士民》)。二是运用阵地战消灭敌之有生力量。这是因为官军一向训练有素,而蛮獠峒寨之伙多是聚啸的乌合之众,不善于有章法的阵地战,"獠草避阵云"。三是偷袭奇袭,攻其不备,"衔枚袭虏献俘囚","阴隙戎潜起宿鸦"(《候夜行师七唱》)。四是火攻,"一火空巢窝,群凶相藉死"(《旋师之什》),"烈火消穷北,呈样应岁东"(《平獠宴喜》)。

剿抚结合,恩威并重是陈元光平抚啸乱的重要指导思想。

闽粤的蛮獠与当地汉人之间的矛盾与争斗是由于各种原因形成的,简单的剿杀蛮獠不仅不是解决问题的唯一正确方法,有时还会适得其反。这一点,陈元光在《请建州县表》中曾经作了总结:"元凶既诛,余凶复起;法随出而奸随生,功愈劳而效愈寡"。因此,在其父八年征战之后,陈元光采取了剿抚结合的新策略,对匪首从严,对协从的平民从宽,对那些愿附者抚而籍之,教而化之,"宣威雄剑鼓,导化动琴樽"(《题龙湖》之三》),"落剑惟戎首,游绳系胁从"(许天正《和陈元光平潮寇》)。"且战且抚"之策收到了很好的效果:结束了战争生活的贫苦土著畲民不仅生命有了保证,而且得到了田地,生活无虞,因而很快由破坏势力转变成了促进社会安定与经济发展的有生力量。

粤患为闽患之源。粤地蛮獠啸乱主力被击溃之后,群寇无首,官军乘势对残余势力进行剿抚,尤其盘陀岭诸寨蛮獠归顺后,分散于各地的少数聚啸之徒很快就土崩瓦解。泉潮之患的解除,陈元光之功甚伟,永淳二年(683),朝廷授元光为正议大夫、岭南行军总管,闽粤之乱基本平定。

二、创置漳州　开发龙江

陈元光(656—711)字廷炬,号龙湖。元光聪慧好学,在其祖母魏敬及其父归德将军陈政的良好教育下,秉承诗书传家之道,恪守修文习武之训。12岁参加光州乡试时,并领第一,13岁至长安。陈政受命南下,元光随军且辅弼军政。

陈元光代父即任后,励精图治,因而深孚众望,足迹所至,民咸从之。在剿抚蛮獠及治理闽南的过程中,陈元光感到,要使闽南有大的发展且社会稳定,有三个问题必须解决,一是设立建置,二是实行教化,三是发展生产。于是,经过深思熟虑之后,垂拱二年(686),他向朝廷呈递了《请建州县表》,请求在闽南增设漳州建置。此表存《全唐文》卷164,全文如下:

> 泉潮守戌左玉钤卫翊府左郎将臣陈元光言:伏承　永淳二年八月一日制。臣进阶正议大夫岭南行军总管者,受命战兢,抵官弥惧。臣以;中幼,出自书生,迫及童年,滥膺首选。未及干戈,守至懦至弱之质,惟知饱暖,无日

区日处之能。幸赖先臣绪业，叨蒙今日国恩，寄身都闻，任事专征。爰从视职以来，不敢少有宁处。况兹镇地极七闽，境连百粤，左衽居椎髻之半，可耕乃火田之余。原始要终，流移本出于二州；穷凶极暴，积弊遂逾于十稔。元恶既诛，余凶复起，法随出而奸随生，功愈劳而效愈寡，抚绥未易，子育诚难。

窃惟兵革徒威于外，礼让乃格其心。揆诸陋俗，良由职方久废，学校不兴，所事者搜狩为生，所习者暴横为尚，甚则母子聚庖，妹兄结发。诛之则不可胜诛，徙之则难以屡徙。倘欲生全，几致刑措，其本则在创州县，其要则在兴庠序。盖伦理谨则风俗自尔渐孚，治理彰则民心自知感激。

窃以臣镇地曰安仁，诚为治教之邦；江临漳水，实乃建名之本。如蒙乞敕，定名号而复入职方，建治所而注颁官吏，治循往古之良规，诚为救时之急务。秦越百家，愈无罅隙，畿荒一德，更有何殊！臣谬居外镇，忝在封疆，所得事宜合奏。谨具厥由，伏候敕旨。

疏上，大臣裴炎、娄师德、裴行立、狄仁杰等于朝廷前极力赞成。欧阳詹《龙湖行状》一文记载了当时讨论的情况。他们认为，闽南遐僻之地，很难教化，陈氏父子两代惨淡经营，久牧兹土，蛮畏其威，民怀其惠，即令其兼辖尤其允当。于是，垂拱四年（688）六月二十九日，武则天准奏并下《敕建漳州郡县》诏，准在闽南设漳州建置："就尔屯营建为治所，革去绥安之旧号，庸兹今世之新名：州曰漳州，县曰漳浦，版图即人于职方，户口犹肩于并牧。"诏书高度评价陈元光靖边开土之功："夷群房之薮为太平之区，近悦远来，道通木拔。虽伏波之征交趾、宜父之治岐山，不啻是也。"同时晋元光为"中郎将右鹰扬卫率府怀化大将军、轻车大都尉兼朝散大夫、持节漳州诸军事、守漳州刺史，赞化尹营田、长春宫使者"。诏书还授权曰："其岭南职事如故，州自别驾以下，县自簿尉以上，得有廉干人员，听其旁招注用，共图伟绩，以策殊勋。暨尔七闽连抵百粤，凡尔军民事务，悉从区处施行。"最后再次申明对陈元光的信任与期望："盖以尔父子相承，久牧兹土，蛮畏其威，民怀其惠，又且老于远患，更涉事为必审。克勋辜伐，熟知民谟，尔其益励初心，用成厥治。"①陈元光接到诏书后立即上表谢恩，并表示一定要戮力

①　《敕建漳州郡县》，见清沈定钧《漳州府志》，光绪四年刻本。

报效:"窃惟治巨室者,不用乎条枚,盖明堂者,不参乎瓦砾。然臣学非出众,诚室中之条枚,才不逮中,真明堂中之瓦砾。兹遇陛下日月之明,乾坤其量,知臣朴忠有守,寒松不改于凋年;膂力犹刚,老马或谙于故道。申命曲加,因邮传赐,宠之以二政之隆,俾之以一州之重,虽则殊乡,还同昼锦,光华奚止于一身,爵禄许推于后裔。人皆为荣,臣独知惧,粉身未足以报深恩,万死实难酬厚德。已从此日望阙谢恩,继当恪守诏条,征庸俊义,平均徭赋,示以义方,教以孝悌,持清净以临民,守无私以奉国。重修前志,再励干戈,展驽骀之力,申鹰犬之劳,庶荒陬夷獠,尽沐皇风,率土生灵,备闻斯庆。臣无极感恩,不胜陨越之至!谨奉表以闻。"①之后不久,陈元光又上《举荐部曲人才表》,以"宅心正大,处己无私"的许天正为别驾,协助自己处理各种要务;以刚正骁勇、断而有谋的马仁为司马,以"谋国竭忠"的林孔著为军咨祭酒,共同主管军务;以"处己方严,临事果断"的李伯瑶和林章"领本州录事参军",具体负责各地防务;以"用意精深,勤于职事"的卢如金、涂本顺、戴汝孙、涂光彦四人分别为"司仓、司田、司户、司法等四参军事",管理日常事务;以"性多滋仁,急于爱民"的张伯纪"主本州邑事",协调和处理州治所在地事务。同时还任命了"奉公惟谨,事上能恭"的官员子弟——府兵校尉马仁之子马仲章、府兵队正赵右铭之孙赵伯恭等担任县的丞、尉、判、簿等职务。表上,武则天都"诏从之"。于是,一个运转有效的军、政合一的办事机构很快就组织起来了。

之后,陈元光将北来将士与当地居民组织起来,屯耕结合,或辟荒为田,或斩荆植树,或耕渔相兼,使漳州经济有了很大发展,未及数年,云霄山下林果丰,九龙江畔稻蔬香,漳、泉一带不仅人丁繁衍,家家富庶,而且"方数千里无桴鼓之警",号称乐土(清光绪《光州志·陈元光》),成了鱼米之乡,礼仪之邦。

除史载陈元光治闽功德外,从旧漳州府志为陈元光部属所立传记中也可管窥一二。如万历《漳州府志》许天正传:

> 许天正,河南光州固始人,陈元光首将也,从元光入闽。元光有所申请,
> 必讨论而后行。博学能文,领泉、潮事,以儒术饬吏治,以忠勇练士卒。平

---

① 《谢准请表》,见清沈定钧《漳州府志》,光绪四年刻本。

惠、潮、虔、抚之寇,置堡三十六所。泉、潮蒙其教诲、捍卫之功,改左衽椎髻之习,三年之内,岭海宁戢。升中奉大夫兼岭南行军团练副使,又平寇于潮阳。陈元光题诗末云:参军许天正,是用纪邦勋。时裴采访与张燕公荐于朝,欲掌史馆,天正力辞。历仕泉、潮团练副将、宣威将军兼翊府记室。至宋,追论元功,封昭应侯。今子孙散处南靖、马坪及海澄等处。

此传从一个侧面真实地反映了陈元光与诸将士戮力闽地之赫赫军功及政绩。

据史载,陈政母子率众入闽之将士为7000余人,连同随军眷属,当在8000人以上。在戍闽人员中,可考之姓氏有60多个,分别是:陈、许、卢、戴、李、欧、马、张、沈、黄、林、郑、魏、朱、徐、廖、汤、涂、吴、周、柳、陆、苏、欧阳、司马、杨、詹、曾、萧、胡、赵、蔡、叶、颜、柯、潘、钱、姚、韩、王、方、孙、何、庄、唐、邹、邱、冯、江、石、郭、曹、高、钟、汪、洪、章、宋、翟、罗、施、蒋、丁。随军眷属除与上相同者外,另有18个姓氏:卜、尤、尹、韦、甘、宁、弘、名、阴、麦、邵、金、种、盖、谢、上官、司空、令狐。此80余姓中原人众,历千年繁衍不衰,故至今其裔孙所修家谱,明标其祖源于光州固始。固始人在开漳事业中做出了重大的贡献,固始也从此成了无数闽台人永远的故乡。

三、以德为政　化育闽南

唐代虽然有突厥、吐蕃的侵扰,但朝廷多用征抚两策相处置,常予以礼遇和恩泽,并不滥杀无辜。对南方诸撩之乱,也是如此。据《新唐书》载,唐高宗武德及太宗贞观年间,南方獠域“数寇暴州县者不一”[①],巴州、眉州、洪州、雅州、益州以及东西玉峒、巫州、钧州、明州、洋州、集州、壁州等地的獠民都出现过啸叛,唐中央政权采取的措施都是剿、抚并举,而不是一网打尽,斩尽杀绝。如益州獠民啸乱,督都窦轨请求率部击之,太宗对他说:“獠以山险,当拊以恩信。胁之以兵威,岂为人父母意也!”[②]对泉潮“蛮獠啸乱”,朝廷也是一仍旧制:恩威并重,剿绥

---

①　《新唐书》卷222《南蛮传下》,中华书局,1975年。

②　《新唐书》卷222《南蛮传下》,中华书局,1975年。

结合,这在命令陈政前往平抚的诏书中就已明确指出,"圣王御天下也,一视同仁",目的是"靖寇患于炎荒,奠皇恩于绝域"。对此,长期受河洛文化熏陶的陈元光深知,闽南之所以出现蛮獠啸乱,主要原因有二:一是管理废弛;二是缺乏教育,故而使得土著居民"暴横为尚",要改变其落后面貌,使闽南地区经济社会得到发展,平抚不是最终目的,平抚之后首要的是解决建制,其次就是兴办教育,从而使闽南得到发展,长治久安。如果动辄对老百姓绳之以刑,那效果一定是为渊驱鱼、为丛驱雀,"诛之则不可胜诛,徙之则难以屡徙"。他深信,只要设立建制,加强管理,发展生产使民丰实,再实施教育,导之以化育之礼,时间不会很久,漳江两岸必然会出现繁荣景象,"秦越百家,愈无罅隙,畿荒一德,更有何殊!"

综观陈元光化育土著、治理闽南的全过程,基本指导思想仍是儒家一贯主张的"为政以德"的河洛古训。

"为政以德"是孔子提出来的,而孔子这一思想则源于《周易》。《周易·系辞上》曰:"子曰:易其至矣乎! 夫易,圣人所以崇德而广业也!"——《易》所阐明的道理已经达到极致了呀!《易》是圣人用来提高自己的德行和扩大事业的呀! 孔子接着又进行了阐发,他说:提高德行就要增进智慧,扩大事业就必须谦恭知礼;要有崇高的智慧就要效法天,要有谦恭的礼就必须效法地。

"德"在一个人身上怎样体现呢?《周易·乾·象传》仍从天、地两个方面提出了要求:一是"天行健,君子自强不息";二是"地势坤,君子厚德载物"。"自强不息"、"厚德载物"正是陈元光在闽南"为政以德"的两个基本点,而集中反映在教民、保民上。

(一)在化育教民方面,陈元光实行了两项有效的措施

首先,他教导土著居民要懂得和遵守圣人教化的基本伦常关系。

为使"蛮獠"了解、学习优秀而悠久的汉文化传统,他将内容丰富的人伦礼教改写成民歌形式,使人们在传唱中接受教化。如他写了两篇很通俗的《恩义操》,其一曰:

> 天尊地卑分君臣,乾男坤女生男孙。怀恩抱义成人伦,入有双亲出有君。
>
> 行义显亲亲以尊,隆恩敦君君以仁。君仁亲尊恩义纯,双全忠孝参乾

坤。

　　春秋乱贼纷然起,仲尼一笔扶人伦。

　　在这首歌中,他讲了人伦的要义,为便于人们记忆,他将其归结为"恩、义、忠、孝"四字。在第二首歌中,他写道:向日葵知道向太阳,乌鸦知道反哺母亲,"禄养生成忘恩义,不如鸡犬司门晨"——人如果不懂恩义,岂不是连物也不如了吗? 封建社会的三纲五常道德,虽然有其落后的一面,但它在维护社会秩序、倡导人伦美德方面起到了重大的作用。陈元光之所以这样从"小儿科"做起,也是从实际出发,主要考虑到当地"蛮獠"落后的实际情况。当时的情况如其在《请建州县表》中所说,一些土著人连父女、母子、兄妹之间不能通婚这样一些最基本的人伦道德都不具备,以至"所习者暴横为尚,甚则母子聚磨,妹兄结发",因而施教从最基本的"如何做人"开始。他这样做,实际上是抓住了中心,抓住了根本。

　　他还写有《忠烈操》,教导男子知道忠于国家,女子知道忠于家庭。歌中说,"国有君王家有夫","三纲五常与命俱",人的一生就应该"英英烈烈他虑无,舍生取义终不渝",只要男忠女烈,人人都可以"千古芳名耀青史"。

　　其次,他教导人们要抛弃蛮俗,归化文明,树立淳朴之民风。

　　腊祭是村社居民中流传已久的一种古老祭拜天地仪式,人们感谢天地赐福予人,从而风调雨顺,五谷丰登。腊祭有乐鼓相伴,且多由地方官员参与或主持,因而不仅是一种群众性的娱乐活动,也是官民接触、相互致礼以和谐社会的活动。但古闽畲人无腊祭之习。陈元光将中原腊祭和春祭活动引入漳地,并亲自参加。在一次腊祭中,他请军中熟悉河洛风情的中原人教畲人如何奠酒,如何行礼,如何吹奏龙笛,如何升阶舞拜等,他还亲自纠正一些人不很规范的细节动作。众人看到自己的父母官毫无架子,平易近人,争相向他求教。

　　陈元光在传播教化时很注意结合当地实际。如北方的土祀,主要是祭拜土地之神,以保稼穑。他考虑到漳地主要是水乡,河泽埔堰与百姓生产关系密切,于是,他在倡导祭土地之神时,增加了祭龙祈雨以求稔年的内容,同时改北方乐舞为当地乐舞,因而受到当地百姓的欢迎和喜爱。

　　这两次活动具有改革意义,给陈元光留下了深刻的印象,使他夜不能寐,援笔写下了《教民腊祭》和《祀后土》两诗,希望纯朴的乡民从此能得到诸神的庇佑,带来无限福祉:"祈禳称世世,民社两无违","龙湖配天长,万叶复千亿"。

在"夜祀天皇弘德泽,日将山獠化编民"的移风易俗过程中,陈元光还积极鼓励汉人与土著人相互通婚,"男女生长通蕃息,五十八姓交为婚"(《候夜行师七唱》),从而促进了民族间的融合并加强了土著居民的"唐化"进程。

经过六、七年的努力,闽南地区发生了很大变化。朝廷法度得以行使:"地极绥安镇,天随使节存";民风趋向淳朴:"民风移丑陋,士俗转酝醇";社会秩序安定:"湖心涵万象,湖口合千春";百姓安居乐业:"野服迎旌佩","磊落野人群"(《题龙湖五首》)。

(二)在保民惠民方面,陈元光实行"休牛放马"之策,重心在发展经济

《尚书·武成》曰:"王来自商,至于丰,乃偃武修文,归马于华山之阳,族牛于桃林之野。"陈元光对周成王时这种"休牛放马"式的太平景象十分向往,他认为社会治理的最高准则就是"偃武修文"。身经十七年平抚之劳的陈元光深知闽南太平来之不易,他一方面把功德归之于皇帝的圣明,"帝德符三极,皇风振四夷(《晚春旋漳会酌》)","偃武休众士,锡命自皇朝"(《修文语士民》),一方面努力实现"成周放牛马,林野任逍遥"理想。

(三)为发展经济,结合当地实际情况,采取了很多卓有成效的措施

1. 辟荒垦殖,安置流民。隋唐时期的闽南、粤东北地区在行政区划上属于泉州和潮州统辖,但由于这一带的土著及"蛮獠"之民洞穴而居,且不事生产,出没无常,"所事者搜狩为生,所习者暴横为尚",经常聚众结伙掠袭劫夺定居农耕的汉人,国家势力对其不轨行为实际上是鞭长莫及,以至于形成大面积的啸乱。陈元光深知,"人无恒产,则无恒心"。于是在啸乱初平之际,他就把流民组织起来,与士兵混同编伍,把可耕之地分给流民,同时大力辟荒垦殖,架木构屋,使流民定居。

有了土地的流民在士兵及北方汉人帮助下,很快学会了使用铁制工具和耕牛,掌握了耕作及栽培技术,过上了有保证的安定生活,初步实现了朝廷《敕建州县诏》中所提出的"夷群虏之薮为太平之区"的目标。

2. 兴修水利,发展农业。漳州一带水资源十分丰富,但由于缺乏水利设施与技术,基本上得不到有效利用。陈元光军士中有许多在北方从事过农业生产

和水利建设的人,他们来南方后,在屯田的过程中已经积累了修塘、筑堰、护陂、蓄水等经验。陈元光让这些"专家"到土著居民中推广这些经验,教他们因山势之宜,阻沟壑以蓄水;依地理而宜,修堰筑坝成梯田。这样,不仅一年可以生产两季粮食,还可以利用陂塘养鱼饲鸭,从而大大提高了山民的收入。生产的发展,反过来又促进了社会的稳定,社会的稳定又进而促进了生产的提高。就这样,到陈元光之子接替他时,漳州一带不仅成了物阜民丰的鱼米之乡,而且"东距泉建,西逾潮广,南接岛峤,北抵虔抚,桴鼓不惊,号称平治。"①成了"千里内外无桴鼓之惊"的首善之区(《福建通志·人物志·陈元光》)。

3. 通商惠工,发展贸易。闽南原土著居民生产落后,生活方式单一,渔猎之外,基本没有什么商贸活动。陈元光军士中不仅有许多种地能手,而且也有许多能工巧匠和多面手。他们既善耕作又善桑麻,既懂织染又会铁木制造,既会烧陶制瓷,又会榨油熬糖,既会捕捞又会晒盐,既会缝纫刺绣,又会烹饪酿酒。在陈元光的鼓励和北方汉人的传授、影响下,当地居民很快学会了制造各种生产工具、生活用品及各种日用消费品。

随着物产的丰富和经济的繁荣,当地农、工、猎、渔以及屯田的军士都积极从事各种商贸活动,各类小集市很快成长了起来。漳州治所的商贸活动更是繁盛,像北方那样的"日午击鼓开市,日息鸣锣打烊"的店铺,不论大街小巷,比比皆是。漳州由此而逐渐成了闽南的商业重镇。

4. 开办书院,庠序育人。陈元光对教育十分重视,在他的治州方略中,第一是政权建设,第二就是教育事业,他在《请建州县表》中称前者为"本",称后者为"要",并认为兴办学校为"救时之急务"。从孔子开收徒讲学之先河之后,书院教育在中国教育史上一直发挥着重要的作用。陈元光依圣人之则和前朝之例,除在州县政府编制中设立专司教育的官员——"文学"一职外,并于景龙二年(708)亲自在"唐化里"中心区的松洲设立了松洲书院。为了把学院办好,他专门把儿子陈珦派到书院任教。

陈珦(680—753)字朝佩(又字伯珙),号迂斋,自幼聪慧过人,很受陈元光钟爱,拜于别驾许天正下受学。万岁通天元年(696),年十六岁即举明经,授翰林

---

① 沈瑜庆、陈衍《福建通志》总卷35,《名宦·陈元光》,1938年。

承旨直学士。入京后在长安 12 年,后借口父亲年迈而请辞回漳州。景龙二年(708),在龙溪县令的举荐和请求下,陈元光派时年 28 岁的陈珦到松洲书院讲学授徒。陈珦谨遵父命,先后在书院五年,成绩多多,清代史学家朱轼在收集历代要籍的基础上编撰《史传三编》,其 54 卷中有陈珦传谈及此事曰:"时州制初建,俗固陋,珦开引古义,于风教中多所裨益","与士民话说典故,子弟多有向方"。陈珦离开书院后任漳州刺史。开元二十五年,57 岁辞职后又回到书院执教,一直到去世。以书院为学校始于唐代丽正书院,但松洲书院比丽正书院还早建十年,是八闽书院第一家,陈元光对闽南教育事业的贡献由此可见一斑。由于漳州书院开办较早,漳州士子受其惠亦较早。贞元八年(792),漳州生员周匡业就举明经榜,元和十一年(816),其弟周匡物首登进士金榜,为境内科举第一人,其诗也被后人收进《全唐诗》中。清《漳州府志》也高度评价陈珦在松洲书院之功德,为其立传曰:"陈珦,将家子,揭德振华,能以儒术显功名于景云、开元间。清漳自宋迄今多钜人长德,以鸿文粹学,衣被天下。先河后海,必以珦称首焉。"

陈元光还实行了许多其他有利于生产和社会发展的措施,如轻赋免役,藏粮于民;兴学劝学,培养人才;锄寇御患,强化治安等。

总之,在陈元光全力治理下,闽南粤东北地区"蛮獠啸乱"得以平抚,经济得到了发展,民族关系渐而融合,维护了国家的统一,传播了河洛文化,功莫大焉,德莫大焉,其绩巨伟,后世尊为"开漳圣王",千龄万祀,询为实至名归。

四、圣王功德　开漳文化

由于陈元光父子开漳治漳,励精图治,使几疑非人所居之域的闽南地区,告别炎荒,日渐繁盛,不仅出现了如杨澜《临汀汇考·方域》中所说的"负耒耜者,皆望九龙山而来"的欣欣向荣局面,而且带动了周边更大地区走向文明,"由是北距泉兴,南逾潮惠,西抵汀赣,东接诸岛,方数千里无烽火之惊,号称乐土"(民国版《云霄县志·名宦》)。由于其惠泽百姓,遗爱万民,因而千百年来受到了人们的爱戴和怀念。

(一)祖刊、继统,克绍箕裘

景云二年(711),粤北蛮獠苗自成、雷万兴的后人又聚啸潮州并引兵入漳,陈元光立即组织兵力进行反击,十一月初五,不幸身陷重围,在与敌交锋中,又被蓝奉高砍中腰部,众人急忙来救,回至绥安大峙原,终因失血过多而逝,年仅五十五岁。朝廷闻讯,赠封陈元光为豹韬卫镇军大将军,谥"忠毅文惠",并诏其子陈珦代其职。

陈元光殉国后,朝廷诏陈珦代为父职,陈珦请辞,由许天正为刺史。不久,许天正以年老请辞,陈珦这才正式继任漳州刺史之职。陈珦在对军队进行整编训练后,于开元三年(715)率部岭南,直捣蛮酋蓝奉高老巢,一举歼灭其残余势力。次年,为避瘴疠之害,迁治所于李澳川(今漳浦县绥安镇)。陈珦在漳州主政近30年,保境安民,社会安定,百姓乐业,政声上嘉。开元二十五年(737),陈珦以年老上表请辞。

据《闽书》卷41载,陈珦请准卸任退隐后,殳伯梁为漳州刺史,但由于其平庸无能和治理不力,不几年工夫,政事弛废,"盗贼迭起于涧壑,老羸逃窜于山林。酷害斯深,涂炭已极"。数百耆在朱兴家等人率领下上书福州观察使,历数社会不安之状,强烈要求朝廷罢免殳伯梁,同时举荐陈珦之子陈酆为继:"今有新秀才、授辰州宁远令陈酆,乃元光之孙、珦之子,通达历练。如蒙使居祖职,必能恢拓先业,克绍前修,慰边土来苏之望。"天宝十年(751),陈酆奉调漳州,百姓大喜过望,锣鼓相迎,万人空巷。清光绪《光州志》载:陈酆不忘祖训,在其任上克勤克恭,恪尽职守,很有建树。"至任建学延师,锄强救灾,一如其祖守漳时。"《闽书》称其"训诲士民,泽治化行","历任二十九年,一州安晏"。关于陈酆的事迹,雍正本《河南通志》在《人物》一节中也有较详记述:

> 陈酆字有芑,旧为光州人,因祖元光戍闽有功,世守漳州,遂为闽人。父珦,举明经及第,授翰林承旨。珦生酆,幼耽经史,天宝六年举秀才,旋任辰州宁远令。在都见李林甫、杨国忠柄国,无意仕进,回访弋阳旧第,川原壮丽,再新而居之数年。安禄山乱,漳州民诣福建观察使乞遵旧制,命陈酆领州事,以拯民生。朝是其请。酆至漳,建学延师,锄强救灾,一如祖父之政。

大历十四年(779)陈酆病于任上,其次子陈漠于建中二年(781)以平广寇功授中郎将兼漳州刺史,直至元和十四年(819)去世。

自总章二年(669)到元和十四年(819),陈政、陈元光、陈珦、陈酆、陈谟祖孙数代,从平抚蛮獠啸乱到开漳置郡、拓土兴邦长达 150 年,使闽南、闽西及粤东地区由一个荒瘠之地,发展成为汉蛮各族安居乐业的富庶之区、礼仪名邦,在八闽的发展史上树立起的一座丰碑。

(二)伟功巍巍,百代流芳

中原汉文化在闽南的传播,以至河洛文化主导了闽南社会,陈政、陈元光功劳至巨至高。陈氏父子的入闽开漳,不仅促进了闽南地区与中原地区在政治上、军事上的统一,加强了中央集权的统驭,而且由于其直接致力于政治、经济、文化、教育的发展,并明确提出其基本方针是"唐化",从而大大提高了闽南地区物质文明和精神文明,推动了闽南地区整个社会的全面进步。

制度上的河洛化。由于开漳置州、县,州、县设官设吏,户、田、仓、刑各类事务分司管理,使得闽南在政治制度上首先与中央取得了完全的一致,从而保证了国家政令的畅通。在经济方面,推行唐中央政府实行的"均田制",使农民和流民都有了土地,其中"永业田"占百分之二十,其余为"口分田",漳民从此过上了安居乐业的生活。同时还实行"租庸调制",对蛮獠之民免除一切役税,对生产能力强的农户允许其以庸代役,从而保证了农业和工商业的发展。在军事上实行武劳结合的府兵制,既进行正规的军事操练,设上中下三营地,又负责地方治安,设 4 个行台和 36 个保所;同时又实行"军屯制",组织军士大力垦荒,自给自养。

文化上的河洛化。如前所述,陈元光,陈珦父子都很重视教育,亲自筹建并任教于松洲书院,通过教授儒家经典传播河洛礼乐,培育英才。与此同时,在民间移风易俗,将中原的淳朴之风通过岁时节令的民俗礼乐加以普及;积极倡导宗法思想,鼓励百姓、士子忠于国家,孝敬父母,同时倡导友爱邻里、诚信互助、乐善好施等美德。

由于陈政、陈元光功高盖世,亲民爱民,因而生前受到百姓的爱戴,逝世后又受到百姓的怀念,人们通过各种方式表达对他们的纪念情怀,修墓庐以彰其德、建祠庙以享祀祭、追封赐爵以嘉其功是最常见的方式。

陈政墓

陈政墓在今福建云霄县西将军山东麓,为陈政及其夫人司空氏合葬处,今已辟为"将军山公园"。园内林木丛郁,渠水相环,小龙湖波光粼粼,青山殿阁倒影摇曳,已成为人们缅怀先人的良好场所。陵墓初建于陈政病殁的唐仪凤二年(677),后屡经修葺,今所存形制为南宋嘉熙四年(1240)所建。最近一次大修在1984年。新修复的享堂为三开间抬梁式歇山顶建筑,四周无墙,由八根石柱支撑梁架。殿内所悬匾额"开漳先哲"为全国人大原副委员长彭冲(漳州人)所书,殿外檐头匾额"开漳元勋"为台湾孔孟学会理事长陈立夫所书。享堂前为神道,享堂后为墓葬。墓呈寿龟之状,以砖石砌成,与享堂不成平行状而为夹角状。神道两侧的石马、石羊、石狮翁仲多为南宋遗物,其形制、神态及所饰图案、雕刻手法与明清风格大异其趣,是了解宋代石刻艺术的珍品之作。

陈元光墓

陈元光墓在福建漳州浦南镇威惠庙东约2.5公里处。陈元光受伤而逝,初葬火田大岐原,贞元二年(786),漳州治所迁龙溪,墓随之迁今址。墓坐北向南,墓碑刻有"唐开漳陈将军墓"七字。墓以雕石相围,形如寿龟之背。墓前有石阶三层,上有祭拜石案。阶前有一广场,再前为神道,有石刻翁仲、鞍马、跪虎、跪羊、望柱各一对,依次成行列于两侧。四周为茂密之林木,尤使环境显得古朴肃穆。

威惠庙为敕建供奉祭祀陈元光之庙,在漳州有多处,最重要的有三处。

云霄威惠庙

云霄威惠庙位于云陵镇享堂村。中宗景云二年(711),陈元光战殁于岳山,据欧阳詹《龙湖行状》载:朝廷闻之,玄宗于先天元年(712)十月颁赐谥敕建庙诏:"诏增秩并赐谥云:以身殉国之谓忠,战胜攻取之谓毅,引荐善类,文之谓也,普播仁恩惠之谓也。可增豹韬卫镇军大将军兼光禄大夫中书左丞临漳侯,特谥曰忠毅文惠。咨尔有司,庸建庙庭崇祀,以彰启郡之劳,以垂劝善之典。"[①]据《陈氏家谱》载:"百姓闻之,如丧考妣,相与制服哭之,画像祀之。追思之甚,将遗体捏塑于绥安溪之大岐原。"于是在原陈政庙塑元光像并祀之。此庙北宋政和三年(1113)正式称威惠庙,极为繁盛,可惜毁于元代战火。至明成化年间,云霄人吴永绥不忍见圣王庙倾圯荒野,复于镇西门外扩而建之。该庙主体建筑分前后两部分,前为门厅、照壁,后为大殿。殿正中为陈元光及夫人种氏木雕神像,座前

① 转引自王雄诤《漳州掌故大全》(内部),1999年印刷。

置陈政神像。右侧为魏妈神龛,左侧为许天正神龛。魏妈神龛上悬"女中豪杰"匾额,有对联曰:"巾帼长征临海峤,中原南下靖云霄"。许天正神龛上悬"建功南郡",有对联曰:"同来启土标青史,共起兴文惠庶民"。庙内颂元光父子功德的对联尤其多,如:"威震漳江南国兵戈化礼乐,惠流云水西门宫阙亘山河","拓土开疆殊勋施社稷,饮和食德厚泽遍云霄","漳水云山开万世衣冠文物,馨香俎豆报千秋伟绩丰功","大启漳土永奠闽南但励忠勤二字,依旧云山维新庙貌缅怀功业千秋"等。大殿两侧庑内分别供奉元光子陈珦和女儿陈怀玉神像。陈珦被誉为"王子",有联曰:"文武兼全壮鸿图于启宇,英灵丕著承燕翼以流馨"。陈怀玉被称为"柔懿夫人",有联曰:"柔顺堪钦克佐父兄基业,懿恭作则事传巾帼芳徽"。

漳浦威惠庙

漳浦威惠庙位于福建漳浦县城西西宸岭南麓的西庙村,故当地人称作西庙。唐开元四年(716),漳州治所从云霄的西林迁至李澳川(即今漳浦县城所在地),为便于官祭,庙亦迁建于新址,宋、明、清时曾多次修缮和改扩,并曾与佛寺合一,规模宏大。宋时,漳浦县令吕踌前来拜谒,有感于元光功高而未人正史之憾,写了《谒威惠庙》一诗:"当年平寇立殊勋,时不旌贤事弗闻。唐史无人修列传,漳江有庙祀将军。乱萤夜杂阴兵火,杀气朝参古径云。灵觋赛祈多响应,居民行客日云云。"由于"唐史无人修列传,漳江有庙祀将军"之慨叹世人多有同感,故此句常为后人所引用。此外,庙内大殿及廊庑也多有称颂陈元光功绩、圣德之联,文洁而意永。如"惠润普施烈气腾腾朝圣王,威灵显赫忠心耿耿建庙堂","威震东土荡寇安邦功勋垂青史,惠沾南疆开漳治郡德才贯威古今","威震闽粤获黎民功垂环宇佑众生,将军功德忠贞冠代威武英姿高封祀典"等。

该庙古建筑今存正殿与后殿,正殿供奉陈元光神像,左右分别配祀辅胜将军李伯瑶和辅顺将军马仁以及许天正、卢如今、沈世纪诸神像。后殿为陈元光夫人种氏神像。此庙1991年又加以扩修,复建巨形石坊,上书"开漳圣王"四字。扩建后的园区是原来庙区的二百倍,由殿堂群、森林公园等组成,为拜祖朝圣、旅游、休闲之胜地。

漳州威惠庙

漳州威惠庙位于漳州市芗城区浦南镇松州村。唐贞元二年(786),州治又北迁龙溪(即今漳州市),为便于官祭,陈元光墓改葬于治北松州堡高陂上,大峙山之庙亦随迁于石鼓山之松洲书院内重建。正殿祀陈元光夫妇神像,后殿祀陈政、陈垧、陈酆、陈谟诸人神主。

陈将军祠

在陈元光的家乡——河南固始县陈集村,现仍有保存完好的"陈将军祠"。清顺治《光州志·仕贤列传》载:陈元光之孙陈酆,"天宝六年举秀才,授辰州宁远令。在京见李林甫、杨国忠柄国,无意仕进,访弋阳(按:弋阳即光州旧称)旧第,川原壮丽,再新而居之数年"。由此可知,现存陈将军祠,实为天宝年间陈酆在陈氏旧第基础上改建为家庙的一部分。陈将军祠正殿悬额书"威震闽粤",殿内案上为陈元光神龛,上悬"尘净东南"匾额,殿之廊柱楹联为"开闽数十年烽火无惊称乐土,建漳千百载香烟不绝祀将军"。大殿有左右侧室,分别供奉陈政夫妇与魏太夫人神像。

大山奶奶庙

大山奶奶庙位于河南固始县东50公里东大山主峰浮光顶,奉祀陈元光祖母魏敬。魏敬(599—691)史称魏太母,百姓称魏妈,字玉班,隋中书令魏潜之女,自幼随父文武兼习,后适户部度支陈欲得之子陈克耕。陈克耕因佐高宗、太宗南北攻战,为唐开国功臣,官拜玉铃卫翊府中郎将怀化大将军,后告老致仕,太宗封其长子陈敏承袭父职为中郎将怀化将军,次子陈敷封右郎将云麾将军,三子陈政封左郎将归德将军。陈克耕贞元二十三年(649)病逝于故里,谥号"威顺"。据墓志铭载:"总章己巳(669),闽广之交獠蛮啸乱,高宗命陈政公出抚之。至界,以兵少请援。朝命二兄敏、敷领兵南下。太母魏氏见三子之闽,乃与俱往。至浙江之江山县,敏、敷病疽。至浦城,孙子亦疽。魏母提兵至镇,政得进屯云霄营。政卒,孙元光将军代领其众,奉建州治。天授二年(691),魏氏卒,将军以支孙承重,付州事于许天正,葬祖母于半径山,结庐守制。"据史志可知,魏太母十分坚毅沉稳,不仅在平抚啸乱中果敢多谋,在开漳中也有卓绝贡献,实为巾帼英雄,闽人十分敬仰。魏敬75岁出征至闽南,在漳江畔率中原58姓子弟辅佐儿孙奋斗了18年,她的逝世,使陈元光十分悲痛,将其隆重安葬,之后在墓侧结庐相守。陈元光有三首悼念魏太母的诗收入了《龙湖集》,记述了他和漳州百姓对魏妈的崇敬之情。如《半径庐居语父老》其一:"寒猿号岭表,添我哭声哀……二州诸父老,百里载牲来……感怆千秋恨,期消四境埃。阴扶祈太母,显相赖殊才……"
其二:"万里提兵路,三苗葬子方。桑田多变海,萱草独凌霜。华洁凝秋色,葳蕤
灿晚芳。"三年守制结束后,他又写了《太母魏氏半径题石》一诗,再次提到"万里
提兵路,三年报母慈",表达了对魏妈万里出征永世不忘之情。今云霄县东10
公里竹塔村半径山有明代重立花岗岩魏妈神道碑一通,碑高2.5米,宽1.06米,
正面书"有唐开国元勋夫人陈太祖母魏氏神道",碑阴刻有魏太母身着凤冠霞帔
之神像。

为使祖母安息,在守制期间,陈元光派人回到故乡,嘱其在魏大母最喜爱的
浮光山造庙塑像,以使先人能魂安故里。由于庙在东大山,后人遂称该庙为"大
山奶奶庙"。天宝年间,陈酆曾回故里,对庙又进行了扩修。今大山奶奶庙占地
面积约15000多平方米,殿堂巍峨雄伟,正殿主祀魏太母,太母神像和善慈祥,风
采奕奕,端居中位,司空氏、种氏及陈怀玉、陈怀金侍立左右,两侧为陈元光父子
及部将许天正、戴君胄、马仁、沈世纪、李伯瑶、蔡长眉、丁儒、卢如金。东西配殿
分祀其他开漳有功之将士。自唐至今香火十分旺盛,尤其是每年农历十月十五
到二十日的庙会期间,豫皖百姓及各界善男信女前来晋香者,漫山遍野,人山人
海。

(三)历代旌表　百代景仰

在中华传统文化中,国家与皇权总是结合在一起的。对国家的忠诚,也即是
对皇权的忠诚,因而鞠躬尽瘁、为国捐躯者总会受到最高统治者的褒奖。两千年
来,在中国士人的世界观中,官本位的思想一直占主流地位,而且愈演愈强,因而
在各种褒奖中,徒有虚名的加官晋爵、追赠谥号也愈加受人尊崇。

追封祀祭上合礼法,下合民意,故而历代统治者都乐此不疲。《礼记·祭
法》曰:"圣王之制祭祀也。施法于民则祀之,以死勤事则祀之,以劳定国则祀
之,能御大灾则祀之,能捍大患则祀之。"陈元光靖南开边,功德卓著,影响深远,
无不合乎古制,后世朝廷大加旌褒,追封加溢,一方面以示当朝政治清明,正义昭
彰;一方面为世人树立忠君爱国之榜样,以保江山之永固。

唐先天元年(712),玄宗赐陈元光为豹韬卫镇军大将军兼光禄大夫中书左
丞临漳侯,谥"忠毅文惠",并下诏敕建"忠烈祠"于州治漳浦城西宸岭之上(今威
惠庙旧址),同时建"盛德世祀之坊",明正祀典,地方官员行春秋二祭。开元四

年,又加封颍川侯。贞元三年(787),德宗又加封陈元光为"灵著顺应昭烈广济王"。陈珦逝世后,唐肃宗于乾元元年(758)谥号"文英"。

五代时,吴越王钱仿(一说钱家)于947年封陈元光为保定将军兼金紫光禄大夫、太傅尚书令。

至北宋时朝廷又多次追封:太宗太平兴国三年(978)封保定男;真宗大中祥符元年(1008)封宗应伯;神宗熙宁八年(1075)封泽公、忠应侯;徽宗政和三年(1113)封"开漳主圣王",赐庙号"威惠";宣和四年(1122)又追赐忠泽公。南宋高宗时多次追封,绍兴十二年(1142)八月封英烈忠泽显佑康庇公,十三年封开漳主圣王,加谥忠毅文惠王;十六年(1146)封灵著王,二十三年(1153)七月加封"顺应",绍兴三十年又加封"昭烈";孝宗乾道四年(1168)九月,封灵著王顺应昭烈广济王;理宗保庆二年(1226)封宗毅公。

朱元璋于洪武二年(1369)封陈元光为昭烈侯,神宗万历七年(1579)封为威惠开漳圣王。

清乾隆四年(1739),封祀典开漳圣王。五十五年(1790),高宗又亲书匾额"开漳圣王、高封祀典"以赐。

在陈元光屡受追旌的同时,其亲属也得到了朝廷的各种赠封。为简要说明,仅以南宋绍兴十三年(1143)所封胪列于后,即可见一斑。

陈克耕(陈元光之祖)追封为济美嘉庆侯,夫人魏敬追封为济顺嘉淑夫人。

陈政(陈元光之父)追封为祚昌开佑侯,夫人司空氏追封为厚庆启位夫人。

陈元光夫人种氏追封恭毅肃雍夫人。

陈珦(陈元光之子)追封为昭贶通感文英公。

陈怀珠(陈元光之长女)追封为柔姬广济夫人,其夫卢伯道荫封为干辖司崇义使郡马都元帅。

陈怀金(陈元光之次女)追封为柔懿慈济夫人。其夫戴君胄荫封为干辖司崇义使郡马都元帅。

同时追封的还有陈政、陈元光的部将。如:许天正追封为殿前都统太尉翊忠昭应侯;马仁追封为殿前都检使威武辅胜上将军;张伯纪追封为殿前亲军副指挥使威武辅应将军;沈世纪追封为殿前亲军副指挥使威武辅膔大将军,赠武德侯;欧哲追封为殿前亲军副指挥使威武辅德上将军。

在历代旌表中,宋代连篇累牍,十分突出。何以至此呢?这一方面是陈元光靖边开土,功莫大焉,另一方面,也与宋代理学昌明大有关系。理学至南宋,已发展到了一个极致,在其庞大的思想体系中,人伦关系、道德规范中的"忠孝节义"观念十分强烈,而在这方面,陈元光及其家族,几乎成了最合礼制、最合理义的"完人"典型,因而值得大大表彰。对此,南宋理学家陈淳(1159—1223)有一段话讲得十分清楚。陈淳字安卿,人称北溪先生,漳州龙海人,是朱熹晚年最赏识的嫡传弟子。陈元光作为其家乡之先贤,他既自豪更是景仰有加。他和其师朱熹一样反对淫祀,但他不反对祭祀陈元光。他在所著《北溪字义》一书《鬼神》篇中说:"古人祀典,自《祭法》所列之外,又有有道、有德者死则祭于瞽宗,以为乐祖。此等皆是正祠。后世如忠臣义士蹈白刃卫患难如张巡许远死于睢阳,立双庙。……漳州灵著王以死卫邦人,而漳人立庙祀之。凡此忠臣义士之祠皆正当。"在议及漳州威惠庙时又说:"惟威惠一庙,为死事捍患于此邦,国朝之所封赐,应礼合制,号曰忠臣义士之祠,邦人之所仰然。"(见《上赵寺丞论淫祀》篇)①

他所说的"应理合制",是对中国祭祀文化理念的最恰当的阐释。

(四)圣王功德　开漳文化

陈元光开漳给人们留下了无尽的宝贵财富。在绚丽灿烂的遗产长河中,从政治家的角度可以强调国家的统一与发展;从思想家的立场可以看到儒家道统的继承、传播与光大;以社会学家的视角可以大加赞扬民族的融合与团结;经济史学家则再一次以中古闽南繁荣为例说明以农为本和惠工通商的正确;教育学家无不赞誉兴庠序、育人才是陈元光具有远见卓识的重要表现;民俗学家也再一次看到了以夏化夷、移风易俗的实际例证,等等。这一切,构成了一道亮丽的风景线。这道风景线可以概括为"开漳圣王文化"或"开漳文化"。

闽南文化是中原文化在漳泉地区形成的再生文化,开漳圣王文化则是中原文化或河洛文化的一个重要分支。闽南文化是闽南人以中原文化为本创造的一个新的地域文化,开漳圣王文化则是中原人直接从河洛地区带到漳泉落地生根的中原文化。

"开漳圣王文化"或"开漳文化"的创始者是以陈元光父子(包括朝廷)为主

---

① (宋)陈淳《北溪字义》卷下,中华书局,1983年。

导的中原入闽将士及当地百姓,其丰富与发展则是陈氏后裔与闽台广大人民。

作为中原文化的重要分支,开漳圣王文化既带有浓重的河洛文化印痕又有着自己丰富的内涵与鲜明的特色。

1. 开漳圣王文化是爱国文化

三千年前,我们的先人就为国家的统一、疆域的辽阔而自豪,并且高歌:"溥天之下,莫非王土。率土之滨,莫非王臣。"此歌虽旨在讽砭幽王之政,但由于崇尚王权,崇尚一统,孔子十分喜爱,将其编入了《诗经》之中,名曰"北山",分属"小雅"。由此可知,从先周起,大一统的思想就成了华夏族的政治思想根基,山河永固成了中国人民最崇高的政治理念与传统。

正是基于这种认识与立场,当闽粤地区发生蛮獠聚啸之时,才会出现百姓要求政府干预、唐朝最高统治者积极应对、陈政应诏而南下的快速反应。

请看有关记载。许天正撰写的《开国元勋陈克耕夫人魏氏墓志》:"总章二年己巳,闽广泉潮之交獠蛮聚啸,佥请镇戍,高宗命政出抚之。"许天正撰写的《开漳始祖行状》:"总章二年己巳,泉潮间诸蛮獠啸乱,居民苦之,佥乞镇帅以靖边方。高宗敕公进朝议大夫……出镇于绥安故地。"唐高宗《诏陈政镇故绥安县地》:"前往七闽百粤交界绥安地方,相视山原,开屯建堡。靖寇患于炎荒,奠皇恩于绝域。"

仔细审读这些历史文献,人们就会发现,在平定闽粤蛮獠事件中,无论皇帝诏书,也无论胜利者所撰的史录,对"蛮獠啸乱"从来没有使用过"叛乱"、"剿杀"等字眼,常用的多是"讨贼"、"靖寇"而已。皇帝所派官员,不是统帅军队的专职军官,而是地方行政长官兼领军事;其任务不是专司"剿寇",而是"镇戍",不是剿灭,而是"抚之"或"且战且抚"、"诱而化之",从而达到"靖边"或"靖寇"之目的。

透过这些文字可以看出,"镇戍"、"靖边"主要出于国家的统一与长治久安,58姓光州籍府兵不顾瘴疠之害,千里跋涉闽南完全出于对国家的热爱与忠诚。

漳州建置之后,陈元光一方面鼓励携眷将士落籍,并在漳江两岸"辟地置屯"、"开拓村落",为他们长期定居创造条件。另一方面,他还鼓励未婚将士与当地居民通婚,尤其鼓励他们与畲族居民通婚。此举意义深远,为民族融合、生产发展、文化传播、移风易俗打下了坚实的基础。早在25年前,汤漳乎、林瑞峰同志就高度评价陈元光开漳的爱国主义精神,指出:陈氏五代治漳,长达 150 年却没有发展成地方割据势力,始终维护国家的统一和这一地区的安定,联系到中唐之后的藩镇割据,这种精神尤为可贵(《福建论坛》1983 年第 4 期)。

2. 开漳圣王文化是惠民文化

作为一员儒将,陈元光采用"且战且抚"(光绪本《漳州府志·丁儒》)之策平息啸乱后,立即实行了治闽重心的转变,开始了偃武修文的全面工作。他首先上表置州县,设部吏,使当地社会迅速走上了安定有序的运转轨道。接着,发动将士遵照"以农为本"的国策,驻屯结合,大力发展农业生产,"辟地置屯,招徕流亡,营农积粟,通商惠工"。由于上下努力,不数年,九龙江流域竟成了"方数千里无烽火之惊,号称乐土"(民国本《云霄县志》)。他还遵照"知足知耻"的古训,在解决了百姓温饱之后,又致力于兴庠序,倡仁义,讲忠孝,明伦理,以德化民。他通过各种渠道和方法,传播河洛先进文化,寓教化于礼乐之中,实行移风易俗,而达到了"化蛮獠之俗为冠带之伦"之目的,促进了社会的进步,使闽南百姓从物质到精神、从生产到文化都得到了文明之惠。

3. 开漳圣王文化是民族团结文化

在中华民族大家庭形成的过程中,既有礼与歌,也有血与火。但从开漳圣王文化中,人们看到和感受到更多的则是河洛文化的优秀、博大与包容。

唐代初年,朝廷对民族关系十分重视,尤其太宗李世民,一贯主张民族团结。他认为:"理人必以文德,防边必以武威"[1],只要恩威同时并用,"绥之以德",就能"使穷发之地尽为编户"[2]。太宗非常赞成隋朝对边远少数民族设羁縻州府之制,他主张,在臣服之地,只要土著首领承认唐中央政权,就要依旧保持他们的王统世袭"以安之",同时再"以名爵玉帛以恩之",这样就叮以达到"以威惠羁縻之"。(引旧唐书·回纥传》)

深受河洛文化浸润且熟悉朝廷政策的陈元光父子,从一踏上七闽百粤大地,就深感肩上的使命艰巨。闽粤 16 年的战争生活,使陈元光更加清楚地认识到,单一的军事行为是无法从根本上治理闽漳地区的,"兵革徒威于外,礼让乃格其

---

[1]　《全唐文》卷 10《金镜》,上海古籍出版社,1990 年。
[2]　《资治通鉴》卷 14《唐纪》,中华书局,1964 年。

心"，要"化蛮獠之俗为冠带之伦"，其途有二，"其本则在创州县，其要则在兴庠序"（《请建州县表》）。由于他坚持采用教育、通婚、施惠等多种少数民族容易接受的形式以夏化夷，从政治理念、邦国大统、生产技术、民间信仰、语言以至饮食、服饰、习俗、节令等各方面，全面传播和推行河洛文明，因而实现了民族团结与融合，并最终以龙文化取代了蛇图腾。

4. 开漳圣王文化是祖德文化

《尚书·康诰》中有一句名言"绍闻衣德"，为周公之弟康叔前往封地殷上任之前，周公对他的嘱托与训诫之辞。原文如下："王曰：呜呼！封，汝念哉！今民将在祗通乃文考，绍闻衣德言。往敷求于殷先哲王用保民。汝丕远惟商耇成人，宅心知训。别求闻由古先哲王用康保民，弘于天，若德裕乃身，不废在王命。"译成白话就是：封啊，你要好好记住呀！你的臣民现在都在看着你能否恭恭敬敬地遵循你父亲文王的传统，依据他的遗训来治理邦国。所以，你到殷后，要认真了解商遗民的心态，明白怎样使他们顺服。此外，你还要研究古代圣明帝王的治国之道，使臣民百姓得到安宁。心要比天还宽宏，使臣民百姓感受到你的恩德，不停息地工作来完成王给你的使命。

周公为什么要讲这番话呢？当时，周公刚刚平定了武庚和三监发动的叛乱。他深知，周灭商不容易，而治理好商民就更不容易。作为一个族群，殷民有自己的血缘、领袖及文化传统，这些深入人心的东西是不能用武力征服的，而要使他们顺服，在指导思想上，就要像文王那样"明德尚德"，在具体治理上，就要"明德慎罚"。否则，在殷民中可能还会出现新"武庚"及其追随者，政权是不可能巩固的。

这篇诰辞虽然很短，却是我国政治史上相当重要的文献，它集中反映了周公以德治国思想和法制制度，因而对后世影响十分巨大。不言而喻，对陈元光也有重大影响。

这是因为，陈元光自幼就是受的这种教育，"载笔沿儒习，持弓缵祖风"（《示珦》），"书云：明王慎德，四夷咸宾……汉武穷兵，犹其下风，周宣薄伐，尚庸执讯"（《明王慎德四咸宾赋》），故而对包括周文王在内的古代圣贤十分崇仰，"乾坤正气钟圣神"，"羲农尧舜禹汤文"（《圣作物睹》），他渴望自己在漳地也能实现成周那样"偃武修文"、"休牛放马"、"林野任逍遥"（《修文语士民》）的理想。

同时,这也是朝廷在《诏陈政镇故绥安县地》、《敕建漳州郡县》中明确要求的。

陈元光谨遵古训,"祖述尧舜,宪章文武"①,开漳治漳,泽被后世。千百年来,闽南百姓饮水思源,惟大业是勤,惟祖德是崇,在遵国典、明祖德方面也不断地有所创造,使开漳圣王文化更加丰富。

一是继志述事方面成绩斐然。陈元光开漳治漳,功德昭昭,理应彪炳史册,但遗憾的是,虽然高宗有《诏陈政镇守故绥安县地》、武则天有《敕建漳州郡县》、玄宗有《赐谥敕建庙诏书》等文献,但可能由于陈元光不是进士出身等原因,不论《旧唐书》、《新唐书》却均未为其立传。后人对此十分不解与不满,故有宋代漳浦县今吕璹之诗:"唐史无人修列传,漳江有庙祀将军"之慨(《谒威惠庙》)。

古人认为,不忘祖德的最好做法就是继志述事,"夫孝者,善继人之志、善述人之事者也"②。历史永远是公正的。国史未为陈元光立传,作为构建中国历史大厦重要三支柱中的另两大支柱——志书和家谱担负起了为陈元光存史的使命。

最早为陈元光父子作传记的当是陈元光最信任的部将和助手许天正,他不仅撰写了《开国元勋陈克耕夫人魏氏墓志》,还撰写了《开漳始祖行状》,为后人保存了开漳治漳的许多宝贵资料。贞元八年(792)与韩愈同登进士榜的漳州晋江人欧阳詹(欧阳詹第二名,韩愈第三名),在收集了更多资料之后,为陈元光撰写了传记——《忠毅文惠公行状》。唐贞元末年奉政大夫、京西行营节度行军司马韩泰撰写了《有漳开郡陈将军孝思碑》。三人所写文字虽然不多,但都为后人研究陈元光提供了最重要的原始资料。

除了上述文字资料之外,民间还流传有大量的口碑资料,对这些零散、珍贵的资料,自唐代至明清都有人进行收集和整理,从而使我们今天能够通过这些私家著述与方志、家谱,洞悉陈元光及当时社会诸方面活生生的历史画面。这方面的著述很多,就个人著述来说,比较重要的有:唐人林宝《元和姓纂》、南宋人陈淳《北溪字义》、明人何远乔《闽书》、清人杜臻《粤闽巡视纪略》、清人朱轼《史传三编》、清人杨澜《临汀汇考》等。方志类中,有万历《漳州府志》、康熙《漳州府

---

① 《十三经注疏·中庸》第 30 章,中华书局,1980 年。
② 《十三经注疏·中庸》第 19 章,中华书局,1980 年。

志》、康熙《漳浦县志》、雍正《河南通志》、乾隆《福建通志》、乾隆《潮州府志》、嘉庆《云霄厅志》、道光《重纂福建通志》、道光《漳平县志》、同治《福建通志》、光绪《光州志》、光绪《漳州府志》等。

谱牒方面,由于年代久远,原始的陈氏家乘谱牒已很难见到,散见于各地方志中记录有陈元光家族事迹的家谱类有:《福州南港陈厝江山陈氏源流》、《霞漳陈氏》、《漳湖陈氏重修谱》、龙溪《白石丁氏古谱》、福建长乐塔峰《陈氏族谱》、福建永春桃园溪塔《陈氏族谱》、漳浦旧镇《陈氏族谱》以及《陈氏开漳族谱》等,保存了大量陈元光及其子孙、眷属等的事迹。

二是建庙宇、修祠墓。在中国传统文化中,"慎终追远"的观念影响至深。对一个家庭、一个家族来说,此举是为了敬宗收族,"修其祖庙,陈其宗器,设其裳衣,荐其时食"(《中庸》第 19 章);对统治者来说,"慎终追远,民德归厚矣"(《论语·学而》),有利于收得民心,巩固政权。由于陈元光父子功德卓著,受民爱戴,死后又受到朝廷旌表,敕建庙堂,因而在闽南、台湾及海外,凡漳州人所到之处,陈元光庙(威惠庙)随处可见。

据陈易洲《开漳圣王文化》载,开漳发祥地云霄县有陈元光庙 200 多座,漳浦县有 150 多座,漳州市区、龙海市均有几十座,连面积仅 180 多平方公里的东山岛上也有 30 多座。此外,漳州之外龙岩、漳平、泉州、厦门、金门,南平、福清、仙游,广东的潮州、饶平、南澳也多有奉祀陈元光父子之庙宇。在台湾,登记在案的祀奉开漳圣王的宫庙超过了 300 座,东南亚各地的开漳圣王宫庙计有 30 多座。

人们在崇祀陈元光的同时,对陈元光的亲属如祖母、父母、子女以及部将如李伯瑶、许天正、马仁、沈世纪等也多附祀于开漳圣王庙中,也有另外立庙奉祀。不少地方还把随陈元光入闽开漳的先人奉为开基"公祖",立家庙祀之。如李姓奉祀辅胜将军李伯瑶为"辅胜公"或"灵佑公";沈姓奉祀武德侯沈世纪为"武德公"或"沈祖公";马姓奉祀辅顺将军马仁为"辅顺公"或"马王公";许姓奉祀顺应侯许天正为"顺应公"或"元帅公",等等。

三是形成了完整的奉祀礼仪。孔子很重视人生礼仪,他说:"生,事之以礼,死,葬之以礼,祭之以礼。"(《论语·为政》)作为人生礼仪,死后的安葬与祭祀历来是各地民俗的重要一项。作为开漳圣王文化,祭祀活动已成为其重要的内容。

开漳圣王庙(威惠庙)遍于闽南城乡各地,因而历来的奉祀活动都有官祀与民祀之别。作为官祀,主要是春秋两次,在州城、县城所在地举行,由各地方长官率部属、地方缙绅及各方代表,献牲礼参谒祭拜,气氛肃穆,仪规严整。民间祭典与官方祭祀有明显的不同之处。一是内容更加丰富。经过一千多年的发展,民间祭典已由原来的祭拜发展成为了一个集庆典、娱乐与体育竞技相结合的大型的群众性的民俗活动。二是时间相对固定,都在每年元宵节期间举行。三是形成了一套不同于一般祭拜的完整程式——"巡城"、"鉴王"、"走王"。

所谓"巡城",即模拟圣王生前巡行视察,在正月十三日开始进行。巡行队伍由近200位身着古装的青壮年男子组成。他们首先进庙晋礼,之后将开漳圣王及诸神像从庙中请出,以杠相抬。走在队伍前面的人分别为击锣开道、擎举龙旗、锦幛、横披、庙旗、肃静回避标牌及彩旗、凉伞、日月扇者,再由四人手持宫灯作前导,之后为开路的土地神,紧随其后的是陈元光之部将、子女、夫人等,开漳圣王殿后。走在队伍最后的是20人左右的锣鼓乐队和多位炮手。一路上锣鼓齐鸣,笙笛喇叭相伴,不时有震耳欲聋的铳炮轰响。所到之处,街道两侧各家门口多设香案恭迎并进行简单的祭拜,之后将供果送给抬神像者、旗手、乐队人员品尝。如巡行范围较大,中午或晚上将众神像送到庙前广场或者送到临时搭建的"王棚"中暂时安放,神像前均有百姓自动设置的桌案,上面摆满酒、肉、糕、饼及鲜果诸品,供神享用。

所谓"鉴王",实际上就是谒拜开漳圣王。巡城结束后,以开漳圣王神像居中,将所有神像集中排列于"王棚"之中。供案上摆放5只或7只青瓷花缸,花缸内用细竹或麦篙扎成的草柱上挂上一条条煮熟的条状猪肉片,其他盘内放有鸡、鸭、鱼和果品,同时用糯米粉塑"风调雨顺、国泰民安"八个大字,分置于8个大盘中依次摆开。这时,各家各户又另备酒肉糕饼之类供品,前来祭拜,并进行沂福祷告,求开漳圣王保佑五谷丰登、人丁兴旺、全家平安等。

"走王"既有娱神的意义,即模拟当年圣王作战时急行军状,更是一种体育竞技活动。1936年重修的《云霄县志》卷4记载曰:"本邑为唐将军陈元光开屯旧区,民人崇祀惟谨。每年正月十五日,高抬神像,游行各社,奔驰如飞,谓之走王。"具体做法是,根据神像大小情况,分别以4人、6人或8人为一组,共抬(擎)一尊木雕神像,另配一人在一侧为神像举伞相罩,约定目的地后,前面锣鼓开道,以三眼铳炮响为令,比赛哪一组先跑到终点。有时为增加竞争性,还要渡过1米多深的河水、渠水或从一堆大火上翻越而过。此项比赛,既比速度,看哪一组跑得快,同时又比动作姿态与相互配合得好与否。

由于此项活动很有特色且已成为民间习俗,已于2005年以《圣王巡安》为题列入了福建省第一批非物质文化遗产名录之中。

第二节　王审知开闽

历史就是这样的奥妙和奇特,不仅中原与闽台结下了不解的人缘、文缘,处于中原的光州固始与闽台更是在亲缘、血缘等方面一脉相连。

在陈元光开漳200年后,又有一批固始人来到了八闽之地,他们辟山野、开阡陌、浚江河、建城池,传播河洛文明,推动经济发展,为闽台的发展与进步再一次作出了特殊的贡献。在这批中原人中,其杰出代表人物就是后来被称为"闽王"的王审知。

一、"三王"南下谋求发展

今天,河南是我国人口第一大省,多达1亿之众。固始位于河南东南部,三面与安徽接壤,虽然面积只有2964平方公里,但人口却超过了160万,为河南数一数二的人口大县。

由此可知,这里物产丰富,气候可人,是一块富庶且适于百姓生活的好地方。

然而,一千一百年前的固始又是怎么样的呢?

(一)混乱动荡的唐末时局

唐朝末年,由于政治昏聩腐败,国力逐渐衰微,加之灾荒和地方官僚不恤民情,百姓赋役不堪重负。在中央集权削弱的同时,地方藩镇割据势力更加膨胀,到处搜括民力民财,不仅使时局更加动荡,而且更加剧了百姓的痛苦。宣宗大中十三年(859),浙东爆发了裘甫领导的农民起义;局面不可收拾,宣宗下台,懿宗登位。懿宗是一个花花公子,喜音乐,爱游宴,奢靡无度,一仍既往,不恤民情。咸通九年(868),在庞勋号召下,徐泗地区也发生了农民起义。这两次的起义虽然规模不是很大,但对千疮百孔的唐王朝来说,已是相当沉重的打击,同时也为之后更大规模的起义开启了先河。

咸通十四年(873),懿宗驾崩,僖宗即位(第二年改元乾符)。面对凋敝破败的经济形势,这位喜欢斗鸡赌球的少年皇帝更是无回天之力。这一年,黄河下游冀、鲁、豫、皖交界处又遭遇大旱,夏季半收,秋季颗粒未获,赤地千里,农民欲以野草、树叶充饥而不能,但官府的徭赋却依旧催逼不已。乾符元年正月,翰林学士卢携上书报告上述灾情,希望"乞敕州县,应所欠残税并一切停征,以俟蚕麦。仍发所在义仓,亟加赈给。至深春之后,有菜叶木牙,继以桑葚,渐有可食。在今数月之间,尤为窘急,行之不可稽缓"。然而,在饥民汹汹、烽火四起的情况下,专权的大臣仍欺上瞒下,"敕从其言,而有司竟不能行,徒为空文而已"①。对此,《旧唐书》也有记述,只是略简,曰:"僖宗以幼主临朝,号令出于臣下,南衙北司,迭相矛盾以至九流浊乱……天下离心。"②因而政令不通。不久,濮州(今河南范县)鄄城人王仙芝与尚让、尚君长在长垣(今属河南)聚啸起义。王仙芝自称"天补平均大将军兼海内诸豪都统",号召群众拿起武器,推翻唐朝。第二年六月,"王仙芝及其党尚君长攻陷濮州、曹州,众至数万。天平节度使薛崇出兵击之,为仙芝所败。冤句人黄巢亦聚众数千应仙芝。巢少与仙芝皆以贩私盐为事。巢善骑射,喜任侠,粗涉书传,屡举进士不第,遂为盗。与仙芝攻剽州县,横行山东,民之困于重敛者争归之,数月之间,众至数万"③。之后,义军不断壮大,攻城略地,转战于河南、山东、湖北、浙江、福建、广东、湖南等地。广明元年(880)七月,黄巢率部渡江北上,十二月初占领了长安。

(二)阴险凶恶的逆臣秦宗权

僖宗广明元年(880)年,黄巢义军势力达到了顶峰,十二月初,义军抵达长安之东,初三日,僖宗仓皇出逃成都,初五日,黄巢军进入长安,十三日称帝,国号大齐。

鉴于义军势力强大,为加强中原的防卫力量,中和元年(881)八月,唐政府升蔡州为奉国军,同时任命秦宗权为防御使。秦宗权何许人也?

秦宗权,蔡州(一说许州)人,因叛唐为乱比较典型,新旧唐书均有其传。

① 《资治通鉴》卷252《唐纪68》,中华书局,1964年。
② 《旧唐书》卷2007《黄巢传》,中华书局,1975年。
③ 《资治通鉴》卷252《唐纪68》,中华书局,1964年。

《旧唐书》将其放在列传最后一篇,与朱泚、黄巢同列。《新唐书》则直接将其列入"逆臣"传之中。

秦宗权是一个心存投机野心的无耻之辈,《旧唐书》传载,宗权为许州人,初为郡牙将,广明元年(880)十一月,"是月,朝廷授别校周岌为许帅。初军城未变,宗权因调发至蔡州。闻府军乱,乃阅集蔡州之兵欲赴难。俄闻府主殂,周岌未至,巢贼充斥,日寇郡城,宗权乃督励士众登城拒守。洎岌至,即令典郡事。天子幸蜀,姑务蔺寇。上蔡有劲兵万人,宗权即与监军杨复光同议勤王,出师破贼。以蔡牧授之,仍置节度使之号。中和三年(883),巢贼走关东,宗权逆战不利,因与合从为盗。巢贼既诛,宗权复炽,僭称帝号,补署官吏。遣其将秦彦乱江淮,秦贤乱江南,秦诰陷襄阳,孙儒陷孟、洛、陕、号,至于长安,张晊陷汝、郑,卢塘攻汴州。贼首皆栗锐惨毒,所至屠残人物,燔烧郡邑。西至关内,东极青齐,南出江淮,北至卫滑,鱼烂鸟散,人烟断绝,荆榛蔽野。贼既乏食,啖人为储,军士四出,则盐尸而从"①。从《旧唐书》这段简短的记述即可知道,秦宗权是何等阴险和穷凶极恶。

"多行不义必自毙。"为恶多端的秦宗权最终遭到的是众叛亲离。昭宗"纪龙元年(889)二月,其爱将申丛执宗权,挝折其足,送于汴"。申丛恐其逃脱,故意将秦宗权的一条腿打断,之后才拘送汴州城。汴州守将朱温将其押槛京师长安,"昭宗御延喜楼受俘,京兆尹孙揆以组练砾之,徇于两市。宗权槛中引颈谓揆曰:'尚书明鉴,宗权岂反者耶,但输忠不效耳!'众大笑。与妻赵氏俱斩于独柳之下"。

880年黄巢大军占领长安,曾使一些地方的农民军受到鼓舞。第二年,即中和元年(881),寿州(治所在今安徽寿县)层户王绪与其妹夫刘行全也揭竿而起,三月,王绪攻占了寿州,杀刺史颜璋,八月,又率众占领了光州,且于境内召士民广部伍,很快发展到万余人。为集中力量对付黄巢,时在蔡州任奉国军防御使的秦宗权便派人收编了王绪,并表王绪为光州刺使,受奉国军节制。

为了扩大自己的势力,王绪在光州极力笼络人才。时任固始县佐的王潮及其两个弟弟王审邽、王审知被其看中,收于军中,绪以潮为军正,使其管理资重粮

---

① 《旧唐书》卷2007《秦宗权传》,中华书局,1975年。

秫,以审知为都监,协同办事。

中和三年(883)三月,败退长安的黄巢大军抵蔡州,秦宗权担心损其实力,无意抗击,于是大开城门,出降黄巢。黄巢仍让秦宗权统辖旧部,并予以粮饷,秦宗权同意与黄巢合力攻打陈州。黄、秦围陈州近300天,终不能破城。唐将李克用率许、徐、兖援军到达陈州,在太康歼义军万余,黄巢见势不能敌,立即向山东退去。六月,黄巢及其弟弟、儿子等退至今莱芜西南的狼虎谷时,被其部将林言杀。

黄巢义军失败后,走投无路的秦宗权不仅不思悔改,野心反而更加膨胀,竟冒天下之大不韪而叛唐称帝,同时出兵四处劫掠。受制于秦宗权的王绪早已感到了自己前途的危机,曾多次与王潮商讨未来的出路。光启元年(885)正月初,秦宗权召王绪,责令其迅速供应一批粮食、布帛和钱钞。王绪深感秦宗权贪得无厌且有除掉自己之意,因而上复秦宗权说,民生贫困,征收不到粮钱,无法上交。秦宗权大怒,便下令发兵攻打光州。王绪深知兵力不足以对付秦宗权,于是,立即带着光州、寿州旧部5000多人和一批老百姓渡江南去。王绪军以刘行全为前锋,在兵力很弱的江南,所到之处,无人能敌,故而很快就穿过淮南进入赣地,沿江州(今九江)、洪州(今南昌)、虔州(今赣州)南下,之后攻陷了汀州、漳州,"然皆不能守也"①。王潮、王审邽、王审知在这次南下中随军而行。

(三)固始"三王"图南求发展

固始王氏之先人实为琅琊王氏。王审知之五世祖、也就是光州固始的开基祖为王晔,字德明,琅琊人,唐德宗贞元中任固始令,后又任定城(今潢川县,时为光州州治所在地)宰,遂家于固始,筑宅于当时的建安乡临泉村(今分水乡王堂村),从此开临泉王氏。王晔之子王友,王友之子王玉字蕴玉。王玉生子名恁字以诚,年36而卒,娶妻徐氏,生三子:长子潮(又名审潮)字信臣,生于唐武宗会昌六年(846)、次子审邽字次都,生于宣宗大中十二年(858),三子审知字信通(又字详卿),生于懿宗咸通元年(864)。王氏为固始大族,家资颇厚,兄弟三人乐善好施,加之以才名闻于乡里,故邑人称其为"固始三龙"。

王潮素有奇志,其貌魁伟,处事果敢,任侠且善辞令。据宋代陶岳《五代史

① 《资治通鉴》卷256《唐纪72》,中华书局,1975年。

补》卷 2 记载，王绪率众南下至洪州时，曾一度遭到洪州节度使钟传军队的截拦，钟传认为，中原人入闽必影响自己的割据："以王绪若得福建，境土相接，必为己患，阴欲诛之。"王潮与审邽、审知计议，深知北方各地藩镇势力强大，惟有南下才能生存，才能有发展出路。若大军阻滞洪州过久，必遭不测之祸。时王潮得知钟传信佛善谶，且与一位名叫上蓝的僧人交好，便秘密拜见上蓝，晓以南下之利及军众眷属之状，求其劝告钟传放行。上蓝深为其旨打动，于是这位和尚便深夜求见钟传，"因人谒，察传辞色，惊曰：'令公何故起恶意，是欲杀王潮否？'传不敢隐，尽以告之。上蓝曰：'老僧观王潮与福建有缘，必变，彼时作一好世界。令公宜加礼厚待。若必杀之，令公之福去矣。'于是传加以援送。"由是，王潮在军中威信日高。

光启元年（885）正月，王绪率军自南康人汀州、漳州，之后又流动于漳浦、潮州一带，沿途许多流民纷纷加入，人员扩大至数万之众。由于所到之处多为经济落后地域，筹粮筹款十分困难，王绪无奈，便下令军中"无得以老弱自随，犯者斩！"[①]从光州、寿州一路南下的军士中，很多人都有家属相随，王潮的母亲董氏也在军中。于是，很多人就找到王潮，希望他能在王绪面前为大家求情，并表示，任凭自己少吃粮，也要保证父辈们得以果腹。据《资治通鉴》唐纪 72 载：王绪得知王潮之母尚在军中，且许多军士以其为保护伞时，大怒，斥责王潮曰："军皆有法，未有无法之军。汝违吾令而不诛，是无法也。"声言以军法从事，先杀董氏，以儆效尤。王潮质问王绪说："人皆有母，未有无母之人；将军奈何使人弃其母！"并说："潮等事母如事将军，既杀其母，安用其子！请先母死。"军士见状，纷纷为王潮求情，王绪惧怕触怒军士发生兵变，只好不了了之。但军中不满情绪由是与日俱增。

随着军队的扩大和人才的增多，屠夫出身的王绪不仅不思如何发挥各人的作用，反而忌心和疑心愈来愈重。王绪曾求术士为其望气，术士说，军中除将军外，有王者之气者非一二人也。"于是，绪见将卒有勇略逾己及气质魁岸者皆杀之"（《资治通鉴》唐纪 72）。行军前锋、王绪之妹夫刘行全也因两人言语龃龉而被诬图谋不轨遭到杀害。军众见状，"众皆自危，曰：行全，亲也，且军锋之冠，犹

---

① 《资治通鉴》卷 256《唐纪 72》，中华书局，1975 年。

不免,况吾属乎!"

面对数万中原子弟及父老,面对当前军中情绪不稳的状况,想到未来大业,王潮不仅忧心忡忡,而且不寒而栗。军队到达南安以后,他将自己的心事向两位弟弟进行了透露。王审邽、王审知均感到形势严重。王审知还说,军中已有风言,有人可能要拉一部分人回光、寿,也有人主张杀王绪自立。三人拿不定主意。第二天夜里,三人又进行商议。王审知感到情况比他们估计的还要严重,时不我待,要王潮必须立即作出决定,以防不测,且要以智取胜。于是,王潮就把新任的行军前锋叫到帐内,"王潮说其前锋将曰:'吾属违坟墓,捐妻子,羁旅外乡为群盗,岂所欲哉?乃为绪所迫胁故也!今绪猜刻不仁,妄杀无辜,军中孑孑者受诛且尽。子须眉若神,骑射绝伦,又为前锋,吾窃为子危之!'前锋将执潮手泣,问计安出。潮为之谋。伏壮士数十人于篁竹中,伺绪至,挺剑大呼跃出,就马上擒之,反缚以徇,军中皆呼万岁。潮推前锋将为主,前锋将曰:'吾属今日不为鱼肉,皆王君力也。天以王君为主,谁敢先之!'相推让数四,卒奉潮为将军。"[1]相比之下,《旧五代史·僭伪列传·王审知》将此事写得更神秘些:"潮与豪首数辈共杀绪。其众求帅,乃刑牲歃血为盟,植剑于前,祝曰:'拜此剑,动者为将军。'至潮拜,剑跃于地。众以为神异,即奉潮为帅。"[2]

王氏兄弟在危急关头稳妥地解决了王绪,大大稳定了军心。之后,他们又采取了两条措施,使军队的实力得到了进一步的巩固。一是由王潮亲自率领一支精干部队返回光州,再招募一批精壮兵丁南下。二是由王审知代其事,军队就地休整。审知到各营中巡查安抚,很多人要求杀掉王绪,以免后患,王审知笑而不答。光启二年(886)八月,大军占领泉州后,还专门给王绪找了一处幽闭的宅院,但过了不久,他乘人不备而自杀,审知命人以礼相葬。寿州人见王氏兄弟如此宽宏,赞叹不已。

二、开发泉州　建立根基

王潮接管了王绪统帅部队的大权后,感到压力很大。他认真地总结了黄巢、

---

① 《资治通鉴》卷256《唐纪72》,中华书局,1975年。

② 《旧五代史》卷134《僭伪列传·王审知》,中华书局,1976年版。

王绪失败的教训,感到要成大事,必须改弦更张。

(一)调整策略,建立根据地

经过深思熟虑,王氏兄弟作出了三大决策。

1. 要迅速整顿、扩编军队。王氏兄弟清醒地认识到,没有一支强大的军队,在地方势力割据的时代,是根本站不住脚的。军队的强大,最主要的是兵员多,能攻城略地,能坚守城池,其次是有严明的纪律,所到之处,秋毫不犯,不允许任何抢掠老百姓的行为发生。他们采取的措施主要有两项:一是由王潮带领,回光州招募亲朋与乡勇,充实兵力;二是由王审知代其休整军队,制定条律,对军士加以教育和约束,同时进行战术课目训练,发现人才,选拔将领。如光启二年(886)年秋天,他们就在沙县的光坑村(今永安县青水乡龙吴村光坑自然村)建立了营地及练兵场等设施。

2. 要积极建立相对稳定的根据地,尽量减少盲目流动。这样,不仅能进能退,避免奔波,而且军队能得以训练,兵员、粮草等也能得到及时补给。他们把根据地的目标选在了沿海的泉州一带。

3. 不和唐中央政权对立,争取得到朝廷的承认,如能勤王即可前往。同时,避免与强大的地方割据势力争锋,要十分注意保存实力,以求得有更大的生存空间与回旋余地。

就在王氏兄弟一步一步实施他们的发展战略时,时局却出现了意想不到的转机。

光启二年(886)夏,王潮带领部分光州军士从漳潮沿江北上到沙县时,当地的老百姓纷纷前来投奔,要求加入这支部队,并带来了宰杀的牛羊、米酒进行慰问。原来,当地人听说这支来自中原王畿之区的军队不仅不骚扰老百姓,所到之处从不烧杀掳掠,还帮助当地人恢复生产,见过的人都称他们是"天兵",是上天所派,于是就在有威望的张延鲁等人的带领下前来犒劳,同时强烈要求他们留下来。原来,时任泉州刺史的廖彦若十分贪鄙,横征暴敛,鱼肉黎民,不仅老百姓,连其属下及将士都不堪忍受,稍有不满,即遭灾祸。他们希望王潮回师泉州,端掉这个祸源。

王潮见状,十分兴奋,感到这是天赐良机,万不可错过。于是就将所带人马分一半给一副将带领,速回光州募兵,另一半由他率领,与休整的部队会合后直奔泉州。由于王潮兵力有限,加之廖彦若极力死守,王潮攻城数月而无果。好在有当地老百姓的支持,无后顾之虞。之后,王潮重新布置了兵力,将近一年,终于在光启二年(886)八月占领了泉州。

对王氏兄弟来说,攻下泉州不仅是一个重大胜利,也是一个重大转机,具有里程碑的伟大意义。

王潮入城之后,首先处决了万民痛恨的廖彦若,百姓鸣炮雀跃,城乡沸腾。接着又改编了原来的官军,老弱者予以资钞遣返,精壮愿意留下者待遇优渥,重新分配。同时发布公告,减免赋税徭役,维护社会秩序。这些举措受到泉州百姓的欢迎。

王潮派专员将上述情况向福建观察使陈岩作了报告,并表示自己只是为民除害,泉州的一切事宜愿意服从陈岩。陈岩见王潮尊崇唐制,治理有方,又受到百姓拥护,就上表朝廷,同意任命王潮为泉州刺史。

经过两年多苦难跋涉与惨淡经营,这支数万人的南下部队不仅有了自己的安身落脚之所,而且得到了唐政府的承认,王氏兄弟十分欣慰。

(二)开发泉州　建立根基

泉州是三王在福建的第一块根据地,也是发祥地,因而他们很重视对泉州的建设。

三王进驻泉州后进行了分工,王潮总揽全局,王审知主管军队,王审邽负责泉州地方事务。王审邽将王潮等人眷属临时安排在开元寺居住,王审邽的长子王延彬不久就出生在这里。据黄滔所撰《泉州开元寺佛殿碑记》载,王潮、王审邽对王延彬的诞生很是高兴,认为这是上天对王家的庇佑,王潮亲自用铳金笺缮写了三千部经书,乾宁四年(897),时任检校工部尚书、泉州刺史的王审邽,割俸三千缗,对佛殿、钟楼、经楼进行了重修,并增塑佛像四尊。

首先是修建了子城。泉州在唐末已比较繁荣,开元年间的城围已达17.2里。为确保根据地的巩固,王潮入城后除加固了原有城墙外,又在城内修了内城。这样,泉州城实际是城中有城。因此,当地人称原来的外城为罗城,内城为子城。子城以南街为中轴,南北走向,略呈长方形。子城于天佑三年(906)建成,围长约7里。设有四门,其上皆有鼓楼,东曰行春,西曰肃清,南曰崇阳,北曰泉山。泉州承天寺西侧有"开闽三王祠",内有开闽三王文物保管处,藏有一方王潮墓志铭,其上记载也提到修子城:王潮"干戈荡析之余,独能兴义学、创子城,罢役宽征,保境安民。泉人德之,塑公像,立祠奉祀崇阳门楼。"文中所说"立祠奉祀崇阳门楼"则是后事。据载,后唐长兴四年(933),闽王王延钧在福州称帝,谥王潮为广武王。泉人感王潮之德,始在子城南门崇阳楼塑王潮像并立祠奉祀。

其次是招纳贤才。三王一直很重视人才的招纳与使用,曾在南安县唐安乡设"修文里",意为"偃武修文",并建有营地房舍,称"招贤院",专门接待从各地前来投奔的文人学士。招贤院前后存在了30多年,直到王延彬时还不断有人前来,在东南一带影响很大,故至今泉州市西郊潘山还有村子名招贤村、招贤桥。南安旧县志上还有招贤亭、招贤碑的记载。清吴任臣《十国春秋》卷94《武肃王审邦传》载:"中原乱,公卿多来依闽,审邦遣子延彬作招贤院礼之,振赋以财。如唐右省常侍李洵、翰林承旨制诰兵部侍郎韩偓、中书舍人王涤、右补阙崔道融、大司农王标、吏部郎中夏侯淑、司勋员外郎王拯、刑部员外郎杨承休、弘文馆直学士杨赞图、王倜、集贤殿校理归传懿及郑璘、郑戬等,皆赖以免祸。"他们的到来,不仅使闽地在政治上得到一批精英,更大的好处是带来了先进的河洛文化——传统的礼仪、道德、文学等。

王审知设立了"百工院",专门引进和安排一些在农业种植、铁木制造、农产加工等方面有一技之长的人,让他们在推广中原地区先进的耕作技术及手工业生产技能方面发挥作用,从而促进了闽地的农业、林果茶业、手工业、商业贸易业的发展。

其三是兴修水利,发展农业。为保证粮食生产,兴修水利成了三王及其后人在泉州历年都十分重视的一个问题。南安九溪十八坝就是在王审知的直接过问下兴修的大型水利工程——该工程位于原南安县高田凌陂七里。

其四是开发港口,发展航运。三王入闽后,看到闽地山高河深,与内陆平原交通便利的情况迥异,加之西部、北部与吴、吴越相邻,与中原沟通受阻,而泉州港地区港口贸易有一定的历史,且航线相当发达,于是就大力发展海上交通。王审邦对此事十分重视,就召集乡贤集思广益,千方百计发展海上通商。天复四年(904)二月,王审邦病卒,王审知任命审邦长子王延彬权知泉州军府事(第二年,即天佑二年实授)。王延彬在泉州主政时,视海上贸易为"招宝",全力以赴,积极推进。《十国春秋》在为其所作本传中称延彬为海上贸易专家，"每发蛮舶，无失坠者，人称'招宝侍郎'"。为便于商业活动，泉州还专辟一贸易街区，不仅有土产品、海产品，还有很多丝绸、珠宝和海外商人带来的珍品，在这里经商的人均得厚利，成了富商，于是人称该街为聚宝街。聚宝街开街1100多年而至今名字未改，就是人们对当年三王治闽功德的最好纪念。泉州的海上贸易，也带动了福州港口的开发，之后又新辟了连江黄崎港。闽地海上贸易最兴盛时，海船北抵渤海、新罗、日本，南达南洋群岛、印度、波斯及阿拉伯等地。船队将大量的丝绸、陶瓷、茶叶、铁器和铜制品出口异国，进口则多为珠宝、香料、琉璃、象牙、海味等。泉州在宋元时期成为东方商贸第一大港，与三王入闽为其奠定的坚实基础是分不开的。当然，泉州发展的最直接、最重要的作用还在于它成了三王其后在福建发展的最坚实、最可靠的根据地。

三、扩建福州　巩固七闽

王潮在泉州6年的经营，不仅使泉州经济、文化、社会各方面得到了快速的发展，同时也训练了军队，培养了人才，初步积累了治闽的经验。三王的善政，得到了福建观察使陈岩的认可与称赞。大顺二年（891）十二月，陈岩病重，他感到王潮是接任其职的最好人选，就派员召王潮立即到福州商议军政后事。王潮约王审知同行。不料尚未成行，陈岩病情突然加重而逝。陈岩的妻弟范晖时任护闽都将，早就想取陈岩而代之，因而极力反对陈岩召王潮到福州。于是，陈岩一死，范晖马上自称观察使留后，夺取了福州军事大权。范晖为人骄横，平时不恤军士，动辄施以军棍，上下怨愤。陈岩死后，其部属不愿听范晖之命者，纷纷投奔了王潮，并劝王潮攻打福州。

王潮与部属在泉州召开军事会议，大家认为，有泉州作后盾，不论天时、民意，目前攻占福州都有许多优势条件，兵贵神速，不可有半点犹豫。于是，景福元年（892）二月，王潮决定由其从弟王彦复为都统，王审知为都监，将兵攻福州。

由于陈岩及其前任郑镒的多年修建，福州城池十分坚固，因而这次攻城之战进行得很不顺利。《资治通鉴》对这次攻城的艰难、牺牲的惨重、百姓的支持以及王潮的果断指挥等，都有较详的记载。景福二年（893），"王彦复、王审知攻福州，久不下。范晖求救于威胜节度使董昌，昌与陈岩婚姻，发温、台、婺州兵五千救之。彦复、审知以城坚,援兵且至,士卒死伤多白王潮,欲罢兵更图后举,潮不许。请潮自临行营,潮报曰:'兵尽添兵,将尽添将;兵将俱尽,吾当自来。'彦复、审知惧,亲犯矢石攻之。五月,城中食尽,晖知不能守,夜以印授监军弃城走。援军亦还。庚子,彦复等入城。辛丑,晖亡抵沿海都,为将士所杀。潮人福州,自称留后。素服葬陈岩,以女妻其子延晦,厚抚其家。汀、建二州降。岭海间群盗二十余辈皆降溃"[1]。

由于王潮清楚地认识到此次攻占福州意义有涉大局,非同一般,因而决心很大,这就是他之所以敢在生死关头给王彦复、王审知下达死命令的根本原因。正是由于福州政治地位、战略地位的重要,福州拿下之后,汀州刺史钟全慕立即表示"举籍听命",完全接受王潮的指挥。时建州刺史熊博尚在犹豫,其部属徐归范见其不识时务,缚而杀之,并向王潮表示,建州完全听命于福州。泉州、漳州本是王潮的根据地,占领福州后,汀州、建州归降,王潮于是"尽有五州之地"。在这样一统福建的强势下,加之三王原有的政治影响,岭海间的小股割据势力,或匪或盗,岂有不降、不散之理!

之后,王潮以福州留后的身份,向唐廷报告了闽地的形势。景福二年(893)九月"戊戌,以泉州刺史王潮为福建观察使",王审知为副使,王审邦为泉州刺史。

三王全面掌握闽地大权后,社会安定,经济发展,因而受到了唐帝国的重视。乾宁三年(896),"九月,庚辰,升福建为威武军,以观察使王潮为节度使"[2]。

三王先占据福州之后,为巩固在福建的地位,不断增加实力,采取了一系列有利于闽地发展策略和举措,人们习以称道的有以下数项。

(一)确立国策,保境安民

王潮入闽之后,为促进当地经济、社会的发展,采取了哪些政策和措施呢?

对此,司马光曾予以过总结。《资治通鉴》唐纪 75 写道:"闽地略定。潮遣僚佐巡州县,劝农桑,定租税,交好邻道,保境息民。闽人安之。"

"劝农桑"就是以农业为中心,大力发展生产。

---

[1]　《资治通鉴》卷 259《唐纪 75》,中华书局,1975 年。
[2]　《资治通鉴》卷 260《唐纪 76》,中华书局,1975 年。

　　"定租税"就是实行惠民政策,减轻百姓负担,以利休养生息。

　　"交好邻道"就是实行友好的睦邻外交政策,以保证闽地境内安定,有一个集中精力发展生产、发展文化教育事业的良好环境。

　　"保境安民"最初是对军队提出的要求,强调军队全面负责闽地的安全,一方面要抵御来犯之敌,保证一城一地的安全,同时还要防范境内武装势力或少数蛮獠的扰掠。据史册记载,王潮入闽后实行民族平等政策,对闽地的蛮獠及土著居民,实施优抚与化育之策,帮助其发展生产,提高生活。对以武力聚啸影响社会安定的势力,则采取剿绥并举之策。乾宁元年(894),"是岁,黄连洞蛮二万围汀州,福建观察使王潮遣其将李承勋将万人击之。蛮解去,承勋追击之,至浆水口,破之"①。随着全闽形势的稳定,"保境安民"便成了治理闽地的根本宗旨。

　　(二)扩建福州,巩固七闽

　　福州成为王潮的政治中心之后,为确保其安全和中心城市地位,王潮考稽于古制,征集于士人之后,进行了大胆而精心的设计。一方面要体现河洛文化中"造廓以守民,筑城以卫君"的封建传统精神,修建了三城;一方面是拉大城市规模,使福州既要广阔、高大、坚固,适于军事防御需要,更要适于未来经济与社会发展之需要。

　　福州城虽远在西汉时就开始营建,但直至西晋太康年间,仍只是一个小城堡,方仅过百丈。唐时进行了较大规模的扩建,但城郭也仍不出屏山南麓。经过王潮的重新规划后,天复二年(902),将屏山、于山和乌石山全部列入城区,"筑福州外罗城四十里",福州"三山"之号由此而始。天佑二年(906),又"筑南北夹城谓之南北月城,合大城而为三,周二十六里,四千八百丈。大城之门八,北月城之门二,南月城之门二。复塑北方沙门天王以镇之",并命黄滔撰文勒石以记(《十国春秋》卷90《闽太祖世家》):黄滔《灵山塑北方沙门天王碑》既称颂了王审知高瞻远瞩的筑城指导思想,也详细记载了城之规模。"公之筑城也,恢守地养民之本,陛暂劳永逸之策。其名举一而生三,法阳数也。""基凿于地有十五尺,杵土胎石而上。上高二十尺,厚十有七尺。甃以砖,凡一千五百万片。上架以屋,其屋曰廊。其大城之廊也,一千八百有十间。自廊凸而出之为敌楼,楼之

────────────

① 《资治通鉴》卷259《唐纪75》,中华书局,1975年。

屋者二十有三。又角立楼六,其二者复层焉,皆栏杆钩联参差焕赫。"这样,整个福州城的设计就十分合理:罗城在外围,相当于廓城;包括三山在内的大城相当于王城,在其南北各筑一座夹城,又大大增强了大城的防御能力。

今天人们所说的"闽都文化",所看到的福州城"三山两塔"、"三坊七巷"的基本格局,就是在1100多年前奠定的,其中,闽王功绩之大,是不言而喻的。

福州城的扩建与发展,进一步确立了其在七闽中的政治、军事和经济中心的地位,对福建全境形势的稳定起到了关键性的作用。

(三)笼络人才,任人唯贤

王潮和王审知都很重视人才问题,尤其是王审知,由于他为人简约,好礼下士,一些中原士人也不远千里前来相投。《新五代史·闽世家》载:"王翔,唐相溥之子;杨沂,唐相涉从弟;徐寅,唐时知名进士,皆依审知仕宦。又建学四门,以教闽士之秀者。"王审知对投奔者都委以实职重任,如让徐寅为节度使的重要佐官掌书记,负责奏牍文书。唐末莆田才子黄滔历场屋15年始进士及第,光化二年(899)任四门博士,光化三年归闽。当年三月,王审邦官加左仆射,滔作《贺清源仆射新命》诗。光化四年(天复元年),黄滔以监察御史行里充王审知推官。推官是节度使重要僚属,掌推勘刑狱诉讼。黄滔十分感激王审知对自己的礼遇之恩,因而对闽王忠心耿耿,参与了许多要务。天复二年(902),王审知在福州筑南北夹城,谓之南北月城,又复塑北方昆沙天王以镇之,命黄滔撰文纪其事,滔作《灵山塑北方沙门天王碑》。秋天又为王审知代撰了祭母文——《祭钱塘秦国夫人》一文。天复四年(904)四月,唐遣右拾遗翁承赞第二次来闽,加封王审知为检校太保,封琅琊王,黄滔作诗贺而记之。天佑四年(907)秋七月,王审知铸1.6丈金铜大佛,第二年正月设20万人斋无遮大会,黄滔撰《丈六金身碑》以赞之,其中说明文人归闽之因:"安莫安于闽越,诚莫诚于我公。"①此外,黄滔还以中原王朝为正朔、尚节俭、减赋役、开港路、兴学校等方面对王审知提出过许多恳切谏议。黄滔作为文士中有影响的人物,王审知待其礼遇有加,此举对笼络更多的知识分子产生了很好的凝聚作用。故《闽书》卷205对此事评论道:"中州名士避地于闽者,若李洵、韩偓、王涤、崔道融、王标、夏侯淑、王拯、杨承休、杨赞图、

① 《全唐文》卷825,上海古籍出版社,1990年。

王倜、归传懿辈,悉主于滔。"上述一批文化人熟知儒家典籍和唐的典章制度,对中原文化的传播起到了重要作用。

在使用人才上王潮有一个特点,那就是不仅任人唯贤,而且能做到一视同仁。王潮在闽主政期间,吸收既往统治者的教训,遵照前贤先哲之训诫,以德为政,任人唯贤,不论河洛人、闽地人,不分亲疏,唯才是举。同时强调以法治政,不分贵贱,严明赏罚,一视同仁。"威武节度使王潮弟审知,为观察副使,有过,潮犹加捶挞,审知无怨色。"①

王审邽病逝后,其子王延彬接其父为泉州刺史。不久,王延彬听信谗言,权力欲恶性膨胀,背着福州与外界联系。王审知发觉后,立即将其撤职。工延彬闭门思过,有悔改之意后,王审知始让他重新参政,后来在发展海外贸易方面很有建树。

尤其值得称道的是,在挑选接班人方面,王潮高瞻远瞩,以大局为重,毫无私心,断然弃绝了嫡传的短视做法,坚持让具有统帅才能的王审知担当重任。乾宁四年(897)十一月,王潮患病不起。在此关头,他首先想到的不是儿子,而是王审知。"潮寝疾,舍其子延兴、延虹、延丰、延休,命审知知军府事。十二月丁未,潮薨。审知以让其兄泉州刺史审邽,审邽以审知有功,辞不受。审知自称福建留后,表于朝廷。"②王潮的这一决策,不仅保证了王审知的顺利接任,更保证了闽地的长期稳定与发展。

王潮之举得到了唐廷的认可,光化元年(898),"三月,己丑,以王审知充威武留后","九月,癸卯,以威武留后王审知为节度使"(同上)。

在使用人才上王审知有一个特点,那就是尤其注意发挥"以闽治闽"的作用。王审知的精明之处在于,他深知:虽然中原文化人文深厚,传统悠久,但作为一个封建割据的地域政权,若大量重用地方精英,不仅中原文化能得到更快传播,而且在巩固政权方面能最大限度地减少阻力,于是,他在许多职官上,果断而大胆地启用闽人,委以重任。在他任用的福建人才群中,最值得一提的是陈、黄、徐、翁四人。黄即黄滔,徐即徐寅,前已有述。陈指莆田人陈峤,翁为福唐(今福

---

① 《资治通鉴》卷261《唐纪77》,中华书局,1975年。
② 《资治通鉴》卷261《唐纪77》,中华书局,1975年。

清)人翁承赞。翁承赞字文尧,唐昭宗乾宁三年(896)进士,官至右拾遗、户部员外郎,后梁时为谏议大夫,唐、梁时曾两次奉敕入闽册封王审知为闽王。翁承赞回闽后,王审知先以其为盐铁副使,主管经济钱财粮,后又擢为相。史称翁承赞最大的功绩在"拓学四门,以教闽士之秀者"(《十国春秋》卷95翁承赞传),由此可知他在传播河洛文化精神方面的重要作用。

(四)兴学育人,建寺礼佛

《十国春秋》卷90说王审知抓教育从幼儿起,之后送入国庠,进行中级教育:"常以学校之设,是为教化之源,乃令诱掖童蒙,兴行敬让,幼已佩于师训,长皆置于国庠。俊造相望,廉秀物盛。"不仅如此,王审知还很重视在普及的基础上的提高,当翁承赞建议在福州"建四门学"时,他立即采纳,并聘黄滔等人为"四门博士",充任教师。与此同时,他责成有司划拨专门经费到庠序以保证师生膳食之需。在他的鼓励和带动下,各地也纷纷兴学教土。据于兢《琅琊忠懿王德政碑》载,由于王审知主政后在闽"广设庠序",狠抓"学校之设是教化之源"这一根本,从而使社会风气发生了很大变化:"一年而足食足兵,再岁而知礼知义。方隅之内,仰止攸同。曩以运属艰虞,人罹昏垫,农夫释耒,工女下机。公既统藩垣,励精为理,强者抑而弱者抚,老者安而少者怀。使之以时,齐之以礼,故得污莱尽辟,鸡犬相闻,时和年丰,家给人足。"①

除兴学之外,在文化建设上,三王尤其王审知,对佛教十分热衷,建立了不少佛寺,因而《福建通志》在谈到这方面时称"寺观之盛,几遍闽中,实自审知启之"。佛教在唐时几盛几衰:武则天崇寺佞佛,是有洛阳龙门石窟之繁昌;武宗会昌灭佛,是有毁寺杀僧之举。福州鼓山涌泉寺,为国内著名佛教圣地,但遭会昌之灾后成了废墟。王审知到福州后,很快加以重建,并以神晏国师为主持,很快恢复了当年盛繁气象,最多时僧众超过千人。今天,涌泉寺方丈堂前还有两株苏铁树,相传一为开山祖师神晏所植,一株为王审知所植,虽逾千载,尚开花结实。2008年9月1日,福建省林业厅、省野生动植物协会在全省评出71株"树王",树龄最高的达1600年,福州市入选7株,涌泉寺苏铁荣列其中。王审知还于光化元年(898)、天复二年(902)先后两次在乾元寺和开元寺开戒坛,分别剃

---

① 《全唐文》卷841,上海古籍出版社,1990年。

度僧人2000人和3000人。天佑元年(904),王审知又斥资建造砖木结构的报恩定光多宝塔,以示对父母的养育之恩和两位兄长的提携之情。塔为八角七层,高66.7米,层层饰以画栋雕梁,既华贵又肃穆庄重。王延曦继承闽王之位后,于永隆三年(941)在乌石山东麓建七层八角崇妙保圣坚牢塔。塔通高35米,每层八角各有翘脊,脊端有一尊镇塔佛,共56尊。第一层为塔身,东面为门,其余七面为佛龛。佛龛下为须弥座。七层各有佛龛,内供高浮雕佛像各不相同,第一层为"南无释迦牟尼佛"。"崇妙保圣坚牢之塔"碑嵌于第四层东面塔壁,塔记碑嵌于第五层南面塔壁。其他各种花卉饰品雕镂之精,大大超过前贤。

莆田市城南凤凰山麓有广化寺,创建于南朝陈永定二年(558),唐景云二年(711),寺院主持志彦高僧曾应睿宗李旦之诏进宫讲《四分律》,受帝赞赏,赐号"聪明禅师",赐寺名"灵岩寺",并命大书法家柳公权为之书额。会昌五年(845)武宗灭佛时勒令僧尼还俗。宣宗即位(847)后有所恢复,后又被飓风所损。王审知任节度使后,于天佑二年(905)进行了修缮,并令人写经5000卷入寺收藏。时任监察御史行里的黄滔撰写了《莆山灵岩寺碑铭》,以纪其盛。

王审知父子崇佛虽然给社会带来了一定负担,但对佛学文化的传播无疑起到了很大的推动和保护作用。

(五)传河洛之俗,兴河洛之风

从陈政、陈元光开漳到三王开闽,随之南下的中原人在带来河洛正统文化即以儒家文化为主的传统文化的同时,也带来了深深地打着农耕文化烙印的中原民间文化,如民间习俗、民间戏曲、民间工艺等,其在提高闽地百姓文化素质、活跃大众文化生活方面,发挥了积极的作用。从中原传人的习俗、戏曲、工艺等由于吸收、融合了闽地民间文化的精华,因而至今还有着旺盛的生命力,如南音、木偶戏等。

南音。南音又称南乐、南管、南曲、锦曲、弦管等,源于古歌谣,兴于唐宋,盛于明清:王潮、王审知兄弟入闽,带来了大量的河洛文化、中原音乐,其中包括唐大曲。大批中原士人进入福建,对传播中原文化及音乐发挥了重要作用,唐大曲在泉州得到了推广与普及。中原音乐与闽南音乐相互渗透与融合,从而孕育出别具一格的泉州南音。泉州南音由谱、指、曲三大部分组成,其中谱就是唐大曲的遗存。王审知对音的传播很重视,他对南音的指谱、曲同、起落、和唱、执乐、坐位等都很精通,从而进行了规范,并制定了规矩和细则。由于王审知喜好佛教,在南音向寺院传播的过程中,也起到了一定的推动作用。

泉州提线木偶戏。泉州提线木偶戏又叫泉州傀儡戏,古称"悬丝傀儡",闽南民间俗称"嘉礼",又叫线戏。傀儡戏起源于秦汉时期,三王入闽时传入泉州。宋代戏曲兴盛,傀儡戏在闽南流传更为广泛,至明代已脱离了杂技式"弄傀儡"表演形式,除少数演出为片断故事外,大多都能搬演规模宏大的历史戏了。

梨园戏。梨园戏又叫南管戏,源于泉州地区。由于梨园戏之曲为南方语系之音乐,传入台湾后,凡以南管(南音、南乐、弦管)所演唱之戏曲,均被称作南管戏。从西晋"永嘉之乱"到唐末王潮、王审知率中原父老入闽,中原文化大量传入闽南泉漳一带。经王审知兄弟的推动,闽南戏吸收了唐代大曲的精华,又结合当地音乐加以改造,遂逐渐形成了有特色的南管戏。南管戏因是由宋代泉州古乐融合民间歌舞发展而成,其戏文又沿用唐代遗制,故而称为"梨园戏"。

(六)重视农业,发展外贸

发展农业生产是治闽长策,王审知利用在泉州的经验,经常派官员到各地巡视,其主要职责是"劝课农桑"。同时继续兴修水利,如福州西湖,重浚后水量增大,由原来的周围20里增加到40里,闽县、侯官两县灌溉面积由此增加了许多。另外,对福清、莆田等地的海堤、海塘也进行了有效的整修,使农田减少了损失。其他关于农业生产的事例,现存于福州忠懿王庙中的《琅琊王德政碑》还有不少记载。

王审知还非常重视茶叶的生产。当时茶叶的生产地主要在建州(今建瓯),当地吉苑里有位茶农叫张延晖,经营着凤凰山30多里地的茶园,他有一手烘制茶叶的特殊方法,经他加工后的茶叶口味浓香而清冽。他生产的茶叶曾作为上等贡礼晋献中原皇帝和重要外交使节;后来,他将茶园献给了闽国,闽国因号此处为"北苑御茶园",他被封为"阁门使"。由于张延晖制茶技艺高超,死后被茶农奉为"茶神",与"茶圣"陆羽齐名,在凤凰山敕建"张阁门使庙"以祀。

王审知非常重视海上贸易。从中原到东南沿海,王审知的经历使他认识到海上贸易对福建生存的重要性,因此他在利用泉州、福州港的同时,又开发了黄崎港。

福州作为港口,五代时已十分发达。王审知充分利用福州港作为货物集散地的优势,在福州专门设立了榷货务,由随三王南下的固始人张睦为主管。《福建省通志》在《名宦》中曾为张睦立传,其中说张在主政期间,海上贸易十分兴隆,为闽地增加了许多收入:"招蛮夷商贾,敛不加暴,国用日以富饶。"后人为纪念张睦,在福州建庙以祀——清人林枫《榕城考古略》便有"东街有榷货庙,祀闽少师梁国公张睦"的记载。

但福州港也有它的局限。南宋年间曾在福州任职的梁克家在《三山记》卷6《江潮》中对福州港口描写道:"循州境东出,涨海万里,潮退日长,昼夜至如符契。道闽安而上,江面澄阔……轻舟朝发,乃一夕可至。南望交广,北睨淮浙,杳若一尘,乘风轻柁,顾不过三数(天)。"

由此可知,福州港最大的功能是向南贸易,可直达交趾、两广。福建尚缺乏一个向北通商的港口。为了扩大海上交通,王审知需要修建一个向北航行的中继港。经考察,黄崎港是首选目标。

《新五代史》记载了闽王开发黄崎港的情况:"招来海中蛮夷商贾。海上黄崎,波涛为阻。一夕风雨雷电震击,开以为港,闽人以为审知德政所致,号为甘棠港。"①《新五代史》的这一说法,实来自五代人孙光宪的《北梦琐言》卷七:"福建道从海口黄碛岸横石巉峭,常为舟楫之患。……乾宁中(闽王)梦金甲神,自称吴安王,许助开凿。及觉,话于宾僚。因命判官刘山甫躬往设祭,具述所梦之事。三奠未终,海内灵怪具见。山甫乃憩于僧院,凭高观之。风雷暴兴,见一物,非鱼非龙,鳞黄赤鬣。凡三日,风雷止,霁,已别开一港,甚便行旅,当时录奏,(唐昭宗)赐号甘棠港。"两书所记黄崎港口的建造虽有些迷信色彩,但明白无误地记述了开港的原因和时间,却是真实可信的。

黄崎港,今名白马港,在福州北福安县三沙湾内,距福州300余里。黄崎港是湾中之港,有很好的避风条件,是"循岸梯航"理想的中继港。因此,黄崎港的修建,不仅对扩大与朝鲜、日本及东南亚各国的贸易有重要作用,同时也从海上沟通了与中原五代王朝的联系,便于将海外物品贩于北方,大大缩短了中外市场的距离,从而使闽地从中获取了极大的好处。

据史载,黄崎港的启用,直接扩大了福州与北方和海外的海路,"蛮舶"直抵

---

① 《新五代史》卷68《闽世家·王审知》,中华书局,1974年。

福州城下,新罗及东南亚的佛齐、占城等国商使来往不绝。福州中外商贾云集,"人烟绣错,舟楫云排,两岸酒市歌楼,箫管从柳荫榕叶中出",繁华无比(陈寿棋《重纂福建通志》卷20《津梁》)。在甘棠港,各地之舶船往来如织,"虽画鹢争驰,而长鲸弭浪,远近闻而异之"(《王审知德政碑》)。甘棠港成了闽东商业贸易之中心,为福州四大镇之一。

由于发展海上商贸是王审知治闽的重大举措,因而《琅琊王德政碑》也不惮费辞加以记载和称颂,如说:"(审知)公则尽去繁苛,纵其交易。关讥廛市,匪绝往来。衡麓舟鲛,皆除守御,故得填郊溢郭,击毂摩肩,竟敦廉让之风,骤睹乐康之俗。闽越之境,江海通津,帆樯荡漾以随波,篙楫崩腾而激水。"从上面记述可知,当时对外开放的政策相当宽松:一是任商人往来交易,废除繁琐的审批手续,不加限制和干预——"尽去繁苛,纵其交易";二是虽有关隘,但不检查盘问——"关讥廛市,匪绝往来"。因此,货物多得无处可放——"填郊溢郭";商家人山人海——"击毂摩肩";人际关系十分融洽——"竟敦廉让"。总之,对外贸易十分繁盛。

与此同时,福建的商人也学会了建造大船,并成批地扬帆出海。黄滔在《贾客》诗中有这样的描写:"大舟有深利,沧海无浅波。利深波也深,君意竟如何?"(《全五代诗》卷84)可见当时不少商人为了巨大利润,还是选择了冒险出海,以"海商为业"这条有诱惑力的征途。

(七)铸造铅币,经济独立

唐朝之前,由于闽地经济欠发达,加之技术欠缺,所用货币均从外地输入。直到唐武宗会昌五年(845),依唐中央政府规定,闽地才开始铸造圆形方子孔"开元通宝"铜钱,背后另铸一"福"字,以示铸局之名。

王审知治闽后,随着经济的繁荣,铜币已不敷流通。据《十国纪年·闽史》和《十国春秋》卷90《闽太祖世家》载,后梁贞明元年(915),王审知下令在汀州宁化县设立铅场,之后将原料运到福州,并于第二年开始铸造面值1文、10文的两种铅质"开元通宝"小平钱,与铜钱一起使用。王审知铸造的铅质开元钱是我国历史上最早的官铸流通铅钱,为以后制造新币积累了经验。随着技术的提高,还铸了"开元通宝"铜质小平钱。至后梁龙德二年(922),又铸造了相当粗重的"开元通宝"大铁钱。由于三种钱均为闽地所铸,故币之背面均上有"闽"下有月以示区别。为使铜、铅、铁三种货币同时流通使用,当局制定了三种钱的兑换比值,使用时依比价而论,大大便利了商贸活动。铸造钱币,且使不同质材的货币同时在市场上流通,这不仅活跃了市场,而且也使闽地经济具有了一定的独立性。这是王审知政权在闽地经济发展史上的一大创举与建树。

四、励精图治,雄踞东南

在五代十国纷争的年代,作为一个实力并不很强大的割据势力,王审知能够长期稳定地占据福建,除了大力发展经济和文化之外,与其励精图治、实行正确务实的对外政策是分不开的。

在王审知的对外政策中,居于核心地位的是始终奉中原政权为正朔,注意与周边吴国、吴越国等保持友好,这就为福建的发展赢得了相对安定的环境与空间,因而为时人和后人称道不绝。

（一）奉中原王朝为正朔

王审知虽然在对外方面是一个独立的国家,但在政治体制上,他秉承王潮既定方针,始终坚持奉中原王朝为正朔,从而保证了闽地的稳定与发展。

1. 奉唐政权为正朔

唐自安史之乱后,渐次走向衰弱,割据势力日盛,很多地方政权视中央政权如草芥,拒不交赋纳贡。于兢所撰《琅琊忠懿王德政碑》曾记述了当时的严重情况:"虽甸服之近,江汉之中,或遇阻艰,亦绝输赋。"(《全唐文》卷841)相比之下,王潮、王审知自得到唐政府承认后,则始终恭敬如一。最典型是昭宗天复元年(901)冬,朝廷内大臣与宦官发生冲突,朱全忠应宰相韩胤之邀,从开封出兵长安"护驾",大太监韩全海则挟持昭宗逃到凤翔节度使李茂贞处,朱全忠又以救驾为名,率军? 万将凤翔团团围住。围城日久,城中食尽,冻饿而死者不计其数。即使在这样的危险情况下,王审知所派威武军的使者还冒着生命危险到凤翔见驾奉贡,使得唐昭宗得到极大的安慰,不久就特别予以褒奖,赐闽王武库戟12枝列于私门。

2. 奉梁政权为正朔

天佑四年(907)四月,宣武军节度使朱全忠废唐哀帝自立,国号梁,改元开平,以汴梁为都。为给闽地发展创造安定环境,早在唐亡之前王审知就十分关注政局动向,未雨绸缪,与朱全忠有所联系。朱全忠篡唐引起各地不满,闽地一些人也想趁机独立。王审知的侄子王延嗣极力反对事梁,认为"义不帝秦,此其时也"(《十国春秋》卷94《王延嗣传》),另有一些人也劝王审知可暂不接受梁的分封,观望以待。王审知力排众议,说明独立的危害,他斩钉截铁地表明自己的立场:"我宁为开门节度使,不作闭门天子也。"(《十国春秋》卷90《闽一·太祖世家》)之后立即派人北上开封朝见梁太祖朱全忠,称藩臣,上贡礼,使用梁之年号。

朱全忠很高兴,后梁开平元年(907)五月,"己卯,加清海节度使刘隐、威武节度使王审知兼侍中"①。

"梁太祖加拜审知中书令,封闽王,升福州为大都督府。是时,杨行密据有江淮,审知岁遣使泛海,自登、莱朝贡于梁。使者人海,覆溺十三四"②。如上所述,由于吴国的阻隔,当时陆上交通不畅,向梁贡物须绕道海上,从山东登陆西进。即使绕道朝觐贡物有那么大的风险,但王审知从未停止过。史载,开平二年(908)九月,"福州贡玳瑁、琉璃、犀象器,并珍玩、香药、奇品、海味,色类良多,价累千万"③。由是,后梁也很支持福建,开平三年(909)四月,"福建节度使王审知封闽王"(同上),并派大臣翁承赞专门赴福州主持加封大典仪式。

3. 奉后唐为正朔

后唐灭梁后,王审知继续北上,奉后唐为正朔。同光二年(924)二月,王审知派人前往朝贺贡物,并称藩臣。在使者晋见唐庄宗李存勖时,李存勖突然说道:"徐寅无恙乎?归语尔主:父母之仇,不共戴天。寅指斥先帝,尔国何以容之?"原来,徐寅为乾宁元年(894)进士,梁开平元年(907)再中进士,且为第一名。徐寅在开封时,曾写《游大梁赋》献给梁太祖朱温,中有"一眼匈奴,望英威而胆落"之句,讥讽军阀李克用。当年李克用为朱温部将,后二人不和,故而徐寅敢于在梁太祖面前讽刺李存勖父亲李克用,说他是"眇一目"的贼人。使者回来后立即向王审知作了报告,说李存勖要"算后账了"。王审知分析道,"如此,则上直欲杀徐寅尔!"徐寅需要保护,但后唐的指示还不能违抗,于是,王审知采

---

① 《资治通鉴》卷266《后梁纪一》,中华书局,1975年。

② 《新五代史》卷68《闽世家·王审知》,中华书局,1974年。

③ 《旧五代史》卷4《太祖纪第四》,中华书局,1976年。

用了罢免之策,以不用了之。后唐见王审知很诚恳恭顺,同光二年(924)五月,"丙午,以福建节度使、闽王王审知依前检校太师、守中书令、福建节度使"①。

实践证明这种做法是正确的,其最大、最直接的功效就是"保境安民"。王潮、王审知任唐威武军节度使,就其政治身份来说,仍是唐王朝的地方官吏,其属官完全依照唐制,接受朝廷任命。自后梁开平三年(909)起,王审知受封为闽王,福州升格为大都督府。这时,王审知对福建来说,地位为闽王,可以自命职官,但对中原王朝来说,仍是藩臣,依旧使用中原年号,岁岁纳贡。但此时的福建,是名副其实的既握实权,又有实力的地方割据势力。反之,如果闽王称帝,他就会立即丧失受中原政权庇护的这一块"金字招牌",给早就对其虎视眈眈的南唐、吴越、南汉等用兵的口实。在北方动乱不已的情况下,福建的经济文化能够迅速发展,称雄一方,实与王审知奉中原为正朔的开明政策是分不开的。故而《十国春秋》作者赞叹不已:"据有闽疆,宾贤礼士,衣冠怀之,抑亦开国之雄欤!廼卒之臣服中原,息兵养民,大指与吴越略同,岂非度量有过人者远哉!"(《十国春秋》卷90《闽一·太祖世家》)所言极是。王审知死后,其子王延翰不知天高地厚而独立称帝,不仅政治腐败,实力日衰,而且为日后王氏嫡亲争夺帝位相互残杀,内乱不止埋下了祸根。至王延曦为闽王时,虽又使人到大梁要求以敌国礼相见,但终遭拒绝,闽国与中原王朝关系完全破裂,孤立无援。王延政立国,内乱更炽,最终导致了政权被南唐灭亡的结局。两种方略相较,孰对孰错,孰优孰劣,泾渭分明,显而易见。

(二)在与邻国的外交上,坚持和睦相处

就五代十国时期的综合实力而言,总体上来说,北方五国大大强于南方十国,加之北方文化发达,为华夏祖根之地,历史积淀深厚,因而北方仍处于政治和军事的中心地位。南方的割据势力虽然对此了然于胸,但实力稍强之国仍有并吞邻国之意,在吴越、荆南、南汉、闽、蜀、吴、南唐中,吴、南唐时时有这种图谋。闽地实力较弱,为图存发展,始终坚持与邻国友好的外交政策。

1. 交好吴越

吴越国由钱镠所建,其辖境大致相当于今之浙东、浙西与苏南。钱镠原为临

---

① 《旧五代史》卷32《唐宗纪第六》,中华书局,1976年。

安石境镇将董昌部将,后董昌称帝为逆,唐政府任其为镇海军节度使讨伐董昌。因平董昌有功,封镇海、镇东两节度使,后又封为越王。开平元年(907)五月接受梁太祖所封为吴越王,从而立国,都于钱塘。吴越国小力弱,因而一方面奉中原为正朔,一方面愿意与闽地交好。

王审知与吴越关系很好,并以传统的通婚方式来巩固这一关系,据《十国春秋》卷90《闽太祖世家》载:"贞明二年(916)冬,王(审知)与吴越为昏,吴越牙内先锋指挥使钱传垧来逆妇。"钱传垧后来为检校太傅、睦州刺史,对其岳父大人王审知十分崇敬。吴越与闽的结盟,有一个共同的目的,就是一起对抗强大的吴国与南唐。

2. 交好南汉

在东南割据势力中,闽国国力最为弱小,因此从王潮入闽就确定了与四邻交好的策略。王潮时就与南汉确立了睦邻关系原则,至王审知时,正式建立了官方友好关系。贞明三年(917),双方通婚,王审知次子王延钧娶了南汉王刘隐的次公主。刘隐驾崩时王审知派专使前往吊唁。但由于南汉始终认为自己强大,时有恃强凌弱之表现,为长远计,同光二年(924)王审之曾以武力攻取梅口镇(《资治通鉴》卷273),但那只是一个小插曲,总体上两国一直保持友好关系。

3. 交好吴国

在南方诸国中,吴国地域辽阔,物产丰富且文化发达,在割据势力中最为强大。吴国的开国者杨行密为庐州合肥人,曾为庐州牙将,后拥兵自重,僖宗中和三年(883)被任命庐州刺史,归淮南节度使高骈统辖。高骈为部下毕师铎、秦彦所杀,杨行密遂举兵击败毕、秦,进驻扬州,景福元年(892)被任命为节度使。天复二年(902),朝廷又拜他为东面行营都统、中书令,封吴王,杨行密遂拥有淮南28州之地。

杨行密经过20多年的奋战,不仅军事力量极为强大,也网络了社会上一批贤才:《新五代史·吴世家》载,杨行密"宽仁雅信,能得士心"[1],因而在其周围聚拢了一批人才。据《十国春秋》记载,文臣中著名人物有袁袭、高勖、戴友规等人,"袁袭运谋帷幄,举无遗算,殆良、平之亚邪! 以览济宽,事非得以,盖时会有

---

① 《新五代史》卷61《吴世家》,中华书局,1974年。

固然尔。高勖志务农桑,仁者之言蔼如也。戴友规数言决策,独探本源,可谓谋臣之杰出矣。"在军事上,杨行密对投奔者信任且委以重任,如部将安仁义,原为秦宗衡下属,杨行密授予其重兵,因而骁勇无比,名冠全军。原属宣州的周本,被俘后不仅立即被释放,还任其为牙将,故每次作战都"奋跃先登,攻坚摧锋",屡建战功。

正是由于吴国力量强大,《旧五代史》称:"及审知之嗣位也,杨行密方盛,常有吞东南之志气,审知居常忧之。"①王审知对吴国心存善意,派人出使并敬献珍异礼品。但吴国常以闽为小国而鄙视之。后梁开平三年(909)九月,吴国曾派使者张知远出使闽地,张恃强凌小,口出秽言,王审知忍无可忍,怒将其斩首,故而双方关系一度紧张,之后时好时恶。后梁贞明四年(918)春,杨隆演派兵攻打虔州,虔州节度使谭全播求救于吴越、楚国和闽国,但援军终未形成合力,十一月,虔州失守,吴国势力大张。从此,闽国对吴更是时时警惕,小心相处,力求友好和相安无事。

(三)在执政要术上提倡节俭,以德治政

为了长远发展,王审知继任威武节度使之后,鉴于"君子之泽,五世而斩"的历史教训,曾多次与下属讨论继往开来的问题。他要求属僚本着孟子"生于忧患,死于安乐"的警示,提出自己的治闽建议。他几次语重心长地对几位重要官员和自己的孩子说,创业难,守业更难,要守成,就必须更加克勤克慎。

一次,他穿的裤子破了,有人给他送来一套新衣,但被他谢绝。他让仆人把酒库中洗过的旧袋子拿来,缝补之后继续穿。一次,一位从南方出使回来的下属给他带了一件瓶状琉璃制工艺品,剔透晶莹,十分好玩。他看了一番后,突然将其掷于石柱,琉璃成了碎片。他笑着对众人说:玩物丧志啊!喜欢奇异,必然会导致奢靡。我之所以摔碎它,就是要告诉大家,一定要防微杜渐。王审知节俭并非作秀,实乃坚持"俭能兴国"之先贤之训,因而能做到一生如此。"王虽遽一方,府舍卑陋,未党葺居。恒常蹑麻屦,宽刑薄赋。公私富贵,境内以安。"(《十国春秋》卷90《闽太祖世家》)遗憾的是,其子孙却对此良苦用心全然无知,承位

---

① 《旧五代史》卷134《僭伪列传·王审知》条下有其子王延羲传,传下所引《五代史补》,中华书局,1976年。

之后,一个比一个荒淫奢靡。"君子之泽,二世即斩"的悲剧周期律无情地在闽国得到了验证。因而,旧史官对王审知的克勤克俭的作法评价很高,认为这也是闽地能雄立东南的重要原因。引日五代史·王审知传》写道:"审知起自垅亩,以至富贵,每以节俭自处,选任良吏,省刑惜费,轻徭薄赋,与民休息,三十年间,一境晏然。"信夫!

五、一本三王 开闽传芳

自王潮入闽至王审知病逝福州,三王主政治闽 39 年(王潮主闽 11 年,王审知主闽 28 年),其后子孙又相继 22 年。三王后裔号"一本三王",除在福建各地繁衍发展外,有的又走向外地,包括台湾及海外。"开闽传芳"为三王嫡传宗支的共同堂号,因而固始王氏在闽台及海外影响很大。

(一)王潮(846—898)支衍

王潮有三子,分别叫延望、延虹、延广。王审知代王潮总领闽地军政大权后,曾以王潮三子之能力,分别给以职事。但至公元 936 年闽王继鹏(王昶)当政时,情势急转直下。王昶听信佞臣林兴之言,以"叛变"之名治罪延望,延望被杀。同时被株连的还有延望之子王继隆,也被杀。继隆之子王永珍与其弟王永瑞逃至晋江海滨蚶江,悄无声息地在这里避难,遂成后来蚶江王氏开基之祖。王潮三子王延广因被株连,改名思义,带着夫人及儿子王继仁、王继孝、王继德逃到永邑(今永春)深山之中。公元 945 年,闽国被南唐所灭后,任命留从效为清源军节度使。留从效原为王审知部从,对三王十分怀念,派员寻找王潮后裔,之后将王延广及其后人召之泉州,并授延广为军正。王延广厌倦官场的钩心斗角,不久就弃官到晋江海边之青阳,在杏厝筑室安家,遂成青阳王氏开基之祖。

(二)王审邽(858—904)支衍

三王入闽后,王审邽从一开始就负责泉州事务,后为刺史达 12 年。王审邽病逝后,其子王延彬又接任了 26 年。延彬之后,其长子王继崇接任。审邽祖孙经营泉州 40 多年,使泉州由一个渔村海港发展成了商业大埠,贡献至巨。王延彬次子王继枢后为漳州刺史,之后由继崇子王传懿接任。由于王审邽祖孙长期远离福州,与后闽王无利害冲突,因而没有受到迫害,子孙后代在泉州繁衍昌盛。九世孙王烨,官贺州判官,晚年回泉州西隅船肪巷(今名象峰巷),是为温陵船肪派始祖。温陵船舫派后来又繁衍于泉州各地:如南安丰州、四都、二十一都、深坑、长福、翔云,安溪的华美,晋江的东石、安海、龙塘、水头、新罗,车厝、英林,泉州的井亭等地,至今已40多代。

(三)王审知(860—925)支衍

王审知有七个儿子:王延翰、王延钧、王延保、王延义、王延曦、王延政、王延资,另有养子王延禀、王延丰,还有过继子王延望、王延美、王延武。

王审知子孙因争夺权力而兄弟阋于墙,叔侄相残杀,从而造成枝凋叶零,人丁乏旺。如王延翰继王审知为闽王后被王延禀、王延钧推翻,王延钧又用计谋杀死了时任建州刺史的王延禀及其子王继雄。王延钧后来又被其长子王继鹏弑杀。王继鹏当上闽王后,为防止政变,又诬杀了两个叔父王延武、王延望及其5个儿子。王继鹏之弟王继业早就不满继鹏弑父继位,就联合王延曦杀了王继鹏。王延曦称帝四年后,又被其下属朱文进所杀。朱文进惧怕王氏族人报复,就将王氏在福州的族人不分老少尽行斩杀。前后20年的争斗,使闽地实力大衰,王氏从此不振。最后一代闽王王延政继统两年,即被南唐所灭。

末代闽王王延政被南唐押到金陵,封鄱阳王而终。其子七人,其中三人派裔生活在闽南。长子王继成曾任漳州刺史,故其裔孙多分布在漳、泉、潮、汕一带。三子王继达化名直道,逃至清溪(今安溪),受到三王下属留从效的保护,曾任清溪令多年,后弃官躬耕于佛耳山之招卿,是为安溪招卿王氏之始祖。少子王继桢避乱于南安瑛内(今英都),所生五子,分别居南安、永春、晋江、安溪各乡,在那里生息繁衍。王审知留在福清的后裔在明洪武十七年(1384)曾人浯州(今金门)领军,其名叫王弘治,为审知十八世孙,遂成为金门王氏开基祖。此支后来又分派同安、厦门和潮州、汕头各地。

在福清市东南方向约20公里处有一镇名港头(原名锦江,又叫江头),村中有王氏族人15000余口。据《开闽忠懿王氏族谱》载,王审知第13世孙王璟,为元代进士,其从福州迁至福清西埕前,又传七良,七良次子继兴为避祸再迁至港头。故而该镇王氏以王七良为开基祖始,至今闽王后代在此已繁衍至40多世,个别支系繁盛者,已愈50余世。至明代,锦江王氏为福清望族,出了不少名人,万历十七年(1589)进士王赐侯便是其中的一位。王赐侯与内阁首辅叶向高为同乡(港头后叶村),二人关系至好并结为姻亲。叶向高十分佩服闽王,曾作《忠懿王像赞》，他为锦江王氏后裔所题对联"有民玄孚胤，日茂永君绍"，被王氏视为至宝，并以其为族系衍派行第。清光绪年间，锦江王氏后人王仁堪登进士榜首——状元，更使族人感到无上荣耀。今王氏族人中教授、工程师、实业家无以胜数，他们在为国家、社会服务的同时，也为家乡的经济发展、教育提高献计出力，作出了很大贡献。前些年又重建了锦江王氏祠堂，为王氏敦宗睦族提供了新的舞台。

三明市三元区岩前村有村民约 2500 人，其中 55％的村民姓王，据当地王氏族谱记载，他们是王审知的后裔，每年仲秋期间，都要到 70 多公里外的永安县青水乡吴光坑罗兜祠祭祀三王及其母亲徐氏。本村当豪坑有一王氏先祖坟茔，人称"百阶冢"，2007 年仲秋期间清理时，发现了由青砖砌成的墓室及砖铺神道，之后在考古人员的指导下，经过 3 个多月的清理，原来是一座占地面积 20000 多平方米的大墓。

清理后发现，神道长 100 米，陵墓有 17 级通堂石阶，83 级须弥座青砖台阶（合计共百阶）。石阶一侧有享堂，享堂两旁各有五个用青砖铺砌而成的"王"字，地面所铺青砖均呈"人"字状排列。考古人员经过技术鉴定和分析后认为，该墓的牌楼、坊楼、墓埕较大，墓室位于墓坪下边，使用莲花办纹饰，地面所铺砖呈"人"字形，当为宋元时期墓葬。这和王氏族谱所记十分吻合。据王氏族谱所记，此墓为王审知 10 世孙王九三之墓。王九三，字世宁，死于元大德三年乙亥（1299），享年 72 岁。王九三曾任汀州府连城令 16 年，此墓可能造于生前，距今超过了 700 年。据王氏族谱载，王九三有子 6 人，其后裔分布在今明溪、三元、沙县一带，其中一部分又播迁于广东、台湾等地。

（四）王氏遗迹

三王入闽且与其后人主闽 50 多年，在闽留下了很多遗迹，其中不少成了人们研究闽国史的直接见证，也成了后人瞻仰、纪念先贤的怀旧之地。

1. 闽王墓

王审知墓在福州市北郊战坂乡莲花峰斗顶山南麓，坐北向南。王审知墓原在凤池山，后唐长兴三年（932）九月迁葬新址，该墓曾多次维修，今存墓为明万历三十年（1602）所修，砖石结构，三层墓埕，宽 27 米，深 31 米。墓顶呈平形，高近 3 米。墓前殿堂已不存，但仍有翁仲、石兽列于 63 米长的神道两侧。翁仲为文武之臣各二,文臣博服高冠秉笏而立,武将着盔披甲持剑。石兽中虎、狮各呈俯伏之姿,羊则呈蹲状。该墓为王审知与其夫人任氏合葬墓,1981 年重修时分别在左右墓室内发现了闽王墓志铭和任氏墓志铭,均为翁承赞撰写。墓碑高2.87 米,正面居中楷书"唐闽忠懿王墓"六字,右侧镌"万历三十年岁次壬寅季春吉日",左侧镌"福建都运使司副使前兵部给事中裔孙亮重立"。

闽王墓 1961 年由福建省人民政府公布为省级文物保护单位。前些年又进行了整修,在墓园内增修了两座高大的青石牌坊,前面一座上书"宣陵"二字,从而使整个陵区显得既开阔又雄伟。

2. 闽王祠

闽王祠位于福州市鼓楼区庆城路,原为闽王王审知宅第旧址,后晋开运三年(946)始建为祠。祠内现存有唐碑一通,宋碑二通,明碑一通。其中唐碑名"恩赐琅琊郡王德政碑",为唐天佑三年(906)哀帝所赐,由礼部侍郎于兢撰写、弘文馆王倜书写。碑记记述了闽王家世及其在闽的政治、军事、经济、文化、海上贸易等情况,有很高的历史价值。此碑形制宽大,高 4.9 米,宽 1.87 米,碑身作圭状形。该碑雕刻精良,纹饰纯美,书法亦为上乘,实为唐碑中上佳精晶,故清人郭柏苍所著《竹间十日话》誉其为"天下四大碑"之一。

闽王祠坐北向南,主要建筑以正门为中轴线依次排列,形成为一座严整的院落。正门设在高大的门墙中间,为圆拱形门洞,宽 2.1 米,高 3.2 米,上嵌"奉旨祀典"碑,下嵌"忠懿闽王祠"额。两侧还有两个仪门,各宽 1.5 米,高 2.5 米,左仪式门上嵌额为"报功",右仪门上嵌额为"崇德",高达 2 米多的一对石狮分蹲两侧。门墙前为石坪。穿过大门即前庭,各类碑刻集中于院内。到后庭须穿过祀门,门前有祀墙,上镌"绍越开疆"四个雄伟的大字。后庭正中为木结构大殿,七架椽、悬山顶,面阔三间 15 米,进深三间 11 米。门上悬额"功垂闽峤",殿中为王审知塑像。两侧为厢房。院内另有"乞土胜地"碑一通,为后人表示不忘闽王重农教导所立。每年立春祭祀后,地方长官都要在祠中取土捏制为春牛,巡行乡里,借以劝农。

闽王祠官修目前能见诸文字的记载为宋太祖开宝九年(976),敕建修祠宇,每年春秋祀以牲醴。明万历二十九年(1601)诏修祠宇,敕春秋典祀,称"忠懿闽王祠"并立有"重修忠懿王祠碑记"碑。清康熙、道光年间曾两次重修。最近一次的较大规模整修为 1981 年。

3. 开闽三王祠

"开闽三王祠"位于泉州南俊巷承天寺西侧,始建于五代末年,初名"檀樾王公祠",后毁于兵燹,明万历年间重修时建于今址。三王祠坐北向南,占地约 14 亩,建筑面积 700 多平方米。正殿为主祠,青石横额篆刻"开闽三王祠",两侧石柱有联曰:"太原望族源三晋,固始义师靖八闽",内有王潮、王审邽、王审知雕像。祠厅前梁悬挂着新加坡前总统王鼎昌所题匾额"开闽第一",后梁所悬匾额为宋代大书法家米芾所书"一本三宗"。祠内许多建筑构件为石雕或木刻,主祠外石埕两侧廊庑内嵌有青石彩雕三王开闽画史 12 幅,十分精美。祠内花厅现辟为三王开闽文物史迹陈列室,有大量实物、照片、拓片、图片和史籍分专题陈列,供人参观。

2008 年 3 月 18 日,来自菲律宾、新加坡及我国港、台、闽等地 800 多人聚于三王祠内,鸣钟击鼓,献花晋香,共祭闽王,隆重纪念开闽三王入闽 1123 周年。金门王氏宗亲会名誉理事长王水彰先生致辞说,金门王氏根在大陆福州、泉州和漳州等地,目前王氏后裔人口据金门第八位,15 个村落中有宗祠 11 座,大家都希望有机会回大陆祭祖寻根,他感谢泉州宗亲对他的这次邀请。

4. 王潮墓

王潮墓也称广武王陵。乾宁四年(897)十二月初六,王潮终因劳累过度病逝于泉州,年 52 岁。王审邽、王审知根据王潮的嘱托,将其安葬在泉州北螺阳盘龙山(今属惠安县),此处曾为王潮人泉后的宅第。墓坐北朝阳,东西宽近 8 米,南北长近 18 米,冢为土封。墓室为地宫,以石筑砌,分前、中、后三室,均为券顶。此外还有前厅、甬道和封门,墓门以楔状形石拱券而成。墓前有华表、石雕翁仲等。

后唐长兴四年(933),王延钧在福州称帝,谥王潮为广武王,因而王潮墓前的石碑上刻着"唐封广武王王潮公陵"九个篆字。

5. 王审邽墓

王审邽病卒于天复四年(904)二月,三月卜葬于泉州城东凤山(皇山)。墓初建于天佑四年(907),占地约 42 亩,坐北向南,长 100 米,宽 27 米多。墓呈马鞍形,砖石结构,冢为土封。墓前有神道碑,碑文为徐寅所撰。因碑文中有"皇者天皇,绩者勋绩"之语,故后人又称凤山为皇绩山或皇山。该墓最近的一次修葺在1993年,在旧制的基础上重建四座坪台,有58个台阶。第三坪台上两亭内为原神道碑及重修碑记。神道前翁仲为文武官员各一对,另有石虎、石羊、石狮各一对,望柱前为高大的石牌坊。

后唐长兴四年(933),王延钧在福州称帝,谥王审邽为武肃王,因而王审邽墓也称武肃王陵。

6. 三王母亲徐氏墓

王审知母徐氏墓在福建永安县。唐僖宗光启二年(886)年正月,在征讨沙县二十七都积谷寮蝙蝠洞时,徐氏因长途跋涉,病情加重,行至今永安县青水乡龙吴村光坑时,不幸逝于军中。王审知就在光坑的一座月形山丘上将徐氏安葬,之后建房住下。不久,又在这里修建了罗兜祠。上下官厅及练兵场等设施。乾宁四年(897),王审知被任命为威武军节度使,正式掌管了闽地军政大权,开平二年(908),又被晋升为闽王,册封尚书令忠懿王。之后,王审知命第四子王延政偕其子王继成、王继昌回到光坑罗兜定居,守护徐墓。从王延政开基至今已繁衍后代47世。

徐氏墓坐北面南,墓地呈椭圆形,如五朵梅花办环绕,故民间称为"梅花落地"。墓前有供案、墓碑等建筑。

7. 王直道墓

王直道(920—991)原名王继达,为王审知孙、王延政第三子,后因避害而改名。曾任清溪县(今安溪)令。墓在安溪县田招坑村,为一土丘,墓侧立有八幅旗杆夹石。

8. "永隆通宝"铸造遗址

王审知之后,其继承者之一王延曦在执政期间,曾于永隆年间(939—944)铸铁币"永隆通宝"流通。由于当时政治中心在福州,加之史书无明确记载,因而此币的铸造地为一悬案。1974年,考古工作者在泉州承天寺后院内不仅发掘出数以千计的"永隆通宝"钱范,还发现了与铸钱相关的器具。经考证,"永隆通宝"始铸于永隆四年(942)八月,前年经历一年零七个月。"永隆通宝"呈圆形,正面四字,中为方孔,背面上方仅一"闽"字,下方为一弯月。由于该币采用一钱一范浇注法,钱成而范毁,绝无同版之币,故而今天十分珍贵。由于铸币之范均为泥质,因而气候对铸币有直接影响。研究表明,我国古代钱币铸造多在降雨量较少的北方,如山西、陕西、河南、河北及山东等地,在降雨量超过1200毫米的江南,除泉州外,尚未发现范铸遗址。

"永隆通宝"何以在泉州铸造? 主要原因是安溪盛产煤、铁,沿海还有丰富的铁砂,原材料十分丰富,铸造铁币比较方便。

9. 忠惠尊王庙

同安北辰山,俗称北山岩,为福建省风景区,在厦门同安区五显镇境内。北辰山的"忠惠尊王庙"又名广利庙,是百姓为纪念闽王王审知而建造的。相传农历二月初十日是闽王升仙的日子,有前后五天的庙会,游人香客如织。

三王及其后人还在泉州建有60多所寺院或精舍,如开元寺内的部分殿堂、清源精舍;王延彬在开元寺所建的建法院、新华法院等。

(五)泽被百世 今人崇仰

福建为何称"八闽"? 大致有两种说法。一说认为来自闽王,王审知分闽上四府、下四府,上四府为建、延、邵、汀,下四府为福、兴、漳、泉。一说认为八闽起于宋代。北宋时福建行政区称为福建路,下辖福、建、泉、漳、汀、南剑六州和邵武、兴化二军。南宋升建州为建宁府,福建因此有一府五州二军共八个同级行政机构,故号八闽,下辖42个县。

王审知开闽功高盖世,泽被后人,因而自宋代至今,人们总是一直不断地以各种方式纪念他。

2007年2月,海峡两岸合办的第一个文化研究机构——福州市晋安区闽台王审知研究会成立,王大盛任会长,台湾著名企业家王建塑任第一常务副会长,台湾桃园县王氏宗亲北区分会会长王金荣任永远名誉会长,台湾成功大学教授王大琛任名誉会长。王大盛会长表示,研究会将弘扬祖德,亲睦宗谊,加强闽台两地民间文化交流,明年完成"闽王金身"巡安金门等地的活动,为两岸民众祈太平安康之福祉,并将团结闽台两地和海内外200多万子孙,共同宣传闽王"德政惠民"之历史功绩,同时筹办闽王陵、闽王纪念馆配套工程、塑造巨型闽王像、莲花永兴寺重修等工作。

2007年2月11日,来自美国、日本、菲律宾以及港澳台和福建的海内外人士在福州举行纪念活动,纪念王审知开闽1110周年。

主持人在会上介绍闽王功德说,公元 897 年,王审知被任命为"威武军留后",正式执掌八闽军政大权,之后,为促进闽地发展,他采取了一系列有效措施。如招抚流亡农民,恢复农业生产,任用各种贤能,协调各方关系,使福建在割据势力纷争的动荡局面中保持了 30 年的持续稳定。他重视城市发展,至今仍是福建标志性景点的雪峰寺、鼓山涌泉寺、白塔、开元寺等,都是当时修建的。他还注意疏浚城内河道,保证了城市的安全与交通。

王审知第 35 世后裔、福州台商投资协会副会长王建塑热心闽王文化研究,他不仅收集了有关王审知氏系的族谱,还访知了王审知福州故居,并捐资维修了闽王陵。他在会上表示,两岸王氏血缘关系十分密切,他今后不仅要继续研究闽王文化,还要当好台商到闽投资的向导。福建省历史名人研究会王审知委员会会长王惠民表示,要充分利用研究闽王文化这一契机,加强与海外王氏宗亲的交流与联谊,为祖国和平统一大业作贡献。

2007 年 9 月 22 日,台湾桃园王氏宗亲会一行 42 人,在理事长王金荣、总干事王瑞结带领下到福建谒祖恩亲,受到了福建省历史名人研究会名誉会长王直,王浩、会长卢美松等的欢迎。欢迎会气氛热烈,王直将军挥毫写下了"中华情、王氏缘"六字中堂,王浩当场吟诵"出晋无双姓,开闽第一家。桃园花似锦,族旺子孙贤"之诗相赠。

2008 年 1 月 9 日,福州闽王王审知金身巡安金门暨宗亲文化交流团一行 69 人,由福州晋安区台办主任曹京科、晋安区王审知研究会会长王大盛率领,取道厦金海上航线,搭乘"新集美号"赴金门开展了为期四天的访问活动。由于这是闽王金身首次巡金门,金门县县长李炷烽及 500 多王氏族人到码头迎接,到金门辅选的台湾"立法院院长"王金平也亲自到码头迎驾并为先人抬轿。王金平还为《闽王巡安金门专辑》欣然题词:"俎豆千秋"。

闽王金身在金门共巡行了 13 个王氏宗祠,受到当地百姓的热烈欢迎。每到一处,身着唐服的金门居民锣鼓齐鸣,并以表演金狮献瑞、吉乐鸣奏表示恭迎王驾。不少居民表示,希望这样的联谊活动能够经常开展,以增进两岸的交流。据王审知研究会人士称,目前海内外有闽王后裔 200 多万人,台湾有 50 多万,金门有 1 万多人。

2008 年 2 月 11 日,福建省王审知委员会福清研究会在融城天河大酒店成立,包括据说是王审知四个儿子后裔的"南城头、北城头、安民、港头"以及瑶峰、前王、江兜等全市 30 多个王审知后代宗亲村的 130 多位代表参加了成立大会。

2008 年 4 月 6 日,福建省历史名人研究会王审知委员会在福州市莲花山风景区举行闽王陵清明春祭,来自美国、新加坡、菲律宾以及香港、台湾、福建各地的王氏后裔 2000 多人参加了谒祖祭拜仪式,福建省王审知委员会副会长王兴锋主持了仪式,会长王惠明致祭祠。会后成立了福建省王审知委员会福鼎市王氏联谊会筹备会。

2008 年 4 月 18 日,首届闽王文化节在福州晋安区举行,来自闽台两地的数百名王氏宗亲参加了以祭典闽 Z35 审知为主题的各项活动。在 700 多名代表中,来自台湾的有 130 人,闽南代表 200 多人,福州人最多,超过了 500 人。会议由福州市晋安区王审知研究会主办,金门县王氏宗亲理事会协办。

台湾王氏宗亲代表王建塈在开幕式上说,公祭闽王活动可以增加两岸对同根同信仰的认同,利用闽王王审知在两岸享有崇高威望的文化资源优势,可以进一步深化闽台文化交流。据王建塈讲,他是闽王 35 世孙,祖籍厦门同安,先祖清代渡海到台湾,到他这一代已有 8 代。1992 年,王先生回福建寻根,之后就在福建创办了福州耀升鞋业有限公司,目前有员工 2000 多人,产值超过 1.5 亿。王建塈热心社会公益事业,被推选为福州市晋安区工商联副会长,福州台胞投资协会副会长。他对记者说:我作为王审知的第 35 代裔孙,感到十分自豪。闽王"宁为开门节度使,不做闭门天子"在今天仍有其现实意义。我们希望借助闽王文化节这一平台,进一步促进两岸民间文化交流,增强两岸共根共祖的认同感。王建塈收集了许多王审知的典籍资料,数次带族人从台湾回来祭祖,并为修建闽王陵捐资 30 多万元。2007 年,两岸王氏宗亲成立了"福州晋安闽台王审知研究会",他被推举为常务副会长。

文化节期间,代表们观看了当地传统民俗文艺表演,参加了共祭闽王典礼仪式和闽 55 "巡安"活动以及"一家亲"两岸联欢活动。

为使这项活动增色,应晋安闽台王审知研究会之请,台湾"立法院院长"王金平还为福州南台藤山(仓山)王氏宗祠题词"开闽王祠",为琅岐董安王氏宗祠落成题词"源远流长"。

2008 年 4 月 20 日,福建省龙海市举办了"纪念两岸王审知开闽文化节暨三王入闽"庆典活动。

前几年,龙海市白礁王氏在研究本族世系渊源时发现,白礁王氏始祖十四世际隆公就是王审知十四世裔孙王天麒。白礁在台湾的王氏宗亲对这一发现十分重视,并认定,台湾王氏、龙海白礁王氏与福州闽王王审知为同一血脉。台湾王氏宗亲代表团 30 多人在台湾"立法院院长"王金平胞兄王珠庆率领下参加了这次庆典活动,他们在其返乡行程表上清楚地写着:"王氏源自河南光州固始县,唐末入闽建立闽国,王审知受封闽王,成为王氏开闽鼻祖。元末明初,闽王十四世孙王际隆居福州南台藤山。际隆生有四子,后来子孙为避战祸先后奔晋江仓头,再徙同安白礁。"王珠庆等人的到来,受到了漳州市及龙海白礁王氏宗亲会的热烈欢迎。

第三节　颜思齐开台

台湾自秦汉与大陆即有了联系,时有百越人入台。《后汉书·东夷传》称其为"夷洲",曰:"会稽海外……又有夷洲、澶洲。传言秦始皇遣方士徐福将童男女数千人入海求蓬莱神仙,不得,徐福畏诛,不敢还,遂止此洲,世世相承,有数万家。人民时至会稽市。"隋唐以后至宋明,台湾又被称作流求、留求或琉球。这一时期的史料中,皆有汉人入台的记载。《元史·留求传》明确指出了它的方位:"留求在南海之东,漳泉兴福四州界内澎湖诸岛,与留求相对,亦素不通。天气晴明时,望之隐约若烟若雾。"①至元二十八年(1291)十月,曾派海船副万户杨祥以宣抚身份与礼部员外郎吴志斗、兵部员外郎阮鉴率众前往招抚。明代永乐年间,郑和下西洋,称台湾为"东蕃",万历三十年(1602),福建连江人陈第曾随沈有容到台湾剿倭,其间考察了台湾高山族的风土人情,之后写了《东番记》。元明时,中央政府都在平湖(澎湖)设置巡检司,派兵驻守,对台湾进行管理。然而,台湾真正意义上的开发,则在明代后期,颜思齐、郑芝龙等人的入台,拉开了台湾开发的大幕,其后闽南人和客家人大批进入,从而形成了开发台湾的主力军。

---

① 《元史》卷 210《列传·外卷》,中华书局,1976 年。

一、流亡日本

颜思齐(1589—1625)字振泉,福建海澄县青礁村(现属厦门海沧区)人。有专家指出,颜思齐之先祖很可能就是颜之推九世祖、永嘉南渡时的颜含。

颜思齐出身富家,青少年时代受到过较好的教育,他明书知礼,习武健身,为人豪爽,疾恶如仇。明万历四十年(1612),因其家遭官宦欺辱,一怒之下,他与家人一起杀掉了仇家的仆人,之后逃亡到了日本的长崎。

在日本,为了谋生,他开了一家裁缝店,因其手艺好,店铺很快便扩大了许多。与此同时他还与一些船商一起做海上贸易生意,在日本、韩国之间贩卖中国的丝绸、瓷器、茶叶等。他胆大心细,敢于冒险,又有经营头脑,不几年就积蓄了巨大的财力。其间,他结识了晋江船商杨天生及一批来往于福建与日本之间的闽南人。由于他敢于任事,为人仗义疏财,又广交朋友,因而在当地流寓的华人中颇有威信。为笼络人众,日本平户当局就任命他为当地的头目,给了一个叫"甲螺"的职务。

颜思齐生就了一幅血气方刚的禀性。天启四年(1624)春,因不满德川幕府的统治,他参加了密谋武装反抗的组织。六月十五日,他与杨天生、杨经、陈衷纪、陈勋、陈德、郑一官(郑芝龙)、洪升、张弘、张辉、张寅、林福、林翼、李英、李俊臣、黄碧、黄昭、黄瑞郎、何绵、庄桂、王平、高贯、余祖、方胜、许妈、唐公、傅春、刘宗等28人起誓结盟,拜为兄弟,共议举事。众人推颜思齐为盟主,之后根据分工,分头各做准备。由于消息走漏,受到日本政府的搜捕围击。时旅日晋江商人翁翌皇将此情况告诉了颜思齐,情急之下,他义无反顾地率众乘着十三艘船只逃向海上。

仓皇出逃的船只不辨方向,急速外航,驶到了九洲西海岸的外岛洲仔尾。颜思齐召集众人商议下一步的行动。时有人主张休整后仍返日本,联络更多的人起事,但大多数觉得不妥,认为其结果必然是自投罗网。陈衷纪也是海澄人,因经常来往于海上,对我国东南沿海一带较为熟悉,他沉思半晌,对众人说:"吾闻琉球为海上荒岛,势控东南,地肥饶可霸,今当先取其地,然后再顾四方,则扶余之业可成也!"颜思齐也对大家说:欲跨步奋进,当须暂行后退蓄力。今日之事,衷纪所言极是。于是,在他的率领下,大家趁风向转变之时,朝台湾方向驶去,历尽惊涛骇浪,于农历八月二十三日抵达台湾的笨港(今嘉义北港)。

二、开发宝岛

颜思齐在笨港登陆后十分高兴,面对肥美的沃土和森林,他感到前途一片光明。他决心在这里干一番大事业。为此,颜思齐率领众人多管齐下,进行全力的开发。颜思齐是大规模开发台湾的第一人,二百年后,连横著《台湾通史》,在为台湾历史人物所立传中,列颜思齐为首,洵为至允至当。

(一)辟置寮寨,扎根立基

颜思齐是一位目光远大的人,他深知"凡事预则立",要开发荒岛,必须使众人有立足之地,有了衣食温饱,才能再图发展;初到岛上,他就带领杨天生等人勘察地形,选择安营扎寨之地;在查看多处地形地貌之后,颜思齐决定沿笨港溪岸建立营盘。他对大家说,这里不仅地势较高,水源充足,交通便利,而且便于守卫,是一块理想的栖息之地。同时,他还考虑到未来发展的需要,准备像地方政府一样,逐步建立起一些部门,主要人员进行一定的分工,然后把所有的人都纳入各种组织之中,以便统一指挥和调动。根据他的初步设想,从未来不同组织的不同的功能出发,先建立十个寮寨。这十个寮寨分别为:主寨、前寨、后寨、左寨、右寨、海防寨、粮草寨、哨船寨、抚番寨、北寨。各寨以木栅栏相围,四周大多是可以开垦的平地、荒坡或水塘。之后,他把一起来的三百来人,依其才能,分别安排到十个寨子之中,并嘱咐他们一定要团结共事,齐心协力,发奋有为。

(二)垦殖田亩,发展农业

为了生存和发展,在笨港,颜思齐与众人一起;一边扎寨,安排人众,一边不避寒暑,劈荆开土,广为垦殖。为了尽快垦出更多的田地,他从海上贸易所得资金中拿出一部分,从大陆购置了耕牛和铁制生产工具,又从闽南引进了一些优良的水稻、甘蔗、果树和家畜、家禽,在各寨中进行推广。他还组织工匠利用当地的优质木材制造了大小不一的船只,少量供做商用,多数交给漳、泉原来从事海上捕捞的人从事海上渔业生产。他还鼓励一些猎手到原始森林中取猎,借以促进山原经济的发展。

(三)招募贫民,扩充实力

颜思齐谋虑深远,高瞻远瞩。他认为,要有大的作为,只有人众才能势炽,只有势炽才能实雄。就当前垦殖而言,仅300人是远远不够的,更不要说今后还要建立自己的武装力量。于是,在初步站住脚跟之后,他即派杨天生等驾大船十只,到漳州、泉州等地招募贫苦人众。对愿意到台垦殖的人,一户一人者给银两元,一户二人者给银四元,一户三人者给牛一头。经过数次组织,先后有3删余人移居到台。对来台人员,也根据其年龄与特长,分别分配到不同的寮寨中去,有的种田,有的下海,还有的专门从事海上运输。

（四）善与番人,和睦共处

颜思齐等人初到笨港时,当地"土番"以为是洋人入侵,便聚族而攻。颜思齐便派懂得当地语言的人与他们通话,相告都是中国人,只是垦荒,不犯当地。同时送给他们一些财物和礼品,并约定疆域,各不侵扰。土著人见来人模样与己相同,且言语和蔼,相处友善,于是就相互有了来往。颜思齐很注意与土著人和睦相处,凡属下与之发生冲突,他都要亲自处理过问,予以适当安抚或保护,还经常送给他们一些农具和牲畜。在十个寮寨中,"抚番寨"就是为安抚笨港附近平埔族、洪雅族而设的。颜思齐善待土著,和衷共济,开台湾民族团结之先河,为其后移民作出了光辉的榜样。

（五）建设笨港,海上贸易

在农业、渔业生产发展起来后,颜思齐又与众人一起开始了笨港的全面建设。他选择了笨港东南的一片平旷原野进行了规划,按照中国都城建造模式,以"井"字形为基本规划思路,将城区分为九大部分。东区设读书堂,西区有天妃祠、南区有军营、北区有仓库。中区地势加高,面对海湾,建筑了新式楼台,所建管理公署就设在这里,从而使台湾有了最早的由汉人主持的管理机构。当地的居民和过往海峡两岸的商人经常到公署办事,于是人们就把这一带简称为"台湾",久而成习,"台湾"遂成了民间称呼笨港的另一名称,甚至成了全岛的代称。始料不及的是,民间的这一称谓,竟成了其后台湾的正式名称。崇祯八年(1635),漳州镇海人、给事中何楷在所上靖海之策的奏章中就以"台湾"之名称此宝岛,他说:"海上岁无宁息,今欲靖寇氛,非墟其窟不可。其窟维何?台湾是也。台湾在澎湖岛外,距漳泉两日夜程。"颜思齐在日本是因经商而富的,到台之后,首要的是扎根,因而要僻荒开田,有足够的粮食。但他深知,仅此还不能得到快速发展,必须尽快进行海上贸易。于是,他让杨天生负责,在漳、泉人中挑选一批识水性、善航海的人,以原有13只大船为基础,以笨港为基地,与大陆开展海上贸易,利用原来的一些关系,来往于中国、韩国、日本与南洋之间。通过海上贸易,他很快就解决了垦荒所需资金。他利用这些资金,一方面给农工发放一些酬金,一方面购买生产工具和生活用品,同时,又造了一批大船。这样,海上贸易与海岛生产各有发展,形成了相互依托、相互支持的良性循环。

（六）劳武结合,训练兵员

颜思齐深知,要想有大的发展,没有一定的武装力量是不行的。在建立的十个寨寨中,"后寨"实际上就是民兵的营寨,其职责就是后卫营兼管附近的"红毛番"(荷兰人)。寨寨的安全事务,最初是兼职运行,即从各类员工中挑选少量青壮加以训练,轮流值班放哨打更。人员增多之后,由郑一官负责,开始从受训人员中再行筛选,采用官军训练的模式,将人员编甲为伍,抽调专门船只,日日习海上、滩上作战之法。虽然这样的训练还不正规,但台湾如何建立自己的武装力量已露端倪。

（七）郑承颜志,繁荣台湾

天启五年九月,秋高气爽,杨天生、郑芝龙等邀颜思齐到诸罗山游猎,一方面想让颜思齐休息几日,一方面也想趁机静下心来议一议未来。傍晚,众人在山坡前点起数堆篝火,席地而坐,品尝亲手打来的野味。想到初到台湾时的艰辛,看到一年来各业发展,人丁兴旺,众人齐心协力,颜思齐高兴异常。他激动地站了起来,举杯感谢诸位弟兄对他的支持,他高声说:"思齐不才,使诸君至此孤岛,然苍天眼开,有我今日。当此良夜,可一醉方休也。"说罢,连饮三杯。众人见颜思齐高兴,也都开怀畅饮。当天晚上,一个个都酩酊大醉,横卧于席苫或草地之上。由于山风凛冽,颜思齐不胜风寒而染病,几天后更加严重,竟不能起。临终前,颜思齐召郑芝龙等人,告曰:"不佞与公等共事二载,本期建立功业,扬中国名声。今斗志未遂,中道夭折,公等其继起。"言罢而泣,众亦泣。

颜思齐病逝后,众人公推郑芝龙为首领,然大权之初仍由陈衷纪所握。

郑芝龙原名郑一官,字飞黄,泉州南安人。郑一官之父郑绍祖为明朝官吏,为泉州府太守叶善继属下吏员,其母黄氏为一商人之女。一官不喜读书而善舞枪弄棒,因而为家人所不容,遂随泉州海商到了日本,之后在乎户从事商业贸易活动,从而结识了颜思齐、陈衷纪、杨天生诸人。郑一官虽年少,但颇有胆识,颜思齐以其才气过人,十分倚重。1618年,24岁的郑一官娶平户士人之女田川氏为妻,后来得一子取名郑森,即郑成功。

郑芝龙握得权柄后,非常重视扩大实力。郑绍祖逝世后,郑芝龙在闽南的兄弟如芝虎、芝豹、芝鹗、芝豸、芝彪、芝獬、芝鹊、芝蛟、芝莞、芝蟒、芝燕、芝麟、芝麒及其家族的不少人皆来台投其麾下。之前,郑芝龙一直用小名郑一官,从此正式使用"芝龙"。为了加强对当地居民、军队及各类行政事务的管理,郑芝龙还设立了佐谋、督造、主饷、监守、先锋、左军、右军、参谋等职,陈衷纪、杨天生及郑氏兄弟各有其位,芝龙则俨然成了台湾的无冕之王。为扩大影响,他率船先后伐金门、厦门,官军莫能与之敌。之后,他一方面继续从事海上贸易,有时也对过往船只进行劫掠。郑芝龙对属下说,他的劫掠不同于一般的海盗,他的"劫掠"是有原则、有条件的:他明令不许抢夺贫苦渔民和普通商贩财物,严禁烧杀奸淫,劫掠只能是"劫富济贫"。天启六年(1626),福建遭遇大旱,赤地千里,郑芝龙将所掠富商粮食全部用于赈发灾民,因而颇得人心,偶或上岸,百姓争先恐后前来欢迎。与此同时,不少饥民前来投军,由是军力大增,以致后来士兵达3万之众,并拥有上千只大小舰船。

看到郑芝龙在台湾羽翼日丰,无奈之下,明廷只好对其进行"招抚"。郑芝龙的条件是,名义上接受招抚,但台湾仍归其统领,包括船只和武装。明政府想借助台湾的力量平定东南沿海一带的海盗骚扰,也就同意了郑芝龙的要求。崇祯元年(1628)七月,郑芝龙率部降于福建巡抚熊文灿,被授为海防游击。三年(1630),因平粤盗、焚荷兰入侵者之营等,升为督都。是年,遣人将其子郑森接至台湾。

崇祯三年(1630),福建又遭遇严重旱情,谷价腾涌,斗米价值百钱,一时饿殍遍地,尸陈荒野。郑芝龙向熊文灿去函建议,凡闽人愿到台湾谋生垦殖者,每人给银三两,三人可给牛一头。熊文灿接受了这一建议后,郑芝龙派船接闽人入台达数旬之久,一时间,几万贫苦农民充实到了垦殖大军的行列之中。此次大规模、有计划的灾民移台之举,不仅对台湾的农业开发起到了极大的推动作用,同时也为更多的闽人来台奠定了一个坚实的基础,为台湾的繁荣掀开了新的一页。

(八)族人怀念,世人敬仰

颜思齐死后葬于诸罗山。清康熙年间任台湾诸罗县令的季麒光在其《蓉洲文稿》中对此有明确的记载:"台湾有中国民,自思齐始。天启五年九月,思齐人诸罗山(今嘉义一带),打猎病死,葬于诸罗东南三界埔尖山。"颜思齐墓碑呈黑色,无字,只有一道刻痕,相传为郑成功用宝剑所刻,以表示对颜氏开台之崇敬。颜思齐开发台湾筚路蓝缕,艰苦卓绝,功高盖世。由他最初建造的十个寮寨,很快就发展成了十个很大的村落,笨港也成了生意兴隆的港口。因而当地的人们对他怀念不已,不仅称其为"第一位开拓台湾的先锋"、"开山祖颜思齐"、"开台第一人颜思齐",而且还尊其为"开台王"、"开台圣王"。为了纪念他,人们在今台湾云林县北港镇修建了"颜思齐先生开拓台湾登陆纪念碑",在嘉义县新港乡妈祖宫前兴修建了高20余米共五层的"思齐阁"和"怀笨楼"等。

颜思齐的故乡——今厦门海沧区青礁村有颜思齐故居。青礁村颜氏的开基祖为宋庆历四年(1044)曾任漳州府教授的颜糙。颜氏的家庙——开漳堂就坐落在颜思齐故居之后,颜思齐为糙公第20世孙。家庙因年久失修加上人为破坏,已毁于20世纪50年代。2007年以来,厦门市文物部门已根据旧有资料对其原貌进行研究,并协助该村开始了恢复重建工作。除开漳堂之外,村中还有始建于元代的颜氏另一座族庙——崇恩堂。崇恩堂在明、清两代曾多次进行修茸。嘉庆二十年(1815)重修时,台湾颜氏族人曾捐款予以资助,今存《颜氏家庙重修记》碑有明确记曰:"台湾诸孙子合捐银二百四十二圆。"2008年年初,颜氏后人对崇恩堂又进行了整修,并决定在此基础上重新修订颜氏族谱,永远纪念在开发台湾事业中立下不朽功德的"开台王"颜思齐。

主要参考资料:

1. 谢重光《陈元光与漳州早期开发研究》,台北文史出版社,1994年。

2. 云霄县陈元光开漳历史研究会《开漳圣王陈元光与云霄》,1997年。

3. 徐伯鸿《〈龙湖集〉编年注析》,光明日报出版社,2004年12月。

4. 云霄县开漳历史文化研究会《开漳史参考资料》,2007年。

5. 清光绪《漳州府志》。

6. 吴任臣《十国春秋》,中华书局,1983年。

7. 陶懋炳《五代史略》,人民出版社,1985年。

8. 连横《台湾通史》,华东师范大学出版社,2006年4月。

9. 江日升《台湾外纪》,齐鲁书社,2004年5月。

10.《台湾历史人物小传》(明清暨日据时期),(台湾)国家图书馆,2003年。

第三章　河洛道统在闽台

第一节　中华道统　源起河洛

儒家文化是中国传统文化的主体,在几千年的中华历史上,无论天下分合合分,历代都居于主体意识形态的地位。它凝聚着中华民族的精神,烛照着中华民族前进的路途,成为阻抗外族入侵的精神力量之源和消解、涵化外族文化护卫自我文化精神的最有力的内核,它体现着中华民族独异的精神个性,使之屹立于世界民族之林。

然而,说起儒家的发祥,一般都从春秋战国时期的邹鲁孔孟讲起,这大概是受了德哲雅斯贝斯"轴心时期"文化思想的影响,把中国思想文化的起源限制在了称谓春秋战国为中国古代"轴心时期"的观念上了。实际上,儒家还有更早的滥觞,即于河洛制礼作乐的周公。

河洛文化与其他地域文化相较,既是一种地域文化,同时,也是中华文化的祖根,是中华文化的元文化,正是它培育了儒家文化的诞生。

被汉儒奉为儒家"群经之首"的《周易》据传说即源于中原河洛之间。《周易·系辞上》说:"河出图,洛出书,圣人则之。"即言中国文化早期的圣典《洛书》与《河图》出于黄河与洛河,并且被圣人所效法,而治成易学。所以,扬雄《核灵赋》云:"大《易》之始,河序龙马,洛贡龟书。"《河图》出于龙马所负之图,《洛书》出于洛水龟背之书,二者皆是大《易》的源头。

易学由伏羲创化,经神农发挥,黄帝引申,大禹敷衍,后经文王演义,周公作爻辞,至孔子作传将之理性化而成为道德哲学,而成为了中国上古"人更三圣,世历三古"(班固《汉书·艺文志》)一贯之道统,为中国上古文化精神的主脉,绵延生成中国后继之文化精神主体。

中国文化的精神主体基本上可以说是在周人那里完成奠基的,而其两个伟大的奠基者,一是周文王,一是周公。文王以其自我完美的人格修养奠定了周人尚德的内圣精神,而他的儿子周公则制礼作乐,开创了中国古代的政治、文化制度,可以说是儒家外王文化的奠基者。

周公是被孔子所朝思暮想的圣人,《论语·述而》:"子曰:'甚矣吾衰也!久矣吾不复梦见周公。'"而他所思慕的正是由周公所创立的那套令他神往的文章华彩、雅正雍容的礼乐制度,他说:"郁郁乎文哉,吾从周!"(《论语·八佾》)他一生所孜孜以求的也是"克己复礼",即恢复他理想的周初文盛的礼制。

周公姬旦,是周文王的第四个儿子,武王姬发之弟,与姜尚一起助武王伐纣,建立周朝,后又助成王东征,彻底摧毁商朝势力,为稳定东方,建东都洛邑(今河南洛阳市),以图定鼎。为长治久安,即制礼作乐。礼所要解决的中心问题是尊卑贵贱的区分,即宗法制,主要有封诸侯、"畿服"制、"爵谥"制、"法"制、"嫡长子继承"制,以及吉、凶、军、宾、嘉五礼等,配合礼制,发明乐制,以配乐舞,这样,设"礼"以"别",即所谓"尊尊",以建立社会的秩序;而用"乐"以"和",即所谓"亲亲",让不同等级间互相亲和,有别有和,即使社会整体和谐。正如高诱在《吕氏春秋·孟夏》中对"乃命乐师习和礼乐"的注中所谓:"礼所以经国家,定社稷,利人民;乐所以移风易俗,荡人之邪,存人之正性。"这是一套完美的政治文化制度。周公所开创的礼乐制度,使中国人进一步的"文"化"雅"化,为塑造中华民族独特的品格,奠定了基础。

周公所开创的礼乐制度,后来即为孔子所损益继承,建立了规范中国人行为、建立道德秩序的礼教。后人亦将二位圣人并称"周孔"。周公、孔子、孟子之学一脉相承,后人亦为区别三圣的功绩,分别称周公为"元圣",孔子为"文圣",而孟子为"亚圣",以表明周公在儒学历史上的开创性地位。

河洛地区是儒家文化的培育、发蒙、生长以至形成的中心地区。

儒家文化作为中国社会的主体性意识形态,可以说,从它的诞生前,生成中,到成熟后,始终与中国的政治中心难解难分,纠缠在一起。可以说它正是伴随着中国政治体制的形成而形成的。而河洛之地,优越的地理位置以及高度的战略意义,使历代政权都不能忽视在此建都的必要性。洛阳是历代政权建都时间最长的都城,做过十三个王朝的国都,长达一千一百年之久。夏有太康、孔甲、帝皋和夏桀四帝,商汤灭夏,亦落都洛阳;周初,周公亦于洛阳建都,使成王定都于此;至此后,东周、东汉、曹魏、西晋、北魏、隋、武周、后梁、后晋诸朝都于此定都。

　　洛阳成为中国政治的中心,也成为中国文化的中心,儒家思想亦于此孕育、发芽、发展、成熟,一直主导着民族精神的制高点。人文初祖黄帝、炎帝,早期亦主要活动于此,《史记·五帝本纪》:"黄帝者,少典之子。"《国语·晋语》中记载:"昔少典娶于有娇氏,生黄帝、炎帝。"而少典是有熊氏的国君,有熊即今河南省新郑市地域。所以,《帝王世纪》中有"黄帝受国于有熊"之说。正是黄帝发明文字、衣冠,制定社会制度,炎帝发展农业、发明陶器,才推进着中国社会进入了文明时代,所以炎黄二帝亦被称为中华"人文初祖"。亦正是那些遥远的圣王于此发出了儒家文化的先声。夏、商、周上文已论。至东汉时期,河洛成了经学的中心,大气磅礴的《熹平石经》,是当时儒家繁荣的代表;洛阳也成了儒家文化的教育中心,洛阳的太学,学生三万,汉明帝亲自坐坛;东观殿是我国古代最大的国家图书馆,藏书七千余车。深厚的文化积淀,成就了后来的魏晋玄学,亦为韩愈发端宋代儒学,开启一代道学——洛学,遥远地奠定了基础。

第二节　道丧千载　洛学勃兴

　　著名历史学家雷海宗把中国五千年的历史分成了两个周期。第一周期是从史前至公元383年的淝水之战,他认为这个时期,"大致是纯粹的华夏民族创造文化的时期,外来的血统与文化没有重要的地位","黄河流域是政治文化的重心"。实际上黄河流域主要是指河洛地区。他认为,"第一周期可称为古典的中国。"第二周期是自公元383年的淝水之战到抗日战争。他认为,这一时期主要"是北方各种胡族屡次入侵,印度的佛教深刻的影响中国文化的时期"。他说:"第二期的中国已不是当初纯华夏族的古典中国,而是胡汉混合、梵华同化的新中国。"①这两个周期分别各有五个阶段,前期:西周前的宗教时代、春秋时期的

　　①　雷海宗《中国文化与中国的兵》,商务印书馆,2001年,第141—142页。

哲学时代、战国时期的哲学分化时代、汉代的经学时代(即哲学学术化的时代)以及魏晋文化破裂的时代。后期:南北朝隋唐的佛教大盛时代,以北宋五子为中心的宋代的哲学时代,以程朱、陆、王为标志的宋元明哲学分化的时代,清代的经学时代以及之后的文化破裂的时代。① 延而伸之,他认为,抗日战争之后中华民族将开启其文化慧命的第三周期。

"哲学是时代精神的精华。"春秋战国诸子之学与宋明道学正标示着中华文化自我生成创化、自我改造而延续的伟大生命力。自中国文化史上而言,北宋五子周濂溪、邵康节、张载、二程所开创的宋明道学,因为为官方所接受而定于一尊,所以成了这一周期精神的主导。没有他们,中国民族精神,即于魏晋隋唐之际或为外族文化所替,或散乱碎裂而泯灭、消解。因此,北宋五子所开创的"道学"在承继中华民族的文化慧命上,其业甚伟,其功甚巨!

而宋明道学的真正奠基者,正是"洛学"的发起者二程兄弟!这亦是光辉博大的河洛文化在长期的积淀、孕育、发展的结晶。

"洛学"正是在宋初诸子争鸣中涌现出来的杰出学派,它与张载"关学"、荆公(王安石)"新学"、司马光"朔学"、苏氏兄弟"蜀学"相并立争雄,在宋整个时代几经崇黜,终于在其伟大的后继者朱熹那里,集之大成,峰出众巅,完成了对其前数代思想文化的综合创新,后经元代的推尊,最终取得了正统的地位,影响了中国乃至东亚诸族千年之久。

二程,即程颢、程颐兄弟。兄程颢,字伯淳,世称明道先生,祖居中山博野,后移居河南洛阳。二十六岁中进士,历官鄂县主簿、上元县主簿、泽州晋城令、太子中允、监察御史、监汝州酒税、镇宁军节度判官、宗宁寺丞等职。弟程颐,字正叔,人称伊川先生,历官汝州团练推官、西京国子监教授、秘书省校书郎、授崇政殿说书等职。二人秉父之教,受业于濂溪周敦颐,后发明圣志,授徒讲学,活跃于伊洛之间,所以他们的学说,世称"洛学",亦称"伊洛之学"、"河洛之学"或"中州正学"。

二程洛学继唐河南孟县人韩愈批佛抑老担当自孟子后八百年不传之道统之后,亦庄严负起了中国文化传承的使命。他们秉孔孟之道,以儒家正统自居,存

————————————

① 同上,第173页。

亡续绝,涵摄佛道,臧否各派,以自己发明之"天理"二字为纲,贯穿理、气、性、情、心、欲、敬、格物致知等基本思想,构筑起了其体大思精的哲学系统,重新点燃了儒家思想的圣火,开创了中国文化的第二周期。

洛学自产生便在两宋之际因其弟子众多而得到了迅速而广泛的传播,并且形成了许多分支学派,如由谯定、谢湜、马涓等引洛学入川所形成的"涪陵学派",由胡宏、胡安国、谢良佐、张栻等在湖北、湖南传播洛学所形成的"湖湘学派",由吕大临、吕大忠、吕大钧等在陕西融合的洛学与关学,还有周行己、许景衡、刘安节、鲍敬亭、袁溉等在浙江发明洛学所形成的以事功为特色的"永嘉学派",以及王苹引洛学人吴而形成的"吴学派",是派秉承大程心学,即与陆学形成渊源关系。综之,"洛派三学"即形成"程朱理学"、"陆王心学"与"事功实学"三支,它们各自沿"洛学"之根生发开去,自宋到明清,枝枝叶叶,郁郁葱葱,绵延无尽,以至传至日本、朝鲜、越南诸国,大大促进了东亚儒学圈的形成。

第三节 洛学入闽 儒道弘昌

洛学入闽,主要是由程门大弟子杨时、游酢、罗从彦引人的。对于弟子们将洛学南传,程颢非常欣慰。据《龟山先生年谱》上载:"时明道先生之门,皆西北士,最后先生(杨时)与建安游定夫酢,往从学焉,于言无所不说,明道甚喜。每言杨君最会得容易,独以大宾敬先生。后辞旧,明道送之出门,谓坐客曰:'吾道南矣!'"著名的"程门立雪"的故事,讲的就是杨时与其同乡游酢以师礼见程颐于河南洛阳发生的。杨时与谢良佐、游酢、伊熔为程门四大弟子,对程氏儒学的发扬与传播发挥了巨大的作用。

杨时以其固守儒家家法,深受程颢赞赏。他著书立说,序订《伊川易传》,整理程氏言论为文言,集录之于《河南程氏粹言》,用二程思想读解《中庸》,撰写《中庸义》,发挥其义理,设馆授徒,广布洛学,名震东南,号称"闽学鼻祖"、"道南第一人"。据《宋史》本传载,"东南学者推时为程氏正宗"。其学一传同郡罗从彦,再传同郡李侗,三传朱熹,朱熹之学,正得之本支,亦"得程氏之正;其源委脉络皆出于时",洛学入闽,成为了理学大宗。

因此,洛学的入闽首先从杨时说起。

一、杨时：闽学祖师

杨时（1053—1135），字行可，后改字中立，号龟山，宋代将乐县人（今属福建），洛学的重要传人，著名理学家。早岁号称神童，能诗文，幼喜佛学，后转儒学，北宋熙宁九年（1076）二十四岁及进士第，听说程氏在河洛讲授孔孟绝学，中原、西北士子风从，遂不赴任，以师礼拜程颢于颍昌，深为大程器重。杨时资质甚高，程颢"每言杨君会得最容易"，程颢曾赞杨时聪明，"是学得灵利高才"（《二程集》），能举一反三；同门好友吕与叔亦谓："伯淳尝与杨时读了数篇，其后尽能推类以通之。"（《二程集》）学成归，大程目送之："吾道南矣。"后四午，大程去世，杨时再赴河洛，投小程门下，师从程颐，而成为程氏得力门生，深得洛学精髓。因此，杨时在洛学发展传播上，他上承二程下启朱熹，蔚然成为大宗，实为一关捩人物。著有《二程粹言》、《龟山集》等。

杨时一生致力于弘扬洛学，置功名仕途于度外，一生仅做几任州县小官，亦不以为意，而以明善诚身、成己立德为一生要务。杨时曾自述说："昔尝燕休其中而以养浩，名其所居之堂，属予为记，予尝论养气之道，以谓体心气神人之所同也。气，体之充也，养而无害，则塞乎天地之间固然矣。"①他秉承程氏发明孟子养气之学，把修养自性以成浩然气为一生事业，径把所居之所命名"养浩"。

杨时是二程洛学忠实的继承者。在哲学思想上，他亦坚持理是万物的本原，是生成自然万物、人类社会的根本，因此，理又是太极，它具有永恒性，而且，他又认为，理不离事，它并不高高在上，脱离于自然万物与社会伦理纲常以及日常用行，而是理在事中，就在生活的一点一滴之中，因此，理就是道，是万物万事之所由，是伦理纲常之所由。既然天理流行，决定自然万物及社会生活，那么，它又是非人力可改变的定命。所以，杨时又说："天理即所谓命。"②依天理之正而行事，就是顺性命之正，这就将最高的天理落实到了人的内在本性上，从而论证了天理对人的行为的绝对约束性，实际上是解释了儒家伦理纲常的自然性、合法性。

二程洛学受张载关学气理论的影响，杨时亦像其师一样将气的理论纳入到

---

① 《杨龟山先生全集》，台北·学生书局，1974年。
② 《余杭所闻》，载《龟山集》卷12，台湾商务印书馆，1983年。

了自己的理学体系之中。他说:"通天下一气耳,天地,其体也;气,体之充也
……则塞乎天地之间,盖气之本体也"(《孟子解》,《龟山集》卷8),"通天下一气
耳,合而生,尽而死,凡有心知血气之类,无物不然也。"(《踵息庵记》,《龟山集》
卷14)气论解释了天地万物的质料构成问题,天地间,都有气的充塞,天地间的
一切事物都是由气的聚散而构成,气结为体,而物成形,气散而化,则物解体。这
都是对庄子气论的发挥,《庄子》中亦有:"人之生,气之聚也,聚则为生,散则为
死,若死生为徒,吾又何患!……故曰:'通天下一气耳!'"(《庄子·知北游》)
但杨时论气更直接的是来自张载,如他讲"塞天地之间,盖气之本体",万物因气
"合而生,尽而死",生死如沤浮与冰释,及"变化,神之所为……无象无形,则神
之所为隐矣;有象有形,变化于是乎著"(《南都所闻》,《龟山集》卷13)。这是张
载的气本论。但张载气论所导出的只是天地间一气而已,人与天地万物都是一
气所成,所以,人应该以天为父,以地为母,以万物为兄弟。

但同为一气之所成,万物为什么各异呢? 人为什么是天地所生就应该致孝
天地呢?

这在张载那里还是模糊的。气只有结合程氏的理,才能说明解释这一切。
事实上,杨时虽然用张载的气论来解释万物的生成,但在其思想中,他并没有把
气当做最高的生生之源,在气之上,还有程氏的理在。正是气被理赋予了道德的
性质,所以,气在杨时那里才离开了庄子,摆脱了道家,而成了儒家的概念。这就
成丁孟子的充塞于天地之间,至大至刚,集义所成的浩然正气。这里,气被"道
义"统率了起来,具有了价值性的意义。

杨时的以理统气论,在其弟子中得到继承与发扬。罗从彦即以理本气化论
人的秉性. 他认为圣人与一般人的差异即在于圣人秉气纯粹不偏,精一不杂。
二传弟子李延平亦认为理是万物的根源,亦为阴阳二气所化,正是阴阳二气的刚
柔、燥湿、清浊等的不同,才产生了人与万物秉性的差异,人的独异,得益于其秉
持的天地灵秀之气。杨时的气论到了朱熹那里才真正细密详实,朱熹构创了以
理为宇宙本体,以气为自然万物质料的宇宙观。

在心性论上,杨时承之二程,又很有发明。比如二程认为理与心本为一,而
人不能会之为一,以至于产生了道心与人心的分别,所以人的修养必须发明道
心,而去除人心,即要存天理,灭人欲。至于杨时则化用道家的观念对程氏哲学

进行了改造,他认为圣人本无胜物之心,这显然来自于庄子的齐物思想,而胜物之心就是人的私意之心、自私之心,这是产生一切机巧诈伪的根源,所以,他提出要去胜心而存天理。显然,其理路略异于老师。

在心性的修养上,接续孟子的求放心,程颢讲求治心。治心的具体做法就是定心,颇似于孟子的养勇。杨时继承老师,接着往下讲"操心"。所谓操心,杨时说:"古之学者,视听言动无非礼,所以操心也,至于无故不彻琴瑟,行则闻佩玉,登车则闻和鸾,盖皆欲收其放心,不使惰慢邪僻之气得而人焉"(《京师所闻》,见《龟山集》卷11),操心即是持心,即是以礼制心,杨时认为,一般人与圣人的不同在于,圣人常存本心,一般人需要时时操心,圣人的本心即自然善心,不需要操持,即自然发动,正气常存;而一般人则需要时时处处操持其心,压制其泛滥于心头的蠢动的欲念。所以,最后杨时又回到了孟子的养气说,培育集义之气,直养之,以使放心得安。

在二程所创的修养"工夫论"上,杨时对秉持"体验与自得"的修养方法多所继承。南宋建立,文化随之南迁。儒学南行后,南传的儒学,发明《中庸》的思想施诸践行,亦开创"体验未发"(观中)的工夫。《中庸》上说:"喜怒哀乐之未发,谓之中;发而皆中节,谓之和。中也者,天下之大本也,和也者,天下之达道也。致中和,天地位焉,万物育焉。""体验未发"的工夫论观点,即是透过内心的"观中",务求证悟天道、心性为一,这种修养的目的即贯通天人,将天道下贯人心。杨时努力倡导"体验未发"工夫,并以之传授后学。罗从彦深得杨时之学,"以身体之,以心验之,从容默会于幽闲静一之中",决心专注学问,绝意仕途,秉承师志,决意一生以个人品德的修养为目的。而且,杨时只是把观中作为修养核心,这是对《中庸》刻板地照章践履,而罗则把杨时之教导进一步具体化为"静中观理",使宋代的高头讲章的理学观念,直接落实到了精神的修养上,是将《中庸》思想向前推进了一步。后来同郡李延平来问学,在理论与方法上直接接受了罗从彦的衣钵,于沉静中潜心体验天道与心性,对"体验未发之中"作条理说明,这种工夫论亦大大影响了朱熹。

如果要准确地评价杨时,他的好友胡安国为其所撰墓志铭概括得非常的切当,他说:"公天资夷旷,济以问学,充养有道,德器早成,积于中者纯粹而闳深,见于外者简易而平淡,闲居和乐,色笑可亲,临事裁处不动声气,与之游者,虽群居终日,嗒然不语,饮人以和而鄙薄之态自不形也。推本孟子性善之说,发明中庸大学之道,有欲知方者为指其攸趣,无所隐也。"①杨时的道德、学问通过践履而合一,达到了他一生专一于个人道德修养的目的,为后世君子树立了典范。

二、游酢:"儒门罪人"

游酢(1053—1123),建阳县禾平里(即今福建省建阳市麻沙镇长坪)人,字子通,后改字定夫,号荐山,人称荐山先生,谥文肃。熙宁五年(1072),游酢加冠,即远赴伊洛,拜见明道先生程颢,深得大程赏识,断言"其资可以进道"。同年8月,程颢出任河南扶沟县知县,即举荐游酢任教谕。游酢开始了理学的专修,成为闽地最早的"洛学"接受者。元丰四年(1081),游酢又荐杨时一道拜程颢为师。未期年,两人辞师南归,程颢目送离去,即深有感言:"吾道南矣!"

这个"吾道南矣"现在往往遭人误解。这句话如果程颢是对二人而言,说他们都是洛学的南传者,这当然没错;但如果单指杨时却似有不妥,然而,杨门兴旺,游门寥落,杨门后学往往只提杨时而不提起游酢。实际上,游酢不但是程氏门生之首,而且已从师十年,而杨时还不到一年,"吾道南矣",针对游酢而言比较客观,专提杨时,有欠公允。

元祐八年(1093)游酢以进士而为太学博士,时程颢已辞世。同年冬天,游酢为了全面研修并掌握洛学精义,便冒雪偕杨时入洛拜师伊川程颐。游酢专一精诚,透悟道学,学成南归,传道授业,弘扬洛学,亦被尊称为"道南儒宗"。

游酢一生著有《中庸义》、《易说》、《诗二南义》、《论语杂解》、《孟子杂解》和《文集》各1卷。从理学的传承上说,最重要者,还是他的《明道先生语录》。他整理记录了程颢平时的言行,成为研究程氏思想的最基本的资料。以后杨时整理程氏资料与朱熹整理的《程氏遗书》、《伊洛渊源》等书,都是以游酢的记录作为基础。

游酢深得二程赞誉,说他"资质温厚","灵利高才",每每置之四弟子之首。但因遗书不传,后学乏继,以致被人们讥为无甚建树,又因其晚年游心禅学、"背叛师门",甚至被胡宏骂作程门罪人。这是历史对他的不公。

实际上,用心于佛、老,汲取其理论资养,以建筑儒学构架,是宋代理学的基

---

① 《杨龟山先生全集》,台北学生书局,1974年。

本思路。程颢即较多汲取了禅宗的佛性、真如、本性、本心等本体论、心性论的形式,他的思想即具有了心本论的印痕,而程颐则通过对华严宗的理法界、事法界、理事无碍法界、事事无碍法界等本体论、心性论的形式吸纳,从而形成其理事二分的理本论。但二程立稳儒学之基之后,却"过河拆桥",再不要学生人佛,担心学生会受到佛学负面的濡染。当然,护儒的出发点是好的,但结果是会使儒学故步自封,不能进步。思想的发展,没有相异思想的挑战,也是不可能的。

实际上,游酢并没有背叛儒学。这在学界也基本得到了正解。在《答胡康侯借佛书周易》中,游酢认为:"易书非佛书并也。佛自立一说,使人割其所亲,独立于空寂之地。爻象象系,何尝无人伦哉!某欲拜孔氏庙,不宜以佛书加之于易。"(《游酢文集》)"易书不可以与佛书并"鲜明地表示了他坚定的儒家立场。因此,游酢立定儒家基本立场欲开儒之新,而人佛出佛,实在是体现他"不入虎穴,焉得虎子"的巨大的理论勇气。今天从理论创新上来看,这是必需的。游酢所开掘的人禅求道、以禅证儒所体现的卓越胆识与哲思睿智,是创造性表现。近代"新儒家三圣"熊十力、马一浮、梁漱溟无不对佛学有着精深的造诣,他们的儒学建树甚至大体有着基本一致的思路,即出佛人儒。

游酢的门人中著名者有黄中、胡文定、胡宪、吕东莱等人。黄中既是游酢门人,又是游酢的外甥,深受游酢器重,实得游酢理学之真传。而朱熹又是黄中的弟子,所以朱熹,不只是得传于李延平,受教于杨时一支,他亦是游酢的三传弟子。正如明代学者苏章的诗句所言:"若非载道来伊洛,安得传心到考亭。"事实上,朱熹对游酢极为崇拜,深受游酢理学思想之影响。可以说,正是游酢引导了朱熹成功地圆融儒佛而自成一家,其功甚伟,其理论创造足以使其与谢、杨比并,而使之成为程朱之间不朽的哲学过渡。

三、罗从彦:道南第二家

罗从彦是杨时的弟子,受业于杨时的同时,亦赴洛拜见程颐,亲聆圣教,最后亦以杨时为依归,史称"接龟山之正脉,承洛水之声传"。他在从程学向朱学发展的过程中,发挥了承上启下的中介作用。罗从彦教传闽人李侗,杨、罗、李三人,史称"南剑三先生",为闽学先驱。

三人对洛学于继承中延续、创新中开拓,在闽地为弘扬洛学做出了拓荒性的贡献。杨时继承发展二程"理"的最高范畴,认为:"天下万物,理一分殊,知其理一,所以为仁,知其分殊,所以为义,权其分之轻重,无铢分之差,则精矣。"(《宋儒杨文靖公集》卷20)在杨时看来,"理一分殊"的关系就是仁和义的关系,理一为仁,分殊为义,仁是本体,义则是本体之用。这就是说,无论是自然界还是人与人之间的关系,都存在着"理一而分殊"。据此,人人都应当有共同的仁爱之心,又应当爱有差等。杨时通过这一阐释,从人生哲学方面论证了儒家道德准则的神圣性。他对此说的创造性发挥,为以后理学的发展开创了新的道路。

罗从彦,字仲素,号豫章,生活于两宋之际,沙县人,人称豫章先生。在儒学上,他不太关注二程的理、太极等形而上学问题,而多用心于伦理及社会政治领域。承续杨时的以体用论仁的思想,倡导以仁为体,以义为用,将人的内在价值放在了根本的地位上,有此人道之本,拓展开去,即要体现于治世之道,他说:"仁义者,人主之术也。一于仁,天下爱之而不知畏;一于义,天下畏之而不知爱。三代之主,仁义兼隆,所以享国之于长久。"(《豫章文集》卷11)治国要仁义并用,恩威并施。以此为基础,在谈到立法与行法的关系时,罗从彦指出:"朝廷立法,不可不严;有司行法,不可不恕。不严,则不足以禁天下之恶;不恕,则不足以通天下之情。"(《豫章文集》卷11)这即体现了其立法要严、行法要恕的法律与道德融洽结合的基本治世思路,要法中含德,德中有法,互相涵摄。在伦理角度上,罗从彦亦发挥所学,以用之于解决人际关系之上。他用君子之道作为一般人行事处世的准则,他说:"君子之所为,皆理之所必然,世之所常行者。"(《豫章文集》卷4)"理"作为一种天地人间普遍的法则,体现于人际,即"义",这种天地间的必然必须落实于人们生活交往中的日常用行,即"世之所常行者",使宇宙天地之上的高高的本体之理,简易为平常之事,体现了儒家极高明道中庸的哲学生活化的理趣。罗氏的思想与先师二程与后辈朱熹突出天理之学的理路相异,略略显出了向原始儒学回归的倾向。

四、李侗:静中气象

李侗字愿中,人称延平先生,南剑州剑浦(属今福建南平)人。年轻时拜杨时、罗从彦为师,一生退居山田,求学问道,授徒乡里,从未为官,终身为布衣。朱熹遵父亲之嘱,曾从游其门,并将其语录编为《延平答问》。

　　李侗为程颐的四传弟子,其道学思想,秉继二程衣钵,坚持认为,万物统一于天理,万物亦只是天理的变化所成,这是"理一分殊"的具体化。他对洛学的发明,即体现于将修身落实于对天理的体认上,他从大处着手坚持修身要掌握天理,获得天理,从其基本识见"理与心一",即理与心是一个出发点,认为要想发现天理,只须"默坐澄心,体认天理",即可识得。具体地讲,要增进学问,掌握知识,必须"胸中洒落通透,毫无窒碍,方才使得"。对于"体认"、"洒落",朱熹作了准确的解释。他说:"李先生之言主于体认,程先生(指程颐)之言主专在涵养。其大要实相表里。"朱熹以此区别开了老师李氏之学与洛学的不同,但朱熹本人因为思想倾向于小程,所以他又说:"大抵此个地位乃是见识分明、涵养纯熟之效,从真实积累功用中来,不是一旦牵强着力做得'洒落'二字。"即体认也是涵养所致,是从真实积累功用中来的,这样即化解了二者的矛盾。李侗澄默静坐的体认之学,被清康熙赏称为"静中气象"。"静中气象"四字精辟概括出了李侗的理学风格。

　　实际上,所谓的"体认"与"涵养",即是说"体认"是实践的功夫,是洛学理论在修身过程中的具体落实,它有着"发现"性的特点,是在本五天理处对天理的发现其有,或者将天理落实于内心,再于静中观照它的具体形态,而"涵养"则是在本有天理处使之生成壮大,固着为人格精神,具有生成性。从中见出,原创的儒学与实践的儒学的区别。但从人生修养的目的上言,二者并不矛盾,都是为了个体精神的完成。

五、朱熹:理学大成

　　李侗之学以其口传心授、耳提面命直接开启了宋代理学的集大成者朱熹的理学。

　　朱熹字元晦,一字仲晦,号晦庵、晦翁、云谷老人、沧州病叟、遁翁等,祖籍徽州婺源(今江西婺源县),生于福建南剑(今福建南平)尤溪县,幼年丧父,随母移崇安(今福建武夷山市),即长于崇安,死葬于建阳大林谷,谥"文",世称朱文公,理宗时追封为信国公,从祀孔庙,后世一般称他为朱子。历任泉州同安主簿、秘书省秘书郎、知南康军、提举江西常平茶盐公事、直秘阁、薄提刑、江东提刑、秘阁修撰、江东转运使、漳州知府、湖南转运副使、潭州知府、湖南安抚、焕章阁待制兼侍讲等职。朱熹一生的主要学术活动在闽,其学即称闽学,因他晚年在考亭讲学,也有人称他所开创的学派为考亭学派。

朱熹生活在一个理学气氛很浓的环境中,父亲朱松,是洛学的崇拜者,亦是程门二传弟子罗从彦的学生。父亲病危即授朱熹从事于学友胡宪、齐勉之、刘子翚三先生。后又从学于父亲的同门、程门的三传弟子李侗。朱熹博览群籍,通晓百家,以洛学为轴心,融贯经学、史学、文学、音韵学,乃至天文学、地理学等多种学科,致其学广大精微,成就卓著,巍然成为一代百科全书式的伟大哲学家,其思想体系成为南宋以后的中国社会的官方哲学、主流的意识形态。

朱熹对洛学的承继,突出表现在两个方面:

第一个方面,是朱熹对洛学精神的继承。在对洛学精神的继承上,朱熹亦首先继承了二程对社会、文化以及民族精神传承的勇于担当的精神,他们有着明确的传承传统文化的使命感、责任感,集中体现于张载关学的"为天地立心,为生民立命,为往圣继绝学,为万世开太平!"这是种社会主人翁意识,即舍我其谁的弘道意识。这不但是关学、洛学的情结,也是宋代理学的主体性精神,而且他们亦有通变古今,学究天人,自立一家之言的学术自信。接续、弘扬儒家圣人之道是理学的核心。程颐有言:"辨异端,辟邪说,使圣人之道焕然复明于世。"(《明道先生墓表》,表7)朱熹亦盛赞二夫子"夫以二先生昭明道学于孔孟既没千载不传之后,可谓盛矣!"(《朱文正公文集·程氏遗书后序》卷75)儒家之学亦成人成己之学,朱熹亦寻义理,正心意,通慧明达,立志践行躬履,而成为正直、明理、守道之士。"照着讲"只是手段,"接着讲"才是目的。程朱理学具有自觉的理论创新意识。大程曾不无得意地说道:"我学虽有所授,'天理'二字却是自家体贴出来。"朱熹亦秉承二程精神,理论上兼容并包,广泛吸纳,而成就了思致细密、体大思精的理学。

其次,朱熹继承了二程的道统意识,充满自信地以自己为儒家的正统传人自居,即具有鲜明的正统意识。道统之说始自韩愈,他首次明确地提出了一个具体的儒家正统谱系:"尧以是传之舜,舜以是传之禹,禹以是传之汤,汤以是传之文、武、周公,文、武、周公传之孔子,孔子传之孟轲。轲之死,不得其传矣。"(《原道》,《韩昌黎全集》卷11)迨二程兄弟出,更明倡"道统"论。程颐《明道先生墓表》谓:"周公没,圣人之道不行;孟轲死,圣人之学不传。道不行,百世无善治;

学不传,千载无真儒。无善治,士犹得以明夫善治之道,以淑诸人、以传诸后;无真儒,天下贸贸焉莫知所之,人欲肆而天理灭矣。先生(程颢)生于四百年之后,得不传之学于遗经,志将以斯道觉斯民……先生出,倡圣学以示人,辨异端、辟邪说,开历史之沉迷。圣人之道得先生而后明,为功大矣。"(《河南程氏文集》卷10)程颐直接把自己的兄长程颢推为孟子之后唯一接续"道统"的醇儒,接续程氏之道学,朱熹亦明确地表示了自己的志向,他说:"宋德隆盛,治教休明,于是河南程氏两夫子出,而有接乎孟子之传,然后古者《大学》教人之法,圣经贤传之指,粲然复明于世,虽以熹之不敏,亦幸私淑又而与有间焉。"(《四书集注·大学章句序》)朱子又说:"此道更前后圣贤,其说始备。自尧舜以下,若不生个孔子,后人却何处讨分晓? 孔子后若无个孟子,也未有分晓。孟子后数千载,乃始得程先生兄弟发明此理。今看来汉唐以下诸儒说道理见在史策者,便直是说梦! 只有个韩文公依稀说得略似耳。"(《朱子语类》卷93)朱熹编《伊洛渊源录》,梳理洛学源流,追溯传承,目的之一即是建立以周敦颐为始、以二程为正统、以他学为补充思致庞杂的宏伟构架,而使闽学接继洛学,亦取得了正统的地位。

第二个方面,是朱熹追宗二程,发明小程的哲学思想,建构了自己宏大的理学体系。主要体现在三个方面。一是建立了更加完善的理气观。他以天理、理气为最高范畴,统合气论,通过对理一分殊、理气相即、理先气后、理气动静等理气关系的细密阐发,使二程所创立的理本论更加完备。他基本上依托于周敦颐《太极图》的太极生阴阳,阴阳生五行,五行生万物的基本思想,将理气思想整合其中,以理当太极,以气当阴阳,以五行当形质,五行——阴阳,阴阳——太极,浑融一体,理气不二,体系思致缜密。二是本其理气之说,朱熹以"天命之性"与"气质之性"的两分,建立了其圆融的心性论。朱熹的心性论来自张载、二程,只是说理更加完整。他认为,天地间只是一理,性即理,这是人性善的最后根源,天理通过人的生成自然发授予个体既成个体之性,即天命之性,天命之性即理的个体化。然而,一个人生成,只有天命之理还不行,还必须通过气的形质化,具体化,这样理与气的混杂即成人成物。理于人皆同,而气有异,则生成人不同的气禀,即所谓气质之性。所以,"有是理而后有是气,有是气则必有是理,但禀气之清者,为圣为贤,如宝珠在清冷水中;禀气之浊者,为愚为不肖,如珠在浊水中"。(《朱子语类》卷4)这是朱熹关于恶的起源的学说。其三,朱熹依托伊川,建立了自己的为学与修身的方法论,即居敬、穷理并提。他说:"学者工夫,唯在居敬穷理二事。此二事互相发。能穷理,则居敬工夫日益进;能居敬,则穷理工夫日益密。譬如人之两足,左足行则右足止,右足行则左足止。"(《朱子语类》卷9)但朱子视居敬与穷理并非等同,而以穷理为重。他说:"万事皆在穷理后。经不正,理不明,看如何地持守,也只是空"(《朱子语类》卷9),"而今人只管说治心修身,若不见这个理,心是如何地治,身是如何地修?"朱子言居敬,凡修养之事,无所不包;言穷理,凡学问之事,略无所遗。朱熹搜罗濂、洛、关各学,择善损益,确可以说是集大成者。

综上所述,可见闽学的形成与洛学有直接的渊源关系,亦见洛学是如何从一个小的学派,最后经闽学的南传,弘扬光大,是如何被官方化,是如何被流布四海的。它不但成了中国近千年的主流意识形态,而且亦为近代以来的中国新儒学的发生,提供了理论的基础。事实上,近代以来的新儒家正是他们衣钵的忠实继承者。

第四节　存亡续绝　儒学入台

一、新儒学概说

由二程所开创、朱熹集大成的理学,凭着对自我文化的自信成功地化解了佛学的挑战,以消化而融合之,自成一统,延续着中华传统文化的慧命。然而,近千年后的近代中国又遭遇了有史以来的最大变故。在西方列强坚船利炮猛烈地摧折下,垮塌的不仅仅是中华民族的军事、政治、经济等外在的东西,更为重要的是被动挨打的屈辱一定程度上摧毁了民族文化曾经的消化佛学、雍容大度的开放与自信。悲莫大于伤心,这场危机最后化为了一场文化的危机。剧烈的阵痛产生的是极端的思想,"五四"生成了两个对立的思想营垒:自由主义、无政府主义与早期马克思主义自觉地结成联盟,打着"打倒孔家店"的旗帜,走向了"全盘性的反传统主义"(林毓生语),这是时代思想的主流,而学衡派、国粹派、东方文化派等则形成了保守主义的阵营。儒学的存废成了两派的胶着之处。

某种程度上说,新儒家是在20世纪20年代中西文化论战、科玄论战和关于中国古史问题的论战的背景下诞生的。它虽然反对西化,但并非顽固、迂腐、守旧。新儒家有着清醒、理智的文化意识。像宋明诸儒以儒家道统的传人自居要承当起文化的责任一样,他们所希望的亦是在这个变乱的时代自觉地担当起民族文化传承的责任,存亡续绝,反本开新。现代新儒学继承宋明理学的内圣之学(心性之学)发展而来。汲取现代西方哲学观念、方法,从形而上学的高度,对儒家的道德之学与人生境界之学进行了新的批判与阐释,他们肯定儒家道统,光大民族文化生命,"恢复儒家伦理精神象征","发扬儒家的内圣成德之教",要从儒家传统之学的内圣开出科学、民主的新外王。在他们看来,儒学过去是中国的文化主体,其中亦隐含着中国文化未来的生成基因,它虽然可能不再作为意识形态而存在,但它的价值系统在将来中国民族精神的重建中仍然会有着不容怀疑的价值,仍会为民族精神的发展指引着道路。

由大程所开启的陆王心学一系与由小程与朱熹所开启的程朱理学一系,在近现代的新儒学发展中都有自己的传承。哲学家冯友兰承继了程朱理学,将理学的观念逻辑化,创立了他的"新理学",贺麟亦试图将新黑格尔主义与陆王心学相结合创立新的理学体系。梁漱溟、熊十力融汇西学与佛学宏扩了陆王的心性之学。钱穆深厚的史学及其方法论研究,以及张君劢在科玄论战中,坚持新儒家与实证主义哲学区别,强调学术高于政治,这些都体现了新儒家的基本精神。新儒学在近现代的发展中,虽然在当时学非主流,但它却充当了担当中国传统文化精神传承的中流砥柱,保存了中国传统文化的火种。

新中国诞生后,中国共产党秉承"五四"精神,把马克思主义与中国的实际相结合,并以之作为中国社会主义国家的意识形态被定于一尊,成了官方的主导精神。大陆新儒家的学人有的转入了新的学术导向,如冯友兰,有的被冷落幽处,微光摇曳,如熊十力。"文革"中,随着批孔运动的高涨,儒学在大陆遭到了毁灭性的打击。而在海峡彼岸,儒学亦随着国民党的入台被定为意识形态,亦使儒学发生了第二次的南传与光大。一大批新儒家的代表人物如张君劢、钱穆、方东美以及熊氏弟子牟宗三、唐君毅、徐复观等都南行港台,著书,讲学,办书院,广泛宣传,新儒学一时辉煌,并被推向了世界。

新儒家的代表人物众多,这里只介绍入台的著名学者及其弟子等人的学说。

二、徐复观:形而中的心文化

徐复观(1903—1982)湖北浠水人,1920 年考入湖北武昌第一师范,5 年后参加国民革命军第七军,1928 年留学日本明治大学,学习经济学,后转日本士官军校步兵科学习军事。九一八事变后回国,曾先后任国民党团长、荆宜师管区司令、重庆复国团教官、联合秘书处副秘书长等职务,1946 年以少将衔退役。曾在南京办《学原》杂志。1949 年去台湾。同年 6 月在香港办《民主评论》宣传主张。1952 年从教于台中省立农学院。1955 年转东海大学中文系任教授兼主任,开始深入学术研究。退休后去香港,担任香港中文大学客座教授,新亚研究所教授兼导师。1982 年病逝。

徐复观最敬佩乃师即新儒家的开山代表熊十力,正是熊氏使他转入了传统,走向了生活化的原始儒家,而使之成了新儒家的嫡传,他临终遗言说:"余自四十五岁以后,乃渐悟孔孟思想为中华文化命脉所寄,今以未能赴曲阜亲谒孔陵为大恨也!"拳拳儒家情怀可表。徐复观一生徘徊于学术与政治之间,有着丰富的人生经验与深厚的学养,他无意于建构形而上学的理论体系,出入于历史与现实、东方与西方、学术与政治之间,力图发掘传统的人文精神,为中国新文化的建立于传统中寻找新的生长基点。在文化上,他自信地认为,人类文化有三大支柱——道德、艺术与科学,而中国文化在前两方面贡献特大,中国古代这种源远流长的道德精神与艺术精神是中国独特的人文精神的集中体现,正为西方所缺失,亦正为现代人所亟需,由此,形成了他独特的中国文化观。政治上,他不把儒学与专制混为一谈,极力抨击传统的专制制度,倡导民主、自由,回护儒家道德理性,重建人生的根基;寻找儒家民主观念,开出新的开明政治。

徐复观像其他的新儒家一样,本着对中国文化做"现代的疏释"以开儒家之新的思路,将传统精神放在了现代文化的背景中以文化平等之心态,进行了自己创造性的解读,从而发掘了自己文化的优长,树立了民族文化的自信。

首先,他以现代文化人类学的视野,把对儒学的思考建立在了对文化思考的基础之上。这里他延用英人 John Mac Murray 的观点,首先对文化与文明给予了界定,认为"文化是由生活的自觉而来的生活自身及生活方式这方面的价值的充实与提高",其内容主要包括宗教、道德、艺术等,而"文明是根据我们改进生活环境所得的结果",其内容主要是科学技术;"文化是价值系统,文明是科学系统"①；文明是文化达到自己目的的手段。显然，这表明文化是人类的根本存在特质，而文明则是文化的外在形态。

由此，他认为文化作为价值形态，从本质上看，不同的种族亦没有什么不同，因为文化、文明都是人的创造，而人在本质上没有分别，因此，文化在本质上也没有分别。

不仅如此，他亦认为文化在本质上亦无古今的区别。因为，文化作为价值系统与文明作为科学系统，其取向是不同的："科学只向前看，不回头看"，而"人生的价值，是在历史中间启发出来，并且由历史来测定的"②。人们谈到价值问题，要常常回到历史中寻找坐标。正如爱因斯坦所说："我们的抱负的最高原理，是由犹太教、基督教所提供的。"③人类的根本目的（即价值观）来自于健全的社会和强力的传统。由此比拟，徐氏认为，中国人价值判断的最高原理是由孔子为中心的历史文化所提供的。

当然，他说文化不分种族，没有古今，只是就其基本价值、基本精神而言，而就这些价值观念的实践形态来说，随着时代的变迁，它们亦有轻重缓急的不同，而且亦因人在成长中条件的不同亦会形成不同的个性，所以文化在不同的时代、不同的地域亦存在着不同的形态。

这里，我们虽然从中可以看到西方抽象的普遍的人性论的影子，但也可以从中见出孔子"性相近，习相远"的对人性的普遍洞察。因此，我们可以说，徐复观的文化批评，其立足，仍然是在原儒思想的初始之处。

立足于以上对文化不同形态形成的理解，徐复观分析了中西文化初始形态的形成原因及其特征。

他认为，古希腊文化的发生，是建立在发达的商业基础之上，"文化人"不感到生活的压力，由惊奇于自然宇宙的秘密而深研之，即形成了以自然为中心的自然哲学；西方文化的另一源头是希伯来，在那里形成了以神为中心的文化，神是人的价值的来源，人本身没有价值；而中国文化自西周初，即由神本而转向了人本；由于士子认识到社会灾祸多来自于人际并试图通过对人的研究来解除这些

① 《徐复观先生谈中国文化》，李维武编《徐复观文集（一）》，湖北人民出版社，2002年。
② 《徐复观先生谈中国文化》，李维武编《徐复观文集（一）》，湖北人民出版社，2002年。
③ 《科学与宗教》，转引自《徐复观先生谈中国文化》，出处同上。

灾祸,因此,中国文化初始即以人为中心,且充满了忧患意识。

徐复观进而认为,人的价值问题即是中国传统文化的中心,具体地说,中国文化所关注的就是人的行为应该如何才有价值,才有意义。

由此,他比较了中西方的文化价值取向的根据的不同,认为 16 世纪以前在西方价值观仍是其文化的中心,其价值根据是从神而来。这是对人本身价值性的否定。而近代又有变化,英国经验主义认为人的价值来源于其社会环境,唯物史观则认为来自于阶级,而最终来自于经济。现代思想家 P. A. Sorokin 也对这一问题进行了探讨,他认为科学虽然成就辉煌,似乎可以解决一切问题,但它却不能解决的就是"利他心"的缺乏,而且在知识、经济中亦都找不到"利他心"的根据,最后他荒谬可笑地把"利他心"的开发寄托在了印度的瑜伽术。

通过对西方思想的回顾,徐复观认为,以上这些思想都不能从根本上解答价值的根源问题。相较而言,"中国文化最大的贡献是指出这个价值根源是来自人生命的本身——就是人的'心'"①。

于此,徐复观先生就引出了他的一个最为著名的命题:中国文化就是"心的文化"。这成了他对中国文化进行"现代疏释"的最高方式。

徐复观认为,"心的文化"的提出,是中国文化在古今中西文化对话中的话语聚焦,是被时代问题逼仄出来的。因为,按他的说法:"目前,对于中国文化的误解,许多是从对于'心'的误解而产生的。由于这些误解所形成的局面,使人感到中国由几千年来所积累的传统文化,好像已经逼得走投无路。"因此,他要"澄清一些误解,为中国文化开出一条出路"。②

具体而言,对于"心的文化"之"心"的内涵,徐复观基本上沿用了孟子的说法,体现了徐氏思想言不离儒家之本的思想路向。按孟子的说法,"心"就是五官百骸的生理构造的一部分,与耳目辨声别色等的外在感官相同,只不过耳目者"小体",而"心之官则思",为"大体";"小体"作用小,而心则能判是非,别善恶,发恻隐,行辞让,是德行的负载,其识用为大。

进而,徐复观又将孟子的"心"说放在整个中国哲学的框架下,给它了一个

---

① 李维武编《徐复观文集(一)》,湖北人民出版社,2002 年。
② 李维武编《徐复观文集(一)》,湖北人民出版社,2002 年。

很高的定位。他从《易传》"形而上者谓之道,形而下者谓之器"的观念出发认为,"道"为天道,"形"指身体,"器"为人所用之物,即为在道器之间,而心居人之形体之中,所以"心的文化"既非形而上的道学,也非形而下的器学,而是"形而中的心学"。这样,徐复观就把人们通常所讲的中国哲学定位成了介于形上形下之间的"形而中学",从而赋予了中国哲学以独特的向度,它超越了西方哲学的所有形态,而具有了自己独特的品格。

由此,他批评了以西方唯心论附会中国之心的文化的做法是自绝文化生路,是极其错误的。因为西方"唯心论"之"心"并非生理的构造部分,与中国文化所言之心不同;而且西方所谓的唯心唯物之说,概非中国的哲学问题,中国虽有唯心之说,实由佛教"三界唯心,万法唯识"而来,亦与西方唯心论相异。据西论中,是牛头不对马嘴。

而且,"心的文化"的存在亦是现代的科学观念也否定不了的。虽然科学观认为人的思考是由大脑完成的,但徐复观认为,是非、善恶、恻隐、辞让等价值判断这种作用不管是心还是脑,关键在于人的生理中,它是可以感觉地当下发生着。因此,"中国心的文化,乃是具体的存在,这与信仰或由思辨所建立的某种形而上的东西,完全属于不同的性格"[1]。这即是说中国心的文化是当下可感的存在,而西方的唯心主义学说只是由思辨的逻辑所构创出的抽象的理论体系,二者有着根本的不同。

徐复观又对"心的活动"与"一般所说的心或心理学上的'意识'"作了明确的区分。他认为现代心理学所说的"意识或心",是与心的活动紧密相连的生理活动,即儒家所说的"私欲"。心在与其他的生理作用混淆在一起活动时,"不但不能发挥它本有的作用,反而在由其他生理而来的欲望中,成为这些生理欲望的帮凶或奴隶",这时的心,不是本心,"不能在此建立人生价值的根源"。[2]

那么如何剥落现代心理学意义上的"意识或心"而让"本心"呈现呢?徐复观总结了传统儒道思想的经验,认为必须通过一种"修养的工夫,使心从其他生理活动中摆脱出来,以心的本来面目活动,这时心才能发出道德、艺术、纯客观认

---

[1]　李维武编《徐复观文集(一)》,湖北教育出版社,2002年。
[2]　李维武编《徐复观文集(一)》,湖北人民出版社,2002年。

知的活动"①,一句话,即是要克制儒家所说的"私欲"与道家所言的"成心","由心的作用主宰知与欲,转化知与欲。在这里,心才是人生价值的根源"②。基于此,徐复观认为,一般人平时虽不做什么"工夫","本心"仍然存在,但它时明时灭,所以表现出的人生是"善恶混"的人生。成见、私欲多,本心呈现就少,人就昏昧;本心呈现多,人就清明。

此外,徐复观还否定了把中国文化看成是"主观性文化"的错误观点。有人以为,中国文化是"心"的文化,以主观性的道德为主体,所以它与客观相对,是主观性的文化。徐复观认为这是对中国文化的极大误解。他说,虽然中国文化中人"心"是价值的根源,心是道德、艺术的主体,但主体不是主观。主观是指人的知、欲方面而言,是本心呈现所要用工夫克服的东西。也只有去知去欲,心作为价值根源才能显现。

而且,徐复观亦认为,人们欲认识事物达到客观真实,亦必须摒除成见、私欲这些影响、歪曲判断的主观成分,才能实现。"可以说,人的价值主体呈现时,才能使客观的事物站到自己应有的地位,得到真正的价值。"并且,这个未被主观成见与私欲所遮蔽的澄明之心,"不但能分辨善恶,实在也是好善而恶恶的"③。徐复观正是通过对主体与主观的区别,澄清了人们对中国文化主观性的错误认识。

由此,徐复观分辨中西哲学思想的差别,剔除模糊乃至窜乱的错误认识,为中国文化的心灵打扫尘埃,使中国文化的本体精神露出了本真的澄明。

以上所述,皆是徐复观对中国"心的文化"遭遇当代种种错误观念而致被歪曲的拨乱反正。不仅如此,他对中国心的文化的揭示,更是通过对中国文化本身的心的本质的全面定位实现的。

其一是"心"在道德主体方面的体现。

徐复观认为,"在很长的时间中,对道德的价值根源,正如其他民族一样,以为是在神、天"④,直到孔子提出"为仁由己"、"仁远乎哉? 我欲仁,斯仁至矣",

---

① 李维武编《徐复观文集(一)》,湖北人民出版社,2002 年。
② 李维武编《徐复观文集(一)》,湖北人民出版社,2002 年。
③ 李维武编《徐复观文集(一)》,湖北人民出版社,2002 年。
④ 李维武编《徐复观文集(一)》,湖北人民出版社,2002 年。

道德价值的根源才落实到了"我"之"仁"上。而《中庸》之"天命之谓性"进一步把天命"当下落实在人的身上，而成为人的本质"①，因此，"《中庸》并不重视天的问题，而仅重视'性'的问题"②。到了孟子提出"仁义礼智根于心"，中国文化对道德主体根据的寻找才最终落实到"心"上。它的出现，"使夹杂、混沌的生命，顿然发生一种照明的作用，而使每一人都有一个方向，有一个主宰，成为人生的基本立足点"③。心的发明照亮了中国人的人生。

其二是"心"在艺术主体上的体现。

艺术与道德是中国文化的两个向度。"心"落实而为艺术主体，是在道家思想中实现的。徐复观认为，老子的"道"具有形上的品格，他要求人去体道，即要人合于形上之道，道亦非在人的生命中所生出。而到了庄子，他"即把老子之形而上的道，落实在人的心上，认为虚、静、明的本性呈现出来，这即是道的呈现。人的精神由此，而得到大解放"④。这个虚、静、明的心体，"实际就是一个艺术的·心灵"⑤，它正是艺术价值的根源。因为"纯客观的东西，本来无所谓美或不美，当我们认为它是美的时候，我们的心此时便处于虚、静、明的状态"⑥。由此，他认为，"自魏晋时起，中国伟大的画家，都是在虚、静、明之心下从事创造"⑦。因此，"中国是以心为艺术的根源"⑧。

其三是"心"在知识方面的落实。

这里，徐复观以荀子的《解蔽篇》作了说明。荀子说："心何以知道？曰：虚一而静。"徐氏解释说，"要把对象认识得清楚，必须在'静'的状态，而'心'在作认识活动时，便自然会平静下来"⑨。由此，徐复观认为，荀子很早便知道心是知识得以成立的根源。

其四是"心"向宗教方面的落实。

---

① 李维武编《徐复观文集（一）》，湖北人民出版社，2002 年。
② 李维武编《徐复观文集（一）》，湖北人民出版社，2002 年。
③ 李维武编《徐复观文集（一）》，湖北人民出版社，2002 年。
④ 李维武编《徐复观文集（一）》，湖北人民出版社，2002 年。
⑤ 李维武编《徐复观文集（一）》，湖北人民出版社，2002 年。
⑥ 李维武编《徐复观文集（一）》，湖北人民出版社，2002 年。
⑦ 李维武编《徐复观文集（一）》，湖北人民出版社，2002 年。
⑧ 李维武编《徐复观文集（一）》，湖北人民出版社，2002 年。
⑨ 李维武编《徐复观文集（一）》，湖北人民出版社，2002 年。

中国的人文精神很早就消解了原始宗教,实现了以人文代宗教的传统。但人总有宗教的向度,如关怀生死、最后归宿等。佛教的传人满足了古代中国人的宗教需求。但佛教的教义讲的是人通过对佛的信仰以超越生死轮回,升天成佛,这显然是通过信仰向上向外的追求。但是,随着佛教的中国化即禅宗的出现,"明心见性"、"见性成佛",又把佛教的向外向上的宗教追求落实到了人的心上。所以,禅宗又叫"心宗"。虽然在印度的佛教中这种思想也存在,但在中国更加发扬光大。即便后来救禅宗呵祖骂佛只在心上用功的流弊的净土宗,倡导在人心之外的西方极乐世界作为宗教追求,但发展下来,净土就又变成了净心,中国佛教又回到了心上。心成了宗教主体的最后归宿。

由此,徐复观通过对"心"在中国文化各个向度上的体现,揭示了"心"作为中国文化一切价值之根源的核心性质。

但是,问题的关键还不在于对中国文化"心"的特性作简单的描述,而是要指出:为什么"心的文化"是中国文化最大的贡献?为什么"心的文化"对人生价值问题的解释比起西方的各种理论来更有解释力度呢?对这个问题的回答才能真正说明中国"心"的文化的伟大之处,高明之处。徐复观正是通过对中西文化价值根源的比较与探讨,展示了这一问题意义的重大。

在他的名篇《心的文化》中,他是这样解释的:心为什么能成为道德、艺术、认知等的价值根源,这本是一直到现在都无法解答的问题。对于无法解答的问题,人们一般采取两种方式来解答:"近代学者往往就建立一种基本假设,古人便往往把它挂在形而上学上"[1],这实际上是说西方人往往建立一种基本假设,以作解释基础,而我们的古人则往往将之挂之于心之外的形而上学,如孟子说:"此天之所与我者!"但是,除此之外,实际上还有第三种方式,即如程明道说:"只心便是天!"即当下在心上领悟,这便把"由工夫所得的内在经验中,把虚悬的形上命题,落实到自己的生命之内"了[2]。这种由外向内的落实,由知识向心的感受的转化,比起建立一种基本假设或将之挂在形而上学上,都更切实,更具体,更可靠,更有根底。

① 李维武编《徐复观文集(一)》,湖北教育出版社,2002 年。
② 李维武编《徐复观文集(一)》,湖北教育出版社,2002 年。

在另一篇文章中他从另一个角度也作了论证。他认为在中国历史上的殷末周初所发生的"把原始宗教,转化而为伟大的道德精神;把不可证知的神,转化而为内在于人生命之中的道德主体,这是人类宗教最高最后的形态……"①这种把神性落实在人性中的方式,实际上即肯定了以心为道德精神主体承当的中国文化是人类宗教的最高最后归宿,延伸而言,这种形态是人类价值的最后形态。

"心的文化"是徐复观整个思想体系的核心,它以对中国文化的独特的理解,开出中国文化的新的向度。首先,它以"心"的文化的"形而中学"而与西方文化的形而上学区别开来,揭示心的文化的生命特质,批评了将中国哲学形而上学化的倾向。其次,心的文化倾向于更多的现实关怀。徐复观将一切价值追求安置于人心,亦将心安置于现实世界,现实世界的一切价值形态亦必由一心承当。心不脱离现实,由心而来的理想亦必合于现实现世之生活。这正是传统的精神价值所在。其三,人之一切价值根于其心,人即天然自足,如此,心的文化开出的是真正有自信、有尊严、有个性的自由人格,并且"每个人在心的地方开辟一个内在世界,在心上得到人生的归宿,不需要外在的追求和斗争,所以心的文化是和平的文化"②。当然,徐复观反对中国哲学的形而上学化,他并不反对思辨,即并不排斥西方的哲学方式,他认为思辨必须以工夫、体验、实践为前提,然后展开,才能把体验等加以反省、贯通和扩充。

总之,徐复观对中国文化"心"的向度的解读,实现了他对传统儒学返本开新的哲学诠释,它强调生命与现实,这正是中国文化的特性,也给我们在当代如何把握理解中国文化提供一个特殊视角,因而也具有特殊的意义。

三、牟宗三:道德形而上学

牟宗三(1909—1995 年)字离中,山东栖霞县人。1927 年入北京大学预科,两年后升入哲学系。1933 年毕业后,曾先后在华西大学、中央大学、金陵大学、浙江大学等校任教,以讲授逻辑学和西方哲学为主。1949 年去台湾,任教于台湾师范大学、东海大学,讲授逻辑、中国哲学等课程。1960 年去香港,任教于香

---

① 《中国文化的层级性》,李维武编《徐复观文集(一)》,湖北教育出版社,2002 年。
② 《中国文化的层级性》,李维武编《徐复观文集(一)》,湖北教育出版社,2002 年。

港大学、香港中文大学新亚书院,主讲中国哲学、康德哲学等。1995 年 4 月病逝于台北。牟宗三毕生致力于弘扬民族文化,著作宏富,为中国文化的现代化与世界化作出了巨大贡献。其许多著作被译成英、韩、德等文字。主要著作有《逻辑典范》、《道德的理想主义》、《历史哲学》、《佛性与般若》、《才性与玄理》、《圆善论》等 28 部;另有《康德的道德哲学》、《康德纯粹理性之批判》、《康德判断力之批判》等 3 部译作。

牟宗三的哲学同唐君毅、徐复观相比,其才质之杰出、致思之深刻、思辨之细密、构架之完美以及在与西方哲学的融通上,都出乎其类而拔乎其萃,可以说是成就卓著,他代表了中国传统哲学在现代发展的新水平,其影响力遍及世界,牟宗三标志了一个时代。

就像宋明儒发明原儒迎接挑战、涵化佛学一样,牟宗三与同道一起在面对西学的巨大挑战的时代,以道统自居,勇敢担当,守护着民族精神。他发明孔孟、陆王内圣心学,接续乃师熊十力未竟之业,援康德哲学的知性分析与中国哲学的生命体验,互相砥砺、参照,建构了一圆融的"道德的形而上学"(牟氏区别了"道德底形而上学"与"道德的形而上学"的不同,前者是以道德为题材进行形而上学的研究而建立起的道德哲学,后者不是有关道德哲学的知识,而是以形而上学本身为主,由道德透人形而上学,通过道德实践达到形上本体的形而上学理论①),从而完成了对中国宋明内圣心学的现代诠释。"阐旧邦以辅新命",一定程度上消解了西学对中国思想的冲击。

牟宗三通过对儒教思想史的反思,从中找出了不同时期儒教的不同的效用,从而明确了儒教在当代的使命。他把儒学的发展分为三个时期:先秦为典型之铸造时期,它积极、丰富,具有综合性、建设性的特征,它的发用成就了汉帝国的建立;宋明理学具有消极、分解、空灵之特征,为"彰显绝对主体性时期",发用为移风易俗;第三期的儒学应该是像第一期那样,是积极的、建构的、综合的、充实饱满的,它必须担当起时代的重任,即实现科学与民主。

近代的中国所面临的最大挑战就是西方的民主与科学,不管激进的新文化运动派,还是保守的新儒家都认可接受这种新的价值观念。然而,激进者要求的

---

①　参阅牟宗三《心体与性体》,台北正中书局,1973 年,第 140 页。

是全盘西化,而新儒家则主张要从传统中化出。正是基于此,牟宗三承继前贤做出回应,对传统儒学资源进行了分析评估。结合实际,他把有关中国文化发展的途径的认识概括为"三统之说":"一、道统之肯定,此即肯定道德宗教之价值,护住孔孟所开辟之人生宇宙之本源。二、学统之开出,此即转出'知性主体'以融纳希腊传统,开出学术之独立性。三、政统之继续,此即由认识政体之发展而肯定民主政治为必然。"①他认为,中国文化在历史上是只有"道统",而没有"学统"与"政统"的。道统即儒家一系从孔孟到陆王、梁熊延绵不衰、发展极为成熟的内圣之学,它充分发展的是"德性之知",造就的是"德性主体"。正如牟宗三所说:"中国哲学特重'主体性'与'内在道德性'。中国思想的三大主流,即儒释道三教,都重主体性,然而只有儒家思想这主流中的主流,把主体性复加以特殊的规定,而成为'内在道德性',即成为道德的主体性。"②但是,我们的文化却没有充分发展的"见闻之知",因而,亦缺失了"知性主体"的建设。儒家所强调的仁智统一实际上是以仁统智,所以,中国没有像希腊那样生出以追求客观知识为目的的科学思想来,即没有生出独立自由的学统。而且,他亦认为,中国历史上只有"治道"而无"政道"。"治道"关涉施政的操作与策略,"政道"关涉政权的性质、归属及其转移问题。中国历史上的治道发展得亦相当完备,但却没有发展出像西方那样客观法制化的层次。

基于其"三统"之说,牟氏认为现代儒学应该担负起三大责任:

(一)担当儒学时代使命,承继传统,回应西学的挑战,重新肯定儒学的内圣心学的意义价值,吸收西学方法,重建道德的形而上学。

在"三统说"第一义承继传统上,牟宗三拣择了儒学的思想资源,否弃程颐、朱熹,以之为旁枝,而接续周敦颐、张载、程颢、胡五峰、陆九渊、王阳明等以内圣心学为宗的宋明儒学一支为主宗,以之为据,来融摄康德,"并藉康德之辨解以显自律道德之实义,并进而展示其所函之全部理境,即道德的形而上学之究极完成"③。

在中西有关道德思想的比照中,他找到了康德。他认为,康德在其实践理性

---

① 牟宗三《道德的理想主义·序》,台湾学生书局,1985 年。
② 牟宗三《中国哲学的特质》,台湾学生书局,1980 年。
③ 牟宗三《心体与性体》,台湾正中书局,1973 年。

学说中,通过思辨的方式令人信服地说明了道德法则的"崇高"与"严整"。例如康德认为道德法则不能来自经验,因为经验不是必然的,不具有普遍性;道德法则亦不能从道德的典范与楷模中导出,因为对道德典范的判断亦首先需要道德法则,因此,道德法则只能是来自普遍性的先验的"绝对命令"。这与先儒们肯认"仁""义"等为超越自然生命生死利害关系之上之超绝价值观念具有同等意义。

牟氏一方面用康德的概念范畴来解读宋明心学,另一方面,他又要用从宋明实践理性归纳出的含义来批评康德的道德思想。

其一,牟氏批评了康德对人类本性的超越方面缺乏认识。这表现在他只是从人的自然本性方面理解和规定人性。他写道:"康德所说的人性只是人类所具有的诸般自然机能,如感性、知性、理性等是,即他所说的'人性底特殊属性'、'人性底特殊构造'、'人类之特殊的自然特征'、'脾性、性好、性向'诸词所表示的人性。"①这些都是人性实然的具体的层面,而不是超越的层面。所谓超越的层面,就是"人人所固有的'性'",是人所以为人的内在本质即道德性,这一本质并非一抽象的概念性的"本体",它是"定然真实的"。康德没有认识到这一层,所以也没能认识到道德法则与道德实践皆是这一本体在实践活动中的自己呈现,因此,他的实践理性也只能是一个逻辑的空架子。

其二,牟宗三批评了康德的实践理性缺乏超越性。以康德观之,在理性的认识范围内,一切都在因果的链条上,都是被决定的,没有自由可言,但在道德的实践领域,必须设定个自由意志存在,不设定此存在,道德无从得到解释。牟宗三同意康德的这种"由讲道德所逼至的自律自由的意志",但是他认为康德没有认识到善良的自由意志即是人的道德实践的内在根据,人的本性,它既内在又超越,因此,康德的作为道德根据的自由意志只是个理论的公设,没能把它作为一真实性之呈现,使它永远停留在人类理性所不能及、知识所不能至的彼岸世界。所以,康德的实践理性只不过是一种道德哲学,他没有能够根据其分解建立的道德理性所先验供给的客观的道德法则再进一步展现出一个具体圆熟的道德的形而上学。

---

① 牟宗三《心体与性体》,台湾正中书局,1973 年。

其三,牟氏认为,康德的实践理性缺少创造性的能动作用。康德只把道德情感看作是经验的、后天的原则,没能解决他提出的"纯粹理性(按:这里即实践理性)如何是其自身就是实践的"问题。牟先生认为,解决这个问题的关键在于必须说明,自由意志所提供的道德法则是纯粹的、普遍的、不包括任何感性内容,它如何能够在不需要任何感性因素的影响和帮助的条件下即可发生,从而使人听命于它的绝对命令而发生道德行为,并且乐于依它而行,这也就是说,纯粹的、普遍的道德法则何以能具体地、真实地表现为人的道德行为。康德不能解决这一问题,把它放在了人类理性的认识之外而悬置了起来。牟氏认为,出了这样的问题是因为康德不懂得"践仁尽性",即自由意志不只是个理论的公设,而是一即存在即活动的实体,它自身就是实践的,它能自己决定自己。正是它的这种能动性,使康德讲的自由自律的意志,自始就是要在践仁尽性的真实实践的工夫中步步呈现。实践理性在实践的工夫中步步呈现的过程,也就是它的自我实现的过程。它的这种自我实践的根据就在于它亦主亦客,"即存在即活动"。康德不懂得"这是一个实践问题,不是一个知识问题"。①

牟宗三正是通过将宋明心学一系与康德的道德哲学的互相对接、互相驳难、诠释,赋予了传统以新的意义。在康德那里,自由意志只是理性所追求的理念之一,不具有本体、实体的意义。牟宗三立足于宋明儒学有关心体、性体、良知等的观念集中阐释和改造了康德的自由意志概念,把它本体化、实体化,使之成了一个普遍、绝对、贯通道德界与存在界、决定一切、能创造一切的本体、实体。由此,牟宗三完成了道德形而上学的重建。

(二)由"德性主体"转出"知性主体"与"政治主体",以涵摄科学与民主。

牟宗三重建道德形而上学只是立定了儒家道统,重建了民族自信,而发明传统,迎接西方的民主与科学的挑战,亦是新儒家的时代使命。接受民主与科学是时代的主题,按他的思路,就必须从儒家的内圣之学中开出民主、科学的"新外王"来。他要开出中国的新学统与政统,这也就不得不提及他所提出的著名的"良知坎陷说"。

牟宗三立足于对中国儒家哲学的自信,认为中国哲学以主体性与道德性为

---

① 牟宗三《心体与性体》,台湾正中书局,1973 年。

重的道德心性之学,开出了高度的人生智慧,而重在客体性与知解性的西方哲学,只有很好的逻辑思辨与工巧的架构,成就了客观的科学知识与政治的民主精神。前者为"综和的尽理之精神",为"理性之运用的表现",后者为"分解的尽理之精神",为"理性之架构的表现"。"中国文化生命虽是综合的尽理之精神,亦未尝不可在从其本源处,转折一下,开辟出分解的尽理之精神。"①"转折",其义即"良知坎陷"。牟宗三强调,从内圣之运用的表现中直接推不出科学和民主之"理性之架构的表现",而要通过"坎陷"才能达成。

所谓"坎陷",按牟氏的意思,大致有下降、失落、逆转、曲通,或自觉地自我否定之义。在牟宗三看来,儒家的德性主体价值高于知性主体之价值,综和的尽理之精神高于分解的尽理之精神,道德主体(良知)在肯定知识价值的前提下,能自觉地沉降自己,从原来的由仁心出发的智物不二、与物无对的识物方式,而转换成与物有对的识物方式,这样,德性主体就变换到了知性主体,而开出了知性,这就是"良知的自我坎陷"。知性主体的成就,就为科学、逻辑、数学等知识系统的开显奠定了基础。

至于民主政治主体的成就,牟氏认为亦必须依托于道德主体,因为"道德上之天下为公、人格平等之思想,必然当发展至民主制度之肯定"(唐君毅、牟宗三、徐复观、张君劢《中国文化与世界宣言》第九节,1958年元旦)。道德主体的自由自然会要求政治上民主的自由,政治上的民主亦必须依托于道德上的意志自由、人格的平等。

这样,牟宗三即从德性优位的立场上打通了传统内圣心性之学与西方科学与民主的通途,完成了儒学的现代转换。

(三)由内圣心学通向宗教。

实际上,来自西方文化的挑战,不只是源自希腊的科学精神与民主精神,还有源自希伯来的伟大的宗教传统。基督教在西方的文化精神中代表了超越的层面,而在文化的诸层面上,牟宗三最为看重的正是文化的超越层面的宗教,它体现了一个民族精神所达到的境界。他说:"依我们的看法,一个文化不能没有它的最基本的内在心灵。这是创造文化的动力,也是使文化有独特的所在。依我

① 牟宗三《历史哲学》,台湾学生书局,1988年。

们的看法,这动力即是宗教,不管它是什么形态。"①牟宗三亦正是立稳儒家的心性之学的立场,展开其与基督教精神的对话的。他认为儒家的心性之学虽然从道德的视角,关注世俗生活,但它决不像西方所成就的那样仅仅是哲学形而上学和宗教相分离的道德哲学,仅仅是体现知识系统的"道德底形而上学"或道德理论,它成就的是一个圆满的"道德的形而上学"。儒家立足心性获得了通贯天人的超越之境,正如牟氏所说:

> 这一个心性,是我固有之,非由外铄我也,故是先天而内在的。这个心性就是道德的心性,我们于此亦日道德理性。这是定然而如此的,无条件的。这个心性一透露,人之所以为人的道德主体性完全壁立千仞地树起来,上面通天,下面通人,此即为天人合一之道。内而透精神价值之源,外而通事为礼节之文。(牟宗三:《历史哲学》,台湾学生书局,1984年,第166页。)

所谓这个道德心性"上通于天",即是说这个道德心性是儒家所倡导的天或天道在人心的落实,人心通于天道。"下通于人"即说是天道并非像上帝一样与人隔绝,而是天道通过人心显出。正因为如此,人即可自有限中透出无限,人的精神饱满充盈,经实践而成为礼节之文,流贯于日常用行,它既超越又内在,既出世又世俗,形成了与基督教、佛教等不同的"极圆成"的"道德的宗教",即道德又宗教,亦道德亦宗教。由此,牟宗三以不变应万变地将儒家的道德心性学对接上了西方的宗教,一定程度上化解了来自基督精神的挑战。

牟氏的哲学,可能有许多的问题,以致受到了方方面面的批评,但我要说的是任何哲学都超越不了它的时代,它只能解决于它的时代所遭遇的问题。牟宗三的哲学不管有怎样的问题,它直面了中国文化于近代的悲惨遭遇,承命于中华民族的危难之时,就像宋明儒那样负载着文化慧命的生存焦虑,勇敢地担当起了存亡续绝的伟大责任,面对强大的西方文化的挑战,他返本开新,创造自己宏大的哲学体系,使中华民族的核心精神在新的时代得到了新的阐释,使中华民族的哲学精神得到了延续,无论如何,其功卓著,彪炳千秋。

---

① 牟宗三《中国哲学的特质》,台湾学生书局,1980年。

现在,由港台新儒家培养的一代新人,即所谓第三期儒学代表人物如刘述先、蔡仁厚、杜维明、傅伟勋、成中英、余英时等人,已经走出港台,走向了世界,在全球化的大趋势之下,世界经济一体化、政治单一多极化、文化多元化,随着亚洲各国国力的日益壮大,以及各种文明形态跳跃纠葛其间所构成的既相互交叉重叠又充满断裂与脱节的复杂情态下的出现,他们超越"五四"以来乃师所创造的以历史主义视角和批判话语所范型的带有独断色彩的儒学,而以一种更为开放、包容的胸襟,开阔的视野,浸润于当代西方哲学语境之中,本着文化平等的基本精神,展开与世界文化的对话,他们更注重现实与历史的结合,更具有历史感却不保守固执,因此更具有现代意识。

中华儒学在一代代的薪火相传,中国民族精神这棵大树亦长生长青,永盛不衰。

四、孔德成:最后的衍圣公

台湾的儒家文化,实际上包括三个组成部分:一是台湾官方的意识形态,即政治形态的儒学;二是在意识形态笼罩下的对儒家思想的学术研究,即学院儒学;三是一般民众的儒家生活方式,世俗儒学。

所谓官方的意识形态的儒家思想,指台湾地区领导人自认为台湾文化是几千年中国正统文化的真正血脉,是正统的儒家的代表。蒋介石像历朝统治者以及北洋军阀总统袁世凯、徐世昌等一样,非常尊孔,尊重儒家的传统。这包括两个方面:一是遵从儒家的思想行事;二是重视儒家的标志及象征,前面的体现了儒家的内涵方面,后面的体现了儒家的表征方面。

蒋介石自己一生虽然信奉孙中山的"三民主义",但对儒家思想的信念亦更笃实虔诚。蒋介石对孔子给予了很高的评价,1960年4月,在"孔孟学会"成立大会上,蒋介石称:"孔子乃是我们民族最伟大的一位思想革命家,他不仅是一位教育思想的革命家,亦是一位政治思想的革命家,他真是要从其专制政治与封建社会的思想中解脱出来,使得一般人民,都能在政治上得到平等,在教育上得到自由;而其删诗、书,定礼、乐,做春秋,正人伦之本,无一不是与近代的科学精神和方法契合无间的。所以历代尊称他为大成至圣先师。"(蒋介石:《先"总统"蒋公全集》第二卷,台湾文化大学出版社,1984年)他用儒家思想来诠释"三民主义"，认为三民主义是从仁义道德中生发出来的；三民主义，在伦理和政治方面讲：就是以"忠、孝、仁、爱、信、义、和、平"来做基础的。他尊孔子为圣人，儒学为圣学。不仅对儒家思想广为宣导，而且严格躬行践履，抱着"一捆一掌血，一棒一条痕，步步踏实，事事认真，有一句话讲一句，做一件事算一件"的严谨态度，从生活细节处做起。蒋介石极为推重明代大儒王阳明，常读其书，手不释卷；对清末大儒曾国藩亦推崇备至，案头常放《曾文正公全集》，有时为奖励激奋部下也常常送他们一套。20世纪30年代，蒋介石曾在江西推行以"礼义廉耻"为内容的新生活运动，目的是要用传统的儒家思想来收拾残破难回的人心。到了20世纪六、七十年代，他又发起了"中华文化复兴运动"，声言"以凭借我民族传统之人本精神和伦理观念，来唤醒这一代人的理性与良知"，以此作为"挽救世界文化危机之途径"。

历代的统治者奉儒家的思想为正统，相应的，作为创始人孔子的后人的圣裔——这个特殊的文化主体精神的象征，他们亦极为尊重，嫡传的长子圣裔，则成了中国传统文化精神的一个凝练的符号。当孔子被一代代的君王加封官爵的时候，他的圣裔也同进位阶。汉代定儒一尊，汉平帝时即加封孔子十六代孙孔均为褒成侯，子孙代代世袭。东汉、魏晋南北朝和隋唐代代封赠，先后封为崇圣侯、奉圣侯、恭圣侯、宗圣侯、绍圣侯、褒圣侯等爵号。至唐开元二十七年（739），唐玄宗李隆基封孔子三十五代孙孔璲之为文宣公，圣裔爵位由侯而升公。至宋至和二年（1055），宋仁宗赵祯觉得孔子的嫡孙袭用孔子的谥号不太合适①，当时孔子的封号是"至圣文宣王"，于是仁宗即封孔子四十六代孙孔宗愿为"衍圣公"，意思是期望孔子的嫡孙能够繁衍接续孔子的血脉和传承孔子的思想。从此以后，"衍圣公"就成了孔子嫡孙袭封时间最长的封号，历经宋金元明清而不改。由于孔子的荫庇和历代统治者的恩宠，一个家族保持了两千多年的爵号和官位，而且官至文武百官之首，这在世界上是绝无仅有的。（参阅孔祥林等《孔子九讲》，中华书局，2008年）

清朝的崩溃，结束了中国几千年的专制主义。近代西方民主、科学思想的大

---

① 当时仁宗赵祯认为："追谥孔子为文宣王而尊以王爵，封其嗣褒圣侯为文宣公，孔氏子孙去国号而袭谥号，礼之失也；"因而，改封孔子第四十六代孙孔宗愿为衍圣公．后来一度又改称"奉圣公"，但旋即于崇宁三年（1104年）又改为衍圣公。

冲击,所引发的中国社会的大变革,亦改变了孔氏家族这个"天下第一家"的历史命运。这其中的一个过渡性的人物就是中国最后的"衍圣公"——孔子的七十七代孙孔德成。我们说到台湾儒学,少不得说到这个中国正统思想的伟大符号。从这个最后的"衍圣公"身上,见证了中国自卑、屈辱、充满血泪的近代文化史,见证了中国儒学思想在近代以来的共产主义、自由主义、无政府主义、帝国主义、买办主义,以及封建专制主义等各种主义的激烈冲突中的痛苦转型,见证了这个家族在整个风雨飘摇的大时代中的式微与转机。

不仅如此,蒋介石在他的多个关掖点上对他的百般照顾与呵护,既体现了当时的国民党当局对儒家思想的尊重,孔德成像中国历史上著名的"传国玉玺"一样,成了得之者即得正统政权的象征。因此,孔德成从某种意义上说已不是一个具体的自然人,而成了国之重器,成了一个文化的符号,一个权力的符号,一个话语权力的符号,一个正统政权的意识形态的具体象征,有点颇似日本的天皇、英国的女王的意味儿。

孔德成(1920—2008),山东曲阜人,字玉如,号达生,后以号代字行,孔子第七十七代嫡孙。

至孔令贻,圣绪危机,孔令贻前娶三夫人皆无子嗣,圣脉悬之一线。后孔令贻看上了三夫人陶夫人的丫环王宝翠,在与其生下一女后,即正式纳为四夫人,1917 年又生下一女孔德懋。孔府嫡脉仍然没有子嗣,圣人血脉的传承遭遇了空前的危机。1919 年 11 月,孔令贻赴北京参加其岳父丧礼,不幸染上重病,他自觉难愈,这时四夫人王宝翠已怀有 5 个月身孕,于是立下遗嘱,若生男则继承"衍圣公"封号。

当时已是军阀混战的北洋政府统治时期,但北洋政府仍然尊孔儒为政统,对衍圣公的承嗣极为重视,他们要求曲阜孔府就王夫人是否怀孕一事做出全面的书面说明,大总统徐世昌在核实四夫人怀孕后亲自批准了孔令贻的遗嘱。与此同时,孔府亦就王夫人如果生女不能袭爵要另选旁支一事也进行了商议。

衍圣公本是封建专制时代的爵位,而在北洋政府统治时期,按说封建帝制已废,与之相应的一套旧的封建体制已自然解体,衍圣公一爵实已无意义。然而,民族精神的延续正面地说是一种传统,她应该被继承,但当新制度要接续传统却还没有在自己的体制中安排好她的位置的时候,旧的称谓仍然是最好的方式,所以，"衍圣公"之名在军阀混战时期就被延续了下来。

孔令贻病故，四夫人的遗腹子是男是女，成了举国关注的大事，这件事情似乎已不是孔府一家的事情，而成了民族的大事，举国的大事。四夫人临产时，北洋政府为了防止偷婴换婴等一切意外的事情发生，派军队包围了产房，派一位将军坐镇监守。省里也派来了官员，孔府内则集中了很多孔族老太太监产。

孔德成出生后，"衍圣公"确定后继有人，当时山东曲阜全城都鸣放鞭炮庆祝，孔氏族长立即函电北洋政府大总统、总理、内务总长及山东省长，北洋政府也鸣放礼炮十三响。不足百日，大总统徐世昌颁令袭封"衍圣公"，孔德成承袭世爵，自此孔氏族人，勿论长幼辈分，得以"公爷"称之，并得大礼参拜。北洋政府徐世昌大总统圆满完成了保护圣脉传承的盛事。

时代已进入民国，西学东渐，五四标举的科学、民主精神高扬，反传统成为一股激进的潮流，打倒"孔家店"成了时代的口号和标志，本来打着民主旗号反对帝王专制的却反到了专制帝王的工具——儒家的头上，帝王没有反掉，却把儒家打个稀巴烂。孔氏家族受到了严重的冲击。当时各地批孔、反孔运动十分高涨。作为孔子的嫡长裔孙、孔子在现实世界里的代表，衍圣公理所当然地受到了"株连"，"打倒衍圣公府"、"查办衍圣公"、"没收孔氏祀田"等呼声也越来越高。国民党内一些高层人士，如蔡元培等，也开始"关注"孔府。1928 年蔡元培等即倡议整理曲阜林庙，取消衍圣公封号，没收孔府祀田之事等主张，但由于孔祥熙等人的阻挠而被搁浅。然而，孔氏家族觉得时代已经变化，再称衍圣公已不合时宜，甚至会成为家族的祸根，于是，在 1928 年 8 月，在族人的主持下，孔德成呈请中央政府，取消"衍圣公"的封爵。时孔德成才十五岁，还是一个稚童。（参阅孔德懋《孔子家族全书》卷六《民国以后》，辽海出版社，2000 年。）

不管时代对孔府来说是多么的险恶，但是政府却一直对孔府关怀备至。

蒋介石一生尊儒，奉儒，行儒，护儒，对这个文化正统的象征性人物——孔德成亦极为眷顾，在几次关捩点上对孔德成的救助、重用都表现了他呵护孔族的儒家情怀。

第一，将孔德成由衍圣公改任共和政府官员。

就在孔德成主动辞去衍圣公爵位后，1930 年秋，蔡元培在南京再次提议"追回衍圣公印玺"一事。虽然仍未被南京政府采纳，却预示着"衍圣公"这一"封建遗典"没有被人们忘记,人们还在继续反对其存在。在"民主"、"共和"已深入人心的情况下,即使是蒋介石也不能不顾及民心向背的问题。于是在不得已的形势下,于1935年1月18日,蒋介石以南京国民政府的名义做出决议,把"衍圣公"的爵位改为"大成至圣先师奉祀官"一职,并给予特任官的待遇。奉祀官主要任务为出席祭孔典礼,其作用与功能与衍圣公基本相同。同时,又授予颜子嫡系裔孙为复圣奉祀官,曾子嫡系裔孙为宗圣奉祀官,孟子嫡系裔孙为亚圣奉祀官,均以简任官待遇。该年6月,孔德成与"复圣奉祀官"颜世镛、"宗圣奉祀官"曾繁山、"亚圣奉祀官"孟庆棠一起,由济南转赴南京就职,并于7月份,在陈立夫的主持下,在由戴季陶做监督、由蒋介石亲自观礼的隆重仪式中,孔德成"宣誓就职",成了国民政府最年轻的特任官。

第二,准备做孔德成的证婚人。

蒋介石亦非常关心孔德成的婚姻。1936年12月16日,孔德成与前清状元孙家鼐的孙女孙琪芳完婚,蒋介石准备参加他们的婚礼,并做证婚人,但西安事变爆发,蒋介石被囚,没有遂愿。在那个风云变幻、军阀混战的时代,蒋介石仍不忘参加孔德成的婚礼,可见他对孔儒成真诚的关怀。

第三,与日本人争夺孔德成。

韩、日等东亚各国,皆披孔子圣衣,属儒家文化圈,尊孔亦是东亚诸国的传统。

在抗战前夕,日本孔庙落成,日本政府曾多次去曲阜拜请孔德成去日本观礼,均遭孔德成拒绝。

1937年抗战全面爆发,日本入侵鲁南,蒋介石为防止孔德成落入敌手,于12月底,派驻守兖州的国民党第二十师师长孙桐萱,连夜带孔德成及家人赴武汉。

据孔德成的近族——当时留守孔庙的孔令煜之子孔德墉回忆,次日凌晨4点,签完协议的孔德成离开了孔家大院,凌晨6点,日本人入驻大院。一步之差,情势危急。据孔德墉先生说:"现在看来,蒋介石办了一件好事,若孔德成落入日本人之手,后果不堪设想。起码会把他绑架至日本,供奉成有名无实的'伪圣人'。"

孔德成至武汉,即发表抗日宣言,武汉陷落后,即转重庆。蒋介石在歌乐山特别为其修建了奉祀官府,并且让他参加国民党参政会。

从中国的历史来看,历来的异族入主中原,都离不开对儒家的尊崇,他们的尊孔,一方面反映了他们的传统,他们把孔府奉若神明,另一方面,孔府就是中国精神权力与儒家文化的象征,对孔子的推尊,是征服中国民族精神的重要策略,他们可以打着对孔子的认同占领中国人的精神高地。侵华的日本人,熟悉中国的历史与文化精神,对孔子嫡裔的争夺实是全面侵华或者说精神侵略的关键一着,这比西方人在中国大建教堂强占民族精神的高地能发挥出更大的效力。因此,从这层意义来讲,他们可抢跑一个清朝的废帝溥仪,成立伪满,这都没关系,但孔子的嫡裔绝不能失去,所以,孔德成的被救,正是中国文化以及民族精神命不该绝。

第四,国民党争夺中国道统。

1948年孔德成曾赴美进行文化考察。1949年,蒋介石兵败大陆。离开大陆时,蒋介石特意带走了三个重要人物,其中之一就有孔德成。孔德成再一次在蒋介石的眼中成了中国民族精神的象征,在政治斗争的惊涛骇浪中上下起浮,身如漂萍。

孔德成随国民党政府迁往台湾,与当局一起大力复兴儒教,复建台北家庙,倡导儒学。后来"考试院"院长出缺,蒋经国当权后,本来属意由别人接任,但宋美龄亲自打电话给蒋经国,要他让孔德成接任,以示"中华民国"更重视孔孟道统。于是这个位子就落到了孔德成的身上,孔德成连任了九年,后又任"总统府资政"等公职。

于今,孔氏家族在台湾社会中仍然发挥着政治晴雨表的功能。

孔德成的长孙孔垂长已做了"见习奉祀官"。2006年元旦,孔子第八十代嫡孙孔佑仁诞生,依照历史惯例,孔德成已向台湾"内政部"报备,圣脉有续。然而以陈水扁为首的民进党欲搞"台独",精神上不仅要"去中国化",还要去孙中山、去蒋介石,从而使得这一文化家族的命运又处于风雨飘摇之中。2008年5月,马英九在选举中的获胜,又使这个家族恢复了往日的重光。2008年10月15日,台湾地区领导人马英九以天子八佾舞之大礼,从旧时天子才走的中门穿行,高规格台北祭孔,使他成为第一个参加台北市祭孔的台湾地区的最高领导人。

台湾地区对中国道统的尊重,亦感染了大陆民众,受到世人的热评。近些年来,日本、韩国、东南亚诸国,以及美国、加拿大等孔庙的建设、祭孔大典的举行、孔子文化学院的纷纷创建,似乎在全世界掀起了一股中国传统文化复兴的热潮,这标志着一个民族的精神的挺立。孔氏家族兴衰荣辱,在台湾彰显着中华民族大势的起伏。向别国输出物质财富再多,只能代表经济的发达,而只有向外输出观念,输出精神,才是真正的民族复兴。

作为一个政治符号、一个文化标志、一个精神象征的孔德成和他的家族,在近百年以来风云激荡的中国社会起伏盛衰,但现实中的孔德成却只是一个学者。

孔德成弱冠即立志不涉政治,一生以治学为业,他虽身为"考试院"院长,但却是唯一真正远离政治、不参与政党活动的考试院院长。他一生虽为政府官员,但他并不以官员显扬,更多的时候还是以学问显名。他是台湾著名的学者,获得多种学历及荣誉学历,如台湾政治大学政治学硕士、美国耶鲁大学荣誉研究员、韩国岭南大学荣誉博士、韩国成均馆大学名誉哲学博士、日本丽泽大学名誉文学博士、台湾大学荣誉文学博士。1955 年始,任台湾大学中文系教授,兼任人类学系教授,开设专业有"三礼研究"、"金文研究"、"殷周青铜彝器研究"等课程。深通于金石书法,从二工人手,后转颜体及《j匕魏张猛龙碑》,书法以金文、楷书见长,笔力劲狠,古朴端庄,厚重雍容,深得唐人之雅正,他熟识魏碑之质实,参以金石趣味,使书体即庄而谐,平而不板,表现了一个儒者中正平和的风度。

孔德成一生以奉儒守儒践儒为业,可谓严尊家学,勤勉笃实,这些都主要体现于他教学上以实践复原的方法研究礼仪,他的研究方法成为科际整合的典范。他的主要学术著作及报告有《礼记释义》(1951 年)、《金文选读》(台北,艺文印书馆,1968 年)、《礼记叙论》(1953 年)、《金文讲义》(1955 年),发表学术论文近三十篇,著名的文章有《论儒家之"礼"》(《民主评论》,1956 年 7 月 7 卷 13 期)、《如何读经》(1956 年 10 月,《中国一周》336 期)、《仪礼十七篇之渊源及传授》(1967 年 1 月,《东海学报》8 卷 1 期)、《中华文化的根本与生活规范的实践》(1969 年 1 月,《中华文化复兴月刊》2 卷 11 期)、《梁其钟铭释文》(1970 年 9 月《人文学报》1 期)、《礼记概说》(1970 年 11 月,《中华文化复兴月刊》3 卷 11 期)等。

在其日常生活及其为人上,据台湾"考试院"委员蔡良文回忆,孔德成端庄肃静,谦冲乐和,不乏幽默情趣,精饮食,善饮酒,有酒席不论辈分,人酒快,至八成后深不见底,众宾皆醉唯他独醒,颇像孔子"惟酒无量","食不厌精",甚有先祖之风。他也能谨守诫训几年滴酒不沾,酒瘾发时,举杯而不饮。他虽然脾气好,做事却绝不乡愿,当好好先生。当他在考试院工作期间,有前任"考试院"委员传出风花雪月的录像带事件,孔德成拿到后,将其交给李登辉,也迫使其离职;甚至有"部长"因为"内阁"改组要下台,孔德成直接将其带至办公室写辞呈,也显出其为人的方正与做事的原则性,在该认真的问题上绝不含糊。

孔德成教书大半生,桃李满天下。据门生们回忆,他不愧为孔子嫡裔,好学有礼,只讲学问,不问政治,"望之俨然、即之也温",上课对学生要求甚严,课下对学生非常温和,很是家常。他学识渊博,精于古礼,却也通于西学,甚为求新而至博通。

孔德成一生浮沉于激荡的政治风云之中,却能等闲处之,旷散怀抱,正所谓风不止而树欲静,"心远地自偏"了。正像他自书其联所言:"山中岁月时来往,世外风云任卷舒。"其中涵蕴着他一生的人生感受:激荡的政治风云,平静的生活态度。如此的动中求静,非常人的定力所能,亦见孔德成先生的至诚修为。这与当年孔子在动荡的春秋时期积极救世、明知不可为而为的性情真是一脉相继,可谓圣格不绝。他的自书联句:"风云一杯酒,江山万里心。"更是旷远超迈,不同凡俗。

孔德成不只是一个博学多能的学者,他有其一以贯之之道,正像当年的孔子,当学生子贡说他只是博学多识的时候,他却说:"非也,吾道一以贯之。"(《论语·卫灵公》)晚年的孔德成越来越向往儒家的那个大同的理想,在这个大同世界里,君义臣忠,父慈子孝,兄弟有义,夫妇有情,天下皆宜,他书"同宜"以明志。

孔德成试图为现在的世界开辟出一条构建"同宜世界"的道路:

居家当思清内外,别尊卑,重俭勤,择朋友,有宜于己。

处事尤宜慎言语,守礼法,远小人,亲君子,无愧于心。

这是他的一条发挥传统儒家精神的永恒理想之路。

孔德成没有完成他的理想,但他为了理想以他的行为践履了一生,2008 年 10 月 28 日,中国最后的一位衍圣公孔德成先生在台北去世。

主要参考资料:

1. 雷海宗:《中国文化与中国的兵》,商务印书馆,2001 年。

2. 杨时：《杨龟山先生全集》，台北·学生书局，1974 年。

3. 杨时：《龟山集》，台湾·商务印书馆，1983 年。

4. 李维武编：《徐复观文集》（一、二），湖北人民出版社，2002 年。

5. 徐复观：《中国人性论史（先秦篇）》，上海·三联书店，2000 年。

6. 徐复观：《中国思想史论集》，上海·书店出版社，2004 年。

7. 牟宗三：《心体与性体》，台北·正中书局，1973 年。

8. 牟宗三：《道德的理想主义·序》，台湾·学生书局，1985 年。

9. 牟宗三：《中国哲学的特质》，台湾·学生书局，1980 年。

10. 牟宗三：《历史哲学》，台湾·学生书局，1988 年。

11. 孔祥林等：《孔子九讲》，中华书局，2008 年。

12. 孔德懋：《孔子家族全书》卷六《民国以后》，辽海出版社，2000 年。

13. 崔大华：《儒学引论》，人民出版社，2001 年。

14. 景海峰：《新儒学与二十世纪中国思想》，中州古籍出版社，2005 年。

15. 郑家栋：《新儒学概论》，广西人民出版社，1990 年。

16. 郑家栋：《断裂中的传统》，中国社会科学出版社，2001 年。

第四章　河洛易学与台湾易学

第一节　河洛易学

《易》出于河洛,发展于河洛。《易》源于八卦。八卦是中华大地上出现的第一部无字"天书",亦是中华文明史上的第一部著作,以它为中心而发展起来的易学,早已被汉代儒家定为"五经之首"、"群经之冠",切切实实是中华文明的历史源头,亦是中华文化的根与主干。它凝聚着中华文化精神的神髓。如果说,不了解《圣经》即不了解西方文化精神或希伯来文化精神,那么,不了解《易》,就不能通透掌握中国文化精神。

八卦源起于上古中国第一圣王伏羲,这是公认的历史事件,好多人因为它是传说而对之表示怀疑,甚至不屑一顾。其实,中国古代的许多传说,都是中华民族的历史,它不同于西方的神话,神话是无中生有、毫无事实的凭空虚构,而中国远古传说则是上古没有文字时代的口耳相传的历史。伏羲创八卦,历史传说是那样的众口一词,从来没有别样的说法,我们有什么理由怀疑一个从来没有异议的传说呢?

沈不休《上古食器考》载:"上古伏羲,都于陈,王天下,为三皇首。正姓氏,制嫁娶,人始而有姓,方晓人伦。教稼穑渔猎之术,民始得丰。乃制釜甑,取汾河水,萃五谷精,酿而为饮,蒸而为食。"陈,即东周时陈国,今即河南省淮阳县。

《河图》、《洛书》是上古易学文化的核心内容,汉代学者即认为它们与《易》本为一体。孔安国《古文尚书传》中载:"《河图》者,伏羲之王天下也,龙马出河,遂则其文,以画八卦;《洛书》者,禹治水时,神龟负文而列于背,有数至九,禹遂因而第之,以成九类。"班固的《汉书·五行志》中亦载:"刘歆以为,伏羲氏继天而王,受《河图》则而画之,八卦是也;禹治洪水,赐《洛书》法而陈之,洪范是也。"伏羲画卦可能受各种启发,《河图》是其启示物之一。"禹遂因而第之",即说模范天下的大纲——洪范九畴,是八卦的重新排列。《河图》出于黄河,《洛书》出于洛水。史书上没有记载它们出于别的什么地方。因此,以《河图》、《洛书》为文化核心的中华上古文明即诞生于河洛地区。它发挥了理天道、正人伦、厚民生的重大作用。

据《周礼·春官·宗伯·大卜》载:

（大卜）掌三《易》之法:一曰《连山》,二曰《归藏》,三曰《周易》。其经卦皆八,其别皆六十有四。

其《筮人》又云:

筮人掌三《易》,以辨九筮之名:一曰《连山》,二曰《归藏》,三曰《周易》。

即是说,上古时期有《连山》、《归藏》与《周易》"三易"。郑玄《易赞》及《易论》云:"夏曰《连山》,殷曰《归藏》,周曰《周易》。"《山海经》中有:"伏羲得《河图》,夏人因之,曰《连山》,黄帝得《河图》,商人因之,曰《归藏》,列山氏得《河图》,周人因之,曰《周易》。"（这里列山氏,即神农氏,列山即连山,"连"、"列"一声之转）传说虽久,各种事件虽已窜乱难辨,但有些基本的东西还是不变的,如《易》的创立者以及它们的产生地域是以河洛地区为中心的古代中原区域,等等,这些东西在传说中都是基本一致的。伏羲活动于河南陈地,黄帝故里在今天的河南新郑市,《周易》为商末周初周文王始创于中国古代第一监狱——羑里,即今之安阳汤阴。

班固在《汉书·艺文志》中提出《周易》"人更三圣,世历三古"之说,认为伏羲氏画八卦,周文王演为六十四卦,作卦辞和爻辞,孔子作传以解经。可见,易学在上古时期,一直在河洛地区演化。中华上古易学与律历有着不解的关系,它应该就是上古的历书,所以,它以占天道为核心,所说的吉凶应该是来自自然的吉凶。而自从文王演《易》,周人的人文精神的充分发达,中国社会机体自身矛盾的突出,就由上古的天道吉凶之占,转向了人事吉凶的占问。

在汉代,随着洛阳经学的发达,其易学研究也得到了充分的发展,河洛地区亦成为易学研究的中心。汉初,洛阳人周王孙与梁国人丁宽向杜陵(今陕西长安县)人田何学《易》。周王孙著有《周氏传》,其学属于周易古义;丁宽后至洛阳又从周王孙学易,作《易说》三万言。这些著作今皆不传。丁宽又传同郡田王孙,田王孙又传施雠、孟喜、梁丘贺。于是亦有了施、孟、梁三家易学。东郡(今河南濮阳)人京房,亦是汉代易学大家,他从学于梁国(今河南兰考县)人焦延寿,成就京房易学。京房传洛阳人乘弘。西汉时,京房易与《大戴礼记》、《小戴礼记》都立于学馆,设置博士教授弟子。①

东汉时期,随着洛阳的定都,经学更得到极大的发展,易学的研究较西汉更盛。有陈留(今河南兰考东北)人刘昆从沛人戴宾学得的《施氏易》,传业授徒,影响一时。又有南阳消阳(今河南南阳市)人洼丹家传之《孟氏易》,著有《易通论》七篇,学义精深,易家宗之,称为大儒。颍川鄢陵(今河南鄢陵县)人张兴,以《梁丘易》行世,升博士,弟子万人,为梁丘家宗。东汉易学亦以河洛易学为主流。

魏晋时期的易学,应以玄学为宗,《易》为三玄之冠(三玄为老、庄、易),何晏、王弼、韩康伯、干宝、袁悦之等易学大家皆活跃于河洛地区。特别是王弼舍象数而取义理,一扫两汉易学象数之学,化之简易,开一代新风,影响深远。至宋道学伊始,易学即为道学中心,得到极大的阐发。宋易始于陈抟,陈抟,五代末宋初亳州真源(今河南鹿邑)人,字图南,号扶摇子,道士,称"希夷先生",精易学,其学不费文字解说,以一"先天图寓其阴阳消长变化之数",开宋代及宋代以后之易学图书之学,著有《易龙图》、《九室指玄篇》等,但于今都散佚不存。此后,又有洛阳人种放、二程、邵雍等易学大家,前赴后继,开创了有宋一代独具特色的理学易学与象数易学,成为洛学的重要内容,为中国后来易学的发展定下基本的格调,直到清代。

---

① 程有为《汉代河洛地区的经学》,见载陈父初《根在河洛》上册,大象出版社,2004 年。

近代以来的易学,受西学的浸染,戴上了辩证法的帽子,也获得了极大的阐释空间,具有新学的特色。自 20 世纪 50 年代起,大陆易学研究与台湾地区易学研究即分道扬镳,从而形成了各自的研究路向与风格。

第二节　台湾易学

易学的研究,大概从孔子之后,即变为两途,一者流入民间,为术数之《易》;一者沿学统而下,发展出哲学易学。民间术数易学,流入街头巷尾,而成为观风望气、推运算命的工具;哲学易学被广泛运用于中国古代的各个学科,而成了"群经之首"。在中国大地上,凡是有读书人的地方,就有《易》的存在,易通于天,所以《易》是中国民族处理与超验界关系的通道。至于台湾地区,在清代及以前,也基本同大陆易学一样,处于此一状态。自 20 世纪 50 年代起,台湾易学的发展出现了新的生机,使台湾朴素的易学思想得到了更新,易学的学术一支得到了有史以来的极大发展,由此亦带动了民间易学的极大繁荣。

一、台湾的民间易学

目前,台湾民间的各类易学学术团体五花八门,据中国香港一家最大的得到政府认可的易学组织"中国风水学院"(亦称"中国易学堪舆学院")的粗略统计,台湾各类易学组织大致有以下几种:

一类是易学研究机构,有 30 多个,如"中华易学研究会"、台湾河洛理数易经学会、"中华明易协会"、国际易经学会台湾总会、台湾易经五术协会、台湾世界易经协会、台湾易经学会、"中华民族易经姓名学教育学会"、"中华民族易经研究学会"、"中华易理学会"、"中华乾坤国宝易理学会"、"台湾中华周易学会"、台湾易经之道推广协会、台湾易经哲学研究发展协会、台湾桃园县"中华易经文化协会"、"中华易经风水命理研究社"、"中华禾易论命协会"、台湾星易研究会等。

一类是堪舆风水研究机构,有 50 多个,如"中华易经风水命运协会"、"中华现代易经风水协会"、"中华地理风水考证学会"、"中华地理师协会"、台湾堪舆推展协会、台湾堪舆学会、台湾风水协会、"中华风水命理星相协会"、"中华易经阳宅设计师协会"、台湾地理风水研究协会、台湾乾坤国宝堪舆设计学会、"中华星相命理卜卦堪舆协会"、"中华星相易理堪舆师协进会"、"中华科学易理堪舆发展协会"、台湾新竹市"中华风水命相学会"、台湾阳宅推广协会、台北堪舆顾问师联谊会、台湾省地理师协会、台中县阳宅教育协会、台湾伏羲氏堪舆研究协会、台湾天文地理风水学会、"中华天机地理协会"、台湾五术风水命理学会、"中华易经研究院阳宅地理命理联合服务中心"、台湾天机派风水命相研究中心等。

一类是五术玄学八字命理命相研究机构,有 40 多个,大致有"中华五术预测学会"、台湾五术教育协会、"中华五术服务推展协会"、台湾"中华紫微斗数命理协会"、台湾"中华道教玄学研究协会"、台湾八字命理协会、"中华中道命理研究学会"、台湾占验协会、"中华占验紫微学会"、台湾择日师协会、"中华堪舆择日师协会"、"中华国际万年相辨正协会"、"中华人相学会"、台湾命相卜卦顾问协会、台湾命相协会、台湾命相堪舆协会、台湾命理研习协会、"中华命理师学会"、"中华星相命理师协会"、"中华星相学会"、高雄星相卜卦堪舆公会、高雄市星相卜卦堪舆业职业工会、台湾东方命理哲学教育研究会、台北市星相卜卦堪舆业职业工会等。

一类是奇门生命科学综合研究机构,有 30 多个,如"中华健康事业命运研究发展协会"、台湾性命双修协会、台湾"华夏文经交流协会"、"中华世界道家学会"、"中华生命教育推动协会"、"中华老庄学会"、"中华奇门学会"、"中华生命文化学会"、"中华生命科学发展协会"、"中华阴阳学发展学会"、"中华神龙太极学会"等:(该资料来自"中国风水学院"的官方网站,是该学院为大陆的易学研究者提供的与台湾易学团体联系的基本目录,这个目录亦并非台湾所有易学研究机构的全部。)

由此,我们可以见出,台湾民间易学研究机构种类之齐全,组织之繁多,研究状况之繁荣。由于大陆在新中国成立后的严厉打击,被视为迷信的易学,基本上被唯物化、科学化,而随着近些年来文化的开放,大陆传统的易学术数之学也自上世纪 80 年代以来有了迅速的复苏,但总体水平与人们对之的态度,还赶不上台湾地区。其研究特点亦是用传统的基本观念,加上现代科技手段与现代思想、结合西方的一些命理、占卜等同类思想发展起来的具有现代气息的现代堪舆学、命理学。

二、台湾易学的学院研究

尽管台湾民间易学的研究非常繁盛,但应该说,台湾易学的研究主流,还在其学院研究,这里才是发明与传播易学新思想的大本营。

台湾的学院易学研究,受意识形态的影响较小,因此,基本上是按照自己的路向发展的,亦取得了极大的成就。台湾师范大学有专门的经学研究中心,是易学研究的重镇。易学研究博士点的开设,说明了易学学院研究的成熟与该学科的意义重大。

据杨庆中先生的研究,台湾易学的研究可以分为三个阶段:

第一个阶段为20世纪五六十年代,为起步酝酿期,从大陆去的一批学者如方东美、屈万里、徐复观、高明、牟宗三等人成了台湾学院易学研究的开拓者。学术研究主要是承继原来的基础,重印在大陆已经出版的著作或继续尚未完成的研究,是适应当时现实的过渡阶段。他们著书教学,为培养新一代人才打下了良好的基础。

第二个阶段是20世纪七八十年代,是台湾易学研究特色的形成时期。这一时期,第一批学者的学术研究成熟起来,他们学生的学术亦开始崛起,亦渐渐成为易学研究的中坚。易学研究队伍也逐渐扩大。由于较少意识形态的束缚,思想较为宽松,因此,多层次、多角度、多元化的研究格局形成,出现了大批的高水平的研究成果,可以说盛况空前。

第三阶段是20世纪90年代以来,这一时期,由第二代学者所培养的易学新人出现,但由于第二代还处于中心地位,所形成的学术传统还处于主流而难于打破,因此,第三代的学者还未形成自己的学术特色。杨先生大体上准确地描述了自国民党至台以来的易学发展状况。[①] 从总体上看,台湾易学具有较为浓重的传统气息。

从易学研究的分类上来看,杨庆中先生把台湾的易学研究分成四类:

一是《周易》经传的研究。这类著作学风严谨,成果丰厚。老一代的学者及著作有,屈万里撰《先秦汉魏易例述评》、《周易爻辞中之习俗》、《周易卦爻辞成

---

① 杨庆中《二十世纪中国易学史》,人民出版社,2000年。

于周武王时考》、《周易集释初稿》等。高明著《易象探源》、《读易随笔》、《周易研究》等。南怀瑾撰《易经演讲论集》、《周易今注今译》等。其他还有程兆熊的《易经讲义》、吴康的《周易大纲》、李汉三的《周易卦爻辞释义》、戴琏璋的《易传之形成及其思想》、于纫兰的《周易卦爻象象辞义诠论》、朱维焕的《周易经传象义阐释》、黄庆萱的《周易读本》、傅隶朴的《周易理解》、林汉仕的《易传评估》、黄沛荣的《周易象象传义理探微》、林政华的《易经成语研究》等。这些研究重实证,重考据,对易经传的解读追求客观、公正。

二是易学史的研究。这一类著作起步较早。较为著名的有戴君仁写于上世纪 60 年代初期的《谈易》,内容涉及道家、汉代易学、王弼易学、宋代图书之学、伊川易学等,是一部系统梳理中国易学史的著作。高怀民先生的《先秦易学史》、《两汉易学史》、《宋元明易学史》则更全面地描述了中国易学史的发展过程。此外断代史的研究与人物专史的研究也成果丰厚。如胡自逢的《先秦诸子易学通考》、黄庆萱的《魏晋南北朝易学书考佚》、徐芹庭的《两汉十六家易说阐微》、《魏晋七家易学之研究》、简博贤的《魏晋四家易研究》等。易学人物专题研究的著作有程石泉的《雕菰楼易义》、林丽真的《王弼老易论语三注分析》、胡自逢的《周易郑氏学》、何泽恒的《焦循研究》、曾春海的《朱子易学探微》、《王船山易学探微》,龚鹏程的《孔颖达的周易正义研究》、周林静的《邵雍易学之研究》、陈正荣的《张载易学之研究》、赖贵三的《项安世周易玩辞研究》、《焦循雕菰楼易学研究》等。这些成果反映了台湾学者专题易学研究的学术水平。

三是易学思想的研究。不同的学术背景与学术趣味,使不同的学者走着不同的学术路向。台湾相当一部分的学者侧重于易学思想的探讨,如方东美、牟宗三、刘百闵、杜而末、唐华、陈瑞龙等。方东美没有专门的易学著作,但在其哲学著作中包含着丰富的易学思想。牟宗三著有《周易的自然哲学与道德涵义》,刘百闵著有《易事理学序论》、《周易事理通义》,杜而未著有《易经原义的发明》与《易经阴阳宗教》等。此外,高怀民的《大易哲学论》、李焕明的《易经的生命哲学》、陈瑞龙的《周易与适应原理》、唐华的《中国易经进化哲学原理》等,也都是从哲学方面研究《周易》的专著。值得一提的是,台湾士林派哲学家罗光主教,也非常重视对《周易》的研究,他试图以易为桥梁,进行天主教的本土化的诠释工作。这也是《周易》思想与其他宗教思想的沟通与融汇。

　　四是科学易的研究。《周易》本有象数部分,与现代科学亦有着天然的联系,而且科学是今人无法回避的一个思想体系,因此,易学与科学的联姻,亦是现代易学研究的一大特色,大陆不乏研究者,台湾亦有许多的学者从事着这项研究,取得了不菲的成绩。

　　从研究特色上看,杨庆中先生认为,台湾的易学研究,与大陆有着相当的不同:

　　第一,台湾由于没有经历过对儒学和唯心主义的哲学的猛烈批判,在中国哲学的继承和发扬方面阻力较小,所以传统色彩较浓,既有类似于清代汉学的辑轶、考注,又有类似于宋代义理之学的哲学研究。

　　第二,传统的象数与义理之争,则偶尔以科学易与义理易的面目重现于学术论坛;而媚世的心态和利益的驱使,也使占卜迷信堂而皇之地在易学领域占据一席之地。

　　第三,易学文献的辑轶与考证,以恢复易学的本来面目、诠释易学的本来内涵为职志,带有极强的我注六经的倾向,与大陆学者强调的“坚持严格的历史性”,颇有相通之处。但其易学哲学的研究,是以表达自我的主观体验,附会自我的哲学认识为目的,表现出极强的“六经注我”色彩,与大陆学者以唯物史观为指导的易学哲学研究颇有区别。

　　但是,随着两岸的交流与融通,易学的研究也在交会融合,双方互相取长补短,出现了逐渐走向融合的趋势。(杨庆中《二十世纪中国易学史》,人民出版社,2000年。)

三、台湾易学研究的重要学者

　　台湾易学的研究虽然没有大陆人数众多,可取得的成就亦不在大陆学者之下,几十年的繁荣发展,出现了许多著名的学者。作为对台湾易学的介绍,因为题目太大,内容太多,不可能尽道其详,所做者,只能蜻蜓点水,择要而从,粗略涵括。

（一）程石泉以史论《易》之学

　　程石泉(1909—2005),安徽歙县人,1929年考取南京中央大学数学系,因遇方东美先生,改读哲学。师生年龄仅差九岁,唱和相与,遂成莫逆。后于南京发起"易学研究会",邀集李证刚、高硐庄、钱叔陵诸先生在家中集会,发表论文,结集成当时最早讨论易学的书。抗日战争期间,先后任教于浙大贵州湄潭分部与中央大学,继续易学研究。战后赴美,任教于匹兹堡大学和宾州州立大学。自1974年起,程石泉先生应方东美先生之召返台任教,历任台湾大学客座教授、台湾师范大学客座教授以及东海大学荣誉讲座教授。他有中、西哲学著作多种,而于《易》则有"程氏《易》学三书",即《易辞新诠》、《易学新论》与《易学新探》,涵盖易辞、易象、易数、易图、易史与易理,阐发易学形而上之原理及其与西方哲学科学思想的关联,对易学研究做出了突出贡献。

程石泉先生有着学贯中西的知识背景,有着系统的哲学训练,思维缜密,视野开阔,于易学思想、经传文体考证等方面,都能做到不苟于时,不迷于古,具有独立审慎的思考精神,对于易学问题分析精辟,见解独到。

在易与孔子的关系上,他考订了《系辞传》、《文言传》等资料,认为其中的"子曰"之处是征引孔子的话,未称孔子之处,其思想往往与孔子相背,未必是孔子之语。继而认为,"十翼"不尽是孔子所作,但孔子确实老而喜易,确有"韦编三绝"之事。

在对卦爻辞的诠释上,他的研究别具一格。他沿着孔子的思路行进。孔子不用训诂、考据、象数的方法,而发挥"古之遗言",表达自己的思想。程先生亦用孔子之法,象数、图书一概不取。他结合历史对卦爻辞的产生与涵义作出了新的理解。他认为,卦爻辞虽然不能确定谁人所作,但肯定与文王因于羑里有关。卦爻辞可以用商朝亡国、文王被囚、周朝嗣兴这一段历史去解释,如他说:

> 窃疑文王增减卦爻辞之目的,不仅在探究个人之存亡得失,恐用之以与周室传递消息情报(伏羲结绳作卦,也是为了传递消息)。其用语之晦涩艰深,其含义之隐藏机密,恐怕只有周室中深通历史故事及当前处境者,方能识其底蕴。(程石泉《易学新探》,台北·黎明出版公司,1979年。)

于此,《易经》的卦爻辞,成了文王因于羑里传递情报的工具,在这样的历史中,其词句的艰深、晦涩、吊诡便豁然可解。这种以历史时代背景来解读卦爻辞的方式,给人耳目一新的感觉。

在对"十翼"文本的研究上,他的观点亦大胆新颖。他认为《象传》只是重复了卦爻辞所言,了无新意;《说卦》《序卦》《杂卦》不过是用《易》者随身携带的备忘的参考资料而已。《说卦》内容杂乱,可能与《易》的本意无关。

在易学史的研究上,一者他有一个整体的系统的历史观。在易学的发展以及易是否是哲学的问题上,他认为,易学发展可分为三个阶段,最初的易学是"通神明之德,类万物之情",并非为卜筮而作。到夏商周三代,《易》用作卜筮。《易》到孔子即成为哲学之书。而贯穿易整个发展史的是它始终没有离开哲学,因为他认为,易六十四卦所言,即是宇宙创化及人事等各种事态的演变,乾是时间,坤即空间,六十卦乃是乾坤的结合,易始终是一种对于天地人生的哲学思考。

其二,他对历代的许多的易学研究都进行了中肯的点评与批评。他认为,汉代象数之学与宋之图书之学皆后人杜撰,根本与《周易》卦爻辞无关,而且与《系辞传》中的孔子之言亦不相关涉,一派杂乱无章,荒诞不经,应都在被扫荡之列。王弼扫象数,虽有廓清汉儒拘泥《易》象之功,但不能阐发大易生生创化大义,流为玄空之谈。周敦颐《太极图说》亦对"太极"之上又妄加"无极"概念,实属无意义。程颐《易传》除拾取《系辞传》《文言传》的文字外,就一卦一爻之辞,务为揣测想象之谈,而归于修心、养性、道德、人伦,实开宋以来晦涩易学之先路。朱熹直认"易为卜筮之书",趣味都在恢复古易成卦与卜筮的方法上。综观宋儒所务性命理气之学及先天后天、天理人欲、虚静材情之辨,但见其门户森严,意气用事,智慧去孔孟老庄远甚。欧阳修之《易童子问》论十翼非孔子作,有称许处,但持论偏颇,引发疑窦,贻误后学。亦甚者,民初以来,疑古思潮泛滥,步欧阳修后尘,影响民族思想之发展甚大甚深。可以说,他对易学史上著名的学者及学派的点评持论还是相当公允的。

对当下易学的现状,如考据风盛,以八卦图式比附龟甲灼兆之形状方位,用易占卜命运,用易于政治、军事、天文、地理、音乐、星相,也有人附会当今科学,凡此种种,他认为用意虽好,但都流于形而下的附会之说,而于形而上的哲学相去万里了。继而他说,学易不讲形上之理,而斤斤计较于比较西方科技而自喜于我自古有之,甚是可悲。

总之,程石泉先生的易学研究,博洽融汇,分析精辟,新见迭出,扫象数,而弃图书,不留意训诂,传统义理方法亦舍之,对疑古派亦甚是鄙弃,而只专注于易学的形而上学研究,可谓独步古今,成其一大方之家之言。(参见程石泉《易辞新诠(序)》,上海古籍出版社,2000年版。)

(二)黄沛荣的文本易学

黄沛荣是台湾第二代的易学研究学者,目前任教于台湾大学国文系,主要讲授易学、文字学、文献学。易学著作有《周易象象传义理探微》、《易学乾坤》等,其《易学乾坤》曾被戴琏璋、李学勤、郑万耕等多位教授推荐荣获"国际易学朱伯崑奖",有着很大的影响。黄沛荣先生具有扎实的文献学、文字学功底,这是从事先秦典籍研究尤其是易学研究的最基本的知识基础,因此,他的易学研究,能够将文字训诂、文献考索与易理阐释互相结合,对义理的阐发做到持论公允,正是因为立足较稳,因此,对当代易学研究的热门话题的回应亦较为服众。

黄沛荣的易学研究集中在两个方面。一是对《周易》卦序及卦爻辞结构的研究。传统的易学研究都相信《易经》有相对固定的作者,如班固即说"人更三圣,世历三古",即伏羲、文王、周公、孔子,但近代以来的疑古派抱着怀疑一切的态度,对《周易》形成过程及作者的传统解释一概否定,认为《周易》从经至传,成书非出一人,也不是形成于一时,是历史流传下来的资料汇编。

针对疑古派的观点,黄沛荣就《周易》的卦爻辞的编纂体例研究后认为:

由《易》卦各爻常嵌以卦名之辞例观之,六十四卦中,全卦四爻以上系有卦名者既多达四十一卦,可见必为《易》辞作者之刻意安排;自通卦由下而上取象之辞例言之,可知诸卦之各爻,乃出于一人之手,并非杂纂而成;自爻位相同用字亦多相应之辞例,亦可证爻辞乃著于一手。

总之,作辞者虽或采用若干前代之材料及故事,然而卦爻辞之主体,则是一时一人之作,所使用者绝非"长时间积聚的复杂的材料",亦非"由许多本子混合编纂而成"。苟如诸家所云,则爻辞各有其不同之来源,又焉能"巧合"如此?(黄沛荣《易学乾坤》,台湾大安出版社,1998年。下同者不另注。)

既然《周易》体例统一,成于一人,《易经》六十四卦卦义应该是一个统一的系统,黄沛荣先生认为,"六十四卦之卦义系统,乃显示古人生活或人生际遇中不同之时态及状况",六十四卦表现了六十四种时态。他将人生情境分为七个方面,即生存环境、社会形态、社会制度、生活细节、人际关系、处世态度、人生际遇,认为,"七类所及,足以包括人生之大要。可见《易经》不仅在卦形结构上有严密之体系,就各卦之象征之意义言之,亦能相互配合"。

不仅如此,在对待《周易》的六十四卦卦序上,黄沛荣先生亦一本于传统,通过对各种易卦卦序观念的综合研究,他认为《周易》自有卦名、卦爻辞以来,其卦序既与今本相同,典型如否泰二卦者,二卦卦名取义相反,爻爻相对,卦辞相对(泰卦:"小往大来。"否卦:"大往小来。"二者相对为文),而且彖传、大象传中亦相对为文,"可证二卦卦序自始即已相连,故知今本卦序确为较为原始之卦序也。"这也证明了《周易》体制的系统性,决非胡乱的资料堆积,有着明显的一人构作的特征。

孔子与《易》的关系历来都是易学史上的一桩公案,易学的研究者亦都不能回避这个问题。对此,黄沛荣先生将历史上的孔子与《易》的关系概括为四:一是孔子作《易》问题(即作卦爻辞问题);二是学《易》问题;三是赞《易》问题(作传问题);四是传《易》问题。

首先,黄沛荣先生认为,孔子没有作易。"盖果曾作《易》或传《易》,自不必讨论学《易》问题。"因此,他主要论述了后三个问题。

对第二个问题即孔子是否曾经读过《易》,历史上有两种相反观点,《论语》中有"加我数年五十以学易可以无大过矣",关于其中的"易"字,"鲁论"作"亦","古论"作"易";否定派持"鲁论"之说,肯定派持"古论"之见。黄先生认为孔子曾读过《易》,因为"古论"出自孔子后人所藏,较为可信,此外他又找出了许多的例证来说明这个问题,如孔子"贵时尚中"思想明显受到卦爻辞的影响即是。

对于孔子赞《易》问题,黄沛荣先生首先证明了今本易传七种在先秦时尚未写定,认为"《易》传七种当非春秋时代之作品",最后得出结论认为,"今传《易》传七种虽然确与孔子思想有关,却非成于孔子之手,是故'《易》传中之孔子思想'与'《易》传之著成年代'乃是不同之命题,宜分别论之也"。

关于孔子的传《易》问题,他认为,这是没有问题的。他据《系辞传》、《文言传》、马王堆《易传》五种考订,其中"子曰"、"夫子曰"、"孔子曰"达135次,若不计阙文,亦有123次,扣除疑问之处,亦有91处之多,"此等《易》说,皆属问答体,近于语录,当非孔子自著;然而合此等《易》说而观之,孔子传《易》之事,殆无可疑也"。

黄先生的易学研究,充分地证明了疑古派的不可信,有"疑古过勇"(高怀民语)的毛病。从其易学研究,我们可以看出,这是走出疑古时代的释古方式,这种新的解释正是对疑古思潮的否定,亦是向传统主导方向的回归。他的观点尚有许多,此不一一。

(三)陈鼓应的《易传》思想源流研究

陈鼓应是20世纪90年代以来在易学研究上成就甚为突出的台湾学者,他亦自此在大陆学界非常活跃,其思想观点、研究方法甚有可取之处,值得叙说。

陈鼓应(1935—),福建长汀人。1949年前往台湾,于1960年考取台湾大学哲学研究所,师从殷海光、方东美。1964年在台湾大学哲学研究所取得学位留校任教。他与同事王晓波常常批评时政,思想新锐。曾任台湾大学哲学系、文化大学哲学系、北京大学哲学系教授。他的研究内容主要集中在道家、存在主义方面,在易学研究方面亦成果卓著,主要有《易传与道家思想》、《周易注释与研究》、《道家易学建构》等。

陈鼓应先生的易学研究,立足于道家,一反众说,可谓震古烁今,观点极为大胆,不仅打破了学界公认的看法,也推翻了两千年来的经学传统旧说(陈鼓应《易传与道家思想研究》,三联书店,1996年,《序》)。

20世纪80年代大陆学者甚是重视《易传》的研究,强调《易传》在先秦哲学史上的重要地位,把它看成先秦哲学的一个高峰,是与道家老子的辩证法相齐一的儒家的辩证法体系。正是受大陆学界的影响,他展开了自己对于《易传》的研究。

自汉代两千年来,《易传》为孔子所作,它是儒家思想的主体部分,这一思想虽经欧阳修质疑,但始终不可动摇。即今日许多学者仍然持论于此。而且,人们安于习见,不留心稷下道家的著述与新出土的马王堆《黄帝四经》与帛书《系辞》,一提起道家即认为消极,而对百家争鸣的主体——稷下道家视而不见。这些都是研究中的盲区。

陈鼓应通过自己的研究,得出两大结论:一是《易传》的哲学思想,是属于道家的,而不是儒家的;二是道家哲学是中国哲学的主干。

就《彖传》来讲,陈鼓应先生认为,它出于南人或稷下学者。因为其使用语言接近南楚。《彖传》中的万物起源于天地交感说、"终则有始"、"复其见天地之心"的自然循环论、以阴阳解《易》观以及天地人一体观,都与老子的自然万物起源的自然主义观念、道"周行而不殆"的循环论、"万物负阴而抱阳"的阴阳构成论以及老子的道、天、地、人四大的一体观直接相通相同,而且《象传》的许多语言就与《庄子》的语言相近或相同,《象传》中的"尚刚"与稷下道家的"尚阳",其思想亦基本一致。

再者,《象传》的思维方式亦与道家基本相同。在"以天道推衍人事"上,与《老子》则完全一致。

如《象传》中有:《象·豫》:"天地以顺动,故日月不过,而四时不忒。圣人以顺动,则刑罚清而民服。"《象·观》:"观天之神道,而四时不忒。圣人以神道设教,而天下服矣。"

老子的思想亦是如此的思维方式,如:《老子》八十一章:"天之道,利而不害;圣人之道,为而不争。"《老子》六十六章:"江海之所以能为百谷王者,以其善下之,故能为百谷王。是以圣人欲上民,必以言下之……是以圣人处上而民不重。"

他认为范蠡是由老学过渡到战国黄老之学的关键人物,正是他的逃齐,促使了稷下道学的形成。范蠡观念中亦有:"天道盈而不溢,胜而不骄,劳而不矜其功。夫圣人随时以行,是谓守时。"(《国语·越语下》)这亦是推天道以明人事的思维模式。

对于《象传》,陈鼓应先生认为,它晚于《象传》,约产生于战国中后期。其"天行健,君子以自强不息"乃道家独有的思维方式,与老子"胜人者有力,自胜者强"一脉相承。而《小象》则是用老子的思想来解读乾坤的。从总体上看,《象传》与庄子与稷下道家,思想都互相会通。

之所以产生上述结果,是因为《象传》成于战国中期之后,"而这一时期哲学思潮以道家居于主导地位","纵观当时学术大势,战国时期百家争鸣,云集于稷下学宫,稷下各派莫不以老学为尊,当此之时,南北道家或齐楚道家平行发展而又有所交流,黄老学说则由稷下而向四方扩散。《象》、《象》或为楚人游于稷下之作,故深受老庄与黄老道家思想的影响。从天道观来看,甚而可以说《象传》

是道家解易之作;而《象传》则为融合道、儒、法、墨、阴阳及各派思想之作。"①

在对《文言传》的看法上,陈鼓应先生认为,它有许多观念皆与老庄相通:其一,两者都认为事物发展到极端时,会向对立面转化;其二,两者都有"知止"的思想;其三,两者对忠信、不伐等价值观都给予了肯定。

《文言传》与黄老思想亦紧密相连。其天动地静思想即来自于《十大经·果童》,即"地俗德以静,而天正名以作"。《文言》中则有:"坤……致静而德方。"对乾则说:"大哉乾元,刚健中正,纯粹精也,六爻发挥,旁通情也。时乘六龙,以御天也。云行雨施,天下平也",都是"动"、"作"之义。

因此,他认为《文言》亦成于道家思想盛行的战国后期,具有明显的道家思想倾向。

沿着这个思路,陈先生探讨了《系辞传》中的道家思想印痕。在对《系辞传》思想的研究上,陈先生做得非常宏观。他认为,先秦天道观的一条主要脉络,是由《易经》到老庄而《易传》(陈鼓应:《易传与道家思想研究》,三联书店,1996年。下同者不另注)。对此一思想发展线索的梳理,是陈先生《易》传研究的一大特色。也正是这一认识,他把《系辞》思想抬到了中国哲学思想史的主导性的地位。这也正是使他产生道家哲学是中国哲学主干的一个基础。他认为,虽然孔、老同受《易》的影响,但"老子所受《易经》的影响尤大于孔子;《易经》和《老子》都是谈天人之际的著作","而孔子基本上是继承着西周以来的德治主义的文化传统,老子则继承着西周以来的自然主义的文化传统,而《易经》的思想特色则属于后者"。这显然是说道家思想是沿着《易经》的思想直传而下的,直至易传。这一下就将易传与儒家的关系剥了个精光。

具体言之,如《系辞》中的天动地静说同于《庄子·天道》之说;其刚柔相推说则是老子以柔克刚说的发展;"易知简能"即通于老子的简易之道;其"原始返终"则是老庄自然观的一个特殊观点;其精气、神、阴阳说、太极概念、道器说、变通说、道德概念、言意概念等都来自道家。总之,"就《易传》思想体系来看,它的天道观、自然观(或称宇宙论),以及辩证的思想方法,为其理论架构的主干,而以道家思想的影响为最大,其次是阴阳家与儒家。因而,学界一向认为《易传》

---

① 陈鼓应《易传与道家思想研究》,三联书店,1996年。

是儒家的典籍,这观点是错误的"。

进而,陈先生又探讨了《系辞》与庄子与稷下道家的关系,认为《系辞》重占筮与田齐尚卜之风相同,其道德说、精气说、势位说皆来自稷下道家,总体上看,《系辞》有着齐文化的精神。

此外,陈鼓应先生亦研究了马王堆帛书《系辞》,认为帛书《系辞》是现在最早的道家传本,并对这一系的道家思想及易学思想进行深入地挖掘。

基于对《易传》如此高的定位,陈鼓应先生认为,道家是中国哲学的主干。中国哲学儒家主干说,自汉武帝独尊儒术起,即成为沿袭两千年的经学习惯。陈先生的这一观点是对中国哲学以孔子儒家为主干说的一个巨大挑战。之所以如此立论,陈先生认为,首先从中国哲学史自身的发展来看:

1. 道家的创始人老子是中国历史上第一位哲学家,他在中国哲学史上第一个建立了相当完整的形上学体系。其学说对先秦诸子有着广泛的影响。

2. 中国哲学的重要概念、范畴多出自道家,道家对中国哲学史上的每一个重要阶段都有深刻的影响。如对战国时期百家争鸣的稷下学派、易传学派、《吕氏春秋》、黄老学派、《淮南子》学派、《论衡》、魏晋玄学、东晋时期的玄学与佛教趋于合流、宋明理学等等,其哲学思想都贯穿着道家的精神。

再从比较哲学的观点来看,陈先生引用西方哲学史家韦伯的观点,认为"哲学是对自然界的全部的研究,是期望对事物作一个普遍性的解释",韦伯还提到希腊哲学是从自然主义出发的。那么,孔子的学说即非哲学。"然而老子的学说则不然,老子贯通天、地、人的'道',无疑正是对宇宙人生的'普遍性的解释',而其'法自然'的观念亦与'自然主义'之旨相通。"[①]从另一方面看,西方哲学的发展,其主流一直是形上学与知识论,而政治伦理学则是枝节部分。由此来看,道家不仅有自己道论的形上学,亦有自己以直觉(玄览)静观为特点的认识论学说,这即足以让道家构成与西方哲学相对应的哲学。[②]

当然,陈先生亦认为,"确立道家思想为中国哲学史的主干,并不是要贬低或抹煞其余诸家的历史作用而把中国哲学史写成一部道家思想发展史,事实上,

---

① 陈鼓应《老庄新论》,上海古籍出版社,1992 年。
② 陈鼓应《老庄新论》,上海古籍出版社,1992 年。

战国以后中国哲学的发展一直是诸子百家互相融合的过程,只不过道家思想在这种融合中起主导作用而已"①。

陈鼓应先生的易学研究,正如胡适所说,可谓是"大胆的假设,小心的求证"。他的观点,是对传统易学观念的一个巨大颠覆,振聋发聩。细密的分析,扎实的论证,材料的详实,以及系统的文化思想贯通性,都使陈先生的观点取得了令人信服的效果。

(四)高怀民的易学史学

高怀民,台湾政治大学教授,其易学研究集中在易学史的研究方面,被杨庆中先生誉为是"本世纪中国著作易学史第一人"(杨庆中《二十世纪中国易学史》,人民出版社,2000 年。本节资料参阅该书)。高怀民先生著有《先秦易学史》、《两汉易学史》、《宋元明易学史》,亦曾研究易学哲学,著有《大易哲学论》。

高先生《先秦易学史》的写作一反疑古思潮对古史的否定,而走向了对古易史进行现代观念的诠释的道路,可以说,他的先秦易学史的写作,就是对班固《易》论"人更三世,事历三古"的注解。他把先秦易学的发展分成了三个阶段:一、自伏羲至文王为"符号易时期",二、自周文王演易至孔子为"筮术易时期",三、自孔子赞易以下为"儒门易时期"。

他首先认定八卦为伏羲首创,肯定伏羲画卦其事,为先秦易学源头。理由有三:一、八卦必有首创之人;二、八卦具有整一性,应为一人所成,并非杂凑;三、传说只有伏羲一人画八卦,没有第二人。论证切实有力。伏羲所画之卦只是一套符号,包含着他的思想。

自伏羲到文王,其间易学没有什么大的变化。只是到了文王,因为要代商而乘天大命,才发挥其理,创制一套与商人不同的筮术。商人之卜显示神道思想,而筮术则显示神权与人智参牛,它反映了历史由神道向人道演进的趋势。在筮术时期,高先生论证了重八卦为六十四卦、作卦爻辞、选用蓍策、制订筮占法及取用"易"之名等问题。筮术被命名为"易",高先生有一个大胆的看法,即认为所谓的《连山》、《归藏》、《周易》三易皆文王所制,是文王模仿龟卜的"三兆"而成。之所以用"易"为名,是因为易有变化、变更、代替之义。后来,《连山》以艮为首、

---

①　陈鼓应《老庄新论》,上海古籍出版社,1992 年。

《归藏》以坤为首因其不能像《周易》以乾为首更能表达父系社会的思想而被汰除。

至春秋时期，随着人类理智发达，人们往往不从筮占，而以理断之，直接以当前之事的性质，合卦以断，就使原来建立在宗教热情之上的筮占丧失了意义，筮术进入了它的崩溃时期。孔子顺应时变，本着其在"天命"方面的特殊体认，敬鬼神而远之，而使筮术易变成了儒门易。儒门易变占断吉凶为讲述哲理，人们便把注意力转移到对"所以然"即《易》道的探索上。也就有了"三易"——即不易、变易、简易——之说。三易如此，从整个儒门思想体系而言，"置易简于最后，是为了利于由天道向人道上贯通，如离开了天人体系而仅言易道之三性，则勿宁将易简置于最前面更为合理，因为乾坤始生之性见，才有变化之可言，才有天地之象之位。"（高怀民《先秦易学史》。下同者不另注。）于此，儒门之易学思想圆满而完成。

高先生认为，《易》至春秋，分为三家，儒门《易》之外，还有筮术《易》与道家《易》。他考证了老子的道学思想，认为皆源于《易》。易本有术、道两层，老子发挥了《易》学形上之道的层面。

综观之，高先生认为，易学论道，自伏羲以下，一大趋势即由天道向人道下落，"孔子自乾元之始动，向下开展，历乾坤往复化生万物，而归趋于人；再由人回升，反乎天德，成一圆道天人哲学思想体系，老子则自乾元始动，向上推展，推有人无，由有无人自然，探源道始，复由自然而下，说明宇宙之生成，建立一往一返的玄学思想体系，二人一上一下，分工合作，将大易哲学发挥得光辉灿烂"。

对于两汉易学，高先生绍述了秦火之后，汉初儒门易单传如一线游丝，后孟喜一变而为象数，象数之学大兴。其因有三：一是秦火造成了汉代思想之真空，阴阳杂家出，黄老之术盛，方术通行，于是阴阳、五行、干支、星象、历纪、方位等，加以汉人的灾异观念，相合汇集，影响之下，易学即发生了偏向。其二，汉代儒术，并非孔儒，而是杂百家之学，是以灾异、数术思想为质，以儒家躯壳为表的新儒术。其三是隐士易学的出现。这些都促成了汉代象数易学的形成。之后，高先生梳理了汉代易学的发展线索，着重对所谓的费氏古易学进行考证。相比于西汉时期的焦、京易学的活泼，高先生认为，东汉时期，马融、郑玄、荀爽等一班经师，用治经法以治易，遂将象数易由占验带上了治经之路。注经之法造成了治易的死板呆滞,以占验的象数易方法注经,自然使人产生索奇弄怪、蒙混经义之感。加之经文晦涩,易家即为勉强求通而强为梳理,穿凿附会之风必不免。象数易学已不得不衰死,而由王弼打扫干净。

对于汉代象数之学,高先生认为,它的意义不只是易学经过了伏羲的天道、文王的神道、孔子的人道之后,好像又回到了充满象数的天文历算的天道,实际上,它并没有离开人道,而只是在关注"人的德性"之外,旁开了"人的知识"的一面。所以,"象数易是以知识为活动园地,它与儒门易实同属于人道的范围,只是彼此活动的区间不同罢了"。

在高先生的《两汉易学史》出版二十年后,由于兴趣转移于大易哲学,故中断写史,但为了不为后人讥讽有头无尾,高先生又于20世纪90代初续写了《宋元易学史》。在高先生看来,自汉末到宋七百年来,似乎不相衔接,实际其间学术为佛学所统,易学退藏于密。在中国哲学充分与佛学融合后,于宋代由华山道士陈抟一出,邵雍发明之,一时间周濂溪、二程、张载等一批以复兴易道而自命的思想家,著述开坛,易学遂得以光大。

高先生认为,周、张、二程等皆同依于易而说儒门之理,因此可谓之理学家。周敦颐之无极、太极、五行之说以及图书表达,是融合了道家易、儒门易与汉代象数易一体,杂糅而成。甚至他大胆认为,周敦颐之无极、太极之关系,正是来自他对佛教法相宗之"阿摩罗识"与"阿赖耶识"关系的体认。他的易学思想是杂取百家之学的结晶。

对于张载的易学,高先生认为,"主要是纳'气'入易,采庄子之'太虚'以代'太极'……为儒家气化易说之首见"。即张载借道家之理论以解读易学,由此实现了对儒学理论的构创。

北宋五子中,二程易学被认为是王弼以来最重要的著作,然高先生认为,其形上哲思稍弱,未见高明。

高先生着重介绍了邵雍的易学。他认为邵雍的先天易学,摆脱了传统的卦序排列,不依托解说经文而立义,以一套新的卦序结合自然数理,从而易之卦象成了表达数的符号,数成了其哲学思想的主要依托。邵雍于传统易之外开拓出一条新的研究之路。他真正地发扬了易的数理之学。

对于南宋朱熹易学,高先生相当轻视。他认为与北宋五子相比,五子以易说儒,以易立儒,他们既是理学家,也是易学家,而朱熹只是理学家,易学只是其思想一隅,因此,朱熹的易学实乏深义。

对元代易学高先生则付之阙如,对明代易学,他亦只绍介了来知德与明末的大哲学家王夫之的易学,稍有蛇尾之感。

从总体上看,高怀民的易学史研究方法,正如杨庆中先生所说有二:一、依于大思想潮流中求史的依据法;二、考证法。这就使得他的研究既有宏大的视野,又有细致的观察,二者的结合,使论证相得益彰,持论平实,他后期的宋元明易学史明显受其注重易学哲学兴趣的影响,偏重于思想阐发。

(五)方东芙的哲学易学

方东美(1899—1977)原名殉,德怀,后改字东美,曾用笔名方东英,安徽桐城人(今安徽省枞阳县杨湾乡大李庄),中国现代著名哲学家,被部分学者认为是现代新儒家的代表人物之一,亦是程石泉的业师。方东美自幼受到中国传统学术的熏陶,1917年人南京金陵大学攻读哲学,曾任校学生自治会会长,参加过"五四"运动。1921年赴美留学,1924年于威斯康辛大学获得博士学位。历任武昌高等师范大学、东南大学、中央政治学校、中央大学等校教授。1948年去台湾,先后任台湾大学、辅仁大学教授。20世纪60年代历任美国南达科他大学、密苏里大学、密西根州立大学访问教授。他以儒家思想为本,融汇中西哲学,贯穿古今、统摄诸家,形成其独特博大的思想体系。而形成其思想核心的还是《周易》的生生之德。正如金门东美纪念亭碑铭所示:"先生之学,主旨在发扬中华文化慧命,贯穿古今,统摄百家,而归本于大易生生之德……"他著述甚丰,主要有《中国人生哲学概要》、《科学哲学与人生》、《原始儒家道家哲学》、《中国人生哲学》、《生生之德》、《新儒家哲学十八讲》、《哲学三慧》、《坚白精舍诗集》等。

方东美的易学思想是他建构其哲学思想的核心部分。其《易》学思想集中表现在以下三个方面:

一是关于《周易》性质的研究。

关于《周易》的性质,易学史上历来有哲学之说与卜筮之说二种。方东美不赞同二者,别立一说,认为"《易经》原是一部颠扑不破的历史文献"(方东美《中国哲学之精神及其发展》上册,台湾·成均出版社,1984年。本节材料来自杨庆中先生《二十世纪中国易学史》)。传统上亦有易学"史事宗"之派,但与传统

"史事宗"用历史事实比附六十四卦的卦爻辞不同,方东美是用六十四卦的符号系统推演中国历史的来龙去脉。其学亦渊源有自,是受了陆贾与谯周的影响。他认为乾坤两卦原来是上古两个不同部族的图腾符号,由于同姓不婚,而根据异姓为婚的原则,两种符号中的二、三、四、五爻,两两旁通相索,即产生出其他六子,又辗转递相结合,便可扩大血缘关系而成氏族的联盟。《易经》卦象的这种结构,正反映了原初的婚姻制度。由此,"八卦而小成",中国社会逐渐使不同血缘流通成为了一个世族系统,由家庭而州县而邦国而中央政府而联合王国。中国社会就是由氏族社会的逐渐扩大而形成的一种组织,"这个组织有一套逻辑,叫做'宗法'"①

方先生认为,这套宗法制,按易卦爻生生之法推之,即有七个步骤:一是图腾社会之架构格式;二是血缘社会之架构格式;三是部落社会之架构格式;四是依封建制度形成统一王国;五是王国渐失其统,导致中央解体,即为春秋时期;六是联合统一,名存实亡,进入战国时期;七是六国兼并,统一于一大帝国之下,即为秦。

依据上述所推,方东美总结五大思想:一是异姓为婚之婚姻关系;二是社会自然发展之组织结构,依此为由家而闾里、比遂、宗族、乡党、县州、邦国、王畿,俱载于《周礼》及《礼记》;三是化血缘关系为普遍生命一脉周流、旁通统贯之系统,悉存诸葬礼制度;四是明乎理性秩序,初则表现于人伦社会关系,次则表现于外在自然界之物竞天择,终则表现于宇宙万般生命之互涉相涵,是呈大化流行、上下与天地同流之全幅生物气象;五是结穴所在:万物旁通统贯原理——"一以贯之"。(方东美:《原始儒家道家哲学》,台湾·黎明文化事业公司,1983年。)

如此,方东美用《易》卦的生生之原理解释了中国古代社会的生化过程,可谓完整周备,一以贯之。

二是关于《周易》的逻辑问题研究。

方东美承认,《易经》虽不是哲学,但它内在一以贯之,具有哲学意蕴,可以进行哲学研究,所以他说:"真正哲学的开始,就要追问这个重卦是根据什么的

---

①　方东美《原始儒家道家哲学》,台湾黎明文化事业公司,1983年。

原理。"①这就是《周易》的逻辑问题。

按方先生的观念,《周易》的逻辑内容即卦序何该如此排列,卦爻与卦爻辞何该如此之关系,其内在机理是什么。他考察了历史上几尽所有的分析,认为他们都没有对六十四卦的重卦系统是如何完成的做一个圆满的交代。因此,他对之进行了合理地推测,把重卦系统看成一个演绎系统,用近代符号逻辑,从基本的假定出发,然后制定几个符号,肯定几个逻辑步骤,以此逐渐推出。在方东美的演绎中,阴阳经由歧出、叠现,形成乾坤两单卦,再由相索、触类、引申生出六子震、坎、艮、巽、离、兑(重卦),此后即依"触类而长之"和"引而申之"的原则,分别按乾、坤、震、坎、艮、巽、离、兑的顺序和"重同而生者不列"的设准依此生出其余诸卦。然后更据旁通,排出六十四卦的对应关系。于此,方东美先生即贯通了《周易》卦爻诸关系,建立起了他的《周易》的逻辑思想。

三是对《周易》形上学三大原理的概括。

方先生认为,《易经》在孔子及其后学对易卦的符号体系赋予了种种人文主义之后,使《易经》变成了一套发挥易理的广大和谐哲学体系,是儒家使之成为了一部高揭万有含生论的新自然观、一部性善论人性观、一部价值总论。具体言之,他总结出了易学的三大形上原理:

1. 生生之理。方先生描述了《易经》哲学之生命包容万类,创进不息,体性柔静,发用则气势磅礴,行健不已的思想特征,具体表现为五个方面:一是育种成性义,意即在绵绵的时间中,普遍的生命日新月异,发荣滋长,展开全部宇宙的发生过程;二是开物成务义,指新新不停的生命之源盎然充沛,勤勉不倦,永不枯竭;三是创进不息义,意即宇宙生命的大化洪流波波相续,重重涌现,新新不已;四是变化通几义,指生命与时间合流同体,刹刹生灭,除旧布新,表现出无穷机趣;五是绵延不朽义,意指生命潜能奔腾活泼,从不萎缩,薪尽火传,直奔未济。于此五大要义中,人的生命与宇宙激荡合流,当下成就。

2. 旁通之理。方东美认为,宇宙大化之道,大化之发用,只有在旁通中才能得到领悟。旁通原理有三:一是就逻辑意义言,指一套首尾一贯的演绎系统,可以严密推证;二是就语义学意义言,为一套预防系统,其中举凡一切有意义之语

---

① 《东美先生演讲集》,台湾黎明文化事业公司,1978年。

句,其预防结构规则与转换规则,均明确标示一种对当关系,与一种互涵与密接关系,足资鉴别正谬,而化舛谬为纯正;三是就形上学意义言,基于时间历程生生不已之创化,《易经》哲学乃是一套动态历程观的本体论,同时亦是一套价值总论,从整体圆融、广大和谐之观点,阐明至善观念之起源及其发展。所以,旁通之理也肯定了生命大化流行,弥贯天地万有,参与时间本身之创造,终臻于至善之境。

3. 化育之理。对于化育原理,方先生解释说:"生命为元体,化育乃其行相,元体是一而不局限于一,故判为乾坤(一动一静),分别展现出天地的创造力,前者永远动态的,后者则是静态的,这两种运作力量相并俱生,方能普遍完成生命而万象成焉。另外,生命的元体在创进中显其大用,故流为阴阳,一翕一辟,相薄交会,所以成和而万类出焉。生命乃是贯通天地人之道,以乾元的创造力引发坤元的化育力,然后浃化育万有生命之中,据以奔进无穷,直指不朽,这就是化育的精义。"(方东美《中国人生哲学》)

综上,正如杨庆中先生所言:"方东美释《周易》为'一以贯之'的家、国生成史,释《周易》的符号为由太极开出的爻爻相索,一一对应的逻辑系统,也正是为了证成其生生不息,化育不已,旁通周流的宇宙生命原理。"①大易构成了方东美哲学思想的核心。

主要参考资料:

1. 陈义初编《根在河洛》,大象出版社,2004 年。

2. 杨庆中《二十世纪中国易学史》,人民出版社,2000 年。

3. 程石泉《易学新探》,台北黎明出版公司,1979 年。

4. 程石泉《易辞新诠》,上海古籍出版社,2000 年。

5. 黄沛荣《易学乾坤》,台湾大安出版社,1998 年。

6. 陈鼓应《易传与道家思想研究》,三联书店,1996 年。

7. 陈鼓应《老庄新论》,上海古籍出版社,1992 年。

8. 高怀民《先秦哲学史》,台北东吴大学中国学术著作奖助委员会,1975 年。

9. 方东美《中国哲学之精神及其发展》,台湾成均出版社,1984 年。

---

① 杨庆中《二十世纪中国易学史》,人民出版社,2000 年。

10. 方东美《生生之美》,北京大学出版社,2009 年。

11. 黄克剑主编《方东美集》,群言出版社,1993 年。

12. 方东美《原始儒家道家哲学》,台湾黎明文化事业公司,1983 年。

第五章　以河洛文化为根系多元融合的台湾文化

　　半个世纪以来,不管是学术争论还是政治宣传,台湾是中国的一部分得到了世人的充分肯定,从地缘到血缘,从历史到现在,从信仰到习俗,应有尽有。这原本是不需要论证的问题,台湾属于中国的一部分,这个问题十分清楚,但经过这么复杂的研究考证,给人的印象似乎台湾是否是中国的一部分成了一个值得讨论的问题了。

　　毋庸论证,台湾是中国的一部分,它的母体文化即河洛汉文化(河洛文化是汉文化的源头与主体,所以亦称河洛汉文化)。然而,近代以来,中国经过百年的战乱,台湾也饱受了战争的苦难。清代曾被荷兰人、西班牙人占领过,后来又被日本占据五十年之久,台湾光复后又恢复了中华民族的文化传统,但几十年来台湾又受到美国文化的影响,特别随着台湾与西方经济文化的交流,台湾文化亦受到了西方后现代文化的影响。苦难、多变的历史,也给台湾带来了多元文化互相碰撞、互相交流融合的机遇,因此,台湾形成了其独特的以河洛汉文化为主体,同时兼有最早的南岛文化,以及后来的日本、欧美文化等为特色的综合性文化特征。从族群文化上分,台湾文化大致可分成原住民文化、河洛文化、客家文化、外省族群文化、南洋移民文化等。

　　从台湾整个历史的发展来看,其文化的形成,就是一个多种文化互相冲突、融合的过程。

第一节　根深蒂固的河洛文化传统

在台湾的历史上,汉族人历来都占有最大的比重,其现在的人口主体仍是汉族,占台湾总人口的98%。而台湾全部的汉族人口中,闽南人、客家人最多,人数占台湾全部人口的83%。闽南人又称鹤佬人、福佬人。Holo人。Holo人即河洛人。外省人占13%,主要是指1949年到台湾的大陆各省人民,早期多聚居于眷村(眷村,在台湾地区通常是指1949年起至1960年代,于国共内战失利的"国民政府",为了安排被迫自中国内地各省迁徙至台湾的国军及其眷属所兴建的房舍。不过广义而言,眷村也包含荣民与眷属自行兴建的大范围违建),近年来开始散居于台湾各地。其语言除原乡语言外,主要使用国语(国语即近代以来以北方方言为主体的普通话)。台湾的原住民即土著居民,粗略地说,在日治时期依据居住地区分为高山的高山族及平地的平埔族。国民党来台后,统称为山地同胞(无分居住地,简称山胞)。近些年来,统一以台湾原住民族为称谓。由于山地的阻隔,语言与风俗习惯迥异,从而又有亚族的再区分。目前共有泰雅族、阿美族、布农族、卑南族、达悟族、排湾族、鲁凯族、邹族、邵族、赛夏族、噶玛兰族与太鲁阁族等十二个亚民族,另外属泰雅族一支的赛德克族正积极争取成为第十三个原住民族。祖国大陆将台湾原住民族统称为高山族,并作为中华民族中56个民族之一。由于大陆方面在进行民族识别时是以较约略的方式划分,因此对台湾原住民族之间的细部差别并不强调。这些原住民人口只占台湾全部人口的2%。

一般来讲,文化人类学上,族群文化的特征表现,总是以其中人口最多的与文化最先进的族类的文化作为其特征性的核心文化的。因此,台湾文化从其占人口比重最大的台湾人(台湾人即居住于台湾地区的民众,主要包括闽南人、客家人。下从之。)以及他们的文化先进于原住民文化说,应该以河洛文化为主体;闽南人、客家人的先人都来自中原河洛地区。因此,多数的台湾人现在仍称自己是"河洛郎"。

河洛地区按杨海中先生的研究有广义、狭义之分,"狭义的河洛地区,当指黄河、洛河夹角内以嵩山、洛阳为中心的四邻地区,其范围大致相当于今天的洛阳市及与其周边接壤的部分地区。广义的河洛地区,即从文化圈的角度来看,其范围则较大,应包括西至豫陕交界,南达颖水、汝河,东至开封、淮泗,北至黄河之北以至晋南地区"①。进一步地说,河洛地区就是广义的古代中原地区。

河洛文化,按照河南大学教授朱绍侯先生的概括,即"产生于河洛地区的,包括原始社会的彩陶文化(仰韶文化)和河南黑陶文化以及神秘而代表河洛人智慧的'《河图》《洛书》',还应包括夏商周三代的史官文化,及集夏商周文化大成的周公制作的礼乐制度,还应包括综合儒、道、法、兵、农、阴阳五行各家学说而形成的汉代经学、魏晋玄学、宋明理学以及与儒道思想互相融合的佛家文化等等"(转引自杨海中先生《图说河洛文化》)。因此,可以说,河洛文化应是中华文化的本源文化或根性文化。

河洛汉人随着中国历史的多次动荡,不断地南迁闽粤,形成了汉人的闽南系与客家系,由此,注重开拓进取、寻求发展的河洛人又走向了台湾,走向了东南亚,并走向了世界。随着迁徙,他们不断地传播着、丰富并发展着自己的文化,绵延不绝,生生不息。这个问题,许多著作如杨海中先生的《图说河洛文化》、程有为先生的《河洛文化概论》、李乔、许竟成的《固始与闽台》等都进行了充分详细的考证,此不多言。

以上是就河洛文化的总体而言,是河洛文化历时的形态,但河洛文化还有其生活精神、伦理道德、礼节习俗、宗教信仰、语言、族谱等活生生的现实形态,即共时的形态,它们即反映于河洛人当下的日常生活之中。

台湾河洛人源本于闽粤之闽南人与客家人,他们所强调的文化,是以吃苦耐劳、坚韧刚强、开拓进取、团结奋进的"硬颈"精神而著称的。客家先人从中原迁徙往南发展并保持了强大的凝聚力,在语言、风俗、习惯、文学艺术等方面,都保留着丰富的中原古风,如守礼重义、爱好学问、重亲情伦理等等,都是客家民系的特质。客家人自迁台之后,形成的客家庄,是强而有力的家庭组织,这种有强大凝聚力的客家庄在以前的农业社会中,维持了稳定的生活方式,不但自己谋求经济上的自给自足,也是对外共同抵御外侮及对内抚恤老弱孤寡的可靠保证。

首先,他们的生活一本于传统的儒家原则,遵循仁礼智信,忠孝节义、"学而

---

① 杨海中《图说河洛文化》,河南人民出版社,2007年,第11页。

优则仕"，保持着"耕读传家"的儒家家风，以知书达理为人立身之本。特别是郑成功收复台湾后，建立儒家政治制度，肃清奴化教育，更加强了这种传统。后来，他的儿子郑经在文化教育上更是以儒教为主要内容，主要体现在他建孔庙，设学校，将教育分为"学院"、"府学"、"州学"和"社学"四类等方面，而且与之配套，同时亦开办了科举。社学为初级教育，三年两试，州试上榜者送府学，府试上榜者送学院，院试上榜者则进太学。这种完整的教育、科举体系在台湾是第一次出现，很快成为当地的主体性教育制度。郑经任命陈永华为国子监学长，在宁南坊修建儒学讲学所"明伦堂"；叶亨为"国学助教"，在孔庙设立"太学"。聘中土之儒以教秀士，各社设小学，教之养民。"凡民八岁入小学，课以经史文章，台人自是始奋学。"（连横《台湾通志·教育志》）于是，儒学不再作为一般风俗习惯而存在民间，而成为政府主导推行的意识形态，开始全面、系统地在台湾展开。

后来，明末清初，又有一批明朝遗老也流亡于此，吟诗唱和，著书立说，创作文学，成立文化社团——"福台新咏"诗社，开创台湾文风，促进了台湾文化的极大发展，缩小了台湾与大陆的文化差距。

尊祖敬宗是儒家的传统，也是中华民族最根本的传统信仰之一。台湾人（闽南人、客家人）有着更为强烈的尊祖敬宗意识。一方面，这与传统儒家的宣传固然有关，但更重要的还包含着他们延续的客家人远离他乡、故土难返的浓重的乡情。客家人不仅有宗庙，亦在其居住的土楼和围屋的最神圣的位置即上堂屋里，大都建有祖公堂，安置祖宗牌位，逢年过节祭祀祖先。祭祀仪式十分隆重，祭祀时，贴对联，放鞭炮；祭品要有猪肉、鱼、鸡"三牲"，各种瓜果糕点，非常丰盛；全族老少男女，按辈分长幼依序穿戴齐整，恭敬肃穆地进行烧香、点烛、读祭文、行跪拜礼，表达着他们对祖先的无限尊敬。特别是元宵节与添子日，他们亦更到祖公堂去"上灯"表示告慰。

越是离乡背井，故土难返，中国人越表现出那种对祖先以及血缘亲情的情感依赖，仿佛古希腊的大力士安泰俄斯在战斗的失利中必须紧贴其母即地母该亚才能获得力量一样，台湾人非常珍重宗族的族谱，那亦是他们获得智慧与力量的源泉。

据有关调查资料所得出的结论，民间收藏的台湾家谱约有万余件。1974年，美国摩门教会开始台湾族谱的收藏，他们与台湾家谱收藏研究专家王世庆先生一起,先从台北市郊开始做起,3 年间收集了 1200 多件。以后由"中国文化大学"接手,与摩门教共同合作,共收集了万余件家谱,拍成 800 多卷微卷,分藏在"中国文化大学"图书馆。"中央研究院"民族研究所、《联合报》国学文献馆等单位,美国摩门教图书馆也藏有部分家谱。而据《台湾区族谱目录》所载,台湾约有 10600 种族谱①,这个数字同上述统计基本相同。

　　20 世纪 50 年代,台湾文献会就着手调查各县市居民之姓氏状况,并按各姓氏人口之多少来排序。排定的结果是:陈、林、黄、张、李、王、吴、蔡、刘、杨、许、郑、谢、郭、赖。统计国学文献馆现藏中国族谱资料目录,发现各姓族谱的数字和文献会统计的姓氏材料,极其相似,尤其是前面 7 位基本相同。但其中又以陈、林两姓家谱为多。②

　　族谱记载着中华民族的血脉延续历史,记载着河洛人传播、拼搏、与命运抗争的移民历史。参天之树,必有其根;环山之水,必有其源!族谱让台湾人永远牢记,自己不管走到天涯海角永远是河洛儿女,河洛,那是祖先创基的地方。族谱让他们永记自己是从哪里来的;族谱维系着他们血缘的亲情,凝聚着他们的奋斗意志。族谱亦用最现实的方式表现着儒家宗法主义最核心的信仰方式。

　　台湾人(闽南人、客家人)的婚丧礼节亦一本于中原古礼,台湾人高绪观说:"台湾人文礼俗,源于中土。相袭入闽,举凡信神拜佛、敬天祭祀、婚丧喜庆、衣冠礼乐、四时年节以及习俗人情,皆是祖宗流传而来。"(高绪观《台湾人的根——八闽全鉴》)

　　台湾婚礼亦有议婚(提亲、相亲、卜婚)、订婚、请期、迎新、归宁等几个阶段,与大陆婚礼中的"六礼"基本相同。其他细节如坐花轿、红盖头、锣鼓吹打,拜天地、入洞房等一同中原礼俗。

　　隆礼重丧亦是民族传统、中华美德。台湾保存了比大陆更完整、更长久的丧葬礼节,礼俗更繁,祭祀更重,充满浓重的鬼神崇拜的文化气息。他们木棺土葬、服白戴孝、手抚哀杖、脚穿草鞋、披麻戴孝,以及路祭、招魂等丧葬仪式亦与中原丧礼别无二致。隆重的丧礼表达着他们慎终追远对先公先祖的无限缅怀。

―――――――――

①　张炎宪、陈美蓉《台湾史与台湾史料》,自立晚报社,1993 年。
②　赵振绩、陈美桂《台湾区族谱目录》,台湾省各姓历史渊源发展学会出版。

　　台湾人的节日亦本于传统。阴历正月初一为春节,十二月二十三为"小年",客家人叫"入年界"。直到正月初五才算"出年界"。春节要祭天地、鬼神、敬祀祖宗,上坟扫墓,拜年,串亲戚等。为了表示节庆,要舞龙狮,放鞭炮,正月十五元宵节还要放灯。其他节日如清明扫墓、端午节吃粽子、赛龙舟,中秋节吃月饼、重阳节登高、冬至节吃汤圆等等,亦与中原别无二致。

　　语言是文化的物质外壳,"台湾语"则是台湾人最外在最具特征性的文化表现。台湾语有"国语"与"台湾话"之分,"国语"即"普通话",是由新移民带过去的官话,而"台湾话"即当地方言,源于"闽南话",而台湾人称之为"河洛话"。河洛话就是古代河洛地区的语言,是最纯正的古汉语,是汉语的活化石。与"五胡乱华"后所形成的近代汉语比较,它依旧保存着古汉语平、上、去、入,分阴阳"四声八调"、"一字多音"的古汉语特征;仍然保存着"前位移音"、"连读变音转调"的古汉语发音方式(前位移音就是两个字连读前字变调,三字连读,前二字变调,不但有"词面"的"表意意涵",更有"词底"的"表音状态")。语言随着历史的发展而在不断的变化,虽然为了民族的团结,社会的和谐共进,需要将语言统一于普通话之中,但地方方言,仍有它存在的独特价值。特别是河洛话,具有更大的历史与学术价值。因为它源于古代河洛,因此,也是当时的"普通话",即当时的通用官话。我们古代的文化典籍文献,诗词歌赋,音声曲律,都是用古汉语的通用官话写成,因此,它对我们学习、了解古代文化,阅读古代诗词,都有着重要的作用。正如台湾学者谢魁源、马永涛先生所说,现代的"国语"丧失了阴人、阳上、阳去、阳人的四声,语言的沟通虽无问题,但在古代文化的保护上,却甚是有害的,我们的《诗经》、《楚辞》、汉赋、唐诗、宋词以及骈文的押韵"韵脚",完全无力解读。[①]"用国语读古文,不加注释就搞不清楚,弄不明白;用台语文言音吟诵诗词则'平仄分明','押韵相谐',如用国语大都不能一韵到底,莫名其妙。"相反,"所有的'文言文',如果用台语读,皆可朗朗上口,并且一读就通"[②]。可见,闽南及台湾的"河洛话"在保护中华文化遗产、传承中华民族文化中,有着相

---

① 谢魁源、马永涛《河洛文化在台湾》,见载徐金星《河洛与客家研究》,国际炎黄文化出版社,2006年。

② 谢魁源、马永涛《河洛文化在台湾》,见载徐金星《河洛与客家研究》,国际炎黄文化出版社,2006年。

当重要的地位,它是我们民族的语言之根。

第二节　主体地位的儒学文化

在台湾,传统儒学是作为大众的基本生活方式与其基本信仰、原则存在的,而随着传统文化面对近代以来强势的西方文化的冲击亦发生了自我更新与脱胎换骨,儒学又出现了新的形态。本来,新儒学在大陆从五四时期既已出现,在与全盘西化论、科学主义论的斗争中表现出其顽强的精神。随着新儒学的第二代如徐复观、牟宗三等人把儒学引入台湾,以及他们与在港的唐君毅、钱穆、张君劢等人合流,于是在港台即形成了新儒学研究的强大阵营。他们对儒学的宣传、研究发挥了巨大的作用。而且这个时候,台湾当局定儒学一尊,又把儒学抬到了意识形态的高度,于是,儒学成了社会的主导思想。这样,台湾本土的传统的朴素的生活方式与意识形态的儒学实现了合一,从而更强化了台湾的儒家思想意识。自信坚守着传统文化根脉、延续中国文化传统的台湾当局让儒学发挥了如下的功能。

其一,坚守民族精神传统,树立民族自信。这是新儒学在与全盘西化论、科学主义论的斗争中一以贯之的基本精神。在五四时期的科学、民主精神的强大冲击下,新儒学以儒家思想为本位,立足民族传统,一方面反对传统腐朽的专制主义,接受西方民主精神,强烈反对将传统文化一切糟粕都记在儒家的头上一棍子打倒的做法,极力将儒家精神与帝王专制主义剥离开来,另一方面,在欢迎民主与科学的同时,清楚地认识到科学与民主的不足,特别是他们看到西方社会科学主义的泛滥所导致的人的非人化、生态的恶化、资源的枯竭等给人类社会所带来的恶果,看到 20 世纪 70 年代垄断资本主义中的个人主义没落所导致的价值真空、意义虚无,更使他们强烈地意识到,科学不能作为人生观而存在,在人生观上,儒家的传统思想,仍然是人的生活的基本坐标与原则。传统儒家精神成了他们反思乃至批判西方文化,以继往开来,返本开新的基础,亦成为其树立民族自信的坚实根基。正如徐复观先生批评西化论者和极端白勺反传统者所言:"不承认中国历史中之文化价值,即承认中国现时根本没有文化,因之也根本没有精神……但岂有本身无文化、无精神的一群白痴,而能担任接枝接种的任务之理。""历史上凡在颓废中能复苏其生命力、复苏其精神力,以创制新的文化,或吸受新的文化的民族,无不首先系从其最亲切之文化系统中得到启发。"①可谓切中肯綮,一针见血。

其二,让儒家精神来归,扫除台湾日据时代的奴化思想,培养民族自信心。台湾光复之前,被日本占据五十年之久。日据期间,日本政府实行了强力的奴化、同化教育,竭力推行以灭绝台湾本土汉文化为目的的同化政策——"皇民化教育"。强制台湾民众改日本姓名,信仰日本神明,穿和服,写日文,讲日语,唱日本歌曲。虽然台湾民众的婚丧嫁娶、衣食住行、宗教信仰等文化习俗仍延续中国传统,但日本文化亦在台湾民众的心灵上打上了很深的烙印。1945 年之后,台湾当局恢复儒家传统,大力弘扬儒学,倡导儒家精神,对过去台湾民众的日化,亦起到了打扫大脑的作用,使他们重新恢复了自己的民族意识。

其三,国民党以儒学进行自我反思,总结失败的教训。国民党至台湾一隅,充满了失败的情绪,为了能于失败中奋起,反思自己失败的教训亦是他们入台后首先的功课。为了凝结溃散的人心、军心,儒家的自反意识发挥了巨大的作用。儒家那里充满温情的温良恭谦让、忠孝节义、仁智礼信基本人性原则,使他们在惨重的失败后,感受到了人性的光辉,极大地抚慰了创伤的心灵。这时的儒家精神发挥了宗教的作用。

其四,以承继儒家精神自居,与共产党争夺中华文化正统。

20 世纪 80 年代以前,大陆承继五四反儒传统,推崇与时俱进、注重实用的法家精神,结合马克思、列宁主义,对儒学进行全面的批判,从基础性的生活方式,到标示儒学的社会心理,以及意识形态,都进行了全面地深刻地颠覆,"破四旧"和"批孔运动"使儒家思想受到了彻底清除。在高校中虽然儒学仍然存在,但也只是被批判的对象,了无信仰的同情。而在台湾、香港及东南亚等地,儒学保留着一席之位。为了使国民党的所谓正统得以言正,台湾岛内即派生出了"文化复辟主义"和"文化分离主义"两种倾向。"文化复辟主义者"声称大陆的简体字破坏了中国文化之美,马克思主义破坏了中国的人伦观念,中国文化在大陆"被彻底毁灭了","台湾文化才是保存最完整的中国文化","中国文化的中心

---

① 徐复观《复性与复古》,载《徐复观文集》第一卷,湖北人民出版社,2002 年。

转到了台北"。虽然台湾某些人极力鼓吹所谓的中华文化的中心在台北,但因为两岸严重的信息封锁,以及政治观念的严重对立,却并没有在大陆得到正反方面的回应。

实际上,即使在港台,儒家思想也没能截断众流,独霸天下,而是受到了港台自由主义的围攻,有人甚至把国民党的失败这笔账都记到传统儒家文化的头上。但儒学于此艰难时世之中,仍然曲折坚劲地发展着。

其五,台湾新儒家思想随着与西方思想的交流,即形成了其新的理论化的知识形态。徐复观、唐君毅、牟宗三、方东美、钱穆等,以及他们的弟子如杜维明、蔡仁厚、余英时、成中英等当代新儒家,在迎接西方文化的挑战上,都创就了自己的思想体系,从而形成了有别于传统儒学的新的儒学形态。

第三节　台湾地区民众的信仰

亦无须怎么论证,台湾民众像大陆人一样,最根本的信仰就是祖先信仰,这是台湾民众一切信仰之中的信仰。多数的台湾民众不管信了什么教,祖先信仰仍然是第一位的。台湾民众的信仰很复杂,很丰富,当大陆扫荡一切牛鬼蛇神、把宗教看成是愚弄人民的鸦片的时候,台湾民众仍然沿袭着传统浓重的多神崇拜的宗教信仰习俗。据统计,在台湾正式登记的宗教有12家,即佛教、道教、天主教、基督教、伊斯兰教、一贯道、轩辕教、理教、天理教、大同教、天帝教和天德教。另外据概略的统计,信奉这12教的台湾人有一千多万人,台湾的寺庙、教堂、布道所等宗教场所也超过一万六千多所,神教职人员超过十一万人。在12家宗教中,佛教、道教、天主教、基督教、一贯道五大教势力最盛,信徒超过九百万人,宗教场所占总数的98.3%,教职人员占总数的99.2%。相比之下,其他7门宗教规模要小得多。从中亦可看出,台湾民众的信仰仍然与大陆十分一致,影响最大的宗教还是来自中国内地。

台湾最盛行的民间信仰是妈祖信仰。妈祖信仰在中国沿海从辽东到广东、广西都比较普遍。传说宋代宋太祖建隆元年,即公元960年农历三月二十三日,福建莆田一林姓人家,生一女儿,一直到满月也不哭一声,家人为其取名默娘。默娘勇敢善良,常常不顾个人安危,去救助海上遇难的渔民。可是,默娘不幸二十八岁病亡。人们为了纪念她,就在湄州岛上为她建了庙宇。慢慢地她的事迹渐传渐远,妈祖成了我国沿海各地渔民最大的保护神灵。

台湾最早的妈祖庙是云林北港朝天宫,为闽粤移民所建。台湾人尊称妈祖为"天妃"、"圣妃"、"天上圣母",各地修建的近千座妈祖庙则成为北港朝天宫的"分灵",台南天后宫是其中规模较大的一座。

每年的农历三月间台湾民众都要举行盛大隆重的祭祀妈祖的宗教活动。传说农历三月份,北港的妈祖都要把远在大陆的父母兄弟姊妹接来小住,所以,台中县大甲镇澜宫的妈祖要回到北港与家人团聚。周围很远的百姓都来到大甲镇会合。沿途数十万台湾民众都随着镇澜宫的妈祖的神像,步行从台中到北港,经过三百多里,路过30多个村镇,之后,再把妈祖送回到大甲镇。整个过程,为时数天,信徒达数十万众,秩序井然,场面浩大,气氛热烈,声势隆重,由此可见妈祖信仰在台湾的隆盛。

民间信仰除了妈祖信仰外,还有许多来自内地的神灵信仰,如最高的玉皇大帝、观音菩萨;还有分管各类职业的神灵,如读书人祭孔子、文昌帝君;医生祭保生大帝、华佗仙师、瘟神王爷;药师祭神农大帝;农民祭五谷仙帝;理发师祭吕洞宾;木匠和一些手工业者祭巧圣先师(鲁班);商人祭财神爷、关帝;百姓祭灶神;想长寿祭南极星君;想生子拜注生娘娘、送子观音;孕妇祭临水夫人;天旱拜龙王爷;第三类是城隍爷,以及天神、土地公公、地狱神、青山王、三山祖师、广泽尊王、圣王;还有动植物崇拜的信仰。据统计,民间信奉的各类神灵多达300余家,大陆神灵,台湾差不多尽有。

台湾最大的社会活动就是宗教活动,平均两千人一座庙,三步一小庙,五步一大庙。平均两个人中就有一个信徒。一人可信多神希望多神保佑。又有着众多的不同信仰内容的宗教组织。众多的信徒,杂多的宗教,安顿着台湾民众的精神。

第四节　多元构成的其他文化形态

一、台湾地区的本土文化

台湾地区本土文化亦是台湾原住民文化。台湾的原住民族亦较多,前文已有所述。台湾原住民在现代人类学的研究上,被归属于南岛民族。从人类学和古文化的角度来看,台湾原住民的缺齿、文身、口簧琴、卉服、织贝、腰机纺织、贯头衣、亲族外婚、父子连名、年龄分级、老人政治、鸟占、猎首、灵魂崇拜、室内葬等等,都表现出他们自己的独特的文化特质。南岛民族是一个泛称的概念,他们不仅限于台湾,在世界上分布地域相当广泛,由东非洲的马达加斯加岛,直到南美的复活节岛,都是他们生活的领域。原住民重视祖灵信仰,相信祖灵居住在山上,并且会保护族人收获丰盛。各族都有自己独特的祭典,例如:布农族的"射耳祭"(以箭射兽耳祷求猎获丰收)与小米祭、赛夏族每两年举办一次"矮灵祭"、达悟族的"飞鱼祭"、排湾族人的"五年祭"。此外,卑南族的海祭、男性的"猴祭"及女性的"锄草祭"等。南邹族相信祖灵依附在收藏的贝珠中,因而有"子贝祭";邹族则有"战祭"、"收获祭"。原住民的音乐和工艺也相当有特色。排湾族、鲁凯族的陶壶及琉璃珠制作、雕刻艺术,布农族的皮衣制作技巧、邹族的揉皮技术,泰雅族与太鲁阁族的多金属口簧琴,布农族的多声部合唱,阿美族的自由对位式复音合唱等是其音乐特色,反映了台湾原住民丰富、浓郁的地域风情。

现代人类学把台湾原住民与其他大洋诸岛之民都看成是南岛民族,其实这并不确切。根据中国古代文献考证,台湾的绳纹陶文化、园山文化、龙山文化、旧石器文化及卑南文化等,都与大陆东南文化类似,因此可以说明原住民亦是来自大陆。许多的学者经过研究都基本认同,"占台湾总人口2%的先住民(绝大部分是高山族)是大陆百越先民的后裔。所谓的百越,是对古越人的统称,其中包括了于越、扬越、瓯越、闽越、南越、骆越等分支,从夏商时期直至汉代的不同时期,古越人从我国的东南沿海渡船到了台湾岛"①。也有人认为,原住民是"古代大陆长江中、下游以南的古越人支裔。他们绝大部分是在春秋晚期至秦汉之际,先后迁台湾的'安家之民',同属中华炎黄子孙"②。三国沈莹《临海水土志》载:夷州即台湾。台湾山上有"越王射石",《太平寰宇记》亦载:"夷州四面是溪,顶上有越王石在焉。"(陈义初编《根在河洛》)这亦是古越人到台的证据。因此,台

---

① 张文军《河洛文化的融合性——兼谈河洛文化与闽台的关系》,载徐金星《河洛与客家研究》,国际炎黄文化出版社,2006年,第325页。
② 陈义初编《根在河洛》(第四届河洛文化国际学术研讨会论文集),大象出版社,2004年,第326页。

湾的原住民文化亦是中华文化的一个分支,他们因为与大陆的隔绝而发展了自己的文化。

二、日本文化的影响

近代中国百年的屈辱史,亦为台湾打上了殖民主义的印痕。虽然,台湾文化的系统仍然与大陆俨然一脉,而殖民主义亦早已扫荡殆尽,比如,荷兰与西班牙虽然也有 38 年的对台殖民统治,但在台湾除了极个别的"红毛巷"、"红毛井"等几个地名和一套没人识得的"罗马拼音"之外,时间已抹平了台湾民众对荷、西统治的记忆,但伤疤、教训仍在:被一个漂洋过海、来自远方的西方殖民者欺辱、被动挨打的记忆,亦成了台湾历史心理的一种积淀,使他们认识到海洋文化的强悍与霸道。

荷西的殖民文化早已荡然无影,但日据 50 年强力推行的大和文化对台湾文化的影响还是比较大的,虽然国民党重新用儒家文化对台湾的记忆进行了修复,可是台湾文化中仍然留有日本文化的蛛丝马迹,有的印痕还相当的深,甚至已经化在了台湾民众的生活日用中而不知了。如物质方面的台湾的建筑、绘画、雕塑、音乐甚至茶艺等,都带有日本的风格。典型的有"总统府"、"纵贯铁道"的右驾左行系统;台湾的一些地名如高雄、松山、清水等亦沿用日本名字;语言中亦渗入了许多的日本词汇,如便当(饭盒)、刺身(生鱼片)、广告牌(招牌)等已经习焉不察了。甚至台湾民众身上亦有了日本人的影子。点头哈腰,没什么对不起而无端的"抱歉,抱歉",餐厅里服务小姐合宜不合宜的"谢谢"、"顺谢谢光临"、"您慢用"等等,都带有日本人的性格。甚至,近些年来,日本的电影、电视剧、杂志、影视明星、流行歌曲等等在台湾十分流行,有些人十分"哈日"。实际上,这即是一些台湾民众亲日的社会基础。日本文化已渗入到部分民众的生活,而成为一种生活方式。

三、美国文化的影响

1949 年之后新中国成立以来,由于台湾当局与美国政府的密切关系,以美国文化为代表的西方文化在台湾普遍地传播开来。国民党在弘扬中国传统文化的同时,广泛地吸纳了西方文化,特别是民主选举、政党制度、议会政府为核心要素的美国政治文化的引入,即代替了传统中国倾重权威、强调服从、轻视个人的传统政治文化,使台湾走上了新的政治民主化之路。还有欧美学术思想、科学技术、管理方式、经济模式亦不断被引入台湾,促进了台湾学术的进步与嬗变,使台湾经济从20世纪70年代走上了高速发展的道路。以欧美教育模式为典范融合着传统的教育内容,使台湾教育与世界教育完成了接轨。伴随着政治、经济的西方化,天主教、基督教亦传入了台湾,它们与中国传统信仰一起,成为台湾文化的一部分。好莱坞的电影、摩天大楼、基督教教堂、西方快餐式的文化、西方的艺术、肯德基、麦当劳等等,都成了台湾民众平常生活的风景。与这些相伴随的,亦有了自由主义横行,个人主义泛滥,乃至充满了享乐主义、急功近利、满足个人感官欲望的西方大众文化亦充斥了台湾。林林总总,这些都极大地推动了台湾民众的现代观念,使台湾文化融合进了现代世界文化的行列之中。

第五节　从大陆文化走向海洋文化

综上所述,横的来看,台湾文化是一个复杂的多元的文化综合体,中国传统文化、儒家文化、河洛文化、闽粤文化、原住民文化、近代西方海洋文化、日本殖民文化、现代欧美政治文化和大众消费文化等等,共生不害,共存共荣,体现了台湾文化的丰富性与包容性。实际上,从根本上说,即体现了中华传统文化来者不拒的包容精神。

再从纵的方面来看,台湾文化从其总体形态演化上,表现为大陆农业文化一步步向海洋文化蜕变,在与海洋文化的冲突、融合中逐渐趋向海洋文化的过程。中原河洛汉文化原来是典型的大陆农业文化,他们因避乱而南迁至海边,慢慢地即有了海洋的个性,特别是客家人、闽南人的入台,更增强了他们对海洋的了解与认知,农业文化逐渐带有了海洋文化的印痕。而荷西对台的殖民化,日本据台的50年,更使台湾对在海洋中发展起来的西方文明有刻骨的记忆。国民党的入台,自觉地向西方海洋文化学习,加速了台湾海洋文化化的过程,民进党更是直接提出要实现台湾海洋文化化。

我们所说的海洋文化,主要是指形成于地中海的古希腊文化以及以此为基础发展起来的欧洲文化。原来的世界文化受地域空间的限制,互相沟通非常受限制,但是欧洲的航海精神打破封闭的形势,海洋成了欧洲人向外扩张、传播、交通、交流的媒介与纽带,因此,其文化带有明显的海洋特征。这种海洋文化从其诞生的时代起,概括起来即具有追求真理、崇尚知识、尚武与侵略的特性。整个世界的近代历史充分地说明了这一点。但这种文化形态,近代以来,却成了世界普遍认可的尊崇的文化模式,具有了普世的意义。某种程度上说,追求并实现海洋文化,即是现代化的标志。

主要参考资料:

1. 杨海中《图说河洛文化》,河南人民出版社,2007 年。

2. 张炎宪、陈美蓉《台湾史与台湾史料》,台北,自立晚报社,1993 年。

3. 赵振绩、陈美桂《台湾区族谱目录》,台湾省各姓历史渊源发展研究学会出版,1987年。

4. 徐金星《河洛与客家研究》,国际炎黄文化出版社,2006 年。

5. 李维武《徐复观文集》,湖北人民出版社,2002 年。

6. 陈义初编《根在河洛》,大象出版社,2004 年。

第六章　河洛文学与闽台文学

　　河洛是中国文学的发源地，又是其发展演变的关键地区。作为以河洛移民为主体的闽南及台湾地区，其文学创作的主体自然是河洛的移民及其后代。闽台文学仍然是吮吸着河洛母亲的乳汁而成长起来的，闽台文学作品中仍然回荡着黄河洛水的涛声。

第一节　河洛文学纵览

一、先秦时期的河洛文学

　　原始歌谣和原始神话，是中华民族文学的辉煌起点。现存上古歌谣主要产生于伏羲、黄帝、炎帝、尧、舜、禹时期。而河洛正是这些中华民族始祖活动的最主要地区，因此这些歌谣也主要产生于河洛地区。保存中国古代神话最多的《山海经》一书，即是以河洛地区作为天下之中心，因此所记神话传说也以河洛地区为多。河洛地区著名的神话有夸父逐日、三皇五帝、河伯青女、洛神宓妃等。在原始歌谣与原始神话中，人们歌颂劳动与创造的快乐，抒写征服自然的豪情，表达爱情的追求与失意的痛苦，洋溢着乐观、自信、豪迈的情感与坚韧不拔、勇往直前的精神，不仅为中国古代文学提供了大量的母题与典故，启发了后世文学的丰富想象，而且培养了中国文学的品格与风范。

　　河洛又是中国最早进入文明时代的地区。最早的奴隶制国家夏、商皆于此建都，西周也将此作为政治、经济、文化的中心地域之一。作为封建制度开始的东周，即春秋战国时期，又将都城移于洛阳，而恰在这一时期，形成了中国古代文学发展的第一个高潮。这一时期文学的主要成就是诗歌和散文,散文又分为历史散文和诸子散文。

　　中国的第一部诗集《诗经》诞生于这一时期。《诗经》的主体,就是河洛地区的诗歌。著名学者戴逸以为:"如果做一下《诗经》的地望统计,河洛地区应该是首屈一指的。《国风》中著名的郑、卫之音当然是河南的作品。'二南'中很多可能也是产生在河洛地区的。"①许智银先生认为,《诗经》中属于河洛地区的诗歌,"大致包括《国风·周南》中的一些诗篇,《王风》、《郑风》和《魏风》等全部内容以及《小雅》的部分篇章"②。除以上学者所论及的外,《国风》中的《桧风》产生于新密一带,而《大雅》及周颂的部分作品也产生在东周的都城洛阳一带。若从较为广义的角度来看,《陈风》、《邶风》、《鄘风》、《卫风》产生之地亦在河洛的地域之内。在上述《诗经》河洛地区的诗歌当中,有许多优秀的篇章。如《周南·关雎》、《周南·桃夭》、《王风·君子于役》、《王风·黍离》、《魏风·伐檀》、《魏风·硕鼠》、《鄘风·柏舟》、《鄘风·载驰》、《卫风·硕人》、《小雅·采薇》、《小雅·鹤鸣》等都是《诗经》中的经典。而《郑风》与《卫风》一起,被传统卫道者合称郑卫之音,实为中国古代早期爱情诗的典范之作。

　　这些作品或吟咏爱情,或讴歌劳动,或刺贪讽虐,或抒悲写愤,或礼赞圣明,或抒去国之悲,或写失路之泣,其风格或温柔旖旎,或雄奇奔放,或沉郁苍凉,或典雅厚重,或朴实自然,不仅奠定了中国古代文学坚实的现实主义传统,而且充分显示出河洛文化之包容性,对整个后世文学产生了深远的影响。

　　中国古代的散文也在这一时期产生并走向成熟。先秦散文又分为历史散文和诸子散文。就历史散文而论,以河洛地区历史事件为主要描写对象的《尚书》被誉为中国最早的史书,同时又是"我国第一部兼记叙和论说的散文集"。③ 其典、谟、训、诰、誓、命之体,更是中国"古代散文体式的早期形态",在散文史上有着"奠基意义"。④ 因此柳宗元曾云:"著述者流,盖出于《书》之谟、训。"(《杨评事文集后序》)另一历史著作《逸周书》原名《周书》、《周史记》,又称《汲冢周

---

① 戴逸《关于河洛文化的四个问题》,《寻根》1994 年第 1 期。
② 许智银《诗经中河洛地区民情风俗研究》,《河南科技大学学报》(社会科学版),2004 年第 1 期。
③ 郭预衡主编《中国古代文学史》(一),上海古籍出版社,1998 年。
④ 郭预衡主编《中国古代文学史》(一),上海古籍出版社,1998 年。

书》,亦多记河洛间人物、事件及传说,如《太子晋》、《克殷》等。鲁迅先生称此数篇曰:"记述颇多夸饰,类于传说,余文不然。"①可见《逸周书》中所记河洛地区之事,多用奇幻之笔,颇如小说家言,这与其他篇目有着明显之不同,对后世虚构文学有着重要的影响。另外《国语》中的《周语》、《郑语》和《战国策》中《东周》、《韩》的诸多篇章,也都以河洛地区的人物事件作为记述的对象。

诸子散文方面,春秋时期鹿邑人李耳在洛阳所完成的《道德经》(又名《老子》),哲理深邃,形象生动,文约意丰。它提出的"大象无形,大音希声"、"道法自然"、"信言不美,美言不信"、"能婴儿"等观点,对后世文学思想产生了极大的影响。宋人墨翟的言论多保存于《墨子》一书,其文尚实尚质,极富现实性与针对性。墨子提出了"文以害用"的主张及著名的"三表说",对后世影响甚大。在文体因革方面,《墨子》"已呈现出由'对话体'向'专论体'过渡的趋势",具有重要的承上启下的作用。② 宋人庄周紧步老子之后,追求精神的绝对自由与对现实的彻底超脱,所作多借寓言以说理,千态万状,迷离荒诞,恢诡谲怪,壮浪纵恣,不仅代表着先秦诸子散文的最高成就,而且成为后世浪漫主义的重要源头之一。郭沫若先生曾云:"秦汉以来的一部中国文学史差不多大半在他的影响之下发展。"③韩国公子韩非子的散文明切犀利,冷峻峭拔,条理严密,议论透彻。《韩非子》一书共有寓言三百多则,数量之多,诸子百家之中莫有能与之相比者。其"取情而去貌,好质而恶饰"的观点,对古代文学理论也产生了深远的影响。卫人吕不韦人相秦国,在秦统一之前编成了著名的《吕氏春秋》。该书思想驳杂,而长于议论说理。长期居于河洛地区的王诩著有《鬼谷子》,其书诡谲奇幻,别具一格。《战国策》中河洛士子苏秦、张仪说辞的明快犀利,铺陈壮大,对后世文学也影响深远。《列子》一书昔人多以为伪作,然今亦有学者证其非伪。其作者列御寇系郑国人。该书文辞颇类庄子,想象浪漫奇特,其中的大量寓言故事如朝三暮四、愚公移山、高山流水等至今仍脍炙人口。

① 鲁迅《中国小说史略》,《鲁迅全集》第八册,人民文学出版社,1963 年。
② 郭预衡主编《中国古代文学史》(一),上海古籍出版社,1998 年。
③ 郭沫若《庄子与鲁迅》,《郭沫若全集》文学编第 19 卷,人民文学出版社 1992 年。

二、秦汉至南北朝时期的河洛文学

秦世不文,而上蔡李斯堪称"唯一作家"①。其《谏逐客书》作于统一之前,富有文采,卓有远见。其石刻之文,"质而能壮"②,对后世碑志文学亦影响甚大。

汉代河洛名士辈出,文学成就斐然。以散文而论,颍川贾山、洛阳贾谊之文以史为鉴,铺陈壮大,畅所欲言,气势奔放,有"鸿文"之称。③ 颍川晁错之文则语言洗练,风格质朴,说理严密,深切实用,有"智囊"之誉。班固在洛阳完成了《汉书》,该书不仅是历史巨著,而且详密谨严,整饬富赡,成为继《史记》之后纪传文学的又一高峰。

汉代以辞赋为一代之文学,河洛则是汉赋最为兴盛的地域之一。贾谊有汉赋第一人之称。其赋想象之奇特,哲理之深邃,情感之伤悲,皆可见庄骚之风,有骚体赋之称。班固、张衡等在洛阳完成了《两都》、《二京》之作,辞藻赡丽,气势恢弘,为长篇大赋之典范。汉末张衡《归田》、蔡邕《述行》诸赋或直抒胸臆,或清新明快,为抒情小赋之开端。分封于河洛地区的梁孝王雅好辞赋,聚司马相如、邹阳、枚乘等著名赋家,诗酒流连,亦为汉赋创作之重镇,后世称之为"梁苑风雅"。

汉诗于河洛尤为钟情。最早的五言诗班固之《咏史》、最早的七言诗张衡之《四愁诗》均在洛阳诞生。张衡的《四愁诗》是"经过改造的骚体",借男女之情而寓有政治上的寄托,为此后"七言歌行的先声"④。标志着五言诗成熟的《古诗十九首》也多有诞生于洛阳者。

汉代洛阳还诞生了被称为中国小说家鼻祖的虞初。虞初著有小说《周说》,计943篇,尽管原书已失传,但虞初对小说的影响却不可低估。张衡在《西京赋》中就说道:"小说百家,本自虞初。"后世更常有以虞初为小说命名的,如《虞初志》、《续虞初志》、《虞初新志》等。另外,颍川褚少孙虽以史学家名世,然其所补《史记》其实有着强烈的文学色彩。其中的一些传记作品颇类小说。如《滑稽

---

① 游国恩等《中国文学史》(一),人民文学出版社,1963年。
② 鲁迅《汉文学史纲要》,《鲁迅全集》第八册,人民文学出版社,1963年。
③ 鲁迅《汉文学史纲要》,《鲁迅全集》第八册,人民文学出版社,1963年。
④ 袁行霈主编《中国文学史》(一),高等教育出版社,2005年。

列传》中著名的《西门豹治邺》,情节曲折生动,人物形象鲜明,给人以深刻的印象。

　　魏晋时期,河洛文学大放异彩。建安、正始、太康三大文学高峰后先相继,各有其长。建安之世,"五言腾踊"(《文心雕龙·明诗》)。三曹七子或清峻通脱,或昂扬壮大,或慷慨悲凉,或辞采华艳,形成中国文学史上第一个诗歌高峰。正始文学转而曲折含混,所谓"诗杂仙心"(《文心雕龙·明诗》)。嵇康、阮籍或"发言玄远"(《晋书·阮籍传》),或"清新脱俗"[1],所谓"嵇志清峻,阮旨遥深"(《文心雕龙·明诗》)。迨至太康,诗风又变,"结藻清英,流韵绮靡"(《文心雕龙·明诗》)。三张二陆,两潘一左,各擅其长。陆才如海,其作"排沙简金,往往见宝"(《世说新语》);潘才如江,其作"烂若披锦,无处不善"(《世说新语》)。三张之中,张协最有诗名。其《杂诗》辞语清拔,一往情深。左思之作,"文典以怨"(《诗晶》),有"左思风力"之称。刘琨之作清刚悲壮,"雅壮而多风"(《文心雕龙·明诗》)。其他如石崇之辈又结金谷二十四友,诗酒流连,其诗歌竟占现存西晋文人诗歌之一半,实为后世文人结社之滥觞。诗文之外,魏晋河洛名流亦擅辞赋。曹植《洛神赋》风流妩媚,尤长于象征寄托,左思《三都赋》则博赡宏大,曾使得洛阳纸贵,被誉为大赋之极轨。

　　魏及西晋时期的洛阳为首都之所在,故建安、正始、太康群英多有外籍人士游宦或寓居河洛者。然以实际而论,河洛本籍文人亦灿若星河,如陈留阮籍、阮瑀、阮咸、蔡琰,汝南应场、应璩,颍川繁钦、钟繇、邯郸淳,弘农杨修,中牟潘岳、潘尼,洛阳郭象,南阳何晏,山阳王弼,河内向秀等。限于篇幅,其成就无法一一论列。

　　永嘉之乱,晋室南渡。东晋至隋,河洛才士流寓南方者不可胜数。其著名者有阳夏谢氏之谢灵运、谢朓、谢惠连、谢庄,颍川褚氏之褚渊、褚贲、褚翔、褚蚪,西华殷氏之殷仲堪、殷仲文、殷淳、殷芸,考城江氏之江淹、江洪,新野庾氏之庾肩吾、庾信,汝南周氏之周朗、周跟,另有顺阳范晔、舞阴范缜、上蔡干宝等等。诚可谓人人握灵蛇之珠,家家抱荆山之玉。东晋以来中国文化重心南移,南方文化崛起,河洛先辈开启之功,永不可没。

――――――――

[1]　游国恩等《中国文学史》(一),人民文学出版社,1963 年。

此际的河洛地区,则陷入长期战乱。十六国时期,河洛文坛,虽转而沉寂,然犹为当时北朝三大文学中心之一。[①] 至北魏统一北方,孝文帝迁都于洛,情况有所改观。孝文帝"才藻富赡,好为文章。诗赋铭颂,任性而作"(《魏书·高祖纪》)。在其倡导下,北魏宗室开始进行汉文创作,成为中国文学史上少数民族政权从事汉文学创作的开端。[②] 处于上升时期的这些少数民族的汉诗创作,将一种刚劲、向上的力量注入诗中,与南方当时的柔靡诗风迥异。在文章方面,河洛地区诞生了著名的《洛阳伽蓝记》,其骈散结合、以散为主的风格也与南方的骈文大异其趣。可以说,北朝以来的河洛文学以其刚健质朴与南方的绮靡雕琢恰成对比,也正是在二者的异质共构中,才形成了唐代文学的高峰。《隋书·文学传序》云:"暨永明、天监之际,太和、天保之间,洛阳、江左,文雅尤盛。……彼此好尚,互有异同。江左宫商发越,贵于清绮;河朔词义贞刚,重乎气质。气质则理胜其词,清绮则文过其意。理深者便于时用,文华者宜于咏歌。此其南北词人之大较也。若能掇彼清音,简兹累句,各去所短,合其两长,则文质彬彬,尽善尽美矣。"因此,作为北朝文学主体之一的河洛文学,对唐代文学高峰的形成有着重要的意义。

三、隋唐五代的河洛文学

隋初,南北文学交流虽较前代大为增强,然并未实现真正意义上的融合。文帝之世,南北文人、南北文风并存,河洛地区的文学与其他北方地区的文学一样,具有北朝以来的质朴真率、雄浑苍凉的特点。其代表作家是元行恭。公元604年,隋炀帝杨广即位,次年将都城迁往洛阳。隋炀帝喜好文学,本人亦为著名诗人,在他身边聚集了大量的文学侍从,洛阳成为当时文人的渊薮。由于炀帝喜爱六朝浮艳诗风,这些文人亦多来自南方,故洛阳诗风因之一变。他们的创作虽内容空泛,但辞采华美,对仗工整,对初唐诗风有着极大的影响。

伴随着中国古典文学高峰的到来,河洛文学也达到了其高峰,而且在构建唐代文学高峰的过程中起着极其重要的作用。有唐一代,河洛作家蔚起,不胜枚

---

① 周建江《北朝文学史》,中国社会科学出版社,1997年。
② 周建江《北朝文学史》,中国社会科学出版社,1997年。

举,今仅举荦荦大者。初唐有上官仪、上官婉儿、杜审言、沈佺期、宋之问、刘希夷、王梵志、玄奘、刘允济、元希声。盛唐有王湾、张说、祖咏、李颀、崔颢、张谓、岑参、杜甫、姚崇、陆据、畅诸、郑虔、萧颖士等。中唐有元结、贾至、沈千运、孟云卿、王季友、张彪、元融、刘长卿、孟郊、刘方平、李益、独孤及、李渤、李涉、梁肃、白居易、白行简、元稹、唐衢、张籍、王建、李绅、韩愈、吕温、卢仝、马异、韩拥、姚合、李贺、刘禹锡等,晚唐有李商隐、许浑、聂夷中等。至于流寓或宦游至河洛者,更是无法详考,著名者就有初唐杨炯、卢照邻、王勃、骆宾王、李峤、苏味道、崔融、陈子昂、武则天及其北门学士集团与珠英学士集团,盛唐李隆基及其《群书四部录》文人群体、李白、王维、孟浩然、綦毋潜、储光羲、卢象、王昌龄、高适、李华等,中唐韦应物、李端、戴叔伦、戎昱、卢纶、张籍、王建、裴度、皇甫湜、贾岛等,晚唐杜牧、薛能、皮日休、杜荀鹤、吴融、司空图、韦庄等。可以想象那时的河洛文坛是怎样一种云蒸霞蔚、气象万千的局面。

唐代河洛不仅作家众多,而且在各种文体上都有突出贡献。上述人物多以诗歌创作为主,然大都兼擅文赋。张说、元结、韩愈的散文,李商隐的骈文,白居易与刘禹锡的赋及文人词等在文学史上均有重要的地位,韩愈更被称为"文起八代之衰"的散文家,列唐宋八大家之首。至于小说,张说、白行简、元稹、袁郊等皆以传奇小说著称,而赵璘、郑处诲等则以笔记小说而见长。另外,玄奘的《大唐西域记》完全可作为长篇游记来读。

更为重要的是在唐代文学尤其是唐诗变革的每一步当中,几乎都有河洛文人的参与,充分体现出河洛文学的创新性特点。如上官仪、沈佺期、宋之问、杜审言与格律诗的定型,刘希夷对七言歌行的发展,张说对散文的改进及其"第一个大力创作传奇的作家"之地位[①],杜甫的注重人工锤炼、以议论为诗、以散文为诗的方法及"即事名篇,不复依傍"的乐府诗创作,元结的小品性散文及游记文,白居易的通俗诗派,元稹的自传体传奇,白居易和刘禹锡的次韵唱酬诗及文人词创作,韩愈的古文运动及李贺等人的险怪诗风等。因此可以说,没有河洛作家的参与,所谓的唐代文学高峰就不可能出现。

五代时期,首都在洛阳与开封之间摆动。然而由于战乱不休,武夫出身的统

---

① 乔象锺、陈铁民主编《唐代文学史》(上),240页,人民文学出版社,1995年。

治者又多不重文,故虽在后唐明宗及后周时期有所改观,但此际河洛文学的成就总体而言仍不如偏安南方的南唐、西蜀。其时河洛地区主要的诗人有滑州郑邀,其诗能上承初、盛唐诗歌传统,质朴劲健。笔记文学方面则出现了洛阳刘崇远的《金华子》。该书广录唐末五代社会杂事,"其中于将相之贤否,藩镇之强弱,以及文章吟咏,神奇鬼怪之事,弥所不载,多足与正史相参证"①,对了解唐末社会政治风貌、民俗风情、作家行事等颇有参考价值。

四、宋元明清的河洛文学

宋代,河洛文学再度繁荣,而洛阳则堪称北宋文学的一个中心。北宋初期,诗坛上主要有三大流派:白体、西昆体、晚唐体。他们与河洛地区皆有密切的关系。晚唐体宗法贾岛、姚合,以描写山林风物见长。陕州诗人魏野是其最具代表性的两大诗人之一,洛阳种放亦为晚唐体作家。白体则学白居易,务为浅切,平易晓畅。洛阳张齐贤即为其中重要的一位诗人。西昆体则效法李商隐,讲究辞采和用典,是一种馆阁诗体。西昆体的主将钱惟演,于天圣年间任西京留守,在其周围形成了一个庞大的文人群体。北宋中期著名的古文运动也以洛阳为其发祥地。欧阳修进士及第后任西京留守推官,当时谢绛为通判,尹洙知河南府伊阳县,梅尧臣任河南县主簿。在西京四年期间,欧阳修还与尹洙之兄尹源、富弼等人结为诗友,形成了著名的西京幕府文人集团。他们共同倡导诗文革新,掀起了著名的诗文革新运动。在这一文人集团中,尹洙、尹源及富弼皆为洛阳人,而尹洙堪称古文运动的先驱之一。宋神宗熙宁四年(1071),司马光因反对王安石变法,自请外任,以西京留守退居洛阳。他在洛阳居住长达十五年之久,营建独乐园,专力编著《资治通鉴》。其后,文彦博留守西京,仿唐代白居易香山耆老会之故事,在洛阳组织了洛中耆英会、五老会、同甲会等。参与者皆为在职或致仕之官吏。其中耆英会中富弼、王尚恭、王谨言、楚建中等人皆为洛阳诗人。司马光亦参加了耆英会的活动,并于元丰六、七年间与范纯仁等组织真率会。这些众多诗社的成立,使洛阳又一次成为全国诗文创作的一个中心。理学家邵雍也徙家于洛阳,与富弼、司马光、吕公著等经常赋诗唱和,并与二程兄弟多有交往,邵雍

---

① 永瑢等《四库全书总目提要》,卷140。

提倡快乐诗学,《击壤集》可以说便是他"吟自在诗,饮欢喜酒"、"为快乐人"的闲适生活之写照。《道藏提要》以为"宋人多于诗中言哲理,其源导自邵雍",可见他对宋诗影响之大。二程为理学家而不废文学。程颢之诗尤其著名。其诗多写闲适、快乐之心境,以及发掘平凡生活之中所蕴含的至理。风格以平淡、自然为主,典雅而不失清新活泼之趣,平淡之中有哲理,简朴之中有华丽。受传统儒家诗教温柔敦厚说的影响,其诗也强调中和之美,然因其有着理学家特有的担当意识与开阔胸怀,其诗歌与当时主要的两种抒情风格婉约、豪放均不相同,而是体现出别一种风调:雍容中和。著名的《千家诗》不仅以其《春日偶成》压卷,还选其《郊行即事》、《偶成》、《题淮南寺》、《游月陂》、《秋月》等诗作,从而"使程颢在宋代以后成为最广为人知的理学诗人"①。可以说,二程不仅创立了作为中国封建社会后期统治思想的理学,而且他们确立了宋代之后理学诗人的风雅范式。

北宋后期洛阳政治文化地位虽有所下降,然居官或流寓之著名文人仍非常之多。苏门四学士之一的张耒任寿安县(今宜阳县)尉,而李清照之父李格非则著有《洛阳名园记》,借诸多名园的兴废盛衰,感叹国家之治乱,得出了"洛阳之盛衰,天下治乱之候也"的结论。他主张为文要"诚",文笔简洁而情感真挚,颇为后世所推崇。

作为首都的开封同样是文学创作的中心。苏舜钦为北宋中期开封著名文学家,积极参与了欧阳修领导的诗文革新运动,其诗以豪放为主,"超迈横绝"(欧阳修《六一诗话》)。北宋后期,开封诗人江端之、王直方皆列入江西诗社宗派图,均有一定影响。王直方的《王直方诗话》也是颇有价值的宋代诗话著作。作为首都,欧阳修、苏轼、王安石、司马光、曾巩、黄庭坚、周邦彦、李清照等著名的文人都曾长期生活于此,留下了大量的诗词作品。尤其重要的是开封俗文学的兴盛。在当时的勾栏、瓦肆里,活跃着大量的民间艺人,唱赚、诸宫调等说唱艺术的最早记载均可追溯到开封。开封尤与杂剧的兴起密切相关,被称为"中国戏剧的摇篮"②。

汴洛两地之外,河洛地区重要的作家主要有共城(今辉县)贺铸、禹州曹组,

---

① 王利民《濂洛风雅论》,《文学遗产》,2006 年第 2 期。
② 徐朔方《金元杂剧的再认识》,《中华文史论丛》第 46 辑,上海古籍出版社,1990 年。

二人皆以词著称:贺铸为宋词大家,其词悲壮与盛丽兼而有之,与秦观、周邦彦等齐名。曹组之词则以侧艳和滑稽著称,其谐谑之词曾使闻者绝倒。以滑稽下俚之词得名于世者,有宋一代莫出其右。

　　南渡之后,河洛地区的作家数量众多,构成了南宋文坛上一支极其重要的力量。南渡之初,诗坛上以江西诗派最为盛行,其主要人物为吕本中、曾几、陈与义、韩驹,他们皆与洛阳有着密切关系。吕本中祖籍洛阳,后迁寿州(今安徽寿县)。曾几、陈与义皆洛阳人。韩驹祖籍四川眉山,徙居汝州。南渡的其他重要诗人还有尹焞、李处权等人。南渡初期的词坛,河洛作家以朱敦儒、陈与义最为著名。岳飞一生金戈铁马,然其《满江红》一词亦足以使其跻身词史。而南渡初期洛阳邵伯温著有笔记小说集《河南邵氏闻见录》,其不少篇目亦"皆寓麦秀、黍离之悲"[1]。这些河洛作家大都有着强烈的爱国情感,构成了南宋爱国文学中绚丽的一页。南宋晚期,开封词人史达祖又在曲折缠绵的低唱中表达着对故国的深沉情感。值得关注的是,"永怀河洛间,煌煌祖宗业"(陆游《登城》),河洛地区在南宋文学中,已经成为了华夏的祖源之地的象征,成为了寄托爱国情感最为重要的载体。

　　金元以降,随着政治文化中心的移出,河洛文学难以再现昔日的辉煌。然而其间亦有卓然值得称道者。如元代姚燧,诗文散曲俱佳,有元文第一之谓。明代弘治、正德年间,以河洛诗人李梦阳、何景明及王廷相等人为首的前七子,倡言"文必秦汉,诗必盛唐",以反对当时台阁体之冗沓与茶陵派之萎弱,天下翕然从之,俨然为一代文坛宗主。清初侯方域的散文被推为第一,名列清初三大家之首。李海观的巨著《歧路灯》为中国古代最为著名的教育小说,被誉为"一部描写十八世纪中国封建社会生活的百科全书式的作品"[2]。新安吕氏文学世家自明末至晚清,绵延达数百年之久。总起来说,元明清三代的河洛文学有着较浓厚的正统观念,虽成就不如以前,但仍在中国文学史上有着一定的地位。

五、河洛文学的特点

　　综观河洛文学的发展历程,河洛文学有着鲜明的个性特点:

---

① 永瑢等《四库全书总目提要》,卷141。
② 郭预衡主编《中国古代文学史》(四),上海古籍出版社,1998年。

（一）乐观向上而又坚忍顽强的精神

天下之中的独特位置，长期的政治经济与文化中心，使河洛地区的文学充溢着乐观向上的精神。这种精神有着远绍远古夸父逐日的豪迈精神之处，但更多自匀是来自正统地位的自豪。王湾于岁暮腊残、客居异乡之时，写出了"海日生残夜，江春人旧年"《次北固山下》的豪迈诗句，被誉为盛唐气象之先声。刘禹锡一生屡受打击，但壮怀不减，留下了"沉舟侧畔千帆过，病树前头万木春"（《酬乐天扬州初逢席上见赠》）的惊警之句，表达了豁达乐观的襟怀。

但战乱与灾害，又始终伴随着河洛地区的人民。中原历来是兵家必争之地，所谓得中原者得天下，历来统治者无不逐鹿中原，以致史家为之深沉感叹："若问古今兴废事，请君只看洛阳城。"（司马光《过洛阳故城》）因此抒写民生之多艰，表达生命之坚韧也成为了河洛文学的一大特色。无论是《愚公移山》中老愚公"虽我之死，有子存焉；子又生孙，孙又生子；子又有子，子又有孙。子子孙孙，无穷匮也。而山不加增，何苦而不平"（《列子》）的朴实之语，还是白居易"野火烧不尽，春风吹又生"（《赋得古原草送别》）的哲理之句，都典型体现了河洛文学的这一特质。

（二）正统观念与中和之关

河洛为儒学原始之地，儒家六经，多源于此。故尊儒敬礼，为一重要地域文化特色，其浸淫于文学，亦极深极广；《诗经》雅颂之乐，多产于此。东汉班固评论汉赋，以正统儒家观念为指归。至于魏晋名士嵇阮之类虽多放诞之言行，其实际乃以此而对抗司马集团的假名教，其心灵深处所维持的仍然是儒家的正统观念。他们的行为方式深深影响了唐代有异儒之称的元结。至于杜甫一生实践儒家忠义仁孝之思想，更被视为儒家品格的典型体现者。至韩愈更以"抵排异端，攘斥佛老"（《进学解》）为己任，创立儒家道统。至宋代，二程在继承吸收韩愈道统思想的基础上，进一步创立了理学，使儒家的神圣地位得以巩固。清人戴震对韩愈、二程之功评价甚高，其《绪言》云："孔子以后，异说纷起，能发明孔子之道者，孟子也；卓然异于老聃、庄周、告子而为圣人之徒者，韩子也；尝求之老、释，能卓然觉悟其非者，程子、张子、朱子也。"（戴震《戴震全书》卷六）至元明清三代，河洛遂成为理学名区。以文学而言，李绿园的《歧路灯》在明清商业大潮的冲击之下，哀叹儒家伦理之沦丧，以正统观念引导世人走正路，成为一部典型的宣扬儒家思想之作。

由于儒家在文学观念上提倡中和之美,所谓"乐而不淫,哀而不伤"(《论语·八佾》),因此强调中和之美成为恪守儒家正统观念的河洛文学的一大审美特点。也就是说,大多数作家都能够注意对立两极之关系,而取其中和之美。如韩愈既强调"唯陈言之务去",又要求"文从字顺(《樊绍述述墓志铭》)、"合乎自然语气"①。而元代姚燧之文则被称为:"豪而不宕,刚而不厉。"(《元史·姚燧传》)

当然儒家的正统观念一定程度上束缚了河洛文学的发展,淹没了作家的个性,使部分作家的作品流于平庸。但是一些优秀的作家总是能够突破这些局限,以其鲜明的个性而著称于文坛。如李贺之幽峭冷艳、奇谲险怪,韩愈的汪洋恣肆、雄奇奔放等皆如此类。

(三)巨大的包容性

河洛地区经常是各种文体、各种文学思潮、各种文学风格和谐共生之地。竹林七贤个性各异,建安七子、宋初三种诗体在洛阳的交会、唐代元白通俗诗派韩孟险怪诗派的主要代表人物及两派的主要阵地均在洛阳一带。宋代诗文革新运动与西昆体,都以洛阳作为阵地。具体到河洛作家身上,其文学思想及创作实践中也表现出强烈的兼容性。如韩愈虽大力提倡古文,然亦大力创作骈文;一生虽极力排佛排老,然又融儒释道为一体。李梦阳虽因复古过甚而被讥,然其"真诗乃在民间"之主张又为人所称扬。这种巨大的包容性,主要是因为河洛地区是中国古代民族融合、中外文化交流最主要的地区,同时又是各种文化思潮产生、交融最为主要的地区。中国古代的学术文化大抵都于此产生,而外来文化,也往往于此而首传。如儒学原始于此,道家、墨家与法家皆首创于此,佛学首传于此,玄学与理学皆开辟于此。如此带来了河洛地区思想的芜杂,从而也赋予这一地区的思想以巨大的张力,使河洛地区长期处于中国古代文化最发达、最活跃的地位。

(四)创新性与先导性

由于河洛处于中华文化的中心地域,因此他在中国文学史上长期处于先导

---

① 游国恩等《中国文学史》(二),人民文学出版社,1963年。

地位。且不说夏商周三代之文学基本上以河洛为主体，就是其后文学史上文体之创新及文学思想的新变，也与河洛密切相关。如五言诗的雏形为梁鸿在洛所作之《五噫歌》、最早的七言诗为张衡在洛阳所作的《四愁诗》、最早的完整的七言诗为曹丕在洛阳所作的《燕歌行》、最早的小说家为洛阳人虞初、最早的文论为曹丕在洛阳所作的《论文》、最早的骚体赋作家为洛阳人贾谊等。至于抒情小赋的出现、沈宋等人与格律诗的定型、杜甫与诗歌风格之改变、李贺的象征手法、元白的新乐府运动、韩愈的古文运动、欧阳修的诗文革新运动、宋代俗文学的产生、明代文学复古运动等亦多发端或兴盛于河洛大地。历史上在河洛地区或由河洛地区诗人创立的诗体、河洛文人参与或在河洛创立诗派之多，令人目不暇接。著名的就有上官体、沈宋体、元次山体、少陵体、长吉体、义山体、武功体、元和体、长庆体、白香山体、简斋体、晚唐体、西昆体、建安七子、竹林七贤、山水田园诗派、边塞诗派、大历十才子诗派、韩孟诗派、元白诗派、江西诗派、七子派等等。

（五）浓厚的乡土意识与爱国情怀

河洛长期为政治文化中心，故河洛士人对故乡有着强烈的荣耀感，一旦离开故土，对故乡便有着强烈的思念之情。另一方面，异方之人或游于河洛，或仕于河洛，或羁于河洛，在其悲欢离合之际，故乡亦成为其精神之慰藉，思乡之情也难免发之于诗文。因而抒写思想之情便成为河洛文学的一大母题。仅以唐代为例，河洛文学中的思乡之作便多有杰作。河洛人士至异乡而思念故乡之作著名者如王湾的《次北固山下》、杜审言《春日京中有怀》、张说《蜀道后期》、杜甫《闻官军收河南河北》等，异地之人在洛而思故乡者则以李白《春夜洛城闻笛》最为著名。

当遭受外来侵略，国破家亡之时，这种思乡之情便升华为一种强烈的爱国情感。如南宋洛阳诗人陈与义著名的诗歌《牡丹》：

> 一自胡尘入汉关，十年伊洛路漫漫。青墩溪畔龙钟客，独立东风看牡丹。

诗虽短小，但却将家国之思交织在一起，非常感人。他所作的《临江仙》一词也表达了同样的情感：

忆昔午桥桥上饮,座中多是豪英。长沟流月去无声。杏花疏影里,吹笛到天明。　　二十余年如一梦,此身虽在堪惊。闲登小阁看新晴。古今多少事,渔唱起三更。

值得注意的是一些籍贯虽非河洛的人士,因河洛的特殊地位,在涉及河洛的文学题材中,也通过河洛而寄托爱国之情。如陆游《登城》诗云:"永怀河洛间,煌煌祖宗业。"在《天彭牡丹谱》的结尾,他又以天彭牡丹联想洛阳牡丹,并云:"天彭之花,要不可望洛中,而其盛已如此!使异时复两京,王公将相筑园第以相夸尚,予幸得与观焉,其动荡心目又宜何如也?"俨然已将河洛视为故国之象征。

(六)忧患意识与担当精神

就主题而言,河洛文学最受人关注的便是忧患与担当精神。如前所述,河洛地区的灾难、河洛地区的战争使人们在对一次次历史兴衰的审视中产生深刻的历史感叹,亦使人们在亲身经历的一次次磨难中挣扎与煎熬。另一方面,作为帝京之所在,河洛地区又是劳役繁重、贫富悬殊、政治矛盾集中之地。故河洛文学中大多数的作品都表现出对历史的反思与对现实的关注,始终有着黍离麦秀之悲、铜驼荆棘之恨。汉初贾谊,或借鉴历史,或剖析现实,表达了对国家前途、民生疾苦的深切关怀。其《陈政事疏》云:"臣窃惟事势,可为痛哭者一,可为流涕者二,可为长太息者六,若其他背理而伤道者,难遍以疏举。进言者皆曰天下已安已治矣,臣独以为未也。曰安且治者,非愚则谀,皆非事实知治乱之体者也。夫抱火厝之积薪之下而寝其上,火未及燃,因谓之安,方今之势,何以异此!"至今读之,仍发人深思。唐代杜甫一生致力于"致君尧舜上,再使风俗淳"(《奉赠韦左丞丈二十二韵》),战乱之中漂泊天涯,一无可依,仅有的茅屋为秋风所破,却高唱着:"安得广厦千万间,大庇天下寒士俱欢颜,风雨不动安如山!呜呼!何时眼前突兀见此屋,吾庐独破受冻死亦足!"(《茅屋为秋风所破歌》)李贺体弱多病,却发出"男儿何不带吴钩,收取关山五十州"(《马诗》)的呐喊。白居易反对嘲风弄月之作,提出"文章合为时而著,歌诗合为事而作"(《与元九书》),诗歌应"惟歌生民病"(《寄唐生诗》),"但伤民病痛"(《伤唐衢》其二),要"为君为臣为民为物为事而作"(《新乐府序》)。元稹早年就有同样的志向:"忆年十五学构厦,有意盖覆天下穷。"(《酬郑从事四年九月宴望海亭次用旧韵》)又畅言:"达则济亿兆,穷亦济毫厘。济人无大小,誓不空济私。"(《酬别致用》)他们所倡扬的现实主义精神,成为后世河洛文学的优良传统。

毫无疑问,相对于丰富多彩的河洛文学,这里的概括显得极其单薄。作为中国传统文学发祥地和主要发展地区的河洛文学,深刻地影响着整个中国文学的风貌。尤其是伴随历代战乱而形成的河洛人民的移民活动,更将河洛地区的文学传播到了新的移入地。至于河洛移民相对集中且坚守着河洛地区风俗文化的闽南人及客家人的文学更可视为河洛文学的一个支脉。本书也正是从这个角度上来审视闽台文学的。

第二节　福建文学

一、河洛移民与闽地诗文之发轫

唐代以前福建文学乏善可陈。见于魏晋南北朝文献的仅有干宝《搜神记》中的《李寄斩蛇》、陶潜《搜神后记》及任昉《拾遗记》中"白水素女"的传说。游宦于斯之文人不仅数量寥寥,而且除河洛文人江淹之外,文名皆不著。江淹(444—505)字文通,济阳考城(今河南省兰考县)人。南朝著名诗人、辞赋家,以《恨赋》、《别赋》而著称于世。于宋元徽二年(474)被贬为建安吴兴县(今福建省浦城县)令,至升明元年(477)召回,在福建共三年时间。其间有《闽中草木颂十五首》、《渡泉峤出诸山之顶》、《仙阳亭》、《游黄檗山》诸作,皆歌咏闽地山川风物之胜,不乏佳作,被称为"闽中最早的优秀篇章"[①]。如《游黄檗山》其二云:"金峰各亏日,铜石共临天。阳岫照鸾彩,阴豁喷龙泉。"惜闽地当时人文风化尚迟,故江淹生花之妙笔,在当地并没有产生什么影响。直到唐代前期,"福建还被称为南蛮地带","没有出现一个足以称道的文学家"[②]。

高宗、武后之世,陈政、陈元光入闽。陈元光作为一代儒将,深知"兵革徒威

---

① 徐晓望主编《福建通史》第一卷,福建人民出版社,2006年。
② 徐晓望主编《福建通史》第二卷,福建人民出版社,2006。

其外,礼让乃格其心"(陈元光《请建州县表》)①,故入闽之后在大力发展经济的同时,大兴庠序。他在州郡职官中设专司教育的"文学"一职,主持乡校事宜,并在漳南唐化里创办松州书院,"这是全国最早创办的书院之一"②。这些措施一方面大范围提升了闽地人们的文化水平,也使得中原文化在此得到了第一次大规模的传播。不仅如此,陈元光本人亦是一名颇具才气的诗人,经常与部将在浦南唐化里搭起的草棚中赋诗唱和,以致此地获得了"诗棚"的雅称,并沿袭至今。陈元光所著《龙湖集》共有五、七言诗 50 多首,虽有一些可能是后人假托,但大部分作品还是可信的。这些诗歌记录了作者征战的艰辛历程,抒发了将士以身报国的豪情,描绘了闽南的风土人情及自然风物,同样也表达了将士思乡的愁苦之情。从题材而言,这些诗歌不仅将同时代的宫廷诗人的兴趣移到了边塞,而且由于其地域的特殊性,堪称我国"最早一部南方边塞诗诗集"③。就风格而言,这些诗歌与高宗、武后时期宫廷诗人的典雅精致、雕琢柔媚迥异,清新刚健,豪放质朴。因此陈元光的诗歌题材与风格均与初唐四杰大致相同,"已经不自觉地捕捉住了盛唐之音所要求的诗歌特质"④,可以说是"盛唐之音的前奏曲"⑤,在唐诗的转型中有着重要的意义。陈元光部属中能诗且有诗作传世者,尚有副使许天正(豫州汝阳,今河南省汝南人)、丁儒(光州固始,今河南省固始县人),皆为河洛地区的文士。丁儒诗仅存二首,其《归闲二十韵》不仅写出了当时闽地开发之后人们安居乐业的状况,而且还写出了各族人民和睦相处的情形,堪称难得的风俗画与珍贵的史料。诗曰:

　　漳北遥开郡,泉南久罢屯。归寻初旅寓,喜作旧乡邻。好鸟鸣檐竹,村黎爱慕臣。土音今听惯,民俗始知淳。烽火无传警,江山已净尘。天开一岁暖,花发四时春。杂卉三冬绿,嘉禾两度新。俚歌声靡曼,秫酒味温醇。锦

---

① 《全唐文》卷 164,上海古籍出版社,1990 年。

② 何池《论陈元光开发建设漳州的业绩》,《漳州师范学院学报》(哲学社会科学版),2002 年第 4 期。

③ 何池《论陈元光开发建设漳州的业绩》,《漳州师范学院学报》(哲学社会科学版),2002 年第 4 期。

④ 程彦霞《试论陈元光的战争诗的内容和艺术特色》,《安徽文学》,2006 年第 12 期。

⑤ 郭丽平《〈龙湖集〉诗风初探》,漳州师范学院学报(哲学社会科学版),2006 年第 2 期。

苑来丹荔,清波出素鳞。芭蕉金剖润,龙眼玉生津。

正是在陈元光等河洛文人的影响下,唐代福建文化开始逐渐发展起来。至中晚唐时期,福建的文人已经小有规模。据《闽中名士传》载,其时名士有 50 名。① 其中最著名者当属闽南人欧阳詹。欧阳詹(7557—8007),字行周,居晋江潘湖,就学于泉州。唐德宗贞元八年(792)与韩愈、贾棱、李观、李绛、崔群等名士同榜进士,时人称为"龙虎榜"。有《欧阳行周文集》10 卷。欧阳詹出身于世代奉儒守官之家,深受中原文化之熏陶,在文学上则追随韩愈等人,是当时古文运动的积极参与者。韩愈以为他的文章"切深,喜反复,擅自道"(韩愈《欧阳生哀辞》),《四库全书总目提要》亦称其文"实有古格,在当时篡组排偶者上"②。欧阳詹虽惜享年不永,未能大成,然对中原文化在福建的传播厥功甚伟,影响深远。朱熹为泉州祭祀欧阳詹的不二祠撰联曰:"事业经邦,闽海贤才开气运;文章华国,温陵甲第破天荒。"③明人蔡清《欧阳行周先生文集序》称:"闽人登进士第自欧阳詹始……自是闽士始知所向慕儒风,日以振起,相师不绝。迤逦至于杨龟山、李延平辈,分河洛之派授之朱子,而正学大明,道统有归,吾闽遂称海滨邹鲁矣。"④对其在福建文学乃至河洛文化在福建传播中的拓荒作用可谓推崇备至。

至唐末五代,随着河洛移民的大量拥入,加之三王等人大兴文教,闽地文学开始兴盛。

至三王时代,政治安定,经济繁荣,"三十年间,一境晏然"(《旧五代史》卷 134《王审知传》)。尤其是王审知在安抚文士、重儒兴教、搜罗文献之余,兼重文学,好尚文艺。一方面设招贤馆、招贤乡广为延揽入闽文人,另一方面又吸收闽地文人,使其仕宦,对南北诗人,兼收并蓄。这就不仅促进了教育的普及,提高了

---

① 徐晓望主编《福建通史》第二卷,福建人民出版社,2006 年。
② 永瑢等《四库全书总目提要》,卷 150。
③ 王春庭《缦胡之缨,化为青衿——欧阳詹与中原文化》,《漳州师范学院学报》(哲学社会科学版),2006 年第 3 期。
④ 蔡清《蔡文庄公文集》,卷 3,清乾隆七年刻本。

闽地人们的文化水平，而且形成了"一个由本土与异地文人组成的治政群体"①。在当时中原战乱不休的情况下，闽地清明的政治及王氏的重文政策不仅给已经入闽的文人以优越之感，而且对北方人也产生了极大的吸引力，因而福建成为当时文人渊薮之一。可以说正是王审知等人的努力，才使福建文学开始走上发展之路。故后人赞之曰："十国文物，首推南唐、西蜀，闽则韩、黄、翁、徐诸子，连茵接轸。"②将闽地文学与十国当中文学最为繁盛的南唐西蜀并称，足见福建文学崛起之速。据统计，唐末五代有著作的闽地作家及入闽定居的北方名士的作家共有 41 人，作品达 64 部，计 583 卷之多。③

当时入闽的河洛士人及其后人，多能诗歌。以王室而论，有王审知侄王延彬、孙王继勋等。王延彬（886—930），王审邽子，"雅能诗，辞人禅客谒见，多为所屈"（《全五代诗》卷 75）。曾建招贤院礼遇北方文人，并建云台、凤凰、凉峰三座别馆，作为文友聚会、诗酒唱和之地。《全唐诗》卷 763《王延彬》传云："时中原人士杨承休、郑璘、韩偓、归传懿、杨赞图、郑戬等皆避乱入闽，依审邽，审邽振赋以财，遣延彬作招贤馆礼焉。""而闽中诗人徐寅、郑良士、倪曙、陈乘、陈郯等皆为其幕客，而禅门中人省澄、慧棱、道溥、文超等人亦常与其聚会唱和。"④由官家招贤馆而至私人幕府，由中原士子而至闽地学人乃至释子，在王延彬身边由此而形成了一个数量非常可观的诗人群体，这在闽地历史上堪称破天荒之事。王延彬的诗内容比较单一，多写自我心境。如《春日寓感》云：

> 两衙前后讼堂清，软锦披袍拥鼻行。雨后绿苔侵履迹，春深红杏锁莺声。因携久酝松醪酒，自煮新抽竹笋羹。也解为诗也为政，侬家保似谢宣城。

全诗格调不算太高，然写太平官吏之心境及生活，亦颇有趣味。《哭徐寅》云："延寿溪头叹逝波，古今人事半销磨。昔除正字今何在，所谓人生能几何？"

---

① 林拓《从化外之地到两个文化带的相继发育—宋代以前福建文化地域格局的演变》，《中国历史地理论丛》2001 年第 1 期。

② 郑方坤《全闽诗话》，《例言》，文渊阁四库全书本。

③ 徐晓望主编《福建通史》第 1 卷，福建人民出版社，2006 年。

④ 贾晋华《五代泉州诗坛》，《厦门大学为学报》（哲社版），1993 年第 3 期。

虽朴实明白,然自有一往情深之感。王审知诸孙中,王继勋亦擅诗,但今仅存
《赠和龙妙空禅师》一诗。诗中有云:"只栖云树两三亩,不下烟萝四五年。猿鸟
认声呼唤易,龙神降伏住持坚。"写世外景致,世外心态,亦令人悠然向往。

关于当时投奔王审知的中原文士之情况除前引《全唐诗》王延彬小传所载
之外,尚有如下记载。一是《新五代史》卷68《闽世家》云:"审知虽起盗贼,而为
人俭约,好礼下士。王淡,唐相溥之子;杨沂,唐相涉从弟;徐寅,唐时知名进士,
皆依审知仕宦。"二是明人吴源《莆阳名公事述》云:"况蕴藉文采,为时推重,中
朝士大夫若常侍李洵、翰林承旨韩偓、中舍王涤、补阙崔道融、大司空王标、吏部
夏侯淑、司勋员外杨承休、御史王拯、弘文馆直学士杨赞图、馆阁校勘王倜归、集
贤校理傅懿,莫不浮荆襄吴楚,交集于闽。"①三是陈衍《福建通志·文苑传》载:
"中州若李绚、韩偓、罗隐、王滁、崔道融、王标、夏侯淑、王拯、杨承休、杨赞图、王
倜归、傅懿避地于闽者,悉主于滔。"综合以上各说,除去其中先世已经入闽籍的
黄滔、徐夤等人,再加上任职于王氏手下的能文之士,我们考得共有杨承休、郑
璘、韩偓、杨赞图、郑戬、王淡、杨沂、李洵、王涤、崔道融、王标、夏侯淑、王拯、杨赞
图、罗隐、翁承赞、杜袭礼、郑良士等。其中的大多数皆来自今河南境内。他们于
此地诗酒唱和,扬风疙雅,启沃闽地文学之功可谓大矣。

除闽南之外,中原文人此际的影响尚及于闽地其他地域。此虽不如闽南集
中,然其杰出者于当地文学亦甚有影响。如中原文入闽北南唐者以江为最为著
名。江为(约950年前后在世),宋州考城(今河南省兰考县)人,避乱而徙家于
建阳(今福建省建安市)。《江南野史》卷8记其生平曰:"江为者,宋世淹之后。
先祖仕于建阳,因家焉。世习儒素,少游庐山白鹿洞,师事处士陈贶,酷于诗句二
十余年,有风雅清丽之能,时已诵之。……初嗣主南幸落星渚,遂游白鹿国庠。
见壁上题一联云:'吟登萧寺旐擅阁,醉倚王家玳瑁筵'。乃谓左右曰:'吟此诗
者大是贵族矣'。于是为集,时辈慕重。因兹傲纵,谓可俯拾青紫矣。"据《唐才
子传》,江为有诗集一卷,惜今散佚,仅存诗八首。江为诗虽存世不多,然从仅存
的诗中却可以看出其诗内容丰富,风格亦极其多样。有清逸流丽者,如宋诗人林
逋咏梅名句"疏影横斜水清浅,暗香浮动月黄昏"即从其"竹影横斜水清浅,桂香

---

① 方宝璋、方宝川《闽台文化志》,上海人民出版社,1998年。

浮动月黄昏"化来。有深沉惊警者,如《隋堤柳》:"锦缆龙舟万里来,醉乡繁盛忽尘埃。空余两岸千株柳,雨叶风花作恨媒。"洛阳人黄子棱字元威,五代时随父入闽,居建阳东观山。人宋,累官至侍御史。曾筑亭以望其父(考)墓,因名望考亭,简称考亭。考亭之名即由此而来。其诗虽多佚,然《望考亭》一诗则流播甚远:

> 青衫木笏尚初官,未老金鱼是等闲。世上几多名将相,门前谁有此溪山。市楼晚日红高下,客艇春波绿往还。人过小桥频指点,全家都在画图间。

五代后期,詹敦仁、詹琲父子最为著名。詹敦仁(914—979)字君泽,号清隐。祖父詹缵随王审知由固始入闽,任前锋兵马使,后退居仙游县。敦仁幼受家学,早岁上书劝闽王王昶人贡朝廷。王昶请他参决军机大事,坚辞不就。南唐灭闽,曾任清溪县(今福建省安溪县)令,为政其间,德惠居多,重视文教,卸任后卜筑城西佛耳山定居,名其宅曰"清隐",有《清隐堂集》、《清禅集》等行世。詹敦仁为当时闽地著名文人,其诗与郑缄的文、林滋的赋被称为"闽中三绝"。其诗今仅存6首,内容一是表达隐居的志趣,一是表达对国家统一的向往,而后者尤值得关注。如《劝王氏人贡,宠予以官,作辞命篇》:

> 争霸图王事总非,中原失统可伤悲。往来宾主如邮传,胜负干戈似局棋。周粟纵荣宁忍食,葛庐频顾谩劳思。江山有待早归去,好向鹤林择一枝。

詹琲(生卒年不详),敦仁次子,号年德居士。一生行事与其父相似,曾劝陈洪进纳土归宋,并代撰《献地表》。一生无意功名,陈洪进归宋后曾荐之于朝,坚辞不受,归隐凤山,时人称他为"凤山山人"。詹琲当时甚有诗名,既有感慨激愤之作,亦有洒然出尘之思。惜诗集已佚,今仅存诗数首。其《永嘉乱,衣冠南渡,流落南泉,作忆昔吟》颇见故国之思。诗云:

忆昔永嘉际,中原板荡年。衣冠坠涂炭,舆辂染腥膻。国势多危厄,宗人苦播迁。南来频洒泪,渴骥每思泉。

前代入闽的河洛人后裔,亦是闽地文学的重要力量。其中当时最为重要的闽地作家即为前代河洛人后裔黄滔。

黄滔(840—911)字文江,莆田城内前埭(今福建省莆田市荔城区东里巷)人,乾宁二年(895)进士,光化二年(899)授国子四门博士,天复元年(901)迁监察御史里行,充威武军(今福州)节度推官,辅佐王审知治闽。为西晋末年入闽的中原八姓之一黄姓后裔。黄滔在政治上力劝王审知不称帝。当时北方入闽之文人,亦多依之。据前引陈衍《福建通志·文苑传》所载,可知黄滔实际上成为当时福建的文坛盟主,为闽地风雅之所归。他常与这些北方流寓文人和诗论文,使闽地文风为之大振。有《黄御史集》10卷,附录1卷。他又将闽人自唐高祖至唐昭宗近300年间诗作辑录为《泉山秀句集》30卷。此为福建的第一部诗歌总集,惜已散佚。

黄滔为"开启了闽中文学批评之风"的人物①。针对晚唐的清丽香艳文学,他可以说是最为激烈的反对者②。他说:"丽偶之辞,文家之戏也。"要求诗文"指陈时病俗弊"(《黄御史集》卷7《与王雄书》),起到"刺上化下"的作用(《黄御史集》卷7《答陈播隐论诗书》)。以创作而论,黄滔自称为"世乱时人物,家贫后子孙"(《黄御史集》卷2《退居》),故他对衰乱之世,民生之艰有切肤之感。关注现实,关注民生遂成为其诗歌的一大主题。这与晚唐皮日休、聂夷中等现实主义诗人是相一致的。如《书事》一诗云:

望岁心空切,千夫尽把弓。千家数人在,一税十年空。没阵风沙黑,烧城水陆红。飞章奏西蜀,明诏与殊功。

对当时时事之忧虑堪称深广痛切。就艺术而言,黄滔的诗多明白晓畅之语,

---

① 陈庆元《福建地方文学鸟瞰》,《福建学刊》,1991年第2期。
② 罗根泽《中国文学批评史》,上海书店出版社,2003年。

然受中唐诗风的影响,有的诗歌亦颇重锤字炼句。

黄滔亦为当时著名赋家,共有赋十四篇。其赋多以古事为题,寓悲伤之旨。其《明皇回驾经马嵬赋》极力描绘玄宗在贵妃死后的痛苦之情,同时又隐寓批评之意,李调元《赋话》称之"不减《长恨歌》、《连昌宫词》"。《馆娃宫赋》着力渲染吴宫昔日繁华与吴国失败后的荒芜,使二者形成鲜明的对比,更是一篇典型的借古讽今之作。

黄滔诗赋,后世影响甚大。宋人杨万里称之曰:"诗至唐而盛,至晚唐而工,御史公之诗尤奇。如《闻雁》:'一声初触梦,半白已侵头。余灯依古壁,片月下沧州'、如《游东林寺》:'寺寒三伏雨,松偃数朝枝'……如《退居》:'青山寒带雨,古木夜啼猿。'此与韩致光吴融辈并游,未知何人徐行后长也。"(杨万里《黄御史集序》)洪迈亦云:"滔文赡蔚典则,策扶教化。诗清醇丰润,有贞元、长庆风。《祭陈林先辈》诸文悲怆激越,《马嵬》、《馆娃》、《景阳》、《水殿》诸赋,雄新隽永,使人读之如身生是时。"①五代以来,黄滔被奉为"闽中文章初祖"。

当时闽地另一著名诗人为颜仁郁,亦为河洛后裔。颜仁郁(生卒年不详)字文杰,号品俊,祖籍河南温县。其祖入闽任福州侯官县令,父定居于归德场归义乡山亭里(今福建省德化县三班镇泗滨村),曾任归德场长。"时土荒民散,仁郁抚之,一年襁负,至二年田莱辟,阅三岁而民用足。"仁郁有诗百篇,"宛转回曲,历尽人情,邑人途歌巷唱之,号颜长官诗。"②今存诗二首。其《农家》云:

> 夜半呼儿趁晓耕,羸牛无力渐艰行。时人不识农家苦,将谓田中谷自生。

全诗明白如话,在写农家艰辛的同时,对那些不知稼穑之苦者给予了尖辣的讽刺。

陈衍《补订〈闽诗录〉序》云:"文教之开兴,吾闽最晚,至唐始有诗人;至唐末五代,中土诗人时有流寓入闽者,诗教乃渐昌,至宋而日益盛。"③诚哉斯言! 在

---

① 郑方坤《全闽诗话》卷1,文渊阁四库全书本。
② 吴任臣《十国春秋》,卷96,文渊阁四库全书本。
③ 陈衍《石遗室文集》卷9,清刻本。

福建文学发展史上,移入闽地的河洛文人不仅大力发展经济,使闽地文学发展有了良好的社会环境,而且大兴文教,提高了闽地的文化水平,从而为闽地文学的发展在作家队伍上做了准备。更重要的是,这些河洛移民中的一些领袖人物,本身具有很高的文学修养,一些流寓于此的河洛人士更是卓有成就的文学家,而河洛前代移民的后裔则是这一时期闽地最有成就的作家。正是他们披荆斩棘的艰辛,完成了福建文学的拓荒工作,使福建文学得到了初步的发展,为宋代福建文学的繁荣打下了良好的基础。

二、宋代的闽地文学

至宋,福建文学进入"顶峰时代"[①]。据统计,《宋史·文苑传》载宋代著名文人90人,其中福建有8人,居全国第六。《全宋词》录宋代词人凡千余人,其中北宋福建词人有14位,居全国第六,至南宋,则录福建词人63人,居全国第3。[②] 其影响最大者,北宋有杨亿、柳永、蔡襄等,南宋有张元翰、朱熹、刘克庄及文学批评家严羽等人。在他们的努力下,福建文学终于由一隅之势而成为全国文学的主流之一。

杨亿(974—1021)、建州浦城(今福建省浦城县)人。太宗雍熙元年(984)年十一月,召试诗赋,授秘书省正字。淳化三年(992年)赐进士及第,官至工部侍郎。曾参与修《太宗实录》、与王钦若共同主修《册府元龟》。今存《武夷新集》20卷。

杨亿为宋初西昆体的领袖之一。宋真宗景德二年(1005),杨亿与刘筠、钱惟演等编纂《册府元龟》。在修书之余,经常写诗唱和,后由杨亿将其编为《西昆酬唱集》,共收杨亿与刘筠、钱惟演等17人唱和诗248首,西昆体由此而来。

宋初诗坛流行的是通俗浅切的白体诗与清幽枯寂的晚唐体诗,杨亿等人对此深为不满。他们提倡学习李商隐,主张诗歌语义幽深,词章艳丽,用典精巧,对偶工整,以此来矫正白体及晚唐体之弊。其诗亦音律谐美,词采精丽,善于用典,意旨幽深,在当时影响甚大,"时人争效之,诗体一变"(欧阳修《六一诗话》),形

---

① 徐晓望主编《福建通史》第3卷,福建人民出版社,2006年。
② 徐晓望主编《福建通史》第3卷,福建人民出版社,2006年。

成了"杨刘风采,耸动天下"(欧阳修《答蔡君谟书》)的局面。尽管西昆体曾因堆砌辞藻、内容空洞为人所讥,但其对宋代诗风的转变还是有许多积极的意义。杨亿之诗,尤多借古讽今之作,"甚有现实政治意义"[①]。如向来被视为西昆体代表之作的《汉武》一诗云:

> 蓬莱银阙浪漫漫,弱水回风欲到难。光照竹宫劳夜拜,露溥金掌费朝餐。力通青海求龙种,死讳文成食马肝。待诏先生齿编贝,那教索米向长安。

方回《瀛奎律髓》评曰:"此诗有说讥武帝求仙,徒劳心力,用兵不胜其骄,而于人才之地不加意也。"然考诸史实,宋真宗大搞迷信,伪造天书,东封泰山,西祀汾阴,故杨亿此诗实对现实有感而发,其目的本不在咏古,而在讽今。

杨亿之后,福建终于产生了第一位在中国文学史上有着划时代意义的作家——柳永。柳永(984—1053?)原名三变,字耆卿,因排行七,又称柳七。崇安(今属福建)人,早年生活放荡,常出入于青楼酒肆。屡试不第,却自称"白衣卿相"(《鹤冲天》),遭皇帝黜名,却以"奉旨填词"(《苕溪渔隐丛话》后集)自许。至仁宗景枯元年(1034)改名柳永,才考中进士。最后任职屯田员外郎,故后世亦称之柳屯田。有《乐章集》存世。

柳永是北宋第一个专力作词的词人,也是词史上里程碑式的人物,在词的发展史上有着极其重要的意义。其成就主要表现在对词题材内容之开拓。他有大量描写都市风光之作,据统计达40多首,约占其全部词作的五分之一,"数量之多,罕有其比"[②]。当时的重要城市汴京、扬州、苏州、杭州、成都等在其笔下得到过充分的描绘,尤以描写杭州的《望海潮》最为有名。据说此词流播金国,"金主亮闻歌,欣然有慕于三秋桂子,十里荷花。遂起投鞭渡江之志"(罗大经《鹤林玉露》卷13)。柳永在题材上的另一开拓是羁旅行役之作。这些词作将传统羁旅诗歌所表达的思乡、苦闷、悲凉、无奈等情感写入词中,表达出了深沉的感慨。代

---

① 方智范《杨亿及西昆体再认识》,《华东师范大学学报》(哲学社会科字版),2000 年第 6 期。

② 孙望、常国武主编《宋代文学史》(上),81 页,人民文学出版社,1996 年。

表作为《八声甘州》。即使词中最为传统的男女艳情题材,柳永也一改先前词人着力于色相的描写,转而深入刻画人物心理情态,加上他对女主人公往往有着真挚的情感,故写来缠绵悱恻,感人至深。其代表作《雨霖铃》已经成为千古传诵的名作。

柳永在词的艺术形式上也进行了新的探索。首先是大量采用口语入词,同时又能够巧妙地化用典故,熔裁前人诗句,改变了《花间集》以来词的过分雅化,促进了词的通俗化,融雅俗为一体。二是制作了大量的慢词,发展铺叙手法,丰富了词的抒情手段,增强了其叙事与描写功能。

柳永的杰出成就使其成为婉约词的代表人物。其词“在宋元时期流传最广”①,相传“凡有井水饮处,即能歌柳词”(叶梦得《避暑录话》)。后世词人周邦彦、李清照、吴文英等皆取法于他,形成了所谓的“屯田蹊径”、“柳氏家法”。他的俗体词则为金元曲子之滥觞,李渔甚至奉柳永为“曲祖”(李渔《笠翁余集》卷8)。

北宋福建著名文人还有蔡襄、陈襄、苏颂等。蔡襄(1012—1067)字君谟,兴化(今福建省仙游县)人。天圣八年(1030)进士。先后任大理寺评事、福建路转运使、三司使等职,并曾以龙图阁直学士、枢密院直学士、端明殿学士出任开封、泉州、杭州知府。知泉州时主持修建了著名的洛阳桥。为宋代著名书法家,与苏轼、黄庭坚、米芾齐名,并称“宋四家”。今传《蔡忠惠集》36卷。其诗“光明磊落,虽稍逊欧、梅、苏、黄,亦堪称一大作手”②。其文则简洁流畅,颇多关注现实的篇章。陈襄(1017—1080),字述古,人称古灵先生,福州侯官(今福建省闽侯县)人。庆历二年(1042)进士,历官浦城县主簿、开封府推官等,有《古灵先生文集》。《四库全书总目提要》卷152云:“(李纲序称其)诗篇平淡如韦应物,文词高古如韩愈,论事明白激切如陆贽。虽亦稍觉溢量,然核其所作,固约略近之矣。”另外,著名科学家苏颂亦擅文学。苏颂(1020—1101),字子容,祖籍河南,其先祖在唐末随王潮入闽,出生于同安(今厦门市同安区),官至北宋哲宗时为宰相。他不仅是中国古代和中世纪最杰出的博物学家和科学家之一,而且擅长

---

①　游国恩等《中国文学史》(三),人民文学出版社,1963年。
②　陈庆元《福建地方文学鸟瞰》,《福建学刊》,1991年第2期。

文学,文翰之美,脍炙人口,今人称之曰:"闽人科学家兼诗人自颂始。"①

　　1127 年靖康之变,宋室南渡。在巨大的灾难面前,爱国主义文学空前高涨。闽地作家李纲、张元幹等人,成为南渡前期爱国主义的代表作家。李纲(1083—1140)字伯纪,邵武(今福建省邵武市)人。政和二年(1112)进士。靖康元年(1126)任兵部侍郎、尚书右丞,取得了著名的东京保卫战的胜利。绍兴后,任湖广宣抚使等职,坚持抗战,反对议和,然不为朝廷所用。有《梁溪全集》180 卷。《四库全书总目提要》卷 156 称其诗文:"雄深雅健,磊落光明,非寻常文士所及。"李纲词尤为著名,其词多写爱国情怀,或壮志如虹,笔墨沉雄,或忧愤交加,抑郁沉痛,具有鲜明的时代特征,与岳飞等人并称为南渡初期词坛"四名臣"②。李纲之后,张元幹更以爱国词而驰名词坛,成为柳永之后闽地第二位具有全国影响的重要作家。张元幹(1091—1161?)字仲宗,号芦川居士、真隐山人,永福(今福建省永泰县)人。政和初为太学上舍生。宣和七年(1125),任陈留县丞。靖康元年(1126),金兵围汴,人李纲行营使幕府,李纲罢,亦遭贬逐。绍兴元年(1131),以将作监致仕,然仍支持抗金运动。有《芦川归来集》10 卷、《芦川词》2 卷。

　　张元幹诗文俱佳,然尤以词而著称。其词题材广泛而以爱国情怀最为著名,风格兼有豪放、婉约二体而以豪放为主。代表作为《贺新郎·送胡邦衡待制》:

　　　　梦绕神州路。怅秋风,连营画角,故宫离黍。底事昆仑倾砥柱,九地黄流乱注?聚万落于村狐兔。天意从来高难问,况人情,老易悲难诉!更南浦,送君去。

　　　　凉生岸柳催残暑。耿斜河,疏星淡月,断云微度。万里江山知何处?回首对床夜语。雁不到,书成谁与?目尽青天怀今古,肯儿曹恩怨相尔汝?举大白,听《金缕》。

全词沉郁顿挫,悲愤苍凉,在当时即广为盛传。

---

①　陈庆元《福建地方文学鸟瞰》,《福建学刊》,1991 年第 2 期。

②　孙望、常国武主编《宋代文学史》(下),人民文学出版社,1996 年。

宋初福建的爱国诗人则以刘子翚最为著名。刘子翚(1101—1147)字彦冲，一作彦仲，自号病翁，建州崇安(今属福建)人。其父在汴京陷落时，拒绝金人诱降，自缢殉国。子翚以父荫补承务郎，为兴化军(治今福建莆田)通判，因体弱多病而辞职。筑室故乡屏山下潭溪边，讲学论道以终，人称"屏山先生"。为著名理学家，朱熹即出其门下。有《屏山先生文集》20卷。

刘子翚虽为道学家，然其诗却极少"头巾气"，钱钟书先生称他是"诗人里的一位道学家"(《宋诗选注》)。其诗大抵感叹时世动乱，民生多艰，表达故国之思与报国之志。尤以《汴京纪事》20首最为著名。该诗前7首写国都沦陷之情形，后13首忆往日繁华之境况，在强烈的对比中寄寓黍离之悲，堪称诗史。他的诗风格多样而以清爽明快为主。《四库全书总目提要》卷157称之曰："谈理之文，辨析明快，曲折尽意，无南宋人语录之习。论事之文，洞悉时势，亦无迂阔之见。……古诗风格高秀，不袭陈因。"吴之振《宋诗钞·屏山集钞序》则称其五言诗"幽淡卓炼，及陶、谢之胜，而无康乐繁缛细涩之态"①。

刘子翚的弟子朱熹，虽为宋代著名理学家，然并不反对诗文，集中有诗歌1250多首，内容或关心国计民生，或抒写胸襟情趣，或表达人生哲理，其中多贯穿着爱国情感，其中最为后人称道者却是哲理诗。代表作为《春日》、《观书有感》等。《春日》云：

> 胜日寻芳泗水滨，无边光景一时新。等闲识得东风面，万紫千红总是春。

《观书有感》云：

> 半亩方塘一鉴开，天光云影共徘徊。问渠哪得清如许，为有源头活水来。(其一)
>
> 昨夜江边春水生，艨艟巨舰一毛轻。向来枉费推移力，此日中流自在行。(其二)

---

① 吴之振《宋诗钞》，卷53，文渊阁四库全书本。

宋诗喜欢议论,往往枯燥而缺乏诗味,易堕入理障。朱熹的这些诗却运用生动形象的比喻来说明道理,意象交会,趣味盎然,因而成为程颢之后又一著名的理学家兼诗人。

南宋后期,刘克庄以诗词驰名于文坛,成为陆游、辛弃疾之后南宋最著名的爱国诗人、词人。刘克庄(1187—1269),字潜夫,号后村。莆田(今属福建)人。淳祐六年(1246)以"文名久著,史学尤精",赐同进士出身,官至工部尚书兼侍读,特授龙图阁学士。有《后村先生大全集》196 卷。刘克庄诗集存诗约 4500 首,其数量在宋代仅次于陆游。[①] 其诗曾受四灵派诗人赵师秀、翁卷影响,学晚唐姚合、贾岛,兼学李贺、许浑等人,其诗集《南岳稿》曾被刻入《江湖诗集》,因而为南宋江湖诗派中最有成就的诗人。后来转学陆游,创作了大量伤时忧国的诗作。晚年则又学杨万里,诗风活泼却有时失之于浅露。然总的说来,处于南宋末年的危亡之际,刘克庄对国家的安危有着清醒的认识和高度的关注,正如他自己所说"忧时元是诗人职,莫怪吟中感慨多"(《有感》),因此他的爱国主义诗篇不仅数量极多,而且最有成就。如在《戊辰即事》诗中,他以辛辣之笔,表达了对投降派的无比愤慨:

> 诗人安得有青衫,今岁和戎百万缣。从此西湖休插柳,剩栽桑树养吴蚕。

而在《梦丰宅之》诗中他则对爱国人士高度颂扬:

> 一别茫茫隔九京,梦中慷慨语如生。老犹奋笔排和议,病尚登陴募救兵。天夺伟人关气数,时无好汉共功名。残明仍在王师老,宝剑虽埋愤未平。

---

① 孙望、常国武主编《宋代文学史》(下),人民文学出版社,1996 年。

刘克庄还是南宋后期最有成就的豪放派词人①。与诗歌一样，他的词也饱含着强烈的爱国情感。如其代表作之一《贺新郎》，通过鼓励朋友投笔从戎，表达了自己报效祖国、收复失地的决心：

> 国脉微如缕。问长缨、何时入手，缚将戎主。未必人间无好汉，谁与宽些尺度。试看取、当年韩五。岂有谷城公付授，也不干、曾遇骊山母。谈笑起，两河路。　　少时棋柝曾联句。叹而今、登楼揽镜，事机频误。闻说北风吹面急，边上冲梯屡舞。君莫道、投鞭虚语。自古一贤能制难，有金汤、便可无张许。快投笔，莫题柱。

刘克庄词的艺术特色是豪迈慷慨，雄健奔放。毛晋《后村别调跋》称："《别调》一卷，大率与稼轩相类，杨升庵谓其壮语足以立懦，余窃谓其雄力足以排奡云。"冯煦《六十一家词选例言》："后村词与放翁、稼轩犹鼎三足。"刘克庄诚无愧于豪放词史上的一位大家。

宋代福建文学史上的另一伟大创获，便是著名的文学批评著作——严羽的《沧浪诗话》。严羽（生卒年不详，约生活于宋理宗时期）字仪卿，又字丹丘，邵武（今福建省邵武市）人。终生隐居不仕。其屋后有水名沧浪，故取别号沧浪逋客。所著有《沧浪诗话》。他是"宋代诗话中最有特色的一位作者，也是把宋诗话加以理论化而使之较有系统性的一位诗学家"②。

《沧浪诗话》全书分为五门："诗辨"为全书总纲，提出了别才别趣之说；"诗体"专讲古代诗歌发展的线索和轮廓，分析作家的风格和流派；"诗法"讲诗歌作法和艺术技巧；"诗评"主要评析宋以前的作家作品；"考证"是对某些诗篇的作者、异文等问题进行考辨。《沧浪诗话》的中心是反对宋诗尤其是江西诗派"以文字为诗，以才学为诗，以议论为诗"、"尚理而病于意"的诗风，提倡取法乎上，"以汉魏晋盛唐为师，不作开元天宝以下人物"。他又指出"以禅喻诗，莫之亲切"，以禅喻境，以参禅的"妙悟"喻对诗歌本质的领会，强调诗的"神韵"、"妙

---

① 孙望、常国武主编：《宋代文学史》（下），人民文学出版社，1996 年。
② 孙望、常国武主编《宋代文学史》（下），人民文学出版社，1996 年。

语"、"兴趣"、"意境","不着一字,尽得风流"的含蓄之美。关于此,他有一段非常著名的论述:

> 夫诗有别材,非关书也;诗有别趣,非关理也。然非多读书、多穷理,则不能极其至,所谓不涉理路、不落言筌者,上也。诗者,吟咏情性也。盛唐诸人惟在兴趣,羚羊挂角无迹可求。故其妙处透彻玲珑,不可凑泊,如空中之音,相中之色,水中之月,镜中之象,言有尽而意无穷。

严羽的文学主张对后世产生了深远的影响,他"取法乎上"的观点直接影响了明代格调派"诗必盛唐"的复古主义文学主张,而以禅喻诗及"神韵"、"妙语"之说,则被明清神韵派、性灵派所继承。因此,《沧浪诗话》开启明清格调、性灵、神韵诸说之源,"对探讨诗的美学本质有首创之功"①,在文学批评史上有着极其崇高的地位。

三、元明清时期的闽地文学

宋亡元兴,蒙古统治阶级实行野蛮的民族歧视政策,更激起了宋遗民的反抗。因此元初福建文坛的主要力量是遗民队伍,而诗歌的内容主要是强烈的故国之思。其代表人物有莆田陈文龙、宁德韩信同、长溪谢翱、连江郑思肖等,而以谢翱、郑思肖最为著名。

谢翱(1249—1295)字皋羽,晚号晞发子。长溪(今福建霞浦县)人。景炎元年(1276)七月,文天祥于南剑(今福建南平)起兵抗元,他率乡兵数百人投效,署谘议参军。宋亡,曾与遗民结社"月泉吟社"。有《晞发集》10卷、《晞发遗集》2卷、《遗集补》1卷。其诗多表达自己不屈服于元人统治,决心抗争到底,雪耻复国的心志。如《结客行》云:"鞭尸仇未报,函首捷终驰。力尽志不遂,以死谢渐离。"有的诗歌则表达了沉痛的黍离之悲。如《重过》其二云:

> 隔江风雨动诸陵,无主园池草自春。闻说就中谁最泣,女冠犹有旧宫

---

① 郭预衡主编《中国古代文学史》(三),上海古籍出版社,1998年。

人。

谢翱的散文也非常著名。黄宗羲赞扬他的文章,是天地间的"至文"(《吾悔集》卷一)。其《登西台恸哭记》,为元世祖至元二十八年(1291)哭祭文天祥而作,曲折地表达了他满腔沉痛悲愤之情,堪称泣血吞声之作。

谢翱诗文沉郁悲壮,"文桀骜有奇气"①,一改南宋末年文坛之卑弱,被称为"宋末诗人之冠"②。

郑思肖(1241—1318)字忆翁,号所南,连江(今属福建)人。曾以太学生应博学鸿词试,献策抵抗蒙古贵族南侵军队,未被采纳。原名及字号均不详,宋亡,改名改字,隐居苏州,坐卧必南向,白号所南,皆以示不忘宋室。听人讲北语,辄掩耳疾走。擅作墨兰,不画土根,意为根无所凭,因地已为人夺去。所著有《一百二十图诗集》、《郑所南先生文集》等。又有《心史》,或疑为后人伪托。

郑思肖诗多怀念宋室,讽刺降元宋代官员之作。如其题画菊诗云:"宁可枝头抱香死,何曾吹落北风中。"托物言志,借菊花之高洁以表达自己忠于宋室的情怀。而《许由弃瓢图》云:"许由不在箕山在,千古高风有阿谁?"借古讽今,寓意深刻。

谢翱、郑思肖的爱国思想,影响极其深远,明清之际许多有志之士即以他们为标榜。崇祯十一年(1638)苏州承天寺淘古井时发现郑思肖所著《心史》7卷,藏于铁函中。虽有人疑其为伪作,然亦反映出郑思肖爱国思想影响之深。

元代中期,社会相对稳定,经济比较繁荣,为文学的发展提供了一定的条件,福建文人也随之而蔚兴。他们组织了月泉吟社、真率会等诗社,集会频繁,唱酬不断。代表作家有邵武黄清老、黄镇成及浦城杨载、莆田陈旅等人,而以杨载声名最著。

杨载(1271—1323)字仲弘,浦城(今福建省浦城县)人。后迁居浙江杭州。幼聪慧,博览群书,以布衣被元朝召为翰林院编修。元仁宗延二年(1312)复科举,登进士第,授饶州路同知浮梁州事等职,迁儒林郎、宁国路总管副推官,未到

---

① 永路等《四库全书总目提要》,卷165。
② 郑方坤《全闽诗话》卷1,文渊阁四库全书本。

任而病卒。有《杨仲弘集》8 卷。

杨载当时颇有盛名,与虞集、范梈、揭傒斯齐名,并称元四大家。《元史》本传载:"初,吴兴赵孟頫在翰林,得载所为文,极推重之。由是载之文名,隐然动京师,凡所撰述,人多传诵之。其文章一以气为主。博而敏,直而不肆,自成一家言。"杨载的诗歌,豪迈遒劲,横放杰出。范梈为其诗作序云:"仲弘天禀旷达,气象宏朗。开口论议,直视千古。每大众广集,占纸命辞,傲睨横放,尽意所止。众方拘拘,己独坦坦;众方纡徐,己独驰骏马之长坂,而无留行。要一代之杰作也。"①虞集则以"百战健儿"喻之②。如其成名作《宗阳宫望月》诗曰:

> 老君台上凉如水,坐看冰轮转二更。大地山河微有影,九天风露寂无声。蛟龙并起承金榜,鸾凤双飞载玉笙。不信弱流三万里,此身今夕至蓬瀛。

全诗虽重视诗法,在炼字造句上颇下工夫,然清空、雄健,圆润而不枯涩,颇具唐诗气象,一直被视为绝唱。

元末,闽地战乱长达二三十年。历经战乱的闽地诗也一改而变得沉郁苍凉。其代表作家有释大圭、卢琦、张以宁、林弼、蓝仁、蓝智等,而以张以宁最为著名。

张以宁(1301—1370)字志道,古田(今属福建)人,有俊才,博学强记,擅名于时,人呼小张学士。元泰定四年(1327)进士,任浙江黄岩县判官,后官至翰林侍讲学士,入明复授原职。奉使安南,还,卒于道。家于古田翠屏山下,学者称翠屏先生。有《翠屏集》4 卷。

张以宁为元明之际诗坛巨擘。其诗在内容上多揭露现实的黑暗,表现对民瘼的关注,风格则以豪健为主而极其多样。宋濂曾为其《翠屏集》作序云:"丰腴而不流于丛冗,雄峭而不失于粗砺,清圆而不涉于浮巧,委蛇而不病于细碎,诚可谓一代之奇作矣!"陈南宾序《翠屏集》亦云:"其长篇浩汗雄豪似李,其五七言律浑厚老成似杜,其五言选优柔和缓似韦,兼众体而具之。"从这些评价中均可看

---

① 郑方坤《全闽诗话》卷 5,文渊阁四库全书本。
② 郑方坤《全闽诗话》卷 5,文渊阁四库全书本。

出其诗熔铸诸家,风格多变的特点。

值得注意的是,孙楷第先生所著《中国通俗小说书目》中,载有他在日本见到的元代建安(今属福建)虞氏书堂出版的通俗小说 5 种,都刻于至治年间(1321—1323),书目为《新刊全相平话武王伐纣书》3 卷,《新刊全相平话乐毅图齐七国春秋后集》3 卷,《新刊秦并六国平话》3 卷,《新刊平话前汉书续集》3 卷、《新刊平话后汉书续集》3 卷、《新刊全相平话三国志》3 卷。[①] 这五部平话虽未必为闽人所著,但它们在闽地刻印、流传的事实,也使福建在中国早期白话小说传播史上具有了一席之地。

明清时期福建文学在全国之地位虽不能与两宋相比,然仍有着非常杰出的成就。其作家之众,更不可胜数,今仅举其大者,略作介绍。

明初福建作家总体上仍然沿袭严羽"取法乎上"的主张,力宗盛唐。前述张以宁等跨元、明二代的诗人皆如此。洪武、永乐年间,林鸿、郑定、王褒、唐泰、高棅、王恭、陈亮、王偁、周玄、黄玄等人旨趣相近,结社唱和,进一步推扬唐诗,被称为"闽中十子"。十子中林鸿最为著名。《明史》本传称:"鸿论诗,大指谓汉、魏骨气虽雄,而菁华不足。晋祖玄虚,宋尚条畅,齐、梁以下但务春华,少秋实。惟唐作者可谓大成。然贞观尚习故陋,神龙渐变常调,开元、天宝间声律大备,学者当以是为楷式。闽人言诗者率本于鸿。"高棅编选《唐诗品汇》,在严羽的基础上,对唐诗诗体流变作了进一步的明确概述,确立了唐诗演变初、盛、中、晚的四唐概念,而以盛唐为最高准则,不仅直接影响到前后七子的诗学主张,而且在整个文学批评史上都有重要的意义。

永乐弘治时期,诗坛上台阁体盛行。台阁体主要颂扬太平盛世,以平正纡徐、典雅雍容为特点,其代表人物为杨士奇、杨荣、杨溥,他们皆曾任职大学士,并称三杨。三杨中杨荣为福建人。

杨荣(1371—1440)幼名子荣,字勉仁,建安(今福建省建瓯县)人,建文二年(1400)进士。官历四朝,为一代名相。有《文敏集》25 卷。在《重游东郭草亭诗序》中,他自述作诗之目的曰:"圣天子在上,治道日隆,辅弼侍从之臣仰峻德,承宏休,得以优游暇豫,登临玩赏而岁复岁。诚可谓幸矣! 意之所适,言之不足而

---

① 徐晓望主编《福建通史》第 3 卷,福建人民出版社,2006 年。

咏歌之,皆发乎性情之正,足以使后人识盛世气象。"①故其诗歌多为《重游东郭草亭诗》中所写"花影侵文槛,莺声近绮筵。时和兼物遂,觞咏兴悠然"之类看似雍容典雅,实则空洞乏味之作。然作为明代影响深远的诗歌流派,杨荣在明代诗坛上还是有其地位的。

弘治正德年间,文坛上以李梦阳、何景明的七子派倡言盛唐高格,力矫台阁体之弊。其时福建的代表作家为郑善夫。郑善夫(1485—1523),字继之,号少谷,闽县(今福州市)人。弘治十八年(1505)进士。曾任户部广西司主事、南京刑部郎中等职。有《郑少谷全集》25 卷。郑善夫与何景明相处甚好,文学主张亦相似。其诗以气格为主,以悲壮为宗,继承了杜诗的写实精神,内容多反映现实,揭露矛盾,干预时政,"为前七子复古运动的积极成果"②。《明史》本传认为:"闽中诗文,自林鸿、高棅后,阅百余年,善夫继之。"王世懋《艺圃撷余》亦云"闽中十子"之后,"气骨峻峻,差堪旗鼓中原者,仅一郑善夫耳"。可见他在明代福建文坛上的重要地位。

明中叶以后,福建文学又现辉煌,出现了王慎中、李贽、谢肇淛、黄道周等著名作家。

王慎中(1509—1559)字道思,号南江,别号遵岩居士,晋江(今属福建)人,年十八举嘉靖五年(1526)进士,历官至河南参政,有《遵岩集》25 卷。王慎中早年受前七子之影响,为文摹拟秦汉散文,认为汉后散文无可取之处。后读欧阳修、曾巩等人的散文,始悟先前之非,转而主张学习唐宋散文,与唐顺之、归有光、茅坤等人声气相同,形成了明代文学中重要的散文流派唐宋派。王慎中亦擅诗。清代沈德潜赞其五言古诗云:"窥颜、谢堂庑,无一浅语、滑语。"(沈德潜《明诗别裁集》)

李贽(1527—1602)号卓吾,又号宏甫,别号温陵居士、百泉居士等。原姓林,祖籍河南。泉州晋江(今属福建)人。曾任云南姚安知府,54 岁辞官,先后在湖北黄安、麻城著书讲学,并招收女弟子。哲学观点受王阳明心学和佛教禅宗影响,公开以"异端"自居。后以"敢倡乱道,惑世诬民"罪名,被诬陷下狱,自杀而

---

① 杨荣《文敏集》,卷 3,文渊阁四库全书本。
② 蔡一朋《郑善夫与弘、正诗风的新变》,《漳州师范学院学报》(哲学社会科学版),2007 年第 1 期。

死。所著有《焚书》、《续焚书》、《藏书》、《续藏书》、《初潭集》等。

李贽为著名的文学批评家。以诗文而论,反对七子派的剽窃摹拟,认为"诗何必古选,文何必先秦",主张创作必须抒发己见,从"绝假纯真"的"童心"出发,认为"天下之至文,未有不出于童心焉者也"(《童心说》)。这就是著名的"童心说",对公安派有着直接的影响。以此为基础,他进一提出了著名的画工、化工说。画工即人工,化工即天工,文学创作的最高境界是天工,即无雕琢而达到自然之美。

李贽在俗文学批评上尤有建树,他认为传奇、院本、杂剧、《西厢曲》、《水浒传》,"皆古今至文,不可得而时势先后论也"。李贽曾评点《水浒传》、《西厢记》、《琵琶记》等不容于正统的小说、戏曲作品,在文学史上第一次给予小说、戏曲以崇高的地位,"实为我国通俗文学最初的研究家和批评家"①。

谢肇淛(1567—1642)字在杭,号武林、小草斋主人,晚号山水劳人。长乐(今属福建)人,后随父居福州。万历二十年(1592)进士,历任湖州、东昌推官、南京刑部主事、兵部郎中、工部屯田司员外郎等职。博学多才,所著甚富,主要有《五杂俎》、《小草斋诗话》、《小草斋集》等。谢肇淛诗文兼擅,其《五杂俎》亦为明代笔记中的珍品。在文学理论上,他也注重小说的价值,提出小说"君子不废"(《五杂俎》)的观点,还为《金瓶梅》作跋,是文学史上"较早注意并且肯定《金瓶梅》的一个评论家"②。

曹学铨(1574—1646)字能始,号雁泽,又号石仓居士、西峰居士,侯官(今福州市)人。明万历二十三年(1595)进士,南明唐王时,官至礼部尚书。清兵攻陷福州,自缢殉节,谥忠节。平生著述30余种,诗文总名《石仓全集》,已佚。今有凤凰出版社2003年版《曹学佺集》。所编《石仓十二代诗选》收录福州文人著作,对保留福建文献功劳甚大。曹学佺诗风格多样,然以清丽为主。汪端《明三十家诗选》以为:"忠节诗秀骨清声,霞标玉映。其辞丽以则,其思深以远,才气少让陈忠裕而温婉过之。"③陈田亦云:"忠节诗,不矜才气,音在弦外,其兴到之

---

① 游国恩等《中国文学史》(四),人民文学出版社,1963。
② 陈庆元《福建地方文学鸟瞰》,《福建学刊》,1991年第2期。
③ 陈田《明诗纪事》(五),上海古籍出版社,1993年。

作,有羚羊挂角,香象渡河之妙。"①

黄道周(1585—1646)字幼玄,号石斋,漳浦铜山(今福建省东山县)人。天启二年(1622)进士,官至礼部尚书,南明时唐王任以武英殿大学士。明亡之际,募兵北上抗清,不幸兵败被俘,从容就义,谥忠烈。通天文、理数诸书,工书善画。后人辑有《黄漳浦先生全集》50卷。黄道周的爱国诗歌慷慨激烈,尤其是被俘后在牢室中所作三百多首诗,皆饱含血泪之作。如《发自新安,绝粒十四日复进水浆,至南都示友》其二:

> 诸子收吾骨,青天知我心。为谁分板荡,未忍共浮沉。鹤怨空山曲,鸡啼中夜阴。南阳归路远,恨作卧龙吟。

值得注意的是,明代福建在小说创作方面亦取得了重大成就,出现了余邵鱼、余象斗、熊大木等著名的通俗小说编著者及刊行者。余邵鱼(生卒年不详),字畏斋,建阳(今福建省建安市)人,著《列国志传》8卷,刊行于嘉靖、隆庆之间。该书全面记载列国故事,并将一些民间神话融入其间。冯梦龙的《新列国志》即是以此为基础进行创作的。熊大木(生卒年不详)自号锤谷子,建阳(今福建省建安市)人,于嘉靖年间曾编印小说多种,同时插入自己所撰之咏史诗。所编有《西汉志传》、《东汉志传》、《唐书志传》、《北宋志传》、《大宋演义中兴英烈传》等。《北宋志传》堪称其代表作。该书将历史上有名的杨家将故事定型化,具有强烈的爱国主义色彩。《大宋演义中兴英烈传》是最早写岳飞故事的小说,对后世亦有深远的影响。余象斗(生卒年不详),字仰止,自称三台山人,建安(今福建省建瓯市)人。余氏为当时闽中的大书贾,在万历年间刊编通俗小说共21种之多②,计有《皇明诸司公案传》6卷,《北方真武玄天上帝出身志传》(一名《北游记》)4卷,《五显灵官大帝华光天王传》(一名《南游记》)4卷》,后二种与吴元泰的《东游记》、杨致和的《西游记》合称《四游记》。

清代福建文学进一步发展和提高。清代前期,著名的作家有林古度、黄任

---

①　陈田《明诗纪事》(五),上海古籍出版社,1993年。

②　徐晓望主编《福建通史》第四卷,福建人民出版社,2006年。

等。林古度（1580—1666）字茂之，号那子，福清（今福建省福清县）人。明亡，家产尽失，暑无蚊帱，冬夜睡败絮中。王士祯选其诗为《茂之诗选》2卷行于世。林古度少为屠隆所知，又与曹学佺友善，诗风清绮婉丽。后与钟惺、谭元春游，诗风遂为之一变，然又能不为钟、谭所囿，颇具清新俊逸之气。国破之后颇多故国之思、凭吊之作，为时人所推崇。

黄任（1683—1768）字莘田，永福（今福建省永泰县）人。长期居福州。康熙四十一年（1702）举人。官广东四会知县，多善政。有砚癖，自号十砚老人。乾隆二十七年（1762）重赴鹿鸣宴，乡里荣之。有《香草斋集》。黄任师从王士祯，为诗温婉悱恻，以七绝声名最著，人称香奁派诗。许子逊评其诗曰："莘田宦粤有惠政。罢官归，贫不能自存，而独耽于诗，清词丽句，错落于弓衣罗帕间。七古出入韩、苏，《弃妇词》有乐府遗意，五言古《筑基》、《赈粥》诸篇，恺直悱恻，香山之《秦中吟》也。至七言绝句，实兼玉溪、金荃、樊川之辰，有妙思，有新色，有跌宕之致，有虚响之音，一唱三叹，深情流注于其间，令人悄焉以悲，怡然以悦，黯然魂销而不自持。"①可见其诗博采众长，融诸家于一炉的特点。

近代闽中文坛，作家辈出，代表人物有梁章钜、林则徐、张际亮、林昌彝、魏秀仁、陈衍等。

梁章钜（1775—1849）字闳中，又字茝林，晚号退庵。祖籍福建长乐县，清初徙居福州，自称福州人。幼时颖悟，九岁能诗，嘉庆七年（1802）进士。官至广西、江苏巡抚，兼署两江总督。生平著作极丰，有《枢垣纪略》、《退庵随笔》、《文选旁证》、《归田琐记》、《浪迹丛谈》、《藤花吟馆诗钞》等70余种刊行于世。陈元庆先生评其诗曰："其古体诗用笔生健，近体质实不佻，不名一家，而奄有诸家之美，一时才隽莫及。"②其《浪迹丛谈》、《二谈》、《三谈》及《归田琐记》，广记时事，主张抗英，具有鲜明的爱国思想，为近代著名的笔记作品。其《楹联丛话》是第一部系统研究楹联的著作，在楹联史上占有重要地位。

杰出的民族英雄林则徐，亦是著名的诗人。林则徐（1785—1850）字元抚，又字少穆，晚号埃村老人，侯官（今福州市）人，嘉庆十六年（1811）进士，曾与龚

---

① 徐世昌《晚晴簃诗汇》，卷55，民国退耕堂刻本。
② 陈庆元《福建地方文学鸟瞰》，《福建学刊》，1991年第2期。

自珍、黄爵滋、魏源等人提倡经世之学。主张严禁鸦片，领导虎门销烟，抵抗西方侵略，被称为近代中国"开眼看世界的第一人"。平生著诗甚多，今人辑为《林则徐诗集》。林则徐童年即擅文才，诗歌尤负盛名，内容多关注时事，表达爱国之情。《出嘉峪关感赋》为其代表作之一：

　　严关百尺界天西，万里征人驻马蹄。飞阁遥连秦树直，缭垣斜压陇云低。天山巉削摩肩立，瀚海苍茫入望迷。谁道崤函千古险？回看只见一丸泥。

全诗气势雄伟，虽为贬谪途中所作而英风豪气不除。其《赴戍登程，口占示家人》中"苟利国家生死以，岂因祸福避趋之"二句，更为世代传颂。

林则徐的诗多壮怀激烈，直抒胸臆。《晚晴簃诗汇》称其诗作"缘情赋物靡不裁量精到，中边俱澈；卓识闳论，亦时流露其间，非寻常诗人所及"[1]，在当时诗坛卓然自成一家。

张际亮（1799—1843）字亨甫，闽侯（今属福建）人。道光十五年（1835）举人。后多次入京会试，皆不第。遂无意功名，赋诗著文，多爱国伤时之作，有《张亨甫全集》、《松寥山人诗集》。张际亮与林则徐、黄爵滋有密切的交往，其诗以反映社会现实、揭露时政，以及反对列强侵略、歌颂抗英精神为主要内容。风格以俊逸豪宕、激切奔放为主，然亦有流丽缠绵之作。《浴日亭》堪称其代表作。他尖锐地批评了乾隆以来的各种诗歌流派及代表诗人，称他们或以议论考订为诗，或者轻佻浅鄙，无关乎风雅之旨，"对冲击腐朽诗坛，树立近代进步诗风有一定意义"[2]。

林昌彝（1803—18767）字惠常，又字芗溪，别号茶叟等，侯官（今福州市）人，林则徐族兄。道光十九年（1839）举人，多次会试不中。咸丰八年（1858）得建宁府学教职，仅一年即去职。今人编有《林昌彝诗文集》，另有《射鹰楼诗话》、《海天琴思录》等。林昌彝具有强烈的爱国之情，"每谈海氛事，即激昂慷慨"（温训

① 徐世昌《晚晴簃诗汇》，卷125，民国退耕堂刻本。
② 游国恩等《中国文学史》（四），人民文学出版社，1963年。

《射鹰楼诗话序》）。其诗亦多抒发对帝国主义入侵的忧心与愤怒。林昌彝又是著名经学家，这便使他的爱国诗有着非常独特之处，既有雅驯之词，又有骨气坚苍，沉雄矫健之风。

林昌彝的爱国情感更突出表现在其诗论中。他在道光末年写成的《射鹰楼诗话》，书名中的"射鹰"即"射英"之意。该书"集中地搜集并评论了反帝爱国的诗篇，改变了从来的诗话面貌，表现了强烈的爱国主义精神"①。

魏秀仁（1819—1874）字子安，又字子敦，早年号痴珠，又别号眠鹤主人、不悔道人等。侯官（今福州市）人，道光二十六年（1846）举人，后屡试礼部，皆不第，遂绝意进取，游山西、陕西、四川等地，做官府幕僚。后主讲于渭南、成都等地书院。晚年穷困，回故里闭门著述。有《陔南山馆文集》、《陔南山馆诗话》、《碧花凝唾集》等30多部，多未刊行。其最著名者当为小说《花月痕》。其《自序》曰："见时事多可危，手无尺寸，言不见异，而肮脏抑郁之气无所抒发，因遁为稗官小说，托于儿女之私，名其书曰《花月痕》。"小说抒发了士大夫怀才不遇的苦闷，行文巧妙，凄婉缠绵，在当时就赢得了不少士大夫读者，到民国初年更成为影响最大的小说之一②，对鸳鸯蝴蝶派影响尤大。

陈衍则为近代著名的同光体诗派的首倡者。陈衍（1856—1937）字叔伊，号石遗，侯官（今福州市）人，光绪八年（1882）举人，曾参与维新活动，提倡变法。清亡后，与章太炎等办国学会，任无锡国学专修学校教授。著有《石遗室丛书》、《石遗室诗话》、《石遗室论文》、《史汉文学研究法》等。他提出了著名的三元说，即认为古近体诗发展有三个高峰，第一个高峰是在唐玄宗开元年间，第二个高峰是在唐宪宗元和年间，第三个高峰是在宋哲宗元祐年间。他大力提倡三元诗风，由此形成了同治、光绪年间著名的同光体。从三元皆予以推崇的角度来看，陈衍论诗是主张兼唐宋之美的，也就是兼有才人之诗与学人之诗之双美，"这对融合唐宋、沟通数百年来因'唐宋诗之争'而产生的唐、宋鸿沟，有一定意义"。③ 陈衍诗虽多个人感慨、流连光景，然亦不乏关心现实之作。其诗取法甚广，然正如钱仲联先生《近代诗钞》所云："着重在王安石、杨万里的曲折用笔，风

①　游国恩等《中国文学史》（四），人民文学出版社，1963年。
②　陈伯海主编《近400年中国文学思潮史》，东方出版中心，1997年。
③　何绵山《试论陈衍的文学成就》，《福建论坛》，1991年第2期。

格清健。"①陈衍以外,同光体的福建诗人尚有陈宝琛(闽县人)、沈瑜庆(侯官人)、林旭(侯官人)等,形成了同光体中著名的闽派,与浙派、赣派成鼎立之势。

同光体之后,闽县林纾、侯官严复亦是著名文人,然其成就主要在翻译方面,此处不再详论。

应当说,福建文学尤其是明清时期,尚有许多产生过一定影响的作家,进入现当代更是名家如林,但囿于篇幅,不能一一论列。

从历史上来看,"中原文化一次又一次地进入福建,时间之长久、内容之丰富,是全国其他省所罕见的"(何绵山《闽文化的特点》)。纵观福建文学的发展,我们不难看出河洛移民的移入在其间所起的重要作用,而许多著名的作家,也是河洛移民或其后裔,从这个意义上来说,福建文学与河洛文学之间是有着血脉之缘的。不仅如此,从文学的主题、风格而言,福建文学也继承发扬了河洛文学的特质,并在新的地域及历史文化背景之下进行了适当的创新与改造,因此,可以说福建文学与河洛文学的文脉也是相通的。

第三节　台湾文学

关于台湾文学,连横《台湾通史》卷 24《艺文志》开篇云:"我先民非不能以文鸣也。我先民之拓斯土也,手耒耜,腰刀铳,以与生番猛兽相争逐,筚路蓝缕,以启山林,用能宏大其族;艰难缔造之功,亦良苦矣。我先民非不能以文鸣,且不忍以文鸣也。夫开创则尚武,守成则右文。……台湾当郑氏之时,草昧初启,万众方来。而我延平以故国沦亡之痛,一成一旅,志切中兴。我先民之奔走疏附者,兢兢业业,共挥天戈,以挽虞渊之落日。我先民固不忍以文鸣,且无暇以文鸣也。"这一论述自然有其深刻性,尽管大陆人早已至台,但在披荆斩棘的艰苦过程中,自无暇于文。然而,也恰恰是在明末清初,台湾古典文学由大陆移民掀开了它的第一页。

一、大陆移民文学——台湾文学之发端

在大陆移民的手中,文学不仅仅是他们寄托思乡之情、故国之思的载体,实

---

①　陈庆元《文学:地域的观照》,上海东方出版社、上海三联书店,2003 年。

际上也成为他们进行恢复中华、反清复明的武器。

在这批大陆文人中,第一个移民台湾的文学家当属沈光文。沈光文(1612—1688)字文开,号斯庵,晚年自号宁波野老,浙江鄞县(今浙江省宁波市鄞州区)人。幼承家学,擅词赋。崇祯九年(1636)以明经人南都国子监就读,此后参与了复社《留都防乱公揭》署名。明亡,先后投鲁王、桂王进行抗清。顺治九年(1652)秋,欲从金门至泉州,遇飓风,船漂至台湾宜兰,旋至台南。顺治十八年(1661),郑成功收复台湾,知其健在,以宾礼相见,赠田宅食粮赡养。次年郑成功去世,不为郑经所容,遂削发为僧。后还俗,以汉文教授子弟。康熙二十四年(1685)倡立台湾历史上第一个诗社东吟诗社。沈光文流寓台湾近30年,著有《花木杂记》、《流寓考》、《台湾舆地记》、《文开诗文集》等。

沈光文在台湾的诗文,除了写自己生活的艰辛之外,主要的便是表达自己的故国之思,故土之情。如其《感忆》云:

> 暂时一苇向东溟,来往随波总未宁。忽见游云归别坞,又看飞雁落前汀。梦中尚有娇儿女,灯下惟余瘦影形。苦趣不堪重记忆,临晨独眺远山青。

他的这类诗作非常之多。如"待看塞雁南飞至,闻讯还应过越东"(《思归六首,其一》)、"故国霜华浑不见,海秋已过十年淹"(《思归六首,其六》)、"望月家千里,怀人水一方"(《望月》)等。他也因此被称为"开创了台湾乡愁文学的先河"的诗人[①]。

沈光文还有一些诗作歌颂了郑成功等民族英雄。如《题赤嵌城匾额图》:"郑王忠勇义旗兴,水陆雄师震海瀛。炮垒巍峨横夕照,东溟夷丑寂无声。"表达了台湾光复后无比兴奋的心情和强烈的民族自豪感。沈光文亦擅文赋,其《台湾赋》为台湾辞赋文学中之名作。

荷兰殖民者统治台湾时期,强制台湾人民学荷兰语,沈光文在台湾的30年间,立塾授徒,对中国文化的传播有着重要的意义,被称为"将中华文化带到台

---

① 刘登瀚等《台湾文学史》(上),海峡文艺出版社,1991年。

湾并加以传播的第一人"①。沈光文又创作了大量诗文,并结诗社,对台湾文学更有开启之功。季麒光谓:"从来台湾无人也,斯庵来而始有人也;台湾无文矣,斯庵来而有文矣。"(季麒光《蓉洲文稿》卷一《跋沈斯苍杂纪诗》)。全祖望在《鲒琦亭集·沈太仆传》中亦称沈文光为海东文献"初祖"。

顺治十八年(1661),郑成功收复台湾。康熙三年(1664),郑经由大陆撤守来台,接受陈永华建圣庙、立学校以教子弟的建议,遂使汉文化及汉学在台湾得以更为广泛地普及。当时大陆来台的文人包括延平二王、宁靖王朱由桂、徐孚远、王忠孝、辜朝荐、李茂春等,再加上沈光文,形成了一支可观的诗文创作队伍,掀开了台湾文学的序幕。今日仍有诗文集存世者,就有郑氏父子之《延平二王遗集》、郑经《东壁楼集》、王忠孝《王忠孝公集》、徐孚远《钓璜堂存稿》以及沈光文《文开诗文集》,其他作者亦有零星作品存世。他们的作品多抒写亡国之痛,报国之志,思乡之情及流离台湾的艰辛,风格则沉痛抑郁与激昂慷慨并存。今略举其要。

郑成功(1624—1662)本名郑森,字大木,小名福松,祖籍光州固始(今河南省固始县),南安(今属福建)人。明清之际收复台湾的名将,著名民族英雄。郑成功曾以钱谦益为师,一生虽戎马倥偬,然亦间有诗作。彭国栋评其诗曰:"五言近选体,七言直写胸臆,不刻意求工,而忠义之气溢于言表。"(《广台湾诗乘》)惜其诗作完整存于世者仅《复台》一首:

> 开辟荆榛逐荷夷,十年始克复先基。田横尚有三千客,茹苦间关不忍离。

诗中既写出了开辟台湾的艰辛,又写出了对国家的崇高责任,所用田横之典故,更表现出不惜以死报国的壮烈情怀。

郑成功之子郑经(1642—1681)字贤之、元之,号式天,延平郡王,继郑成功而成为台湾统治者。统治期间,在陈永华的辅政下,兴学校,进人才,对台湾文化的发展有重要作用。有诗集《东壁楼集》。其诗虽有不少歌舞欢闹,寄情山水之

---

① 陈贻庭、张宁、陈丽《台湾古诗选》,九州出版社,2006 年。

作,然报国之志终不可掩。如《满酋使来有不登岸不易服之说愤而赋之》:

　　　王气中原尽,衣冠海外留。雄图终未已,日夕整戈矛。

又如《题东壁楼景自叙》:

　　　西郭楼台近水滨,青山白云相与邻。试问阁中谁隐者,昔日先朝一汉
臣。

　　徐孚远(1599—1665)字闇公,松江华亭(今上海松江)人,崇祯十五年
(1642)中举人,与陈子龙、夏允彝等共创"几社",为几社六子之一。顺治二年
(1645)清兵下江南,与陈子龙、夏允彝等在松江起义抗清。失败后,跳城得脱,
先后投奔唐王、鲁王。顺治十八年(1661)随郑成功渡台。著有《钓璜堂集》。徐
孚远本为江南文坛名流,入台后更被视为文坛领袖,"台人争从之游"(全祖望
《徐都御史传》,《鲒埼亭集外编》卷12)。其诗多表现"对故国、故土、故人的怀
念之情"①,亦有大量作品涉及时事。连横评其诗曰:"闇公之诗,大都眷怀君国,
独抱忠贞,虽在流离颠沛之时,仍寓温柔敦厚之意;人格之高、诗品之正,足立典
型,固非藻绘之士所能媲也。余读《钓璜堂集》,既录其诗,复采其关系郑氏军事
者而载之,亦可以为诗史也。"(连横《台湾诗乘》卷1)其著名者如《怀章东生》:

　　　愁云淡淡水潋潋,拟挂征帆到海东。乡梦迷离春树杳,天涯一别几时
逢?

　　卢若腾(1598—1664)字闲之,号牧洲,晚号留庵。福建同安金门人。崇祯
十三年(1640)进士,尝官浙江布政使左参议等职。明亡后曾追随福王、唐王,坚
持抗清,与王忠孝、沈佺期等好友归故里金门,受郑成功礼遇。康熙三年(1664)
与沈佺期、许吉璟东渡,寓澎湖。病亟,值崇祯帝殉难日,一恸而绝。所著有《留

---

① 杨若萍《台湾与大陆文学关系简史》,上海文艺出版社,2004年。

庵文集》《留庵诗集》《岛噫诗》等。他的诗作内容十分丰富,广泛反映了当时的社会现实,具有简洁易晓的实录之风。如《古树》其二:

> 移借岛中寓,移植岛中树。跨城以为梯,撤屋以为路。若道家在岛,忍招邻里怒。若道岛非家,花木岂忍务! 念此弹丸地,颠危在旦暮。一移此中来,再移何处住? 譬之群燕雀,屋下安相哺。突决栋宇焚,懵然罔知惧。

诗以简朴的语言,借物喻人,十分真实地写出了风雨飘摇之际流落天涯者的复杂心态。其《东都行》,则被誉为"明郑时期一篇反映台湾社会生活中最有分量,内容最丰富的诗作"①。

王忠孝(1593—1666)字长儒,号愧两,泉州惠安人。崇祯元年(1628)进士,授户部主事。明亡,曾投福王。郑成功起兵后,忠孝居厦门,对于郑氏军政大事多有赞划,极受推重。康熙二年(1663),随郑经人台,为之佐理军务。著述甚丰,今仅存《惠安王忠孝公全集》12 卷。他在台诗文反映了郑氏开台的功绩及台湾的风俗民情,具有重要的史料价值。其《东宁(台湾旧称)风土沃美,急需开济,诗勖同人》一诗有云:"耕耘师后稷,弦诵尊姬公。"充分表达了以中原文化教化台湾的愿望。

上述诸人的创作,堪称台湾文学的开辟期。除了沈光文、徐孚远,其余诸人均来自闽南及广东潮州一带,皆为河洛人后裔。如郑成功、郑经父子祖籍为固始,王忠孝为惠安王氏,乃三王之后裔。卢若腾之先世则为随同三王由固始入闽者。因此,河洛移民后裔在台湾文学的开创上有着非常重要的意义。

二、清领前期的台湾文学

康熙二十二年(1683),郑克塽降清。康熙、雍正二朝被称为清领初期。其时台湾文学得到了初步的发展。就地域而言,南部地区文学较为发达,其他地区仍属荒漠。就作家而言,仍以大陆来台人士尤其是闽南人及广东客家人为主,他们的身份则多是清廷派来的流宦官员与寓台文人。他们的文学活动除了自身的

---

① 刘登瀚等《台湾文学史》(上),海峡文艺出版社,1991 年。

文学创作之外,还通过兴办儒学、县学、书院、义学,广授门徒,进行汉文化的传播,并通过地方史志尤其是艺文志的编纂来传播弘扬文学。

这一时期首先要提及的便是东吟社中的诗人。东吟社初名福台新咏,成立于康熙二十四年((1685),是台湾最早的诗社。其成员据沈文光《东吟社序》共有14人:无锡季蓉洲麒光、宛陵韩震西又琦、金陵赵苍直龙旋、福州陈克碹鸿猷、无锡郑紫山廷桂、武林韦念南渡、福州翁辅生德昌、无锡华苍崖衮、会稽陈易佩元图、金陵林贞一起元、上虞屠仲美士彦、福州何明乡士凤、泉州陈云卿雄略、宁波沈斯庵光文。他们多次聚会,"分题拈韵,择胜寻幽","相率唱和,奖掖后进"(沈光文《东吟社序》),堪称一时盛事。沈光文亦骄傲地称:"隔江荐绅先生,亦必羡此蛮方得此诗社,几乎渐振风雅矣!"(沈光文《东吟社序》)惜社中人物著作多已散佚,有诗文存世者除沈文光外,仅有季麒光、陈元图二人。季麒光于康熙二十三年(1684)任诸罗知县。其著作甚多,今多不存,诗仅存《题天妃宫》一首。陈元图之作则仅存《挽宁靖王》一首。诗曰:

> 匿迹文身学楚狂,飘零故国望斜阳。东平百世思风度,此地千秋有耿光。遗恨难消银海怒,幽魂凄切玉蟾凉。荒坟草绿眠狐兔,寒雨清明枉断肠。

东吟诗社之外,尚有大量的宦台文人。他们的作品内容更多地表现为对台湾本地风物、生活习俗的描写。今略举如下:

高拱乾(生卒年不详)号九临,陕西榆林(今陕西省榆林市)人。荫生出身。于康熙三十一年(1692)任分巡台厦兵备道兼理学政。任内重视教化,并广采资料,纂辑《台湾府志》10卷,为台湾官修志书之始。其诗文俱精,著有《澄台记》、《台湾赋》、《台湾八章》、《东宁十咏》等。他首开台湾八景诗书写之风,《台湾赋》亦为有关台湾的辞赋名作。

孙元衡(生卒年不详)字湘南,安徽桐城(今安徽省桐城市)人,康熙四十二年(1703)任海防同知,著有《赤嵌集》4卷,共收诗360篇,皆宦台时所作。连横评之曰:"台湾宦游之士,颇多能诗,而孙湘南司马之《赤嵌集》为最著。"(连横《台湾诗乘》)

陈梦林(1664—1739)字少林,人称"他斋先生"。福建云霄(今属福建)人,于康熙五十五年(1716)受诸罗县令周钟瑄之聘渡台,协修《诸罗县志》,著有《纪游草》、《游台诗》、《台湾后游草》。

蓝鼎元(1680—1733)字玉霖,号鹿洲,别号任庵,福建漳浦(今属福建)人,康熙六十年(1721)夏随族兄蓝廷珍赴台,著有《平台记略》、《东征集》,其诗《台湾近咏十首》描写台湾历史、地理、风物、农业、文教、军事等,内容甚为广泛。连横评其诗曰:"以韵语而论时事,深得少陵笔意。"(连横《台湾诗乘》)

黄叔璥(1681—1757)字玉圃,直隶大兴(今北京市大兴区)人。康熙四十八年(1709)进士,历任户部云南司主事、湖广道御史等职,康熙六十一年(1722)任第一任巡台御史,为著名学者,其学术涉及历史地理、金石目录以及理学义理等方面,有《台海使槎录》等。其诗《咏半线(即彰化)》、《咏水沙连社》、《武洛社》、《番社杂咏》等皆描写原住部落的生活风俗。

郁永河(生卒年不详)字沧浪,仁和(今浙江杭县)人,诸生。曾客居闽中,康熙三十六年(1697)三月奉清廷之命东渡台湾采购硫黄。郁永河喜欢冒险旅游,当时台湾中部、北部尚未开发,郁永河以土著为向导,历尽艰辛,到达北投,成为"穿越台湾南北的第一人"[1]。连横曰:"台北初启,草莽瘴浓,居者多病,而沧浪冒危难,尝困苦,以竟其事;亦可谓之奇男子也。"(《台湾诗乘》)他来台虽仅两个月,然而却将自己见闻加以记录,著为《采硫日记》,亦称《裨海纪游》,内容涉及台湾的地形、气候、风土、民情,语言清新,形象生动,被称为台湾散文的奠基之作[2]。郁永河之诗,则以《台湾竹枝词》、《土番竹枝词》最为著名。

夏之芳(生卒年不详)高邮州(今江苏省高邮市)人,雍正元年(1723)进士,雍正六年(1728)任巡台御史兼学政。他编辑了台湾最早的岁试作品集《海天玉尺编》,并著有《台湾杂咏百韵》,不仅对原住民奇风异俗之描写精致入微,而且对闽南、广东移民风情之描写亦颇可讽诵。在《海天玉尺编》序中,他还就台湾岁试之文给予了如下评价:"台士之文多旷放,各写胸臆,不能悉就准绳。其间云垂海立,鳌掣鲸吞者,应得山水奇气。又或幽岩峭壁,翠竹苍藤,雅有尘外高

---

① 古继堂主编《简明台湾文学史》,时事出版社,2002 年。
② 古继堂主编《简明台湾文学史》,时事出版社,2002 年。

致。其一瓣一香,一波一皱,清音古响,以发自然,则又得曲岛孤屿之零烟滴翠也。海天景气绝殊,故发之于文,颇能各呈诡异,至垂绅缙笏,庙堂黼黻之器,则往往鲜焉。"应当说是极为精当之言。

值得注意的是,这一时期台湾本土诗人开始零星出现。主要有王璋(台湾县人)、郭必捷(台湾县人)、陈文达(台湾县人)、李钦文(凤山县人)、陈慧(诸罗县人)等,惜其作品传世甚少,难以窥见其文学水平。今仅对陈文达略作介绍。

陈文达(生卒年不详)台南人,康熙四十一年(1702)岁贡。善文工诗,其《莲潭夜月》云:

清波澄皓月,沉璧远街空。山影依稀翠,荷花隐现红。潭心浮太极,水底近蟾宫。莫被采菱女,携归绣幕中。

关于陈文达在台湾文学史上的地位,廖一瑾先生云:"陈文达之诗,为生长于斯之本省人诗中较早备于文献者。本地诗人,从此之后,渐露头角于台湾诗坛。此乃中原文化种子播种于本省后,在本省土生土长所产第一颗果实。"①

总的来说,康熙、雍正时期的台湾文学仍然是大陆宦台、游台、寓台人士的文学,但其主题却与此前发生了很大的变化。主要是由明郑时期志在抗清复明的爱国诗、怀念故土的乡愁诗以及描写被迫流落台湾的怨恨诗转变为描写台湾山水及风情民俗之作,不少作品还表达出大一统国家的自豪之感。

乾隆、嘉庆时期虽仍有少数的本土文人出现,但其时文学创作的主体仍是来自内地的文人。当时来自内地的文人主要作家有章甫、杨二酉、张湄、六十七、范咸、胡建伟、钱琦、朱景英、谢金銮、郑兼才、杨廷理、吴性诚、姚莹等,本土诗人则以陈辉最著名。他们作品的内容与风格,与康、雍时期大致相同,主要描写台湾的风土人情,情感悠闲,而部分作品则有着传统文人的功名抱负及天涯沦落之感。今略介绍其主要者如下:

张湄(约公元1748年前后在世)字鹭洲,号南漪,又号柳渔,浙江钱塘(今杭

---

① 廖一瑾《台湾诗史》,(台北)文史哲出版社,1999年。

州市)人。雍正十一年(1733)进士,乾隆六年(1741)任巡台御史,居台一年多时间。其间重视文教,创设了著名的海东书院,并亲临课艺。有《瀛蠕百咏》、《柳渔诗钞》等。其中《瀛蠕百咏》为居台时代表作,内容多写台湾风物,艺术上则比较讲究意境,用笔简洁而颇有韵味。连横曾称赞他说:"蜚声艺苑,诗多可诵。"(连横《台湾诗乘》)

钱琦(1709—1790)字相人(一作相如),号药沙,晚号耕石老人,浙江仁和(今浙江杭县)人。乾隆二年(1737)进士,乾隆十六年(1751)任巡台御史,其间多有惠政。生平雅好吟咏,与袁枚为至交。著有《澄碧斋诗钞》。钱琦在台诗作主要以描写台南及澎湖风景为主,著名者有《澎湖》、《赤嵌楼》、《赤嵌城》等,大都意境开阔,风格壮美。

章甫(1755—18167)字申友,又字文明,号半崧,福建泉州人。乾隆五十一年(1786)赴台,定居台南。嘉庆四年(1799)贡生,曾三次前往福建省参加乡试,皆不中,遂绝意仕途,设私塾,以课徒为生。有作品《半崧集》传世。章甫自称:"少耽诗歌,长多题咏,老不废吟。六十年来,不知何以一往情深也。"(《半崧集自序》),今存诗达四百余首,被誉为"乾隆年间台湾最出色的诗人"①。其诗法度谨严,气韵高古,尤长于写山水景物。《望玉山歌》气魄宏大,意境开阔,堪称代表作。而《台邑(今台南)八景》之《雁门烟雨》则在空濛之中透出几分新奇,显出另一种风格。诗云:

　　濛濛洒落雁门前,几度风吹断复连。好景居然山水画,一重雨意一重烟。

姚莹(1785—1853)字石甫,一字明叔,号展和,晚号幸翁,安徽桐城(今安徽省桐城市)人,姚鼐侄孙。清嘉庆十三年(1808)进士,二十四年(1819)任台湾知县。道光元年(1821)署海防同知、噶玛兰通判。道光十年(1830),调回江苏,道光十八年(1838),调任台湾兵备道,加按察使衔。鸦片战争期间曾率军奋力抵抗侵台英军。有《中复堂全集》98卷。其在台诗作多表达个人感慨,且有着浓郁

---

　　① 陈贻庭、张宁、陈丽《台湾古诗选》,九州出版社,2006年。

的思乡情绪。如《台湾郡斋红蕉数杵,六月放花,至十一月强半叶枯而花未已。小鸟时时来啄咏以慰之》:

　　玲珑石畔倚轻红,开落纷纷小院中。为伴愁人听夜雨,那堪娇鸟啄秋风。芳心密卷终难放,绿叶欹残尚一丛。不用天涯嗟岁晚,春风犹在海云东。

又如《寄谦弟》:

　　贱贫骨肉常相弃,况是天涯谪宦余。人作鸟言番社熟,路逢鬼笑客囊虚。春风有约草先绿,海岛无方颜再朱。别久莫嫌竦寄语,恶怀愁绪不堪书。

陈辉(生卒年不详)字旭初,台南人。乾隆三年(1738)举人,善文工诗。曾预修府志,故志中多载其诗。他为人淡泊,诗风清雅,如《小斋》云:

　　僻处心常静,幽栖意自闲。种花分隙地,闭户似深山。日涌浓烟裹,风摇积翠间。不须寻酒伴,独坐亦开颜。

陈辉亦有部分作品反映深刻的现实矛盾,如《买米》,揭示了岛内官家的恣肆与农民的疾苦,在当时诗坛尤觉珍贵。

三、清领后期的台湾文学

道光至光绪为清领后期,大致相当于中国文学史的近代时期,是台湾文学发展的重要阶段,至光绪初期,台湾文学达到了最为鼎盛时期。这一时期的台湾文坛呈现出新风貌,一是抵御外侮的爱国主义为诗坛主流,二是台籍诗人的人数已超过宦台文人,"一跃而成为文坛主流"[1]。由于世事巨变,这一时期的文学也大

---

[1]　杨若萍《台湾与大陆文学关系简史》,上海文艺出版社,2004 年。

致可分为两大阶段。一是道光、咸丰、同治时期，一是光绪前期。

道咸同时期，大陆宦台游台人数剧增。其游台诗人重要者有胡承琪、张湄、陈淑均、柯培元、曾骧、杨浚、林鹤年、唐景崧等。今略加论述。

陈淑均（生卒年不详）字友松，泉州晋江（今属福建）人。清嘉庆二十一年（1816）举人。道光十年（1830）应聘人台，任噶玛兰（今宜兰）仰山书院山长，曾编纂《噶玛兰厅志》。十四年（1834）内渡，十八年（1838）复来台主持鹿港文开书院。作品见于《噶玛兰厅志》、《噶玛兰志略》。其《兰阳八景诗》写宜兰景色，甚为脍炙人口。如其一《龟山朝日》：

> 昂然势矗海门东，十丈朝暾射背红。员峤戴星高出地，咸池浴水突浮空。山冲泖鼻开灵穴，屿转鸡心驾晓篷。自是醮波常五色，对看窿岭亦瞳瞳。

曾骧（生卒年不详）字茶云，广东镇平（今广东省蕉岭县）人，道光中期之后来台，客居北埔（今新竹县）。胸怀才情，然一生皆未中科举，抑郁度日，抱憾而终。居台期间，常与郑用锡等诗酒唱和，亦为林占梅等人所赏，惜其诗多佚，仅存六首咏物诗，大都寄寓身世，善于用典，颇富豪气。如《看剑》：

> 鹎膏拂拭引杯看，三尺霜锋影亦寒。不斩佞臣因在野，如添健仆好随鞭。买牛未必留君住，割肉休看博妇欢。日食无鱼侬已惯，惭将长铗向人弹。

杨浚（1830—1890）字雪沧，号健公，又号冠悔道人。祖籍泉州晋江（今属福建），后迁侯官（今福州市）。咸丰二年（1852）中举，同治四年（1865）任内阁中书。曾为左宗棠幕僚，随征甘肃。杨氏为福建著名藏书家，同治五年（1866）应左宗棠之邀，人福州正谊书局，重刊先贤遗书。同治八年（1869）游台，受淡水同知陈培桂之聘，纂修《淡水厅志》；并应郑用锡子嗣郑如梁之请，编刊《北郭园全集》,开"清代北台湾文学专著出版之先河"①。次年离台。著有《冠悔堂诗文钞》、《冠悔堂赋钞》、《冠悔堂骈体文钞》、《冠悔堂楹语》、《杨雪沧稿本》等。杨浚在台多有唱酬之作及体咏风物之作。如《淡水八景诗》其一《指峰凌霄》:

> 霄汉分明五指开,孤城南面送青来。诸峰罗列尊初祖,大海荒蒙辟俊才。关外已闻驱虎豹,云中何事幻楼台?桥门日夕看山色,天马行空亦壮哉。

林鹤年(1847—1901)字谦章,又字铁林,号氅云,晚号怡园老人,泉州安溪(今属福建)人,光绪九年(1883)进士,擅于诗,为"闽中十子"之一。林鹤年幼时曾随其父渡海来台,中年时复于光绪十八年(1892)来台,承办茶筐船捐等局务,并担任唐景崧幕客。闲暇之时,与台湾士绅立吟社唱和。著名的牡丹诗社即因他所赠曹州牡丹而得名。乙未割台时,携眷内渡,寓居厦门鼓浪屿,筑怡园,并以为号,"怡"即心系台湾之意。著有《福雅堂全集》、《福雅堂东海集选订》、《东亚书院课艺初二集》等。吴鲁《林氅云先生家传》论其诗曰:"公早岁所履皆顺,豪情逸概,其发为诗者,绝少角徵音。中年之后,身世之感,多伤于哀乐,而年以不永,亦遭际使然矣!"可见国事沧桑对其诗风之影响。他在台诗作多唱酬之作,间亦有感怀之作,最感人的当属归大陆后思台之作,无不充满强烈的爱国情感。如《丁酉四月初七日厦口东望台澎泣而有赋》:

> 海上燕云涕泪多,攀天无力奈天何!仓皇赤壁谁诸葛,还我珠崖望伏波。祖逖临江空击楫,鲁阳挥日竟沉戈。昆身鹿耳屠龙会,匹马中原志为磨。

唐景崧(1841—1903)字维卿,广西灌阳人。同治四年(1865)进士。中法战争后历任福建台湾道、台湾布政使,署理台湾巡抚。清朝割弃台湾后,被台湾军民推为民主国大总统,领导台湾军民抗日。日军登陆台北后携款内渡。著有

---

① 黄美娥:《清代台湾竹堑地区传统文学研究》,(台湾)辅仁大学中文研究所博士论文。

《请缨日记》《诗畸》《迷拾》《寄闲吟馆诗存》《看棋亭杂剧》等。唐景崧在台期间，公余常邀僚属诗酒唱和。先创斐亭文会，在任布政使时移驻台北，林鹤年赠以曹州牡丹，遂于光绪十八年创牡丹诗社。牡丹诗社的成员包括流寓与本土文人百余人，尤以闽地及广东人为最多，林鹤年、施士洁、丘逢甲等都参与其间，是"台湾文学史上第一个有全台影响的诗社"①。唐景崧创办牡丹诗社，对全台文学之兴起促进甚大，而他本人之诗也多有佳作。如《梦蝶园》：

> 劫运河山毕凤阳，朱家一梦醒蒙庄。孝廉涕泪园林冷，经卷生涯海国荒。残粉近邻妃子墓，化身犹傍法王堂。谁从穷岛寻仙蜕，赤嵌城南吊佛场。

本诗虽为诗社酬唱之作，然其间蕴含着深刻的历史感慨，自不同于一般的应景游戏之作，堪称佳构。

这一时期大陆赴台文人的创作，可以看出其主题由明郑时期忠于故明的情感转化为对清廷的认可，由慷慨激烈的爱国高歌变为流连山水、采风观览的低唱，乃至于诗社活动中的酬唱与游戏之作。这固然削弱了其思想价值，但对当时台湾社会的影响却是极其重大的。而这期间闽南人、客家人等河洛后裔无疑有着极其重要的作用。

这一时期最为可喜的就是作为河洛人后裔的台湾本地诗人队伍的壮大。其主要作家有郑用锡、蔡廷兰、施琼芳、林占梅、陈肇兴等。

郑用锡（1788—1858）字在中，号祉亭，竹堑（今新竹）人。原籍福建同安（今厦门市），祖父时移居台湾。道光三年（1823）进士，为台湾第一位进士及第者。官至礼部员外郎。曾纂《淡水志乘》，并主持新竹明志书院。晚年筑北郭园，常邀诗人雅集，成立竹社，为竹堑七子之一。著有《北郭园全集》8卷。其诗多为归田后所作，多表达田园生活，然亦有关注现实之作。如《中元观城隍赈孤》：

> 恤际孤阴饭满筐，抛遗尘土杂馀粮。可怜南邑珠同贵，莫贷监河半粒

---

① 刘登瀚等：《台湾文学史》上，海峡文艺出版社，1991年。

偿。黄叶村中自著书,好山无数绕吾庐。一帘花影清吟后,半榻茶烟小梦
余。

陈肇兴(1831—18667)字伯康,号陶村,彰化人。咸丰九年(1859)乡试中举
人。著有《陶村诗稿》6 卷,《咄咄吟》2 卷。陈肇兴诗学杜甫,内容十分广泛,门
人吴德功在《陶村诗稿》序文中谓,肇兴之诗胎息于杜甫,可视为清中叶台湾文
坛之"诗史"。其中最有价值的是反映农村生活之作,不仅数量众多,反映出台
湾农村生活的各个方面,而且有着极高的艺术价值。其《登赤嵌楼》一诗抚昔怀
古,充满英风豪气,亦为名作:

> 峥嵘山势接苍穹,俯瞰茫茫大海中。此日万家登版籍,当年三度据枭
> 雄。云生蜃气连城白,日照龙鳞满郭红。目极中原天万里,乘槎我欲借长
> 风。

光绪前期的文学自光绪元年(1875)至光绪二十一年(1895),虽然仅有短短
的 21 年时间。然而在台湾文学史上却有着极其重要的意义。光绪十一年
(1885)台湾建省,导致了大量的官吏幕客从大陆来到台湾。加上台湾本地诗人
的勃兴,台湾一下子变成了文人渊薮,最终"在台湾诗史上画一光辉灿烂时
代"[①]。

这一时期的大陆赴台的诗人,需要特别提及的是爱国英雄刘铭传、林永福。
刘铭传(1836—1896),字省三号大潜山人,安徽肥西(今属安徽)人。早年追随
李鸿章、曾国藩,同治四年(1865)年升为直隶总督。光绪九年(1883),中法战争
爆发,清王朝任命他为督办台湾事务大臣,筹备抗法,不久又授福建巡抚,加兵部
尚书衔。刘铭传于光绪十年(1885)七月十六日抵达基隆,领导台湾军民顽强坚
持战斗,苦战数月,为中法战争最终取得胜利作出了极大贡献。光绪十一年
(1885),清王朝决定台湾正式建省,任命刘铭传为第一任台湾巡抚。著作有《大
潜山房诗钞》。刘铭传在台湾创作了大量诗作,不少作品表达了慷慨报国的壮

---

① 廖一瑾《台湾诗史》,(台北)文史哲出版社,1999 年。

志。如初到台湾时所作《偶感》：

> 半壁皆烽火,江南不见春。离家三四月,航海八千人。才系苍生望,身承宠命新。英雄有抱负,举止白天真。

刘永福(1837—1917)字渊亭,广东钦州(今属广西)人。本为广西农民起义军将领,中法战争爆发前,应越南政府约请率领黑旗军援越抗法,曾两度大败法军。中法战争爆发后,在越南战场与清军共同阻击敌人,取得多次胜利。甲午战争爆发,刘永福奉命率黑旗军两个营赴台湾,帮办台湾防务。《马关条约》签订后日军进攻台北,署理巡抚唐景崧逃回大陆。刘永福率黑旗军与台湾抗日义勇军合作,在新竹、苗栗、彰化、嘉义等地,与日军血战近五个月,终因清廷断绝援台,台南失陷,被迫潜回大陆。临别时,作《别台诗》一首：

> 哀生无限托笙箫,泪落清霜化作潮。饮胆枕戈期异日,磨刀励志属今朝。生存道义何迟死,身是金刚不怕销。再奏悲歌惊四座,满江一曲赋魂销。

刘永福虽不以诗著称,然此诗慷慨悲壮,大气磅礴,充分表现出一名爱国将领的伟大胸怀。

这一时期作为河洛人后裔的台湾本地作家则终于成为台湾文学的主体。被称为清季台湾三大诗人的施士洁、丘逢甲、许南英是当时最为著名的本土作家。

施士洁(1853—1922)字应嘉,号澐舫,又号晒云,晚号耐公。台南人,施琼芳子。光绪二年(1876)举人,翌年成进士,授内阁中书。其后返台,先后主持彰化白沙书院,台南崇文、道学、海东书院。许南英、丘逢甲皆其弟子。后应聘入台湾巡抚唐景崧幕。乙未(1895)割台,携眷内渡,避居岑江,而时往来厦门、榕城间,与避祸诸文士诗酒唱酬。其平生著述今人合辑为《后苏龛合集》17卷。施士洁在台时所写歌咏台湾风物之作,亦多有佳构。如《凤山崎》绝句四首,咏凤山风光,清新流动,令人神往。然而他最为人所称道的是台湾被割前后的作品,堪称以歌当哭。如《别台作》(三首之三)：

百雉高城赤堞西,鹧鸪啼罢子规啼。楼前人去如黄鹤,夜半军来尽水犀。鬼已无头怨罗刹,僧犹有发愧闍黎。逐臣不死悬双眼,再见英雄缚草鸡。

施士洁在回大陆之后,虽历经沧桑,仍时刻怀念台湾亲人,写出了大量忆台之作,"鹭门咫尺秋江水,不如天河会有期"(《秋居悼亡》)已经成为广为传诵的感人诗句。

许南英(1854—1917)字子蕴,号蕴白、允白,别号窥园主人、留发头陀、龙马书生、昆舍耶客、春江冷宦。祖籍广东揭阳(今广东省揭阳市),台湾安平(今台南市)人,著名文学家许地山之父。光绪十六年(1890)进士,授职兵部主事。因无意仕途,到署未几,旋归故里,从事垦土开发。并一度担任《台湾通志》协修。台湾被割后,在台南参与组建抗日义军,助刘永福协守台南。后遭日人通缉,遂内渡大陆定居,出任广东阳春、三水等地知县。晚年定居苏门答腊。著有《窥园留草》。许南英乙未之前的作品,多闲居游赏之趣,风格闲散清淡。被迫离台之后,时时怀念故土,思乡之情触处即生,故土之思与报国之志也就成为其诗歌的核心主题,也是其诗歌最为感人之处。如《和易实甫观察原韵》二首其一:

愁肠醉酒未能醇,眼底荆榛气不春。旧地钓游谁是主,新亭恸哭尔何人。重城赤嵌家何在,小劫红单迹已陈。四万万人黄种里,头衔特别署遗民!

作为一名亲自参加、领导台湾抗日运动的诗人,他的一些诗作还讴歌抗日英雄,表达战胜侵略者的决心。如《和祁阳陈仲英观察感时示诸将原韵》三首其一:

潜移兵祸海之东,炮火澎瀜杀气红。大帅易旗能御敌,平民制梃愿从戎。岳家军信山难撼,宋室金输库已穷。有诏班师臣不奉,圣明亦谅此愚衷!

诗中不仅将抗日将士比作岳家军,而且云"有诏班师臣不奉",其意志似比岳家军更为坚强。

丘逢甲(1864—1912)字仙根、仲阏,原籍广东镇平(今广东省蕉岭县),出生于台湾苗栗县,后移居彰化县,系客家后裔。光绪十五年(1889)进士,官工部主事。因不愿做官离职返台,曾在台中、台南各书院讲学。中日甲午之战失败,清廷割让台湾给日本,丘逢甲组织义军抗日,兵败后回原籍广东镇平,改居室为"念台精舍",又改长子丘琮之名为丘念台。在广东各书院主讲,并创办学堂,推行新学。辛亥革命后任参议员。被称为"诗界革命一巨子",为近代著名的爱国主义诗人。有《岭云海日楼诗钞》。

丘逢甲现存之诗除六首《离台诗》外,都是来大陆后所作,主要是抒发国土被割、有家难回的悲愤情怀以及渴望收复失地的决心,以及对清王朝腐朽无能、割地辱国的无限愤慨,表现出强烈的爱国思想。风格上则学习杜甫、陆游,然明朗雄健,慷慨悲壮,自

成一格。其《春愁》写台湾人民在台湾被割后的巨大痛苦:

> 春愁难遣强看山,往事惊心泪欲潸。四百万人同一哭,去年今日割台湾。

《元夕无月》写自己回大陆后对台湾的无限思念:

> 三年此夕月无光,明月多应在故乡。欲向海天寻月去,五更飞梦渡鲲洋。

丘逢甲曾积极参加梁启超等人领导的诗歌改良运动,深为梁启超所推许,称之曰"天下健者"、"诗界革命一巨子"。他的爱国主义诗篇在中国文学史上影响甚大,钱仲联先生称其诗"似陆剑南,似元遗山"(钱仲联《梦苕庵诗话》),不仅仅指丘逢甲诗风与陆游、元好问的相似,更重要的是指三者之间爱国忧愤之情的一脉相承。

台湾本土文学的兴盛,标志着中国传统文学在台湾真正的发展壮大。综观整个台湾古典文学史,我们不难发现台湾文学的创作主体由两部分构成。一是来自内地的文人尤其是来自闽南、广东客家地区的河洛后裔,他们"筚路蓝缕,披荆斩棘,亲手播上中原文化的种子,且辛勤灌溉,细心扶植,亭之、育之,使其成长茁壮,开花结果,终于使源远流长的中华文化又获得一方新的发展空间,并从而展现其强劲的生命力及伟大的陶育力、影响力"①。另一则是台湾本土作家,而他们也绝大多数是闽南、广东客家地区的河洛后裔。他们承接了中华文明之光,使以河洛文化精神为核心的中国传统文学精神在台湾历经扎根、发芽之后,真正开始茁壮成长。因此台湾古典文学是河洛古典文学的一个自然延伸。

四、日据时期的台湾文学

乙未割台之后,台湾进入日治时期,两岸文学的交流、互动因此而大受影响,但是中华文化已经扎根于台湾,两岸的文学精神一直相通,几乎同步进入了新的文学发展阶段,现代性的书写成为两地文学的重要内容。日据前期的台湾文学,不仅充满了弃人弃民的悲酸苦楚,而且反日化、反殖民的呼声一直是当时文学的最强音。

台湾古典诗文此际依然兴盛,这与大陆有着较大差别。台湾王晓波先生指出:"传统的汉文(文言文)在祖国被视为阻碍文化进步而必须改造的对象,但在同一个时期,汉文(旧诗)在台湾却是反抗异族统治捍卫民族意识的堡垒。"(《五四时期文学革命与日据下台湾新文学运动》)当时的爱国诗社遍及全台,主要有:台中地区林朝崧、林资修等人组织的栎社,洪弃生等人组织的鹿苑吟社;台南地区连横等人组织的南社,连横、陈渭川等组织的浪吟诗社;台北地区有黄纯青等人组织的咏霓诗社、洪以南等人组织的瀛社等。他们将汉语视为"爱国保种、反抗异族的精神"②,坚持古典诗歌创作。连横曾鲜明地指出:

　　　　凡一民族之生存,必有其独立之文化。而语言、文字、艺术、风俗则文化

---

① 杨若萍《台湾与大陆文学关系简史》,上海文艺出版社,2004年。
② 陈昭瑛《台湾诗选注》,(台湾)正中书局,1998年。

之要素也；是故文化而在，则民族精神不灭，且有发扬光大之日，此征之历史而不可易者也。台湾今日文化之销沉，识者忧之，而发扬之，光大之，则乡人士之天职也。①

正是在如此鲜明的民族意识感召之下，台湾才出现诗人辈出、诗社林立、"诗学之盛，为开创以来所未有"（连横《台湾诗荟》创刊号序）的局面。与此相应，此际的台湾古典作家的作品就主题而言，也大都有着强烈的幽愤之气、报国之志。其重要作家有洪弃生、连横、王松、林朝崧、林资修、胡殿鹏等。

林朝崧（1875—1915）字俊堂，号痴仙，一号无闷，台中阿罩雾（今雾峰）人。乙未之役，随家人避乱泉州。复北上，遍游大陆名山大川，文名传于京沪。光绪二十八年（1902）奉母命返台。与侄幼春等倡设栎社，互为唱酬，风靡台中。后筑草堂曰"无闷"，自号"无闷道人"。林朝崧感怀家国，常难自已，1915 年 10 月 7 日抑郁以终。著有《无闷草堂诗存》5 卷附诗馀 1 卷。其诗婉约凄怆，以思乡报国为多。如内渡时思台之作《寄怀八叔父允卿》：

> 鲰生剧是可怜虫，二载闽南逐转蓬。流落怕谈桑海事，追随空记竹林中。恼人春色花无赖，消我乡愁酒有功。最忆旧时文宴处，梦魂夜夜雾峰东。

林资修（1880—1939），名幼春，号南强，晚号老秋，台中阿罩雾（今雾峰）人，林朝崧侄。乙未割台之役离台，后回台接掌家务。他积极参与台湾民族运动，曾被日本统治者判刑四个月。为台湾民报社首任社长。林资修长于诗，为栎社重要发起人之一，梁启超游台时，誉之为"海南才子"。有《南强诗集》。林资修诗有强烈的民族情感，徐复观称之曰："实万劫不磨之民族精魂之所寄，岂与嗟一己之枯荣，感四时之代谢者之所能同其量哉！"（《南强诗集》）如其《奉和原韵呈任公先生》：

---

① 连横《雅言》，（台湾）台湾经济研究室编印，1960 年。

忧患余生识此人,夷吾江左更无论。十年魂梦居门下,二老风流照海滨。一笑戏言三户在,相看清泪两行新！楚囚忍死非无意,终拟南冠对角巾。

全诗于沉郁低徊之中富有慷慨激昂之气,诚无愧于梁启超"讴心词赋歌当哭"(《赠林幼春》)之誉。

洪弃生(1867—1929)原名攀桂,学名一枝,字月樵,原籍南安(今属福建),台湾彰化人。自幼好学,苦读经史。日本侵占台湾后,投身反割台武装斗争,失败后,隐归故里,潜居不出,取《汉书》"弃儒生"三字之意,改名儒,字弃生。1922年与次子洪炎秋一起赴大陆,漫游长江、黄河及各省。返台之后在家乡鹿港潜心著述。著有《寄鹤斋诗集》、《寄鹤斋文集》、《寄鹤斋诗话》及《台湾战纪》(原名《瀛海偕亡纪》)、《中东战纪》等。洪弃生的诗歌多寄托对祖国的深挚情感,以写实手法控诉日本殖民暴政,讴歌台湾人民的反抗斗争,有一代诗史之称。其抒情之作,亦沉郁悲凉,感人至深。如《感事和韵》:

不见苌弘碧血腥,江山离乱杜陵经。相逢白发黄倪辈,尽是饥鸠老鹄形。海沸三年珠屿黑,天烘一角火峰青。涛声远远蛟龙啸,日夕楼头当哭听。

连横(1878—1936)字武公,号雅堂,又号剑花。原籍福建龙溪,清初移家台湾,生于台南府宁南坊兵马营。曾与林朝崧等组织栎社,研究诗文,砥砺学行,并创办《台湾诗荟》月刊,以登载汉诗汉文笔记掌故为主。一生致力于台湾文化的挖掘整理,以弘扬汉民族文化为己任,有"台湾史学第一人"之称。著有《台湾通史》、《台湾语典》、《剑花室文集》、《大陆诗草》、《宁南诗草》、《大陆游记》、《台湾赘谈》、《台湾漫录》、《台南古迹志》、《台湾诗乘》等。廖一瑾先生评之曰:"在日据时期,台湾文化承接中华文化固有传统,又表现中华民族不为异族同化之伟大精神,足以论其贡献者,雅堂之功不可没。"[1]其诗多表现民族情怀,悲凉慷慨,

---

① 廖一瑾《台湾诗史》,(台北)文史哲出版社,1999 年。

如《台南》：

> 文物台南是我乡，归来何处问行藏？寄愁缱绻莺江柳，大泪滂沱哭海桑！卅载弟兄犹异宅，一家儿女各他方。夜深细共荆妻语，青史青山尚未亡。

连横曾自称："眷怀家国，凭吊河山，虽多回肠荡气之辞，不作道困言贫之语。"（连横《宁南诗草自序》）此诗堪称此种心志之注脚。

胡殿鹏（1869—1933）字子程，号南溟，台南人。光绪十七年（1891）与许南英等组织浪吟社。乙未割台，内渡寓居厦门，次年返台。先后担任《台湾日日新报》记者等职。1906 年南社创立，为该社重要社员。著有《南溟诗草》及《大冶一炉诗话》。胡殿鹏为人狂傲不羁，曾自云："夫南溟自六十年来，长篇不可删，短篇不可增，散文浑而灏，骈文沉而丽。穷古之英，贯古之识，其思想最高、最奇、最雄、最健。"观此言而知其诗文之风。尤擅长作古体歌行，著名者有七古长诗《五江曲》，其中以《长江曲》及《黄河曲》最为磅礴恣肆，瑰伟雄奇。其《怀九曲老樵》一诗，感时伤事，亦有长歌当哭之慨：

> 晦翁死后放翁老，白发萧然玉局仙。东海已成呜咽水，声声遗恨靖康年。独对梅花到暮年，剑南天地一诗颠。书巢鏖尽江山血，江上冬青泣杜鹃。

王松（1866—1924）字友竹，又字寄生，别号沧海遗民。原籍福建晋江，新竹人。1895 年日本侵占台湾后，内渡大陆，寄居原籍，次年返台。拒不接受日本殖民当局聘用，改故居四香楼为"如此江山楼"，以示亡国之痛。著有《沧海遗民剩稿》、《台阳诗经》等。王松早期诗作多抒发个人情怀，乙未后则以陆游自况，多亡国哀痛之音。在诗法上则学袁枚，以直抒性灵为高。如《感兴》二首其一：

> 和议知非策，瀛东弃可伤。坠天忧不细，筹海患难防。兵燹殃千里，亲朋散四方。故乡归未得，泪眼阅沧桑。

台湾被割之后,来台大陆文人锐减。然亦偶有志节之士因各种原因而至台,借诗文以表达国土沦丧之痛苦及收复失地之壮志。最有名的当属易顺鼎、章太炎、梁启超。

易顺鼎(1858—1920)字实甫,晚号哭庵,湖南龙阳(今湖南省汉寿县)人。近代著名诗人。于学无所不窥,为诗近万首,有《四魂集》等。甲午战后,曾上书极力反对割台,并两赴台湾,欲赞助刘永福共同抗敌,终因大势所去,无力回天,被迫内渡。他在台期间与施士洁、丘逢甲、许南英等台湾文人多有唱和,亦创作了大量感慨台湾时事之作,情多愤激,气多慷慨。如《寓台咏怀》六首之二:

田横岛上此臣民,不负天家二百春。中露微君黎望卫,下泉无霸桧思邬。谁忘被发缨冠义,各念茹毛践土身,痛哭珠崖原汉地,大呼仓葛本王人。

章炳麟(1869—1936年)初名学乘,字枚叔,后更名绛,号太炎,后又改名炳麟,浙江余杭人。中国民主革命先行者之一和国学大师。有《章氏丛书》等。章炳麟因言论不容于清廷,于光绪二十四年(1898)年至台湾避难。其间时时批评日人对台的统治政策,被迫于次年离台。在台期间,他与台湾文人交往密切,且留下了许多关心时政的诗篇。如《玉山诗社席上即事》:

唾壶击破转心惊,弹指苍茫景物更。满地江湖吾尚在,棋枰声里俟河清。

梁启超(1873—1929)字卓如,号任公,又号饮冰室主人、饮冰子、哀时客等。广东新会人。中国近代维新派代表人物、学者。中国近代史上著名的政治活动家、史学家和文学家,有《饮冰室合集》。1911年,应台湾著名民族志士林献堂之邀赴台,两周后即离开。梁启超到台后,先在台北由瀛社社长洪以南等人组织百余文人设立欢迎大会,并发表演讲。会后作有《三月三日,遗老百余辈设欢迎会于台北故城之荟芳楼,敬赋长句奉谢》四首,今录其四:

劫灰经眼尘尘改,华发侵颠日日新。破碎山河谁料得,艰难兄弟自相亲。余生饮泪尝杯酒,对面长歌哭古人。留取他年搜野史,高楼风雨纪残春。

此诗饱含国土沦丧之痛与同胞血肉亲情,当时与会之人皆为之泣不成声。

随后梁启超南下台中,与中南部诗人继续唱和,借以激励爱国之志。如《赠林幼春》:

南阮北阮多畸士,我识仲容殊绝伦。才气犹堪绝大漠,生涯谁遣卧漳滨?呕心词赋歌当哭,沉恨江山久更新。我本哀时最萧瑟,亦逢庚信一沾巾。

除了此类唱酬诗作之外,在一些纪游诗中,梁启超也处处把台湾与祖国大陆紧紧地连结在一起,以此来唤起台湾人民对祖国的记忆。如:"且莫秋风怨迟暮,夕阳正在海西头"(《次韵酬林痴仙见赠》)、"最是夕阳无限好,残红苍莽接中原"(《莱园杂咏》)。他还写了大量揭露日本对台湾同胞的残酷统治,表达了对苦难同胞的深切同情的诗作。如《拆屋行》、《斗六吏》等。

返回途中,梁启超悲愤之情仍不可遏,在海轮上他写信说"归舟所满载者哀愤也"(《游台湾书牍》其六),并又写了20多首诗词以抒胸中块垒,发出了不忍回首重看而又不能不看的啼血之音:

老地荒天阕古哀,海门落日浪崔嵬,凭舷切莫首重回。费泪山河和梦远,凋年风雨挟愁来,不成抛却又徘徊。——(《浣溪沙·台湾归舟晚望》)

梁启超此次访台仅两周时间,然而却创作诗89首、词12首。这些诗词表达了大陆人民对台湾同胞的深切关注,进一步唤起了台湾人民心中的爱国主义思想,增强了台湾同胞的民族意识。因此,尽管此际赴台大陆诗人甚少,但借梁启超此行,产生的影响还是极其深远的。

台湾的白话文学也是在大陆白话文运动的影响下产生的。据杨若萍等先生相关研究,可略述如下。1920年,陈炘的《文学与职务》"拉开了台湾文学改革的序幕",作为"台湾目前所能发现最早一篇的文学革新理论的文章"①,其文学主张"实与陈独秀的文学革命论如出一辙"②。作为最早向旧文学宣战的张我军,不仅将五四运动的精神及胡适、陈独秀文学革命的主张传到台湾,而且明确主张台湾文学应与大陆文学保持同一方向。他说:"台湾的文学乃中国文学的一支流。本流发生了什么影响、变迁,则支流也自然而然地随之而影响、变迁,这是必然的道理。"③黄呈聪在《论普及白话及使命》一文中明确指出:"中国就是我们的祖国,不论中国有发生什么事情很容易传到台湾。若就文化而论,中国是母,我们是子,母子生活的关系情浓不待我多说,大家的心理上已经明白了。"④

台湾的白话文运动,更有其鲜明的爱国宗旨,有着明确的民族意识。陈炘的《文学与职务》就认为,推广白话文,主张"言文一致"的目的是"启发文化、振兴民族"。⑤ 黄朝琴在《汉文改革论》中呼吁道:"我们台湾的同胞,亦是汉民族的子孙,我们有我们的民族性;汉文若废,我们的个性我们的习惯,我们的言语从此消灭了……"⑥在晚年回忆文章中又云写作此文的目的是:"希望台湾同胞相互间均能使用中国文字,使白话文逐渐普及,这样不仅中华文化在台湾将以继续保存,而且因简单易学的白话文的推广而能发扬光大,借以加强民族意识,间接地使日本对台湾的同化教育,无法发挥他预期的效果。"⑦在这样的意识支配下,对祖国母体的强烈认同感流贯在台湾新文学运动的整个历史进程中,涌现出了大量的抗日作家如赖和、巫永福、杨云萍、杨守愚、陈虚谷、杨逵、吕赫若等,他们创作了大量感人至深的爱国诗文。如南投诗人巫永福于1936年发表的《祖国》:

　　　未曾见过的祖国
　　　隔着海似近似远

---

① 杨若萍《台湾与大陆文学关系简史》,上海文艺出版社,2004年。
② 林瑞明《台湾文学的历史考察》,(台湾)允晨出版社,1996年。
③ 秦贤次编《张我军评论集》,(台湾)台北县立文化中心,1993年。
④ 李南衡《日据下台湾新文学文献资料选集》,(台湾)明潭出版社,1979年。
⑤ 陈炘《文学与职务》,《台湾青年》第1卷1号,汉文部,1920年7月16日。
⑥ 李南衡《日据下台湾新文学文献资料选集》,(台湾)明潭出版社,1979年。
⑦ 黄朝琴《我的回忆》,(台湾)龙文出版社,1989年。

在梦里看见在书里读到的祖国

流过几千年在我血液中

它的影子栖息在我的胸臆里

回音在我心中

……

还给我的祖国啊！

向海叫喊，还给我的祖国啊！

　　正因台湾的白话文学有着如此鲜明的民族意识，因此抗日战争爆发后，日本政府开始野蛮推行所谓"皇民化运动"，企图截断台湾文学与大陆文学之间的联系，使本来已臻于成熟的台湾本土文学遭受了巨大的挫折，然而吴浊流、杨逵、吕赫若、张冬芳、王井泉、王碧蕉等一大批爱国抗日作家仍在极其艰苦的条件下进行着英勇不屈的抗争。

五、光复以来的台湾文学

　　光复初期（1945—1949），大量的大陆文人拥入台湾，台湾的新文学又重新活跃起来。1949 年随着蒋氏政权在台湾的建立，台湾又很快进入与大陆对抗的漫长时期，直到大陆实行改革开放"解严"以后，两岸文化交流才日渐正常起来。其间形势纷纭，各种文学主张、文学思潮迭现，限于篇幅，无法详述，兹仅就台湾的乡愁诗略作说明。由于随同国民党至台的大批大陆文人经历着离乡别井、骨肉离散的巨大痛苦，愈是阻隔，阻隔愈久，其思亲之情、思乡之情愈不可遏止。到了 20 世纪 70 年代，"望乡、思乡变成了大陆来台作家的创作焦点"（简政珍《台湾现代诗美学》）。而台湾本土文人，在经历了短短五年的回归祖国之后，重新与大陆分离，对祖籍之地、血脉之根也充满无限的向往。这两个人群、两种情感的交流，使台湾文学中固有的乡愁、思乡主题，表达更为强烈，而且贯穿了整个台湾当代文学史，且达到了台湾文学史上乡愁文学的最高峰。台湾本土诗人，屏东人钟理和在其《原乡人》中曾高呼："原乡人的血，必须流返原乡，才会停止沸腾！"可以说，这是台湾同胞共同的心声，他们用诗歌、用小说、用戏剧、用电影、用散文表达着自己这一沉重而神圣的情感，而尤以乡愁诗最为感人。以古体而

言,以于右任的绝命诗《望大陆》最为著名:

> 葬我于高山之上兮,望我大陆。大陆不可见兮,唯有痛哭! 葬我于高山之上兮,望我故乡。故乡不可见兮,永不能忘! 天苍苍,野茫茫;山之上,国有殇!

新体诗则以余光中、罗门、洛夫、席慕蓉、李春生、渡也、朵思、彭邦桢、郑愁予、痖弦、林焕彰、秦岳等最为著名,其中余光中等诗人诗作早已家喻户晓。请看林焕彰的诗作:

> 设想杯子被捏碎了以后
> 我该怎样在掌中找血
> 在血中寻你
>
> 生命啊
> 原是一条河流
> 第一次便在我的体内走遍了祖国大陆
>
> 山在见证
> 海愿涵纳
> 纵流尽了我脉管中的血
> 躺着的河床也会甲骨文一般的写着你
> 写着你
> 中国,中国
>
> ——林焕彰《中国》

随着两岸关系的解冻,大量的台湾同胞终于回到了大陆,于是产生了大量的回归诗。这些诗仍然与台湾乡愁诗有着深刻的联系,但是却传达了诗人返回故乡的新鲜感和喜悦的心情。如秦岳在诗中写道:

……

　　直到晨曦升起

　　照着我一无睡意的醉眼

　　才惊讶地发现

　　那魂牵梦绕了四十年的故乡

　　突然猛力一把拥我入怀

　　我以含泪的眼

　　噙住故乡一片湿漉漉的风景

　　只要能回到家

　　就不再管他风风雨雨沧桑年年

——《夜宿郑州》

　　那些台湾本土的诗人,一踏上大陆的土地,欣喜的情感同样不可遏止,这是一种深沉的民族认同感,是一种心灵家园的归属感。如渡也在他的诗中写道:."一波波人潮/涌回故乡/只有我仍在台湾/流不走/载不动/许多愁/他们都有亲人在大陆/其实,我也有亲人/全大陆同胞都是。"(《许多愁》)在这种情感支配之下,他来到苏州后,写道:

　　苏州啊

　　我回来了

　　中国中国

　　我终于回来了

　　山和水都激动起来了

——《苏州》

　　诚然,乡愁是人类共同的基本情感,她的产生是不分时间,不分地域,不分民族的。但是"无论是哪一个民族哪一个地区,文学中的"乡愁"不会像台湾这样,在短时间内如此集中,如此的色彩斑斓"①。以中国文学史而论,由于中国古代地域辽阔,交通不便,乡愁文学一直非常发达,但是"古代的乡愁文学不管多么发达,都不能与近四十年来台湾的乡愁文学相比"②。台湾的乡愁文学,堪称泣血之作。她不仅包括了事实层面的家园情感,也包括了文化层面、心灵层面的家园归属感,写出了祖国分裂给台湾人民造成的巨大痛苦与精神创伤,表达出中国人民渴望团圆的真挚情感,不仅是当代台湾文学的杰作,也是整个中国当代文学史上乃至世界文学史上乡愁文学最强烈、最集中的表现,必将成为中国文学史上辉煌的一页。

就艺术表达而言,台湾当代文学也经历着一个现代化的转换问题,有着西方文化的"横的移植"。但是,这种移植"是通过人来进行的,是通过长期受中国文化传统熏陶的人来进行的,而且是移植到中国文化、中国文学的土壤上来的"③。余光中先生有言:"我们不能想象一个完全不反传统或者反传统而竟回不了传统的伟大诗人,同样,我们也不能想象一个不能吸引新成分或者一反就会垮的伟大传统。"④因此台湾的当代文学在某种意义上来言,在艺术表达上不是偏离而恰恰是从古代文学中汲取着营养。正如简政珍先生所言:"所谓民族风不是以诗的题材或主题作为惟一的凭借,而是在诗的表现方式,包括遣词造句,长短句的控制、诗的韵律感、意象的处理方式上让人觉得这是中国人写的。"⑤这在诗歌中表现得最为突出,甚至出现了所谓的"新古典主义"。兹举两首台湾当代小诗为例:

> 我打江南走过
> 那等在季节里的容颜如莲花的开落
> 东风不来三月的柳絮不飞
> 你的心如小小的寂寞的石头城
> 恰若青石的街道向晚

---

① 杨匡汉主编《中国文化中的台湾文学》,长江文艺出版社,2002 年。
② 古继堂《台湾文学的母体依恋》,九州出版社,2002 年。
③ 杨匡汉主编《中国文化中的台湾文学》,长江文艺出版社 2002 年。
④ 刘登翰《文学薪火的传承与变异》,海峡文艺出版社,1994 年。
⑤ 简政珍《由这一代的诗论诗的本体》,(台湾)《中外文学》,1990 年第二期。

　　跫音不响三月的春帷不揭

　　你的心是小小的窗扉紧掩

　　我达达的马蹄是美丽的错误

　　我不是归人是个过客

——郑愁予《错误》

　　等你,在雨中,在造虹的雨中

　　蝉声沉落,蛙声升起

　　一池的红莲如红焰,在雨中

　　你来不来都一样,竟感觉

　　每朵莲都像你

　　尤其隔着黄昏,隔着这样的细雨

　　如雨后的红莲,翩翩,你走来

……

　　像一首小令

　　从一则爱情的典故里你走来

　　从姜白石的词里,有韵地,你走来

——余光中《等你在雨中》

　　诚如余光中先生评周梦蝶诗时所云:"他的悲情世界接通了基督、释迦和中国的古典。"(余光中《一块彩石就能补天吗——周梦蝶诗境初窥》)这样的现代诗,正是将中国的传统意识、古典的情感表达方式与西方现代诗的技巧相结合的产物,因而它们既是现代的,又是古典的,既有西方艺术的借鉴,又有着非常浓郁的中国古典韵味,精致、典雅、空灵,有着异乎寻常的审美感染力。

　　三百多年的历史,台湾文学从一片荒芜的沙漠终于变成枝繁叶茂的森林。

不难看出,大陆文人尤其是闽南、广东河洛郎及其后裔对台湾文学的移入、生成、发展、演进所起的重要作用。而从精神层面而言,台湾文学更继承了中华文化的优秀传统,是河洛文学的继承与发展。河洛文化成为了构成台湾文学的血素、骨髓和气质。杨匡汉先生曰:"以中原文化为代表的传统人文精神,在漫漫长路上,为台湾地区的文学开启山林,注入风韵,使之融入中国文学博大渊深的传统之中。"①在此基础上形成了"以中原文化为主"、"以海岛文化为辅"的台湾文学②。因此,我们可以看到河洛文化、河洛文学在台湾文学史中表现的是如此稳定而鲜明,河洛文学与台湾文学的精神实质是如此的相似。具体而言,台湾文学的精神实质包括以下几个方面:

一、强烈的忧患意识。台湾是美丽的宝岛,同时又是一个历经苦难的所在。在台湾文学发端时期的明清之际,大陆来台者面对的是榛莽未辟的荒原,他们经历了一番艰苦卓绝的开垦、缔造过程。另一方面,台湾又先后被荷兰、日本等侵略者所占领,经历了抗荷、抗清、抗日等战争,加之内部战乱及天灾人祸,使台湾充满苦难。因此书写苦难,便成为台湾传统文学的一大主题,"语多激楚"(连横《台湾通史》卷24《艺文志》)成为台湾文学的一大特色。

二、家园意识与强烈的乡愁。对于来自内地的文人来说,蛮荒、遥远的孤岛,使他们有一种强烈的漂泊天涯之感。反之,对于已经在台湾扎根、成长而因台湾沦陷被迫内渡的台湾本土文人来说,对台湾也有着难以割舍的情感。因此乡愁成为台湾文学的一大主题,家园成为台湾文学最主要的意象之一。有研究者以为,当代台湾文学的家园意识与故乡憧憬包括四种模式:伊甸园式、失乐园式、游子式、乌托邦式③。其实台湾古典文学亦是如此。

三、强烈的爱国主义情感。台湾古典文学本身就是伴随抗清复明、驱逐荷兰殖民者而产生的,随着清朝统一与倭寇的侵略、台湾的割让,大量文人志士投入到保家卫国的战争之中。他们或凭吊河山,或直抒抱负,"激昂悲壮,热血满腔"(连横《台湾通史》卷24《艺文志》),读之令人有闻鸡起舞之志。因此台湾文学一直洋溢着强烈的爱国主义情感,而台湾亦堪称中国古代爱国主义文学表达最

---

① 杨匡汉主编《中国文化中的台湾文学》,长江文艺出版社,2002年。
② 廖一瑾《台湾诗史》,(台湾)文史哲出版社,1999年。
③ 杨匡汉主编《中国文化中的台湾文学》,长江文艺出版社,2002年。

为集中、最为强烈的地域之一。

四、寻新探奇的意识。对于大陆来台文人来说,台湾无异是一个陌生而新奇之地。连横有云:"夫以台湾山(川)之奇秀,波涛之壮丽,飞潜动植之变化,可以拓眼界,扩襟怀,写游踪,供探讨,固天然之诗境也。"(连横《台湾通史》卷24《艺文志》)再加上土著民族的奇风异俗,使表现台湾奇山异水、奇风异俗之作成为了重要的主题之一,新奇也成为台湾记游文学的一个鲜明特色。

五、天人合一的和谐之境。受天人合一观念的支配,中国文人历来追求人与自然的亲和,人与环境的协调,在人与自然的对话之中,使自我精神生命寻求依托,得以充实。台湾文学亦是如此。这在山水田园诗、自适诗中表现得最为鲜明,前引林占梅《自题山水画帐》便是一个典型的例子,全诗短短四句充分展现出一幅人与自然和谐相处的悠然自得之情。不仅如此,在表现台湾土著的民俗风情时,诗人在新奇之余也表达出他们生活中的质朴自然之美。

如果我们从艺术手段、表达手法来看,台湾文学更与河洛文学无异。台湾诗歌中赋、比、兴手法的运用,他们所采用的典故、用以表达情感的象征物,都来自源远流长的中国文学及其典型代表河洛文学,甚至在现代派的诗歌中亦是如此。尤其重要的是,台湾本土文学家大都有非常自觉的学习中国诗歌优秀传统的意识,他们以卓越的天才与不懈的努力,为中国文学史谱写了一曲绚丽的乐章!

主要参考资料:

1. 戴逸《关于河洛文化的四个问题》,《寻根》1994年第1期。

2. 袁行霈主编《中国文学史》第二卷,高等教育出版社1998年版。

3. 吴庚舜、董乃斌主编《唐代文学史》下,人民文学出版社1995年版。

4. 孙望、常国武主编《宋代文学史》上,人民文学出版社1996年版。

5. 徐晓望主编《福建通史》第一卷,福建人民出版社2006年版。

6. 朱维干《福建史稿》上册,福建教育出版社1985年版。

7. 杨若萍《台湾与大陆文学关系简史》,上海文艺出版社2004年版。

8. 连横《台湾通史》,华东师范大学出版社2006年版。

9. 杨匡汉主编《中国文化中的台湾文学》,长江文艺出版社2002年版。

10. 连横《台湾诗乘》,(台北)台湾省文献委员会印行1975年版。

11. 陈贻庭张宁陈丽《台湾古诗选》,九州出版社 2006 年版。

12. 姚同发《台湾历史文化渊源》,九州出版社 2002 年版。

第七章 亲缘文化在闽台

宗法文化的重要内容是亲缘文化。说到宗法思想,很多人往往还要在其前冠以"封建"二字,并以轻蔑或否定的态度对待之。

其实,封建宗法思想具有鲜明的两面性:它既有使社会稳定、有序、发展的一面,也有影响社会进步的一面;既有使社会和谐、家族团结、凝聚人心的一而,也有自私、狭隘、排外和禁锢人们思想的一面。但不论如何评判,在中华文化的长河中,宗法文明、宗法文化和宗法制度占有极其突出、极其重要的地位,它在推动中华民族的形成、发展与走向强势中发挥了极其重要的作用。

宗法文明指以血缘关系为基础构成或形成的各种现象与制度;宗法文化不仅是宗法文明的表现,也同时对其进行阐释,使其更加理性与合法化;宗法制度则是将宗法文化在政治、社会、人际关系等方面的各种体现规范化、生活化。

中华宗法文明、宗法文化和宗法制度诞生在河洛地区。宗法制度随着封建社会的消灭而消亡,但作为宗法文化及其影响却仍显光芒。为了便于叙述,其后只用宗法文化这一概念。

台湾文化主要源于闽文化,闽文化的核心则是中原文化即河洛文化。闽台文化在其发展过程中虽因自然环境的不同、历史进程的差异、土著文化的融合等因素在表现形式上互具差别外,但在其实质上,在各方面也无不受到宗法文化的影响。闽台亲缘文化就是中国宗法文化在闽台的产物与表现。

第一节 传统的宗法文化

中国传统的宗法文化在夏代末期已现端倪,至商代基本形成,其在理论上、制度上走向完备则在周代。隋代科举制的出现,打破了宗法制度的樊篱,至唐朝末年,中国的宗法制度基本瓦解。宋代宗室制度的出现,使宗法制度以新的形式再度兴起,礼教与政权、族权、神权和夫权的结合,一直延续到清朝结束。

一、宗法文化

传统宗法文化的核心是血缘关系。在这里,血缘关系不仅是一条重要的纽带,将民族、国家、家族、个人联系在一起,而且以之为基础,形成了国家政治制度、家庭伦理观念以及人际关系准则。

(一)由于血缘关系的神圣,从而形成了以之为基础的祖先崇拜

中国的宗法文化起源于对祖先神的崇拜。我国最早的文字是甲骨文,从甲骨文卜辞研究中人们发现,在所有的祭祀记载中,只有祭祀祖先、祭祀黄帝的记录,没有祭祀天的记录。同时,从这些卜辞还可以看出,当时不论普通的人,也不论统治者,他们都是"帝"、"祖"不分。这说明,氏族社会在殷人心目中有着崇高神圣的地位,因而祖先神在那时是一元的。

后来,人们有了"天"的意识,但很快就有了"天人合一"的理论。"敬天明德"——"天"是至高无上的神,但"天"是虚拟的,"德"才是实在的,那就是人,是祖先。祖先才是唯一至高无上的神。

祖先崇拜深深地影响着中国的家庭结构、社会结构,同时深深地影响着社会心理和意识形态。从王权皇权到族权,从分封到长子继承,从太庙到祠堂,并延及春节、中秋节等民间习俗,无一不是祖先崇拜的产物。

(二)由于血缘关系的神圣,从而形成了以"孝"为核心的道德观念

随着皇权的加强,在家国同构中"家"的地位大大下降。为调和由此产生的矛盾,消除家族对皇权威胁,使家族制度和国家制度融合为一,以"孝"为核心的道德伦理观念便应运而生,并逐步成为"百行之首"。

孔子主张孝。《论语·学而》:"子曰:弟子人则孝、出则弟;谨而信,泛爱众,

而亲仁。"《礼记·礼运篇》对此也有记述:"何为人义? 父慈、子孝、兄良、弟悌、夫义、妇听、长惠、幼顺、君仁、臣忠。十者谓之人义。"

孟子也曾谈到圣人教人以德。《孟子·滕文公上》:"使契为司徒,教以人伦:父子有亲,君臣有义,夫妇有别,长幼有序,朋友有信。"

从上述可知,由于家庭是社会构成的基本单位,"孝"作为伦理观念,其初衷主要是解决家庭成员间的责任与义务,做到"父慈子孝、兄友弟悌",使之关系和谐。但正是由于"家国同构",因而"孝"又具有了政治价值,《礼记·祭义篇》就明确地说:"事君不忠,非孝也。"①此后出现的《孝经》,更打着孔子的旗号,不仅认为"夫孝,德之本也,教之所由生也"②,还说孝是天规,"夫孝,天之经也,地之义也,人之行也"③,更是直接将孝亲与忠君直接相联系,以孝劝忠,"顺夫孝,始于事亲,中于事君,终于立身","君子之事亲孝,故忠可移于君"。

自汉武帝提出"以孝治天下"并以之为国策之后,孝的思想品格更加提升,成了伦理道德的核心,以至于无不渗透于整个社会。于是,"百行孝为先"、"百事孝为先"、"百贤孝为先"、"大爱孝为先"、"百善孝为先"等,便成了全社会人人遵奉的圭臬。在这一思想指导下,要求人们将国家、民族利益放在第一位,"修齐治平",即在道德上修身自律、重德尊礼,在文化上重学积文、尊师重教,在政治上忧国忧民,尽忠报国。在中华民族的历史上,"舍生取义"、"天下兴亡,匹夫有责"、"位卑未敢忘忧国"类的志士仁人之所以层出不穷,成为中华民族的脊梁,家国同构思想的支撑、忠孝道德的融合是其重要原因。

(三)由于血缘关系的神圣,从而形成了以之为基础的社会权力等级制度与秩序

权力与财富的归属与分配,是任何社会都不可回避的重要问题。正义、稳定的社会就是权力与财富有合理的归属与有序的分配。宗法文化的核心是人伦关系,因而就社会政治、经济的权力归属与分配而言,仍是依人的血缘而明确区别的。

周朝宗法文化成熟于周公。其主要标志和核心内容有二:一是实行分封制,

---

①　《十三经注疏·礼记正义》卷 47,中华书局,1980 年。

②　《十三经注疏·孝经·开宗明义章》,中华书局,1980 年。

③　《十三经注疏·孝经·三才章》,中华书局,1980 年。

从而形成了"王（天子）——诸侯——卿——大夫——士——庶人"的等级序列。二是实行严格的嫡长继承制,确立了严格的大宗、小宗体系,明确嫡长是土地、财产和权力的继承者,从而形成了权力、财富归属、分配的新机制。

这一机制的确立,不仅保障了各级贵族能够享有"世卿世禄"的固定特权,更重要的是明确了家庭之间的等级关系和政治隶属关系,达到了通过血缘关系将"家"(家族)与"国"更加牢固地结合在一起、进而巩固王权的目的。

(四)由于血缘关系的神圣,从而形成了以之为基础的礼乐制度

为了巩固以宗法为基础的国家政治、社会生活、人际关系的稳定,周公在总结夏商两代经验的基础上制定了一套完整的礼乐制度,作为各级贵族、士人以及庶民的生活准则和规范。

所谓礼,就是各种典章、规则、礼节与仪式。礼的作用在于"明贵贱,辨等列,顺少长,习威仪也"①,达到维护封建秩序的目的。就其类别而言,有吉礼、凶礼、军礼、宾礼、嘉礼之分,用于不同的事类和场所。所谓乐,即音乐、舞蹈和歌咏。不同等列、不同身份的人在举行各种礼仪时,只能用与个人身份相适的音乐、舞蹈和歌唱。故有天子之乐、大夫之乐的区别,"天子八佾,诸公六,诸侯四",否则就是僭越不道。孔子认为周礼十分神圣,人人都应自觉地维护它,并以之规范和约束自己的言行,做到"非礼勿视、非礼勿听、非礼勿言、非礼勿动"②。

孔子很重视周礼,并且还提出了"克己复礼"。孔子之所以重视礼,在他看来,"礼"不仅仅是典章、规则、礼节与仪式,"礼"就是社会秩序,它既包含着"德",也包含着"法"。孔子主张仁爱、主张忠孝,主张积极人世,这是他的世界观与价值观;孔子倡导中庸,不赞成过犹不及,这是孔子的方法论。他删改《诗》《书》、修订《礼》《乐》,作《春秋》、序《周易》,将其思想融入了这些经典的著作之中,从而形成了一套完整的思想体系。

孔子创造了适应社会发展的新文化。礼乐制度的推行与发展,渐次形成了特点鲜明的以"礼"为核心的礼乐文化。在礼乐文化强大生命力的浸染下,中国

① 《十三经注疏·左传·隐公五年》,中华书局,1980 年。
② 《十三经注疏·论语·颜渊》,中华书局,1980 年。

的宗法文化从东周以后,实际上一直是沿着"礼"、"理"相结合的"礼法"路线在发展。

二、宗法文化与礼仪社会

宗法文化对中国社会影响至深,其突出表现是在社会治理的指导思想与人的意识两个方面。在近三千年的中国封建社会中,各个朝代的体制、政令、主流意识虽各有差异甚至时有抵牾,但剥去其外衣,其实质无一能脱离"礼法"二字。

中国人自己最引以为豪的是,自有文字记载以来,我们就是一个文化厚重、光辉灿烂的礼仪之邦。而支撑礼仪之邦大厦的就是礼法文化。

（一）礼法社会

中华民族有悠久的历史,拥有 5 删年的文明。礼法文化是一种十分有趣的文化,其内容相当丰富和宽泛。千百年来,它既包含有官方的主流意识,如统治阶级的思想,也包含着在官方思想影响下形成的民间意识、民间礼俗。

有人问:中国古代社会官方的主流意识是什么? 统治阶级思想中占主导地位的是什么? 是儒家? 是法家? 我们的回答是:既不是,又是。说其不是,是因为儒家、法家学说从来也没有单独构成为统治阶的思想。而且,儒家、法家的思想从来也不是封闭的、相互排斥的,而是开放和相互包容的。

说其是,是因为中国古代社会官方的主流意识中既有儒家的成分,也有法家的成分,同时还有道、释诸家的成分。

有人又问:中国古代社会是人治? 是法治? 我们的回答是:中国古代社会不论任何朝代,既不是法治社会,也不是人治社会,而是一个以宗法思想中礼制为核心的"礼法社会"。

所谓"礼法",就是礼治与法治的结合,就是道德与法律的结合。在中国古代社会,礼治不仅是以皇权为代表的官僚集团的活动,也完全渗透于民间与公共领域,无论在制度上,还是文化上,也无论在意识形态领域,到处都有礼治的规范与印痕。封建社会中的法律,是封建礼治的体现,是将"礼"进一步合法化、具体化的重要形式。

礼法保证了统治阶级内部的稳定,不仅形成了从中央到地方权力逐级递减的系统架构,也构成了"礼"、"法"合融的公共意识,从而保证了礼法社会的秩序。就"礼"的特质而言,既有"法"的内涵与作用,也有"德"的理念与意蕴。用当代的理念来解释,可以说,"礼"兼具了习惯法、道德法与实在法三种品格,是形上与形下、天道与人道、道德与法律的高度统一。因此可以说,礼法体现了中华先祖的智慧与和谐思想。

不过,在中国古代社会,有时有人侧重于"礼"中之"德",有时有人侧重于"礼"中之"法"。这是因为,"法"与"德"、"法治"与"德治"不仅是一个理论问题,更是一个关于社会如何运行与控制的实际问题。孔子主张治国以"礼",他说:"道之以政,齐之以刑,民免而无耻;道之以德,齐之以礼,有耻且格。"(《论语·为政》)不难看出,他的论述明显是侧重于德,侧重于仁。《左传》中曾多次说到礼,也是把它作为治国之术的。如《左传·隐公十一年》谈到礼时说:"礼,经国家,定社稷,序民人,利后嗣者也。"《左传·庄公二十三年》:"礼,所以整民也。"其后的荀子,也是主张德治的,并且非常重视"礼"的作用。荀子认为"礼"是治理国家的根本。他说:"礼者,人道之极也。"(《礼论》)①又说:"人之命在天,国之命在礼。"(《强国》)他主张隆礼贵义、尊法爱民。他说:"隆礼贵义者其国治,简礼贱义者其国乱。"(《议兵》)"隆礼尊贤而王,尊法爱民而霸,好利多诈而危。"(《大略》)但鉴于时势的变化,荀子认识到德不是万能的,因而他更强调"法"。他说:"法者,治之端也","隆礼至法则国有常"(《君道》)。荀子认为,"礼义"与"法度"各有自己的优点与局限,如果"隆礼而重法"使二者并举,则可消除局限而互补,从而建设一个理想的礼法社会。

(二)和谐社会

在中国古代社会,无论儒家和道家,也无论墨家和法家,都是把社会和谐作为政治治理的终极目标的,只是在实现的手段与途径上存在明显的不同——儒家主张以礼法为本,道家主张以自然为本,墨家主张以兼爱为本(墨学十类中有"隆礼、重法"),法家主张以刑罚为本。由于儒家主张"和而不同",因而中国古代社会最终选择了以儒家为主导,兼容道、法、墨的"礼法"治理思想以达到社会和谐。

不论侧重于礼,也不论侧重于刑,作为治国之术,其目的都是要社会安定,和

---

① 章诗同《荀子简注》,上海人民出版社,1974 年,下同不注。

谐发展。荀子认为,以武力统一是容易的,如何巩固统一,使国家不断得到发展才是最困难的。因而他主张"礼"、"法"并重,先霸后王。他的结论是:"凝士以礼,凝民以政"《议兵》,"治之经,礼与刑,君子以修百姓宁。明德慎罚,国家既治,四海平"(《成相》)。荀子的礼法并举,王霸互用思想,是汉代儒法合流,王、霸、道相杂思想的源头,其后历代统治集团在治国策略上不仅不再有"礼与法"、"王与霸"、"德与力"之争,而且对荀子的主张各有发明,其原因就在于这种思想有利于国家的稳定、发展与和谐。

和谐社会的构建关键在如何及时协调社会关系,有效控制人的行为。也就是说,既要依靠非强制性的规范——"礼义",使人人懂得自觉,同时还要依靠强制性的规范——"法度",及时对不自觉加以纠正。

荀子之所以重法,是因为他认为法律是治理国家的重要手段,如果罚不当罪,社会就会混乱,民心就会不服,国家就会不稳。但荀子决不是一个严刑峻法者,他极力主张明德慎罚,反对滥罚、反对株连。

《论语·学而》中有一节谈到孔子的弟子有若对礼的理解:"有子曰:礼之用,和为贵。先王之道斯为美,小大由之,有所不行。知和而和,不以礼节之,亦不可行也。"这里,"和"是目的,带有德治之意。在有子看来,"礼"是一种处理人际——包括君臣、父子、夫妇、兄弟、朋友——关系的原则,"和"是处理人际关系的最终要求。按"礼"(原则)行事时如果达不到"和",甚至有碍于"和",古代先王就会缓行,以待时机;同时,如果一味地追求"和"而放弃"礼"(原则),先王也是不会那样做的。

和谐社会的最高目标是"大同"。《礼记·礼运》中的一段论述,千百年来被中国人奉为经典,作为理想的和谐社会而憧憬:"大道之行也,天下为公。选贤与能,讲信修睦,故人不独亲其亲,不独子其子。使老有所养,壮有所用,幼有所长,矜寡孤独废疾者皆有所养。男有分,女有归。货恶其弃于地也,不必藏于己;力恶其不出于己身也,不必为己。是故谋闭而不兴,盗窃乱贼而不作,故外户而不闭。是谓大同。"①

在先人看来,社会上所有的人——百行百业,上自天子,下至庶民——如果

① 《十三经注疏·礼记正义》卷47,中华书局,1980年。

都遵守礼法,各得其宜,无相夺伦,人际间的关系就必然是"和"——和睦、和善、和气与友好,整个社会也必然是一个和谐的社会。

（三）礼仪社会

与礼法思想、礼法制度等相适应,在中华民族灿烂的历史文化中,高尚的道德与完整的礼仪占有重要的地位;道德与礼仪互为表里,从而形成了丰富多彩的礼仪文化。

礼仪文化是从封建宗族制度、尊卑贵贱观念中衍生出来的,渗透并表现在社会生活的方方面面。抛开它的性质不论,礼仪文化从总体上说是通过对人的行为举止、语言形色、心理企盼等的规范与约束,达到人际交往的友善与和谐,从而使社会生活有序运行。

传统的礼仪是一个庞杂的系统,其中不免有许多消极落后的东西。现抛去其繁文缛节和已经没落失去生命力的内容而择其优者、要者及于今仍有借鉴意义者,胪列如下。

其一曰尊老敬贤。

由于祖先崇拜和上古禅让,中国人尤其尊老和敬贤,并将其作为为政之本,立国之道,昌盛之基。在社会生活中,从各方面立制立规,听取长者意见,给老人以许多优惠;同时敬贤让贤,使贤才有其位,在强国富民中发挥作用。

其二曰礼貌待人。

礼貌待人是一个地方、一个民族或个人文明程度、综合素质的集中体现。礼貌主要表现在三个方面,一是态度真诚,服务热情,安排周严;二是言语得当,温馨亲切;三是尊重对方,礼尚往来,予以馈赠。

其三曰仪尚适宜。

所谓仪尚适宜,指的是礼仪的形式合乎人物的身份、事情的性质、岁时的特点、节令的要求,做到繁简合宜、规模适当,既要作到约定俗成,又有特点和个性。如婚丧节庆、接待宾朋、迎上送下等,场所的布置、接待的程序、礼仪的规格都是不同的,既不能弄错,也不能随心所欲;既不要吝啬,也不能奢侈。

其四曰容仪大方。

所谓容仪大方,指的是人的仪表、仪容和举止得当。有三方面的要求:一是衣着、容饰合乎身份、年龄和环境;二是行为举止谦恭,合于规范;三是讲话诚恳、言词谨慎且恰如其分。

其五日敬上重誉。

尊敬客人，尤其是有地位的客人，在大庭广众之下，要懂得为其"讳"与"隐"；要给宾客"面子"，不能使其难堪。尊重客人既有荣誉，并乐于锦上添花和成人之美。

礼仪社会实际上是一个理性的社会、文明的社会、智慧的社会，它从道德的角度反映出一个民族、一个国家、一个地区、一个集体和一个人的文化修养、生活态度和精神情操。在世界物质文明高度发达的今天，无论东方或西方，都感到了精神文明建设的缺失，无不更加重视精神与道德的建设，故而有五千年悠久历史的中华民族，其优秀的传统文化越来越受到世人的青睐，因此，作为炎黄子孙，剔除传统礼仪文化中的糟粕，弘扬、光大其精华，创造适合于当代文明的礼仪文化，是义不容辞的责任与义务。

第二节　台湾的家族

家庭是社会的基本细胞，因而由血缘关系而构成的家族也是社会最基本的经济单位。在封建经济及商品经济条件下，家族的兴旺与发达，对社会发展与稳定有着重大的作用。中国古代有"君子之泽，五世而斩"的记载，就是对家族文化的总结与概括。家族的兴旺、发达与否，除了经济原因之外，家族文化是否优秀与优秀的家规家风是否能始终贯彻如一也是一个十分重要的因素。因此，创造优秀的家族文化，打造优秀的家族经济，也是一个值得深思与研究的问题。

一、闽台的姓氏

中国科学院遗传研究所袁义达研究员等长期以来对姓氏及其基因遗传进行了研究。继 20 世纪 80 年代第一次公布全国人口最多的前 10 名姓氏之后，2006 年年初，他们又公布了新的前 10 名排序，即李、王、张、刘、陈、杨、赵、黄、周、吴。如排百名，其后为徐、孙、胡、朱、高、林、何、郭、马、罗、梁、宋、郑、谢、韩、唐、冯、于、董、萧、程、曹、袁、邓、许、傅、沈、曾、彭、吕、苏、卢、蒋、蔡、贾、丁、魏、薛、叶、阎、余、潘、杜、戴、夏、钟、汪、田、任、姜、范、方、石、姚、谭、盛、邹、熊、金、陆、郝、孔、白、崔、康、毛、邱、秦、江、史、顾、侯、邵、孟、龙、万、段、章、钱、汤、尹、黎、易、常、武、乔、贺、赖、龚、文。前 10 名中,新排序与旧排序只有一点不同,即李、王易位。

再看一下闽台前 10 姓的排序:福建十大姓氏的排序是:陈、林、黄、张、吴、李、郑、王、刘、苏(所占全省总人口的比例分别是 11.6%、9.4%、5.5%、5.4%、4.8%、3.9%、3.3%、3.3% 和 2.5%)。

据台湾公益社记者詹招林报道,台湾内政部门 2005 年 2 月 28 日公布的资料显示,台湾有姓氏 1988 个(其中单姓 1416 个,复姓 533 个,三字姓 34 个,四字姓 5 个)。前 100 个大姓氏排序是:陈、林、黄、张、李、王、吴、刘、蔡、杨、许、郑、谢、郭、洪、邱、曾、廖、赖、徐、周、叶、苏、庄、吕、江、何、萧、罗、高、潘、简、朱、钟、彭、游、詹、胡、施、沈、余、卢、赵、梁、颜、柯、翁、魏、孙、戴、方、宋、范、邓、杜、傅、侯、曹、薛、丁、卓、马、董、唐、蓝、蒋、石、纪、姚、古、连、冯、欧、程、汤、康、田、姜、汪、白、邹、尤、巫、钟、徐、龚、严、韩、袁、阮、黎、金、童、陆、夏、柳、邵、钱、温、伍。

其中,前 10 大姓占台湾总人口的 52.63%。若以姓分,占总人口的比例分别是:陈 10.06%、林 8.28%、黄 6.01%、张 5.26%、李 5.11%、王 4.12%、吴 4.04%、刘 3.17%、蔡 2.91%、杨 2.66%。台湾学者、《台湾源流》杂志主编许明慎说,研究表明,这些姓氏都来自中国内地。

将福建与全国相比:有 7 姓同为前 10 名。但就数量而言,福建第一大姓陈在全国为第 5 位,第二大姓林在全国是第 16 位,第三大姓黄在全国是第 8 位,第七位郑在全国为第 23 位,第十大姓苏在全国为第 41 位。

将台湾与全国相比:有 8 姓同为前 10 名。将闽台相比:有 8 姓同为前 10 名,且顺序也很接近。这和闽南地区流传的"陈林李许蔡,天下占一半"的说法完全一致。

为什么三者之间有这么多接近或相似呢?

原因比较简单,就历史成因而论,福建姓氏多由中原而来;台湾更是一个移民社会,居民开基祖多由福建迁徙而至,其原籍 80% 以上属于福建,且以漳、泉两地居多,因而台湾的姓氏源于福建。这就是说,在地缘关系上,台湾岛是大陆架的延伸,在血缘关系上,台湾人是福建人血缘的延伸。台湾姓氏研究学会常务理事林瑶琪在 2007 年 9 月福州《两岸同根闽台一家》首届海峡百姓论坛上说,在现今台湾近 1900 多个姓氏中，前 100 个大姓占台湾总人口的 98.5%，他们的先祖绝大多数来自内地，尤其福建和广东。台湾姓氏研究学会理事长林培圣明确指出，三四百年来，大量的闽粤唐山人东渡台湾，开拓台湾，充分表明两岸同胞血脉相连。台湾许多姓氏宗亲团体已在福建、河南等地续上了族谱，因此今后应加强合作，共同深入研究两岸同胞的血缘历史。

二、旧五大政商家族

谈到台湾的家族，不能回避的第一个问题就是工业化背景下的台湾家族企业。

台湾有着自己特殊的历史发展轨迹，这使得台湾家族事业的发展有着特殊的政治、经济与社会土壤，从而为工商巨子，尤其是政商巨子的产生提供了特殊的气候与条件。

家族企业的产生是一个世界性的普遍现象，但就台湾而言，其形成的基本文化背景则是根深蒂固的儒家文化和礼法观念：血缘的关系凝聚了联系的纽带、亲情的关系加深了彼此的信任、家庭的伦理构建了职位的秩序、孝悌的观念约束了公共的行为、家族的观念巩固了合作的意识、共同的利益奠定了团结的基石、相互的友爱降低了社会契约的成本、利益的自觉加快了资本的积累、贯通的指挥提高了运作的效率、裙带式的互助增强了竞争力量。

儒家文化和礼法观念中的保守思想、等级观念等落后、腐朽的东西显然不利于企业进步，在大多数中国人眼中早已没有了市场，也早已被受到过现代教育的企业界精英所抛弃。但儒家文化和礼法观念中的优秀且具有活力的东西，如强调自强不息、强调生财有道、强调和为贵、强调中庸、强调尊卑有序等却十分有助于协调人与人、企业与企业、企业与社会的关系，有利于企业的快速、稳定发展。因而随着社会竞争的激烈，科技的进步，民主意识的成长，也愈来愈受到人们的重视。综观台湾家族企业的成功（港澳也有很多这样的范例），可以毫不讳言地说，儒家文化在其中发挥了重要的作用。

台湾著名的企业家族很多，历史上著名的政商家族是板桥林氏、雾峰林氏、高雄陈氏、基隆颜氏、鹿港辜氏。自 20 世纪 50 年代以后，随着世界经济发展，位于顶级地位的政商家族发生了很大变化，在台湾，新的五家政商家族依其资产排名分别是蔡、辜、王、吴、徐。

台湾旧五大政商家族形成的历史不一,有的形成于清代后期,大多形成于日占时期,他们分别是基隆颜家、板桥林家、雾峰林家、鹿港辜家、高雄陈家。

（一）以矿业起家的基隆颜家

基隆颜家的开基祖为颜浩妥,福建安溪县金田乡人,清乾隆四十年(1775)到大肚溪开采石材,10多年后因台湾灾荒失去资本而返乡。至嘉庆年间,他的两个儿子颜玉兰、颜玉赐来到台湾,在台中港落脚,从事渔业及农业生产。

道光二十七年(1847),颜玉兰的儿子颜斗猛在瑞芳一带购得大片土地进行垦殖,从此颜家有了固定的立足之地。颜斗猛有三个儿子——颜正选、颜寻芳和颜正春,其次子颜寻芳从事采矿业,率族众在四脚亭开办煤矿;三子颜正春务农,为原所住鱼坑庄长。

颜寻芳有两个儿子:颜云年、颜国年。颜云年自幼聪颖有胆识,喜爱矿业。颜云年目光锐利,他看到基隆港日渐繁荣,停泊的轮船很多,而预感到轮船燃料——煤炭必然会成为紧俏商品。同时,他也预感到金矿资源即将枯竭。于是,在积累了一些钱财后,1918年3月,颜云年将云泉商会改为"株式会社云泉商会",把行号转变为公司,由其弟弟国年任社长。6月,他又毅然与藤田合名会社的代表藤田平太郎,合资成立了"台北炭矿株式会社",开发北台湾煤田。之后企业逐步扩大,1919年,在三井财阀支持下,合组"基隆炭矿株式会社",至此,煤产量占全台湾的三分之二。同时,随着实力的壮大,同年10月,颜氏又以30万元购得了藤田组的所有股份,拥有了瑞芳地区的全部矿山资产权。鉴于藤田组独吞其利的教训,颜云年计高一筹,采取让利于人的管理方式,将矿区划分为七部分,转租他人经营。即使这样,仅租金的收入就十分可观,大大超过了应交藤田组的部分。1920年9月,颜云年将"台北炭矿株式会社"改名为"台阳矿业株式会社",掌管下属全部企业,构成了金、煤两大矿业合一经营的完整体系。之后,又全力开发石底煤田。

从20世纪20年代起,既有金矿,又有煤矿的颜氏矿业"台阳王国"进入了一个迅速发展的阶段。到40年代初,金矿开采达到高峰,最高年产量17000两。到1943年底,总计生产黄金215000两。在颜氏兄弟们的经营下,家族事业不断拓展,企业横跨交通、木材、水产、造船、化工、食品、仓储、拓殖、金融、保险许多领域,先后成立了子公司达 50 多个,颜氏成为了名副其实的台湾矿业巨子。1921 年,由于颜云年与日本在台湾当局关系甚好,他被推举当上了台湾"总督府"评议会评议员。但天有不测风云,正当颜氏矿业如日中天之时,1923 年 2 月 9 日,年仅 49 岁的颜云年因患伤寒而逝。之后,颜氏家族之业由颜国年承接。

颜国年字阳三,号瀛洲,生于清光绪十二年(1886)六月十二,时年 38 岁。他雄心勃勃,在矿区铺设了电车铁轨,扩大了金矿开采力度,促使几个矿洞开工,并将粗金送至日本进行精炼。1924 年,颜国年应湖南矿产业专家黄笃谥邀请,到大陆考察矿业,看到山西煤藏量十分丰富,尤其是大同煤质十分优良,曾想将事业拓展到大陆,但由于北方军阀连年混战,终未能如愿。颜国年十分重视基础建设与技术投资,曾投资 30 万元修建基隆到金山道路,投资 10 万元兴建瑞芳到金瓜石的轻便铁路,还投资 20 万元拓宽了基隆到瑞芳的马路。为了保证煤矿坑木的供应,他还成立了瑞芳营林株式会社,投资 100 多万元进行大规模的植树造林。1927 年,颜国年曾出任日本台湾"总督府"评议会员,并连任 9 年。在台湾工业发展及家族企业发展上曾提出不少建议,如应加速日月潭水电站建设、将企业覆盖范围拓展到化肥、纺织、造纸、水泥、炼焦、制茶、果品加工等领域的计划等。

颜云年、颜国年兄弟所经营的颜氏"台阳矿业王国",为日本占领时期台湾最大的产业集团。但不幸颜国年也英年早逝,1937 年 4 月 30 日辞世,时年 52 岁。此后,颜氏矿业交由颜云年的长子颜钦贤执掌。

1945 年台湾光复后不久,颜钦贤就加入了国民党,1946 年还当选为参议员(省议员前身),同年还当选为制宪"国民大会代表",在南京开会时曾受到蒋介石的接见。之后,与高雄陈家的陈启清一起担任"省政府委员",1969 年又当选"国大代表"。

颜氏家族矿业得以发展,颜云年、颜国年昆仲精诚无间的团结协作是重要原因。创业之初,乃兄以其机智慧敏的处世作风在外联络,乃弟以务实守成的治业精神在内经营,方得有与日方协和共处、经营效益日以精进的局面。颜云年过世后,颜国年在用心企业的同时,及时安排云年长子颜钦贤、次子颜德润完婚,并鼓励小三颜德修、小四颜德馨专心读书。兄弟四人毕业后,颜国年又安排他们逐渐接手颜家事业,并进行了必要而悉心的指导。

颜钦贤执掌颜氏家族企业之后，除了看到矿业尚有一定的发展前途、大力发展原有事业之外，也考虑到矿业是不可再生资源，必有枯竭之日，因而在1942年就明确提出了多元化发展的指导思想，先后设立了造船、机械、交通、贸易、化工等企业。

1947年7月，颜氏矿业改名为台阳矿业股份有限公司，当年煤的生产量达130万吨，次年达160万吨，不仅供台湾使用，还运到上海和广州。

果不出其所料，进入60年代之后，随着矿藏资源的逐渐枯竭，颜氏矿业日趋衰微，1951年煤产量下降为28万吨，之后继续下滑。由于无法扭转颓势，颜氏矿业被迫于1971年12月宣告停产，"台阳矿业王国"至此画上了终结的句号。但由于转向较早，颜氏家族其他行业的企业都得到了很大的发展，经过30多年的努力，至1978年，在台阳创业60周年之际，下属关系企业已有36家，如台阳矿业股份有限公司、三阳金属工业股份有限公司、苏澳造船股份有限公司、台北汽车股份有限公司、台阳合金工业股份有限公司、三阳船务代理股份有限公司等。总资产超过了10亿元新台币，其中颜钦贤任董事长的公司有10多家。

颜德润毕业于日本立命馆大学法学科，在他担任中台株式会社社长期间，曾积极扩充实力，买下了万里、八堵、树林、山子脚、莺歌等地矿区。台湾光复后改名为中台矿业公司，任董事长。他于1958年创立了隆德工业公司，1964年创立了大德建设公司、1966年创立了龙德贸易公司，担任董事长。1979年去世，享年76岁。

颜德润的长子颜惠霖，成功大学建筑系毕业，曾协助乃父经营中台矿业公司，后接任董事长之职。1975年5月，将台湾省矿业研究会改组为"中国矿业协进会"。

颜国年有两个儿子。长子颜沧海1934年毕业于日本庆应大学，后承父业，经营基隆炭矿、台阳矿业等。次子颜沧波毕业于台北帝国大学理学部，曾任北京大学教授，1945年后回到台湾，曾被聘为中央大学地球物理研究所所长、图书馆馆长，1984年退休。

颜惠霖长子颜世宗生于1953年，1981年接替父亲任隆德工业公司董事长。之后又创立台阳建设公司，从事房地产经营，一度生意红火。后因在美国及基隆投资失败，负债超过22亿元新台币，于1995年潜逃。

颜德润次子颜惠忠手下有台北客运公司和台阳工业公司。另一个儿子颜甘霖经营有中国电器公司,由于效益不错而上市。

基隆颜氏家族与政商界关系密切,在姻亲关系上也有很多联系。颜云年的三女婿陈逸松曾任台湾"考试院委员",1964年竞选过台北市长,后从日本回大陆,曾任全国人大法制委员会委员和全国政协委员;陈逸松的女婿黄维幸是辜振甫妻子严倬云的表弟。颜国年的女儿颜梅曾留学日本,后嫁丁端,丁端为王永庆台塑集团顾问。颜家与板桥林氏家族也有姻亲关系,林征熊的儿子为台湾永琦百货公司董事长,其妻为颜云年孙女颜绚美。颜云年的长孙颜惠霖与台湾"行政院卫生署署长"许子秋为连襟。

据颜云年所请学者考究,基隆颜氏家族是昔日孔子弟子颜回之后人。由于《论语·雍也》章有孔子称赞颜回的记载:"子曰:贤哉,回也! 一箪食,一瓢饮,在陋巷,人不堪其忧,回也,不改其乐。贤哉,回也!"因此,也成了他最喜欢诵读的一章。于是,他据此将自己在台北住宅中的花园命名为"陋园",以示传承。颜云年喜爱古诗词,亦好吟咏,1904年在宅内建"环镜楼",邀台北"瀛社"诗友聚会基隆联吟,数年而不间断;后众人又成立"瀛桃竹联吟会",推其任会长。

颜氏家族热心公益事业,颜云年曾于1903年捐资在瑞芳设立了学校,又资助成立基隆学校、九份学校,解决矿工子弟接受教育的问题。1920年联合辜显荣、林熊征成立了慈善事业"基隆博爱团",其宗旨是通过募捐兴建平房,解决失业劳工住房问题。他还捐资重建台北孔庙,任台北崇圣会副会长。颜钦贤接手颜家事业后,一仍乃父之风,在九份捐出土地12000多坪,建设了钦贤中学,并投资将日占时基隆商工专修学校改建为光隆高级商业职业学校。颜钦贤任校长25年间,在其堂弟——颜国年之长子颜沧海的支持、帮助下,"光隆"成了台湾最有名的私立职业学校。

从发展的角度看,自1983年底颜钦贤去世,实际上,基隆颜氏的一个时代就已经正式结束了。

(二)以土地发家的板桥林家

板桥林家的起家人物是林平侯。

林平侯(1766—1884)父亲林应寅于清乾隆四十三年(1778)从原籍福建龙溪(今龙海县)到台湾谋生,住在淡水新庄。1792年,16岁的林平侯东渡寻父也来到淡水,就在米商郑谷家当学徒。

1803 年,林平侯向清廷输粟纳资,从而获得同知官衔,被委派到广西任职。在桂七年间虽颇有政声且得到上司倚重,但目睹官场钩心斗角、相互倾轧,使他心冷。于是他毅然辞职返台,并移家至桃园,继续垦殖经商。几年时间,他修筑了从淡水到噶玛兰的道路,购得淡水、桃园、台北到宜兰的大片土地,兴修了永丰圳、大安圳两座水坝,垦殖面积达 5000 多公顷,成为台湾最大的地主。为使族人及农人佃户子弟能受到教育,林平侯曾以数百甲良田为义庄,助其读书,同时修建了淡水文庙和海东书院。其间,举家两易住地,最后定居板桥。

林平侯有五个儿子,依其序为:林国栋,家号饮记;林国仁,家号水记;林国华,家号本记;林国英,家号思记;林国芳,家号源记。五子家号合起来为"饮水本思源"。林国栋早逝,其他四子各有所业,尤其国华、国芳,秉承乃父之风,才气、胆识、能力过人,业绩最为突出。两人还合设"林本源祭祀公业"为林家公号,由是,"林本源"之号日隆,遂成为板桥林氏之徽号和标记。

林国华,字枢北,林平侯晚年将家业交其管理,为林家土地经营出力至巨。

林国芳喜读书兼善习武,1857 年林国华去世后,林家事业由其接管。咸丰九年(1859)漳泉人再次械斗,林国芳自办团练,募勇士数百自卫攻守。同治八年(1869)双方和解后,专建"迪毅堂"以祀死难者。

林国华生有三子:林维让、林维源、林维德。林国芳无子,林维源过继为嗣。

林维让字巽甫,咸丰九年(1859)被赐为举人。林国芳去世后掌管林氏家业。同治元年(1862)台湾爆发戴春潮反清事件,林维让协助清廷进剿有功,被授予三品官衔。

林维源(1818—1905)字时甫,捐纳为内阁中书。光绪八年(1882),台北兴建府城,林维源以内阁中书名义督办,并与厦门人李春生一起,捐资兴建了"千秋"和"建昌"两条街,事后授四品卿衔。光绪十年(1884),抗击法军入侵基隆、淡水,林维源先后出银 70 万两支持清廷,事后被授内阁侍读,迁太常寺少卿。1886 年又协助刘铭传办抚垦,使岁收租谷达 20 多万石。光绪十七年(1891)因上交赋税有功晋升为太仆寺正卿。林维源还从事茶叶经营,创办了台湾最大的茶叶商行——"建祥商号"。1895 年,日本占领台湾,当地民众成立"台湾民主国"以组织反抗,推林维源为"议长"。林维源坚辞不就,避走厦门。

林维让有两子:林尔昌、林尔康;林维源有五子,林尔嘉、林祖寿、林相寿、林松寿四人名声较大。

他后自开商号"林本源",并以所赚之钱购买大量土地和家产。至第二代林征熊又办华南银行,成为金融巨头。

(三)文武兼具的雾峰林家

雾峰位于台中县南部,雾峰林氏家族精英从清代中后期至 20 世纪 50 年代二百余年间,无论务农、经商(如林石、林甲寅、林时栋)、从政、习文(如林朝栋、林钦文、林献堂、林幼春),也无论从戎卫国(林定邦、林文察、林朝栋、林祖密),三代民族英雄,百年台湾世家,其兴衰均与台湾的政局与社会发展有密切关联。

雾峰林氏家族在台湾的开基祖为林石。林石生于 1733 年,为福建漳州府平和县五寨墟埔坪社人,为埔坪林氏开基祖林一慕的第 14 代孙。林石于清乾隆十五年(1750)第一次来到台湾,当时只有 17 岁。他看到台湾人口稀少,土地肥沃,不久就返回大陆带其弟弟同来垦殖,住在大里口一带。经过 30 多年的辛勤开拓,拥有了大片的良田和山林,林家成了最富有的人家。林石之子林逊生于乾隆二十五年(1770)。林逊膝下两子,长子林琼瑶、次子林甲寅。林甲寅生于乾隆重四十七年(1782)年,同年其父林逊病逝,年仅 22 岁。

乾隆五十一年(1786),台湾发生了林爽文起义事件,林家受此风波的严重影响,虽经林石努力,终不能抑止家道之衰落。

林甲寅执掌林家后,不仅垦殖种田,还伐林烧炭,拥有耕地 2600 多公顷,岁收稻谷 4000 多石,家境日渐中兴,于是率子林定邦、林奠国移家至阿罩雾(即今之雾峰),遂定居于此。道光十八年(1838)十二月,林甲寅病逝,享年 57 岁。

1840 年鸦片战争爆发,英军炮击台湾,时任垦首的林定邦即率领垦民组成乡勇参加作战。由于林家日益壮大,引起当地土豪的嫉恨,林定邦被以林和尚为首的地方武装所杀。

林定邦之子林文察为清代著名台籍将领。林定邦遇害后,林文察、林文明誓与父亲报仇,便组织乡勇加以训练,几年后擒获并在父亲墓前杀林和尚以祭。正当地方官府要治林氏兄弟之罪时,清廷令调林文察到大陆随左宗棠平定"太平天国"之乱。林奠国、林文明遂随大军到了内地。林文察在浙闽与太平军交战中屡屡获胜,因而受到左宗棠的重用,升其为游击、参将、副将,后任陆路提督,督办台湾军务。同治二年(1863)四月台湾出现海上劫匪暴乱,林文察奉命返台,乱匪遂得平定。林文察在平息台湾动乱后大量收占田产,并取得全福建省的樟脑专卖权,使林家资财一下上升到仅次于板桥林家的全台第二位。林文察被清廷封为太子少保,今福建平和埔坪林氏家庙中尚悬挂着清廷追封"太子少保"的匾牌。同治三年(1864),林文察在漳州城外万松关与太平军李世贤的一次作战中,因寡不敌众而阵亡。清廷追究林奠国的责任,将其投入福建狱中,不久而死。林文明回台湾又被漳化知县王文启诱扑而遭杀害。雾峰林氏家族又陷沉沦。林家第四代的重要代表人物是林朝栋。

林朝栋,林文察之子。光绪十年(1884),法军犯基隆、淡水,林奠国之子、林朝栋叔父林文钦不仅率众支持官军,还提供粮草器械。林朝栋率乡勇2000多人驰援台湾巡抚刘铭传和台北知府陈星聚。林朝栋之妻杨水萍也率乡勇6000人北上支援,在基隆大胜法军,被称为"巾帼英雄"。林朝栋因功钦加二品衔,后赏戴花翎,杨水萍被封为一品夫人。后刘铭传任林朝栋为台湾抚垦局长,允许林家在中部山线和海线开垦,同时授予林家全台的樟脑专卖权。林朝栋因垦殖拓土数百里,功绩卓著,清廷赐授"劲勇巴图鲁"之号(按:巴图鲁,满语,意为"英雄"),雾峰林家登至辉煌巅峰。林朝栋与林文钦还共同成立了"林合"商号,从事各种贸易活动,并在香港等地设立了分支机构。与此同时,还经营大陆的纺织品和食品。林家从此步入近代产业经营时代,从而成为台湾巨富。1895年日本占领台湾时,林家资产大多被强行征夺,林家再次衰落。林朝栋一如抗法,再次率抗日义军北援,誓死抵抗。失败后举家内迁,之后从未再回台湾。

林朝栋第三子林祖密(1878—1925)又名资铿,字季商,18岁随父亲回大陆,多次回家乡捐资赈灾,1913年之后,投资20多万元兴办农场、林场,开办漳平梅花煤矿,兴修程溪至漳平的轻便铁路等。林祖密1915年参加了中华革命党,1916年自筹军饷10万银元组织闽南革命军,参加讨袁护法战争,1918年1月,孙中山任命其为闽南军少将司令,收复莆田、仙游数县。1921年孙中山将其调大元帅府任参军兼侍从武官。1922年林森任福建省长时曾聘其任福建省水利厅长。1923年,孙传芳入闽,林森出走,祖密也迁鼓浪屿定居,后应新加坡华侨林少颖之请组建"护法建国军"。1925年8月20日,北洋军阀李厚基旧部师长张毅命手下一营长将其逮捕,并于24日将基杀害,就义时年仅48岁。

林奠国有三个儿子:林文凤、林文典、林文钦。其中林文钦曾在福建考中举人,之后回到阿罩雾,成了当地有名的乡绅。台湾沦陷后,林文钦决心不涉政治,专心从事樟脑外销生意,但不幸46岁那年病逝香港。

林文钦三子林献堂是台湾现代史上著名政治和文化人物。

林献堂名朝琛,字献堂,号灌园,生于1881年12月3日。20岁子承父业,为奉养祖母,林献堂在宅区建造了一座园林—菜园,内有亭榭池阁。1907年林献堂曾在日本与梁启超相遇。林献堂痛陈日人统治之暴虐,求教争取平等自由之策。梁启超认为,清廷在30年内不会在台湾问题上有所作为,台胞不可轻举妄动作无谓的牺牲,应采"爱尔兰抗英"方式,联络日本上层政要以牵制台湾"总督府",使其不得过分压制台湾人为要。此次谈话,对林献堂其后在台湾从事民主活动采取温和色彩、主张合法斗争,起到了极大作用。

1920年,在林献堂的推动下,日本政府被迫同意在台湾设立了"议会"。为保存中华文化,1921年10月,蒋渭水等人成立了台湾文化协会,旨在从事民族文化与思想启蒙,众人推举林献堂为总理。1923年担任《台湾民报》社长期间,热心转载陈独秀《文学革命论》、胡适《文学改良刍议》等文章,主张以白话文启发台湾的文化。1929年任《台湾新民报》社长。该报最多时发行5万份,在台湾有很大影响。1930年,林献堂积极参与并支持了台湾实行地方自治运动,任台湾地方自治联盟顾问。1936年3月以新民报华南视察团名义赴大陆厦门、上海参访,在上海对华侨演讲时称大陆为祖国,为此,曾于6月17日在台中遭日本右翼浪人的殴打,报界称其为"祖国事件"。林献堂力主发展台湾民族工业,日据时期创办了大东信托株式会社,任董事长,打破了日本人控制金融、信托、保险业的一统局面。林献堂还先后建立了三五实业公司(1923)和大安产业公司(1930年)。1946年5月当选为第一届台湾省议员,并任彰化银行董事长、省政府委员、省通志馆长、省文献委员会主任。8月底与台湾光复致敬团成员一起飞往南京庆贺抗战胜利,9月30日受到蒋介石接见。1948年起,台湾实行公地放领、耕者有其田、减租等内容的土地改革,林家大量土地被征收,林献堂感到当局政策太过武断,表示强烈不满,1949年9月以治病为名出走日本,后虽有当局恳请回台,但一直未归,1956年9月8日在日本东京去世。享年76岁。

林献堂一生坚持不说日语,不穿木屐,不用日资,具有强烈的汉人本位思想和民族使命意识,是台湾民族运动的先驱,受到了世人的敬仰。林献堂一生笔耕不止,有散文集《环球游记》以及旧诗《海上唱和集》、《东游吟草》及新诗 250 多首传世。

林献堂有三个儿子:林攀龙、林猷龙、林云龙。林攀龙(1901—1983)1925 年毕业于日本帝国大学法学部,之后又到英国牛津大学、法国巴黎大学、德国慕尼黑大学进修。回到台湾后拒绝聘请,回到原籍从事教育与社会活动。1932 年成立了"雾峰一新会",以培育祖国文学、促进农村文化发展、宣传自治精神以再造台湾为宗旨。1949 年创办莱园中学,任校长。1961 年任明台产物保险公司董事长。

林家后代中出了一位有名诗人——林幼春,与胡南冥、连横被誉为台湾日占时期三大诗人。林家在雾峰建莱园一座,为台湾社会名流及文士们经常聚会、吟唱之所。

林幼春为林朝选之子,生于 1879 年 1 月 29 日,原名资修,字南强,晚年自号老秋。林幼春生于福建,因林朝选曾任广东候补知县,故 4 岁时才从广东回到台湾。1902 年,其叔父林痴仙(即林朝崧,林文明之子,41 岁时病逝)由上海返台,与林献堂、林幼春、连雅堂等人在台中成立"栎社",一时台湾诗人云集。作为诗人,林痴仙与林幼春在台湾有很大影响,人誉其叔侄为"大阮、小阮"。林幼春思想激进,积极参与台湾民主活动,1923 年 12 月,日本在台当局以其违反"治安警察法"结社为由,将包括他在内的 18 位志士逮捕,被判刑后将其投入监狱三个多月。但其意志坚强,始终不屈。林幼春不仅善诗,也善文。他思想开放,任台湾《台湾民报》社长时,率先响应吴虞的非孝论,利用报纸讨论和论战,对台湾文化的进步起到了很大的推动作用。

据雾峰林氏家谱载,由于雾峰林氏拥清有功且家族显赫,清穆宗同治皇帝特赐林甲寅公派下昭穆辈分,从 18 世林文察起,字派为:文朝资正义、武德在其功、大鼎铭昭著、元常纪伟庸。

雾峰林氏不忘祖根,历代皆与埔坪常有往来。光绪十九年(1893),曾派多人回埔坪祭祖,并从长远考虑,出资购得田地若干交由族人耕种,从所收租谷中拿出一部分作为祭祖经费。今埔坪有林氏宗祠培远堂,堂前有一石碑即为当年所立。1986 年,已移居日本的林祖密六子林正利率亲属回埔坪省亲祭祖;1992

年,台中林氏董事会会长林钦浓率团18人也回到埔坪祭祖,并捐资修缮了林氏大宗(祠)及埔坪小学;不久,雾峰林家第九代传人林添福、林为民、林容辉、林秀、林秀云也回乡省亲拜祖。1998年6月11日,厦门举办纪念林祖密诞辰120周年讨论会,林祖密的孙子、孙女辈林为民、林容辉、林秀容、林秀云、林莉莉、林双意等应邀前来,其间,他们再次回乡谒祖。两地林氏同一祖根,血浓于水,相见甚欢。在林为民的策划下,2004年年底,以反映林氏四代(林石、林定邦、林文察、林朝栋)在台拓荒发家、卫国奋斗历史的36集电视连续剧《沧海百年》在中央电视台黄金时段播放,生动地再现了两岸一家、共建台湾的血肉情谊。林为民在埔坪谒祖时留言道:"双木为林,一个在台湾,一个在福建,两岸一家"。林莉莉退休后在厦门兴建了安厦学校,并亲自担任董事长。她说:之所以如此,是为了继承林家先辈勇于开拓的精神,做一个爱国主义的开拓者、创业者。

(四)以加工业起家的鹿港辜家

美丽的鹿港镇位于台湾彰化县西部,濒临台湾海峡。鹿港辜氏家族祖籍为福建惠安,清康熙年移至鹿港。辜氏在台湾的发迹始于辜显荣。

辜显荣字耀星,1866年2月生于鹿港,后移居台北。1894年,中日甲午战争爆发,清朝失败后被迫签订了《马关条约》,将台澎割让给日本。6月3日,日本军占领基隆。惊慌混乱的台北商贾士绅为保既得利益,便决定呈递"欢愿书"开城迎寇进入,以免台北城遭屠焚。自告奋勇前往向日军侵台首脑桦山资纪呈递"欢愿书"者,就是日后名声显赫的辜显荣。

由于出迎"有功",30岁的辜显荣得到了日本人的垂青,不仅被授予奖章,还被任命为台北保良局长。于是,辜显荣开始利用有利的时势从事茶叶、樟脑、制盐及其他商品的贸易活动,还在新竹、苗栗、彰化、台中等地设立分支机构,在日本东京设立办事处,同时购买轮船,从事海上客货运输。

1898年2月,儿玉源太郎任台湾第四任总督。在台湾时局渐趋稳定的形势下,儿玉源太郎一改过去单一的高压政策,采用"以台制台"之法,大量使用汉人维持社会治安,并将一些商业的经营权放宽给台湾人。辜显荣由是掌握了台湾盐务专卖权,在鹿港开发盐田247公顷。同时又垦地种植甘蔗,开设制糖工厂18座,创办"大和制糖株式会社",在二林、鹿港垦地1500多公顷。1922年又创办"大丰拓殖株式会社",从事垦殖、造林、制糖、稻米、肥料等贸易。1925年到

1935 年间,辜显荣又在高雄、屏东等地种植菠萝(按:台湾当时称为凤梨)达 230 多公顷,还开办了菠萝罐头厂,成立了"台湾凤梨罐头共同贩卖株式会社",自任社长,控制全台菠萝经营。同时,他还在木业、渔业、铁业、粮食加工业等领域创办了多家工厂,雇用专业人员进行管理与经营。至此,辜显荣的摇钱树已由原来的大和、大丰和凤梨等三棵而成长为一片树林了。

辜显荣政商亨通,不忘脚踩两只船。在日本政府支持下,1915 年曾到北京与段祺瑞政府进行联系,并接受颁发的二等"大绶嘉禾章";还在张家口拜见了西北军总司令冯玉祥。1934 年被选为日本贵族院议员,1934 年到大陆晋见蒋介石。1931 年九一八事变后,为日军侵华辩解。1935 年 1 月 1 日在杭州受到蒋介石接见时又老调重弹,受到蒋的批驳。1932 年 2 月,在日本军国主义准备大规模侵华前夕,辜显荣到上海拜访张啸林、杜月笙以及国民党要人陈仪、汪精卫、张群等,进行"日华亲善"游说。7 月 7 日,日军发动了卢沟桥事变,中国政府被迫对日宣战。时辜显荣虽重病在身,为参加贵族院会议而乘机飞往东京。后病情加剧,于 12 月 9 日客死日本,时 72 岁。

辜显荣在鹿港、台北和东京各有妻妾,为其生了 8 男 4 女。辜显荣去世后,其子弟事业虽各有千秋,但仍在不断发展,尤其辜振甫、辜伟甫、辜斌甫三人更为迅速。三子辜斌甫于 1942 年创办了显明商行,从事债券交易;1943 年又拓业于木材与纤维领域,成立了有邦工业公司。五子辜振甫从 1931 年起先后创立了大查殖产、大裕茶行、大和物产等公司,从事各种商业贸易。六子辜伟甫继承了木业商行,并由此扩及到其他行业。在 1945 年台湾光复前,辜氏家族在台湾有各种公司 26 家,形成了涉及金融、农业、林业、建筑业、食品加工业及鸦片、盐业专卖等领域的庞大产业体系,成为了台湾五大家族之一。

辜振甫在辜氏兄弟中最具商业经营才能,且为人处世精明稳健,1937 年辜显荣去世前将其定为接班人。

(五)以糖业崛起的高雄陈家

日本占领台湾时期雄踞台湾五大家族之一的高雄陈家,发迹于陈中和一代。

陈中和祖籍为福建省同安县,其先祖迁台后,初居台中盐埕,后移于西甲。陈中和于清咸丰三年(1853)三月十八日出生于今高雄市苓雅区,他既是个贫穷儿,又是一个幸运儿。1868 年,年方 16 岁的陈中和开始打工,进入了陈福谦所开的"顺和"行当学徒。

陈福谦祖籍也是福建同安县,其先祖于清代中期由集美老家迁到台湾南部,以农渔为务,后来定居在今高雄的苓雅区。陈福谦的祖父名陈胤,父亲名陈货。

陈福谦出生于道光十四年(1834)7月21日,为高雄陈氏的第8代传人。

陈福谦的顺和商行从经营蔗糖开始而日渐扩大,不仅在大陆沿海的厦门、福州、广州等地设立了分支机构,还把生意做到了日本的横滨、大阪、神户及欧美各国。陈中和由于勤奋精明,深得陈福谦信任,与大陆及日本之贸易,全由其掌握。在陈中和的建议下,陈福谦将商行改为公司,吸收股东参加,从而实力更加壮大,控制了高雄地区二分之一以上的蔗糖贸易,成了台湾最大的贸易商家。连横著《台湾通史》,其"货殖列传"收录三人,陈福谦列为第一。

1882年5月,陈福谦因病而逝,临终留下遗言:中和必须重用。但由于陈中和与陈福谦次子陈自然关系不和,陈中和便自立门户,成立了和兴公司,独立经营。陈自然因不善经营而逐渐衰落,陈中和则一步步走向兴旺。

甲午战争后日本占领了台湾,陈中和一家曾出走厦门。后得当局邀请,于1896年11月返台;由于受到当局的保护,陈中和的公司不仅很快恢复,而且得到了快速发展。

1900年12月,日本三井财团染指台湾制糖业,成立台湾制糖株式会社,陈中和以750股成为其董事。1903年,陈中和创立兴南公司,1923年改名陈中和物产株式会社,经营范围涉及农业种植和加工业(核心为碾米)、土地业、建筑业、海外贸易等。其中仅购置土地即达800多公顷。兴办于1904年9月的高雄新兴制糖公司在20年代有了很大发展,出于长远考虑,陈中和将其收入的80%也用于购置土地,该公司在高雄凤山一带的甘蔗采集区多达7800多公顷。

经过半个多世纪的经营,陈中和不仅成了台湾最有名的商人,糖业界执牛耳者,也成了台湾南部最大的土地拥有者。

在陈中和任兴南公司、新兴制糖公司董事长时,其子多为董事。1930年陈中和去世后,新兴公司由持股份最多的陈启峰接任董事长,诸兄弟为董事。1941年,在殖民主义统治者的压制下,新兴制糖被日本三井财团所吞并,从而斩断了陈氏家族长期赖以生存的根基。陈启峰出走日本,并将所得存入日本银行。

1945 年日本作为战败国投降后,日元急剧贬值,加之日政府冻结大宗存款,致使陈启峰损失极为惨重。1910 年陈中和所创办的制盐公司,有盐田 100 多公顷,鱼塘 100 多公顷,后由陈启贞任董事长,在第二次世界大战期间,也被日本制盐公司所吞并。殖民主义统治者对台湾民族工业的摧残,由高雄陈氏家族的遭遇可见一斑。兴南公司在第二次世界大战后期因遭日本当局对台湾实行"米谷统制"政策的干预而不景气,为避免再遭殖民主义统治者的戕害,陈启川以从银行借贷的方式购得了诸兄弟所持的股票独立经营,从而不仅保得了父业,也成了陈启川日后事业发展的基础。

台湾光复后,陈氏家族除了继续在商界经营外,第二代"启"字辈的启清、启川,第三代的陈田锚及其子陈建平,在政商两界也多有建树。

陈启清曾创下多个高雄第一。他是高雄第一届商会的理事长,高雄市第一届"参议会"议员,高雄市第一位制宪"国大代表",高雄市第一个出任台湾省政府委员会的高雄市县议员且连任 8 年。同期,他还任台湾省商业联合会理事长、第一商业银行董事长、可口可乐公司董事长、中国信托公司常务董事、台湾水泥公司副董事长。

陈启清长子陈田锚,生于 1928 年 4 月 18 日,在日本近畿大学商经学部毕业后除在家族企业中任职外,曾担任高雄市第三信用社监事会主席、私立三信高级商业学校董事长、台湾水泥鼓山制品厂厂长、第一商业银行常务董事、光和建设开发公司总经理及董事长、欣商瓦斯公司董事长。从 1958 年起连任第四、第五、第六届高雄市议员、第六届市议会副议长、第七届市议会议长。1974 年任期届满后一度离开政界,1979 年高雄市升格为"直辖市"后又重返政坛,接连 20 年任市"议员"、"议长",直到 1998 年自动弃选,前后任议长达 32 年,创下了台湾县市议长任期最长的纪录。从 1988 年 7 月起,陈田锚还连任国民党第十三届、十四届、十五届中央委员、中央常务委员,1990 年又任"国家统一委员会"委员。陈田锚在台湾的重要性由此可见一斑。

陈田锚有两个儿子,长子陈建东,任欣高石油总经理。次子陈建平生于1960 年 4 月,在美国大学毕业,获加州州立大学财务管理硕士。1990 年回台湾后出任大众银行总经理助理,1992 年当选为"立法委员",并一度任"立法院"国民党党团副书记。1995 年放弃"立法委员"参选,专心投入商界,出任大众商业银行董事及大众票券金融公司总经理,同时当选为台北市第一届票券公会理事长。

陈田锚因拥有大量银行资产及土地、企业成为台湾富豪。1995 年度台湾百大富豪排名中,他以个人财富净值 95 亿元新台币名列第 39 名,1996 年名列第58 名。1996 年美国《福布斯》所列世界华人富豪榜上,陈田锚与其堂弟陈田植以 7.5 亿美元居第 126 位。

三、新崛起的政商家族

台湾新五大政商家族与旧五大政商家族相比,在经济方面的最大的特点在于:他们都是现代化的企业集团,从事大工业生产并与金融企业和高科技有着密切的关系。

（一）国泰蔡氏家族

1916 年 12 月 20 日,蔡万春生于苗栗县竹南镇狮山庄,蔡万春 8 岁时从私塾考入竹南公学,连续 6 年,学习成绩上佳。1930 年,15 岁的蔡万春看到家境生计困难,便主动劝说父母同意自己辍学,第二年与哥哥同到台北汉顶(今古亭区)大姨父陈芋家打工,帮助种菜、卖菜。之后兄弟二人又在台北销售水果,并动员全家迁到台北崁顶从事耕田、种菜、养鱼和栽培柑橘。

蔡万春看到种田不如经商,于是又考入"资生堂"化妆品公司,到台中分公司作推销工作。6 年的学徒生涯使他大开眼界,懂得了生产与经营。

使蔡氏家族得以起步的是 1937 年。这一年,蔡万春有了自己的企业,他以"丸万"为商标,在崁顶开办了制造酱油、米醋的作坊。由于销路很好,至 1945年 8 月日本投降时,已有 60 万的家业。当年 10 月,台湾光复,蔡万春感到大展宏图的时机已经到来,这一年,他购买了房产,开始了大刀阔斧地经营,先后购房数栋开办了大万商场、大万旅社、兼营百货及化妆品。一年后,经营范围更加扩大,先后又投资兴办了化工厂、玩具厂、铁工厂、木材行、旅社、大万产业公司、大万工业药品公司等,并开始从事进出口业务,经销工业原料、橡胶、塑胶、肥料、医疗设备等。至 20 世纪 50 年代初,由于蔡万春在上述各领域实力雄厚,在商界已崭露头角。

使蔡氏家族得以更快发展的关键一年是 1957 年。这一年,42 岁的蔡万春在商界竞争中出任了台北第十信用合作社理事会主席。当时,台湾有 73 家从事金融业的信用社,第十信用社位居第 61 位。但三年后,十信一跃成为了第二名,不久,又坐上了第一把金交椅。1959 年,台湾当局倡导开展节约储蓄活动,蔡万春抓住时机,大力宣传"只存一元就可当十信客户",开创了一元开户的"幸福储蓄"活动。蒋介石对蔡氏积极配合当局一举十分欣赏,亲自到十信开户,使得十信名声大噪,业务得到了极大拓展。

1960 年,台湾当局决定有条件地向民间开放保险业务,为蔡万春提供了再次大发展的机会。在"财政部长"严家淦的支持下,蔡万春利用资金优势,应曾两任台湾"省议会副议长"的林顶立、曾任台北市"议会议长"的张传祥之邀,于 1961 年 3 月一起创立了国泰产物保险公司,林顶立任董事长,蔡万春任副董事长兼总经理。由于蔡氏家族占有 60% 股权,保险公司的大权实际上握在蔡万春手中。

1962 年 8 月,蔡万春利用其与政界的关系,又成立了以他为董事长兼总经理的国泰人寿保险公司,其弟蔡万霖为常务董事兼副总经理,蔡万才任执行秘书。9 月 10 日开张时,时任"财政部长"的周宏涛代表严家淦前来剪彩。为回报严家淦的支持,国泰人寿保险公司的第一张保单,签给了投保 10 年养老保险的严家淦,10 年后,1972 年 9 月,国泰将利带息送给了已为"副总统"的严先生。

至 20 世纪 70 年代末,国泰集团除拥有 4 大金融机构(国泰产物保险、国泰人寿保险、国泰信托、十信)之外,还有国泰塑胶、国际海运、国泰建设、树德工程、三井工程、国信电子、长洲工业、龙鼎企业、台湾鞋业、联泰通运、来来百货、理想工业、太平洋实业、大西洋饮料、来来饭店等 10 大核心企业和若干其他企业,总资产超过了王永庆。其中国泰人寿保险、国泰建设、国泰塑胶、国际海运均为上市公司。在这些行业中,国泰信托投资公司、国泰人寿保险公司营业额均为同行业之首。

蔡氏家族的兴旺与发达除了天时地利之外,与家族的团结、合作、务实是分不开的。蔡万春目光远大,胸怀宽广,善于把握时机,是一个典型的创业型的领导人物,他认为,一个人事业要成功,必须具备力量、胆量、胆识三个条件。正是基于此,他广结善缘,网罗了许多有远见、有能力、有知识的人才,在不同的岗位上充分发挥他们的才能与智慧。蔡万霖毕业于台北商工专科学校,是一位知识型的谋士,负责企业的财务,是集团的大管家。他遇事沉稳有主见,善于处理各种复杂与应急事务。蔡万才说:人家欠我们多少钱,我们欠人家多少钱,万霖都记得清清楚楚。蔡万才为人沉稳、循礼循规,是一个懂得业务、善于管理的人才。他负责制定国泰集团主要机构的规章制度、机构设置和人事安排,在他的主持下,各项工作开展得井井有条,而且办事效率极高。蔡万得生于1932年,毕业于日本东京文科大学,曾任台北市第四届"议员",在蔡氏集团的发展中发挥了骨干作用。

1975年,国泰公司改组,蔡万春任名誉董事长、其弟蔡万才任董事长兼总经理,蔡万春长子蔡辰男任副董事长,林顶立只担任常务董事。整个70年代,是蔡氏企业集团鼎盛的时代。

1979年,由于蔡万春中风患病力衰,难以再掌帅印。于是,经过协商,蔡氏集团族内以交换股权的方式将产业析分为六。老三蔡万霖分得国泰人寿、国泰建设、三井工程等企业,总称"国泰人寿集团";老四蔡万才分得国泰产物保险、富邦建设、富邦租赁企业,总称"国泰产物集团";老五蔡万得所分企业不甚有名,但仍担任国泰产物保险等公司的董事;蔡万春长子蔡辰男分得国泰信托、树德工程、来来香格里拉饭店等企业,总称"国信集团";蔡万春次子蔡辰洲分得十信、国泰塑胶、国泰海运等企业,总称"国塑集团";蔡万春另外三个儿子蔡辰洋、蔡辰鸿、蔡辰威分得来来百货、来来建设等企业,总称"兴来集团"。

蔡辰男、蔡辰洲自立门户后,因违约经营,大量吸收民间资金,导致挪用"十信"资金案。1985年有关当局对"十信"进行调查,引发存款客户恐慌而涌向"十信"取钱,从而造成了全台震撼的金融风暴。兄弟负债达150亿新台币,国信一些企业被台湾当局银行接管,一些企业倒闭,一些企业经营权被迫转让,国信从此元气大伤。蔡辰洲被判刑125年,后死于狱中,其名下的企业也就此倒闭。

蔡万霖1924年11月10出生于苗栗县竹南镇,曾任国泰人寿保险公司常务董事兼副总经理、国泰建设股份有限公司总经理和董事长,因而积累了丰富的经营管理经验。蔡氏家族析产后,蔡万霖不仅使原有产业得到了发展。1981年前后,台湾建筑业不甚景气,不少企业倒闭,但国泰建设公司却逆境突破,成为同行业中销售最佳的企业,被誉为台湾"建筑界巨头"。蔡氏家族危机后,蔡万霖在经营上更加用心,稳扎稳打。如国泰保险业务,在蔡万霖的领导下,分支机构遍及台湾城镇、乡村和社区。1986 年起,公司首创贷款业务,拿出 50 亿资金作为保户贷款,从而赢得了更多的客户,使市场占有率一直保持在 50% 以上,每月保险收入达 50 亿新台币。80 年代后期以来,国泰建设公司在各大城市修建高楼超过百栋,由于台湾地租日以昂贵,蔡万霖坚持"只租不售"的方针,仅此房租一项,每年收入即达 10 亿以上新台币。与此同时,蔡万霖以其资金优势,又成立了数家公司,如霖园企业、霖园贸易股份有限公司等,形成了强大霖园关系企业集团。

蔡万霖成为台湾首富,1987 年被美国《福布斯》杂志列为世界亿万富翁前10 名,1995 年又以拥有 85 亿美元的财富,将其列为世界第六富豪。但他深居简出,平时坚持到办公室上班。生活上从不赞成奢侈,不抽高档香烟,为人也不事张扬,不在电视露面,不愿接受记者采访。他最喜欢的是到各公司走走看看,视察督导。蔡万霖对员工管理很严,要求每天必须做早操、喊口号、唱"国泰之歌"。他坚信"财散则人聚",要员工们"人人都是小富翁",公司年终奖几乎年年在 6 个月以上。1986 年,他拿出 4 亿新台币,让科长以上员工入股,等于每人给了 100 万。同时,他也十分重视严明纪律,凡发现挪用公款者,一律革职。

为了使蔡氏家族企业顺利发展,蔡家十分注意与政商关系的整合,发展与政界之关系网。台湾陆军中将苗中英被国泰产物保险公司聘为顾问、蔡家富邦银行的重要股东之一是长荣集团,而长荣掌舵人张荣发是李登辉的挚友,这仅是较典型的两例。老四蔡万才、蔡万春之子蔡辰洲竞选台湾"立法委员"成功,都是蔡氏家族十分荣耀之事,对其企业的发展起到了重要作用。蔡万霖次子蔡宏图与陈水扁是台湾大学法律系的同学,两人私交甚好,这也是蔡家多次资助民进党以求自身顺利发展的重要原因。

国泰集团很重视在大陆的发展,2001 年,国泰人寿在北京成立了办事处,2005 年,国泰金控与东方航空公司合资经营的保险公司正式运营。

2004 年 9 月 27 日,蔡万霖辞世,享年 81 岁,次子蔡宏图接班。蔡宏图生于1952 年,台湾大学法律系毕业后在美国从事律师业,由于早在 1980 年蔡万霖即将其召回,作为接班人进行培养,因而企业掌门人得以平稳过渡。1990 年,38 岁的蔡宏图出任国泰人寿董事长。在激烈的市场竞争中,他坚持稳健增长的战略,日夜兼程,从不停歇,以不断地推出新产品来避开价格的恶性竞争。作为国泰金控集团的董事长,他说:我们是一艘航空母舰,转向没有那么快,要慢慢地转,稳稳地转,然后才能加速前进。蔡宏图之弟蔡镇宇十分精明,且奉行"哥哥在上",故而肱股之力一直相协甚好,这也是其企业得以顺利发展的重要原因之一。

2008 年,蔡宏图以拥有 77 亿美元之巨富被列为台湾首富(全球第 120 名)。

蔡万才的事业发展也很快且富有传奇色彩。1979 年"国泰集团"析产时,蔡万才执掌"国泰产物保险",其手下仅有 6 家公司。蔡万才曾在国寿千元高价卖掉持有股份,之后很快成立了证券、投资、信托、银行等与金融相关的企业,使得富邦集团迅速膨胀壮大。蔡万才认为,金融业有自己的特点,要七分保守,三分冲劲,才会细水长流,慢慢成长,不能有暴发户的心态。2001 年整合下属产险、证券、银行、人寿、投资信托五大公司,成立了台湾第一家金控公司——富邦金控银行。第二年又并购了总资产 192 亿美元的台北银行,从而成为台湾最大的民营银行之一。不久,富邦又通过参股台湾前两大电信公司,成为电信服务市场的新霸主。1991 年 11 月 5 日下午,蔡万才在酒会上向世人宣布,正式将国泰产物保险公司更名为富邦产物保险公司。

蔡万才事业交棒也很顺利,其子蔡明忠、蔡明兴二人精诚合作,且不惜以年薪百万美元之重金聘用经营人才和高级管理人才,因而企业发展也充满勃勃活力。

在 1993 年台湾富豪排行榜上,富邦名列第 18 位。2008 年,美国《福布斯》杂志以富邦集团拥有 43 亿美元的财富,列为台湾富豪第 4 名(全球第 247 名)。富邦发展之快,实力之强,令世人刮目。

(二)和信辜氏家族

鹿港辜氏家族能在原有的基础上得到大的发展,与辜振甫的作用有直接关系。

辜振甫字公亮,生于 1917 年 1 月 6 日,在辜显荣的儿子中排行第五。辜振甫自幼聪颖,深得父亲喜爱,四岁时家中就为其请了前清秀才和英语老师,坚持每天清晨即起,背诵"四书""五经"和英语。1937 年辜显荣去世时,年仅 20 岁的辜振甫虽然正在台北帝国大学(台湾大学前身)念书,但不得不承担起重任,成了 7 家公司的董事长。两年后,辜振甫大学毕业,他决定将家产交给几位兄弟管理,与母亲一起东渡日本继续学习深造。在日本东京大学研究财政和工商管理的同时,他坚持半工半读,在一家糖业株式会社当办事员,以磨练意志,增加才干。3年后回台,致力于企业的经营与管理。1949年国民党到台湾后,在政策上对辜氏家族很是优待。1952年台湾实行土地改革,将地主的土地进行赎买,然后再转卖给农民。作为台湾第三大地主,辜振甫与其弟弟辜伟甫为当时最识时务者,他们积极响应和配合,把祖上留下的大量土地和盐田主动交给了当局。辜振甫的带头作用在台湾影响很大,于是,他受到了曾为"台湾省主席"、时为"行政院院长"陈诚的接见,并受聘为"经济部顾问"。作为回应,当局把水泥、造纸、王矿和农林4家公司的股票转让给了辜振甫,作为征地的赔偿。就这样,辜氏一夜之间摇身一变,完成了从一个"地主"到纯工商界巨子的转变。1954年,台湾水泥公司改制为民营,辜振甫很快担任其总经理,接管了经营大权。辜伟甫在商界原来比辜振甫实力和名气都大,但在辜振甫成为显赫人物后,很快转入幕后,全力支持哥哥在政商界的发展。辜伟甫的这种以大局为重,团结、合作精神为业界所称道。1973年辜振甫担任董事长之后,又采取将所有权与经营权分开、技术输出、多元化经营、发展连锁等措施,公司从而得到了更快的发展,辜家的台湾水泥集团企业,被称为"水泥巨无霸"。不幸的是,正当辜氏家族企业兴旺之时,辜伟甫于1982年9月去世。

辜振甫在20世纪60年代推动企业跨越之后,又于70年代组建了台湾第一家信托公司——"中国信托投资公司",1991年易名为信和集团,从而使辜氏家族经济实力快速提升,1996年美国《福布斯》所列全球华人富豪排行榜中,辜氏家族名列第33位,资产达30亿美元。

与经济发展的同时,辜振甫积极从事政治活动。20世纪60年代,辜振甫就是国民党的中央委员,并为当局多方从事民间外交活动。为发展对日贸易,1976年,他出任"日台贸易促进会"领导人。他与美国政界上层关系密切,1981年里根就任总统和1993年克林顿就任总统时他都被邀请出席庆典活动。1990年他被聘为"总统府国策顾问",第二年又被聘为"总统府资政"。1991年3月,他受台湾当局之邀,出任于头年11月21日成立的"海峡交流基金会"董事长,成为民间处理海峡两岸关系事务的最高负责人。1992年10月28日至30日,大陆的"海峡两岸关系协会"与台湾"海峡交流基金会"在香港举行商谈,就两岸事务性

（公证书使用）商谈中如何表述坚持一个中国原则的问题进行了讨论,达成有名的"两岸一中"——"九二共识"。由于双方有了共识,1993 年 4 月 27 日至 29 日,第一次"汪辜会谈"在新加坡正式举行。"汪辜会谈"是海峡两岸高层人士在长期隔断之后的首次正式接触,是两岸走向和解的历史性突破,是两岸关系发展进程中的重要里程碑。会谈达成的四个协议,为其后两岸关系协商提供了范式。

辜振甫爱好京剧,年轻时曾拜京剧名家余叔岩为师,同时他还擅长油画,喜爱收藏文物和古诗词。

在辜氏家族第三代接班人中,辜濂淞为其佼佼者之一。辜濂淞为辜振甫侄子、小其 16 岁,因自幼失怙,一直受到辜振甫的爱护与培育,美国纽约大学毕业后,在辜振甫身边工作,接受言传身教,后负责"中国信托",任总经理。在他的领导下,中信从单一的证券业发展为商业银行,直到今天的金控集团。中信在台湾覆盖面极大,仅发放信用卡就达 500 万张。1993 年,辜濂淞还接替辜振甫成为"美台经济合作策进会"理事长,主导与美国的经济往来。2004 年,叔侄二人进行了析产,生产事业归辜振甫,金融业归辜濂淞家族。辜振甫去世后,辜濂淞已成为台湾工商界新的龙头老大之一。辜濂淞的三个儿子分别为辜仲谅、辜仲莹、辜仲立。为使孩子成才,当三个儿子分别仅 13、12、11 岁时,就被送往日本念书。长子辜仲谅不到 30 岁就任"中国信托商业银行"总经理,在台湾经济界已崭露头角,尤其在大力发展电子商务方面,其卓越成就为业界公认。

人们常说"富不过三代"。鹿港辜氏从辜显荣到辜振甫、辜濂淞,其富已超过百年。何以有如此奇迹呢? 且看一下和信的经营理念。

和信企业集团自成立之时,辜振甫为其制定的铭条就是"谦冲致和、开诚立信",并以之为其工作与经营理念。"谦冲致和"主要用于指导员工为人处世。"谦冲"就是质朴坚毅、不卑不亢、经纶满腹、虚怀若谷。持此态度对人,自然能得到别人的尊重;持此态度处事,自然是踏踏实实。公司之间、部门之间、人与人之间,持此态度,则必然关系和谐,彼此信任,合作无间,亲如兄弟,情如父子。"开诚立信"主要用于指导企业经营。集团要以"诚信"为本立业,做到品质经营、求新求变、追求卓越、服务社会。"诚"是为人之道、企业之基。只有开诚布公方能立信,有"信"则使企业绵延不断,根基永固。

不难看出,"谦冲致和,开诚立信"作为企业文化,其核心仍是中国传统的儒家文化,是儒家先圣"修身、齐家、治国、平天下"在辜氏家族事业中的具体体现。

辜振甫晚年将手下企业交给了长子辜启允执掌。辜启允生于1953年,性格上有些放荡不羁,缺乏辜振甫的儒商雅致,但经营上还是相当有魄力与远见,他所创立的和信超媒体在美国纳斯达克挂牌上市时,首日收盘价达88美元,创下台湾企业在美上市的最高记录。然而,天有不测风云。2001年12月24日,辜启允不幸逝世,年仅48岁。辜振甫老年丧子之痛难以言表。

辜启允逝世后,其弟辜成允走上了辜氏家族事业的前台。辜成允出生于1954年11月28日,1980年毕业于华盛顿大学会计系,1981年获得美国宾州大学华盛顿学院企业管理硕士学位。1982年回到台湾后,先后担任过企划室主任、副总经理,1991任总经理,2003年起任董事长兼总经理。辜成允性格与其兄截然不同,没有父兄对政治的热情与敏感,但他十分敬业,工作勤恳,虑事全面,有锐利的目光和决策魄力。在他担任"中国合成橡胶公司"董事长期间,并购了大陆安徽马鞍山碳烟厂、辽宁鞍山碳烟厂,从而使公司成为了世界第四大炭黑集团。他担任董事长之后,认为大陆水泥市场极大,前途广阔,他力排众议,从2004年起,投资近百亿元人民币,在华南兴建水泥厂,从而大步开始了他"扎根台湾,深耕华南,主业清晰,企业改造"的战略起步。至2008年,他在广东英德、广西贵港、广西柳州、江苏句容、福建福州的公司水泥生产量已达2400万吨,如期实现了4年前的目标。

辜成允认为,企业要向前发展,必须有创新精神,假如只有一个"守"字,产业只会越守越小。企业要创新,培养好企业骨干是重要的一环。一个企业的干部,不仅要懂得较多的专业知识,更重要的是要具有崇高的道德、严格的纪律和高度的责任感。这就是说,首先是做好人,再做好事情,最后才能办好企业。他说,父亲喜欢充分授权,不看细节,而我是一个非常注重细节的人,什么事情我都要量化、具体化。这种"鹰式风格"的管理,强调的是"纪律、团队、执行",贯彻的是专业高效和"精、简、准"的成果导向。他说,对企业干部,我常问他们三个问题:为什么会这样?问题在哪里?你打算怎么办?提不出问题的,肯定不是优秀的人,说明他不关心公司。同时,看到问题,不知如何解决,也是不行的。"顺台泥"在2002年前已经7年未调整过薪水。大家的日子过得很安稳。这样的一潭死水必须打破。"台泥"要实行新的薪酬体系,做得最好的人,每月可以拿3个月的工资,而做得最差的,可能一毛钱也没有。

2005 年 1 月 3 日,辜振甫在台湾逝世,台湾政商界这颗闪耀着光芒的巨星陨落了。辜振甫的逝世虽然在和信引起了一阵悲痛,但和信已把未来的希望寄托于正在升起的新星上。辜成允决心继承乃父儒商传统,以诚信为指导,以"品质与服务"为宗旨,以革新为动力,高扬风帆,走出辜振甫原有的光圈,向更新、更远的目标奋进。

（三）台塑王氏家族

王永庆不仅是台塑集团领导人,这位被誉为"经营之神"的政商界元老还是台塑的精神领袖。

王家在台湾的开基祖是王永庆的曾祖王天来,祖籍在福建安溪,世代为农。清道光年间,王天来因灾荒由安溪县金田乡迁至台北新店直潭村,同来的只有其寡母许雪娘。王天来的妻子名林谨,夫妇养育了六个儿子,其第四子王添泉就是王永庆的祖父。王家在新店以务家种茶为生,王添泉是王家第一位读书人,后来成了秀才,以教私塾为业。王添泉的后代有三男一女,次子王长庚就是卫永庆的父亲。

王永庆 1917 年 1 月 18 日生于台北,15 岁那年,王永庆到嘉义打工卖米。第二年,他对父亲说,我要当老板。父亲笑了,给他借了 200 块钱作启动资金,于是,王永庆又回到了嘉义,在一个小镇上开了一间米店。他感到很快乐,为米店起了一个非常吉祥好听的名字——"文益米店"。为了卖更多的米,他不仅将米中的杂质拣得干干净净,还挨家挨户送货上门,有时还帮助生活有困难的老人刷掏陈米、洗米缸。他还将客人买米的时间和数量记下来,估计快要吃完了,就主动送过去。客户见小伙子诚实勤快,都乐于到他的店铺中买米。

随着资金的雄厚,王永庆开设了自己的碾米厂,并开始经营木材等生意,但最终促成王永庆走向发达的还是石油化工事业。

1954 年,台湾为了发展工业,推出了兴建石化原料聚氯乙烯项目,当局认为王永庆有较强实力,就让他承接此项任务。虽然这在当时很多人看来不可思议,但王永庆已感到一个巨大的前途在向他招手,当年 38 岁的他决心抓住这个机遇,迎接新的挑战。于是,他毅然成立了福懋公司,涉足工业领域,1957 年更名为塑胶股份有限公司。

在这个公司里，王永庆的主要职责是"抬头看"，负责大的决策与发展意向的拍板，王永庆的弟弟王永在，则兢兢业业地在"低头做"。由于兄弟两人的精诚合作，台塑公司从一点一滴做起，经过半个世纪的发展，旗下已集合了炼油、石化、塑料、纺织、能源、运输、生物科技、医疗及教育事业等数十个产业，业务遍及全球，成为台湾最大的工业集团之一。在台塑关系企业中，有10家上市公司，其中最核心骨干企业是台塑、南亚塑胶、台化、台塑石化，由于实力强大，被称为"台塑四宝"。

王永庆极富经营天才，他所经营的企业几乎从未亏损过，也没有让股东赔过钱，对此，被商界佩服得五体投地，誉其为"经营之神"。

台塑是台湾最有名的企业，得到了各方面的有力支持，王永庆与政界一直有非常好的关系。王永庆曾受到蒋介石的两次接见，这在台湾是很少见的。1985年，王永庆还被台湾当局聘任为"经济革新委员会"产业组召集人。为了建立轻油裂解工程，台北市和高雄市解决"六轻"存在的问题，王永庆曾在一天中会见了台湾的经济部门、行政部门负责人和台湾当局领导人李登辉。台湾当局曾拟成立由官方主导的"亚太投资总公司"，但由于缺乏有威望的人出掌，几乎中途流产，后经"经济部长"江丙坤、"工业总会"理事长高清愿等出面敬邀，由王永庆出面总掌，成立工作才得以顺利进展，许多知名大企业也纷纷参股支持。

王永庆热心于大陆投资。1989年11月，他从美国秘密绕道日本，于11月30日第一次踏上了大陆的土地，北京方面派专机将其从大连接到北京。12月5日，王永庆在人民大会堂受到邓小平的接见。邓小平对王永庆准备在大陆投资高度评价，他说，台湾如果能来两三个王永庆，两岸的事情就好办了。台湾《中央时报》报道说，曾有人问王永庆最敬重什么人，他不假思索地说：邓小平！因为邓小平有远见，让穷困的中国人翻了身。从1989年到2008年5月，近30年中，王永庆每年都要到大陆考察或视察，江泽民、朱镕基、温家宝等都亲自出面接见过他。台塑集团在厦门、广州、重庆、南通、昆山、宁波等地投资数百亿人民币，建有十多处生产基地，项目涉及石化原料、塑料加工、电力、重工机械、电子原材料和钢铁等领域。

王永庆生前的最后一次决策，令一些人震惊和不解，令更多的人佩服与赞叹。

越南河静省英奇县距离首都河内 400 公里,由于交通不便,开车大约需要 8 个小时。勘查表明,这里铁矿石的储藏量有 5 亿吨。过去几年间,世界著名钢铁大王如韩国浦项、印度塔塔钢铁集团都来这里考察过,但由于还要投资修建一条铁路、建一个深水码头等,他们都望而生畏了。王永庆经过多次考察后却认为这里是台塑未来的希望,决定投资 170 亿美元兴建一座亚洲第二、世界第六的钢铁公司,年产钢 3000 万吨。

越南急需要大量的钢材,据分析,2010 年将达到 1000 万吨,2025 年将达到 2400 万吨,东南亚各国的钢铁需求量也在不断增加,仅 2007 年就进口各种钢材 2000 万吨。越南虽拥有这一资源,由于技术、资本等原因,至今尚不能自己建立一个特大型的钢铁厂。也有人担心在这里投资有巨大的市场风险。王永庆的考虑主要有二:一是公司设在矿区,运输成品极低,越南及东南亚就是市场,物流成本也低,因而利润率很有保证。二是中东地区产油国近年来有大批的石化项目上马,因其有坐拥原料之优势,产品成本仅是东亚地区的三分之一。这对台塑来说,无疑是一个很大的潜在威胁。"人无远虑,必有近忧",从战略发展出发,台塑必须到资源地去投资,才会有光明的未来。因此,王永庆壮心不已,充满信心,决定拍板上马,并亲自参加开工典礼。

2008 年 7 月 6 日,英奇县骄阳似火,隆重的开工典礼按计划举行。鉴于天气炎热、年事已高、交通不便加之有疾病流行等原因,王永庆被家人劝止。越南总理阮晋勇以极大的热情亲自出席庆典并讲话,他盛赞王永庆的胆略与魄力,并断言:这个投资项目,不仅将改变越南,甚至将改变整个东南亚钢铁产业的布局。

"生命不息,奋斗不止",这就是王永庆一生的信念。

王永庆被誉为"经营之神",台塑集团在经营上除了有许多神来之笔外,在宏观管理与企业文化方面也极具特点。

台塑集团企业庞大,为了便于有效管理,在组织架构上分作四部分:

一是岛内生产事业,主要是骨干企业,如台塑、南亚、台北以及台塑石化、台塑重工等 20 几个企业,分别从事塑胶原料、纤维、纺织、电子材料、机械、运输等制造及服务。

二是境外生产事业,主要是在境外设立的企业,如台塑美国公司、台塑美洲公司、南亚美国公司、南美洲公司。除此外,台塑集团在美国还拥有多座大型石化原料加工厂和天然气井等。

三是回馈社会的公益事业,主要是医疗、教育事业,如长庚医院等。

四是其他事业。

(四)新光吴氏家族

新光集团的创始人为吴火狮,主要经营纺织业和日用百货。

吴火狮 1919 年 1 月出生于台湾新竹东势村(今新竹市光复里)。由于家境贫寒,17 岁那年,经哥哥吴金龙介绍到台北一位日本人开设的平野商店当店员,晚上到一个补习学校进修学习。1939 年,他在平野店老板小川光定的帮助下,在台北迪化街开设了小川布行,后又经营过茶叶、棉花、面粉、食油等,他还建造了木船,与大陆进行贸易。抗战胜利后,他和林登山、洪万长及自己的兄弟们开设了新光商行,并在大阪设立办事处,从事日本布匹贸易。1950 年涉足于丝织与染织,先是在苗栗开了织布厂,之后又在新竹开了染织厂、新庄印染厂。为了掌握印染技术,他和兄弟吴金龙、吴金虎跑遍了日本印染厂,从而使自己的产品印染精美,质量上乘,供不应求。1952 年,他将工厂与商行扩大为新光实业公司,不到 10 年,他建起了毛纺厂,制衣厂和台湾第一家纤维材料制造厂,1967 年又与日商合资开设了新光合成纤维公司,自建了新光纺织公司、王田毛纺公司等,成了台湾纺织界的巨头之一。新光集团不断发展,使旗下有 20 几家公司。吴火狮历任新光实业、新光合成纤维、王田毛织、台丽染厂、台北丽娜、新光人寿保险、新光百货娱乐、新光建设、中国兆丰、新海瓦斯、大台北瓦斯等公司董事长和台湾水泥、亚洲水泥、新竹玻璃、亚洲信托等公司董事。

对新光发展壮大具有重要意义的是 1963 年。当年,吴火狮决定由纺织业向金融、保险业进军,与政界著名人物谢东闵合作创立了新光产物保险公司,谢任董事长兼总经理,吴火狮任副董事长。不久,谢东闵当上了"台湾省政府主席",辞去了职务,吴火狮接任了董事长。同年,他又成立了新光人寿保险公司。吴火狮的这一创业过程既充满着艰辛,也充满着智慧。

新光人寿保险公司与新光产物保险公司成立之初遇到了两个难题,一个是保单内容的设计,一个是扩大知名度的宣传。

保单就是保险公司的商品。吴火狮带着"保单内容如何设计得既合理又具有吸引力"这一问题向多家公司的前辈请教,但每次遭到的都是"闭门羹"。原来,这既是"商业秘密",又加上"同行是冤家",谁肯会帮他这个竞争对手去发展壮大呢?

"眉头一皱,计上心来。"于是,吴火狮便让下属职员以家属的名义到多家保险公司去投保,很快,他就得到了12家保险公司的保单。经过分析比较,新光各取其所长,不仅投保的金额比任何一家都低,而且在兑现时优惠条件又比他们多得多。当时,全台湾只有一家电视台,做广告的费用相当昂贵。

"怎么样经济地宣传新光,让更多的人知道它呢?"吴火狮不仅自己在思考这个问题,也要求员工们献计献策。

一次,一位员工去看电影,中间,银幕上打出一行字,要找人。员工突然来了灵感,兴冲冲地将"利用电影打字幕"的想法告诉了吴火狮。吴火狮喜出望外,经过策划,公司让在台湾各地的业务员到电影院写条子,花五毛钱打"新光保险吴经理外找"的寻人字幕,打一次之后,还可以告诉放映员,说"要找的人没出来",再花五毛钱,请再打一次。就这样,台湾人很快就知道了保险业界还有个"新光"!经过几年的努力,新光保险营业额从1966年的2亿元新台币,到1969年增加了10倍,达到了20亿元,至吴火狮去世的1986年,又上升为251亿元,总资产达到了359亿元。在台湾,新光人寿保险有近400家分公司,员工近30000人,市场占有率在30%以上,仅次于蔡氏家族的国泰保险而坐上了第二把交椅。产物保险也只排在富邦、明台之后,位居第三。

另外,保险公司的业务员推销业务时需要到企业、部门或公寓,但往往遭到保安人员或户主的拒绝。为了解决这个问题和进一步扩大影响,吴火狮又想出了一个高招。公司在报纸上登了一则"有奖征答"的广告,主题是"讨厌的人寿保险",列出很多条"对人寿保险讨厌的解答方式",请读者参与解答,优秀者有奖。于是,雪片一般的明信片飞到了新光公司。公司把这些明信片按地区分拣后,交给各地的业务员,让他们拿着这些"请柬"作"通行证",名正言顺地上门拜访客人。

吴火狮的精明商业眼光还表现在创建大台北瓦斯公司上。1964年,台北市政府决定开放瓦斯(煤气)民营。当时,台北有一家瓦斯公司,但一直亏损。新光公司由于有强大的实力和很好的声誉,台北市政府将经营瓦斯的特许权交了吴火狮和曾任过台北市长的吴三连。于是,两人分别出资5000万元和1000万元新台币兴建了大台北瓦斯公司,吴三连任董事长。1967年吴三连退出,吴火狮担任了董事长。公司成立初,吴火狮便提出一切设施都要采用国际先进标准,他亲自到日本考察了60余天,并高薪聘请日方专家到台湾坐镇指导。正是由于如此,大台北瓦斯公司不仅成为了台湾最有名的煤气公司,也成了亚洲东部最大的煤气公司之一。大台北瓦斯公司每年的营业收入达数十亿新台币,和新光人寿一起,成了新光集团的两棵重要"摇钱树"。

"自强不息,勇于进取"是吴火狮一生奋斗的座右铭。吴火狮创业半个多世纪,终其生刻苦耐劳,勤勉自励,从不懈怠,以致病倒在办公室中。吴火狮向员工经常说的一句话是"维持现状就是落后"。

"广结善缘"是吴火狮的另一大特点。在生活中,吴火狮是一位为人忠厚的长者,对部下、对员工非常亲切和蔼,主动与他们握手、寒暄、拉家常,也从不主动辞退他们;员工们有了红白喜事或者生病住院,他一般都会前往看望。他虽在商场上拼搏了几十年,但为人诚恳忠厚,从不树敌,人缘极好,因而在关键时刻,能得到朋友的鼎力相助。这也是他事业发展与成功的重要因素。

吴火狮热心公益事业,设立有新光吴氏基金和新光人寿慈善基金会、新光人寿奖学金。

1986年10月18日,吴火狮因心脏病突发逝世,享年68岁。之后,新光集团由吴东进执掌帅印。

吴东进1945年5月3日生于台北,曾在日本与美国留学,毕业于早稻田大学与纽约州立大学。在新光集团,吴东进从职员做起,曾任过厂长、部门经理,直到副总经理。他不仅是集团的负责人,还担任新光实业、新光纺织、新光人寿保险、新光合成纤维、新光建设、台财实业、王田毛纺、泛亚聚酯、大台北瓦斯和新光医院的董事长,因而在四个兄弟中权力最大,实力最强。

吴东进是台湾第二代知名企业家,1992年曾当选为"立法委员",还担任多个经济与社会团体的职务,他不仅是台湾工商协会的常务理事,还是海峡交流基金会第二、三届董事。

在吴东进的带领下,新光集团完成了吴火狮的三大心愿:新光吴火狮纪念医院、新光人寿上市、新光51层摩天大楼(高244米,为台北第二高楼)竣工启用;目前,新光集团有26家关系企业,6家上市公司(新光人寿、新光纺织、新光合纤、大台北瓦斯、台新银行和台证证券）。在吴火狮逝世 10 年后，新光集团在台湾商界百富中的地位由第九位上升到第三位，年营业额高达 1670 亿元新台币。吴氏家族财富增长也很迅速，1994 年超过了台塑集团王永庆，成了仅次于蔡万霖家族、居台湾第二位的巨富。

吴东贤生于 1947 年 11 月 8 日，毕业于台湾辅仁大学，后获美国加州圣塔克拉大学企业管理硕士学位。1974 年起回家族企业效力，曾在多个公司任副总经理。42 岁那年因患脑瘤动了手术，之后只担任新光产物保险、台湾租赁公司、台北丽娜公司董事长兼总经理及台湾证券投资信托公司董事长，不很过问家族事业。

吴东亮生于 1950 年 4 月 11 日，台湾辅仁大学化学系毕业后又到美国深造，后为加州大学洛杉矶分校企业管理硕士。现任新光电脑、台新商业银行、欣财公司董事长及泛亚聚酯及新光合成纤维公司总经理。

吴东升生于 1953 年 7 月 14 日，台湾大学法律系毕业后又获美国哈佛大学企业管理硕士学位和法学博士学位。吴东升热心政治，1992 年加入国民党，当选为第二届"立法委员"。1995 年退出"立法委员"选举，1996 年当选为"国大代表"。此外，他还担任多个社会经济与社会团体的职务，如任台湾大学法律基金会董事、德富文教基金会董事长、"中华文化复兴运动总会"副秘书长（会长是李登辉），可见他与政界关系十分密切。

吴氏家族与台湾政商界关系良好还表现在姻亲关系上。吴东进之妻为太子集团董事长许胜发之女许娴娴。许胜发曾任"立法委员"、国民党中常委和台湾工商联合会理事长。许胜发的另一女儿嫁给了台湾厚生化学企业集团董事长徐凤楷之子，许胜发儿子许荣显的太太则是"立法委员"李合珠之女。吴东升的妻子叫何幸桦，是台湾百大富豪之一的著名财团永丰余集团老板之一的何荣庭之女。这些关系也是吴氏集团的一笔无形而巨大的社会资源，对其事业的发展起到了巨大的帮助作用。

新光集团对大陆投资和开辟市场始终很重视。1993 年在浙江杭州经济技术开发区投资 1.08 亿美元，兴建了年产 1.8 万吨涤纶工业长丝和低弹丝的台湾新光（华春）化纤染织有限公司。新光纺织在烟台设立的纺织厂，所生产的超柔软、耐酸碱、抗高温金银丝用于绣花、面料、花边等，受到国内外厂家的欢迎。

2005 年 10 月,作为台湾三大百货集团的新光三越百货(新光三越百货的董事长为吴火狮之兄吴金龙的儿子吴东兴),与北京华联集团达成合作协议,在北京成立了华联新光百货(北京)有限公司。2007 年 4 月,坐落在东长安街华贸中心的"新光天地"正式开业,商场大楼地上 6 层,地下 4 层,占地 18 万平方米。华联新光百货有限公司的董事长由北京华联的董事长吉小安担任,总经理由台湾三越百货总经理吴昕达(吴东兴之子)担任。2007 年 9 月 28 日,中国保险监督委员会同意新光人寿保险股份有限公司与海南岛航空集团有限公司在大陆开办一家保险公司,总投资为 8 亿美元,双方各占 50%。

2008 年 5 月 12 日四川汶川发生里氏 8 级地震,新光人寿保险与海航携手向四川、陕西、甘肃和中国民航学院捐款 1500 万元人民币,用于灾后教育重建工作,其中新光人寿为 1000 万人民币。新光集团第三代接班人已崭露头角,其中的佼佼者是吴东亮之女吴欣盈。

吴欣盈生于 1978 年。从小学起,母亲许婶婶就不断地对她说:凡事不能只求 100 分,如果没有 105 分的把握,就表示你准备得还不够。在这种理念支持下,她事事定要争先。她高中毕业于"台北美国学校",其间,她曾连任两年学生会总裁,这在该学校历史上是没有的。之后她到美国波士顿卫斯理学院就读,专业是国家发展与艺术史。她曾梦想当一个外交家、考古学家、大提琴演奏家或者一名媒体记者。2000 年以优异的成绩大学毕业后,为了考验自己的能力,她毅然到英国受聘于伦敦美林证券公司,当了一名证券分析师。工作之余,她协助英国广播公司(BBC)到北京拍摄纪录片。2003 年,新光集团旗下的上市公司——新光金控公司的股价跌到了历史最低,在此危急之际,吴欣盈奉吴东进之令,回到了阔别的新光集团。之前,曾有人问她为什么要到英国工作,她说:如果我一毕业就回到家族企业里做事,不管我的能力如何,永远不会有人对我说实话,我也不知道我在这个世界上到底有没有竞争力!只有在这里,人家才会说实话,我才知道自己的能力究竟是如何。

回到台湾后,吴欣盈任新光金控董事长特别助理、新光人寿慈善基金会董事爪执行长和新光产物保险监察人等职。

在美国《福布斯》杂志 2006 年发布的富豪排行榜上,新光集团名列台湾第 6 名,拥有财富 19 亿美元。

（五）远东徐氏家族

远东集团的创始人徐有庠,1912 年 6 月 10 日出生江苏省海门县。私立海门中学毕业后到上海创业,先后创立了上海远东织造厂、大同棉业公司、中国惠民油厂,同时在香港创立了香港裕民有限公司,担任董事长职务。

1948 年至 1949 年,徐有庠与其弟弟徐渭源(后曾任徐氏家族多家公司常务董事兼远东纺织公司总经理)将上海的工厂搬迁到台湾,在台北板桥建立了远东针织厂,后改为远东针织公司,生产规模进一步扩大后又改为远东纺织公司。随着实力的增加,20 世纪 70 年代,徐有庠在先后兼并了台湾纺织公司板桥纺织厂、雍兴实业公司中坜纺织厂、荣隆纺织公司荣隆纺织厂的同时,还举办了新的企业如成立了高雄富国制衣公司。至 80 年代初,远东纺织公司已拥有纺织、化纤、印染、制衣四大部类 20 多个工厂,成为了台湾同行业最大、最具实力的龙头企业。

在扩充纺织业的同时,徐有庠还把目标盯在了其他行业和领域。

1957 年,徐有庠与政界著名人物——蒋经国在莫斯科中山大学的同学、曾任"立法委员"的王新衡合作成立了亚洲水泥公司,后发展为台湾水泥第二大厂商。1964 年又在新加坡合资兴建了亚洲水泥新加坡公司,后转投资为南华水泥公司。

1967 年,徐有庠成立了远东百货公司,之后又在中坜、桃园、新竹、高雄等地成立了十多家分公司。继 1975 年成立远东百货美国夏威夷分公司之后,1979 年又在美国成立了洛杉矶分公司。从而使远东百货不仅成为台湾最有名的百货公司,也成为了世界性的连锁百货公司。

1968 年,成立了裕民运输公司,70 年代改名裕民航运公司,从事海上运输业务。

1969 年,成立了亚东化学纤维股份有限公司,为亚洲第一家使用 TPA 为原料生产聚酯纤维的化纤纺织公司。同年成立亚东工业专科学校,后升改为亚东技术学院。

1973 年,成立了裕民广告公司,后更名为裕民公司。1975 年,成立东联化学股份有限公司,成立亚东证券投资公司。1978 年,成立了远扬建设公司,1984 年成立了远鼎建设公司。1979 年,成立了亚东证券公司,开始进入了金融业;1992

年又成立了远东国际商业银行,全面进入金融领域。1984 年,成立了远鼎租赁公司、远鼎投资公司;1987 年又成立了百鼎投资公司、裕元投资公司。1984 年,成立了鼎鼎大饭店公司,1993 年,地下 5 层、地上 41 层的"远东中心"大楼启用,并创立了五星级的远东国际大饭店,全面涉足观光旅游业。

远东集团还主动与国外企业合作,积极向高科技领域发展。如与德国鲁奇公司合作成立了远东鲁奇环保技术公司,从事石化、纺织业污水处理;与法国液化气体公司合作成立了东亚工业气体公司,从事各类工业气体的产销;与德国福德堡公司合作成立了路德威远东公司,生产高强力复合模塑聚酯材料,同时与日本合资在日本兴建了日本路德威公司;与瑞士合作成立了瑞士远东公司,生产工程塑胶;与美国王安公司合作成立了全球创业投资公司;与加拿大一公司合作成立了投资发展公司;与美国杜邦公司合作兴建了尼龙六六纤维厂;与英国一化学公司合作成立了卜内门远东公司等。

远东集团还与国际上著名的电信企业合作,开辟通讯领域的业务。如与新加坡电信、统一集团等合作组建了"新世纪资讯股份有限公司",于 2000 年 3 月正式营运,为集团未来的发展注入了新的活力。

远东集团很重视发展两岸经贸关系,较早地将事业拓展到了大陆。

百货业。太平洋百货保持目前市场定位,走年轻人路线,远东百货则面向成熟顾客,销售高档新产品。他们在北京、上海、重庆、成都、大连、天津等地分别有自己的独资或合资百货企业。

纺织业。1996 年在浦东购地 900 亩,兴建聚酯粒、聚酯丝和聚酯加工丝厂。此外,在苏州、无锡设有自己的企业,从事针织布染及针织成衣生产。

运输业。在武汉设有自己的企业,主要从事长江航运。

石化业。在上海、扬州(仪征)设有自己的企业,主要从事化工新材料、特种化学及精细化工研发与生产。

水泥业。在上海、江西、湖北(武汉)、四川(彭州)设有自己的企业,总投资近 20 亿美元。

徐有庠一生崇尚工业报国理念,重视回馈社会,热心公益事业。他十分称赞乡贤张謇,力主兴业济世、福国利民、启迪民智、培育人才。1959 年,他在台北板桥创办了"亚东工业技艺专科学校",开两年制私立工业专科设置之先河,随着学校的发展,后升格为"亚东技术学院"。1975 年创立"徐元智先生纪念基金会"(按:徐有庠之父名元智),基金总额 1 亿新台币,用于奖助文化、教育、科技之发展。1977 年又设立"徐元智先生医药基金会",设基金 3 亿元新台币。其他公益事业还有:1980 年在台北县创办了"豫章高级工商职业学校",1981 年创办了"亚东纪念医院",1984 年创办了"元智幼稚园",1986 年在桃园创办了"元智工学院",后改为"元智大学",1988 年在台北市内创办了"远东联合诊所",1990 年在新竹文山里创办了"文山幼稚园"等。

徐旭东生于 1942 年 8 月 24 日,大学毕业于美国圣母大学企业管理系,后又获哥伦比亚大学经济学硕士,曾在美国工作多年,任纽约花旗银行经济分析师。1970 年进入远东集团,先后任亚东工业专科学校电子计算机科主任、远东纺织公司外销部经理、副总经理、亚东化纤公司总经理。徐有庠对徐旭东的稳重、敬业与勤奋十分欣赏,1993 年之后,陆续将自己亲自担任董事长的几个重要企业交给了徐旭东,并让其任董事长。计有:亚洲水泥、远东纺织、远东百货、东联化工、远东国际饭店、裕民航运。这样,在世人心目中,徐旭东不仅是远东集团第二代的代表人物,远东集团第二代掌门人也是非其莫属了。徐旭东善于经营,王永庆被台湾政商界誉为"经营之神",此桂冠的继承者台湾商界唯一看好的就是徐旭东。在他的策划与经营下,远东集团由纺织、水泥、化纤、航运、百货领域很快就扩张到金融和电信领域,并且很快地实现了亚洲水泥、远东纺织等多家公司上市。

徐旭东精力充沛,是一个工作狂,每天早晨五点多就工作,一般都要到夜里十一二点。有时为了经营上的一件事,他能把会开到半夜。他有三位秘书,两位负责白天,一位负责夜晚。

徐旭东很重视企业的公共关系。他在新闻界有很多朋友,故而媒体经常报导他和企业的消息。他还利用一切机会与政界人士交往。徐家与国民党与民进党上层均有很多交往。国民党执政时,他们与权倾台湾的黄彦士关系密切,徐旭东本人与国民党黄少谷之子黄任中就是密友。民进党执政后,他与"第一家庭"往来频繁。2003 年徐旭东取得 SOGO 太平洋百货经营权时,他立即宴请了与"第一家庭"关系密切的陈唐山、陈哲南、黄芳彦等人士。他甚至在远东饭店圣诞节点灯时,也抓住机会让"第一夫人"吴淑珍出马。

徐有庠于2000年12月23日在台北板桥家中病逝,享年90岁。徐有庠去世后,徐旭东出任了远东集团的董事长。

徐旭时生于1942年3月20日,为美国伊利诺大学航空学博士,曾任裕民航运公司总经理,亚洲水泥公司总经理、副董事长,远东百货公司监察人。1993年,他辞去集团职务、出卖所持股票后定居于美国。

在徐有庠的一生中,"诚信"是他始终固守的经营信条和企业发展的最高指导原则。他说,凡事但求确确实实,不作假,不隐瞒。他亲笔题写了厂训:"诚勤朴慎"。他知人善任,平易近人,属下凡有事请示,不需预约,即可直接到办公室面谈。他极其重视工作效率,很多问题当面解决,不要公文往返。面对激烈的国际竞争,两代人经过半个多世纪的革新与发展,远东集团下属关系企业达118个,其中7个上市、上柜公司(远东纺织、亚洲水泥、远东百货、裕民航运、东联化学和宏远兴业6家公司股票上市,远东银行则为上柜公司),已跻身世界30家大纺织集团之列,总资产已超过200亿美元。1996年台湾百大富豪排行时,远东曾一度超过了王永庆的台塑、辜振甫的和信,位居第三。在美国《福布斯》杂志2007年发布的富豪排行榜上,远东集团名列台湾第5名,拥有财富17亿美元。

新光集团的骨干企业是太平洋建设股份有限公司,太平洋崇光百货公司。2002年年底,作为太崇百货母公司的建设公司因财务危机进行分割,多家集团争夺股权。此时,徐旭东决定增资太平洋流通投资公司,一下子取得了99%的股权,而太平洋流通公司又拥有太崇百货的84%的股权,使远东集团顺利取得了太崇百货的经营主导权,从而登上了亚洲百货业霸主的宝座。

(六)鸿海集团郭台铭

郭台铭创建的鸿海精密公司是台湾著名的PC和电路板制造业的巨头。

郭台铭生于1950年,祖籍山西晋城地区的泽州。郭台铭1966年入台湾海事专科学校,靠半工半读完成了学业,之后服兵役。1971年退伍进入台湾复兴航运公司工作,1973年2月,他向岳父借了20万元(新台币,下同)并与人合作,成立了自己的公司——鸿海塑料企业有限公司。他的公司很小,仅有30万元的资金,15名员工;不久,由于石油危机,30万元血本无归。郭台铭不甘心,借债归还了合伙者的10万元,工厂由此全归自己。当时台湾的电子企业刚刚起步,公司就从生产黑白电视机最不起眼的零件——按钮——做起。郭台铭不仅善于经营,而且不怕吃苦。他经常每天工作 16 个小时,因而公司发展很快,他掘得了第一桶金,1977 年资本金达到了 200 万元。

当时,台湾经济开始复苏,地皮飞涨,有人劝他购买土地,一年后可轻松获利 10 倍,但郭台铭选择了从日本购进先进模具等设备,发展精良的技术实力,目的是为以后的发展打下了坚实的基础。郭台铭曾感慨地说:"有时真不知道这个决定是不是太傻。"1982 年,当工厂接到来自美国亚泰瑞公司的第一批电子零件订单时,员工们才感到郭台铭目光的远大。亚泰瑞是美国最大的游戏机公司,郭台铭预感到了它巨大的潜力。在与美国的这家公司进一步发展关系后,郭台铭对对方说,如果亚泰瑞能直接从鸿海进货而不用中间商代理,他可以把价格降到"吓死人"的地步。对方听了很高兴,他们对鸿海公司进行了考察,坚信郭台铭拥有的设备和技术都是世界领先的。从此,两家结下了牢固的信任关系。

1982 年,郭台铭将公司更名为"鸿海精密工业股份有限公司",进军电子计算机领域。当时,台湾的家电业不景气,鸿海作为代工也受到很大影响。形势逼人,郭台铭开始思考企业生死攸关的一个问题:自己的核心竞争力在哪里,又如何拥有它?

经过多方的考察、对未来科技趋势的分析和对鸿海当前设备及技术力量的分析,郭台铭认识到,鸿海必须从过去的"制造导向"向"市场导向"转型。于是,他决心从事"计算机连接器"的开发与生产,向"个人计算机"(PC)进军。

1983 年,郭台铭本着"成功之路"的四个阶段——抄、研究、创造、发明——强力推进,利用日本进口的新设备,开发完成了计算机连接器,在台湾信息产业快速成长的大好形势下取得了骄人的成绩,生产规模扩大,员工增加到了 300 人。1984 年又投资 1000 万美元从美国引进更加先进的设备,在转型上迈出了更大步伐,一举摆脱了 6 年来举步维艰的窘境。"市场总是奖励有勇有谋的冒险者"——郭台铭感受到了从来没有的兴奋。1985 年,鸿海在美国成立了分公司,从此创立了 FOXCONN(富士康)自有品牌。在他的惨淡经营下,通过苦干、实干和优质的服务,鸿海的 PC 产业迅速壮大,郭台铭不投资地产而看好 PC 的"傻劲"被誉为了"远见",他不仅拥有了当今的"连接器王国",而且成为了世界电子业老大。

1988 年,鸿海的营业额突破了 10 亿元,员工达到了 1000 人。当年,他在深圳购地 500 亩,建立了自己的工厂,成立了富士康集团。

1993 年,鸿海在深圳的工厂面积又增加了 1400 亩,生产基地扩大为工业园区,员工 40000 人。同时又在江苏昆山总投资 2.36 亿美元,成立了富士康公司,下辖工厂 13 家,员工 40000 人。到 2008 年,深圳的员工已达 27 万人。

1995 年,鸿海的营业额首次突破 100 亿元。

1997 年,世界著名的苹果公司的订单从韩国 LG 手中转到了鸿海手中。

1999 年,台湾著名的电子企业科思、LBM 的服务器的订单也转到了鸿海手中。同年他并吞了华升、广宇等企业,进行逆向整合,使鸿海精密发展成为鸿海集团。

2001 年,郭台铭在北京设立了富士康精密组件有限公司,投资 10 亿美元兴建富士康北京工业园区。同年,一向不把订单交由别国厂商的日本索尼公司,禁不住鸿海优质低价和快速交货的诱惑,终于把游戏机 Play Staion 的订单交给了鸿海。当时,索尼要求:必须在 45 天内完成所有模具的设计;4 周内生产 100 万台。结果,鸿海提前两周完成了订单。索尼一下子惊呆了,折服了! 这一年,鸿海集团以约 52 亿美元的营业收入,超过了台湾电子界的"老大"——台积电,成为了台湾第一民营制造业。

2002 年,英特尔公司将 P4 连接器的订单也交给了鸿海。

2003 年,连一向对鸿海有敌意的诺基亚公司、摩托罗拉公司也把产品组装的订单交给了鸿海。

郭台铭的奇迹使国外的企业感到不解,一次,新加坡的一位官员问郭台铭:台湾民营企业何以发展如此迅速? 有何优惠政策? 郭台铭经验告诉人们,地狱是产生奇迹的地方。于是他直爽地说:新加坡政府把中小企业照顾得太好了,所以企业经不起大风大浪;而台湾当局什么都不做,却让台湾中小企业有蟑螂一样的生存能力。那位官员听后不禁笑了。

郭台铭很早就看好大陆市场,1988 年即投资兴办了专门生产电脑接插件、精密零组件、机内线缆、精密模具及电脑整机的富士康高科技集团,拥有广东深圳和上海昆山两大科技工业园区。同时还在山西、湖北等地建有生产基地。海鸿在世界各地开设工厂,为的就是"最快制造、最快配送、最快交货",其最终目的就是为了留住客户。"客户至上"的观念是郭台铭经营理念的核心,他为工厂制定的厂训就是"将提高服务客户能力放在首位"。用他的话来说:在企业经营与管理中,"四流人才、三流管理、二流设备、一流客户"。当年他为了见一个客户,曾在外面淋雨4个小时。为了在美国发展,他自己开着车跑遍了52个州中的32个。他要跟世界最大的厂商做生意,自进入电脑行业,他就把目标锁定在IBM、康柏、戴尔和英特尔。他下决心放弃自己的品牌,做大厂的零件商。为了与康柏合作,拿到它的订单,鸿海在康柏总部之旁兴建了一个成型机厂,只要康柏有新设计,鸿海几个小时内便可看到,从而做到了为它最快的服务。"客户至上"在这里得到了最生动的体现。面对激烈的竞争,郭台铭从不敢懈怠。为了求得生存与发展,郭台铭以客户为中心,创造了CMM运作方式,以"自制零件、零件模块化、快速物流",再加上e化的信息流连结全球客户,实现了"交期准、品质好、成本低"和客户满意的目标。鸿海的高端客户较多,它不仅为苹果、任天堂、惠普、摩托罗拉等公司生产产品,还为诺基亚、索尼、戴尔公司生产各种配件。

此外,鸿海在捷克、芬兰、墨西哥等国家也有自己的工厂。为了客户,鸿海做到了"一地研发、三区(亚、欧、美洲)制造、全球交货"。

在企业管理上,郭台铭的理念和做法,特点也相当鲜明。

一是纪律严明。

郭台铭说,治厂如治军,如果纪律不严明,细节不重视,企业的工作效率、经济效益和新产品质量根本无法保证。员工进入鸿海,必须接受5天的培训,其中包括立正、稍息等队列操练。高层管理人员对他所提出的问题,都必须立即回答,否则就会遭到严厉的训斥。一位国际知名IT专家参观了鸿海的企业后说:从我到鸿海看到所有桌子上的茶杯放的位置都一样就可看出,鸿海绝不是一家普通的公司! 在用人方面,郭台铭经常讲的一句话是:"不管高科技还是低科技,会赚钱的就是好科技。"这和邓小平的名言"不论白猫黑猫,逮住老鼠才是好猫"是一个道理。自1997年郭台铭提出每年30%的增长目标之后,在他眼中就只有目标而没有其他。

郭台铭认为,一个企业要永远立于不败之地,关键是人才。他说:人才的选拔和培育,是一个企业永恒的难题。鸿海为了引进光通讯专家,曾在报上刊登广告:年薪1000万元。在鸿海,经理级主管的年收入都在300万元左右,副总经理则在千万元左右。

对在严明纪律下辛苦工作的员工,郭台铭每年都舍得拿出巨额奖金予以表彰,尤其对优秀者与技术骨干,更为慷慨。郭台铭说:没有他们的汗水,就没有今天的业绩,这一点,我比任何人都更清楚。2002年年终,公司用于奖励的专款是2.3亿元,得到数百万元的人比比皆是。其中,最高者得到了2800万元的鸿海股票。2005年年终,用于奖金的资金更多,达到了4亿元。对此,业内一些公司的老板虽不无微词,但对郭台铭的这种既"严厉"又"温柔"做法又不得不佩服。

二是强调权威。

郭台铭认为,一个企业的成败与好坏,最重要的在领导层而不在管理层。他对历史上的成吉思汗的雄才大略很佩服。他说,领导者必须具备为了大众利益而充当独裁者的判断力。郭台铭称:我总是对员工们说,集体利益要高于个人利益。他要求手下的高级经理在各自的岗位上敢于独揽大权,并用这种精神和业绩显示自身的素质和实力。

三是艰苦拼搏。

郭台铭虽然居台湾富豪榜前列,对客户、对员工很大方,但就企业的管理而言,他的艰苦创业精神仍然一如既往。他座下无名牌轿车,身上无名牌服装,他的办公桌是用舆论桌拼成的,他的公文包是别人赠送的,办公室的地毯是最廉价的。他十分强调从每一个细节去节约每一个铜板。他经常向员工讲的一个故事是:有一个人去向富翁请教如何致富,富翁说,这个故事很长,请你等一下,我把电灯关了再说。他要求上班时走廊里的灯要间隔着亮,离开办公室后一律熄灯。他说:我不会把钱花在个人享受上,我比较有兴趣把钱投在为大众谋利益的领域。他还说:我现在有什么买不起? 可是,如果我要真去搞"品位",那股东们就要担心了!

2004年1月,鸿海以1800万美元收购了摩托罗拉在墨西哥赤瓦瓦州的一座工厂。对此郭台铭既兴奋又害怕。竞争是如此的无情:昨天的成功者,明天可能就是一个失败者。在欧洲,他看到二次世界大战时的一些国家,因经济落后等原因而垮台的残酷现实。"国家如此,更何况企业呢!"想到此,他不禁出了一身冷汗。

因此,对竞争对手,郭台铭从不客气,一律以敌人视之。鸿海认为,以竞争对手为敌与交朋友是两回事,因为商场就是战场,对手就是敌人。故此,在台湾科技界,很多人颇有微词,只以"枭雄"视之。位于深圳宝安区龙华的鸿海精密工业股份有限公司有 27 万员工,四周以高墙环绕,作为高科技的生产基地,鸿海不允许外界人员得窥其秘。

2005 年 3 月 12 日,美国《福布斯》杂志公布全球富豪排行榜,55 岁的郭台铭以 32 亿美元的财富列为世界第 133 名,台湾的第一名,取代了上一年的国泰蔡万春。但此时的他,头脑格外清醒,他对 500 多名企业干部说要有忧患意识:我们眼前的新世纪,将是一个危机与转机明显并存、"成功崛起"与"失败灭亡"更加高速转化的时代。我们没有喘息的机会!

四是降低成本,保证质量。

为了站稳市场,鸿海在发展的过程中,一直十分重视成本问题,视成本为企业之生命,形成了控制成本的系统体系,郭台铭将其称为"降低成本体系化"。所谓"体系化",就是把降低成本渗透到整个生产、销售全过程的每个环节和细节。

鸿海把成本区分为"生产成本"和"管理费用"两大类,然后各类再细加分别。如"产品成本"又分为 7 项,即"材料成本"、"加工成本"、"测试成本"、"包装运输成本"、"质量成本"、"库存"、"固定资产"。

为了降低成本,鸿海还提出了"赤字接单,黑字出货"的文化理念,使员工人人感到都有降低成本的责任和压力。所谓"赤字接单",就是用低于竞争对手的价格接下订货单,通过制造、营销各环节的努力,节省开支,压缩成本,达到盈利的"黑字出货"目标。

在一次演讲会上,郭台铭为了让听众了解鸿海手机的质量,他在讲台上接连三次将所用手机摔在地上,之后,他请台下的人试拨电话,手机照常使用。

在产品质量居优前提下,既能快速交货,又在价格上占有绝对优势,这就是鸿海在世界市场上获得成功的公开秘密与诀窍。

郭台铭与夫人林淑如有一子一女,儿子郭守正与儿媳黄子容热心电影事业,不在鸿海集团谋事,自己成立了"三和娱乐国际"影视公司,筹拍过《人鱼朵朵》、《宅变》和《国士无双》等。郭台铭认为,他的事业是大众的事业,他要在鸿海的高管中挑选能以继任者。郭台铭事业成功不忘乡梓和民众,这些年来,他捐资

1700 多万元为家乡兴建学校、修桥筑路、建设农林示范基地。2003 年,为支持国内抗击"非典",他捐款 8000 万;2008 年 5 月,为援助四川地震灾区恢复家园,他以富士康的名义捐资 6000 万元。2007 年,他向北京道培医院捐赠 150 亩地以兴建医疗机构。另外,他还捐赠 600 万元在四川卧龙大熊猫繁育基地认养了 3 对大熊猫;向台湾大学捐资 150 亿新台币用于抗癌研究与治疗。

郭台铭超人的商业判断力、持之以恒的质量控制与极具竞争力的定价成功地结合在一起,使鸿海的制造帝国日益强大,从 20 世纪 90 年代后期至 2008 年间,深圳富士康龙华电子出口基地成为了世界最大的电子新产品合同生产商,每年都以 50% 的速度在增长。鸿海精密在台湾上市,公司市值超过了 430 亿美元,相当于其全球十大竞争对手的总和。

近些年来,随着 IT 代工行业的激烈竞争,产品的利润越来越低。为了向高利润、高科技开拓,2004 年 3 月,富士康向北京清华大学捐赠 3 亿人民币建立纳米实验室,同时再投资 10 亿美元成立了以通讯为主的北京高科技园区,6 月,又宣布投资 200 亿人民币开发光电显示器板面(TFT—LCD)的研发。年轻的鸿海要为自己的不断腾飞插上新的翅膀。

美国《福布斯》杂志 2007 年发布的富豪排行榜上,鸿海集团名列台湾第 2 名,拥有财富 61 亿美元。

（七）旺旺集团蔡衍明

蔡衍明是一位敢打敢拼的商界斗士,有人说他不是太平绅士,而是一个乱世枭雄;还有人说他具有街头斗犬的性格。

蔡衍明生于 1957 年,19 岁那年,他自己按捺不住冲锋陷阵的激情,自告奋勇要当老板。父亲同意了他的要求,把宜兰食品厂交由他掌管。"初生之犊不怕虎",他改变了工厂的经营方向,由外销加工转型为内销品牌商。为了推销浪味鱿鱼丝,他不惜花巨资在各种媒体作广告。但结果事与愿违,一年下来,不仅没有扭转局面,反而亏损一亿多元。

但他不气馁,嗅觉灵敏的他看到了新的市场——日本稻米果。他立即东渡日本进行考察,用了两年时间完成了技术合作,于是在台湾市场迅速崛起,成了米果商新星。

在 20 世纪 90 年代初大陆台商还很少的情况下,他毅然在长沙投资数千万美元建厂,使旺旺一举占领了大陆市场。

不久,大陆市场新的厂家出现,激烈的竞争使得米果从每公斤50元跌到不足30元。

为了扫除对手,蔡衍明又使出街头斗士独有的"撒手锏"。旺旺推出4个副品牌新产品上市,并将价格拦脚砍断,以每公斤5元向社会出售。与此同时,他冒着损失数千万美元的风险,将生产线扩充为10条,以满足供应。这一招果然厉害,竞争对手纷纷倒下,旺旺被打造成了世界最大、最具实力的米果商。蔡衍明事后总结说,商场就是一个战场,面对强敌,不敢犹豫。"除根之后,才好做!"

日本学者大前研一对商场竞争进行过深入的研究。他曾说过:现在的商业世界就像拓荒时代,这时最需要的不是学院派的营生者,而是能在现实环境中独立思考的街头营生者。蔡衍明对他的话很欣赏,他认为经商不需要太高的学历。"学历无用,经验可贵。"对自己的儿子,上学至18岁之后,他就让他们开始从事经营活动。他认为,就经营而言,学历低些的比较能够真实认识自己,而学历高的人则比较不稳定。他的信条是:"学校老师永远有,我这个老师不是永远有!"

2005年11月,旺旺在上海虹松东路的总部大楼落成,蔡衍明特意用34.5公斤黄金打造了一个"旺仔小金人"安放在大厅里,在高达6米的墙壁上,请1100个员工每人写一个旺字,然后拼成一个巨大的旺字,以此表现公司的凝聚力。他说,只有国家旺了,企业才能旺;也只有公司旺了,个人才能旺。他说,这也是给在香港上市的公司起名为"中国旺旺"的原因。

2008年11月,蔡衍明在香港汇丰、英国苏格兰皇家银行、瑞士银行等多家跨国银行的支持下,以204亿元新台币击败竞争对手,取得了中时集团的经营权,统包了中时集团下属的中天、中视、中时、工商时报、时报周刊及网络媒体,实现了他多年前就想经营电视台的媒体梦。

2009年春,有人说《中国时报》言论及新闻路线属于浅蓝,蔡衍明立即说,这是错误的观念,我们没有浅蓝、深蓝、浅绿、深绿,或者红不红的问题,媒体的重要责任,应该考虑怎么让台湾民众的日子过得更好,这比较重要。他说,中时属下媒体将凸显一个事实,目前台湾和大陆之间的往来,对大陆非常不公平,这个现象,从来没有人敢讲,需要有人直接讲清楚。他坚信:"台湾现在已经没办法不依赖大陆了,这是大白话,为什么还要遮遮掩掩呢?"

在美国《福布斯》杂志 2007 年发布的富豪排行榜上,旺旺集团名列台湾第 6 名,拥有财富 16 亿美元。

(八)广达集团林百里

林百里的事业和他一样,都很年轻。

林百里 1949 年 4 月 24 闩出生于上海,不久,父亲带着全家移居香港。由于林家不是富人,只能住在贫民窟一带,生活条件极差。1966 年,林百里考入台湾大学电机系。毕业后做什么? 不少同窗都选择了考研、出国深造的道路。林百里也曾有过当一位科学家的梦想。但是,他放弃了,林百里后来回忆说,在一次舞会上,他邀一位女同学跳舞,女同学问他是否考托福到美国留学,当他笑着说没有这个打算时,女同学便婉拒了,"对不起,我脚痛"。

林百里对电子计算器情有独钟。大学毕业后,1972 年,他与大学的同学温世仁合作开发、生产计算器,并同在德饭店老板高琮富一起创立了三爱电子公司。当时市场上的计算器多为日本生产,价格昂贵,如最流行的卡西欧牌,每台七、八万元新台币,可购买一栋房子,而三爱电子计算器成本低,仅一万多元,非常畅销,因而第一年便有很大的盈利。

起步的成功使得合作经营的小伙子们士气大增,对未来的事业充满了信心。

一年后,因高琮富酷爱音乐,把三爱主攻方向放在了音响上,林百里与温世仁便离开了三爱。他们两人致力于电子技术开发的想法得到桃园企业家林潮英及其儿子许腾英的支持,于是许家毅然投资 600 万元新台币(下同),让他们创立了金宝电子股份有限公司,温世仁任总经理。温世仁当了 6 年经理后去了日本,1979 年林百里接替了他;由于生意兴隆,几年后资产达到 6 亿多元。然而,天有不测风云,1987 年,公司发生了火灾,辛辛苦苦积累起来的家业付之一炬,荡然无存。身为金宝公司总经理兼仁宝电脑公司总经理的林百里只有辞职下台,以示负荆请罪。

生性坚毅的林百里于 1988 年再次创业,但他不再生产电子计算器,而是与梁次震等几位志同道合者一起集资 3000 万元,在台北士林区剑潭附近租赁了两个楼层做厂房,成立了广达电子公司,建起了台湾第一条生产笔记本电脑的生产线。工厂的员工不多,只有 60 几人,由于大家同心协力,不到半年,他们就拥有了自己的产品。

　　打开市场、扩大销路是广达遇到的第一个难题。为了得到用户,林百里经常和公司的推销员一样,背着自己的产品,到各处拜访客户,向他们演示新产品的功能,听取他们的意见和要求。在国外,他与伙伴王振宇白天东奔西跑,晚上只能住汽车旅馆。一天下来,虽然疲惫不堪,但用户的不断增加使他精神倍增。经过两年多的努力,广达开始有了名气。1997 年,在激烈的竞争中,广达击败了十几家公司,一举拿到了美国戴尔(dell)公司的大额订单,从而使广达的产品在欧美的市场上站稳了脚跟。

　　2008 年,在纪念广达成立 20 周年的大会上,林百里回顾了 20 多年的发展经历,他向员工讲了龟兔赛跑的故事。他说:乌龟跟兔子比,一定赢不了。但是乌龟只跟自己比,一步一步往前走。而兔子跟别人比,一定会懈怠。他希望广达要发扬乌龟那样的谦虚精神,像乌龟那样稳健向前。

　　在全世界生产的笔记本电脑中,台湾广达集团的市场占有率为 25%。在员工们备受鼓舞的同时,他鼓励员工不要懈怠,要向先进企业看齐,敢于迎接挑战。他充满信心地说:"鸿海精密是电子业的'一哥',广达要做'大哥'!"

　　广达集团十分看好上海的 IT 市场,2001 年投资 1.7 亿美元在浦东开发区设立了生产总部——QSMC 广达上海制造城,下辖 8 个子公司,分别以"丰功伟绩、福利人群"八字为公司名称,即达丰、达功、达伟、达绩、达福、达利、达人、达群,此外还有广达旗下企业单独投资的达研、达威、达辉三个兄弟企业。广达以上海为生产基地,每年生产笔记本电脑在 100 万台以上,为上海最大的外资出口创汇企业,创业的第二年,即 2002 年度,以 9.8 亿美元的出口创汇额居上海第一,2005 年的出口额则达 128 亿美元。

　　说到林百里的成功和广达的企业文化,人们就会滔滔不绝,但最令人感佩的有两点。一是乌龟哲学。就是相信自己,"按照目标,一步一步往前走"。二是创新精神,就是技术要领先,否则,就会在激烈的竞争中被淘汰出局。

　　林百里深切地感受到,在知识型经济时代,只有能找出新商业模式的人,才可能是未来的胜利者。他说:过去,微软、英特尔是电子技术标准的制定者,戴尔创造了直销经营模式。他们的经验不仅是值得学习,更应在学习中受到启发:未来的网络社会中,不可能再出现微软、英特尔那样的标准了,竞争中自勺成功与失败,主要取决于创造力。广达未来的目标是什么? 林百里将其定为"三 S",即

Solution Supply – Chain Service,就是要掌控产品主导权和制造趋势。为此,他专门成立了广达研究所,第一次就要招聘 1000 名工程师。

据统计,2006 年仁宝生产笔记本电脑 1450 万台,纬创 950 万台,英业达 650 万台,而广达为 2100 万台,居世界第一位。

林百里的业余爱好是收藏名画。在林百里的收藏中,有很多齐白石、张大千的精品之作。他认为欣赏张大千的仕女图是一种美的享受。他幽默地对人说:张大千的“美女”个个都有上千万的身价,不过,养她们既不会对老婆构成威胁,而且是一次性买断,天底下哪有这么好的事! 为了更好地鉴别和收藏张大千的作品,林百里聘请了一位消息最灵通、意见最有参考价值的专家——台北故宫博物院前院长秦孝仪——担任广达文教基金会的董事长。在香港佳士得拍卖会上,林百里曾三次刷新了张大千画作竞拍纪录:一是 1992 年 10 月,他以 748 万港元买下了通景四屏《青城山通景》;二是 1994 年 11 月,以 816 万港三己买下了《幽谷图》;三是以 827 万港元买下了《风荷》(四屏)。

林百里还在台北郊区林口广达计算机大楼七层,请著名建筑师姚仁喜设计了一座名画收藏馆——“广雅轩”,收藏和展出张大千的作品。广雅轩的展出主题经常变化,但作为镇馆之宝——张大千的水墨画《幽谷图》却永久陈列,供人欣赏。当台北故宫博物院没有张大千画展时,在台北能够看到最多张大千作品的地方就是广雅轩。林百里喜欢在这种优雅的气氛中与贵宾们谈生意、谈发展。

2007 年 11 月 26 日,在香港佳士得秋拍会上,他又斥资 4848.75 万港元购得元代书画巨擘董其昌的《书画小册》(八开),曾引起一阵轰动。

林百里何以如此醉心艺术? 看一下他的高论即可明白。他说:“科技是暂时的,艺术是永久的。”还说:“英特尔的 P4 会取代 P3,但莫内永远不能取代毕加索!”

林百里对中华传统文化情有所钟,还可从他对炎黄文化的深刻理解可知。2004 年 2 月初,他在台北大专院校学生领袖与精英的一次聚会上演讲,当有人问到发展“本土文化”,“去中国化”是否合适时,他立刻说:“我们的张姓、李姓、陈姓等等,都是中国的姓,说的话、讲的故事、拿的筷子都是中国的,如何‘去中国化’? 你不必去管政客说些什么,做好你自己就好。”他强调指出:“中华文明是世界上最博大精深的,这是根! 我们可以学习西方的科学技术,但文化上还是中华文化比较适合我们。科技传播文化,而人们则享受文化。"

在美国《福布斯》杂志 2007 年发布的富豪排行榜上,广达集团名列台湾第 7 名,拥有财富 13 亿美元。

第三节　闽台亲缘文化

闽台关系渊源久远而深厚,在地缘、血缘、文缘、商缘、法缘诸方面,最为割不断的是血缘亲缘。

闽台的亲缘关系在近 20 年来表现得尤浓郁,两岸以姓氏为基础的寻根拜祖、寻根对接活动丰富多彩。

一、闽台十大姓氏族谱家乘

族谱家乘是中华民族在 3000 多年前为维系亲缘关系的一个重大创造与发明,它以"血脉"为核心、为纽带、为动力,以姓氏为标志,通过"明祖德、立族规、明宗支、分族丛",达到敦宗睦族之效,因此,族谱家乘不仅联系着一家、一族、一宗,也联系着所有的海内外华人及华人后裔。

据专家统计,至今存世且有目录可查的中国族谱家乘约 6 万余种,据台湾"台湾地区家谱联合目录资料库"截至 2002 年的统计,台湾现存中国家谱 14945 种。不见于著录而散存于民间的族谱家乘可能比专家们的统计还要多一些。中国最有名的家谱是《孔子世家谱》,中国最有名的孔子世家其 77 代嫡孙孔德成 1949 年迁台,复建了台北家庙,在台湾大学任教 50 多年,2008 年 10 月 28 日在台北慈济医院安详辞世,享年 89 岁。这也再一次向世人昭示;两岸一家,血脉相承。

我国的族谱家乘主要是记述家族的历史沿革、世系繁衍、居地变迁、族规家训、字辈堂号等,蕴含着大量的历史学、社会学资料。2000 年,由上海图书馆承担的《中国家谱总目》立项,为编好这部具有重要意义的工具书,文化部办公厅于 2001 年 2 月 7 日专门下发了关于协助编好《中国家谱总目》的通知。该通知指出:家谱是记载同宗共祖的血缘关系、人物和事迹等方面情况的历史图籍,它与方志、正史构成了中华民族历史大厦的三大支柱,是我国珍贵文化遗产的一部分。家谱蕴藏着大量有关人口学、社会学、经济学、历史学、民族学、教育学、人物传记以及地方史的资料,对开展学术研究有重要价值,同时对海内外华人寻根认祖,增强民族凝聚力也有着重要意义。

家谱、宗祠、祭田是构成农业社会家族制度的三大要素。三大要素的形成有一个逐步完善的过程,学界一般认为,其基本成熟大概在北宋。从文献资料上看,北宋著名的理学家张载、朱熹都提倡修族谱、建祠堂。张载说:"著族必有谱",通过修谱,可"管摄天下人心,收宗族,厚风俗。使人不忘本,须是明谱系世族与立宗子法"①。宋代所修族谱存世已极少,而家庙、宗祠的设立,多在明代。明代万历年间,礼部尚书夏言曾上书,要求朝廷准许百姓建立家庙、祠堂或大宗祠,以世代祭祀祖先。今所见存世最早的家族祠庙多为明代建筑,即是证明。

福建是受中原文化影响最深的地区,尤其是理学南移之后,在游酢、朱熹等人的影响下,福建成了理学名区。朱熹曾两次在闽南任职,一次是绍兴二十一年(1151),以左迪功郎出任泉州同安县主簿,1153 年至任,1156 年冬离任,前后四年;第二次是在 30 多年后的淳熙十六年(1189),60 岁时出任漳州知府,前后将近两年。朱熹极力主张修家谱、建祠堂,以维护社会道统。《朱子家札》卷 1《通礼全注》中就有一则他关于修建祠堂的主张:每个家族须建立祠堂奉祀高、曾、祖、祢四世神主,而且设立祭田,以给祭用。这里,他不仅指出了祭祀的主要对象,而且要求必须有祭田以保证经费来源。因而方宝璋先生在《闽台民间习俗》第六章"余论"中指出:"宋代,福建由移民社会变为定居社会,生齿繁毓,人口剧增,加上福建内部闭塞以及理学的兴起等诸多因素的作用下,福建宗族制度发展得较中原地区更加严格完备,其表现主要有三个方面。其一,宗族之间界线分明,具有很强的排他性。……其二,民间热衷于修撰族谱和建立宗祠。……其三,发展了宗族思想。"他还指出:"明清至民国时期,闽台地区的宗族制度盛极一时,作为一种自发性的社会基层组织发挥着多方面的作用。这一时期,福建聚族而居的习尚相当普遍,并随着移民带到了台湾。而且绝大多数宗族建立大大小小的宗祠(祠堂、宗庙)等,历世重视,不断修谱、续谱。"②

---

① (宋)张载《经学理窟·宗法》,《张横渠集》,商务印书馆,民国 25 年。
② 方宝璋《闽台民间习俗》,福建人民出版社,2003 年。

　　就目前所见闽台族谱家乘与河洛文化或中原关系而言,有两点十分突出。一是福建所修族谱家乘,大多数都称其先祖来自中原,尤其称来自光州者甚多;另一特点就是台湾所修族谱家乘,大多数则称先祖来自闽粤,尤其是闽南,也有向前追溯至中原者。

　　现以福建前10大姓及台湾前10大姓所修族谱家乘为例,看一下他们与中原的关系。

　　(一)福建前10大姓族谱家乘例举

　　1. 陈

　　福建的许多陈姓族谱家乘都以唐光州固始人陈政、陈元光入闽开漳为荣,并自称为其后人。如同安《浯阳陈族谱》在序言中就说:"太始祖讳政公,原系汝宁府光州固始县籍也。"(转引自陈支平《福建族谱》。下同者不注)①

　　另有一些陈氏族谱则称先人为唐末随王潮、王审知兄弟入闽者。如明代大学士杨士奇所作福清《陈氏族谱序》称:"陈出虞舜之后,自周历汉晋至唐,代有显人:唐末居光州者,从节度使王审知入闽,居玉融,又迁长乐。"明代文学家王世贞所撰《福清陈氏宗谱序》说:"其先光州之固始人,从王潮入闽家福清之南阳村,三传而讳泰者徙长乐之江田,十四传而文海公复徙古县。"

　　2. 林

　　林氏从中原入闽最迟也在西晋末年,但今所见族谱则多在唐朝。如《溪环社林氏族谱》所载今漳州市芗城区浦南镇溪园村林氏始祖林行实,为唐时光州固始人,随陈政入闽,为军谘祭酒,后娶陈元光之女为妻。福州《控鹤林氏族谱》称其先人原为安徽亳人,黄巢兵乱时避居固始,"吾祖延皓与固始县王潮弟王审知有旧,遂家居焉。"后随王审知入闽,攻占福州后被任命为"拱辰控鹤都指挥使",由是在控鹤定居。福州《尚干林氏族谱》载:"始祖讳穆,字然佑,父讳卫,将侍郎,世居河南光州固始县,……我始祖避乱,见潮兄弟识度异常,遂依焉。……我始祖功绩居多,故位居左朝大夫。后国家胥庆王恩,与从己之人自择桑梓为裕后之计,于是王自择藤山,我始祖瞻顾枕峰一脉一回龙,经营处所卜宅居名区焉。"福州仓山区城门镇林浦村有《濂江林氏家谱》,所载明代林元美所写序言

　　①　陈支平《福建族谱》,福建人民出版社,2009年。

称:"稽我远祖,五代间自固始入闽,卜居斯乡。因用吾姓而名乡之浦曰林浦,岐曰林岐,桥曰林桥。"明代李东阳《怀麓堂集》卷27中有一篇《林氏族谱序》,是为福州一林姓族谱所撰。序称:"福州林氏出光之固始,五代时从王氏入闽。"

3. 黄

黄姓源于古黄国,黄国故城遗址在今河南潢川县,与固始县毗邻。明代黄凤翥在所撰《金墩黄氏族谱序》中说:"晋永嘉中,中州板荡,衣冠入闽,而我黄迁自光州之固始,居于侯官。"侯官即今之福州。《虎丘义山黄氏世谱》有《入闽始祖传》称义山黄氏始祖黄敦为固始人:"唐末乾宁四年丁巳,始祖敦公,行五,与父霸公偕弟膺公自固始从忠懿王审知入闽,初居清流梓潭村,……后居(闽清)梅溪场盖平里凤栖山"。其后子孙又有迁永泰、闽侯、福清、厦门、德化、古田、尤溪、宁德者。永泰《麟峰黄氏家谱》即称该族始祖敦,唐末自固始迁闽,初居梅溪(即闽清),子孙迁至麟峰。

4. 张

据《清溪张氏族谱》载:"惟清河之派,流于光州。及唐末五季遭世板荡,有由光州固始入闽者,卜居晋之张林。"

据《十国春秋》卷95载,唐末随王潮、王审知入闽的固始人张睦,"太祖封琅琊王,授睦三品官,领榷货务。……累封梁国公。卒,葬福州赤塘山。"张睦的后裔在福州散居,侯官、平潭皆有其后裔。清光绪《侯官乡土志》载:"唐季张睦自固始随王氏官闽,子孙亦盛……后人多迁省垣。"《福清市志·姓氏》载:今福清市城头镇后俸村张氏始祖为唐昭宗时张睦。张睦号太和,由河南光州固始县入闽。传至谋,原居东张云山庄,后迁永宾里岱石山下(即后俸村)。《平潭县志》曰:今平潭县中楼乡至凤村张氏始祖张睦,号太和,河南固始县人,唐昭宗时入闽。传至张谋,原居住福溥东张云山庄,后迁永宾里岱石山下(即城头后俸)。泉州贤坂《张氏族谱》称其先祖为张天觉,河南光州人,唐僖宗乾符五年(878)。以参谋平王仙芝之乱有功,授南剑刺史。及朱温篡唐,遂弃官入闽。其兄弟五人分别居驷行铺、迁兴化、迁岱登、居漳州,张天觉居泉南灯檠山贤坂里,其后繁昌,遍及闽地。

5. 吴

今福清、平潭等地的一些吴氏家谱,均称唐末光州固始入闽之吴祭为始祖。

《福清市志》称,今音西镇玉塘吴氏入闽始祖为吴祭,字孝先,河南光州固始人,曾为工部屯田员外郎,唐乾符时入闽,居莆田黄石钱坡。第14世名元益,字惕谦,号六善,宋嘉熙年间自莆田县迁文兴里玉塘村。今平潭县苏澳镇玉屿村、白青乡伯塘村的吴氏亦称吴祭为其始祖,且是从福清迁来。《平潭县志》曰:吴祭字孝先,河南固始县人,唐僖宗中和四年(884)随千审知入闽,明万历年间传至22世吴秦、吴泰、吴春时,兄弟三人先后均由福清音西镇玉塘村迁至平潭。吴秦一支居苏澳镇的康安村、屿头乡的玉瑶村、北楼村和后挡村;吴泰一支居玉屿村;吴春一支居伯塘村。

福州、泉州一些地方的吴氏也有来自中原者。南安《诗山古宅吴氏族谱》序称:唐僖宗时,吴氏随王审知由光州固始入闽,堂从六人分居福州、泉州间。至宋,有定公登进士,住在武荣黄龙江之滨,即今泉州鲤城区浮桥镇一带,因称黄龙吴氏。至明洪武年间,大治公卜居南安诗山古宅岭兜,古宅吴氏遂成此支吴氏之祖。晋江《安海灵水吴氏族谱》称,安海镇吴氏先祖亦为固始人,随王审知入闽后初居长乐,元时徒泉州东门,至明代时,裔孙吴懒翁由泉迁至灵水定居。

6. 李

南安《芙蓉李氏族谱》有《白水公初次修谱原序》,序称:"先君所言曰,祖系光州固始人也。五季初从王潮入闽,厥后子孙因家于武荣芙蓉乡。"《岭兜李氏族谱》载,今南安金陶镇李氏,先祖也系固始人,唐末随王潮入闽,子孙初居梅山芙蓉,后一支移今岭兜。晋江市金井镇李氏族谱亦称先祖来自固始,《晋邑圳山李氏族谱》的序中说:"初时祖号晦翁,原住砀山,以中原多故,侨居光州固始县,后又偕其子乐泉公避兵福建。元末,洪武龙兴,陈友谅以福建拒命,公策其必败,乃由福州徒泉州,择圳山而卜居焉。"同安县李氏也有相同的记载,如《同安地山李代家谱引序》称:"其始光州固始人也,同闽王王审知入闽,遂卜居于县南仁德里地山堡家焉。"《李氏族谱》在《重修族谱序》中说:"吾地山一派,相传始自光州固始县居民,当唐末梁初之时,随闽王王审知入闽,兄弟叔侄散出闽地,分居五山。"

7. 郑

据《永春鹏翔郑氏族谱》载:今永春城关东门桃东村郑氏,其入闽开基祖为郑可远。郑可远于唐末随王潮入闽,统戍桃林场(即今永春),之后定居姜莲龟山坪上。宋真宗时,四世孙郑懋官潮阳军都巡检使,告老后卜居今县城东门一带。因所居之处在大鹏山之阳,即取原祖居地"坪上"之谐音,称为"鹏翔郑氏"。南安石井一带郑氏亦称来自光州。石井《郑氏本宗族谱》载:"石井郑氏,先世自光州固始县入闽,由莆居漳、居粤之潮。至始祖隐石公,乃由莆移居泉之南安县杨子山下石井乡,遂世为南安人。"

8. 王

福建王姓影响最大者,当是闽王王审知弟兄。王审知称闽王后,不少王氏宗新被派到各州为官,致使王氏后裔遍于数州。安溪《蛲阳开闽王氏族谱》称:今安溪西坪镇的蛲阳王氏,为五代时王审知裔孙,因而自豪地称为"开闽王氏"。《海澄南洋王氏族谱序》中说,由于王审知兄弟开闽,居闽最久,子孙遂成茂族,世传闽之王氏多其遗裔,为不诬矣。此外,《平潭县志》载,该县岚城乡三门澳村王氏以王审知为始祖,《福清市志》载,今三山镇官路村王氏开基祖为王源,为王审知后裔,元末自怀安县水西南山屿迁今址。

泉州是王审知的发祥地,更是王审邦的根据地,故一些王氏族谱奉王审邦为始祖。如《晋江凤头王氏族谱》序曰:王氏追王审邦为入闽始祖,至明洪武十年,王氏第20世王宾和肇基凤里,遂居新地。永春《桃园东熙王氏族谱》也以王审邦为始祖。王审邦为泉州刺史,其子王延彬继之,至宋熙宁、元枯年间,其裔孙迁永春东熙。晋江《金瓯王氏五柱敦项公派家谱》称王氏为王延彬之后,故推肃王王审邦为始祖,与漳州上坂王氏、同安丙州同为一支。

9. 刘

中原刘姓入闽较早且有史载者为刘祥。三国时,蜀国被魏灭亡,刘备之子刘禅、刘永被掳到了洛阳。西晋永嘉之乱时,刘永的后人避难迁居江南。唐朝末年,刘永的33世孙刘天锡在唐僖宗时为翰林学士,黄巢农民军起来后,刘天锡弃官奉其父亲刘祥一起来到福建,在汀州宁化石壁(今宁化石壁镇)定居。于是,刘祥成了入闽刘姓之始祖。

闽清《玉阪刘氏续修家谱》载:该族始祖刘存,为光州固始人,唐朝末年随王审知入闽,卜居今福州市西凤岗。刘存后人繁盛,分居福州四周各地。对此,多家地方志均有记述。如《福建通志·唐侨寓传》:"刘存字一心,号淮叟,光州固始人。中和初黄巢寇乱,率子佺避地入闽,卜居侯官之凤冈。"光绪年间所修《侯官乡土志·氏族》载:刘存后人多有成就,其中刘彝、刘藻、刘康、刘嘉誉、刘世南、刘砥、刘砺、刘子蚧八人,世称"八贤"。《福清市志》载:"旗山刘氏迁闽始祖刘存,唐末自河南光州固始入闽,居福州凤冈,二世昌茂,由凤冈迁入旗山麓。"《平潭县志》载福清市高山镇龙尾村刘姓迁平潭事曰:"青峰、东庠刘氏始祖刘存,字一心,号淮叟,唐末自河南固始率侄昌祖入闽,居福州凤冈。传至十三世刘浚,居福清平北里龙江(即今龙尾村),其后裔先后迁入平潭青峰、东庠、渔塘等处定居。"

10. 苏

福建苏姓尊苏益为入闽始祖。清同治年间所修《福建通志》载:"有苏绅者,同安人,曾祖苏益,亦从王潮入闽。"晋江《仑山衍派苏氏族谱》载有《湖美苏氏由浯仑分基家谱序》,曰:苏益以隰州刺史于河南光州固始随王审知入闽,居同安永丰葫芦山下。传至一元生二子,长栖梧,次金梧。栖梧生五子,其一珏峰为湖美苏氏开基祖。德化《双翰苏氏族谱》序曰:先祖益侍于隰州,值黄巢起事,以都统职随王潮入闽,是为苏氏入闽始祖。德化《龙井苏氏族谱》曰:龙井苏氏远祖苏益,唐僖宗广明年间从王潮入闽,是为苏氏始祖。苏益之裔孙秉礼,奉礼于北宋淳化五年(994)始迁德化石城,至明洪武年间,一支又迁居龙井(今浔中镇)。

(二)台湾前 10 大姓族谱家乘例举

1. 陈

在台湾100个大姓中,数量较多、占全台人口达80%的有63姓,其中明确表示其先祖来自光州固始的有22个,分别是陈、林、黄、郑、王、张、李、吴、蔡、杨、谢、曾、郭、丘、周、叶、廖、庄、何、萧、詹、沈。他们或在唐初随陈政、陈元光入闽,或唐末随王潮、王审知入闽。

台湾最有名的陈氏宗祠是位于台北宁夏路上的"德星堂",供奉的陈氏先祖为汉代的陈寔。大殿内有一副楹联,上联为"箕裘全子袍笏文孙颍川郡风毛世胄",下联为"南国旌旄东宫衣钵李唐时虎拜龙庭"。

此联以简洁的语言,概括了陈氏家族的辉煌家族史,说明台湾陈氏与大陆是一脉相承的。试释之:"箕裘"语出《礼记·学记》:"良冶之子,必学为裘;良弓之子,必学为箕",意谓承继祖先。"袍笏文孙"指陈寔的7代孙陈宠、9代孙陈豨,两人曾任尚书令和天官大冢宰,官至极品,袍笏上朝,很好地继承了陈寔衣钵,不辱先人令名。陈寔(104—187)字弓仲,东汉颍川许(今河南许昌长葛市古桥乡陈故村)人,曾为太丘长,故世称陈太丘。后遭党锢之患,自请入狱以保他人。年70遇赦,退隐故里。乡人有争讼,多求其判正。岁荒,有盗入室伏梁上,陈寔见之,呼其子孙曰:"不善之人,未必本恶,习与性成,梁上君子是也。"盗投地服罪,反予以财物。盗感激涕零而去,誓洗心革面,以报陈公之德。汉灵帝时,太史上奏:"德星聚奎,其五百里内有贤人焉。"灵帝派人查访,知是陈寔与子孙游于许昌西湖,于是在西湖敕建"德星亭"以旌表。由于陈寔家居颍川郡,故陈氏后人以颍川郡为其郡望。"南国旌旆"指陈霸先在江南建立陈朝。陈霸先(503—559)字兴国,南北朝时陈吴兴(今浙江长兴县)人,初仕梁,后为陈朝的开国皇帝,世称武帝。志度弘远,为一代英主。"东宫衣钵"指陈后主陈叔宝(553—604),陈朝最后一帝,为隋文帝所擒。"虎拜龙庭"指唐高宗时光州固始人陈元光开发漳州有功,晋中郎将右鹰扬卫率府怀化大将军。

陈姓是台湾第一大姓,很多族谱将其先人追溯为唐代开漳圣王陈元光。如台北县《清源陈氏家乘叙》载,其"人台始祖"是跟随郑成功收复台湾的陈永华、陈泽,而陈永华、陈泽的"入闽始祖"则是陈政、陈元光。据《武荣诗山霞宅陈氏族谱》载:该家族自清末到民国年间从闽迁台人数达2000余人,遍于台湾各地。其先祖则为中原陈氏:"我祖自颍川分派于河南光州固始,以抵入闽,至一郎公卜居武荣诗山霞宅。"有些迁台后与当地汉人女子或被称作"番"的土著女子结婚生子。如《南安诗山陈氏族谱》载:"福俊公,昌坐公之子,生于同治戊辰年(1868),娶旧门吕氏等娘,侧室番女卓氏打社。男文胜,吕氏生;福探、仁茹、振元侧室番婆卓氏出。"

陈姓在台湾有许多支派,大者有开漳圣派、南朝派、漳浦派、浙江嵊县派等,有人估计在30个左右,分布非常广泛,较多的是台北市、台北县、彰化县、台中县、嘉义市、台南县以及基隆、桃园、新竹等地。

据同安县田洋村《浯阳陈氏家谱》载,金门庵前陈氏的开基祖为清康熙年间由同安迁至金门。由于双方积极沟通,到2003年底,两岸共同编纂了这部新家谱。在同安陈太傅祠中,悬挂着许多离开同安到台湾以及东南亚各地的陈氏后裔的牌匾,其中包括台湾的陈水扁。陈水扁的先祖从中原南下后先到江西南康,之后迁到福建汀州,由汀州再到诏安,故漳州的平和、诏安是其先辈栖身地,至明末清初,陈乌公迁台,成了西庄陈氏的开基祖。陈水扁父亲去世较早,是其养父将其抚养成人。其养父家的祖籍在同安丙州。陈水扁上台后曾两次到金门去祭祖,拜祭同安籍的养父。

据台北1953年所修《登赢文澜渡台始祖族谱》载:陈文澜生于乾隆十年(1745),乾隆四十五年(1780)至台,生3子,第3世15人,第4世48人,第5世79人,第6世142人,第7世216人,第8世146人,第9世11人。陈氏在台170多年,由1人先后繁衍660人。由此管窥,可知台湾人口变迁的一些规律和特点。

2. 林

台湾的林姓大都来自福建,明代永历五年(1651)来台并定居于台南的林朝和被尊为始祖。清道光二十六年(1846)林士坚所编《万华林姓族谱》,记述从闽至台的林姓在台南、嘉义、台中发展的情况。《台北县虎丘林氏族谱》载:"先世固始人,祖有林一郎者,于光启乙巳迁福建永春机源大杉林保。其后一派人泉之清溪,依仁里西头井兜,至明分居安溪之虎丘。"从所记光启乙巳年(885)可知,他们也是唐末随王审知入闽的。近人林献堂所修《林氏族谱》,从迁台始祖石公起,为每代人物立有小传并配以照片。

3. 黄

据台湾《碧溪社军黄氏族谱》载,黄氏的1世祖名黄岸,为福建莆田开其基祖,至5世黄献,迁兴化县。至13世黄龙,其兄黄彻为龙溪令,遂居龙溪。至14世兄弟三人,长仙锡,次仙举,季仙逸;黄仙逸徙漳州碧溪社北溪头。至20世黄秉政,有子二,长黄禺,次黄显。至21世黄显,字晦叔,有子三,长黄成,守祖居(兴化县)巩溪;次黄戚,居澎湖;季黄威,徙台湾漳溪,是为台湾漳溪始祖。

据台湾《军城金墩潘湖黄氏家乘》载:黄氏为黄帝后裔,6世祖封于黄国,以黄国为姓,迁潢川黄国。90世黄彦丰,迁福州黄巷;105世黄献,迁兴化新县巩溪;114世黄府,迁莆阳黄石金墩;117世黄权,字本经,号天麟,元代处士迁潘湖欧厝,为潘湖开基祖。至明代,为避倭寇,黄日休、黄日章、黄日习三兄弟徙南安白鹤山,之后又分徙各处,包括台湾淡水、基隆等地。

黄姓作为台湾第三大姓,历史上名人很多。不少祖祠家庙将先祖事迹编入,一方面显其族史辉煌,精英辈出,一方面以此激励后人。金墩黄氏祖祠楹联即是如此。正门联曰:"黄府进士三尚书,金墩人阁一相国"。左侧门联曰:"榜眼探花文武巍科,凤翔守魁卿都及第";右侧门联曰:"法司宗伯宰辅安邦,光升汝良锡衮治国巩溪中庸,四代联登八科金墩,黄庙三世出贤书七桂荣"。又曰:"莆仙晋水文山秀,阳地在坼儒林馨",大门侧联曰:"安平潘湖金墩源,沙堤钟山清江流",又曰:"金院鹿港赍材出,奄上临漳状元来"。

4. 张

宋代郑樵著《通志》其《氏族略》记载了张氏的 12 个郡望,除清河郡外,还有多处在今河南省,如南阳郡、洛阳郡、汲郡、河内郡。乾隆年间张朝天撰《张氏源流纪略》曰:"张姓出自清河郡,黄帝第 5 子主祀孤为张氏,由来已久,历朝各有表见,隋之前尚矣。漳之有张,自伯纪公络虎始,公先本河南祥符县(今开封)人,唐凤仪间随陈元光经略全闽,封威武协应上将军,镇守漳州,因家于漳,张氏始发迹焉……后徙台湾。"

台南有张姓从福建来,但其先祖为光州固始。台南《张氏族谱》曰:"世居光州固始,唐末有张延齐等兄弟三人随王潮入闽,居泉州惠安、安溪等地,支派甚盛。"清时迁台湾。

5. 李

台湾的李姓较多,人口超过了 100 万,大多以"闽粤大始祖"李火德为先祖。李火德,因避乱居上杭县胜远里丰朗村,即今稔田镇的官田村,800 多年来,后人遍及闽、粤赣台各省和东南来各地。

台湾台南县《李氏族谱》称:"先世光州固始人,唐末随王潮入闽。"

据高雄李忆勋撰《高雄红毛港李氏家谱》载,其开基祖为清雍正年间从福建南安县迁台的李远。2008 年 9 月,经与南安县石井溪东村李氏家谱对接,李远即本族人李卿贤,讳远,生于清康熙三十五年(1696),30 多岁时与其兄多人迁台湾"空地仔"(高雄)。福建省莆田市涵江区白塘镇洋尾村有修于清康熙六十年(1721)的《白塘李氏族谱》,该族谱以李伯玉为莆田开基祖,传至 37 世时有李銮官迁入台湾,至 38 世时,又有李祷孙迁人台湾。此外,《白墉李氏族谱》还收录有南宋高宗绍兴二十年庚午(1150)正月十一日特奏士廖鹏飞所撰《圣墩祖庙重建顺济庙记》一文,记述了许多妈祖的资料,是国内历史文献中有关妈祖的最早记载。

据福建《漳平桂东村李氏族谱》载：桂东村开基祖为清隐公，由于其后代繁盛，多从该村外迁。有迁外村者，如新桥镇秀溪村；有迁外县者，如龙海市角美石厝街下边；有迁外省者，如台湾新竹县后坪街李氏。

6. 王

唐末王潮、王审知、王审邦入闽，使得后来闽地王氏族谱均以其兄弟三人为始祖。至明清后裔迁台者，均依原谱后续之。如台北板桥《王氏族谱》即称王氏源自泉州。曰："三十四世晔为光州定城令，因家于固始。晔曾孙曰恁，三子，曰审潮、审邦、审知。兄弟有才气，王绪辟为军正，以副前锋提兵人汀、漳，遂有闽泉土地。而审邦之曾孙烨，又分居泉之西南隅船方巷。"福建省历史名人研究会王审知委员会荣誉会长为台商王建壁，1994 年到福建投资建厂，他说，据家谱记载，他是王审知的第 35 代孙。

7. 吴

史载，唐初高宗派陈政父子入闽南平抚"獠蛮之乱"时，即有吴姓将佐随军到了闽南，留居漳州。至唐末僖宗时，又有将佐随王潮、王审知入闽者。明末清初，闽地沿海有吴姓人澎湖、台北及高雄谋生者，发展至今，已有不少吴姓成了大家族，如新光集团的创始人为吴火狮家族，中国国民党主席吴伯雄家族。吴氏的郡望有 8 处，其中 3 处在河南省，即濮阳郡（今濮阳县西南）、陈留郡（今开封东南）、汝南郡（今上蔡县西南）。据福建《永定吴氏族谱》载，永定县下洋镇思贤村的吴氏开基祖为念一朗纲。清咸丰六年（1856），念一郎纲的第 13 世孙吴圣昌携子人台，居桃园中坜。吴圣昌即桃园中坜吴氏开基祖，以行医为生，其子吴荣棣（禄）又名吴朝光，为秀才，在中坜设私塾收童，喜诗书，创"以文吟社"，颇有声名。吴朝光之子吴鸿麟，吴鸿麟之子吴伯雄曾任桃园县第四届和第七届县长。

8. 刘

据《人民日报·海外版》2003 年 4 月 21 日转载台湾《联合报》报道，台湾苗栗县狮潭乡后龙新港社刘文英保存有一本《彭城刘氏族谱》，这本家谱从夏朝的刘累开始记载，传到 66 世为刘邦，刘邦之下又传至明末 142 世刘详汤，其下没有记载。刘文英的堂兄刘政雄说，刘家来台的始祖为刘安都，自己是刘安都的第四代孙。他说，据此家谱可知，刘详汤可能是这支刘氏来台前在大陆的刘氏最后一代，之后有人随郑成功来到了台湾。但到底是谁，族谱语焉不详，因而目前以刘安都为这支入台刘氏开基祖。刘政雄还说,在这本家谱面世之前,不仅地方上把我们当做原住民中的道卡斯族人,连我们都以为自己是道卡斯族人。

相传夏代刘累善于养龙,被封为豢龙氏,故刘氏堂号有"豢龙堂"。又因为彭城刘姓源于刘邦,刘邦为汉代开国皇帝,故刘氏普遍以用"彭城堂"为荣。

唐初总章年间随光州固始人陈政入闽者,有府兵校尉刘举等,后落籍福建。唐末随王潮、王审知入闽者,据《闽中录·王潮别传》载,有光、寿二州兵之前锋、光州固始人刘行全以及其弟弟刘德全、刘待全。他们的后裔全落籍福建,后人有渡海至台者。明末随郑成功人台的刘姓军士以参军、福建平和人刘茂燕之子刘球成最为有名,人台后居柳营,之后成为台湾刘氏望族,世称"柳营刘氏"。

9. 蔡

蔡姓始于周文王之第五子叔度。公元前 1101,叔度被封于蔡国(今河南省上蔡县),后人以国为姓,天下从此有了蔡姓。

公元前 447 年,蔡国被楚国所灭。秦时有蔡泽为相,卒葬陈留,子孙因家焉。西晋惠帝时在陈留置济阳郡(今河南兰考县东北),其后蔡氏郡望多称"济阳衍派"。

据蔡氏族谱载,叔度派下第 37 世蔡勋字君严,西汉末年曾为郡县令,王莽篡汉时隐于山中。蔡勋再传第 29 世为蔡用元、蔡用明,在唐末随王潮、王审知从光州固始入闽。蔡用元始在泉州之同安,后卜居仙游赤湖蕉溪,是为莆阳一世祖(莆阳时为兴化军,辖兴化、莆田、仙游三县)。

蔡用元之派至宋代有蔡襄。蔡襄举进士,授端明殿大学士,曾知福州、泉州,谥忠惠,因而莆阳蔡氏后人灯号用"忠惠传芳"。蔡襄的次子房旬的后代至宋宣和间移居晋江,历 8 世至蔡德原时人东石,是为晋江东石开基祖。蔡襄的三子房曼的后人有的居东石,有的移晋江城中,有的移容卿(今石狮)。东石蔡氏子孙在分居福建各地时,一部分到了台湾。

蔡用明(讳辉,号一翁)入闽后定居于晋江青阳石鼓山,为蔡氏青阳开基祖。《济阳蔡氏族谱》序曰:"晋邑青阳蔡氏,胄由莆阳仙游一世祖一翁者,大唐咸通年间来居于此,六世而常安公始置祭田,八世诚叟公举乡荐登第,授莆田尉。"《蔡氏总谱》在记述蔡氏的发展时说:"自殷以来,吾蔡氏族人迁徙情况是:上蔡—新蔡—下蔡—固始—济阳—莆阳—青阳"。青阳蔡厝蔡氏宗祠有一副楹联,简洁而概括地表述了蔡氏的源流与发展,曰:"脉由济阳,支分莆阳,衍派青阳,好就三阳开泰运;裔出周代,肇基唐代,官封宋代,长绵百代振家声。"青阳蔡氏在清代有迁台湾者。如同治年间,青阳蔡厝四房第 24 世蔡清水移台湾牛骂头,子孙为纪念其开基之功,将牛骂头改为清水街,即现在的台中县清水镇。高林房的后人移艋舺,堂号"青阳衍派"。晋江金井塘东蔡氏的一支在清代也东渡移到了台湾,他们为不忘先祖,将所在地也取名塘东。

福建长泰县岩溪镇有一上蔡村。据《上蔡蔡氏族谱》载,上蔡村蔡氏源于河南上蔡县。宋嘉定年间(1208—1244),上蔡人蔡芭迁入长泰,在县城前街科山定居,至第五世时分出两支,一支迁至瀛山(今岩溪镇上蔡村),一支迁至谢仓。为了不忘祖先家乡在上蔡县,至瀛山的这一支将所住村命名为上蔡村。三支均以蔡芭为始祖。上蔡村的蔡鸿基为蔡氏第 10 世孙,生于明代永乐年间,为不忘祖德,在上蔡村修了三进院落的蔡氏大祖厝,名曰"敬贤堂"。该蔡氏宗祠清代曾多次进行过修缮,今尚存。据载,明万历十九年(1591),上蔡村即有人东渡入台,在云林县南镇埠头乡定居务农。清康熙朝,又有蔡荫、蔡四、蔡吴等 18 人入台。20 世纪 40 年代,上蔡村的蔡氏第 28 世孙蔡启祥、蔡学奇、蔡朝城等人又东渡入台谋生。1987 年 6 月,60 年未回过家的蔡启祥回到了长泰县上蔡村省亲,不久,蔡朝成及蔡学奇之子蔡长泰也回到了上蔡村省亲,蔡长泰并开始在家乡投资兴建了梁岗山综合开发公司,引进台湾水果品种,从事水果业生产与经营。

10. 杨

台湾杨姓有众 50 多万,遍布各地。关于杨氏最早从闽入台者,由于资料来源不一,有多种说法。一是台湾文献研究会通过考证认为,漳州龙溪人杨巷摘为最早来台垦荒者,时间在明永乐十八年(1420)。二是有人引用从事姓氏及华侨史研究者戎济方在《旅琉球华侨杨明州谱系考》中资料,认为浙江台州三门县人杨明州为入闽最早者。杨明州生于明万历十八年(1590),在一次出海时忽遇飓风,漂泊 28 天后始得上琉球岛岸,从此定居,娶妻生子。文中所说琉球,即今台湾。三是杨见温在《杨氏历代先贤列传》中说,闽人杨文科于明永历十五年(1661)率族人随郑成功入台,从事农殖。

琉球,古时曾为琉球国,面积很大,包括今日本的冲绳群岛、宫古群岛和我国的台湾。杨明州所至的琉球,其实系指日本。今日本著名电影演员山口百惠的家族,即是杨明州的后代。杨明州漂泊了28天后到了日本,在那时娶妻,生两子一女。由于日本的36个汉姓后来都转为日本姓氏,杨姓遂分为山口、古坚、村山、仲地、平田诸姓氏。杨明州的长子春枝是古坚一系的小宗祖,次子春荣则是山口一系的小宗祖。1986年春天,杨明州之后裔,时任日本航空公司驻北京办事处职员的古坚义道、日本蔬菜公司驻沪办事处职员的山口光有,带着一本清康熙二十九年(1690)所修的杨氏宗谱,借到杭州出差之机寻根。在当地史志工作人员的帮助下,终于在三门县沙柳镇溪头杨村《石林杨氏宗谱》中找到有关杨明州的记载。此结果得到了古坚和山口家族的认同,1998年2月,古坚和山口家族被录入了重修的《石林杨氏宗谱》。

台湾一些杨姓系从福建迁移而至,但其先祖也为中原人。台湾《栖霞杨氏族谱》载,其先祖世居光州固始。唐末,"杨荣禄带子逸、肃及孙明珠,随王审知入闽。杨逸居安溪,杨肃同明珠择居南安高美"。其子孙在闽台繁衍,终成大姓。

二、闽台亲缘寻根认祖

胡锦涛同志2004年9月在全国政协成立55周年庆祝大会讲话中说:"以姓氏文化为代表的传统文化在港、澳、台胞和海外侨胞中有着广泛而深刻的影响。"影响的表现之一就是,很多台湾同胞利用姓氏亲缘关系到大陆尤其到福建寻根拜祖,联络乡谊,兴办公益事业,共同造福乡梓和子孙后代。

(一)兴建了中国闽台缘博物馆

为了全面反映大陆尤其是福建与台湾的渊源关系,福建省在泉州西湖之畔专门修建了占地面积达154.2亩的"中国闽台缘博物馆",该馆于2006年5月正式开馆。

博物馆设计凸显"天圆地方,中华一统"的理念,从而使主体建筑显得非常大气豪迈,闽台缘博物馆不仅展览了1500多件重要的历史文物与文献,多角度、全方位展现了闽台"地缘相近、血缘相亲、法缘相循、商缘相连、文缘相承"密不可分的渊源关系,它还是研究大陆与台湾关系的学术机构和对外开放的窗口,是大陆与台湾同胞相互交流、合作以促进共同发展的重要平台。

（二）举办了族谱家乘展览

2007 年 9 月 20 日至 24 日，以"两岸同根闽台一家"为主题的首届海峡百姓论坛暨闽台族谱展在福州举行，展出明清以来闽台 158 个姓氏的族谱 1000 余部。这些族谱表明，福建是中原姓氏播迁的重要驿站，台湾同胞中百分之八十以上的祖籍在福建，两岸同根共祖，一脉相承。其间，台湾萧氏宗亲总会顾问林天福与福建南靖县金山镇霞涌村"四美堂"管理委员会会长萧辉阳互接《萧氏族谱》和《南靖涌山族谱》（涌霞为台湾经济学家萧万长先生祖籍地）；台湾桃园县吕秀莲家族委托金门宗亲会会长吕瑞泰与福建南安朴里老人协会会长吕俊棍互接《吕氏族谱》；台湾海基会副董事长许胜发委托侄子许坤南与福建安溪县仙地老人协会会长许财章互接《安溪仙地西庚许氏族谱》和《仙地西庚许氏族谱》。

2008 年 7 月，在泉州中国闽台缘博物馆举办了"泉台百家姓族谱联展"暨"泉台百家姓渊源学术报告会"。其间，展出各种族谱资料 600 多部 2000 多册，各种家传文物 100 多件，涉及 94 个姓氏，内容十分丰富，吸引了两岸数万民众前来参观。这些族谱生动地再现了两岸一家的发展历史，致使不少台湾客人要求，如有可能，最好把这样的谱展搬到台湾去，让更多的人一睹为快。

2008 年 8 月 4 日至 9 月 10 日，《两岸同根泉台一家》百家姓族谱展在福建泉州"闽台缘博物馆举行，共有 94 个泉州迁台姓氏的族谱 643 部（其中台湾编修族谱 13 部）参加展出。大量的历史记载表明，闽台先辈源于中原，入闽开基，渡台开拓。

（三）台湾人士回闽参访拜祖

近几年来，从台湾返回福建祖籍参访和拜祖的各界人士越来越多，其中不少人还在家乡兴办各类企业和公益事业。

1. 连战先生回乡祭祖

唐光启元年（885），王审知率光州固始人入闽时，其中苏姓有"都统军使"苏临行前，乡亲们把九龙江的水、马崎村的米等礼品送给了连战夫妇。连战摘下眼镜，擦了一下眼角，挥手与众人告别。

晚上，连战夫妇在厦门悦华酒店举行了记者招待会，他说：到福州时，他的心情是"相见恨晚"，连家离开福建 300 多年了，今天终于回来了，"近乡情更怯，不敢问来人"，此时的感受是：一言难尽！

关于两岸关系和闽合作,连战说,刚刚结束的两岸经贸论坛只是一个良好的开始,闽台之间有很多的合作机会,这不是愿望,而是事实。论坛虽然是第一次,但它表现的"信心和步伐是非常明确的",对台湾的影响也是非常明确的,例如股市上扬等。

连战说,两岸关系交流是大势所趋,所有关心两岸发展的人都应以更加客观、开阔的胸怀去领悟论坛发出的声音以及大陆人民和领导的表示。他对两岸关系发展充满信心。

2. 吴伯雄先生回乡祭祖

吴伯雄为客家人,1939 年 6 月 19 日生于台湾桃园县,毕业于台湾成功大学工商管理系。其父吴鸿麟曾任桃园县第四届县长。1968 年 7 月,29 岁的吴伯雄当选为桃园县第四届"省议员"。之后曾任"内政部长"、"总统府秘书长"、第七届桃园县县长、台北市长。1976 年当先为中国国民党中央委员后,历任常委、副主席、代主席,2007 年 5 月当选为中国国民党主席。

福建省永定县下洋镇思贤村现有吴氏宗祠崇德堂,始建于明成化四年(1468),1989 年重建,1994 年竣工时吴伯雄赠题匾额"敬宗绍德"。吴伯雄为念一郎纲的第 16 世裔孙,2001 年 11 月 21 日,在率团参加龙岩世界客属第 16 届恳亲大会时曾回乡祭祖,实现了其父吴鸿麟的遗愿。时隔 8 载,2008 年 8 月 14 日,身为中国国民党主席的吴伯雄再次踏上故乡的热土,与夫人戴美玉一起到祠堂和祖墓祭拜先祖。吴伯雄在参观思贤小学后,还向学校捐赠 10 万元人民币及 1 架钢琴、8 支小提琴,以为礼金礼品。

(四)福建原乡人到台湾访亲探友

在台湾同胞返乡拜祖的同时,不少福建人士也到台湾访亲探友。福建诏安是台湾游氏的祖籍地,改革开放以来,不少台湾游氏回诏安谒祖。台北广平堂是台湾游氏的宗祠,2005 年 12 月 5 日,福建省诗人参访团应邀到台湾访问时,参访团名誉团长、福建省统战部原副部长游嘉瑞专程到广平堂与游氏宗亲共叙乡谊。中午,时任台湾"总统府"秘书长的游锡堃也来到了广平堂。

第八章　台湾的佛教文化

谈到宗教,人们往往会将其与信仰连在一起,不假思索地用"宗教信仰"一词论述宗教问题。宗教是信仰,但宗教不仅仅是一种信仰,宗教更是生活,是现实社会与非现实空间追求相结合的一种生活,是现实与理想谋求结合的文化。宗教的生活化特点在台湾显得相当突出,佛教、道教等渗透到了民生的各个方面,许多明星、名人都是佛教的崇拜者。

第一节　佛教在台湾

台湾的佛教是随着大陆移民而传到台湾的,因此,连横《台湾通史·宗教志》中说:"佛教之来,已数百年,其宗派多传自福建。"

台湾早期佛寺供奉的佛祖主要是观世音,因视晋江安海龙山寺为祖庙,故各地观音寺也都叫龙山寺,最盛时多达441座,其中最著名的是彰化鹿港和艋舺的龙山寺。

明代,福建晋江安海龙山寺规模浩大,香火鼎盛。据寺志载,清顺治十年(南明永历七年,1653),安海龙山寺的肇善禅师在乘船前往普陀山途中遇到风浪,船只被漂到彰化鹿港,只好在此结庐修行,不几年,新创龙山寺即初具规模。之后肇善回到安海祖庙迎奉一尊观世音铜像来鹿港,并依祖庙之制式再建鹿港龙山寺。鹿港多为泉州移民,财力强大,至乾隆四十八年(1783),又以巨资扩建重修,于是,鹿港龙山寺在台湾的影响日隆。台北艋舺龙山寺始建于乾隆三年(1738),由于所供奉的观世音也是从晋江安海龙山寺恭迎而来的,山门前立有

"衍自安海龙山寺"之巨大石碑,多次扩修后为当今台湾规模最大的龙山寺,因而在台湾最为有名。

闽台佛教渊源深厚,如福州鼓山涌泉寺,在台湾僧侣中就有崇高的地位。涌泉寺建于五代梁开平年间(907—910),高僧辈出,台湾早期佛教中的月眉山系、观音山系、法云寺系等,皆出于涌泉寺。这也决定了台湾佛教法脉之中,占绝对多数的是临济宗。从清康熙年间至民国初年,由于台湾的寺院没有受戒权,台湾的僧人必须到大陆的寺院受戒才算真正具有了僧人的资格,鼓山涌泉寺由于规模大,距台湾又较近,因而成了台湾僧人受戒的首选之地。

中国的佛教在清朝末年极度衰微,至光绪年间几近无声,全国能够弘法讲经者十分罕见。民国初年有所恢复,但能讲经的缁素大德,也不过谛闲、月霞、圆瑛、应慈法师及范古农、欧阳竟无等屈指可数的几位居士而已。

其后,中国的佛教沿着两个方向发展。一是以太虚法师为代表的新思维系统,一般视其为改革派,他们重视现实人生,强调人成即佛成。太虚法师的继承者东初、星云到台湾后,此系统在台湾得以发展。另一是以印光法师、虚云法师为代表,其后杰出的法师为圆瑛,他们继承中国佛教传统,以禅修、念佛等法门的弘传为主,一般视为保守派。目前大陆的佛教主要是继承了这一传统。

台湾的佛教百年来走过了一条坎坷发展的道路,尤其是日本殖民者统治时期,虽然也有僧侣寺院,但从佛法教义、仪规等而言,可谓名存实亡。自1945年台湾光复以来,由于台湾佛教逐渐贴近民众而走向倡明。自20世纪60年代尤其是80年代以后,台湾佛教前进的步子更快。

台湾佛教繁荣的主要表征有四,一是产生了著名的佛教法师。二是修建了许多适于布法的新式寺院,重修、新建的大小佛寺、精舍如雨后春笋。三是信众队伍空前庞大,法会诵经、佛七禅七等活动遍于城乡;四是佛教教育相对发达,佛学院的兴建及大学开设佛学课程也越来越多,媒体传播更加现代化。

据统计,当前台湾拥有4000多座寺庙,4万僧尼,佛教徒约有548万,占台湾人口的23.9%。就教团而言,以佛光山的星云大师、中台山的惟觉法师、法鼓山的圣严法师、慈济基金会的证严法师以及灵鹫山的心道法师影响最大,被誉为台湾佛教五座山。

第二节　佛教界的高僧大德

台湾佛教界有一大批高僧大德,他们以自己卓越的业行讲经布法、培养人才,为台湾佛教发展与繁荣作出了重大的贡献。

半个多世纪以来,台湾的佛教一直走着一条复兴与改革之路。老一代法师以其执著的追求使佛教在宝岛生根,新一代法师以无比开阔的视野与卓有成效的举措,高扬"人间佛教"之帜,使台湾佛教更加生气勃勃地走向大众、走向世界。

一、老一代法师

台湾光复前,日本佛教在台湾有很大影响,比如,日本佛教允许出家僧侣结婚生子、食肉饮酒。这对汉传佛教来说,绝对是不允许的。台湾光复后,尤其是1949 年以后,由于大陆僧侣相继来台,汉传佛教"正统"的观念立即强化起来。释东初在《如何改造中佛会》中说:"就僧众本身而言,大陆来台之僧众,总共不满百人;具有弘法能力及有资格参加'中佛会'者,不过数十人;具有领导能力的,仅数人而已。"但是,他们很快得到了佛教界的认可并取得了主流地位。何以能如此呢? 台湾的学者认为主要原因有三:一是台湾佛教界一批领袖性的大师相继圆寂,造成了一度的领导真空,此时恰好有大批活动能力强或德性佳、名誉高的大陆法师来台,他们获得了台湾佛教界较高的信任。二是大陆法师掌握了教会的领导权。1949 年后,中国佛教会迁台,主事者均为大陆籍法师,中佛会主持的"中国佛教的再建"活动,对台湾佛教界影响至巨。三是大陆籍法师有很高的学德,台湾佛教徒十分敬佩。

(一)道安法师

道安法师俗姓傅,名锡鋆,湖南祁阳县四靖乡人,生于清光绪三十三年(1907)十一月十七日。

傅家世代为农,至其父亲傅达东时始兼经商,达东公因常往来于南方各省,并访及名山古刹,颇受佛法影响。道安 5 岁即入塾读书,幼时曾受到良好教育。但不幸 12 岁时母亲去世,17 岁时伯父伯母又死于流疫。19 岁时受岐山仁瑞寺高僧楚宝上人说法影响,又感于人生无常,欲以皈依。达东公也因看破红尘,两人于是决定同时遁入佛门。时道安20岁,父亲年近50。1926年春节过后,父子在楚宝上人介绍下,遂出家于祁阳紫云峰佛国寺。同年8月,道安又受具足戒于衡阳北门的大罗汉寺,之后到仁瑞寺修持3年。1929年人南岳龙池岩穴"清风蓬"苦修18个月。1931年人南岳祝圣寺佛学研究所学习,3年研习,学力大进,被长老视为佛门未来法将。

道安法师有很强的活动能力。1940年年初,中国佛学会广西分会成立,道安当选为理事长。在巨赞法师的提议下,积极参加创办《狮子吼》杂志,以出世的精神,做人世的事业,表达佛教界意志——"护国今为狮子吼",推动佛教界抗日活动。1978年1月11日台湾出版《道安长老纪念集》,收录有香港佛教联合会会长觉光法师的《悼念道安法师》一文,觉光回忆道:"我初识道公,在三十年前,那时香港沦陷,我避难到广西。适道公也去广西桂林,号召组织中国佛教会广西分会。道公任会长,显公上人任副会长,巨赞法师任监事长,乐观法师任副监事长。四位都是大法匠,把一向没落不振的广西佛教,重新振作起来,创建佛教会馆,举办各种弘法活动,轰轰烈烈,有声有色。尤其是四位都是强烈的爱国者,对抗日宣传工作干得特别起劲。后来显明法师从军,乐观法师组织僧伽救护队,都是那时爱国行动的延续。回想我当时担任桂平龙华寺监院,经常往返桂林与桂平之间,一方面为全寺大众生活奔波,一方面要对佛教支援人力物力,所以与道公亲近的机会很多,相处非常融洽。佛教会每次重要活动,道公都要通知我参加。"

1949年,国共内战波及湖南,道安原计划筹建"私立南岳觉民大学"计划搁浅,是年5月,他在主持了最后一次寺务会议之后,携同弟子灵根等,南下香港避乱。

道安在香港生活了3年多,几经申请,方获台湾当局允许,于1953年2月抵基隆。在慈航法师安排下,道安法师在汐止弥勒院主持讲经。翌年5月慈航圆寂,道安为其编辑出版了《慈航法师全集》,费时1年有余。

由于道安法师学养过人,在佛教界有很高声誉。1961年,他出任了台北第一名刹善导寺主持,之后又接办了原由朱镜宇居士创办的"台湾印经处"。1962年,他将早年在广西与巨赞法师等一起创办的《狮子吼》杂志在台湾复刊,1963

年当选为中国佛教会第五届常务理事,后又连任三届,并负责主持中国佛教会文献委员会的工作。

为了培养人才,1974年,道安法师在台北举办了一个"大专佛学讲座",每周一次,最初在松山寺,后来由于听讲的人很多,移至善导寺隔壁"中华佛教会"楼上的大讲堂,最多时听课者达800多人。道安法师是讲座的总主持,主讲者有印海、智谕、净空等法师。取得经验后,以后又办了多年。

1976年12月29日,道安法师因夜间在方丈室跌倒而中风,入院治疗数日后病情好转。1977年1月6日回松山寺在轮椅上接受弟子们为其70诞辰庆贺,返回医院后病情恶化,于21日凌晨圆寂升西。

道安法师勤于笔耕,一生著述很多,主要论著有《中观史论及其哲学》、《中国大藏经翻译刻印史》等。此外,道安法师也是一位诗人,一生写诗1000余首,其中数百首曾公开发表。

（二）白圣法师

白圣法师于清光绪三十年(1904)八月三十日出生于湖北省应城县,法师俗姓胡,名必康,出家后法名东富,字白圣,号洁人。白圣6岁时人塾读书,16岁时因偶听九华山智妙老和尚讲佛而心生出家之念,1921年,19岁的白圣到安徽九华山剃度出家,在祇园寺受具足戒后,到心安寺智妙座下受法。

1935年,他与道源法师一起到武昌,拜见国内最著名的法师圆瑛长老,并随侍听其讲经。圆瑛法师自1929年起就为中国佛教会会长,他见白圣学养深博,品行敦厚,遂带其返回上海,并委派他担任中国佛教会干事。圆瑛法师声望很高,各处均请其讲经,白圣每每相随,且代其讲《地藏经》、《大乘起信论》等。1937年夏,圆瑛决定与白圣传法授记,他由此继承了圆瑛法师七塔寺、崇圣寺的法脉,成了临济正宗41世、曹洞宗47世法嗣。

1948年,国共内战发生了重大转变,白圣"洞烛先机"离沪赴台,任台北十普寺住持,故1949年春匆匆来台的智光、南亭、道源、戒德、默如、妙然等均先至十普寺暂作栖止。6月,台湾当局拘捕慈航、律航、道源、星云诸佛教界人士,白圣立即组织东初法师、李子宽居士及社会各界进行营救,使得妥为脱难。有鉴于此次教难事件,白圣与另外具有中国佛教会常务理事身份的东初、李子宽共同发起,申请并获准成立了"中国佛教会驻台办事处"。办事处由东初任主任、南亭任秘书、白圣任干事。此亦即后来正式成立的"中国佛教会"之前身。

1952 年 8 月,台湾"中国佛教"会开会,选章嘉大师任理事长。1956 年章嘉大师因病赴日本治疗,佛学会陷于瘫痪。1957 年 3 月章嘉大师圆寂后,佛教会废除理事长制,实行轮值制。3 年后因效果不佳,又推举白圣任第 4 届理事长。其后多年,他又分别担任过第 6、7、9、10 届理事长,台湾佛教会在他的领导下,多方协调内部关系,举办各种弘法活动,加强与海外的沟通,使得台湾佛教法事出现生机。同时又创办了《中国佛教》,借以传播法音和推动研究。

1981 年,世界佛教僧伽会在台北召开,白圣法师当选为会长。1988 年,他不顾 85 岁高龄,前往美国主持召开世界佛教僧伽会执行委员会会议,并决定 1989 年再次在台湾召开世界佛教僧伽大会。不料,正在大会紧张筹备之时,1989 年 3 月,他在临济寺示疾,后虽经三军医院疗救,但终未得好转,于 4 月 3 日凌晨 5 时 50 分在临济寺安详迁化。

白圣法师著作宏富,代表作有《什么是佛教》、《楞严经表解》、《四分戒本表解》、《金刚经表解》、《起信论表解》、《禅宗史论集》、《寺院住持手册》等。

(三)南亭法师

南亭法师俗姓吉,江苏泰县人,生于清光绪二十六年(1900)农历八月初二日。

南亭出身耕读之家,家境颇为殷实,8 岁时人塾就读。因其父母皆信佛,在泰县观音寺道如老和尚建议下,南亭 10 岁时父母同意将其剃度,遂出家师事文心、智光法师学经。

南亭 20 岁时(1919 年)在焦山定慧寺从德俊和尚受具足戒,后回寺跟智光法师学《大乘起信论》。1923 年到安庆迎江寺佛学院听律宗法脉嗣者常惺法师讲《成唯识论》、《十二门论》等乘经论,受益颇深。一年后毕业,受应慈法师之邀到常州清凉寺佛学院当助教。三年之中,于"教学相长"中学力大进,得悟佛典精义。在与应慈相依的七、八年中,南亭受益最大的是有机会听其讲《法华》、《楞严》及《华严悬谈》诸经,从而大大促进了自己讲经水平的提高,上海、常州、镇江、无锡各大寺院闻此,也多请其前往,南亭声誉由是日著。

1937 年抗日战争爆发后,南亭以佛教会主席身份,在社会上募集军用物资,支持苏鲁皖边区游击队,同时创办僧众救护训练班从事救护工作。1942 年春,南亭从住持位退居,由苇宗接任,1944 年夏苇宗病逝,南亭只好再任,于 1945 年春交给法子沛霖接任。1949 年 4 月底,应在台湾的徒孙成一之邀,于 5 月 1 日奉智光法师乘飞机抵台湾,落脚于白圣法师的台北十普寺。6 月发生教难事件,慈航、道源、星云等法师被拘,后经白圣等人营救始得释。有鉴于此,当时具有中国佛教会常务理事资格的章嘉大师、东初法师、白圣法师等出面,向当局申请成立了"中国佛教会台湾办事处"。1952 年中佛会在台湾复会后,章嘉任理事长,聘南亭为秘书长,负责日常事务。

1952 年,南亭在台北购得民宅,创办华严莲社,定期讲经,并在民本电台开播"佛教之声"。1958 年创办"佛学研究社",招收学僧,培养人才。1963 年 2 月,50 多年来与他情同父子的智光师圆寂,为示永久纪念,南亭法师商于星云、悟一法师,在台北县中和乡创办智光商工职业学校。之后的十年间,他除每年两次到台湾佛教会主持佛七法会外,其余时间都在华严莲社讲《大乘起信论》、《金刚经》、《楞严经》等大乘经论。1972 年 6 月,南亭法师将华严莲社住持之职交由成一法师,翌年创办"华严专宗学院",免费招收僧员,提供膳食住宿,他自己担任导师,更加专心地投入到了培养弘法人才之中。

1982 年夏,南亭法师因肺炎导致心肌衰竭,9 月 3 日安详圆寂,享年 83 岁。

南亭法师善书法,精于讲经,有数十种著作存世,主要代表作有《心经讲义》、《阿弥陀经讲话》、《十善业道经讲话》、《仁王护国经解》和《释教三字经讲话》等。

（四）东初法师

东初法师俗姓范,清光绪三十四年（1908）农历九月二十二日生于江苏泰县典塘镇。1920 年 13 岁时在泰县江堰镇观音庵剃度出家,1928 年入镇江竹林寺佛学院受学,听南亭法师讲经,1929 年在句容县宝华山隆昌寺受具足戒,第二年考入厦门南普陀寺之闽南佛学院,聆听太虚、常惺法师教诲。1934 年毕业后回江苏常州天宁寺挂单坐禅堂,于禅定工夫植下根基。之后长期在镇江焦山定慧寺佛学院任教并担任副院长。抗日战争期间,星云大师亦曾在此受学多年。

东初法师于 1946 年任定慧寺住持兼佛学院院长,受中国佛教整理委员会主任委员太虚法师的委托,在定慧寺举办中国佛教会务人员训练班,有九省三市优秀僧侣 120 多人参加学习。由于东初法师的努力与精心安排,结业时受到太虚法师的嘉许。1949 年 4 月到台湾,初抵基隆,未获登岸,在大护法师李子宽居士担保后到台北法藏寺暂住。6 月发生教难事件,慈航、道源、星云等被当局所拘捕,后经东初法师等人多方营救,始得妥善解决。之后与章嘉大师、白圣法师成立"中国佛教会驻台湾办事处",协调佛教与地方事务,在此基础上,1952 年召开了"中国佛教会"第二次会议。

1949 年秋,为弘扬正法,东初法师与成一法师等创办了台湾第一份佛教杂志《人生》月刊。1950 年,为把刊物办好,他于佛诞日在法藏寺掩关,三年时间,在关中阅藏和主编刊物。出关后,他开始筹建"中华佛教文化馆"。在台几年间,东初发现,全台湾没有一部《大藏经》,而要弘扬三宝、延佛慧命,推展佛教文化,没有《大藏经》就无从谈起。为了改变这种不利又被动的局面,东初法师求得孙立人将军夫人张清扬居士的支持,从日本购得中文《大藏经》一部,用军用飞机运回台湾。之后成立了有于右任以及章嘉、智光、印顺、南亭、星云等人参加的"印藏委员会"。其间,由南亭、星云、煮云、广慈诸法师率领的宣导团,环岛进行宣传一月有余,都市村庄,遍行各地,影响十分广泛。之后,用了两年时间,印刷《大藏经》800 部。除了印正藏外,1960 年又印行了续藏,从此台湾有了完整的《大藏经》。

《大藏经》在台湾的印行,为东初法师对中国佛教的重大贡献。为推动佛教学术研究,1955 年,东初法师又创办了《佛教文化》季刊。

对于光复之初台湾佛教的现状,他一针见血地指出其弊端。他在《了解台湾佛教线索》中说:"台湾佛教有个基本缺点,就是佛教徒的生活没有严格的合乎佛制的规定,在家与出家也没有明显的界线。出家不需要削发受戒(指一般斋姑而言,甚至龙华派斋堂允许娶妻吃荤)。就全部佛教寺院当中,不少的寺院里,释迦牟尼佛的旁边坐的不是药师佛,或阿弥陀佛,而是吕祖、玉皇、三官、女后,迷信神化的情形很显然。释迦牟尼佛弟子为人念《玉皇真经》,为人拜斗,成为惯常的事。在苗栗佛教会办公室内张贴为人念《玉皇真经》、《血盆经》的告示。"(见《民主世纪的佛教·东初老人全集 5》,台湾东初出版社,1987 年 7 月。)

东初法师认为,之所以有如此情形,原因之一是台湾佛教受日本佛教的严重影响。因此,要恢复中国佛教传统,就必须彻底清除日本佛教文化的影响。1955年,他在《从口何改选中佛会》中说:"日本佛教与中国佛教最显著的分别,即在律义上。日本佛教开放戒律,准许僧侣娶妻食肉,佛教的寺庙变为私人的家庭。忽视律仪,薄于道德,故日本佛教名存实亡。中国为亚洲佛教第二祖国,中国佛教根本建设在律仪上,严禁僧侣娶妻吃肉,凡为僧尼必须具足三坛大戒,视此为出家资格的根本,否则,不复名为‘出家’!”“台湾光复十年了,政治、教育、建设各方面都祖国化了。唯台湾佛教受日本化影响最深,尚未能完全恢复祖国化。”他曾亲自到十普寺、灵泉寺传戒,并要各寺传戒。“台湾佛教,可说到今天,才算正式光复,走上了祖国化的佛教开始了!”(同上)为此,他做了许多工作。

东初法师生于清朝末年,青年时期,他看到佛教不被人理解且遭到劫难的惨状:不少庙产充公,僧侣被迫还俗。有远见的高僧大德认为,要改变这种状况,最重要的是切切实实做好三项工作。一是兴办教育,增养足够的弘法人才,向社会进行有效的宣传。二是发展佛教文化事业,以文化事业作为沟通僧俗的桥梁。三是发展福利事业,用慈善事业与千千万万的老百姓普结善缘。东初法师对此不仅认识深刻,广为宣传,终生躬践不辍,而且是成果最为突出的几个杰出者。明于此,东初法师之所以受到僧俗各界的敬仰便不言而喻了。

东初法师生活规律,戒行严谨,身体健康,精神矍铄。1977年12月15日下午安排如常,5点多钟进斋时,他对身边的鉴心、海智两位法师说:明晨不必为我备早点了。二人听后毫不介意,以为可能别有活动安排。晚斋后,东初法师回到方丈与一位居士通了一次电话,之后便结跏趺坐。几分钟之后,居士王小芳登楼拜谒,见法师闭目端坐,但上前礼而不应,仔细视之,方知已安然迁化西去。法师生于1908年,世寿71岁。长老道心圆成,来去自在,四众怀念之余,莫不叹奇。

东初法师的高足圣严法师1975年在日本获得佛学博士学位后就到美国弘法,并于1987年在纽约象冈创建了道场,为纪念东初法师,他将道场命名为“东初禅寺”。

东初法师一生致力于佛教研究与弘法,在台湾30年,从未做经忏佛事,尤其勤于笔耕,专心著述,其代表作除前面提到的之外,还有《般若心经思想史》、《民主世纪之佛教》、《佛学真义》、《佛教文化之重新》等。

(五)印顺法师

印顺法师俗名张鹿芹,浙江海宁县人,生于清光绪三十二年(1906)清明的前一天——农历三月十二日。印顺法师幼年受到过良好的教育,6岁人塾,7岁起在正规的初小、高小念书,之后曾习中医1年。从16岁到25岁,他一面在一所小学任教,一面研习佛学。佛法的精深宏大、现实社会诸多的弊端,使他内心不能平静,他发愿出家修学,宣扬博大的佛法。他在《我之宗教观》中说:"民国十七年,母亲去世了。民国十八年,父亲又去世。该是我出家的因缘成熟了!于家庭再没有什么顾恋,十九年夏天,发心出离了家。让我的身心,融化于三宝之中,为这样最高的宗教而努力。"

1930年11月30日,印顺法师在普陀山福泉庵拜清念老和尚为师,剃度出家,法名印顺,号盛正。不久,在宁波天童寺接受圆瑛法师的具足戒,第二年初即到由太虚法师主持的厦门南普陀寺闽南佛学院求法读书,秋天到鼓山涌泉寺兼课,在这里,他礼见了著名的虚云和慈舟长老。

从1932年到1936年,印顺法师为专心研习佛学经典,辞去了教学事务,前往佛顶山慧济寺阅藏楼、武昌佛学院学习三论宗之章疏。4年半时间的潜心钻研,使他对"三论"有了深透的理解。其间,他于1934年年初到奉化雪窦寺礼见了太虚法师(1890—1947)。印顺对三论的学习受到了太虚法师的赞许;太虚法师提出的"人生佛教"给印顺很深的影响和启迪。1937年7月抗日战争爆发后,印顺法师来到了重庆,住在北碚缙云山的汉藏理学院(太虚法师任院长)。1938年冬,当他听到国学大师梁漱溟关于佛教缺乏"此时、此地、此人"的关怀时,心弦受到了强烈地震撼:"吾心疑甚,殊不安。"他开始思考"人间佛教"的问题。在这里,他有幸与法尊法师(1901—1981)一起深入地探讨了黄教之密乘,并将自己翻译的《密宗道次第广论》交法尊指正润色。为了弄清黄教密乘的精义与特质,两人有时一起钻研典籍,有时一起争论。法师后来回忆说,两人论辩有时非常激烈,互不相让,多次以"夜深了,睡吧"而暂结束。这期间的学习,对他更深入地理解黄教密乘之教旨起到了很大的促进作用,也使他开启了藏传佛教"中观学"的视野,从此摆脱了受老庄思想影响的中国空宗——三论宗。"我出家以来,对佛法而能给予影响的,虚大师(文字的)之外,就是法尊法师(讨论的),法尊法师是我修学中的殊胜因缘!"

1947年冬天,印顺法师在厦门南普陀参加性愿法师举行的传戒法会,之后开办了"大觉讲社",宣读《佛法概论》。1948年6月应法舫法师(1904—1951)之邀请到香港,3年中出版了《佛法概论》和《太虚法师年谱》等15本书。

1952 年 5 月,印顺法师作为中国佛教界代表,参加了在日本召开的第二届世界佛教友谊会。秋天,他应李子宽居士邀请到了台湾,并从此住了下来。同年,他担任了由太虚法师创办 30 多年的《海潮音》杂志社的社长,直到 1965 年。

1952 年,~il)l 匝法师为仁俊法师讲说人间佛教的有关义理。法师认为,"人间佛教"具有佛法最重要的特征,即具有"契理与契机"的性质。他说:人间佛教是佛陀本有的精义,并不是后人、更不是自己发明的,是佛法固有的契理。"从人而学习菩萨行,由菩萨行修学圆满而成佛——人间佛教,为古代佛教所本有的,现在不过将他的重要理论,综合地纳绎出来。所以不是创新,而是固有的'刮垢磨光'。"这次讲法,不仅是印顺法师第一次明确、系统地从理论上对人间佛教进行了梳理,而且在更大范围内将人间佛教的种子播撒到了更广阔的大地。这次讲经,后来整理成了《人间佛教绪言》和《从依机设教来说明人间佛教》两本著作。

1960 年,印顺法师出版了备受信众欢迎的《成佛之道》一书。同年,法师在台北成立慧日讲堂,用以对外弘法,3 年中,他先后主讲了《宝积经》、《往生净土论》和《辨法法性论》等。同时他还为讲堂制定管理制度,如住持要由僧团推举,寺产不得当做家产世袭,僧财属于十方僧伽丛林制度。

印顺法师对佛教史与佛法研究非常严谨。1969 年,台湾佛教界曾对《坛经》是否是六祖所说进行过讨论,争论相当热烈。印顺法师认为这个问题十分重要,他指出:问题的解决,不能把问题孤立起来,要将有关神会的作品与《坛经》敦煌本,从历史发展中去认识、考证。为此,他在收集大量资料的基础上,于 1970 年写出了 28 万字的《中国禅宗史——从印度禅到中国禅》及《精校敦煌本坛经》,确认《六祖坛经》为慧能所作。法师对印度佛学的厘清与判摄,对中国禅宗史的疏解,精辟独到,迥异流俗,有专家认为,自唐末以来,鲜有堪与比肩者。1971 年 6 月,28 万字的《中国禅宗史》出版,受到日本佛教界的高度重视,在圣严法师的推荐下,学者牛道真玄将其译为日文并为法师在大正大学申请博士学位,1973 年,印顺法师 68 岁,日本大正大学正式授予他博士学位。

从 1969 年底至 1973 年秋,法师用了 4 年时间将过去的著作、讲录进行整理,出版了上、中、下三编 24 册的《妙云集》。1973 年冬天,他移住台中"华雨室"。在养病中他翻阅了《史记》,太史公的妙笔及古代传说引起了他的兴趣,

1975 年,他写出了一生唯一的一部关于中国文化的著作——《中国古代民族神话与文化之研究》。

1994 年,在外漂、1 白了 64 年、离开普陀山 58 年的印顺法师决定到大陆礼拜祖庭。9 月 7 日,当他与厚观法师等一行 5 人到达厦门普陀寺闽南佛学院时,全体师生列队击鼓、鸣钟相迎。临别,他赠言曰:"重游旧地,见一片光明。"之后,他们到了天童寺、雪窦寺、普陀山。9 月 12 日,当他来到普济寺佛前礼佛时,一生定静的他此刻热泪盈眶。

印顺法师是当代中国佛教思想家,以著作等身(自著 41 部,编《太虚法师全书》64 册)而蜚声中外;又由于解行卓著,被誉为"台湾佛教的精神领袖"、"玄奘以后第一人"、人们的导师。法师虽然体弱多病,但长年孜孜不倦地探求佛法真义,以"为众生而学"的慈悲之心,为信众抉择判别了不了义经论;他提倡"人间佛教",深刻而平易地阐释了它的契理契机的特征,润泽了大众的心田。他是人生歧路上的一盏明灯。

"人间佛教"源于"人生佛教"。人生佛教,是太虚法师早在民国初年针对中国佛教"重死而不重生,重鬼而不重人"而提出来的。至于"人间佛教",印顺法师在《契理契机之人间佛教》中说:"我是继承太虚大师的思想路线(非鬼化的人生佛教),而想进一步的(非天化)给以理论证明"而提出来的。这一提法,最早出现于印顺法师 1941 年的《佛在人间》、《佛教是无神论的宗教》著作之中,而全面的加以阐发,则是 1951 的《人间佛教绪言》、《从依机设教来说明人间佛教》和《人间佛教要略》等著述。他在《契理契机之人间佛教》中说:人间佛教必须契理契机。所谓契理,就是要符合佛法的原则,不违背佛法;契机,则是契合众生的根机。

人间佛教的基本理论,是阐述如何从人走向成佛之道。印顺法师在《人间佛教要略》中说:"人间佛教,是整个佛法的重心,关涉到一切圣教。这一论题的核心,就是'人、菩萨、佛'从人而发心学菩萨行而成佛。"学佛是为了成佛,成佛必须修行。为此,他提出要以菩提心、慈悲心、性空慧三心为修持心要。以此三心修行,平衡发展,破我见(智)、断我爱(悲)、除我慢(愿),三心圆满三德——大智慧(智德)、大慈悲(恩德)、大雄力(断德),最终圆满成就佛道。

在台湾佛教界,印顺法师与世无争,从不曾有素隐行怪的言行,其超然淡泊的性格与心境,为众人景仰。

2004年4月30日(农历三月十二),福严精舍为印顺法师庆祝了百年嵩寿,前来拜贺的信众希望法师"福寿广增延,住世利人天"。5月10日,法师因身体不适住进花莲慈济医院,医生发现其心包膜积水,成功地为其做了导引手术。2005年4月26日,法师因身体发烧再次住院,医生又成功地为他做了第二次心包膜积水导引手术。然而,法师毕竟百岁,体力不支,之后,身体日渐虚弱。

2005年6月4日上午10时7分,印顺法师因心脏衰竭,于慈济医院圆寂,享年101岁。

二、新一代法师

台湾当今最有影响的佛学法师及佛教团体是星云法师及其创建的佛光山、证严法师及其创建的慈济佛学会,唯觉法师及其创建的中台禅寺、圣严法师及其创建的法鼓山、心道法师及其创建的灵鹫山般若文教基金会等。

(一)星云大师与佛光山

1. 一代大师

星云大师俗名李国深,1927年农历七月二十五日生于江苏省江都县。父亲名李成保,母亲名刘玉英。12岁在南京栖霞山寺受志开上人剃度,名悟彻,号今觉。之后人栖霞律学院修学佛法,1941年受具足大戒。1945年又到焦山佛学院就读。1947年至宜兴白塔山大觉寺礼祖,并任当家,同时兼任白塔小学校长。1948年与智勇法师创办《怒涛》月刊,为主编,出任南京华藏寺监院。

1949年春,23岁的星云大师与僧侣救护队来到台湾,因被怀疑大陆间谍,与慈航法师等被当局拘捕。23天后被东初法师、白圣法师及孙立人将军夫人孙张清扬居士、李子宽居士等担保获释,驻锡中坜圆光寺。之后到台中主编《觉群周报》,又到苗栗法云寺看守山林数月,其间,开始写《无声息的歌唱》一书。

1952年当选为"中国佛教会"常务理事,第二年到宜兰县雷音寺驻锡。星云大师是"人间佛教"的积极倡导与实践者,在宜兰,他组织了佛教青年弘法队,带领他们骑脚踏车到乡间开展各种弘法活动,同时组织宜兰念佛会、开办儿童星期学校,成立了青年歌咏队。1955年,他组织了宜兰布教大会,以通俗的方式,进行巡回弘法,将佛教带到乡村和民间。1957年在台北创办佛教文化服务处,之后发展为佛光出版社,1962年到高雄创建寿山寺,设寿山佛学院(1967年5月18日移佛光山,更名为东方佛教学院)。

星云大师高瞻远瞩,为发展佛教事业,于1957年在高雄县创立佛光山,以创新的理念,全身心地致力于佛教教育、文化、慈善及弘法事业。

从1970年起,佛光山成立了慈悲基金会,在高雄县先后成立了育幼院,兴建了云水医院、佛光诊所,并协助县当局开办了老人公寓。同时与福慧基金会在大陆创办了佛光中、小学和佛光医院10所。

星云大师是一个不知疲倦的社会活动家。本着"佛光普照三千界,法水长流五大洲"的信念,1990年8月,星云大师发起成立了"中华佛光协会",1992年5月16日又成立国际佛光会,被推举为国际佛光会世界总会会长,将"人间佛教"的精神推向了更广阔的天地。中华佛光协会《会员手册》说:"中华佛光协会不专属于出家僧团,相反地,是以在家信众为弘法利生的中坚分子,让在家弟子有更多的空间为佛教奉献力量与智慧,不仅护持三宝,甚至可以就机说法,加入弘法布教的行列。"佛光会在五大洲成立了170多个国家、地区协会,成为了华人最大的社团,拥有会员近百万人。佛光会曾在佛光山、台北、香港、洛杉矶、巴黎、多伦多、温哥华、东京等地召开过多次会员大会,每次与会者都在5000人以上。

星云大师教化宏广,来自世界各地的出家弟子逾千人。他热心倡导人间佛教,宣传"地球人"理念,对欢喜与融和、同体与共生、尊重与包容、平等与和平、自然与生命、圆满与自在、公是与公非、发心与发展、自觉与行佛等等理念,都有许多独到的见解与发明。因其成就卓著,受到世人敬仰。1998年2月,星云大师至印度菩提伽耶传授国际三坛大戒及在家五戒、菩萨戒,恢复南传佛教国家失传千余年的比丘尼戒法。2004年至澳大利亚南天寺传授国际三坛大戒、开澳洲史上之先河。在星云法师的倡导下,台湾设立佛诞节,将农历四月初八定为法定节日。

星云大师以其佛学根底的深厚及其对人类贡献不凡等,在宗教、政治、教育和社会生活领域赢得了崇高的信誉。在台湾,他曾被国民党第十三次代表大会选为"中央评论委员"。除在台外,还屡获各种国际旌表。如:1978年,美国洛杉矶东方大学授予他哲学荣誉博士学位,1979年担任美国国际佛教促进会会长;

1995年获全印度佛教大会颁发的佛宝奖;2000年12月第21届世界佛教徒友谊会上,泰国总理为其颁发了"佛教最佳贡献奖";2003年获泰国朱拉隆功大学、智利圣多玛斯大学荣誉博士学位;2004年获韩国东国大学、泰国玛古德大学颁赠的荣誉博士学位;2006年获澳大利亚葛雷菲斯大学荣誉博士学位。由于佛光山的社会影响越来越大,第16届、18届世界佛教徒友谊会先后在洛杉矶的西来寺和台湾的佛光山召开,并推举星云大师为荣誉会长。

1981年,55岁的星云大师见到了分别40年的母亲。对此,他想到两岸关系,感触良多。他在《一要都是当然的》谈到此事时说:"1981年,在两岸关系还未明朗化之前,我在日本太平洋大饭店,与暌违40年的老母初次相见,种种的思绪在一刹那间全都涌上心头。我突然感受到世间的恩恩怨怨、好好坏坏,都不是对立的,而是大家共业所成,如果要使世界获得永久的和平安乐,必须要在互相平等的原则下,包容异己,才能达成,甚至国家想要做到真正民主自由,也应该是在国人彼此尊重的前提下,情理兼顾,方可竟功。"从此,他利用各种缘机,为发展两岸关系奔走。

星云大师对佛教界的交流非常热心,做了许多工作。1998年4月8日,法师率团至泰国恭迎佛牙舍利至台供奉;2002年1月到大陆参访,中共中央总书记江泽民会见了他,双方形成"星云牵头,联合迎请,共同供奉,绝对安全"的共识,达成陕西法门寺佛指舍利到台供奉37日的协议。2003年,大师应邀至厦门普陀寺参加"海峡两岸暨港澳佛教界为降伏'非典'国泰民安世界和平祈福大法会";同年11月,应邀参加"鉴真大师东渡成功1250年纪念大会",随后率佛光山梵呗赞颂团到北京、上海演出,在此基础上,两岸共同组成"中华佛教音乐展演团"在台湾、香港以及澳大利亚、美国、加拿大等地巡回弘法演出。2006年应邀出席在杭州举办的首届"世界佛教论坛"并发表主题演讲,为宗教和平交流写下了新的篇章。

2008年5月12日四川汶川发生8级地震后,星云法师代表佛光山捐款1000万新台币,表达了两岸血浓于水的缘情。

星云大师是最早利用现代传媒弘法的大德。1979年,他首创利用电视弘法,在电视台制播"甘露"节目,主持:《星云法语》、《留心门》、《每日一偈》等节目,担任"星云大师佛学讲座"主讲等。此举对佛教在台湾与世界的发展,厥功至伟。

星云大师深入信众，了解信众，最善于用通俗易懂的生动语言弘法。如他在讲到"以出世的精神做人世的事业"时，将出世与人世之关系讲得十分生动。他说："没有出世的思想，在人间从事事业，会有贪心，会有执著；有了出世思想，再做人世的事业，就等于文官不爱财，武将不怕死；见到金钱不动心，遇到生死无所惧。这种力量要从出世的思想培养起来。"①简洁的语言和类比，将对邪见、烦恼、名利声色的超载讲得一清二楚。

星云大师思想深邃，一生演讲、笔耕不息，因而著述等身。其代表作有：《无声息的歌唱》、《玉琳国师》、《释迦牟尼传》、《十大弟子传》、《星云大师演讲集》、《佛教丛书》、《佛光教科书》、《往事百语》、《佛光祈愿文》、《迷悟之间》、《当代人心思潮》、《人间佛教系列》、《人间佛教语录》等。其中很多被译为英、日、德、法、韩、泰、西班牙和葡萄牙文，流播世界。

为了更全面地认识星云大师，在诸多的评赞中，我们以四川大学佛教文化研究中心陈兵教授在《正法重辉的曙光——星云大师的人间佛教思想》一文中一段话作为本节的结语："中国佛教界历代被尊称为大师者，如道安、僧朗、慧思、智者、吉藏、玄奘、惠能、善导等，日本的最澄、空海、圆仁、圆珍，及民国的太虚、印光、弘一，皆是影响巨大、堪为万世师表的法门龙象，多属某一宗派的重要祖师或为弘扬佛教作出巨大贡献的祖师级人物。当今佛教界，真正称得起大师尊号者，当推星云和尚为第一人。

愿力宏伟，慈悲广大，佛学渊深，解行相应，智慧明睿，辩才无碍，这些佛教大师一般应具备的条件，星云和尚可谓当之无愧。与历代大师们比，他还有其特出的品格、胆识、才干，及特别辉煌的业绩：他极善于针对现代人的机宜说法讲演、撰文编书，深入浅出，隽语连珠，把艰深的佛法从寺院藏经楼中解放出来，化为汩汩法水，滋润人们焦渴的心田；他是位佛教革命家，极富革故鼎新的胆略、勇气和开拓精神，极多新的创意，已写下了台湾佛教史上的五十多个第一，其中许多实际上是中国佛教史乃至世界佛教史上的第一，赢得'佛教马丁·路德'、'佛教的创意大师'之誉；他极善于创业经营，具卓越的领导、管理、组织能力，所开创的

---

① 《星云大师讲演集》，(台湾)佛光出版社，1988年。

佛光事业,已经是道场遍五大洲、信徒逾百万众,为佛教树立了千秋典范。"①

2. 佛光山

佛光山位于高雄县大树乡麻竹园,占地面积 50 余公顷,是闻名遐迩的佛教圣地,有"南台佛都"之誉。

佛光山是星云大师率弟子于 1967 年开始创建的,它以弘扬"人间佛教"为宗风,提出"以文化弘扬佛法,以教育培养人才,以慈善福利社会,以共修净化人心"四大宗旨,"以出世精神做人世事业",是一个教育、慈善、文化、朝圣综合发展的新型道场。

这里原为一座荒山,星云大师经过考察,看到这里有五座状如莲花花瓣状的小山,很似经中所讲佛教净土圣地,于 5 月 16 日破土动工。星云大师请著名建筑师依大陆佛教四大名山形制进行了精心的设计,以宏大的气势修建了大雄宝殿、大悲殿、大智殿、大愿殿四座主要建筑,并使其疏落有致地分布在园区之中。

佛光山的建筑面积已达 50 多万平方米,根据不同功能,依五座山分作五个区域:

一区为东山,主要建筑为大佛城、大智殿、地藏殿、男众学部。

二区居中,为信徒朝山礼佛之地,主要建筑为放生池、不二门、大雄宝殿、净土洞窟、宝藏馆、朝山会馆。

三区为佛学教育区,主要建筑为宝桥、大悲殿、东方佛教学院、女众学部。

四区为社会教育区,设有普门中学。

五区又叫峨眉金顶,主要建筑为普贤殿、佛光精舍、大慈育幼院。

佛光山的突出标志是高达 40 米的接引大佛(佛高 26.4 米,基座高 13 米多)。接引大佛位于佛光山园区东山广场中央,立于白色大理石基座之上。大佛莲座下内外所雕之佛像,造型及色彩

皆依敦煌佛像绘画之格调。接引大佛面容慈祥,左手下垂作迎迓状,右手微举及肩,掌心向前,手指向上,表示"接引上天"。在大佛脚下基址四周,另塑有与其姿态、相貌相似的佛陀像数十尊,排列环绕。从山下放生池到大佛跟前,大道侧旁还有成排的形同真人大小的佛像雕塑 480 尊,也全是金镀而成。接引大

①　陈兵《正法重辉的曙光——星云大师的人间佛教思想》,(台湾)《普门学报》2001 年第 1 期。

佛全身贴金,在霞光、夕阳中,每每金光万道,与其下的雕塑群相互映辉,光彩夺目,佛国之胜,状如再现。接引大佛下方为大佛城,塑有大大小小的金身佛像1000多尊,十分壮观。

经过20年的经营,佛光山已成为台湾推动佛教教育、文化、慈善、弘法事业最大的寺院,其下属的别院、分院200多处,遍及台湾各地,香港地区以及东南亚各国、日本和美国也有其代表机构。

佛光山现任住持为心定法师,台湾云林县人,生于1944年,1968年剃度,号慧熙,第二年受具足戒于基隆海会寺。心定法师曾在东方佛教学院、文化大学印度研究所受业,之后曾任马来西亚龙华寺、美国西来寺、台北普门寺、高雄普贤寺住持和美国佛教青年总会会长。法师具有工程建设、讲经弘法、赞诵梵呗、填词度曲、语文才艺多方面知识,有"十项全能"之誉,1997年经佛光山宗务委员会选举,荣任第6任住持。

(二)惟觉法师与中台禅寺

1. 一代禅师

惟觉法师俗姓刘,1928年出生于四川省营山县,1963年从基隆十方大觉寺灵源法师剃度出家,法名知安,字惟觉。为学佛法,曾先后于南港县普门寺、宜兰县吉祥寺、新竹县圆明寺和香港大屿山茅棚等多处闭关苦修,1979年从香港返台,住台北县的石碇、平溪。1981年在居士们的帮助下,于台北县万里乡芥子山区供养地建一间简陋茅棚,居中修行。1986年之后,由于法师精通佛法,信众渐多,且有皈依者络绎前来,法师声誉遐迩日隆。1987年创灵泉寺,并主"禅七",法师应机施教,禅法活泼圆融,且普传心法,深为弟子欢喜。之后在各地亲主"禅七"700次,尤其在美国、加拿大主持的"禅七",使北美信众深受震撼。法师由是法幢高树,宗风大振。之后在南投县埔里镇兴建了全台最为高大宏伟的中台禅寺,接引学人,济度众生,且在台湾各地设精舍近百处。中台禅寺因"禅七"活动,青年学生仰法师之智慧德行,前来参加,并欲皈依。社会各界心慕而来者更多,其中许多显达皈依门下。

2005年5月,惟觉法师77岁,中台禅寺召开寺内僧团会议,指定副住持见灯法师接任住持,惟觉法师退位。

为使佛教在新的时代与时俱进,惟觉法师高瞻远瞩,提出了佛教必须"学术化、教育化、科学化、艺术化、生活化"的要求,并作为中台禅寺发展的基本方针。

为此,他非常重视对年青僧尼的教育,中台佛学院(研究所、大学部、高级部)每次结业及开学典礼他必出席并进行开示,希望珍惜机遇,潜心修读。如,2005 年 9 月 10 日,他在中台男众佛学院、女众佛学院联合结业暨新学年度开学典礼的开示,就十分精辟。他说:"佛教学院最重要的两个目标,第一是会通佛法,第二是向五明处学。佛法中有禅、净、密、律各种法门,如果没有融会贯通,则一知半解,执一非他,不但没有好处,反而产生过失。"禅者佛之心,教者佛之口,律者佛之身。""禅"是定慧不二之心,无上菩提心,"教"是佛经中的道理,"律"则是将经上的道理表现在生活中。"净"是净土,心净佛土净,身口意三业清净就是净土。"密"是三密相应,身密:不造杀盗淫。口密:不犯四种口过。意密:心清净不打妄想。三密相应也就是净土。这些道理会通了,回归自性,就找到人生的光明大道。"[①]

惟觉法师认为,佛法的至理是主张人间和合,世界和平。他在首届世界佛教论坛的演讲中说:"《仁王般若波罗蜜经》说:'住在佛家,修六和敬:所谓三业、同戒、同见、同学、行八万四千波罗蜜道。'《六十华严》亦云:'行六和敬,是故能令僧宝不断。'和敬之法,向为佛法所重。和敬有二,一为理和,二为事和。""六和敬为'身和共住,口和无诤,意和同悦,戒和同修,见和同解,利和同均';也常称'身和敬、口和敬、意和敬、戒和敬、见和敬、利和敬'。"[②]

中台禅寺对发展两岸关系有强烈的使命感和责任感,始终致力于海峡两岸文化交流,希望两岸早日实现"三通"。他曾不无幽默地说:"三通未通,宗教先通;宗教未通,佛教先通,佛教未通,中台先通。"

惟觉法师曾多次到大陆进行访问和交流,为两岸关系的发展作出了重要贡献。

2001 年 4 月 4 日,惟觉法师率近 400 人的台湾佛教团组抵祖国大陆进行参访交流,4 月 6 日,国务委员司马义·艾买提会见了法师一行。4 月 7 日,他在接受新华社记者采访时说,"法轮功"剽窃佛教中的术语,戕害人的生命,破坏国家

---

① (台湾)《中台山月刊》87 期,2005 年。

② 《和谐世界从心开始——世界佛教论坛文集》,宗教文化出版社,2006 年。

和社会稳定,是欺世盗名邪教。他说,"法轮功"与佛教有着根本的区别:佛教强调"从善"和"慈悲",强调以遵守家庭伦理、社会秩序和国家法律来实践慈悲,佛教尊重人的生命、人格和尊严,而"法轮功"却与此完全背道而驰,盗用佛教术语来达到鱼目混珠、混淆视听的目的,充分证明"法轮功"宣传的是"邪知邪见"。"法轮功"所说的"圆满",不但是不圆满,而且是对民众的迫害和杀伤,不论是站在佛教的立场,还是站在社会和人道的立场,"法轮功"都是应该被取缔的邪教。

2004年10月,在北京举行的第七次中日韩三国佛教友好交流会议上,惟觉法师与星云大师以及中国佛教协会会长一诚法师等8位高僧倡议,在中国设立"世界佛教论坛",这一倡议得到了国际佛教界的积极响应。

首届"世界佛教论坛"于2006年4月在浙江省杭州和舟山市举行,会议的主题是"和谐世界,从心开始"。惟觉法师在会上作了"和谐世界,从心开始"的主题讲演,提出了"人心和善、家庭和睦、人际和顺、社会和谐、人间和美、世界和平"的"新六和"理念,受到了佛教界的高度评价。

第二届"世界佛教论坛"于2009年3月28日至4月1日在江苏无锡和台湾台北举办。会议的主题是:和谐世界,众缘和合。在开幕式上,惟觉长老再次作了发言。

2006年4月19日,惟觉法师第二次访问四川,并向四川大学捐款50万元,用于助学。

2009年2月17日,中华宗教文化交流协会会长叶小文一行6人访问了中台禅寺,惟觉法师陪同代表团参加了中台博物馆东院开幕式。第二天上午,叶小文会长与法师在"同源桥(浙江杭州灵隐寺赠)之侧共同植下了一棵15米高的肖楠,并命名为"两岸和平纪念树"。

2. 中台禅寺

中台禅寺位于南投县埔里镇一新里,1992年筹建,由著名建筑师李祖源居士精心设计和规划三年,1994年破土动工,于2001年9月1日落成启用。

中台禅寺在建筑风格上,可谓中西合璧,将艺术、学术、文化和宗教的弘法功能融为一体,既有中国古代寺院的丛林色彩,更凸显着现代建筑工艺与中台"五化"的内涵及气派。中台禅寺将中国传统寺院建筑平面式布局聚合为垂直立体化形式,整个建筑共有38层,高140米,宽230米,前后纵深130米,是继台北

"101"之后,李祖源的又一力作。

中台禅寺除设有佛学院外,尚有普台国民中学、普台国民小学。其教学理念是中学为体——以儒家的伦理思想为本,发展健全人格;佛法为根——以落实佛法因果观念、禅修教育为根本,启发本具智慧;世学为用——培育学生具备科技、语言、资讯、艺术等人才,建立宽广的世界观。

中台禅寺类似一座全封闭的城堡,夏季室内温度由中央空调控制,故在这里看不到香火缭绕,见到的只是敬上的一束束鲜花和一杯杯净水。禅寺及附设的
宾馆、斋房等,四周皆为花草簇拥,林荫掩映,到处充溢着静谧安详的气氛。

中台禅寺功能齐全,它有宗务处、流通处、后勤处、资讯处、展览馆等,整个园区采取智能化的控制系统。中台禅寺设有文物馆,展厅中有上百尊石雕佛像,从早期北朝的古朴造像、隋唐佛教兴盛时期
的造像,至明清时期的佛像,不同时代风格的造像群,构成了一部生动形象的佛教造像史。这些极其宝贵的历史文化,都是信众的施舍。人们步入禅寺,在参观中除获得各种佛法知识外,也在不知不觉中接受了佛教艺术美的熏陶。

（三）圣严法师与法鼓山

圣严法师1930年农历十二月初四生于江苏省南通县小娘巷,俗名张志德,又名张保康。

张志德1943年夏天在狼山广教寺出家,法名常进。为了到台湾,1949年5月8日入伍从戎,编入通讯连,中旬乘轮船从上海到达台湾高雄。经过了10年的军旅生活,1961年退役时再次选择了出家,在太虚法师之学生东初老人座下剃度,法派字号为慧空圣严。东初曾为江苏镇江定慧寺方丈,是曹洞宗五十代传人,也是临济宗的传人,故圣严有幸接受了禅宗曹洞宗与临济宗两个法门。

1. 文化高僧

1969年3月,年届39岁的圣严前往东京,到日本立正大学攻读佛学,1971年以高水平完成了硕士论文《大乘止观法门研究》,从而获得了硕士学位。之后继续学习,选择明朝末年天台宗大师蕅益智旭作为博士论文的研究主题。1975年2月顺利通过答辩,3月获得博士毕业证书。

从1981年起,圣严法师先后任台湾文化大学、政治大学研究所教授。1985年在北投佛教文化馆创办"中华佛学研究所",任所长。他看到台湾没有一所大

学设有佛学系,更没有佛教学院,下决心创办一所佛教大学,1989 年,他在台北县金山乡创设法鼓山园区,开始了台湾佛教高等教育的筹建工作。同时他还设立法鼓山人文社会奖助学术基金会,并于第二年以每人 10 万元新台币的数额,将奖学金颁发给 9 位优秀硕士、博士论文的作者。1990 年主持召开了第一届"中华国际佛学会议",有 26 个国家和地区的著名佛教学者参加。1993 年提出"心灵环保",之后成了法鼓山的核心理念;1994 年又提出"礼仪环保"。1998年获《天下》杂志遴选为四百年来对台湾最具影响的 50 位人物之一,同年开始筹办法鼓山大学。1999 年提出《心五四运动——廿一世纪生活主张》,领导法鼓山投入"9·21"地震救灾工作。2000 年作为汉传佛教的唯一代表参加在联合国总部举行的"千禧年世界宗教与心灵领袖和平高峰会"。

作为禅宗曹洞宗的五十代传人、临济宗的五十七代传人、法鼓山创办人,圣严法师注重学行兼顾,悲智双运,以学术研究作为修行的准则,来实践佛陀的教义。他对佛教研究至深至透,一生写了 100 多本书,其代表作有《正信的佛教》、《学佛群疑》、《信心铭》等。他有很多独到的见解,闻之令人对佛理豁然开朗。

圣严法师指出:佛教是崇尚理性的宗教,对宗教的信仰主张"依法不依人"。佛教相信:非佛说的未必不是佛法(如弟子等说的),佛法也未必全由佛的口舌来说(如佛的放光、神变、举手、投足、看护病人)。佛法是在佛灭数百年后师师口传的,误传及失传的可能是不容怀疑,但大体上说,《阿含经》——尤其《雅阿含》是最可信的佛典。至于定要把它认为是百分之百的佛口亲说,相信是没有那样必要的。①

圣严法师曾感慨道:"佛法这么好,可是知道的人这么少!"厂法师曾对记者说:自己未读大学,但我发愿,我要办大学,使得所有的出家人都有学位。

2005 年 10 月,经过 17 年的努力,占地 15 公顷的法鼓山世界佛教教育园区落成开山,第 1 期工程的 7 栋建筑全部投入使用。

2007 年 4 月 8 日,经当局批准,法鼓佛教研修学院正式纳入台湾高等教育系统。圣严法师亲自为学院制定了院训:

"本院以养成戒、定、慧三学并重之佛教青年人才为宗旨。

---

① (释)圣严法师《基督教之研究》,(台湾)东初出版社,1984 年。

本院同学,应具清净、精进、少欲、无诤、整洁、宁静、和乐、自动、自律、自治之基本精神,益以互敬互助、直谅多闻、切磋砥砺、道业与学业并进,以达成研究与修持之崇高心愿。

本院同学,应惜常住物,热心大众事,除因公、上课、工作,不滥攀俗缘,不为娱乐及应酬外出,对所分配之工作,应尽力尽责做好,以之养成福智双运之美德,及弘法利生之愿力。"[①]

院训言辞简洁,目标崇高,要求具体,具有很强的实践性。

圣严法师毕生致力于佛教的研究与实践,创办法鼓山禅修、文教、慈善体系的人文社会大学、僧伽大学、僧团道场和 7 个基金会、4 种中文期刊。他学养深厚,教德高尚,对佛教发展作出了巨大贡献,因而受到世人的崇敬,被奉为僧界领袖。

2. 睿智高僧

圣严法师晚年提倡用"心灵环保"来"提升人的品质,建设人间净土",常为信众说法,意在把佛法慈悲和智慧力量,分享给世界的人。他有许多提升人品的话语,言俗而意远,深深打动人心而为人们所记诵,现于数百条中择录少许,以飨读者。

> 慈悲没有敌人,智慧不起烦恼。
>
> 忙人时间最多,勤劳健康最好。
>
> 要能放下,才能提起。提放自如,是自在人。
>
> 话到口边想一想,讲话之前慢半拍。不是不说,而是要惜言慎语。
>
> 四要:需要、想要、能要、该要。
>
> 超越死亡三原则:不要寻死,不要怕死,不要等死。
>
> 用惭愧的心看自己,用感恩的心看世界。
>
> 勇气不可失,信心不可无。世间没有"不能"与"无能"的事,只怕——不肯。
>
> 人之惑,惑于私,私除则明;人之病,病于惰,惰去则勇。

---

① （释)体恒《僧眼看台湾》,世界知识出版社,2008 年。

用体谅的心,对待亲情;用结缘的心,对待友情。

眼睛要生在心里,观察自己;嘴巴要长在心上,评论自己。

往好处想的人,快乐满怀;往悲观看的人,痛苦自己。

讲经说法,传播真理,转移社会风气,就是彻底的慈善事业。

话多不如话少,话少不如话好。

存好心,说好话,做好事,用心祈福。

让别人快乐是慈悲,让自己快乐是智慧。

心美,看什么都顺眼。

站在半路,比走到目标更辛苦。

圣严法师关心海峡两岸关系发展,多次率团到大陆访问朝圣。1997 年 3 月 7 日,济南历城区神通寺四门塔一石雕佛像佛头被盗,后流落到台湾,收藏在中山精舍。经山东文物部门刘凤君前往辨认后,圣严法师出面交涉,台方决定无偿捐归山东。2002 年 12 月 17 日,由圣严法师亲自护送,送回了济南。同时,他还将流落海外的 4 尊山东寿光寺佛像头捐回祖国大陆,体现了台湾佛教界与大陆佛教界的深厚情谊。

2008 年 5 月 12 日四川汶川发生特大地震后,圣严法师在北投农禅寺举办三时超度系念法会,为灾民祈福并率信众捐赠 1200 万新台币。法鼓山慈善基金会还招募义工,成立赈灾医疗团,由法鼓山副住持果品法师带队,第一批赶赴灾区进行救助和协助灾民心灵重建。

2009 年 2 月 3 日下午 4 时,圣严法师因肾疾医治无效而圆寂,享寿 80 岁。

圣严法师生前曾提出,要将遗体火化,把骨灰植存在法鼓山植葬公园。圆寂前又遗嘱曰:在我身后,不发讣闻、不传供、不筑墓、不建塔、不立碑、不竖像,勿捡坚固子。身后事是庄严佛事,不可办成丧事。可礼请 1 至 3 位长老法师,分别主持封棺、告别、植葬等仪式。务必以简约为庄严,切勿浪费铺张,灵堂中挂一幅书家写的挽额"寂灭为乐"以作鼓励。遗言最后为偈:无事忙中老,空里有哭笑。本来没有我,生死皆可抛。

(四)证严法师与慈济功德会

证严法师俗名王景云(锦云),1937 年 5 月 14 日出生于台中县清水镇。

　　证严法师家境富裕,幼小时受到了很好的教育。15 岁时,母亲因胃穿孔住进医院,20 岁时,父亲因脑中风而逝世。母亲的多病和父亲的逝世使她心灵备受打击。1960 年,她不顾母亲的眼泪,离家弃俗,多处漂泊,1962 年,她 25 岁,在花莲县秀林乡下的小庙——普明寺自行落发修行。

　　1963 年 2 月,她只身前往台北临济寺准备受戒,但由于没有剃度师父而不能报名。证严法师最崇信的大德之一是太虚法师。当时她到慧日讲堂请购《太虚法师全书》,出人意料地遇到了该书的主编印顺法师。她顿时升起了希望,便向印顺法师表达了皈依的心愿。时距离报名截止时间仅有 1 个小时。印顺法师以慈悲之心应允了她,并开示说:"你我因缘殊胜,既然出家了,你要时时刻刻为佛教、为众生啊!"之后立即为她举行了简单的皈依仪式,并给她起了法名慧璋证严。她随即赶到临济寺报名,接受了三坛大戒。

　　当年,印顺法师 61 岁,他也未料到,所讲"为佛教,为众生",竟成了指导证严法师一生的六字真言。

　　1. 慈悲心的转变

　　证严法师最初为自己订下的修行清规是不化缘、不做法会、不赶经忏。她自己在普明寺后的一间小木屋中诵经、抄经、拜经和供佛,少食少眠,用功清修。她谨遵百丈长老"一日不作,一日不食"原则,1964 年,与 4 位追随她的弟子在五分地上种下花生,用废水泥袋制成小纸袋出售、用缝纫店的碎布制成婴儿鞋出售的方式补给生活。

　　1966 年,证严法师到医院看望病人,在回来的路上看到一摊血,后来得知是一位难产的山地妇女因交不起医疗费而被拒之门外所致。无限的悲痛顿时在她心中翻滚:她发下宏愿,要建造一座医院,使贫困的生命也能得到保障。她开始转变了观念,感到不能仅仅独善其身,要普度众生,同时意识到金钱的"重要",她下决心积累"金钱",用以救助人的生命。

　　当时,建设一座医院最少要 8 亿新台币。这无疑是一个天文数字。但是,证严法师记起了佛的教导:"千手千眼观世音,救苦救难活菩萨。"假如有 500 人都这样做,不就有千手千眼可以及时救苦救难了吗? 重要的是立即从我做起。

　　1966 年,证严法师与 4 个弟子、30 位信徒一起,组织成立了"佛教克难慈济功德会",开始了从自己做起积累资金的准备工作。她们的做法是:6 位出家者每人每天加工一双 4 元的婴儿鞋。这样,每天 24 元,每月即是 720 元。30 位信徒每天提起菜篮到市场时,要节省 5 毛钱。这样,每月就有 450 元。消息传开后,又有一些人加入千手千眼的行列之中。第二个月,她们的功德即见了效;救助了一位无依无靠的老太太。为支持证严法师,1967 年,母亲在普明寺旁为女儿买了一甲牛地(每甲约合 0.9699 公顷)。母亲说:"女儿出嫁要嫁妆,出家当然也需要护持。"母亲的大爱,更加坚定了证严法师慈悲的心。

2. 慈善志业初成

人间关怀是证严法师慈善的初衷。法师的足迹遍于台湾各地,她目睹了边远及贫困的人因缺医而丧生,因疾病而更贫困。出家人要普度众生,修建医疗设施是最有效的途径之一。

1985 年 2 月 5 日,佛教慈济综合医院破土动工,当时,总体预算约需 8 亿新台币,已经筹得了 3000 万,虽然相差甚远,但法师坚信医院一定能建成,她镇定地向大家说:"没问题!"过了不久,传来一个消息,说一位日本人愿意捐助 2 亿美元。2 亿美元相当于 80 亿新台币,可以建 10 座医院,众人感到非常高兴,然而,意想不到的是证严法师拒绝了。她淡淡地说:"我不能接受。"大家觉得不可思议。法师平静地说:我是一个中国国民,在日本与中国的关系上,经过 8 年抗战,战后我们盖医院,反而要接受他的帮助,站在一个国民的立场,我很难接受!她还说:以佛教的因果而言,靠自己的同胞辛辛苦苦把医院盖起来,人人欢喜,但如果接受了 2 亿美金,就一人欢喜,因而,我不能做只让一个人欢喜的事情。证严法师以民族的大爱击垮了外来金钱的诱惑,是真菩提的民族大智慧。

她要通过修建医院,使信众树立起大爱之心。她说:为救众生而盖医院,真正可贵的是每个人发愿付出那颗心,涓涓滴滴除了将钱聚少成多,更可贵的是同时也汇聚了千万颗诚意可感的慈心。若凭空获得这两亿美金,我们如何体会聚沙成塔那种力量? 又如何体会自己做主人的踏实感? 盖一所医院救助自己的同胞,是我们分内的责任,难道还要外国人来帮助我们做吗?

不卑不亢的嶙峋风骨,掷地有声的铿锵话语,气魄非凡人世担当,令信众终生难忘。

1986 年 8 月 17 日,位于花莲的慈济综合医院正式启用,原来的一片荒凉山野,变成了普救贫弱的庄严之所,各地的许多优秀医生、护士来到了这里,他们要以证严法师为榜样,以大爱救护痛苦的病人。

在这里,首开不收保证金制度,医院成了病人之家。在这里,医生对病人有极大地热忱:不当名医,宁为良医。在这里,病人对医生有极大的信任,放心地把自己交给了医院。在这里,有与台湾大学医学院同样一流的主治医师和同样一流的医疗条件。

这里发生过很多动人的故事。一位病人因患绝症无法治愈,医师竟下跪向他道歉请罪。一位医生听说大陆的一位患白血病的少年与台湾一位富家公子的骨髓相配对,不仅多次前往恳求,还长跪不起。真诚感动了善心,使得捐髓成功。证严法师说:弯曲的是人的身体,张扬的是人性的光辉!

慈济事业的成功赢得了社会的赞誉,1989 年 10 月,台湾当局曾向证严法师颁发了"慈悲济世"的匾额;1991 年 7 月,菲律宾麦格塞塞基金会因"唤起现代台湾民众对古代佛教慈悲为怀教义的重视",把当年度的"麦格塞塞,居住小区领袖奖"授予了证严法师;1995 年,被香港《亚洲周刊》评选为"20 位亚洲杰出女性"之一。面对各种荣誉,她总是谦冲地表示:这是大家共同的成就,荣耀应归于所有的慈济人。

3. 广大无边的慈悲

证严法师说,慈济的志业是应苦难众生而设的,必须把慈悲喜舍救度众生的事做得更广大。

(1)国内国际赈灾

从 1991 年起,慈济功德会便开始参与国际急难救援活动,在物质与精神上对世界各地受到灾难的众生施以帮助与关爱,以点燃他们希望的火焰,鼓舞起前进的勇气。

"走在最前,做到最后"是证严法师为慈济人致力于急难救助、灾害救助制定的座右铭。1973 年台湾东部遭到台风灾害,1975 年再次受灾,花莲尤其严重,1977 年台湾南部遭受台风灾害,2006 年台湾东部受灾,不久中南部又遭水灾。但不论灾害发生在哪里,哪里就有慈济人的足迹,就有证严法师的声音。

1991 年夏季,大陆遭受水灾,慈济会在安徽全椒、江苏兴化与河南固始、息县三省四县建了 3000 多户民房、11 所学校、10 多所养老院,收容了四、五百位老人。1998 年之后在甘肃最贫困、干旱的会宁、通渭、东乡援建 2456 眼水窖。慈济会对国外施救的第一个地方是孟加拉。1991 年孟加拉发生水灾,饥饿的灾民苦不堪言,于是通过美国慈济分会将捐款转交给了红十字会。1992 年冬天,蒙古遭到雪灾,慈济会用了 9 个班次的飞机为他们送去了棉衣棉被。1993 年,湘西遭遇灾害,慈济会在安徽省的帮助下,及时将 20 多万套棉衣被送到灾民手中。1999 年,土耳其发生大地震,慈济会在大街小巷进行募捐。不久,台湾发生"9·2 广大地震,遍于世界的慈济援助之手又伸向了宝岛,除救济灾民之外,还修建了 50 多所学校。2006 年广东、广西发生水患,慈济会在湖南的帮助下,将 3 万件棉被送到了灾区。2007 年 4 月南非遭到雪灾,慈济会立即派出 30 人前往救助,几十万人及时得到了棉衣棉被。2008 年 5 月 12 日,四川汶川发生 8.0 级大地震之后,慈济会的人员在第一时间赶到灾区救援,由台湾生产的 4 万多条环保毛毯很快送到了灾民手中,7 月中旬前完成了洛水中学、洛水中心小学、八一小学及灵杰中学的简易教室的搭建。与此同时,慈济会的志愿者开始了募捐赈灾活动。在台中,民众看到证严法师 93 岁的母亲王沈月坐在轮椅上也拿着募捐箱,无不感动,纷纷上前响应。2008 年 11 月 6 日,海协会会长陈云林在访台期间,专门拜会证严法师,感谢慈济会在汶川大地震中对灾区的救援。

(2)骨髓捐赠

为了挽救更多的血癌患者,1993 年 10 月,慈济功德会开始筹备成立"台湾地区骨髓捐赠资料中心",即骨髓库。成龙为其做广告曰:"慈济和我正在等着找一个人,那个人可能就是你。"在不到两年的时间里,自愿捐骨髓者就达 10 万人。截至 2002 年 7 月,已积累捐赠者达 234700 多人,为亚洲最大、世界第三大骨髓数据库。已成功地移植 429 例,其中台湾 149 例、大陆 156 例。此外,还送海外 280 例。2000 年,杭州一个叫范和的 15 岁少年不幸得了白血病,需要一种"非亲源异基因"的骨髓移植才能救治。世界著名的物理学家李政道博士 8 次往返于台湾与大陆之间,终使范和得救。

2002 年 4 月,骨髓库已转型为干细胞中心,除继续加强骨髓库功能外,致力于干细胞研究和基因治疗。同时筹组脐带血库,要在 3 年内募集 1 万笔脐带血,作为骨髓配对的第二道防线。

3. 环境保护

从 1989 年开始,慈济功德会提出"垃圾变黄金,黄金变爱心,爱心化清流,清流绕全球"的行动口号,呼吁世人献身环保工作。证严法师不赞成人们日常生活中的过度消费,她要人们知道"知福、惜福、再造福",培养"惜福爱物"的良好习惯。在花莲的慈济医院设置了雨水回收系统,每年能节约350吨清洁水,在静思精舍利用太阳能发电,四周铺设连锁砖等。在慈济会的号召下,超过2万人的环保志愿工在居民小区做废品回收。如果以一棵20年的树能造50公斤纸计算,慈济环保志愿工在2001年回收废纸达7.5万吨,等于避免砍伐150万棵大树。

慈济功德会自1966年成立以来,所开展的"四大志业八大法印"即慈善、医疗、文化、教育以及国际赈灾、骨髓捐赠、环保、社区志工等,在台湾和海外获得了极大的声誉,2003年,又以"台湾佛教慈济基金"之名,正式成为联合国非政府组织(NGO)——联合国新闻部非政府组织联系单位的一员。同年还成立了由企业家组成的"慈济国际人道援助会"。目前,慈济功德会在世界各地有会员达400多万人,还在海外60多个国家和地区拥有256个办事据点,在北京、上海、天津、南京、杭州、昆明等城市也设立了联络点。

(五)心道法师及灵鹫山世界宗教博物馆

2009年3月6日,台湾佛教界发生了一件轰动的事件——佛光山举行隆重仪式,欢迎心道法师到佛光山"寻根"回宗。

隆重的典礼在佛光山传灯楼举行。心道率30名僧众向星云行三跪拜礼,之后诵读忏悔文。心道说,1973年,他从缅甸到佛光山,在星云大师座下剃度,向大师学习,1984年到台北县福隆自创灵鹫山道场。但30多年来始终不忘恩师,他"逾期未归",一直觉得心中有愧,几次想回山忏悔,但都因缘未具。心道法师说:"我是从佛光山生枝发芽出来的,回来寻根,以求无憾!"今日完成多年认刊归宗心愿,就是要灵鹫山弟子知道,法脉渊源是传承佛光山的临济宗法统。

心道法师在台湾、在世界佛教界是一位有很大影响的人物,为佛教的社会化作出了突出的贡献。

1. 心系天下

心道法师祖籍云南,1948年10月19日出生于缅甸腊戍一山村,俗名杨小生,4岁失去双亲,9岁时离家参加游击队,1961年随军从缅甸撤退到台湾,之后于台中就学。

1973 年,25 岁的心道法师由星云法师剃度,在佛光山出家,之后到宜兰县圆明寺苦修 10 多年。1984 年,他在台北县福隆创立了灵鹫山佛教教团,以"度尽众生,方证菩提"之法门,净化人心,弘法利生。灵鹫山现有 100 多位出家众,30 多万在家众,在台湾、香港以及美国、加拿大、印尼、马来西亚有 20 多处分支别院,在缅甸、尼泊尔、美国和加拿大还有 4 个修行中心。正在修建中的"华严圣山"占地 100 多公顷,将开办佛学院及禅修中心。

心道法师关心社会,践行人间佛教理念,他说,要真正自度度他,就必须有切实的载体。在他的领导下,灵鹫山 2001 年成立了世界宗教博物馆,2002 年在纽约成立了"爱与和平地球家"及跨宗教青年联盟、世界宗教大学、缅甸孤儿院等,致力于佛教教育的生根与推动。

心道法师在世界佛教界影响很大,1999 年,他应邀参加了在南非开普敦举行的世界宗教会议第二届会议,2000 年应邀参加联合国世界宗教高峰会议,2004 年 7 月,应邀参加在巴塞罗那举行的世界宗教会议,促成了宗教的对话与交流。7 月 9 日,在"宗教交流所面临的挑战"座谈会上,心道法师与孔汉思博士进行了对谈,300 多位听众聆听。由心道法师与世界宗教博物馆推动多年的回、佛对谈,也于 7 月 11 日在第五会场举行。

2. 建立世界伦理

心道法师认为,世界之所以危机四伏,是因为人们的贪嗔痴太重,而且不同的民族、国家、团体利众利他心不够。因而,他主张各方面应加强对话,他深信《走向全球伦理宣言》中"无宗教之间的对话,就没有宗教间的和平",积极主张要建立"全球伦理",佛教要在其中担当重任,"如果缺乏全球伦理,这个世界不会有生存者"。

1993 年 8 月 28 日至 9 月 4 日,来自世界几乎每一种宗教的 6500 多人,在美国芝加哥召开世界宗教第二次大会,会议由德国杜宾大学教授孔汉思(Dr・Hars Kung,1928—)起草提出了《走向全球伦理宣言》。宣言认为,在各种宗教之间已经有一种共同之处,它可以成为一种全球伦理的基础——即一种关于有约束力的价值观、不可或缺的标准以及根本的道德态度的最低限度的基本共识。宣言认为,人类的许多宗教和伦理传统都具有并一直维系着这样一条"黄金为人准则":"己所不欲,勿施于人。"用通常的话来说就是,"你们愿意人怎样对待你们,你们也要怎样对待人。"这就意味着应该抛弃一切形式的自我中心主义,抛弃自私自利。宣言提出了四条具体的道德禁令:"不可杀人、不可偷盗、不可说谎、不可奸淫。"宣言认为:这四条道德禁令早已存在于人类各个伟大而古老的宗教与伦理传统之中。

孔汉思是瑞士人,著名的天主教神学家与哲学家,从 1960 年起,曾在德国杜宾大学担任 36 年教授和普世神学研究所所长。他认为:世界各宗教伦理观之间的共同性包含着两个原则:一是"人道原则",二是"己所不欲,勿施于人"("你们愿意人怎样对待你们,你们也要怎样对待人")。这些原则可力行于生活的各个层面。1993 年,他为世界宗教会议起草了《走向全球伦理宣言》,为了推动宣言,他于 1995 年成立了"全球伦理基金会"并担任主席。

1996 年 3 月,"全球伦理基金会"与"双互促动协会"合作,在维也纳举行会议,讨论"世界伦理"的构想及标准,发表了《维也纳宣言》。宣言认为,世界上不同的宗教完全可以以开放的胸襟相遇,以便对人类今日所面临的困境的迫切性取得一致的意见。1997 年 9 月 1 日,"双互促动协会"又通过了《人类责任宣言》(草案),强调全世界都有必要达成自由和责任这两种观念的平衡。

从心道法师主张推行"世界伦理"并把"世界伦理"作为普世理想的层面可知,一方面,他已经认识到现代社会的基本特点是多元的,包括人们的价值观、道德观及个人的较高目标当歧异;一方面,他十分企望人们通过修行,在承认和接受一种合理多元的前提下,应自觉平等地对待与自己异质的他元。

心道法师于弘法过程中,深切体认到宗教所共同秉持"爱与和平"的使命,于 1989 年提出"尊重每一个信仰、包容每一个族群、博爱每一个生命"的弘法理念。之后积极从事国际间的宗教对谈与交流,尤其着力于基督教、伊斯兰教间的和平对谈,同时与世界宗教组织、联合国组织等合作,致力让和平精神成为全球化的重要力量。2004 年,心道法师与孔汉思终于见面,两人表示,将彼此协助,一起携手推动世界和平。

3. 宗教创举——回佛对谈。

2001 年 3 月 12 日,阿富汗塔利班政权以炮火摧毁了已有 1500 多年历史的世界著名的巴米扬大佛,不久,又在美国制造了震惊世界的"9·11"事件。伊斯兰教一些人的恐怖暴力引起了全球的愤怒与恐惧。心道法师深感问题之严重。

有鉴于此,他认为唯有与回教世界展开对话,增进了解,才能化解误会的心结。于是,他呼吁进行"回佛对谈",以永葆人类和平。他的呼吁引起了世界的强烈反响。

在心道法师的推动下,回佛对谈经过艰苦的协商与准备,对谈系列第一场终于在2001年3月7日在美国哥伦比亚大学揭开了帷幕,围绕"爱与和平"及神学问题,美国加州索卡大学教授大卫·夏伯、千禧年世界和平高峰会议秘书长巴瓦·金以及纽约清真寺教长、心道法师等在会上发了言。

2002年5月11日,第二场回佛对谈在马来西亚的吉隆坡举行,会议的主题是"全球化运动在亚洲"。2002年7月29日,第三场回佛对谈在印尼雅加达举行,主题为"灵性全球化"。此次对谈成果显著,三周后,印尼国会取消原拟以伊斯兰为国教,正式宣布"五教共和"——伊斯兰、印度教、基督教、佛教及儒教等,尊重宗教多元化。

2003年5月5日至7日,第四场回佛对谈以"全球伦理与善治"为主题,在法国巴黎联合国科教文总部举办。时值美伊战争正式停战的第三天,引起世界格外关注。

2004年7月11日,在巴塞罗那宗教会议之后,举办了第五次回佛对谈。

2008年6月11日,第九届回佛对话在台北举行,主题是"全球化与灵性传统",这是心道法师促成国际回佛对谈以来首次在台北举行。旧金山牧灵中心天主教神父及美国芝加哥罗耀大学伊斯兰研究中心主任玛西亚·赫尔曼森(女)等人在会上作了精彩发言。2008年9月3日,由心道法师与菲律宾驻联合国大使贺赖瑞共同主持的"迈向地球家:回佛对谈"——第十届回佛对谈在联合国总部举行。18位国际佛教、伊斯兰教的宗教领袖和专家分别围绕"和平与人权"、"贫穷与社会不平等"、"生态疗愈与地球权利"三项主题进行了发言。

4. 灵鹫山与世界宗教博物馆

灵鹫山始建于1984年,位于台北县贡寮乡福连村,心道法师在此处成立了灵鹫山佛教教团,因山上巨石多状如鹫首,山势颇似印度佛陀弘扬大乘佛法的灵鹫山,故而名之并在此建"无生道场"。

为了更好地服务社会,心道法师提出"生活即福田,工作即修行"的生活禅理念。弘法与教育是灵鹫山的两大主轴,宗教文化教育园区内建有三乘法脉学院、宗教文化交流中心等。为适应时代的要求,实现"爱与和平"地球家的愿景,心道法师带领僧俗弟子,以华严"一即一切"的精神,创立了世界宗教博物馆,促进宗教互动学习与交流,以实现世界的永久和平。

在弘法的过程中,心道法师有感于现代人因宗教信仰的偏差,导致了种种心灵问题,他感到,21世纪将是人类心灵文明的时代,于是便发愿建立"世界宗教博物馆",希望打破各种宗教之间的门户之见,积极进行宗教对话与交流,将宗教的"爱与和平"精神传播到人间各处。

世界宗教博物馆位于台北县永和市,为一座占地面积6600多平方米的大楼,1990年开始设计,1995年动工兴建,2001年11月9日落成开馆。

世界宗教博物馆是全球第一座以宗教理念为展示主题的专业博物馆,兼有文化艺术及宗教研究的性质。馆内展出了包括基督教、伊斯兰教、佛教、道教等世界十大宗教的文献经典及各类文物。博物馆通过举办宗教交流与对话,维系与各宗教间的友好互动,在互动与交流中体现对人权与生命的关怀,向世界宣扬"尊重信仰、包容族群、博爱生命"的世界共识与全球伦理规范,以使"尊重、包容、博爱"的理念成为人们共同行动的准则。

心道法师结合现实社会弘法,其主要著作有《知性的引导》(上、下)、《生活之美》、《觉性之美》、《九分禅》等。

第三节　菩萨信仰

菩萨本是佛教中协助佛传播佛法的人物。

大乘佛教讲智、悲、行、愿,并将此四大理念人格化,于是就有了四大菩萨分别代表之:观世音菩萨是慈悲的化身,大慈与人同乐,大悲救拔人于苦难之中。文殊菩萨是智慧的化身,他通过对纷繁世理的洞察与分析,开示佛法,警喻愚钝冥顽,引导和教化芸芸众生成佛。地藏菩萨品格出众,他安忍不动,犹如大地;静虑深密,犹如秘藏。他曾发誓尽度六道罪苦众生成佛,之后真切地践行此宏大无边、舍己度人的誓愿。并表示:"众生度尽,方证菩提;地狱未空,誓不成佛。"因其立有为五浊恶世受苦众生消灾增福广大誓愿,因而地藏菩萨被尊为"大愿"。普贤菩萨是大乘佛教行愿的象征。"行愿"即修行与誓愿,普贤既有广大誓愿,又身体力行,曾在无量劫中修菩萨行、求一切智,具足无量行愿示现于一切佛刹,因而被尊称为大行普贤菩萨。传说他曾在四川峨眉山示现,故而那里香火极盛,成了中国普贤崇拜与信仰中心。

一、观世音信仰的特点

在四菩萨中,观世音信仰最为突出,以至于世人说到菩萨,就认为是专指观世音,人们还亲切地简称其为"观音"。

何以如此呢? 主要原因有三:首先,观世音能救苦救难。在诸菩萨中,观世音是拯救苦难的,而芸芸众生苦难最为深重,因而极希望得到其救拔。据《法华经》普门品记述,在25圣中观世音耳根圆通最为殊胜,当受苦众生遭遇困苦时,只要轻声诵其名号,就能听到声音,并前往救助。

其次,观世音能为世人送子。我国信奉观世音始于汉末,至明清时期,观世音又被世人敷演成了送子观音。我国是一个宗法思想盛行的国家,"不孝有三,无后为大",无儿无女者无不千方百计希望得到子嗣。加之民间传说观世音送子有求必应,十分灵验,于是,观世音信奉范围迅速扩大,崇拜信众急剧增加。

再次,传播渠道畅通。由于观世音信仰比较普及,不仅各种经文中有其记述,且各地的造像也十分生动形象,如大同云冈石窟、洛阳龙门石窟、敦煌千佛洞的石刻与绘画,影响十分深远。隋唐之后,受密教之影响,各寺庙中还出现了11面、千手千眼、如意轮等各种造像,民间木刻、瓷塑、泥雕更是不计其数。唐宋之时,有关观世音的灵验故事小说、宝卷、戏曲等文艺作品脍炙人口;大众素以观世音为女神,不见于经传的鱼篮观音、白衣观音、南海观音随处可见。上述在民间广为流传,其影响远远超过正统的佛教经典。更有趣的是,观世音信仰还与道教连手,民间原有的"娘娘庙"遂与送子观音相混合,演变为"观音娘娘"、"送子观音",于是,一时间,出现了"家家观世音,户户弥陀佛"盛况,观世音在民间成了家喻户晓之神。

千百年来,观世音信仰经过中国传统文化的滋育和熏陶,成了中国文化不可分割的一部分。菩萨是台湾民间信仰中受众最多者之一,随着大陆移民的不断增多,观世音信仰更加普遍,各地的菩萨庙很多,据刘枝万《清代台湾之寺庙》一文载,清代台湾有佛教寺院102座,其中以"观音"为寺、宫、庙、亭之名称者,约

55 座以上。① 台湾花莲师范学院李世伟教授②引用日据时期宗教调查官员宫本延人的调查结果:全台主祀观音的寺庙当时比妈祖庙仅少 22 座,居 304 座中的第 4 位,但在一般家庭安放的观音像,以及与家庭成员的亲密性上,则有遥遥领先妈祖之感受(宫本延人《日本统治时代台湾寺庙整理问题》,奈良,天理教道友社,1988 年 4 月)。至 1985 年,台湾专家仇德哉统计,台湾地区主神寺庙中,供奉观世音的共有 595 座,数量仅次于王爷③。

台湾的观世音信仰有些什么特点呢? 总体来说,台湾观世音信仰既属民间信仰,也是佛教信仰的一部分。

(一)观世音信仰是佛教信仰的一部分

说是佛教的一部分,首先是因为有佛教经典的记载。《大乘妙法莲花经》中有《观世音菩萨普门品》一章,不仅说观世音具有"不度尽众生誓不成佛"的愿力,还详细地记述了观世音在火灾、船难、坠谷、贼劫、兽侵、刑杀、毒龙恶鬼、雨雹雷电等各种天灾人祸时,对苦难众生救助的行为。"若有无量百千万亿众生,受诸苦恼,闻是观世音菩萨,一心称名观世音菩萨,即时观其声音,皆得解脱。"对于因受到各种灾害、生命处于困厄之时的千百大众来说,这位菩萨无疑就是天生的救世主,因而对信众来说,具有极大的吸引力。据《观世音菩萨圣德新编》一书记载,④历代所译观世音的典籍达 83 部。其次,各类寺院之中,均供奉观音,不少寺院还有专门的观音殿,诵念有关经卷。再次,佛教法师大力弘扬。对于观世音的圣灵,台湾不少高僧大德都极力宣扬,佛教界领袖人物如慈航、煮云、演培、南亭、道安以及星云大师是其代表。他们不仅口述阐扬,执笔著述,而且还资助出版各种读物,这对普及佛教知识及观音信仰,起到了重要的推波助澜作用。

(二)观世音信仰属于民间信仰

说是民间信仰,主要体现在许多感应故事上。考察观世音信仰动力源,皆出自普门晶中观世音"千处祈求千处现,苦海常作渡人舟"的愿力,在现实中则是体现在无穷无尽的感应故事上。

---

① 刘枝万《清代台湾之寺庙》,(台北)《台湾文献》4 期,1963 年 6 月。
② 李世伟《台湾观音感应故事及其宗教意涵》,(台湾)《汉学研究通讯》24:1(总 93 期),2005 年 2 月 31 日。
③ 仇德哉《台湾神庙大全》,(台北)作者印行,1985 年。
④ 蓝吉富《观世音菩萨圣德新编》,(台北)迦陵出版社,1995 年。

首先,由于大陆移民人台,历史上观世音灵验的故事在台湾民间大量流传。魏晋南北朝是我国佛教迅速发展的重要时期,上至宫廷皇室,下至平民百姓,信众有数百万。其间,民间出现了许多记述佛教灵验的故事,开先河之作有:颜之推《冤魂志》、刘义庆《宣验记》、王琰《冥祥记》、侯白《旌异记》等。这些书虽以笔记小说的形式出现,实际上也是一种"释氏辅教之书"(鲁迅《中国小说史略》)。至唐宋元明清时,宝卷、传奇、戏曲、小说在民间广为流行,北宋妙善公主传说、吴承恩《西游记》等,使得观世音的愿力与形象更加生动和广泛地在信众中流布。为使信仰者更多地了解观世音感应的故事,一些既往的观世音灵验的书籍得到了重印,如许止净所编的《观世音菩萨本迹感应颂》、高叔豪居士编辑的《观世音菩萨灵异记》、李圆净编辑的《新编观音灵感录》(原1929年印行)等。

其次,新编观世音灵验故事在台湾层出不穷。由于受日本佛教之影响,台湾佛教在日据时期受到极大的扭曲。1945年台湾光复后,佛教界做了大量卓有成效的拨乱反正工作,其间,诞生了不少佛教报刊,如《觉生月刊》、《菩提树月刊》、《人生杂志》等。这些刊物在弘法的同时,也刊载了许多观世音在现实生活中的灵验故事,在社会上引起广泛影响。《观世音月刊》曾在1978年1月刊登启事,在民间征求观世音灵感的故事,得到了极大的响应,许多信众和读者踊跃投稿,诉说发生在身边的灵验故事。与此同时,新编撰辑录的书籍也不断面世,影响较大的有:煮云法师的《南海普陀传奇异闻录》(台中净愿寺印经会1994年,原版1953年)、慈航法师的《怎样知道有观世音菩萨》(高雄慧光文库印经处1992年)、毛惕园编辑的《观世音灵感续编》(台湾印经处1976年)、林慈超的《观世音菩萨灵感记》(台北普门文库,1979年)、智成居士编辑的《观世音菩萨灵感录》(台北菩提长青杂志社,1987年)、万钧所编《观音灵异纪》(台北新文丰出版社,1983年)等。

上述新编观世音灵异录,均为今人现身说法,其目的在于宣扬万能的观世音无处不在,只要信奉,便可消灾赐福。如皈依南亭法师门下的杨陈秀贞居士,1961年左腿骨折,观世音显现慰其病苦,后伤痛痊愈;民众刘海泉患脊髓骨脓,后得到观世音感悟而治愈。此外还有乘飞机遇险者、失物而复得者、遭战乱之苦最终全家团圆者、求子嗣而如愿者,以致中奖券者,不一而足。

为避免观世音信仰失之流俗,佛教界高僧非常注意引导信众提高认识,把求得眼前利益的短视行为提升为弘扬佛法。如星云法师就明确提出了这一点："一般人信仰菩萨,大都是在急难时希望能得到菩萨的救护,或祈求家庭子女或自身的平安吉祥,很少有人明白信仰观世音菩萨的意义乃是进一步的由自身奉行菩萨大悲救苦救难的精神。"[①]

二、著名的观世音寺庙

台湾最有名的观世音寺庙有以下几处:台北龙山寺、高雄县超峰寺、桃园大溪斋明寺、桃园县观音乡甘泉寺。

(一)台北龙山寺

位于台北市西南的万华区。万华区旧称艋舺,是台湾开发最早且最繁荣的地区之一,清嘉道年间与台南、鹿港并称为"一府二鹿三艋舺",盛极一时。龙山寺始建于乾隆三年(1738),嘉庆、同治年间曾遭地震等自然破坏,1920—1926年曾进行维修和改建,1953年之后又进行了扩建,扩建工程先后进行了12年之久。寺中前殿有铜铸龙柱一对,中殿龙柱数对,其中的青石大龙柱,为福建惠安石雕艺人之杰作,正殿藻井及神龛为木雕,亦精美异常。龙山寺主祀观世音菩萨,并祀妈祖、四海龙王、城隍爷、十八罗汉、山神、注生娘娘和土地公,为典型的神佛合一的寺庙。由于观世音大慈大悲,台湾信众都亲昵地称其为"观音妈"。除每月初一、十五香客朝拜外,每年农历二月二十九日、三月二十三日观世音、妈祖诞辰之日,还要举行盛大祭典,前来进香者更是人山人海。

(二)高雄县超峰寺

位于高雄县阿莲乡大岗山之巅,海拔约250米。清雍正九年(1731),创始人绍光禅师在现址结茅自修而开山,乾隆二十八年(1763),在台湾知府蒋元焄支持下建观音殿,从此香火鼎盛,成为名刹。第二次世界大战期间,寺院受到严重破坏,1945年光复后由开照住持领导进行了恢复重建。之后在并参住持倡导下,在寺内举办了大规模的传戒活动,由是不仅僧众大增,寺院声誉也名扬全台。现任住持法智,台南县人,俗姓赖,生于1933年,1976年5月接受白圣法师法脉而成为其高足。法智成为该寺住持后,又建新式宏伟大殿、大讲堂、九层禅学大

---

① 《观世音菩萨灵感记序》,林慈超《观世音菩萨灵感记》,(台湾)普门文库,1979年。

楼、千人寮房,同时兴办观音中心诊所为民众义诊。白圣法派对超峰寺影响很深,1989年白圣法师圆寂后不久,法智住持就在新大殿之后的护墙上塑白圣持杖抚鹿立于树下的浮雕造像以示纪念。

超峰寺内观音殿依然保存着浓厚的民俗崇拜色彩,一般信众可随时到此进香,尤其每年农历二月二十九日观世音诞辰之日,前来朝拜者车水马龙。而后面新建的西方三圣殿则是纯正的佛教区,僧尼在此听经修持,一般世俗不得进出。

法智住持编有《超峰寺传承史》一册,中英文对照,全面介绍了该寺的历史、现状及弘法活动。[①]

需要说明的是,大岗山在日据时期曾为军事要塞,不许寺僧留住,1941年,超峰寺僧众被迫迁于山下,在僧义敏的带领下另建新寺。1945年台湾光复后,部分僧尼返山重建,仍名超峰寺,山下之寺遂被称为新超峰寺。新超峰寺住持能学法师号慈圆,台湾嘉义县人,生于1938年8月,俗名陈达雄。法师16岁出家,第二年受比丘戒,为开参法师徒孙,并亲近印顺法师6年。1970年至香港深造,后毕业于香港能仁大学文史系,之后又到珠海大学文史研究所学习,1975年返台,1977年接任住持。

(三)桃园大溪斋明寺

位于桃园县大溪镇员林里的斋明寺,约创建于清道光二十年(1840)。创始人李阿甲为当地农人,后皈依三宝,到大陆南海普陀山法雨寺受戒,法号性悦,返台后择地结茅为庵,名福份宫,供奉由南海请回的观世音菩萨,并任第一代住持。

约在同治十二年(1873),地方绅士江排呈等,有感于观世音菩萨恩德,约人献地捐资,在距福份宫60米处建造瓦葺堂宇,称明斋堂,黄士琴被推举任第二代住持,取法号普瑟,同时将法脉转为传承龙华斋教。

斋教兴起于明清之际,有龙华、金幢、先天三派,其中龙华派最早,起于明代中叶,初祖罗因,殁于嘉靖六年(1527),经二祖殷继南、三祖姚文字等传布,移教于福建,约在清乾隆年间传人台湾。

明斋堂第三代住胡阿九,法号普惠。1912年,明斋堂扩建了殿宇及东西厢房,不久,主持工程的江连枝接任为第四代住持,法号普梅。普梅虽仍以华龙

---

① (释)法智《超峰寺传承史》,(台湾)世佛杂志社,1991年。

派为宗,但却赴鼓山向圣恩法师求法,法号雪年。1925 年,法号普乾的江澄坤接任第五代住持后,因其也曾礼福州鼓山圣恩法师,故而明斋堂法脉便转承为鼓山,江澄坤遂取法号常一。1937 年日本大举进攻中国后,在台湾推行"皇民化"运动,明斋堂所祀妈祖、关公、清水祖师等神祇全被废弃,明斋堂由是改为明斋寺,因鼓山涌泉寺属禅宗曹洞宗,故明斋寺法脉又转承为曹洞宗。1939 年 6 月,主持普乾江澄坤居士病逝,法号会观的江张仁被拥推为第六代住持。

斋明寺从创建至今 160 余年,其间经历六代住持经营,在法统上曾承袭普陀山、龙华斋教、鼓山曹洞宗和日本曹洞宗,从中可见台湾传统佛教发展历史的特殊风貌。

从第二代黄土琴起,明斋寺住持均为居士。2000 年年初,会观师感年事已高,恐道场法脉中断,决定将斋明寺献给法鼓山圣严法师。9 月 11 日,圣严法师升任明斋寺第七代住持,之后,斋明寺以普陀山临济禅宗为旨弘法和举行各种佛事活动,这表明斋明寺在弘法利生的前景上从此开始了一个新的阶段。

(四)桃园县观音乡甘泉寺

位于桃园县观音乡。观音乡之名来自一个美丽的传说。据说清咸丰年间,一乡民黄等成在溪中得一石,其形酷似观音菩萨,于是便结庵供奉。后遇瘟疫暴发,观音显灵,说当年发现石像处的泉水可治百病,于是患者纷纷饮此泉水,果有奇效,不药而愈。从此,不仅观音美名远播,泉水成了神水,村子也逐渐兴旺起来,人称石观音庄。咸丰十年(1860)春天,当地白沙墩举人黄云中约请地方绅士募得款项,将原寺加以重建,由于寺院所在地名叫福龙山,故称寺为福龙寺。光绪十二年(1886),周围数村之众又在乡绅刘文进等人的组织下集资予以重建,考虑到寺因泉而名,故更名为甘泉寺。

甘泉寺后墙有一面巨大的观音浮雕《童子拜观音》,长、宽各 24 尺,是目前世界上最大的铜雕。慈祥的观音坐在莲花座上,面向大海,象征着 150 年来庇佑着这一方的百姓安居乐业。

今见甘泉寺为 1997 年重修,堂皇富丽,分前堂、正殿和两庑几部分,建筑十分精美。古老的泉井至今仍在,位于寺右侧巷内,其侧建有庙亭,内有观音像一尊,庙方引泉水至观音手持的宝瓶,甘洌的泉水自瓶口而出,前来膜拜之信众为沾福泽,无不以手接捧。

农历二月十九日是观音佛诞辰,每年此日,前来进香和祭祀的善男信女,摩肩接踵,人山人海。此日为许福日,要举行"点斗灯"仪式,由寺院组织许愿者进行。十二月十九日还斗日,年初许愿者前来参加还愿仪式。

农历六月十九日是观音菩萨成道之日,为了表示对石观音的感激之情和更好地建设家乡,当地文史工作者与社会各界,于2002年7月27日,即农历六月十九日,在观音乡举办了首届"石观音文化季"(文化节)。文化季以全新的文化祭礼,结合历史、环保、土地、产业及信仰,创造出了意象丰富社会文化新景象。活动仪式由昭慧法师主持,桃园县县长朱立伦致辞,乡长张永辉恭读祝祷文,之后,在嘹亮的梵呗音乐声中开始了盛大的巡游活动。16位乡民抬着供奉在莲花座上的石观音,沿着海岸和到各村巡礼。巡境队伍所经大街小巷,淳朴的乡民无不摆设香案,供上鲜花蔬果以及代表当地新产业的吉祥物——莲花,虔诚相迎。为了防止环境污染,组委会劝导乡民不燃放鞭炮;为了护生,同时还倡导乡民斋戒两日。

自2002年起,观音乡已举办"石观音文化节"多届,其间举办多种文化、艺术及娱乐活动,每次约1周时间。

第四节　台湾佛教现代化的特征

台湾的佛教基本上分作四大系,即汉传、藏传、南传、日本佛教四种。其中,汉传佛教为主流,其寺院所占比例在90%以上。台湾佛教现代化的主力军是汉传佛教,其理念是"人间佛教",其重要标志是公益性的志业十分兴旺与发达。

一、"人间佛教"之帜高扬

佛教产生于印度,但佛教在印度本土消失了。究其原因虽火,但未能与时俱进则是其衰败的重要内在因素。藏传佛教、汉传佛教之所以得以保存并发展,是不断地求新创新为其注入了生命的活力。20世纪初太虚法师提出"人间佛教"或"人生佛教"的理念,慈航法师认为,教育、文化、慈善是复兴佛教的三把钥匙。1948年,他在一次讲话中说:"推行佛化,是佛教徒的唯一责任。然而,佛化究竟要怎样去推行呢? 我平常有三个口号,就是'文化、教育、慈善'。因为有文化,可以宣传佛教的教义;有教育,可以栽培弘法的人材;有慈善,可以得到社会上的同情。所以,'文化、教育、慈善',是今后佛教的三个救生圈。"①他明确提出,佛教界必须以出世心,做人世事,服务社会,利益众生。这表明,太虚与慈航大师高瞻远瞩;同时也表明,教理要与时俱进,修行要贴近民众,实是佛教不断发展与前进的规律与原则。在台湾,以星云大师、证严法师为代表,"人间佛教"走出了宽阔之路。

能否以公益事业"利益众生"是衡量佛教是否走向了人间的最直接的尺度。佛光山结合台湾当前社会,提出了"以文化弘扬佛法,以教育培养人才,以慈善福利社会,以共修净化人心"四大宗旨,以文化、教育、慈善、共修四方面的公益活动,使"人间佛教"的理念得以具体贯彻。在文化方面,佛光山有出版社、报社、电台、电视台、图书馆、美术馆等机构,编纂了《佛光大辞典》、《佛光大藏经》,翻译白话佛经,发行《人间福报》。在教育方面,佛光山在美国、台湾、澳州创办了4座大学,18家佛学院,8所社区大学,全球有50所学校。另外还有幼稚院,面向全社会开放并免收一切费用。在慈善方面,遇有重大灾害,均积极募款救灾。在共修方面,在五大洲有100多家道场。佛光山的诊所平均每年要为3万人进行诊疗;云水医院的义诊车在台湾各县乡巡诊,每年用于义诊的费用达5000多万新台币。证严法师秉持佛陀"无缘大慈,同体大悲"的信念,于艰难中创立慈济,经过20年的发展,慈济功德会有成员400多万人,涉足慈善、医疗、国际赈灾等8个志业,凡有重大灾害发生的地方,很快就会有慈济会的救助人员。2000年美国发生"9·11"事件,慈济是第一个走向双子星座的宗教救援组织。2008年5月12日四川汶川特大地震发生后,慈济会立即捐款救难。花莲医院是慈济经营的六所医院之一,这里不仅有佛陀义诊的巨大壁画、宽敞明亮的礼佛厅堂、台北最大的素食馆,还有成千上万个义工,每天为病人喂汤喂药、洗脸洗脚、唱歌跳舞。医院的一楼还有一处静思书轩,专供病人及陪护人员看书、喝咖啡等,里面有成百种的通俗佛教图书。

据台湾有关方面统计,台湾有各类佛教学院(大学)20多所,医院、诊所近

---

① (释)慈航《怎样做一个真正的佛教徒——慈航法师在新加坡佛教居士林讲话》,(台湾)《佛教人间》第四期,1948年2月。

20 家。

2009 年 3 月 30 日至 4 月 1 日,第二届世界佛教论坛由无锡转到台北举行,在台北举行的欢迎和欢送晚宴上,时尚的"佛光青年"们,以优美的舞姿、充满时代元素的佛教歌曲,对来自五大洲的客人,表示了由衷的友好与欢迎,俗家弟子还唱了两首邓丽君的《夜来香》,均受到了专家学者的好评。

二、设施与弘法手段现代化

星云法师、惟觉法师等都明确提出了佛教现代化的问题。在他们的努力下,在佛光山、中台禅寺等佛教圣地,寺院都有自己的闭路电视、电讯及网络系统,建立了功能齐全的电化教学体系。证严法师的慈济功德会拥有一个名为"大爱"的电视频道,24 小时播送教育性及传道性节目。除了图书外,台湾有佛教杂志 40 多种,出版社 9 家,佛教电子读物比比皆是。佛光山还创办了自己的日报——《福报》,发行量达 20 万份。由于现代传媒的运用,不仅传播速度快,不受时空限制,形象直观,而且极大地扩大了覆盖面积,使许多信众都得以受益。

在台湾,佛教已不再是过去的那种"深山藏古寺"了,一些新建的寺院或道场,就处在人来人往的城市或乡镇,交通非常便利。位于南投县埔里的中台禅寺是一座十分现代化的建筑,大楼类似一座城堡,共 38 层,高 140 多米,从设计到建成用了 7 年时间,总投资达 17 亿新台币,2001 年 9 月 1 日正式开光投入使用。佛光山的宜兰别院,也是一座现代化的建筑,是宜兰最高的大楼。

台湾的佛教团体由于人员较多,事业发达,均吸收了世俗各界俗家弟子参与,以现代企业的管理模式进行管理。

三、重视人才培养和理论探讨

台湾佛教界重视人才的培养,薪火相传,代有精英,取得了巨大的成就。

人才培养卓有成效。台湾佛教界老一代的法师如道安、白圣、南亭、东初、慈航、印顺等,均是佛门饱学之士,至第二代法师如净心、净良、惟觉、圣严、证严、星云等,也都是学问大家。他们不仅登坛授徒、海外弘法,也都著书立说,阐发教义。经过数十年的努力,台湾佛教界的教育事业得到了很大发展,培养了一批又一批的人才。台湾佛教的知识化,改变了佛教以往"死人佛教"、"山林佛教"、

"婆婆妈妈佛教"和"经忏佛教"的单一、落后状况,出家人在寺院讲经、讲史、说法,同时办佛学院、图书馆和各种慈善事业,佛教文化内涵赋予了文化、教育、哲学、伦理、慈善、环保、和平等新的内容,真正成为了"人间佛教"。许多大的道场,如佛光山、中台禅寺等,都是集修行、慈善、教育为一体的佛教团体,除设有供佛门及信众使用的大雄宝殿、禅堂、斋堂、佛教流通处、展览馆、文物陈列馆、会馆外,还设有佛学院。

在台湾,凡有条件的僧尼,都尽可能接受高层次的佛学教育,如慈光寺的尼众人人习经,有一牛多的人接受过大专以上学历教育,同时会开汽车,会使用电脑。至于佛学硕士、博士,各寺院都不在少数。

台湾的佛教人才,不只是会读研佛教经典,他们更重视的是能用通俗的语言将佛法宣传给信众的实用人才。星云大师除了要求弟子实践"人间性"、"生活性"和"国际性"外,还提倡"高僧只说家常话",他将佛法生活化简洁地概括为"说好话、做好事、存好心",为人才的培养明确了方向。

佛教理论探讨不断进步。台湾佛教学术研究始于20世纪60年代,但由于直到90年代初尚没有一所大学设有佛教学系,更没有博士、硕士佛学专攻,因而有功力的研究者比较少。加之台湾自1949年起实行了38年之久的"戒严体制",也限制了学术研究的正常进行。其间学术水准较高的刊物当是《华冈佛学学报》和《中华佛学学报》。1987年台湾戒严体制解体后,文化界、宗教界思想为之解放,佛教在教会组织、社会事业和文化活动等方面出现了多元发展的趋向,呈现出向现代形态的变化过程,佛教学术研究也从此走出了低谷。

在台湾,佛教研究涉猎的内容很多,诸如佛教是什么、教理的真谛是什么、信众如何修行、佛教原典之义、如何对待不同教派、佛教音乐等问题。研究表明,佛教作为一个实践性的宗教,习经与修行应是并重的,如偏执于一方,则很难有完善的正果。从整体而言,历史上留下的各种"经"浩如烟海,而如何修行,用哪些具体的方法、实践哪些具体的内容、经过什么样的程序、面对各种不同的信众分别达到一个什么样的基本要求等等。其中,相当多的问题还是含混不清的。同时,在很多情况下,弘法者只会空谈佛说的境界,或者,整日揣猜经意,把大众的佛教佛学化,把平实的佛教弄得神乎其神、高不可测、难以企及。这些问题,有的属于学术性质,有的则属于操作规范问题。

　　面对纷杂的问题,台湾佛教界及佛教研究者没有回避,而是抛开宗派法门成见、师承关系进行探讨——讨论佛教的改革问题。比如,1990年现代禅教团成立后,对台湾佛教界大德印顺法师的佛学思想进行了剖析,在佛教界激起了一阵风波。现代禅对台湾佛教的现状进行了分析,对一些亟待解决的问题进行了梳理,将以往许多似是而非的"正见"加以"廓清",目的在于指出什么是佛教根本思想,告诉那些愿意修行的信众应该如何做,不应该如何做,从而使信众能够理性而又生活化地修行。但现代禅教团的主张很多人并不接受。

　　台湾的佛教刊物较多,有影响的有《中华佛学学报》、《中国佛教》、《佛教文化》、《佛光学报》、《谛观》、《佛教艺术》、《华梵佛学年刊》等。台湾的佛教团体或专家经常利用报纸和刊物对一些重大问题如中国佛教史、禅学、华严学、净土学、唯识学、中观学、南传佛教、梵文原典等以及佛教艺术、佛教现代化等进行讨论,这些理论探讨,对台湾佛教的发展都起到了一定的促进作用。在台湾佛教界,公认对佛教研究有贡献的当是道安法师、圣严法师、印顺法师、东初法师以及星云大师。他们对佛理、佛教史的研究,使一般僧侣及时人难以企及。

　　在台湾,人间佛教得到了全面发展,受到了社会的欢迎。但也有不同的声音,如,一些文章对佛教的过分世俗化、商业化提出了批评,认为佛教是重内证的宗教,它以自觉觉他为核心,必须建立在证悟之基础上。一些论者提出,在佛教快速普及的同时,要防止佛教的"边缘化"、"世俗化",不要偏离佛教的深层义理精神,否则,即使皈依的信众十分庞大,事业非常兴盛,最终也难免佛法的衰亡。还有人指出,在台湾,佛教已与现代商业资本体系有了复杂的共生关系,权势与金钱的浸润使佛教失去了应有的超越性和批判精神。佛教团体的环保、医疗、福利行为,往往只能起到政府助手的作用,而没有提高到质疑政府工作不力、资源配置不均、缺乏社会公义的层面,更没有达到立于监督的立场、形成制度性的谏言渠道的高度。佛教应保持它社会关怀、社会超越、社会批判的性格与精神。有些论者与此说针锋相对,认为这正是政教分离而又不脱离社会、不脱离大众的表现,是佛教生命力之所在。

　　也有从学术角度对人间佛教的理念进行探讨,对为人间佛教理念作出巨大贡献的印顺学说提出质疑。如释如石就说:"以'人间佛教'的角度来说,印老对于印度和汉、藏大乘佛教的诠释,的确有他相当独到的见解。在这方面,他无疑获得了高度的成就与广泛的认同,因此也为台湾教界开创出一片全新的天地。但是,若就大乘佛教的全体而言,我们却不得不承认,印老某些方面的佛学研究,的确相当程度地浅化、窄化而且也曲解了大乘佛教深广的意涵。"①

四、政教关系日趋密切

由于佛教在台湾民众中有很大的影响,因其信众也是一个重要的"票源"而受到了政界的重视。加之台湾政界一些高层也表示皈依佛教(如郝柏村、陈履安、吴伯雄),对佛教的发展也起到了一定的作用。白圣法师、星云法师都曾任过国民党的中评委委员,悟明法师还当选为国民党的中央候补委员。台湾佛教虽有助于政府和社会,却始终坚持政教分离的原则,声言不与政治有丝毫瓜葛。随着政治的开放,在中国传统佛教思想的影响下,大多佛教徒爱国爱教,主张两岸和平统一,但由于"台独"势力的渗透,一些僧人、居士在主张佛教"本土化"的同时,也表示支持"台独",如台湾"万佛会"在总裁宗圣的主张下建立"越党",公开支持"台独"分子的分裂活动。他的言论遭到佛教界的反对和驳斥。

此外,台湾佛教界与世界的联系越来越多。佛光山、慈济会都有不少"洋教徒"。佛光山在香港地区和东南亚及美洲等地设有上百个道场、上百个分会;慈济会会员遍及世界各地,不少是日本、韩国和美国人。世界僧伽协会总会设在台湾,一些法师在国际佛教组织中担任一定的职务,不少道场经常在台湾举办国际性佛教学术会议,心道法师为世界和平而倡导的"回佛对谈"在世界宗教界产生了巨大的影响,台湾佛教在国际上的影响也逐步在扩大。

五、积极推动两岸交流与合作

大陆改革开放以来,海峡两岸佛教界交流十分频繁,并取得了显著的成绩。台湾佛教的不少高僧大德,一直有着爱国爱教的传统。早在本世纪初,圣严法师就曾表示:我们早就统一了,统一在中国佛教。

2004年10月,在北京召开的第七次中韩日佛教友好交流会议上,两岸三地

---

① （释）如石《台湾佛教界学术研究、阿含风与人间佛教走向之综合省思》,（台湾）《香光庄严》2001年第66期。

的八位高僧,其中就有台湾的星云大师、惟觉法师,共同倡议,在中国举办"世界佛教论坛"。这一倡议具有重要的意义,受到了社会和佛教界的广泛欢迎。国家宗教局局长、中国佛教交流协会会长叶小文曾予以高度评价。他说,这一倡议之所以受到欢迎,是因为其宗旨宏大:"旨在为一切热爱世界、关爱众生、护持佛教、慈悲为怀的有识之士,搭建一个平等、多元、开放的高层次对话平台,定期举行会议和活动。无论南传北传、出家在家、教内教外,皆可平等参与;无论显教密教、真谛俗谛、世出世法,皆圆融无碍,要为世界佛教事业的发展,为人类的和平安乐,献大智慧、放大光明、做大贡献。"①

首届"世界佛教论坛"于2006年4月在浙江省杭州和舟山市举行,会议的主题是"和谐世界,从心开始"。来自37个国家和地区的1000多位佛教界高僧、专家学者及政要参加,惟觉法师在会上作了"和谐世界,从心开始"的主题讲演,提出了"人心和善、家庭和睦、人际和顺、社会和谐、人间和美、世界和平"的"新六和"理念,受到了佛教界的高度评价。

第二届"世界佛教论坛"于2009年3月28日至4月1日在江苏无锡和台湾台北举办。来自世界近60个国家和地区的1700多名高僧大德及专家学者、政要及社会各界人士出席会议。会议的主题是:和谐世界,众缘和合。在开幕式上,中国佛教协会会长一诚长老、台湾佛光会创办人星云长老、香港佛教联合会会长觉光长老、台湾中台禅寺创办人惟觉长老及第十一世班禅额尔德尼·确吉杰布等作了发言。

4月1日下午,论坛在台北小巨蛋体育馆落下帷幕。主办方代表吴伯雄致闭幕词。他说:"在第二届世界佛教论坛闭幕式发言是我一生当中最大的福报和荣幸。两岸之间应搁置争议,求同存异,2300万台湾人民同是炎黄子孙。正信的宗教信仰,有利于提升社会和谐,提升公民的道德标准与公德心。"吴伯雄说:去年早些时候,有人说第二届世界佛教论坛是否可能跨越海峡两岸举办,他感到不能,因为难度很高。但由于去年一年两岸关系发展很快,使原来被认为不可能的事情,今天实现了。"三通"的基本实现,不只是距离的缩短,而是心与心之间更加紧密。他肯定了当代佛教机构在社会中发挥的不可取代的重要作用,

---

① 叶小文《决定中国佛教前途的大问题》,《中国宗教》,2004年第12期。

向慈济、佛光山、法鼓山、灵鹫山等致敬。

佛教最大的特点是重自内证,带有强烈的出世性格。它通过严格的信仰、祈祷和修行等宗教意识及宗教行为,通过"证"、"悟",达到超越现实人生的理想境界。不言而喻,台湾佛教在快速发展的同时,也存在许多自身建设的问题与矛盾,如自利与利他的矛盾、属灵与属世的摩擦、原教旨主义与世俗化的冲撞等。如前所述学术界的不同认识,即已触及到一些深层次的问题。佛教有自己的教理与传统,有必须修持的法门,台湾佛教在不断扩大信众资源的同时,也大量流失和消耗了自身的传统佛教资源。特别是在无限制的世俗化倾向下,虽然出现了异常繁荣的局面,但无疑也恰恰是在这轰轰烈烈形式下,掩盖了修证法门的缺位。不少虔诚的佛教徒对这种状态表示不满,已提出了相当尖锐的批评,"期望传统佛教那股可贵的圣道清流能够持续保全,为后世有缘众生留下一线解脱与正觉的生机"①。此外,本来就是宗派法门众多的佛教,随着现代化的发展,产业的不断扩大,信徒队伍的膨胀扩张,经济与硬件实力的增强,台湾的不少道场,已出现了各拥地盘、自立门户的山头色彩,这无疑也偏离了佛制十方道场的精神。

主要参考资料:

1. 郑振满、要荷生《福建宗教碑铭汇编·兴化府分册》,福建人民出版社,1995 年。

2. 余文仪《续修台湾府志》,《台湾文献丛刊》第 21 种,台北大通书局,1984 年。

3. 阮曼锡《海上见闻录》,《台湾文献丛刊》第 24 种,台北大通书局,1984 年。

4. 江日升《台湾外纪》,齐鲁书社,2004 年 5 月。

5. 王应山《闽都记》,《中国方志丛书》第 71 种,台北成文出版社,1967 年 12 月。

6. 何乔远《闽书》,福建人民出版社,1995 年 12 月。

7. 黄仲昭《八闽通志》,福建人民出版社,1991 年 6 月。

---

① (释)如石《台湾佛教界学术研究、阿含风与人间佛教走向之综合省思》,《香光庄严》,2001 年第66 期。

第九章　台湾的庙文化

庙宇是台湾汉民族、汉文化发展的见证，是历史长河中的码头和印痕，是文化的载体与传承。

昨天，庙宇曾是闽南人、客家人的族群中心、联络点甚至是社群的领导机构；今天，庙宇又发挥了新的社会功能，兴教育、办慈善、搞娱乐，扮演着区域凝聚社群的重要角色。台湾民间信奉的各种神灵大约有300多种，因而各种庙宇林立，不论摩天大楼耸入云天的都市，也不论普通的村厝或幽静的山林，金碧辉煌的庙宇随处可见，庙文化成了台湾民众生活中的一道靓丽的风景线。

台湾的庙宇很多，因而和东南亚一样，庙文化非常发达，不仅浸润于民众的日常生活，影响着人们的思想和行为，而且渗透于政治、经济、文化及社会的方方面面。之所以如此，其根本原因在于中华传统文化根深叶茂，民间信仰的活跃与繁昌。

第一节　妈祖信仰与妈祖文化

由于福建海岸线很长，加之台湾又是一个海岛，渔业及航海涉及千家万户，因而妈祖信仰就成为闽台地区人数最众、规模最大、影响最深的民间信仰。

一、妈祖信仰的形成

在妈祖信仰形成的久远过程中，妈祖既是一位真实的历史人物，更是人们心目中的海神、生命及财富的保护者。

（一）由人而神

妈祖的原型叫林默，小名林默娘。宋建隆元年（960）农历三月二十三生于福建莆田。林默祖上为官宦之家，祖父林孚官居福建总管，父亲林愿曾任都巡检，因而她自幼受到了良好的教育。

林默喜读医书，且立志长大后为老百姓尤其是广大渔民治病消灾。父母及周围的人都很喜欢她，也很支持她，不断地帮助她学习医理、海洋、气象及海上航行的知识。十几岁的她走遍了湄州四周大大小小的海岛，家家户户都留下了她的足迹。林默不仅为人治病，还帮助渔民捕捞和排解各种困难与纠纷。由于她懂得气象，经常提前告诉大家海上的风向及海浪变化情况，还指点渔船或商船如何绕开暗礁和激浪，从而使渔民和商人们能及早防范和躲避风险。有时渔船和商船突然遇到狂风恶浪，在万分危急的时刻，林默会奇迹般地出现在人们眼前，使大家化险为夷。就这样，十几年的岁月过去了，林默无数次地帮助、解救了成千上万的人渡过难关，逃避灾难，久而久之，大家都亲切地称她为"龙女"或"神女"。

宋太宗雍熙四年（987）农历九月初九日重阳节，湄峰山前一朵彩云在一阵悦耳的音乐声中冉冉升入太空，年仅 28 岁的林默去世升天了。闻此消息，人们在悲痛惋惜之余，纷纷在家中、船上、渔场、商铺摆起林默神像，并恭敬地称其为妈祖，虔诚供奉。

此后，在海上捕捞、航行或在海滩上晒盐的人常说，曾见到妈祖身着红色服装在海上飞翔，不论白天或夜晚，一年四季，随时帮助和救援遇难呼救的人。众人感其恩德，就在湄洲岛上建起一座妈祖庙来祭祀她。由于妈祖在人们心中有至尊的地位，从宋、元到明、清，历代朝廷对其进行敬褒和赐封达 36 次，如封其为"夫人"、"天妃"、"天后"和"天上圣母"等，并列入国家祀典之中。妈祖由民间神转而为官方的航海保护神，沿海各地也纷纷建庙立祀，如泉州、天津、青岛、澳门以及台湾各地的天后宫、妈祖阁等，都是人们敬奉妈祖的地方，妈祖"海神"的地位越来越高。

妈祖神及妈祖信仰的形成在福建有许多传说，但关于其始于宋代的记载却很少,因而文献中南宋廖鹏飞所撰《圣墩祖庙重建顺济庙记》①尤其显得珍贵。

福建省莆田市涵江区白塘镇洋尾村有修建于清康熙六十年(1721)的《白塘李氏族谱》,该族谱不仅记录了李氏第 37 世李銮官、第 38 世李祷迁入台湾一事,还收录有南宋高宗绍兴二十年庚午(1150)正月十一日特奏进士廖鹏飞所撰《圣墩祖庙重建顺济庙记》一文,记述了许多妈祖的资料,是国内历史文献中有关妈祖的最早记载。廖鹏飞,福建仙游人,南宋绍兴十二年(1142)特奏进士。庙记曰:"盖神有德于民,有功于国,蒙被爵号,非无以彰其威灵也。郡城东,宁海之傍,山川环秀,为一方胜景,而圣墩祠在焉。墩上之神,有尊而严者曰王,有皙而少者曰郎,不知始自何代。独为女神状者而尤灵,世传通天神女也。姓林氏,湄州屿人。初,以巫祝为事,能预知人祸福。既殁,众为立庙于本屿。圣墩去屿几百里,元枯丙寅岁,墩上常有光气夜现,乡人莫知为何祥。有渔者就视,乃枯槎,置其家,翌日自还故处。当夕遍梦墩旁之民曰:我湄州神女,其枯槎实所凭,宜馆我于墩上。父老异之,因为立庙,号曰圣墩。"

此文所说"元祐丙寅",为宋哲宗元枯元年,即公元 1086 年,是圣墩庙创建之年。此庙虽然是湄州岛外继宋咸平二年(999)兴建的乎海"通灵神女庙"之后分香的第二座子庙,但在宣和五年(1123)却受到朝廷的敕封,受赐"顺济"庙额。这是第一座受到朝廷敕封的妈祖庙。后因破败,承信郎李信捐资重修。廖鹏飞与李信交好,故为顺济庙的重建作记,为后人保存下了重要的历史资料。南宋绍兴八年(1139)状元黄公度(1102—1156,为莆田城关东里人),圣墩顺济庙重修竣工当年(绍兴二十年),应李富之邀到庙内游览后,乘兴写下了《题顺济庙》一诗,曰:"枯木肇灵沧海东,参差宫殿举晴空。平生不厌混巫媪,已死犹能效国功。万户牲醴无水旱,四时歌舞走儿童。传闻利泽至今在,千里危樯一信风。"该诗既表达了当时百姓对妈祖的崇敬,也描写了顺济庙的巍峨壮观,为我们今天了解当时状况提供了一个广阔的想象空间。②

(二)由民间、官方到海外

从上述妈祖神简要发展史可知,妈祖信仰的形成大致经历了三个阶段:民间

---

① 郑振满丁荷生《福建宗教碑铭汇编》,福建人民出版社,2003 年。
② 徐晓望《闽澳妈祖庙调查》福建炎黄文化传播有限责任公司,2008 年。

自发阶段、官方认同阶段和社会普信阶段。

1. 民间阶段

民间自发阶段是妈祖信仰发展的初级阶段。这一阶段有如下特点：一是影响范围较小，主要是莆田、泉州一带。二是遵奉群体较小，主要是沿海群众，多为以海为生的渔民和商人。三是心理诉求主要是朴素的报恩思想与祈求保佑。这一阶段大约从林默去世的雍熙四年（987）到宋宣和五年（1123）朝廷敕封"顺济"庙额，约130年。

2. 官方认同阶段

官方认同阶段是妈祖信仰的提升阶段。周公"制礼作乐"，奠定了中国宗法伦理道德的基础，从那时起，尊崇先祖之风，无论民间或官方都是主流思想，而尊崇先祖最高端之做法，就是将其奉为神明。老子、孔子被尊奉在庙中就是最典型的例子。

妈祖信仰既然在民间有广泛的基础，最高统治者对其赐封，实际上只不过是顺水推舟而已。但此举却意义重大：对统治者来说，它既表现了朝廷顺从民意，十分英明，又达到了聚拢人心，为自己树立亲民形象之目的。对国家来说，客观上起到了增强民族凝聚力的作用。

据史料记载，妈祖被朝廷敕封，宋代14次，元代5次，明代2次，清代15次，共36次。宋高宗、宋孝宗封其为"灵慧夫人"，从宋光宗起则封为"妃"，元世祖时又升为"天妃"，清康熙时又晋升为"天上圣母"、"天后"。称谓越来越神圣。宋代的封号多是称颂妈祖的品行，如宋高宗第一次赐封其为"夫人"时，前面只冠有两个字"灵惠"，第二次增加了两个字，为"灵惠昭应"；宋孝宗第一次赐封时又增加了"崇福"，第二次再加"善利"。值得注意的是，自元代起，在封号之前又加了"护国"二字，这就意味着妈祖已由地方护海之神，演变为国家的护海之神。从此，妈祖由民间的或地方的供奉列入了国家祀典。另外，明代虽然只在洪武、永乐年间赐封过两次，但明成祖的赐封又明显地提高妈祖的地位——他在"护国"之后又加上了"庇民"二字。此两字实有画龙点睛之作用，将妈祖的功德原来偏于护国又延伸到庇民。由于这一概括臻至完善，故清代的15次赐封中，虽然字数越来越多，但前面均为"护国庇民"四字。

在官方的认同中，清代对妈祖的敕封尤显得与众不同。清朝统治者在台湾推动妈祖信仰,其目的是企图通过推动汉人的多神崇拜,加强和巩固其在全国的文化统治,这和清廷在北京利用汉文化神筑天坛、修地坛、建雍和宫等的做法别无二致。

在施琅收复台湾中,清廷宣传妈祖神助,为的是说明其统治的正统性、合法性。乾隆五十二年(1787),宣传钦差大臣福康安等擒获林爽文由台湾解押途中至大担岛时迷失航向,后得妈祖神火相助始回到福建,也是为了表明其在台湾的所作所为的合法性和正义性。正是基于此,清统治者才大张旗鼓地宣传妈祖,今天朝廷敕封、赐额,明天官府建庙塑像,其规模和重视程度,在历史上都是没有的。资料显示,自康熙十九年(1680)清廷第一次褒封开始,之后年年官祭,到康熙五十九年(1720),与孔子、关帝等正式列入祀典,要求地方官员必须亲自主持春秋致祭,行三拜九叩礼。至于妈祖庙的修建、改建、捐建等,康熙朝8次,乾隆朝15次,嘉庆朝5次,道光朝及其后5次。在清官府的提倡和推动下,清代台湾共修妈祖庙宇222座,几乎遍及全岛各县、乡。妈祖信仰在台湾的普遍性和广泛性,由此可见。

3. 普信阶段

从宋代敕建妈祖庙开始,妈祖的名声在官方的推动下走出了闽南、走出了福建。广东人也信奉妈祖,宋刘克庄就说过:"某持节到广,广人事妃,无异于莆,盖妃之威远矣。"①随着客家文化的发展,妈祖文化也逐渐走向台湾和东南亚,妈祖信仰也传到了世界各地,成了全球性的华人信仰。据统计,全球的妈祖庙(宫)不少于5000座,信奉妈祖的人不下2.5亿。妈祖文化已成了世界各国华人、华侨的共同精神财富。

二、妈祖文化的形成

在千年的妈祖信仰过程中,经过数十代千百万人的创造、完善、弘扬与发展,妈祖信仰已由简单的祀奉发展成为了影响世界、覆盖亿万人的妈祖文化。

---

① 刘克庄《到任谒圣妃庙》,《后村居士集》卷36,北京图书馆出版社,2004年。

（一）妈祖文化的内涵

1. 宫庙

修建庙宇是中国传统信仰文化的重要内容,在庙内供奉所祭神主及其相关的神灵。庙的规模有大小之别,大型庙宇有主殿、配殿、钟楼、鼓楼、厢房、廊庑等数进院落,小型的则只有主殿、厢房。

统计表明,妈祖庙在我国分布十分广泛,在全国 30 多个省市的 500 多个县市均发现建有妈祖庙,其中以福建、台湾最多。福建多集中在闽南及沿海各地。

莆田是妈祖的故乡,有庙约百余座,湄州岛上有近 20 座,福州、厦门、泉州、宁德等地有 60 余座。

最早为妈祖建庙之地是妈祖的故里,一在她的升化之地湄州,二在港里、白湖和圣墩。湄州妈祖庙是世界妈祖庙宇之最,故被称为祖庙。

湄州岛上的妈祖庙于宋天圣年间(1023—1032)进行了扩建,明永乐年间,航海家郑和曾奉旨两次到此主持朝廷祭祀大典并再次扩建重修,至清代康熙朝,五组金碧辉煌的建筑群名闻遐迩,被誉为"海上龙宫"。湄州妈祖庙最大规模的整修是改革开放以后,不仅重修了林默的父母祠,还重建了妈祖大殿、寝殿、中军殿、朝天阁、牌坊、山门、钟鼓楼等。从明代始,东南亚及台湾的信奉者都尊湄州的妈祖庙和泉州的天后宫为正统,不断来两地"分神",然后奉立在自己所建的妈祖庙或天后宫中,如台湾最著名的北港朝天宫、鹿港妈祖庙等,即是如此。

为了更好地弘扬妈祖文化,加强海峡两岸的交流,福建莆田市已规划修建一座集文化、教育、商业、娱乐与行政办公于一体的"妈祖城",其中由中华妈祖文化交流协会组织投资达 3000 万元兴建的妈祖阁已于 2008 年竣工,并于农历三月二十三日妈祖诞辰日举行了落成、开放庆典。妈祖阁位于妈祖城西侧麒山之巅,高 32.3 米,屹立海西,雄伟壮观,为莆田妈祖文化的一座标志性的新景观。

福建霞浦县地处沿海,现有妈祖宫庙 28 座。其中松山天后宫建自宋代,竹江前澳村南宋庆元年间即建有妈祖庙,沙江村的天妃宫、牙城天后宫均建于明万历年间,东冲下位塘天后宫建于嘉靖年间,其他大多建于清代。当地人新船首航、春节社戏、渔民出海、商人赴外,都要先到妈祖灵前祈愿,有的还要取得信物。这里每年端午都要举办龙舟赛,赛前,红、黄、青、白四龙必须按仪规至妈祖庙中朝拜阿婆,祈求准赛和保佑平安。

　　福建省东山县铜钵村有一座供奉"玉二妈"的妈祖庙,据说,台湾嘉义上百座妈祖庙所供奉的妈祖神都是从这里"分神"过去的。2009 年 2 月 16 日,由台湾嘉义、福建厦门、东山两岸三地联合举办感恩祭祖活动在东山举行。嘉义 650 多名信众,用 7 乘神轿,将嘉义的 92 尊妈祖神像乘船直航后抬到东山岛,到玉二妈祖庙朝圣进香,举行认亲祭祖等活动,受到当地两万多人的夹道欢迎。铜钵村供奉的"玉二妈",系唐代武则天时期入闽开漳圣王陈元光的女儿陈怀五。当 92 尊妈祖神像进入玉二妈庙安位后,嘉义的贵宾们纷纷跪拜,并激动地说:几代人护送"玉二妈"回娘家祭祖感恩的愿望终于在今天实现了!

　　当晚,三地联合举办的"两岸妈祖文化交流感恩联欢晚会"在东山举行。台湾著名民谣歌王黄秋田、福建闽南语歌手彭立和齐燕燕同台献艺,两岸艺术家们还表演了富有地方民俗色彩的歌仔戏、南音、铁枝木偶等,2000 多位东山民众与 650 多位嘉义民众在一起共同度过了一个精彩纷呈的难忘之夜。

　　汀州位于福建西南部山区,但由于这里是汀江与韩江水上交通的枢纽,妈祖信仰十分浓厚,长汀城区有妈祖庙 5 座,其中"三圣妃宫"为仿广东潮州而建,其他各乡镇也有庙或天后宫 10 多座。

　　台湾地区妈祖庙 1930 年统计为 335 座,1954 年增至 384 座,后又增至 900 座,①2006 年 2 月 12 日在泉州举行的"妈祖信仰源流座谈会"上,泉州市政协副主席王仁杰说台湾有妈祖庙宫已达 1500 多座,信众在 1600 万人以上。妈祖庙在台湾的分布,最多的县在台湾南部,如台南 64 座,高雄 60 座,屏东与台中各 49 座,云林 48 座,彰化 42 座。各地的妈祖庙名称不一,但大多仍叫妈祖庙、天妃宫、天后宫,也有的叫朝天宫、天后祠、圣母坛、文元堂、中兴宫、镇澜宫、双慈亭等等。台湾妈祖庙有一个最大的特点,即大多是湄州妈祖庙的"分灵",认湄州为宗,因而在举行妈祖诞辰祭典时,有"遥拜"仪式,即在行叩拜礼时,要面向大陆湄州庙方向。

　　在台湾早期的经济发展中,有"一府二港三艋"之说,意为在台湾,第一繁荣之处是台湾府城台南,第二就是鹿港。

　　鹿港天后宫始建于明朝末年,1927 年由辜显荣家族负责进行了重修,历时多年,于1936年全部竣工。正殿中的妈祖神像,相传就是康熙二十二年(1683)福建水师提督施琅收复台湾时在船上尊奉的。经过三百多年十数代人的香火供奉,妈祖的面部已变为黑色,因而人们亲切地称其为"黑面妈"。

广东、海南有妈祖庙约40座,浙江、江苏因而人们亲地称其为"黑面妈"广东、海南有妈祖庙约40座,浙江、江苏沿海约30座,山东约8座。天津的天后宫为全国最著名的三大妈祖庙之一,建于南宋宝庆二年(1225)。此外,北京、辽宁、湖南、贵州等地一些江、河、湖泊之滨也有妈祖庙。

妈祖庙在香港、澳门约50座。其中澳门的妈祖阁建于明代弘治元年(1488),澳门的名字即由此而来(英文:Macao,葡文:macau),由于历史悠久,已被列入世界文化遗产。为迎接澳门回归,1998年澳门建成了高19.99米高的妈祖雕像,2001年成功举办了第一届妈祖文化节。

海外许多有华侨的地方也建有妈祖庙,如日本,据史料记载,明朝初年妈祖信仰即传人琉球。长崎的妈祖堂是商人的会所,也是当地人祭祀妈祖最大的场所。神户、长崎等地不仅建有几十座妈祖庙,还设有"妈祖会"。新加坡最著名的妈祖庙是天福宫;马来西亚有妈祖庙不下30座,以马六甲海峡建于明代隆庆元年(1567)的青云亭最为悠久。此外、朝鲜、韩国、菲律宾、印尼、越南、泰国、挪威、丹麦、墨西哥、巴西、新西兰以及南北美洲也都有妈祖庙或者祭祀妈祖的场所。

2. 祭祀

祭祀类型和程式是祭祀者心态虔诚的寄托载体,福建、台湾及东南亚各国祭祀妈祖的类型和程式大同小异,以湄州岛妈祖庙最为典型和完备,知此一斑则可以窥全豹矣。

大醮:大型的纪念活动,此庆典多用于祖庙落成、开光或百年、千年祭祀。据地方义献记载,大醮非常隆重,要演奏五锣鼓、放铳炮、奏八乐鼓吹、演莆仙戏,同时还要请和尚做道场法事等。1986年举行的妈祖升天千年祭典时,规模与声势都十分浩大和隆重。

清醮:常年性的纪念活动,如每年的妈祖生日(三月二十三日)和升天日(九月九日)。他如元宵庆典活动、仲秋节妈祖属下的中军生日庆贺活动等。按惯例,此类活动也必须有乐队、仪仗、放铳炮和各种文娱表演,并按仪规准备丰富的供品。

出游:每年以卜之法选择吉日,以轿抬妈祖神像在全境巡游,所到之处敲锣打鼓,恭迎妈祖赐福和扫邪除妖。如福建霞浦县沙江镇竹江岛上的渔民,每年神节时扶妈祖神像坐于轿上,由年轻人抬到海边,一边跑一边念唱,俗称"阿婆走水"。走水后将妈祖送回庙中,凡走水途经之处,一年中不仅蛎产丰收,而且人畜平安。于是,人们往往立于道路岔口旁拦截,力邀回宫的妈祖从自己家门前经过,有时甚至由此发生争执。

分神:分神又叫分灵。所谓"分神",指各地妈祖庙有重大庆典活动或遇重大节日,派执事人员到湄州祖庙请香火。经过祭拜程式请回的香火放在各地庙中敬奉,不再送回。

回外家:类同"分神"。

3. 传说

闽台地区关于妈祖的传说很多,内容多是妈祖神通广大、慈爱百姓、飞升为神、降伏鬼怪、救助海难、庇福消灾、治病灭疫、甘霖解旱、助官剿寇、暗佑施琅收复台湾等。如,传说宋绍兴二十五年(1155),兴化一带瘟疫流行,妈祖托梦给白湖一位百姓说,村外海边有一甘泉,其水可疗。众人掘取而饮,果然大病痊愈。

在妈祖传说中,最多的是护海。清代学者赵翼《陔余丛考》载:"相传,大海中当风浪危急时,呼号求救,往往有红灯或神鸟来,辄得免。皆妃之灵也。……台湾往来,神迹尤著。土人呼神为妈祖。倘遇风浪危急,呼妈祖,则神披发而来,其效立应。若呼天妃,则神必冠帔而至,恐稽时刻。妈祖云者,盖闽人在母家之称也。"①又如,康熙二十二年(1683)六月,施琅第二次率水师攻打澎湖,妈祖托梦千总刘春说,她将前来助战,只要清军奋力猛攻,二十一日必克澎湖,七月必能占领台湾。其后果然如此。

4. 颂德

在历代的诗文中,不乏对妈祖的称颂之作,宋黄公度、刘克庄,元马祖常、虞集,明汤显祖,清朱彝尊等历史名人均有咏唱,莆田妈祖文化研究会已将其收录成集。

---

① 赵翼《陔余丛考》卷35,河北人民出版社,1990年。

南宋著名诗人刘克庄(1187—1260)为莆田县城关后村人,他为家乡有这位伟大的先人而自豪。刘克庄在58岁赴任江东提刑前夕曾游湄州水上,作《三月二十一日泛舟十绝》,因三月二十三日为妈祖生日,故泛舟时自然会想到妈祖。在这十首诗中,第六、七两首均为咏赞妈祖之作。如第六首:"湄州屿隔雪涛中,闻此山川仿佛同。但是至人游息地,邦人处处作离宫。"诗中的"雪涛"指浪花,"至人"即高尚忘我之人,典出庄子《逍遥游》"至人无己,神人无功,圣人无名","离宫"即妈祖庙。

在颂扬妈祖功德的诗文中,元、明最高统治者将其简括为"护国庇民"最为贴切。

在对妈祖的称颂中,值得一提的是楹联。由于楹联语言凝炼且悬于大庭广众之所,因而受众最多,宣传效果也最佳。现择其有代表性者介绍一二于后。

莆田是妈祖的故乡,因而颂词多称这里是福泽之源。如湄州妈祖庙的一副现代楹联曰:"四海恩波颂莆海,五洲香火祖湄州。"莆田港里灵慈西宫的藏头楹联曰:"灵泽风樯通外国,慈云梓里仰西宫。"

有的颂其母仪伟大,百姓感恩戴德不尽。如台湾台北松山慈枯宫楹联:"圣母普慈衷,海邦一体;斯人皆赤子,锡口咸宁。"基隆杜寮天后宫楹联更明白地表达了工农渔商感恩的心情,曰:"天惠遍施工贾利;后恩广被雇渔享。"福建莆田忠门贤良港天后祖祠楹联曰:"后德同天,兴凤山俎豆;母仪称圣,承螺港渊源。"

有的颂其德如女娲,功比大禹。如福建莆田灵川东汾龙津宫楹联曰:"女中复见皇娲圣;海内频修神禹功。"福建霞浦县松山天后宫楹联曰:"风调雨顺,四海龙王朝圣母;国泰民安,五洲赤子拜阿婆。"

有的盛赞其护国庇民,功如尧舜。如澳门凼仔天后宫楹联曰:"护国著高勋,荡荡巍巍昭日月;庇民施厚泽,肫肫浩浩沛乾坤。"福建莆田平海天后宫楹联特书妈祖助施琅将军收复澎台,曰:"一勺泉甘,实济云屯万旅;半袍浪湿,克清日挈全台。"

(二)妈祖文化的成因

任何文化的形成和发展,最原始的动因都在于人类活动的需求。妈祖文化形成和成长在闽台的根本原因在于,唐代后期尤其宋元时期,这里的海上航运、海上贸易十分繁荣。泉州在闽王王审知时代,就是东南沿海最重要的海上贸易港口,也是继洛阳——长安——波斯陆上"丝绸之路"之后,我国航运史上的"海上丝绸之路"。从泉州外销的产品主要是丝绸、瓷器和茶叶,故也被称为"香瓷之路"。由于海上贸易的发达,至宋元时,泉州已是世界东方第一大港,宋哲宗元祐二年(1087),朝廷在泉州设立了市舶司,专门处理海上贸易事务。海上航运的发达使泉州成了中外经贸科技文化交流的重要枢纽。

如何保证海上安全,除了各种技术条件和人的航海素质外,祈求神灵庇佑历来是中国民众的传统。为了适应这一心理需求,南宋庆元二年(1196),泉州的市舶司首先修建了妈祖庙,妈祖被尊为海上的守护神。除了例行祭祀外,船主出海前,必须到妈祖庙祭奠,并带上一尊小型的木雕妈祖神像到船上供奉。一些规模较大的船队,还设有专门的仓室,仿照庙宇殿堂进行装饰,将妈祖神像供奉其中,并配备专人负责香火。货船到达目的地后,第一件重要的事情就是将妈祖神像抬到当地妈祖庙中进香,以示虔诚的谢忱之意。

中国历史上最有名的官方海上航行壮举——郑和下西洋,就是从祭拜"天妃"之后成行的,为此,郑和还特地在江苏南京、福建长乐兴建了天妃宫。清康熙年间,施琅奉命收复台湾,在战胜了无数次的惊涛骇浪并在浴血奋战取得胜利之后,也没有忘记妈祖的庇佑之恩,上书康熙皇帝要求对妈祖进行敕封。

由此可知,对先祖的崇敬、生产生活的需求、民间和官方的信奉与提倡,是妈祖文化形成并得以广泛传播的三个基本原因。

三、妈祖文化在台湾

在神灵崇拜中,妈祖是台湾大众最普遍信仰的人间神明,无论乡村都市、山寨渔村,随处都可以见到妈祖庙或祭祀妈祖的场所。妈祖信仰在台湾深入人心,这不仅表现在祭祀的隆重,也表现在日常生活之中。

台湾尊奉妈祖始于康熙三十三年(1694),当时,一位名叫树壁的和尚从湄州岛妈祖庙中请了一尊妈祖神像到了云林县的北港镇。于是,当地的漳泉后人便兴建了朝天宫供奉妈祖。北港朝天宫由于兴建最早,且妈祖神像是从湄州带来的,故在台湾地位很高,被尊为开基庙,其后各地建庙或宫,都要到这里"分香",即将这里的香灰带一点回到新庙中,同时从老庙中请一尊妈祖神像安放在新庙中。在人们心中,只有经过"分香"的庙才是正统的,才具有法力。由此可知,台湾的妈祖信仰,是沿着"湄州祖庙——台湾开基庙——各处分灵庙"的路线传播开来的。

妈祖文化在台湾的表现形式丰富多彩,各地大同而小异。

（一）诞辰庆典活动

妈祖的生日为农历的三月二十三日,在其生日前后,以社区或村落为单位,信徒们组织起来,抬着妈祖的神像在辖境内巡行,所到之处,人们祈求妈祖保佑人寿年丰。

台湾的妈祖生日庆典比福建更为盛大,一般都要全境巡游。巡游阵头队伍表演各种民间技艺,展示地方民俗文化的丰富多彩,规模最大者全程要八天七夜,故有"三月疯妈祖"之说。

（二）巡境祭拜活动

经过大众协商,到外地迎请一尊妈祖像,在本境内巡行。迎请的神像一般是比本地更著名的庙宇或与本地庙宇有渊源关系,一般是乡级到县地迎请,县地到州、府迎请。1997 年 1 月 24 日至 5 月 5 日,应台湾知名人士陈适庸先生之邀,湄州妈祖庙千年金身首次在台湾巡游 100 天,驻跸 19 个县市 35 个宫庙,行程万里,受到 1000 多万人的顶礼膜拜,成了海峡两岸最大的一次民俗文化交流,台湾媒体称之为"世纪之行",被评为当年十大新闻之最。事实表明,妈祖信仰是沟通两岸人民的巨大精神力量,从某种意义上说,已超越了政治的或经济的力量。

（三）信众进香活动

虔诚的善男信女自由结合,到远处的、名气大的、历史悠久的妈祖庙进香朝拜。其目的十分朴素,一方面是对这里香火之盛表示敬意,一方面是希求联谊,分沾其香火之吉瑞,以使本地妈祖香火将来也能旺盛起来。

台湾各地妈祖庙皆视福建湄州妈祖庙为祖庙,因而每年都有大批信众渡海到湄州进香。台湾在日据时期,殖民统治者为了推行"皇民化",明令不许台湾信众到湄州拜祖,并设重重关卡进行阻挠。但很多信众无所畏惧,千方百计绕行前往,有的甚至取道日本、香港,再转到湄州。据王见川、李世伟《关于日据时期台湾的妈祖信仰》[①]一文载,日据时期台湾妈祖庙到湄州进香,至少有 9 次。他

---

① 　（台湾）《民间宗教》第 3 辑,1997 年 12 月。

们不仅进香,还从湄州妈祖庙请到了分灵神像。如1919年基隆安庆宫请回了黑面妈祖,1916年彰化鹿港妈祖庙请回了湄州正二妈,1924年台中万春宫请回了湄州六妈等。

1983年湄州妈祖寝殿修复后,台湾许多妈祖信众不顾当局禁令,通过各种渠道到湄州拜祖,出现了"官不通民通,民通以妈祖为先"的局面,至1987年11月2日台湾当局开放民众赴大陆探亲旅游前,4年中,仅到湄州妈祖庙进香的台湾民众就有157批562人,请回妈祖神像76尊。1987年11月之后,前往湄州的台胞更多,而且多为乘船直航。如1989年5月5日,宜兰县南方澳南天宫的进香者225人,分乘19艘渔船,并带着5尊从湄州分灵的妈祖像,直航到湄州进香,同时又请回2尊大型、38尊小型妈祖神像。当进香团回去的船只途经龟山屿海面时,有60多只船前往迎驾,有1万多信众,人手一炷香迎候在码头、堤防、高架桥上,以致挤得水泄不通①。

台湾许多妈祖神庙曾不止一次地组织信众到湄州祖地进香,如大甲的镇澜宫,1987年9月9日有董事、监事17人到湄州参加妈祖升天1000周年纪念活动后,又组织了十多次进香谒祖活动,其中,1989年9月9日的拜谒进香,参加者达4300多人。

（四）一般祈福活动

台湾虽然海洋文化比较浓厚,但传统的农耕文化影响仍是十分深远。大众向妈祖祈福,诉求虽不相同,但大致有三类:一是祈求海上平安,保佑渔民和商人顺利出行;二是祈求家庭平安,保佑增寿添财,消灾祛病;三是祈求农事平安,保佑风调雨顺,五谷丰登。这第三类祈福,本不属于妈祖"职能",但神化了的虬祖,在人们心中则是无所不能的神,既是"龙女",自然能管得住刮风下雨,因而如遇干旱,则求其慈降甘霖。在台湾人民的心目中,妈祖不仅是海之神,也是水之神、谷之神,是万能之神。

（五）睦族和众活动

由于妈祖姓林,因而林姓尤其尊崇妈祖,亲昵地称其为"祖姑婆",家中无论出现大事小事,都在妈祖灵前诉说。久而久之,他姓也纷纷效法,邻里之间、异姓

---

① （台湾）《联合报》,1989年5月11日。

之间、群族之间出现纠纷或矛盾,都拿到妈祖庙内去解决,以妈祖之训为行为准则,约束与规范信众的言行。

据台湾地方文献记载,明清两季,台湾人中的漳州籍与泉州籍、泉州籍与客家籍、漳州籍与福佬系之间曾出现过上百年的械斗,造成村社被焚、人员死伤。为抑止流血事件,在官府调解下,双方多次到妈祖庙中接谈,以求息事宁人,和睦相处。供奉妈祖神灵的苗栗县慈裕宫、台南县泰安宫、台中县万和宫、彰化县南瑶宫、天门宫以及斗南顺安宫、北斗奠安宫等,都曾在调和人际关系、缓和双方矛盾、化解群族仇恨方面起到了重要作用。在无形之中,妈祖又由"海神"而变化为"和平之神"、"和谐之神",在整合群族关系中,成为人们心目中最公正的天神,最圣洁的女性、最伟大的母亲。

由上述不难看出,妈祖文化的核心是"善"、是"爱"、是"和平",妈祖文化在信众的生活中不仅起着重要的教化作用,也起着一定的规范作用——在社会政治方面,它要人们扶危济困、以爱心友好互助;在人际交往方面,它要人们与人为善,以诚相待,互惠互利。妈祖文化之所以有强大的生命力,其原因盖出于此。

第二节　台湾民间诸神及信仰

民间信仰不同于宗教信仰,它不像宗教那样有自己的教主、经典、宗旨、仪规、教团及宣教行为,而只是一种信仰现象。台湾的民间信仰虽然是从大陆传习过去的,但其信仰的虔诚、尊奉的严肃、运作程式的繁琐等,却有过之而无不及。

台湾民间信仰非常广泛,涉及到生产、生活、职业的方方面面。所信仰的神明也很多,但都是各司其职的守护神。粗略地加以分析,大致可分三类:第一类可称为"天神",如玉皇大帝、阎罗帝君、财神、火神、土地神、龙王、三山国王等;第二类是先祖神,如尧舜禹三官大帝、孔子、关帝、陈元光、郑成功等;另一类是行业神,如健康神保生大帝、保胎育儿神临水夫人。此外,还有很多自然神,如动物、植物、山石神,义民爷等和一些孤魂野鬼。

台湾的民间信仰所涉神明与移民的祖籍地关系密切,一般来说,同籍人对产生于故乡的神明在感情上更亲近一些,如漳州籍对开漳圣王陈元光,泉州籍对保生大帝、清水祖师,福州籍对开闽圣王、临水夫人,汀州籍对定光古佛,客家人对三山国王,信众就相对多一些。除财神、关帝外,行业的祖神或保护神,主要是从事此行业的民众供奉。

　　早期先民到台湾时,民间信仰的许多神之塑(画)像是从祖籍地随船而来的,由各家各户自行家中供奉。在垦殖有所发展和生活安定下来后,就建草寮供奉。随着人口的增多,村寨聚落的形成,则又改以公厝奉祀。当生活进一步得到改善,部族势力与实力进一步增强后,便重新兴建一定规模的宫、庙,依祖籍地之习俗遵奉、祭拜,并进而演化为当地的公共活动场所,甚至成了多功能的社教、信息、文化与政治中心。

一、生活保护神

　　人们在日常的生产生活中不但会遇到不可抵御的风雨雷电、冰霜地震、旱魔兽害,同时还会染患疫病疮疽、沉痼恶疾,而且还可能遭遇族里不睦、鬼蜮暗算等。为避免天灾人祸的发生降临,人们便把很大的期望寄托于神灵,以虔诚之心,祈求它们在冥冥中保佑自己和子孙。台湾民间信仰中有许多保护神,除妈祖之外,最主要的是保生大帝、临水夫人、清水祖师、关圣帝君和三山国王等。

　　(一)保生大帝

　　保生大帝又叫大道公,其原型是宋代福建同安名医吴本,家住白礁村(今属龙海市角美镇)。吴本精于医理和中草药,医术在当地十分有名,因救治疑难杂症病人无数,老百姓对其感恩戴德,死后便为其建庙纪念,并以神相祭,称其为吴真人。

　　先民自闽来台之初,不仅水土不服,而且生存条件极其恶劣,常常受到瘴疠、瘟疫及各种无名恶疾的威胁。清江日升《台湾外纪》载:"郑成功收复台湾后,由于台地初辟,水土不服,病者即死,故各岛搬眷,俱迁延不前。"①清阮旻锡《海上见闻录》也说:"时以各社土田,分给与水陆诸提镇,而令各搬其家眷至东宁居住。令兵丁俱各屯垦。初至,水土不服,疫疠大作,病者十之七八,死者甚多。"②在既无医生又无药物的无奈情况下,人们除了凭借经验救治之外,加之闽地一向

────────────

① 江日升《台湾外纪》卷12,(台北)世界书局股份有限公司,1979年。
② 阮旻锡《海上闻见录》卷2"顺治十八年十二月条",(台北)台湾银行经济研究室,1958年。

有求神问卜之积习,于是,在精神上则完全寄托于神灵的庇佑,因而往往想起家乡的保生大帝,于是便建庙以祀,求其驱疫消灾。郑成功收复台湾时,士兵中漳州籍者居多,他们就仿白礁村保生大帝慈济宫样式在台湾修建宫庙,以便奉祀。据余文仪乾隆《续修台湾府志》载,乾隆初年台湾有保生大帝庙23座,为诸神之首[1]。现今台湾各地有保生大帝庙276座,多集中在台南、嘉义和高雄一带,但由于福建白礁慈济宫已有800多年历史,信奉者都以其为祖庙。

在台湾保生大帝庙中,台南学甲慈济宫和台北大龙峒保安宫最为著名。前者建于明永历十五年(1661),是台湾的开基庙,经历代重修,不仅规模日大,而且富丽堂皇。保安宫位于淡水河与基隆河交汇处,始建于清嘉庆十年(1805),历时25年方告竣工,其占地面积、建筑规模、华丽程度等,均为台湾保生大帝宫庙之首。

保生大帝庙内一般都设有中医药签。药签中的药物构成,大多仍依据东汉张仲景的《伤寒论》、宋代《和剂局方》、金元时期的《脾胃论》以及明清以后的《叶天土方》、《医方集解》等传统医典,有的属于民间验方。药签以病分类,分别盛在不同的药签桶中。其分类大多仿照现代医学学科而行,如内科、外科、妇科、小儿科、眼科等,患者可据情求签而治。

台湾的谚语曰“渡海靠妈祖,安居靠真人”。近些年来,平均每年都有3000多台湾同胞到白礁慈济宫寻宗根、谒祖宫。2009年4月15日,台北县芦州保生大帝信众20多人前来进香,四天后,金门县烈屿乡又有300多人前来参谒朝拜。

(二)临水夫人

福建省古田县大桥镇唐代叫临水,祀奉“顺天圣母”临水夫人陈靖姑的临水宫就坐落在这里。关于临水夫人的传说,《闽都别记》,《三山志》、《闽都记》、《八闽通志》及一些地方志均有记载。

陈靖姑为唐大历年间人,父亲名陈昌,母亲葛氏于大历二年(767)正月十五日生其于福州下渡(清同治十年《福建通志》卷263)。陈靖姑15岁时曾到闾山拜许真君为师,学降魔伏妖之道。3年师满,她不仅学会了醮法驱疫、神水祛病,还会缩地腾空、呼风唤雨之术。道成离别时,真人嘱其径直而去莫回头,但她依

---

[1]　余文仪《续修台湾府志》卷19“杂记·寺庙”,(台北)台湾大通书局,1997年。

恋师之恩德,当走到第24步时禁不住回头向师父望了一眼。下山之后,她嫁给古田人刘杞为妻。在古田,她扶危济困,经常救助贫苦百姓。唐贞观八年(792),福建古田一带久旱无雨,为解救百姓,陈靖姑不顾身怀有孕,手执法器,腾空于乌龙江上,口念真言,驱云降雨。正当甘霖普降之际,有长坑鬼、白蛇精前来干扰,陈靖姑愤怒追杀,力除二妖,但终因饥渴劳瘁,疲惫而死,时年24岁。陈靖姑死后升天,玉皇大帝封她为"救产护胎佑民"之女神。当地人十分怀念她,就修建了临水宫,立神像,设香案,春秋祀奉。之后,历代帝王也多次敕封。五代时期闽王赐封她为三十六婆官,南宋理宗时赐封为慈靖夫人,赐额"顺懿",清乾隆、道光、光绪年间也赐封为太后。妈祖、陈靖姑在闽浙一带声望很高,一位是"海上保护神",保护百姓生产;一位是"妇幼保护神",庇佑百姓生活。故民间有"莆田有妈祖,古田有靖姑"以及"海上妈祖,陆上靖姑"谚语流传。

古田临水宫建于后唐天成四年(929),最初形制较小,随着历代的敕封和重修,规模日益扩大。现在的临水宫气势宏大,犹如帝宫,宫门上方高悬"顺懿庙"匾额。在正殿之外,还有前后左右四个分殿。正殿为木构架抬梁式建筑,有对联曰:"我本无私,毕竟代天行化;人毋求媚,当思惟德是馨"。正殿两侧为钟鼓楼,对面为戏台。此戏台是仿沈阳故宫、北京故宫戏台而建,风格独特,两侧柱子上有对联曰:"天下事渺茫如此,古今人大概如此"。颇有道家风韵。正殿中,陈靖姑神像端坐中间,左侧为江夫人,俗称虎奶(也有的称其为林夫人),右侧石夫人,俗称二奶(也有的称其为李夫人),都是陈靖姑学法时结拜的师妹。故道教称此为三奶夫人,并形成了闾山三奶派民间道教。三位夫人都是救产扶胎的助产法婆,保佑产妇及儿童平安,因而死后被尊为产育儿童的守护神。

台湾有临水夫宫庙200余座,其中始建于清乾隆元年(1736)的"台南临水夫人妈庙"最为有名。台南各地民众不仅到这里求子,从孩子出生到年满16岁,还到这里做仪典,祈求孩子平安、进步,因此庙已有260多年历史,故影响波及台湾各地。

台南临水夫人妈庙位于中西区建业街,庙中除供奉临水夫人外,还有林二奶和李三奶,另有临水夫人的助手、婴儿守护神三十六婆姐。三十六婆姐又叫"三十六宫鸟母"。鸟母就是燕子,古人以其为"送子神",也是辅助生育的神,专门照顾出生后至16岁之前的孩子,使他们免于痴、傻、哭、闹、迷、病、弱、惊吓、溺毙等。庙中的神职人员叫"红头仔"，又叫"红头师（司）公"，为信众所做的法事一般为栽花换斗、过儿童煞、梗四柱元神及祭改补运等。

在台湾，每年七月，临水夫人庙便设置"鸟（教）母宫"，供家长们带孩子来感谢婆姐对孩子的照顾。当孩子长到 16 岁那年，七夕时由家长带领，到临水夫人庙由红头师公为其举行"出鸟（教）母宫"仪式，这是台南地区很重要的成年礼仪式。

（三）清水祖师

清水祖师是实有其人的，姓陈名昭应，宋仁宗庆历四年（1044）正月初六日出生于福建安溪。《安溪县志》称其幼年在寺中学医，出师后为百姓施医救治，使无数贫困的农民、渔工得救。生前乡里即为其建庙曰"清水岩"。传说后来羽化升天，玉皇大帝敕封其为"清水祖师"。清水祖师是医神，医界尊其为祖，百姓求其保佑健康，免病祛疾。福建安溪县的清水祖师庙为祖庙，各地之庙均为分神。

台湾有清水祖师庙 36 座，以台北县三峡市秀川里长福岩祖师庙最为著名。它与台北万华山的龙山寺、大龙峒的保安宫合称为台北三大寺庙。

三峡祖师庙创建于清乾隆三十四年（1769），曾多次重修，最近的一次重修是在台湾光复之后，由当代台湾最著名艺术家李梅树教授主导设计并实施。李梅树大师与几位雕刻家历经 40 多年岁月的悉心设计与惨淡经营，融历史、文化、艺术于一体，充分表现了中国古代传统建筑画栋雕梁的典雅、精细和宏伟，从中使人目睹了中国传统寺庙艺术的极限，故而被誉为"东方艺术殿堂"。

祖师庙内无处不雕，无处不琢。这里的雕刻分木雕、石雕和铜雕数种，每一幅作品，无一不是引经据典，如"花木兰代父从军"、"岳飞精忠报国"、"孔子问礼于老子"、"田单火牛阵复国"、"苏武牧羊"等，都是精心设计，匠心营作。大大小小的雕刻，无论人神花鸟，也无论木兽鱼虫，不仅形象生动，栩栩如生，活灵活现，而且浑然大气，别具一格。殿前大门的 10 幅大铜雕门神、55 对石雕柱子、贴着金箔的各式木雕，个个美不胜收，令人目不暇接。使人赞叹不已的还有石柱上的对联，古今名人题咏百花齐放，大篆、小篆、隶、楷、行、草应有尽有。

正月初六日是清水祖师的生日，加之恰在春节期间，因而盛大的民俗庙会热闹非常。又因安溪地属泉州，故泉州籍的台湾人前来进香者更是踊跃。与此同时,许多闽籍台湾同胞还踊跃回安溪祖庙进香谒祖。改革开放初,仅 1987 年到 1990 年,前来清水岩祖庙参拜进香者就超过了 5 万人次,还从这里恭请神像 300 多尊迎至台湾供奉。

（四）关圣帝君

关圣帝君俗称关帝,即关羽。关羽被封受祀始于隋开皇十二年(592),至宋代屡屡赐封,并从祀武庙(姜太公)。元、明时又受加封,万历四十二年(1614),敕封为"三界伏魔大帝威远震天尊关圣帝君",从此民间称其为关帝。全国各地均有很多关帝庙,其中以陕西解州、河南洛阳、湖北当阳和漳州关帝庙最负盛名。

福建为我国民间信仰最盛行的地区之一,关帝庙遍于各地,其中,泉州通淮关帝庙和漳州东山关帝庙最为著名,且对台湾关帝信仰影响最大,被称为祖庙。

台湾关帝庙很多,据陈名实《台湾关帝信仰的渊源与内涵》载:明郑时期建有 9 座,清治时期建有 33 座,日据时期,1930 年统计为 150 座,因殖民者推行"皇民化"运动,至 1942 年 10 月,被毁坏 57 座;1945 年台湾光复后,被毁关庙多加重建,1959 年统计为 192 座,1989 年统计为 431 座,"解严"后民间信仰发展迅速,1997 年各地登记注册的关帝庙已达 950 多座。

在台湾林林总总的关帝庙中,有 4 座影响较大:一是台南小关帝庙,二是台南大关帝庙,三是凤山文衡殿,四是宜兰协天庙。

小关帝庙位于台南市中区三义街,在台湾修建最早,故被称为开基庙。庙内供奉的关帝金身据说是郑成功收复台湾时从晋江士门关帝厅所迎请,人称文衡大帝。

大关帝庙与小关帝庙相对而建,相距不过百余米,所供奉关帝是明永历十九年(1664)宁靖王朱由桂从东山铜陵关帝庙分灵而来,并仿东山庙而修建。由于此庙为官方祭祀之所,故称大关帝庙。

高雄市凤山文衡殿关帝为漳州陈姓船商从东山分灵而来,大殿始建于明万历年间,是台湾南部较早的庙宇。

宜兰原名噶玛兰,清嘉庆年间,漳州平和县人林枫曾从东山关帝庙分香并雕塑神像,其后人林应狮迁台时又到东山分灵,到噶玛兰后于礁溪建协天庙以祀。

由于凤山文衡殿和宜兰协天庙历史悠久,影响较大,因而在台湾提到关帝信仰,有"北协南文"之说;又由于两处主庙均为从东山关帝庙分灵而来,因而台湾关帝庙的祭拜仪规及民间风俗,大多依东山典礼而行,主要庆典是农历二月关帝乘辇出巡,五月十三日和六月二十四日关帝庆寿。

综观台湾关帝信仰,有一个与众不同的显著特点。作为民间信仰,台湾奉祀关帝,历来重视推崇其"春秋名教"之忠义精神,这在台湾历史发展的不同时期,都曾起到过非常独特的作用。

明郑时期,既是奉祀关帝,也是对郑成功的表彰与追念,明宁王朱术桂书"忠义一人"牌匾,本身即语意双关——郑成功驱逐西夷,弘扬了关帝的忠勇精神;郑成功扶明抗清,他本人就是现实中的关帝。清统一台湾后,地方官吏将关帝的忠信纳入理学的纲常伦理之中,并以之教化社会,目的就是让百姓像关帝那样效忠当今朝廷。1895年日本占据台湾后,关帝的信仰又成为台湾民众反抗外侮的精神力量,建于1920年的苗栗县头屋乡曲洞村的"曲洞宫"主祀关帝,便是要以关帝的忠信勇烈,激励民众,反抗异族统治,曲洞宫的一副楹联非常明确地传达了这种强烈的民族意识。联曰:"曲洞建神宫,显赫长昭唐社稷;沙河扬圣德,雷威永护汉山河。"

就一般的官方祭祀与信众的崇拜而言,关帝信仰的主要诉求是护国佑民——庇佑地方国泰民安,海事生产消灾避难,商业上盈利发财。

2006年以来,每年都有150多个朝拜团到福建东山进香,小团少则20来人,大团多则300多人。

(五)三山国王

在台湾,信仰三山国王的主要是粤人后裔。

1. 源于粤东

三山指粤东揭阳县河婆镇北面的独山、西南面的明山和东面的巾山。河婆在清代属揭阳县的霖田都,故作为三山神发祥地的三山庙被世人称为霖田祖庙。

清同治三年重刊《广东通志》引元刘希孟《明贶庙记》称,三山神原是结义的异姓三兄弟,他们曾帮助隋文帝杨坚完成了统一大业,被封为开国驾前三大将军。三人不恋功名,到三山修炼成神,消灾祛祸,保护当地百姓的生产和生活。后人感激神灵庇护之德,便在河婆镇西南3公里处的玉峰山麓修庙以祀。祖庙初建于隋,至今已有1400多年历史。

至唐时,三山神被潮汕人尊为山神,每年拜祭,希望禳灾纳福保平安,风调雨顺五谷丰。元和十四年(819)大文学家韩愈被贬为潮州刺史,时因淫雨不止,危及农桑,应百姓之请,韩愈写了《祭界石神文》,派人祭祷三山神。之后天空放晴,致使稻有二稔,蚕有三临,百姓无不称颂。宋初,赵匡胤南征刘鋹和北汉刘继元时,传说由于三山神相助,攻城克地,都十分顺利,于是就诏封三山神为国王——明山之神为清化盛德报国王,巾山之神为助政明肃宁国王,独山之神为惠威宏应丰国王。在揭阳县一些地方的三山国王庙中,年龄最小的三国王坐在中间,大、二国王坐在其两侧。何以会如此呢? 传说三国王本领最大,当年帮助宋朝皇帝作战时立功最多。三山国王祖庙有副明清时期的对联,简要地概括了庙史,联曰:"巾明独,三山显赫;宋隋唐,世代功勋"。

史籍记载更详者为:大国王姓连名杰,字清化;二国王姓赵名轩,字助政;三国王姓乔名俊,字惠威。宋廷封他们为王时,名号就是据此而来。

据民间信众统计,粤东地区三山庙比较集中,揭阳有 60 座,汕头 65 座,潮州 25 座,梅州 45 座,汕尾 19 座。现存最有影响者为揭西霖田祖庙、饶平鸿埕大庙、潮阳棉城蛇脐古庙、澄海银砂古庙等。

2. 遍于台湾

明清之际,随着粤东百姓东渡,三山神也被带到了台湾。台湾有位饶平籍客家学者认为,台湾三山国王信仰,大多是饶平客家带过去的,目前台湾有三山国王庙约 170 多所,其中,以台南、云林、新竹、屏东四座规模较大且最为有名。由于粤东人对家乡神的崇信,台南、鹿港等地的三山庙,不少还是潮州会馆。由此可知,三山国王信仰,主要是潮州、汕头人的信仰,包括从当地走出的客家人。

康熙末年,潮州移民刘和林任台北通事,于是就在新庄平原一带进行垦殖,从而拥有了大量的土地。为了增收,其后人刘承续在乾隆二十六年(1761)又开挖了"刘厝圳"(即万安陂大圳),使这里的农业得到了很大发展。乾隆四十五年(1780),刘家便出面组织在新庄修建了广福宫,供奉心目中的保护神"三山国王"。据《淡水厅志》载:"国王庙,一在新庄街,乾隆四十五粤人捐建;一在猫里街,道光元年刘兰斯捐建。主祀三山国王,庙乃潮人所奉。三山者,即潮之明山、巾山、独山也。"

位于台南市元和里的三山庙始建于乾隆七年(1742),为台湾知县杨允玺、台湾镇镖左营游击林梦熊等潮州籍官员率粤东商民所修,因同乡常在此聚会,世人又称其为潮汕会馆。此庙屋顶脊线较平,两端饰物略微上翘,垂脊为贴陶及花草饰物,屋顶全为黑色筒瓦,滴水为绿釉瓦当,灰泥白墙,门前石柱无任何雕饰,整个造型拙朴大方,为典型的潮州式建筑。庙内今存"褒忠"匾一方,为乾隆所赐。

位于屏东潮州镇四春里的三山国王庙中的神位,是清嘉庆四年(1804)从潮州分灵而来,庙的右边供奉土地神与妈祖,这在台湾是很少见的。

高雄市盐埕区位于高雄市最南端,清康熙四十九年(1701),凤山县衙在此开辟了盐田,故有不少人在此从事晒盐业,台湾光复后设立了盐埕区。盐埕区三山国王庙始建于清乾隆二十五年(1760),为从粤地揭阳来台的盐工先民所建,且从祖庙分神而奉。乾隆五十九年(1794),台湾道台萧晋期又进行了扩建,并亲题匾额"咸济众生"。道光十四年(1834),盐户有感于神灵庇佑,捐资重修,并增奉水仙尊王及李府千岁。日据时期,为保护庙宇,三山神被信众移至私宅供奉,另供观音于庙中。台湾光复后,迎回三尊主神,观音移至厢房。时盐埕区区长林迦为光大传统文化,于1946年出面组织在今址重建,采用中西合壁,融西式建筑与中国南北庙宇之长而为之,3年而成。现今三尊主神轮流当值,每年由掷筊决定。盐城区三山国王庙由于为盐工所建,故所举行的祭奉仪式也与他庙有所不同,名曰"请水",即在农历四月十六日庙庆的前一天,到爱河浅滩上举行恭请李王仪式,虔敬地供奉"太阳公"。

位于苗栗县头份镇斗焕里的三山国王庙始建于清嘉庆十八年(1813),只有正殿及左右厢房。正殿主祀三山国王,配祀万世师及佛祖。

苗栗市三山国王庙创建于清道光元年(1821),举人刘献廷之父从潮州分香而至。1895年日本占领台湾后,以建派出所为由强行将庙拆除,只好将神位寄祀于天后宫,后移南苗天云庙供奉。1962年秋,地方信众在苗南木铎山今址重建。

位于彰化鹿港镇的三山国王庙始建于清乾隆二年(1737),规模较大,日本占领台湾后,以城市扩建为由予以拆除。当地信众乃将所拆砖瓦木石运至现址重建。1934年,又以拓路为由将山门及拜殿拆除,仅存三川门、天井及正殿,大庙原有格局、气势损失殆尽。

位于云林县大碑乡大和街的三山国王庙由于香火鼎盛而名播四方。其特点一是建筑宏丽、雕刻精美,尤其是一对大型石狮,为台湾少有的珍贵文物,具有很高的艺术和文化价值,二是管理完善,除每年发放奖学金外,还设有慈善救济经费,因而颇受社会各界好评,不仅信众很多,各地前来观光者也络绎不绝。

信仰三山国王的信众每于神之生日(巾山神为农历二月二十八日,独山神为农历三月十六日,明山神为农历三月二十四日。台湾一般为农历二月二十五日),必举行祭祀活动。祭祀方式各地不一,除晋香叩拜外,也多有巡游,配以锣鼓及舞龙、舞狮等民俗表演。

三山国王是粤民创造的地方文化神,它从一个侧面反映了当地人民对有功先民的崇敬,对美好生活的向往,反映了粤东移民为求生存与发展,以三山国王为信仰而相互团结的心理诉求。现今台湾各地的三山国王庙,所奉神明除主神三山国王外,大多融合了儒释道多神信仰,配祀各种神位,如妈祖、菩萨、伽蓝、关帝、韩文公、千里眼、韩湘子等,充分显示了东方民间信仰的包容性和多元性。

二、祖先崇拜神

祖先崇拜是中华民族的传统,不仅汉民族如此,受汉文化影响,其他民族亦多是如此。在台湾民间信仰中,因祖先崇拜而祀之为神的历史人物很多,影响最大的是开漳圣王陈元光、延平郡王郑成功、民族英雄岳飞和当地土著先人阿立祖。

(一)开漳圣王

开漳圣王陈元光,唐时光州固始人(今河南固始县),事迹见本书第二章。

据漳州所属的南靖县《双峰丘氏谱》记载,早在明成化二年(1466),南靖丘国旺、丘国时、丘国平兄弟移居台湾。之后,随着郑成功驱逐荷兰殖民者、康熙朝清廷统一台湾,漳州人东渡更是络绎不绝。

台湾有开漳圣王宫庙300多座,并成立有"开漳圣王庙团联谊会",负责各宫庙之间的协作与联谊。

桃园县大溪栗仔园的仁和宫始建于清康熙四十八年(1709),是台湾修建最早的开漳圣王庙。受其影响,桃园县仅大溪一镇,就有庙达10座。

桃园大溪的福仁宫是仁和宫的分庙。清嘉庆年间,由于到仁和宫朝圣者日多,遂于嘉庆十八年(1813)从仁和宫迎请开漳圣王一尊,建成补位宫。咸丰十一年(1861),板桥巨富林本源族人献地一块,福仁宫得以扩建,从而使其成为桃园最宏大的庙宇之一,并增祀天上圣母庇佑海上安全,同时增祀的还有三官大帝、玄坛元帅、保生大帝等。福仁宫的数块匾额均为清代皇帝所赐,同治十二年(1873)所赐有中殿的"护国保民"和后殿的"锡兹祉福",光绪元年(1875)所赐有中殿的"惠我无疆"。

每年农历二月十一日为福仁宫的祭典日,祭典活动由各大姓氏公号依序轮值,每10年一次。人口多者一姓独值,人口少者两姓或数姓共值。十大姓氏公号为:一李,二江,三林,四简,五张廖,六黄,七高姜吕鲁纪,八王游,九陈,十杂姓。此种轮值主导的方式,不论籍贯和群族,充分表明大溪地区族群的和谐和开漳圣王在人们心中的崇高地位。

在开漳圣王庙中,最具代表性的是桃园的景福宫、凤山开漳圣王庙、碧山岩碧山寺和芝山岩惠济寺。

坛元帅、保生大帝等。福仁宫的数块匾额均为清代皇帝所赐,同治十二年(1873)所赐有中殿的"护国保民"和后殿的"锡兹祉福",光绪元年(1875)所赐有中殿的"惠我无疆"。

每年农历二月十一日为福仁宫的祭典日,祭典活动由各大姓氏公号依序轮值,每10年一次。人口多者一姓独值,人口少者两姓或数姓共值。十大姓氏公号为:一李,二江,三林,四简,五张廖,六黄,七高姜吕鲁纪,八王游,九陈,十杂姓。此种轮值主导的方式,不论籍贯和群族,充分表明大溪地区族群的和谐和开漳圣王在人们心中的崇高地位。

在开漳圣王庙中,最具代表性的是桃园的景福宫、凤山开漳圣王庙、碧山岩碧山寺和芝山岩惠济寺。

桃园景福宫是全台湾最为豪华、最为气魄的开漳圣王庙。清代康乾时期,桃园只有大溪仁和宫一尊开漳圣王,随着漳州籍人数的增多,且多居住在桃涧堡一带,前往朝拜不便,于是便有人建议自仁和宫分灵供奉。嘉庆十八年(1813),新庙在桃仔园竣工,取名景福宫。之后又经过多次修建,遂成面阔九开间、两进两廊的四合大院。正殿主祀开漳圣王,兼祀玄坛元帅,两侧配祀观音与天上圣母,天井两侧东西大厅奉祀金母娘娘和注生娘娘。

景福宫内装饰性雕刻不论木雕或石雕都十分精美,具有很高的艺术价值。

宫正门有一副颂扬开漳圣王的藏头楹联,曰:"景运造初唐,威镇八闽惊草泽;福星瞻故县,光昭七邑映桃园。"石柱的联语则是表达对圣王的无限敬仰与祈望,曰:"曰圣曰王,永藉威灵巩淡北;称元称帅,常昭符瑞镇桃南。"宫前为一宽大广场,高大的四柱牌楼与桃园火车站遥遥相对,已成为桃园市壮观的地标。

宜兰县有开漳圣王庙 28 座,是台湾开漳圣王庙最多的县。

宜兰县永镇村永镇庙始建于清乾隆九年(1744),为漳籍来台的陈镇民兄弟所建,属漳州北九龙里松州保高开漳圣王庙之金身分香。该庙正殿崇祀开漳圣王,从祀有辅顺将军、辅信将军、别驾将军和护驾将军,左右殿内供奉有黄帝、玉皇大帝、文昌帝君、开漳太子等。永镇庙在 3 个乡镇 11 个村庄有 30 多处分堂庙,信众遍全台,每年农历二月十五举办圣王庆典时,有上万人前来进香,各地分身或分香的圣王像,都回到祖庙团聚半日。同时前来做客的神明还有观音、妈祖、关帝、中坛元帅、瑶池金母诸神明,故而声势浩大,热闹非凡。

永镇庙开漳圣王庆典最为引人入胜的是"过火山"。其仪程是:将数千斤木炭堆在庙前广场上,约两三米高,形似小山,其上放一些稻草。中午吉辰,主持人将祭典时给玉皇大帝的疏文、金纸点燃后放于稻草之上,以引烧木炭,随之大火熊熊。这时,各村挑选的身强力壮的青年从大殿中抬出安放有开漳圣王、狄梁公、张赵胡的三乘辇轿,在广场上快步绕行三圈,待主持人一声令下,锣声齐鸣,小伙子闻声而起,抬着神像赤足踩踏火炭山而过。连续三圈过火山后,锣声方能停止,在一片欢腾声中,庆典结束。当地信众认为,过火后神明之神力更足,抬轿者过火后将驱走邪魔,全家平安。

台北另有陈氏大宗祠,名德星堂,是陈氏奉祀列祖列宗的家庙,开漳圣王陈元光位列其中。

清咸丰十年(1860),台北举人陈维英有感于陈氏既无谱牒,又无宗祠,后人将会数典忘祖,于是倡议修谱建祠。在族人的支持下,光绪十八年(1892),在台北旧城内文武街兴建陈氏家庙,名德星堂。1895 年日本占领台湾后,因强行征用文武街修建"总督府",德星祠被迫迁于大稻埕宁夏路今址。宁夏路一带原为平埔族鸡母箅社故地,日据时改为奎府。新祠两年后落成,除奉祀先祖三神主外,增奉圣祖帝舜重华公。德星堂虽然于 1935 年和 1956 年进行过两次大修,但至今保留着古色古香之风貌。

在德星堂,通过一副副的楹联,可深感世人对开漳圣王陈元光的怀念与敬仰之情。如前殿大门对联述其功德:"奎府聚五星,地符人瑞;漳州开二阁,名冠皇唐。"有的颂其先祖及圣王圣绩,如神龛联和大殿联。神龛联曰:"补闻喜,还太丘,惠韶光风周两地;辟漳州,建南寺,负扇仗钺壮千秋。"大殿联曰:"太丘道广,为世儒宗,唐代继名贤,纬武经文,绩着鹰扬开钜郡;颍水地灵,蔚兹望族,稻江崇庙祀,承前启后,谋贻燕冀树宏基。"此处所说"大邱",即汉代的陈寔。

德星堂每年举行春冬两次祭典,春祭在农历二月十五日,冬祭在农历十一月十五日。当日,陈氏后人不论籍贯宗派,聚族于一堂,他姓百姓亦成群结队而至,面对圣王,顶礼膜拜,以表达炎黄后人饮水思源之情。

由于台湾民众祖籍漳州者居多,因而开漳圣王崇拜为台湾第二大民间信仰,有信众 500 万以上,每年回福建云霄朝拜者,也都超过千人。

2001 年 4 月 21 日,台湾开漳圣王庙团联谊会 160 余人,在会长林茂荣的带领下,回到云霄祭拜先祖。2007 年 3 月下旬,云霄县举办了首届中国云霄开漳圣王文化节暨枇杷节,台湾开漳圣王庙团组团参加了盛会,其间,有台胞千余人到将军山拜谒。同年 8 月 8 日,由游昆仑团长率领的台湾道教七星殿 47 位信众和 10 名在大陆投资的台商代表团,到云霄威惠庙拜谒进香。10 月 9 日,又有 260 多名来自台湾中部 5 个县市 9 家开漳圣王庙组成的朝圣团到云霄将军庙、威惠庙祭拜开漳先贤。

与此同时,还有不少人到"中原侨乡、唐人故里"——河南固始寻根拜祖。如,2008 年 10 月 11 日,台中、南投、彰化、嘉义四县六庙组成的"台湾开漳圣王庙定字中区联谊会朝圣团"一行 16 姓 76 人,在总团长李朝华先生率领下,回到固始拜祖。同年 12 月 5 日,台湾开漳圣王文化联谊会委员陈光建一行也回到固始拜祖。2009 年 4 月 20 日,由彰化、台中和高雄三县市 16 姓氏 25 人组成的"台湾开漳圣王庙固始寻根团",在彰化县大里圣隆宫主任高文辉团长的带领下到固始恳亲联谊,受到了家乡人民的热烈欢迎。

(二)延平郡王

延平郡王祠坐落于台南市开山路,始建于明永历十六年(1662),为民众纪念郑成功收复台湾所修。郑成功因反清复明,曾被明帝封为延平郡王。1663年,年仅 39 岁的郑成功病逝,其子建庙以祀。因郑氏政权在台湾拥明而不仕清,故康熙二十三年（1684），施琅奉命发兵收复台湾。之后，时人顾及当时清廷高压政策，将祠改为"开山王庙"。清同治十三年（1874），沈葆桢因牡丹社事件奉命到台湾筹建海防，当得知此祠原名延平郡祠之后，认为应恢复原名。他说，郑成功从荷兰人手中收复台湾，其功甚伟，并明确指出："郑氏明之孤臣，非国朝之乱贼。"于是向清廷上《为明季遗臣生而忠正殁而英灵恳予赐谥折》①请朝廷建祠追谥，并将其列入官祀庙宇，沈葆桢还题写挽联赞曰："开万古得未曾有之奇，洪荒留此山川，作遗民世界；极一生无可如何之遇，缺憾还诸天地，是创格完人。"清廷的敕命文书，至今仍保存在祠中。第二年，官府出资，台湾道夏伦以福州"开闽圣王"庙建筑样式进行重修，并易名"明延平郡王祠"。日本占领台湾期间，因郑氏有日本血缘关系，祠庙未遭破坏，更名为"开山神社"，1945 年台湾光复后，又恢复原名。1963 年重修时，将福州式建筑改为北方宫殿式。每年 4 月 29 日及 8 月 27 日，在祠内举行春秋两祭。

延平郡王祠坐西朝东，为三进合院类型。山门上悬有光绪元年所书"前无古人"匾额，进入院内，有石坊一座，上刻"忠肝义胆"四字，旁有"奉旨祀典"石碑一通。正殿内供奉郑成功雕像，身着明朝衣装，书有"予谥忠节明赐姓延平郡王神位"字样的牌位立于像前。后殿内祀郑母田川氏。另祀郑成功长孙夫妇及明宁靖王朱太桂与王妃，东西厢房祀有明郑时期的一些文武臣将。

后殿右今为延平公园，原为郑祠花园。园内有梅树数株。其中两株相传为郑成功亲手所植。光绪元年重修时移此。日本占领台湾期间，有人在树上挂牌并书"延平郡王遗爱古梅"。日本据台 50 年，两树从未开花，1945 年台湾光复后，两梅于当年冬天鲜花怒放，观者如堵，无不称奇，被人誉为"忠梅"。

（三）岳飞

南宋抗金民族英雄岳飞于北宋崇宁二年（1103）农历二月十五日生于相州汤阴县（今河南省汤阴县），因受秦桧等人诬陷，以"莫须有"之罪名于绍兴十一年（1141）十二月二十九日在风波亭惨遭杀害。宋孝宗即位后于乾道五年（1170）为其平反，昭雪冤狱，诏复原官，淳熙六年（1179）赐谥武穆，宁宗嘉定四年（1211）追封鄂王，

---

① 　新校本《清史稿》，(台北)台湾故宫博物院，1996 年。

作为民族英雄,岳飞不仅在大陆受到人民的崇敬,在台湾也是如此。台湾各地有岳飞庙十余座,其中宜兰县岳庙——碧霞宫历史最久和影响最大。

1895 年《马关条约》签订后,台湾被日本占领,宜兰人为弘扬岳飞"精忠报国"精神,以达到教育后人"还我河山"之目的。在进士杨士芳、举人李望洋倡议下,以求抗击异族入侵之民族英雄岳武穆显圣为由,用扶乩之法,得岳飞赐谕四句:"晦暗江山实可嗟,斯民所往是吾家。但期正气长留此,碧血丹心望晓霞。"于是建庙以祀岳武穆,并取"碧血丹心望晓霞"之意,为庙取名曰"碧霞宫"。建碧宫之目的是为了反抗日治和"还我河山",这一点在《建庙启文》中说得十分明白:"维甲午乙未之交,海疆多事,四境不宁,且庸臣误国,致鼙鼓东来,台岛鼎沸。今割地易岁,桑梓晦冥……乃祈奉精忠武穆岳夫子堂庙一所,宣讲武穆忠孝节义,警顽立廉。使四方之士于诗词文章之外,得知浩然正气介乎于忠孝节义之上,国家兴亡,系乎士绅庶民之间。今虽桑梓沉沦,四方皆敌,然亡秦必楚。当今皇王圣明,待勤王一举,必可还我河山,投怀上国矣!"(《宜兰县志》)1899 年仲秋大庙竣工后,以陈祖畴总董事为代表的乡民专程前往浙江杭州岳王庙朝拜,并分香到宜兰敬奉,故宜兰岳庙实为台湾各岳庙之开基庙。

日据台湾时期,曾严禁公祭岳飞,抗日战争期间更是如此,但宜兰百姓仍于岳飞诞辰之际秘密进行,今天保存下来的一百多件礼器、祭祀记录及三献礼仪式就是明证。台湾学者高双印谈到岳飞精神在抗日战争中的作用时指出:"一曲岳飞的《满江红》慷慨悲壮,激起了多少人的斗志,奔赴战场,与日军作殊死之争……两岸以岳飞为'民族英雄'典型,发扬'中华魂'的壮举,则互相辉映,赢得抗日最后胜利,'还我河山',光复台湾,绝非偶然。"[1]在同一文章中他还指出,即使今天,在一些"台独"分子"去中国化"的声嘶力竭中,岳飞"民族英雄"认同仍毫无动摇。"近年来,台湾社会迈向多元化,政党林立,百家争鸣。尽管大家的价值观不同,政治立场互异,省籍情节有所区隔,甚至族群之间矛盾对立,但宜兰县无论国民党、民进党或无党籍人士当选县长,从无人拒绝担任祭岳大典之主祭官,可见祭岳大典所形成的文化特色早已深入人心,岳飞'民族英雄'的形象已

---

① 高双印《从光复台湾略论岳飞'民族英雄'的定位》,载《河洛文化与闽台文化》,河南人民出版社,2008 年。

为普世所认同。"

自1945年台湾光复后,宜兰碧霞宫于每年岳飞诞辰的农历二月十五日举行隆重的三献古礼祭祀仪式,祭拜岳鄂王。正献官历年由县长担任,祝寿官、分献官、纠仪官、陪祭官等分别由前来的各级主要官员和民意代表担任。祭典仪式依古礼进行,共有30多项。在编钟伴奏之声中,由学童扮起的岳家军持矛戈盾牌跳四俏舞,乐队依次奏"景颂"、"荐颂"、"清颂"、"咸仺"、"雅颂"、"投颂"等乐章;同时分别行上香礼、初献礼、读祝礼、亚献礼、终献礼、祝寿礼、受胙礼。之后众人齐唱《满江红》和《武穆颂》,向圣像行三鞠躬礼后"送神"、"阖扉",乐止后"撤班",在礼炮声中礼成。

宜兰碧霞宫在保存、弘扬中华文化以及河洛文化传统方面其功至伟。据笔者所知,在我国传统的祭祀庆典中,唯能保持以周礼为典礼仪式基调的只有两处,这就是曲阜的祭孔和宜兰的祭岳,成为我国"乐文"、"崇武"的文化双璧。

(四)阿立祖

阿立祖俗称蕃太祖,为台湾少数民族平埔族人的祖灵。平埔族的登陆地是台南县的佳里镇,至今那一带还保留有多处当年平埔族的公廨。信仰阿立祖的平埔人以祀壶、瓶子、卵石等为象征物,后来模仿汉人才立下了"阿立祖"石碑。北投洋的立长宫供奉有阿立祖,每年于三月二十九日举行祭典,供品主要是米酒、粽子、槟榔等。当地人在祭祀时还有"收契子"之风习。即,一些父母感到孩子不好养育,就把孩子抱到立长宫中,把圆仔花环戴在孩子头上,再拿卵石抚擦其头部,同时念"头壳硬,好育饲"数遍,这个孩子便成了阿立祖之子,祖神便保佑其无灾无疾,健康成长。

三、其他诸神

台湾民间信仰的多神化和生活化,使台湾庙宇林立,神灵遍地,祭祀活动和方式既丰富多彩又灵活多样。在世俗生活中,备受人们尊崇的神很多,以下诸神尤其突出。

(一)土地公

台湾的早期社会是一个移民社会,明清从福建、广东移到台湾的初民,大多是农民,少量是渔民,只有个别从事商业贸易。先民开垦的土地需要守护,于是就在村头、田间或山坡上兴建简易的土地庙,土地公便成了春种秋实的稼穑守护神。但随着工业化的推进,土地公的任务似有改变,一些村中的土地公右手持如意,左手持元宝,俨然成了赐福添财的财神。

(二)城隍

中国城市的出现源于自卫。古人为保证安全,在聚落四围挖土成壕,以土筑为城墙。"城"即城墙,"隍"即城壕。正像土地为司农之神一样,"城隍"则为司城之神,即城市的保护神。

我国的城隍信仰早在先秦时期就已出现,《礼记·周礼》关于腊祭八神中第七神水庸,即后世之城隍。汉唐时期,尤其唐代以后,城市经济繁荣,城隍信仰逐渐发达。宋陆游《宁德县重修城隍庙记》说:"城者,以保民禁奸、通节内外,其有功于人最大。顾以非古黜其祭,岂人心所安哉? 故自唐以来,郡县皆祭城隍,至今世犹谨。"[①]至明代,城隍的职权范围又有所扩大,不仅是城市的守护者,还兼有监察、司法职能,故城隍庙制如公廨,设公案、几案、笔砚如守令,俾之监察庶民。如位于北京交道口南大兴胡同中的北京城隍庙中刻于清同治十年(1871)的一副石楹联,就是监察者的训诫:"阳世奸雄违天害理皆由己,阴司报应古往今来放过谁。"据说朱元璋出生在城隍庙中,故对城隍神极为崇敬。明洪武元年(1368)曾下旨,封京城的城隍为正一品,其下按州、府、县的不同级别,将城隍封为公、侯、伯三等,封以正二品、正三品、正四品之职位,并敕令全国各地修建城隍庙。

城隍祭典在每岁春秋,与风雨、雷云、山川并坛而祭。百姓平时祭拜主要是求其庇佑,如夏秋久旱不雨或阴雨连绵,就抬其"出驾"巡游,众人扮牛头马面、小鬼判官、鱼鳖虾蟹随其后,一路焚纸烧香,敲锣击鼓,巡游结束时再将神像安放原位,施礼上香供奉。

大陆城隍庙遍于各地,最为有名的是西安城隍庙、上海城隍庙、郑州城隍庙、兴化府城隍庙、石狮城隍庙等。

西安城隍庙由朱元璋于洪武二十年(1387)亲自敕建,规模宏大,甲于关中。

上海城隍庙始建于宋,明永乐年间(1403—1424)重修于今址,其规模之大,

---

① 陆游《渭南文集》卷17,北京图书馆出版社,2004 年。

气势雄伟,在全国享有盛名。

郑州城隍庙位于商城路,始建于明初,弘治十四年(1501)重修,现存山门、前殿、乐楼、大殿、寝宫等,均为彩色琉璃瓦覆顶。乐楼高 4 丈 5 尺,为歇山顶双层建筑,正脊浮雕为游龙数条,配有凤凰、荷花、狮子等,造型形象生动。

兴化府城隍庙位于福建莆田城内长寿街,创建于明洪武二年(1369),其规模与兴化府、莆田县衙一样,为莆田五大宫庙之一,正殿祀城隍大神陈瓒,世称城隍爷。

闽地城隍庙随处可见,以石狮城隍庙为最。石狮城隍庙始建于明万历二十年(1592),后毁于兵燹,清康熙末年重建,乾隆朝多次重修。最近一次重修在1990 年。重修后有多进院落,正殿奉祀城隍,配祀广泽尊王和菩萨。整个庙宇占地 560 多平方米,大殿金碧辉煌,巍峨壮观。

城隍庙传入台湾在明末清初,主要是康乾时期随闽南漳泉移民而至。

鹿港城隍庙位于彰化县鹿港镇中山路上,创建于清乾隆十九年(1754),从晋江石狮城隍庙分香而来。因主祀的城隍明初被封为"忠佑侯",由此渊源关系,故庙内悬有"忠佑侯"匾额。该庙经多次修葺,有正殿、后殿及三川殿等建筑。2009 年 5 月 24 日,来自台湾各县市的 38 所城隍庙的负责人在鹿港城隍庙会师相聚,为共同办好城隍庙进行了交流和协商。

霞海城隍庙位于台北市大同区,始建于清咸末同初年间,坐东北朝西南,依淡水河走势而建,格局为单殿式建筑,拜殿为单进单开间,前带卷棚,左右为偏殿。整个建筑外观呈"菜刀型",象征着城隍老爷判案能当机立断,刀口面向淡水河,以此劈鬼煞邪。霞海城隍庙面积虽然不很大,但除供奉城隍外,还有其他神像 600 余尊,蔚为壮观。

传说农历五月十三日是城隍生日,霞海城隍庙和各城一样,此日依例举行庆典活动。该庆典活动前后共进行 8 天,五月六日即行开始,至十一、十二日由七爷八爷出巡,十三日为城隍本尊巡游绕境,随行队伍常常长达数里。届时锣鼓喧天,布袋戏、歌仔戏以及舞龙、舞狮等民俗表演十分热闹。在台湾民间信仰中,这是继农历三月妈祖生日后最盛大的活动,故有"三月疯妈祖,五月看城隍"之谚流行。

台南为台湾最早拓植地区,曾是全台首府,故为政治文化中心。台南城隍庙位于中区青年路,始建于明永历二十三年(1669),清时曾多次进行维修,为康乾时期台湾著名的七寺八庙之一。

　　新竹城隍庙位于市区中山路,清乾隆十三年(1748)由淡水同知曾日瑛倡建。1875年清廷设台北府后,因府治仍在新竹,城隍也随之升格为府城隍(绥靖侯),香火鼎盛时有"北港妈祖婆,新竹城隍爷"之誉。清光绪十一年(1891),由于全台在这里举行了护国佑民祛除灾厄祈祷醮法会,新竹城隍名声更噪,第二年又被封为威灵公,成了全台湾独一无二的都城隍庙和省级城隍庙。

　　新竹城隍庙大殿梁上悬一大铁算盘,是城隍老爷用来计算人的功过是非的,尤其是人的恶行,不分巨细,累计相加。算盘两侧有联劝人为善,曰:"世事何须多计较,神天自有大乘除。"

　　新竹城隍庙的活动除平日信众进香求拜外,每年元宵节有盛大的花灯展出,农历七月初一55/k月初一有迎城隍庆典,每晚均举行八家将巡街表演。其中,七月十五日夜为活动高潮。当晚,众人抬着城隍本尊出巡,游行队伍长达数里,中间杂以舞狮、舞龙等各种民俗表演。农历十一月二十九日为城隍爷生日,此日来求拜者更是人山人海。

　　(三)七娘妈

　　相传七娘妈即织女星,或为七星娘娘,是儿童的保护神。孩子出生周岁后,常常拜在七娘妈门下,请其保佑消灾免病,早日长大成人。至16岁时,由其家长出面还愿,率其到七娘妈庙中祭拜,谓之行成人礼。

　　(四)王爷

　　王爷又称千岁爷,传说是舍身示警而覆舟遇难的书生,共360位,132姓。故王爷前常常冠以姓氏,称为某府王爷。王爷原来被称为瘟神,谓之"游县吃县,游府吃府,代天巡狩,血食四方"。后随王船漂至台湾,爱这里风光秀丽,人民善良,遂弃旧图新,专为百姓赐福。王爷崇拜在台湾南部最为流行,有庙1794座,多集中在台中以南的海滨。王爷信仰的主要活动为送瘟神、王船祭和王醮。三年一次的"王船祭"相当隆重,尤其屏东县东港的东隆宫、台南西港的庆安宫,规模之大、装饰之胜、香客之多,都是其他宫庙无法比拟的。"王船祭"主要是先建一艘漂亮的王船,祭奠之后在鞭炮声中将其烧掉,意谓将疠疫与瘟神驱逐出境。

（五）太子爷

太子爷有的地方称哪吒太子,有的地方称玉皇太子爷,也有称其为太厂'元帅或中坛元帅者。太子爷是王爷信仰系统五营元帅中的中营元帅,他除被奉作主神之外,也是诸多神明的先锋官,拥有风火轮等法器。台湾各地都有太子爷庙,高雄市的"三凤宫"、台南县新营的"太子庙"最为有名。

（六）义民爷

作为一个移民社会,崇敬义民,祭典"义民爷"可算是台湾客家人最具特色的民间信仰之一。

人台移民为了便于生活生产,多聚族而居,在艰辛的垦荒拓土中相互帮助,相互支持。由于移民时遭盗匪劫掠和当地山民的滋扰,先民除在聚落四围植竹挖濠外,还把青壮年组织起来,仿效大陆乡团练形式,习武操练,平日荷锄田陌,遇袭则执戈自卫。

乾隆五十一年(1876),台湾彰化人林爽文率众在大里代(今台中县大里乡)举事反清,不久建元顺天,授官称帝。由于当时清廷兵力不支,冬十一月,彰化城被破,知府孙景燧等官员相继遇难,不数日,南路军又进占了诸罗。十二月,林部北路军又攻破淡水,巡检张芝馨被俘,知府程峻自杀。一时间,林军来势汹汹,锐不可当,清军束手无策。

由于林爽文所属人员良莠不齐,几五军纪可言,因而所到之处,袭劫官府,焚烧村舍,奸杀掳掠,无辜百姓惨遭屠戮。故当其北进至六张犁庄(今竹北市六家地区)时,遭到了乡团的阻击。之先,当地乡绅林先坤组织村丁布阵抵御,并联络王廷昌、陈资云、刘朝珍等所属数村团丁3咖余众,奋力抗敌,浴血坚守,以致使林军不能北进一步。之后,清廷援军到来,双方强力夹攻,使林爽文部受到重创。不久,清军在嘉勇侯福康安率领下东渡,大军在鹿港登陆后,很快实施了仑仔岭、牛绸山之役,在村团乡勇的配合下,林部被彻底荡平。

在这次与林爽文的战事中,林先坤等所组织的乡勇牺牲多达200余人。在回师时,他们雇请牛车将战死的村勇遗骸南运,原拟安葬在大窝口(今湖口乡),不料车过凤山溪后,驾车之牛站而不走,不听驱使。众人感到惊疑,便焚香慰告英灵,并掷筊决疑。风水名师勘验后指出,此山坡为"雄牛咽地穴"风水绝佳之处,最宜安葬义勇烈士。山坡土地之主人闻此,遂表示愿意献出此地。之后,经众人合议，即择吉日安葬合冢。此即枋寮"义民冢"。

乾隆皇帝有感于台胞的忠勇，特颁"褒忠"敕旨以为嘉奖。林先坤、王廷昌等有感于清廷的奖褒，倡议建庙崇祀，以慰在天之灵。诸公倡议得到周围数十村民响应，众人积极捐输，经过两年修建，祀庙于乾隆五十五年（1790）落成，并命名为"褒忠庙"，百姓俗称义民庙。

同治元年，彰化又有戴潮春起事反清，各村为免家园再遭破坏，与官府军一起与戴部作战，其间又有百余人牺牲。事平之后，又将死难者葬于枋寮，即今所见"附冢"。

1895 年日本占领台湾后，当局意欲毁庙另他，并没收庙产。当地士绅百姓力表抗争，并派代表赴东京陈情，由于多方奔走，庙始得存。1964 年，该庙进行了精心重修，不仅再现了昔日的风貌，而且更加金碧辉煌。

为促进民俗必善和全面发挥该庙的社会功能，褒忠庙的管理人历年来皆由地方士绅推荐产生，所有庙产及收入，全部用于公益事业。为培养良好的社会风气，褒忠庙经公议，以振兴教育为宗旨，1946 年创建了义民中学，60 多年来，已培养了 1 万多人。该庙利用庙产设立了助学、赈济基金，为当地振兴教育和移风易俗发挥了良好的作用。该庙成立了由 15 个大村庄代表组成的董事会，所有重大事务，皆由董事会商定。每年的春秋二祭，则由各村庄轮流值办。

褒忠庙在全社会倡导"义民精神"，为此，经董事会提议，并经当地政府批准，以每年农历七月二十二日为"义民节"，以期弘扬先祖的崇高理念，共同为乡土繁荣昌盛而奋斗，团结致力于地方公益福祉，以不负先贤开发耕耘之期望。"义民精神"在台湾尤其中部地区深入人心，每年前来参拜的信众多达十数万人次。

第三节　台湾的庙文化

台湾的寺庙宫观很多，遍布于城乡以至于人迹罕到之处。据《马祖日报》2008 年 10 月 10 日报道，马祖岛上有 22 个自然村，2000 年统计时，有庙宇 69 座，平均每村 3 座以上。因而有人说，在台湾，不论都市村巷，"千步一庙，百步一宫"并非夸张。

庙在台湾是一道亮丽的风景线。台湾有多少庙呢?

在日本占领时期,台湾当局曾出版过《台湾宗教调查报告书》,据报告书统计,截止到1918年,台湾岛内共有各种寺庙3304座,其中佛教有77座,儒教165座,道教3062座。①

吴瀛涛在《台湾民俗》一书说,据民国19年调查,台湾有主神175种3580尊,其中,福德正神674尊,王爷534尊,妈祖335尊,观音329尊。此四种神共1872尊,已占总神数之半数。②

据余光弘《台湾地区民间宗教的发展——寺庙调查资料之分析》一文载,台湾在1940年时民间信仰的神灵有175种,宫庙3661座;1985年统计庙神为275种,宫庙5338座。③

台湾台商服务总会会长、台湾中国文化大学教授廖正豪先生说,在台湾3.6万平方公里的土地上,有各种庙宇1.4万多座。

台湾庙文化的产生与繁荣有着深刻的社会与思想根源。

一、台湾庙文化的社会基础

台湾的庙文化与台湾民间信仰是相辅相成的。民间信仰促进了庙文化的生成与繁荣,庙文化的繁荣又使民间信仰更加凝固、普及,得到保存与传播。

(一)庙文化是台湾移民社会的产物

众所周知,台湾是一个移民社会,台湾的汉人绝大多数是大陆的移民及后裔,其中尤以闽地漳泉及粤地潮汕为众。而历史上的闽粤及客家人,其祖籍又大都在中原。中原是中华民族最古老的发祥地,是中华文明和传统民间信仰的渊薮。台湾民间信仰的源头在福建,然而,更久远的根则在中原。

清代乾嘉时期是闽粤两地向台移民的高峰期。从福建到台湾,虽然海峡不是很宽,但在当时的条件下,惊涛骇浪使得两岸的亲人不能随意来往,有的甚至终生只能是"望洋兴叹"。在中原文化熏陶下成长起来的客家或闽南人牢记着先人"慎终追远"的训条,为了表示永久的怀念,往往用家乡的地名为新居地命

---

① 《台湾宗教调查报告书》,(台北)捷幼出版社,1993年。

② 吴瀛涛《台湾民俗》,(台北)众文图书股份有限公司,1980年。

③ (台湾)中央研究院《民族学研究所集刊》第53期,1982年。

名,从祖籍地的庙宇里带回香火,在台湾修庙建宫,同时还建祠堂、修族谱以追念先人。总之,通过各种方式,表达不尽的情意,慰藉怀乡的心灵。如晋江东石乡的人到台湾嘉义后,将所居地仍叫东石,并建庙宇将家乡的"三公王爷"请来供奉。在台湾,当看到诸如"安溪寮"、"泉州厝"、"刺桐乡"、"永春坡"、"头北厝"等地名,不用打听,便能一目了然地知道其先祖来自福建什么地方了。又如台湾的天后宫、龙山寺有四五百处之多,但也不用问,其源均自泉州也。

先人祖祠在台湾的建立,大陆神明在台湾的"分灵",迎请祖庙金身到台湾的"巡游",后裔回大陆进行的"寻根"、"进香"等等,所有这些,涉及地缘、血缘、法缘、文缘、商缘,其渊源无一不是与早期移民有着密切的直接关系。

(二)庙文化是文化认同的无障碍载体

在台湾,乡土神备受人们的尊敬与推崇,对从祖籍传来的神明,人们有一种自发的亲切感和眷恋之情,故而称其为"乡梓神"。无论过去和今天,人与人之间总会因为某种原因产生一些隔阂和误会,但乡梓神作为既往的"先人",则是公正的、超然的,不偏不倚地保佑着每一位同胞、每一代子孙,在他的面前,大家可以搁置争议,面向未来,携手共进。

妈祖信仰在促进海峡两岸交流方面就发挥了巨大的作用。2002年5月,金门信众50多人,由料罗湾码头起航,举办了"海上寻根之路——赴湄州迎妈祖"之旅,当天晚上即达湄州。第二天,湄州组成护驾团,又从海上送妈祖金身抵金门。之后连续3天巡游大小金门,所到之处,万人空巷。2002年7月23日,澎湖县天后宫信众257人在县长赖峰伟率领下,冲破了台湾当局两岸不得直航的禁令,乘坐"超级星号"客轮,奉妈祖神像朝拜泉州天后祖庙,实现了50多年来泉州与澎湖的海上直航。第二天,泉州妈祖神像被护送到澎湖巡游,至8月5日护送返回。这两次活动,引起了台湾政界的极大关注。《金门日报》5月10日社论认为,此次活动,"为两岸民间交流开启新里程"。新竹市长林政则向赖峰伟表示,对澎湖直航有浓厚的兴趣,他将前往取经,希望澎湖县政府给予协助。

清代咸同时期,漳、泉两派械斗者在神庙和祠堂中言和修好,今天,两岸同胞在寻根中释旧怨而谋求共同发展。亲情与文化的认同,无疑是扭住了问题的关键,体现了根本利益之所在。在千万民众的推动下,庙文化成了两岸文化认同的无障碍载体,民间信仰成了两岸实现"三通"的前导力量。

（三）海峡两岸共同的民间信仰是台湾庙文化繁荣的深厚沃土

两岸共同的民间信仰，作为中国传统文化的组成部分，它具有超越时空、超越政治与意识形态的某种力量，它既具有有形的互动联系，也具有潜形的相互影响。随着时代的进步，民间信仰的内涵虽然发生了重大变化，如很多人生病后，第一选择是看医生而不再是求神问卜，但这并不影响其对保生大帝、药王爷的尊敬，也不影响其参与祭典活动。进而，当他认识到这是民族文化，是先辈留下的一份宝贵的非物质文化遗产时，还会更加努力地保护它。

二、台湾庙文化的特征

台湾的庙文化虽然源于大陆，但有着与大陆不同的自身功能与特点。

（一）保护并传承了丰富多彩的民俗文化

台湾的民间信仰和庙文化保存了许多民俗文化。台湾的民俗文化虽然与大陆特别是与福建有着天然的联系，但四百年的独立支撑过程中也发生了许多变化，具有鲜明的台湾地方风格与特色。在"天人合一"、"敬天保民"、"人神共娱"思想的浸润下，人生礼俗、生产礼俗、岁时礼俗、人际礼俗等，无不渗透在民间信仰的过程中，形成了系统、完整的"神灵文化"。众所周知，民俗文化传承的主要场所不在学校，而在民间；民间艺术的神韵、风采不在课堂，而在艺人的嘴上、手上和身上；民间习俗的保存不是在图书馆、博物馆，而是在千百万"市井小民"的心中。世界文化发展史表明，敬祖、奉神、娱鬼、礼人是保存民俗文化、民族文化的最好方式之一。台湾民间习俗至今仍保存得如此完好和本色，其与千百万人民间信仰的执著是分不开的，与其有无数庙堂殿宇活动场所是分不开的。

（二）保护并传承了闽南与客家语言

民间信仰由于完全是区域的、民族的，因而不论其内容或表现形式，也完全是地方和族群性质的，不言而喻，其语言也多是带有浓重方言特色的。闽南话和客家话是我国重要的方言，有极强的表现力，使用的群众多达数千万。但随着社会的发展和人际的交往，方言在一定程度上也在不断地吸收异质语言的成分。比如，在官方交往和商业交往中，双方都会尽量不使用方言。即使在同一族群内，由于人们的经历和职业不同，生活和工作的行政区位不同，在相互交往中，也不得不避开方言而使用"国语"或国际语言。相形之下，台湾带有民俗性的民间信仰,与其神明的草根性一样,在其行为过程中,所使用的语言也完全是草根性的闽南话或客家话。一位语言学专家就曾指出:搞方言调查不能用开座谈会的方式,也不能用个别走访的方式,而要用最"田野"的方式——到庙会上、集市上听交易甚至吵架;到民俗表演场所、娱神祭祀场所听司仪、法师的解唱和大众喧哗。究其原因,就是地方神明不懂当今的"国语"或外语。因此,民间信仰与庙文化在保护闽南话和客家话方面,无疑发挥了巨大的"保护伞"作用。

（三）保护和传承了重要的非物质文化遗产

在现代科技日益发达的今天,经济的全球化与信息的网络化对人们的物质生活和文化生活产生了极大的冲击,从而引起了处于弱势区域的、民族的非物质文化遗产的减少甚至趋于消失。台湾民间信仰中有许多人、神、鬼的传说,有许多尊奉神明时娱乐、祭拜形式和艺术装饰,如醮祭、艺阁、阵头、布袋戏、歌仔戏等原始的东西,都由于民间的信仰而流传了下来。由此可知,台湾的民间信仰与庙文化在保护和传承非物质遗产方面起到了非常了不起的作用。

（四）增进了与大陆的文化沟通与认同

与姓氏血缘寻根一样,台湾的宗教与大陆一脉相通,台湾的民间信仰与大陆也是一脉相通,所有的民间神明都可以从大陆尤其从闽粤找到根源,寻到祖庙。

妈祖如此、保生大帝如此、清水祖师是如此,陈元光更是如此。台湾的民间信仰在发展的过程中,无数神祇的"分灵"、"分香"和"遥祭",无不渗透着海峡两岸"血浓于水"的亲情。

以漳州为例,台湾有40%的人祖籍在漳州,其先人入台至今多在六、七代左右。漳州人带到台湾的民间信仰神明主要是保生大帝、开漳圣王、关帝及三山祖师等,在台湾有几百座分灵、分香的宫庙。这些民间信仰,都已成为连结两岸民众的重要纽带。再如龙海市锦宅五恩宫、白水安怀宫,漳浦县威惠庙、古公三王庙,平和县三平寺,芗城区王爷宫、天宝玉尊宫,长泰县正顺庙等,都是台湾同类宫庙的祖宫祖庙。

由于民间信仰文化上的认同,近年来两岸在这方面交往越来越多。2006年到2007年6月,龙海白礁慈济宫接待台湾和东南亚前来进香者达2.6万多人次,平和县三平寺接待澳港台侨信众达7.08万多人。2007年3月28日,云霄县举办首届国际开漳圣王文化节,台湾开漳圣庙联谊会会长林茂荣、新加坡首届国际开漳圣王文化联谊会会长陈宽诚及 130 多位代表与会。同年 10 月 8 日,台湾中区开漳圣王庙联谊会组织了 9 座开漳圣王庙的 260 多位信众回云霄等地拜谒祖庙,进行文化交流。一些两岸宫庙还相互结缘,定期互访,如台湾基隆庆安宫和彰化县三山国王庙联谊会与漳州芗城下沙齐天宫、妈祖庙结缘,2005 年以来,每年都组织信众前来朝谒进香,人数最多时一次达 400 余人。

（五）兼容了多神论的理性与非理性认知

在台湾多神性的民间信仰中,既有理性的认知,也有非理性认知。

考察台湾众多的庙宇,其修建之初,大都是有较明确目的的,这方面的理性认知一般有以下特点。

1. 通过庙宇实现了民间信仰的社会教化功能

台湾的庙宇所奉神明虽然是"全民"的,但庙宇的兴建、修葺与管理则是当地的父老百姓。当地之所以要修庙,一方面是传统信仰所驱使,希望神灵庇福、社会安定,家家平安,祛病消灾,五谷丰登。一方面则是希望以信仰为凝聚力,使同族、同籍、同行通过庙宇的社会教化,人人行善,个个奉献,团结一致,爱乡卫国。如宜兰县碧霞宫的修建,就是为了弘扬岳武穆王"精忠报国"精神,反抗倭敌,以达到"还我河山"之目的。这一点,在 1907 年的《建庙启文》中说得十分明白:"乃祈奉精忠武穆岳夫子堂庙一所,宣讲武穆忠孝节义,警顽立廉。使四方之士于诗词文章之外,得知浩然正气介乎于忠孝节义之上,国家兴亡系乎于士绅庶民之间。今虽桑梓沉沦,四方皆敌,然亡秦必楚。当今皇王圣明,待勤王一举,必可还我河山,投怀上国矣!"[①]今碧霞宫又建"武穆文史馆",其宣教功能更加完善。他如延平郡王庙,纪念郑成功的目的更是十分明确。另外,一些地方的庙宇成了漳、泉、粤人会馆,族众、籍众、里闾间的重大事宜在这里讨论、决定和解决,其间,除了人的威望之外,神的感召与威严是形成社会凝聚力的重要因素。近30 年来,一些庙宇还利用自身的优势,纷纷建立基金会、慈济会,兴建学校、纪念馆、图书馆等,文化的自觉使庙宇的社会教化、慈济功能更加明确和具体化。

2. 通过庙宇实现了心理寄托的慰藉功能

古往今来,在人类历史发展的长河中,人们在与自然、与社会斗争中,也无时

① 《岳武穆王庙宜兰碧霞宫建庙榜文》,卢世标《宜兰县志》,(台湾)成文出版社,1983 年。

无刻不在与自己的"命运"斗争。由于人们的文化水准、思想方法、价值观念、道德追求以及生活方式、生活环境诸多方面的差异,因而人们的生活态度、人生理念也无不千差万别。不论生活节奏的快慢、生活质量的高低,也不论人际关系是否和谐、人生道路是否顺畅,人们都会有压力、有烦恼、有忧虑、有疲惫、有厌倦、有抗争等等。在瞬息万变的社会中,人与人之间经常会遇到沟通情境的难题和对话语境不适的难题。如一些社会和自然现象难以用科学方法予以解答,痛苦的病因难以清楚说明。多神的民间信仰犹如宗教一样,在这种情况下,芸芸众生往往用超自然的方式,可以在冥冥中向神明诉说,与神明沟通,以从思想上释放精神的压力,疏解情绪,解释未来,消除疲惫的心境,达到心灵上的慰藉和身心上的平衡。这既不是"宿命论",也不是"天命观",而是一种心理需求的自我解放,生命希望的自我调整,人生价值的自觉和谐。

一些信众存在着非理性认知的现象,具体的表现则是对所崇拜的神祇一般都是一知半解,相当模糊。其原因大致有二。

一是民间信仰的功利性。一般民众在民间信仰中多是出于功利观念——为了自身而祈福求安。由于各种必然与偶然的关系,神明不会随时那么"灵验",于是就会放弃"此神"而另求"他神",如若不行,就会再求第三、第四神明。对这种现象作进一步的分析则可知,民间信仰毕竟与宗教信仰不同,宗教教义、修持行为、教团力量等均会使信徒对教主笃信不移;就中国的佛教、道教而论,都非常强调"利他",相形之下,民间信仰中的"自利"心理要远远大于"利他"。这是造成民间信仰非理性认知的重要原因。

二是民间信仰目的的多元性。信众各有不同的诉求,他们均借助信仰行为,相互交往、互通信息、关怀互助,从而提高个人素质或达到个人的某些期望。

台湾的庙宇不仅遍及城乡各地,而且每一处都有民间组织加以管理和保护,这是台湾庙宇香火鼎盛与庙文化得以传承和发达的重要原因。

台湾的庙文化多姿多彩,已成台湾民众生活的重要组成部分,具有鲜明的地域风情特色,由于它受到了大众的普遍喜爱,因而能够世代传承有人,不断弘扬与发展。

台湾庙文化具有丰富的民族文化内涵,具有强大的生命力与影响力,尽管现代化、全球化进程的车轮滚滚,但我们相信,具有鲜明民族特色、民俗面貌、人文风情的台湾庙文化不仅不可能模糊与消失,而且会与时俱进,在多元发展中保持勃勃生机,在公益化和产业化宽广的大道上,走出新的路子来。

主要参考资料:

1. 徐晓望《福建民间信仰源流》,福建教育出版社,1993 年 12 月。

2. 何绵山《八闽文化》,辽宁教育出版社,1998 年 6 月。

3. 陈名实《台湾关帝信仰的渊源与内涵》,东山县政协文史委《海峡两岸(福建东山)关帝论坛论文集》。

4. 刘希孟《记略》,清同治三年刻本《广东通志》卷 148。

5. 卢世标《宜兰县志》,台湾成文出版社,1983 年。

6. 李世伟《台湾观音感应故事及其宗教意涵》,见《台湾民间文学学术研讨会暨说唱表演论文集》,(台北)台湾文学馆筹备处出版,2004 年 12 月。

第十章　台湾的河洛名宦

　　台湾虽然自古即与大陆为一体,但正式设立建制则在清代。清时台湾初属福建统辖,至光绪十一年九月五日(1885 年 10 月 12 日)方独立建省。明代和清代,在台湾,不论行政文职也不论军队武职,重要的官员一律由内地人担任。

　　依清廷旧例,政府官员任免全由吏部提名。由于台湾情势有些特殊,康熙二十七年(1688)九月二十四日,清政府以行政命令的方式将赴台任职的权限交给了福建巡抚,这样,赴台任职者则必是先在福建任职者。

　　明代,河南在全国任职的官员较多,因而在福建担任过职务的人也较多。如明代孟县人刘思间任福建巡抚;辉县人陈王、祥符人李钺、偃师人景仲光、祥符人朱光宇、禹州人安九域、祥符人杨四知、禹州人连格、陈留人刘芳誉、杞县人罗文英、禹州人刘调羹先后任福建巡按;项城人娄志德、夏邑人杨应奇、沈丘人刘汉儒任福建布政使,祥符人陈瑗任福建右布政使;祥符人王继、襄城人赵崧、临颍人王金、扶沟人曹嘉任福建按察使。①

　　清代在闽台任职的河南人也不少。河南府人赵廷臣在顺治、康熙朝曾两任福建总督,祥符人周亮工顺治四年任福建按察使,六年迁福建右布政使,再迁左布政使,十年升布政使;祥符人赵映乘顺治七年任漳南道分巡道,商丘人宋致康熙四十一年任漳南道防海汀漳道,四十六年任福建按察使;监生出身的阳武人孙鲁康熙六十一年任诸罗知县,后迁台湾知府;进士出身的河内人王作梅雍正二年任台湾海防同知,孟县人刘灿雍正五年任漳南道分巡防海汀漳道,河南人朱鸿绪

_____

　　① 《永定县志·大吏》,乾隆二十二年刻本,下同者不注。

雍正六年任漳南道分巡防海汀漳道;阳武人孙鲁雍正八年任福建知府,河内人刘世明雍正七年任福建巡抚,雍正八年升任福建总督;淮阳举人吴士元乾隆十七年任彰化县知县,祥符人高霾乾隆二十二年任福建知府荣;清代固始人吴士功乾隆二十三年任福建巡抚;乾隆四十九年进士出身的邓州人高叔祥于嘉庆十二年四月任台湾知府;监生出身的永城人王增绰乾隆五十一年后两次任新庄巡检;监生出身的商城人程文忻乾隆五十七年至嘉庆九年三次任新庄县丞、嘉庆十一年迁诸罗知县;监生出身的新蔡人袁锡山嘉庆十三年任新庄县丞;咸丰三年进士出身的浚县人周式廉同治十年任诸罗知县;武进士出身的邓州人马嵩魁同治九年任大甲中军守备;河内人曹谨道光年间任凤山知县、淡水同知,新郑人阎炘道光年间任噶玛兰厅通判,后任台湾县知县;临颍人陈星聚于光绪年间任台北知府,河内人白鸾卿咸丰同治年间两任台湾县知县。

河洛人为宦闽台,对河洛文化在该地域的进一步传播与弘扬起到直接的推动作用。

本章主要介绍首任台北知府陈星聚、凤山知县曹谨和噶玛兰厅通判阎炘。

第一节　台北知府陈星聚

河洛文化向台湾的传播虽然渠道多多,但大多与人员的流动与交往有关。深受儒家思想和河洛文化熏染的大陆官员的赴台,不仅直播带去了河洛文化与闽文化,而且还往往利用自身的文化自觉和行政权力,在更大的范围内,以有效的手段和方式,在各种公务交往等活动中传播儒家思想和河洛文化,并以此推动台湾各方面事业的发展。台北首任知府陈星聚在治台保台方面可谓清代官员中的一个楷模。

一、为政简史

陈星聚字耀堂,清嘉庆二十二年(1817)生于河南省临颍县城西小陈村,因曾任台北知府,死后追封为道台,后人怀念其德,尊称其为"陈官",村子也因而易名为"台陈村"(现为台陈镇镇政府所在地)。

陈星聚道光二十九年(1849)为举人,时年 32 岁,候缺在乡。咸丰十年

（1860），捻军势力北扩，大军道经临颍，百姓闻讯惊恐，于是，陈星聚出资组织乡团，在保村的同时，又全力支援守护县城，从而使县城一带未遭劫掠。光绪三年（1877），中原发生灾荒，道馑相望，陈星聚让家人向官府捐谷千石，之后又开仓义赈，向本乡百姓散粮数百石。由于他德行乡里，百姓有口皆碑，地方官也因此极力向朝廷保举，言其贤而有能。

同治三年（1864），朝廷选授陈星聚为县令，首任为福建顺昌县。时顺昌贼盗猖獗，兵痞凶顽，土豪横暴，百姓深受其苦。陈星聚到任伊始，便召集吏胥乡老宣示法度，实施训规。

他刚柔并用，威惠兼施，官民携手，彰勇奖善，惩恶锄匪，社会秩序很快得到改善。方志载曰："陈星聚，道光己酉举人，河南人，同治三年任，兴利除弊，政绩颇多。"①陈星聚在顺昌的作为，深为一贯做事雷厉风行的左宗棠所称赞，并向有司推荐，交军机处记名升用。

之后，陈星聚又分别任过闽县、建安（今建瓯）、仙游、古田等地知县。

他在任闽县知县时，从清理积案入手，法不阿贵，平反冤狱，受到百姓称颂，福建省督抚赞其为"纯儒良吏"。当时在闽的英国、法国人无理要求在闽县海口修建炮台，考虑到这将严重影响我国海防的安全，陈星聚据理驳斥，当面提出抗议并加以制止。但这不仅开罪了"洋大人"，也有违于当时清廷的媚外政策。于是，陈星聚被调离该县，到仙游县为令。

同治十年（1871），陈星聚调任古田知县。至古田后，他接到当地乡民举报，言粮官在征收田赋时，暗中在秤上捣鬼，多收粮谷，从中渔利，坑害百姓。他经过私访查实后，将几个多年来为非作歹、中饱私囊的"硕鼠"严加惩处。在挑试选拔童子军时，他不论家庭穷富，他要求一律按条件上报，使很多出身寒门的贫民子弟得以入选，从而保证了这支地方武装力量的后备人才生气勃勃。对此，《古田县志》予以很高的评价，曰："莅事精明，存心慈恺。甫至，厘剔粮胥，积弊豁然清。试童子军，关防严密，无敢作奸。所拔多宿学寒门。为政宽严并济，泽下于民。"

清代后期，台湾官员多从福建选调，一是台湾与福建关系密切，为福建所辖；

---

① 《顺昌县志》卷15《职官·知县》，民国25年。

二是福建距台最近,且百姓多由闽至,福建官员对台情况较内地不仅熟悉,而且容易适应。

同治十二年(1873),陈星聚升补淡水厅同知。时淡水突出的问题是治安状况不好。陈星聚到任后,即从缉匪擒盗入手,很快抓获匪首吴阿来及其同伙,并予以严惩,境内匪贼或敛或藏,盗风遂止。据清《苗栗县志》载:光绪二年七月二十二日庚辰,淡水厅同知陈星聚、游击乐文祥擒鸡笼山土寇吴阿来,斩之。初,吴阿来及其弟富聚匪徒邱阿郎等肆毒居民,几无暇日。因掳萧羌梏死,台湾道夏纶饬地方官剿办在案,未经举行。于光绪二年闰五月间,吴阿富率匪徒掳掠居民,被苓、中、七庄乡勇铳毙;而吴阿来遂起匪徒攻苓、中、七三庄不克,还而断绝水源。三庄人赴淡水厅告急,同知陈星聚委大甲司许其菜勘验。甫至鸡笼山,吴阿来率匪围之。大甲司走脱,奔告游击乐文祥,因会营到地剿办。六月间,进兵鸡笼山,相拒十余日,擒获匪党邱阿郎,斩之。吴阿来仍复坚其营垒。会天霖雨,匪徒多受病,至七日,擒获吴阿来。械至竹堑,斩于市曹。由是,鸡笼山平。[①] 之后,陈星聚一方面鼓励百姓恢复农业生产和海上捕捞,一方面发展商业和教育,不仅添设了义塾,多收了生员,还为原有书院增加了经费。为补教育经费之不足,又筹银生息,以资不足。同时还创建了一所养济院,对无力自养的鳏寡孤独残进行收养。

台湾苗栗县原属淡水厅,故其后的《苗栗县志》专为陈星聚立小传曰:"以军功保举知县,升补淡水厅同知。居官廉洁,省约自奉。治民,一以爱恤为心;而待于士,则尤厚。同治口年,议筹番银二千圆,交殷绅生息,每届乡试,视厅属应试之人数多少,将所入利息照数分摊,至今,子士犹沾润焉。"[②]

光绪二年(1876)末,陈星聚曾调任为鹿港(在今台湾彰化境)厅同知。光绪四年(1878)初,又回任淡水[③]。不久,清廷对台湾建制进行变动,裁去淡水厅,设台北府,陈星聚被任命为台北知府。

由于台北府刚刚筹建,政治中心设在哪里十分重要,加之日本及西方殖民主

---

① 沈茂荫《苗栗县志》卷8,清光绪二十年本,台北大通书局,1984年。
② 沈茂荫《苗栗县志》卷14,清光绪二十年本,台北大通书局,1984年。
③ 沈茂荫《苗栗县志》卷12载:"陈星聚,河南许州临颍县人,举人。同治十二年任。林达泉,广东大埔人,举人。陈星聚见上,光绪四年回任。"

义侵略者对台湾虎视眈眈,陈星聚更感到筹建台北府城刻不容缓。于是,到任半年后,他就集中精力与属下一起进行总体谋划与实地勘察,初步勘定了主要街道、官舍、学校等城市框架及重要部位布局,为其后的具体实施打下了良好的基础。

陈星聚任台北知府期间,很重视教育和发现人才。光绪六年(1880),他将台北考棚加以扩改,建为书院,并起名为"登瀛书院"。书院为何以"登瀛"而名呢?目的在于励学。观其一副楹联便能明了其宗旨:"登云有路志为梯联步高攀凤阁,瀛海无涯勤是岸翻身跳进龙门"。为保证教学质量和正常运行,他特聘台北府儒学教授陈季芳兼任院长,管理工作则直属知府。时淡水佳腊庄人杨克彰,读书精大义,所为文章,尽扫陈言,为同辈传诵。艋舺黄氏请其设教于祠,距家六七里,杨克彰为人至孝,因事其母,每夕必归,风雨无间。克彰为教30年,培育了不少人才,如江呈辉、黄希尧、谢维岳等人,尤为出类拔萃。"知府陈星聚闻其文行,欲举为孝廉方正,辞"。[①] 嗣后为学海、登瀛两书院监督。杨克彰因母年迈无意离乡而坚辞,敦促再三而终不能改其志,陈星聚为此惋惜不已。

为继承和光大传统文化,陈星聚在台北府城设计和兴建时,即把文庙和武庙的建设列入了整个规划之中。文武二庙皆在府城南门之侧,坐北面南,左文右武。两任台湾兵备道夏献纶、刘璈对文武庙的兴建都很支持并亲自督办。文庙即后来的孔庙,光绪七年(1881)即完成了大成殿、仪门与崇圣祠的修建。第二年,在士绅捐助下,又修造了礼门、义路、棂星门、泮池及万仞宫墙,至光绪十年(1884)全面竣工。至此,台北学人每年于孔子生日之时,在此举行隆重的祭拜仪式。

为了更好地化民成俗,扩大儒学影响,陈星聚对基础性的启蒙教育也很重视。淡水原有义学6所——严金清任同知时办了东门义塾、西门义塾、南门义塾、北门义塾,继任者陈培桂在此基础上又曾设了西门外义塾、北门外义塾。为使城南的孩子上学方便,陈星聚在台北知府任上又增设了淡水南门外义塾。这不仅使6—17岁孩子能有更多的机会受到教育,也为县儒学的发展奠定了更加扎实的基础。

---

① 连横《台湾通史》卷34,华东师范大学出版社,2006年。

二、建设台北

台湾不同于福建,知府不同于县令。身为首任知府的陈星聚,面对犹如一张白纸的台北府,他不仅认真思索着如何兴利除弊,如何改故鼎新,如何惠民、保民,如何抵御外患等大小事宜,还亲自到各地查看、察勘,躬身听取乡绅故老及下属的呼声和意见,只要有利于台北发展的事宜,不论巨细,他都认真斟酌,用心处理。陈星聚在台北知府任上政绩卓著,其中最突出的是兴修水利、修建台北府城和抗击法国殖民军的入侵。

(一)治理大甲溪

同治十三年(1874),日军侵台,对一向不很重视台防的清廷来说,不啻为猛击一掌,头脑清醒了许多,对殖民主义者的掠夺本性有了新的认识。由于积极调兵遣将,倭寇见势而退,清廷以 50 万两白银的赔款换来了一纸《中日北京条约》。此后,在沈葆桢、丁日昌的极力促使之下,台湾防务有所加强。沈、丁去世之后,台事又陷入滞局。日本及西方殖民者见此又蠢蠢欲动。

如何改变台防不力的局面,慈禧太后决定让年富力强而又有军事才能的岑毓英负责督办台防事务。光绪七年(1881)四月初八日,清军机处与内阁颁发命令,命任岑毓英为福建巡抚,督办台湾防务。

岑毓英,字彦卿,广西人,壮族,自幼文武兼习,曾以优异成绩获乡试第一,26 岁时毅然投笔从戎,因屡有战功升为知县、知府、布政使,时为贵州巡抚兼总督之职。光绪七年(1881)7 月 30 日,52 岁的岑毓英抵达福州。同来的还有何秀林、蔡标、雷应山、丁槐等将领及 2000 名兵丁,并有 8 门开花铜炮。到任之后,岑毓英又立即由五虎口渡海到基隆,再到台湾府城。

他从台北出发,先后到淡水、新竹、彰化、嘉义等地查看,同时勘验炮台,部署防务。经过一段时间的悉心勘察和征询,岑毓英明确提出了加强台防的指导思想:"台湾之事,当以省刑薄敛、固结民心为上,分路屯兵、严守陆地次之,添扎营垒,保守海口炮台又次之。而三者俱宜相辅相成,不可偏废。"这一思想打破了单纯军事防御观念,在优先考虑政治的前提下,将经济与军事并提,符合当时台湾地情。大甲溪是台北的一条较大河流,但因从未治理过,因而年年汛期暴涨时泛滥成灾。"大甲溪:在三堡大甲土堡南门外,距县南五十六里。其源出台湾县之水底寮。……由水底寮算起,计五十余里入海。溪阔三、四里……一遇暴雨,则水势汹涌横流不可涉,行人每为所阻。"其渡口"官渡,大船一、小船一。遇有洪水横流,水道不通,渡筏则随时添设。"①陈星聚深知岑毓英是一位为民谋利之官,在陪其视察过程中,他萌生了借助上峰力量治理大甲溪的想法。

8月16日,岑毓英回到台北。身为台北知府的陈星聚立即向他汇报了台北经济和军事情况,并陪同他继续视察。陈星聚对岑毓英说:彰化、新竹基本以大甲溪为界,每年雨季到来时,山洪暴发,浊浪随沙石咆哮而下,不仅毁坏船只,还冲决堤岸,淹没村庄和良田,年年有死人现象发生,已成地方大患。下官想在合适的时候,加以治理。

当时正是雨水季节,湍流的溪水汹涌澎湃。两人随众登上峡谷之巅,仔细地察看了一番。两岸峭石壁立,山崖如削,面对2公里宽的浩渺水面,岑毓英对陈星聚说:你的想法很好。要下大气力治理此河,变患为利,以造福万民!

陈星聚见岑毓英有治河之意,立即说:此处水阔流急,不宜造桥,但可清理河道中之乱石,筑堤以渡船筏。岑毓英听了很高兴,指着水面说:汛期过后,可以清石挖河,用铁丝或竹子编笼,将河中乱石装入,筑成长堤。他用手比画一下,堤要像一个'八'字,成喇叭状,可将上游来水约束在溪中,缓缓泄入大海,这样,既可以行船通筏,也可适当蓄水。之后,再凿渠修堰,引水浇灌两岸之田,收一举两得之利。

陈星聚见岑毓英如此务实,非常高兴,连忙对这位上峰说:中丞大人考虑如此周全,今年冬季枯水之时即可动工。至于捐助、夫役等,听候大人安排。一直陪同视察的台湾兵备道刘墩见此,立刻笑着说:此项工程浩大,耗资甚多,台北府财力又有限,因而所用竹篾铁丝诸物及资费,可从台湾、台北两府旧存海防经费支出。岑毓英听了十分高兴,便大声说:好啊!那就请刘道员下命令吧!两府分头准备,待各项就绪后冬季开工,我来剪彩!

之后,陈星聚还向岑毓英汇报了建造台北城之事,并带领岑毓英到台北府彰化县的桥仔头(又叫桥孜图)考察。岑毓英见这里地势开阔平坦,不仅背山面海,而且还有溪流经过,处于台湾岛的中部偏北位置,不住地点头。他沉吟了一

———————————

① 沈茂荫《苗栗县志》卷2,清光绪二十年本,台北大通书局,1984年。

会,对众人说:此处地势甚好,其状又类八卦。在此建造府城,正合天时地利。说完,把目光投向众人。陈星聚第一个表示赞成,并说:岑大人在此建立府城,实是一着妙棋! 随行的臬司(按察使)张梦元接着说:岑彦帅所为,实是宝岛百姓福祉! 岑毓英见众人意见一致,便对台澎镇总兵吴光亮和张梦元说:张道员、吴总兵的主要任务是分路屯兵,严守陆地;其次是抓紧添营扎垒,抢修海口,加固炮台。又对台湾知府袁开枥对陈星聚说:袁大人和陈府台在台数年,勤苦辛劳,深受士民官绅拥戴。修城之事,只有托付二位大人为妥。他说:当下最要紧的是银子。这个,我会想办法的。你们回去之后,约见富商乡绅,听听他们的意见,争取他们捐款集资,或者筹借。后天我将返回福州,两个月后即回台北,至时再议。陈星聚知道岑毓英是说到做到的人,于是说:岑大人尽管放心理事,我等马上着手行动就是了。

11 月下旬,岑毓英回到台湾,22 日来到大甲溪,面对上千名河工宣布:大甲溪河堤工程开工! 之后,在陈星聚等人的具体组织下,经过 100 多天的奋战,光绪八年(1882)3 月初,一座长 620 多丈、高 1 丈余、宽 4 丈多的大堤正式竣工。

按照陈星聚的想法,大甲溪的疏浚与治理后,不仅使两岸的荒地得到了开垦,田地得到了浇灌,又使台湾南北交通得以改善,这从一个方面来说,也提高了台湾的防卫能力。可惜的是,大堤虽然修成,但由于缺乏经验,对汛期的水量及破坏力估计不够,大堤的基础仍不多深厚,第二年汛期时又遇特大洪水,数月不退,大堤等损坏严重。"光绪七年,巡抚岑公毓英悯行旅跋涉艰难,即于此修筑石垒、架造桥梁,以便行旅。计费番洋数万元,迨其明年,大雨淋漓,溪水浩瀚几阅月,而所造冲流几无存矣"[1]

(二)修建台北府城

光绪元年(1875)十二月二十日,清廷根据沈葆桢六月的奏案,批准撤淡水厅、废艋舺县丞,设台北府,下属淡水、新竹、宜兰三县和基隆厅。因台北府暂无府治,府治及行政官署暂设原新竹县下属的淡水厅。光绪三年(1877),试署知府林达泉曾提出规划台北府城之议,但终因经费短缺及地方纷争,未能实施。不久,林达泉病逝。光绪四年(1878)陈星聚调任台北知府,光绪五年(1879),台北

---

① 沈茂荫《苗栗县志》卷 2,清光绪二十年本,台北大通书局,1984 年。

正式开府,新竹与淡水正式分治,陈星聚这才又重新开始了台北府城新的筹划,并初步标定了城基与街道。考虑到府城新址在艋舺与大稻埕之间,地处于台北盆地,地质松软,城墙之基必须用石才能保其永固。但这就需要更多的经费。

光绪七年(1881)是有决定意义的一年,岑毓英的到来与拍板,大大加速了修建进程。陈星聚按北方城市棋盘状的传统规制对台北府城进行了初步设计,并说明城墙要以石为基。之后将规划图交台湾兵备道刘璈审查,经过刘璈的更改,规划进一步完整和具体化,最后由岑毓英审定。深信风水的刘璈认为岑毓英所定南北轴线直对大屯山,后无祖山可凭,一路空虚,犯了"五凶",故将城基略转向东北旋十三度,使城内中心轴线对准大屯火山群第一高峰七星山,不偏不倚,与玉皇大帝、北极星君完全一致。这就是后来城内街道与城墙不平行的原因。陈星聚也懂风水,但他认为重要的是城池坚固,故所关注的主要是城墙的质量、炮台的设置及经费,对刘璈的改动表示同意,同时建议城门门洞可仿北方城市,以条石作弧形拱券,确保坚固。

光绪八年(1882)一月二十二日,台北府城建设工程正式动工。在陈星聚的指挥和具体策划下,所有资费除各县分派之外,富商大绅也纷纷响应号召,解囊捐助。全台首富林维源(1818—1905)与厦门人李春生一起,捐资兴建了"千秋"和"建昌"两条街,吸引了很多商户到此开办商行店铺,在台北的繁荣中起到了表率作用。由于当时修城的主要目的是防御外患,因而在营建过程中,添扎炮台、营碉诸事也一并进行。

经过陈星聚、刘璈等人两年多时日的辛苦经营,耗资白银42万两、中国历史上最后一座依风水而建的石城杰作——台北府城,于光绪十年(1884)十一月顺利竣工。

建成后的台北府城略呈长方形,南北长412丈(1236米),东西宽340丈(1020米),城墙高1丈8尺,厚1丈2尺。城墙外侧以条状青石砌成,内侧为砖,中间夯以土砂细石。府城设城门5座,北门面向京城,曰承恩门,意为"承接皇恩"之意。东南西三门分别曰景福门、丽正门、宝成门。另有小南门曰重熙门。

台北府城的及时修建,为其后抗击法军的入侵打下了坚实的基础。

三、台北抗法

陈星聚在台湾政绩最值得圈点的是抗法保台,在这方面,他和刘永福一样,不愧为一位民族英雄。

(一) 多难的宝岛

台湾美丽富饶,16 世纪中叶之后,西方殖民主义侵略者开始入侵宝岛,最初是西班牙、葡萄牙等列强,至 17 世纪初,荷兰人也染指台湾,明崇祯十五年(1642),台湾沦为荷兰的殖民地。为反抗殖民者的残酷掠夺与黑暗统治,台湾各地人民曾多次起义反抗。1652 年,曾为郑芝龙部下的郭怀一领导数万人起义,并一度攻克热兰遮城,但由于武器装备太差,6000 多人壮烈牺牲而失败。清顺治十八年(1661)四月,郑芝龙之子郑成功率2.5 万将士从金门出发,经过 8 天进军,抵达台湾并在台南登陆,向荷兰殖民者发动进攻。经过 9 个月的战斗与围困,康熙元年(1662)二月初一日,荷兰殖民者被迫投降。由于明郑政权坚持拥明反清,康熙二十二年(1683)六月,清政府派施琅统领大军进攻澎湖、台湾,七月底,郑成功之孙郑克块交"延平郡王"册印归顺。翌年,清政府准设台湾府,隶属福建省,下辖 3 县,不久,增为 4 县。经过近 200 年的发展,到清光绪初年,台湾人口已超过 200 万,是郑成功收复台湾时的 10 倍,于是,光绪元年(1875)又增设台北 1 府 4 县。至此,台湾共两府 8 县。

1840 年鸦片战争爆发后,英国殖民者企图侵占台湾,舰艇曾侵入鹿耳门、基隆等地,但遭到了台湾人民的顽强反击。如道光二十二年一月二十四日(1842 年 3 月 5 日),英舰 3 艘在淡水、彰化间的大安港企图登陆,被守军及乡民击退,击毙敌兵数十人,俘获 50 余人,夺得火炮 11 门,入侵者仅 11 人幸免逃脱,英人霸占台湾的阴谋未能得逞。其后,美国、法国及日本殖民者无不觊觎宝岛,并不断地伸出魔爪伸。

对西方殖民者的阴谋,清廷有识之士早有察觉。同治十三年(1874),时任福建巡抚的丁日昌就指出,鉴于郑成功拥台称王的教训,为克服海峡隔阻之不便,要有效控制台湾和防御外寇,应将台湾从福建划出,单独设省建制。1875 年,他在给清廷上的《海防条议》奏折中就曾说:台湾处于战略要冲,如有条件,建议:"另设一省于此,以固夷夏之防,以收自然之利。"①同年 12 月 30 日,他亲自渡海到台湾巡视,4 个月中走遍了台湾各地。实地考察使他更加认清了台湾的重要性,指出:"台湾虽属外海一隅,而地居险要,物产丰富,敌之所必人欲争,亦我这所必不可弃。"②其间,他就台湾治番、经济建设及加强防务向清廷提出了多项加强台湾的建议。为保证福建巡抚集中精力处理台湾事务,根据南洋大臣沈葆祯的提议,清廷规定福建巡抚必须采取冬春驻台、夏秋在闽的两相兼顾之法。此法实行的第二年,丁日昌就向清廷提出,执行这一规定有一定困难,该年自己就因闽地军政事务缠绕,无法按时赴台,鉴于台湾地位之重要,建议另派大臣以特使之职专门督办台湾军政事务。由于清廷不置可否,沈葆祯所提出方案仅行三年即行告终。

(二)基隆、淡水抗法

1883 年 12 月(光绪九年十一月),法军远东舰队司令孤拔下令进攻驻扎在越南境内的清军和刘永福率领的黑旗军,中法战争正式爆发。西南边境危急,慈禧太后恐事态扩大,1884 年 5 月,指使李鸿章与法国侵略者签订《中法简明条约》,同时,急调山西巡抚张之洞任两广总督。

为了得到更大的利益,法国侵略者一方面诬蔑清政府不执行条约,一方面进行军事挑衅。7 月 12 日(闰五月二十),法国茹费理政府以最后通牒的方式,要清政府赔款 2.5 亿法郎,第二日又电令孤拔派舰艇到福州、基隆进行威胁。

台湾四周环海,海岸长 1500 多公里,时台湾有守军 40 营,号称 2 万人。鉴于兵力不足,且无船只,驻守台南安平的兵备道刘璈早有准备,筑炮台,修营垒,购置枪炮、水雷,并将作战区分为前、后、北、中、南五路,积极进行防御,同时还组织乡民办了水、陆团练。孤拔军舰抵安平时曾通过英国驻台领事见到了刘璈,出言不逊进行军事讹诈,威胁说:以台南城池之小、兵力之弱,将何以战? 刘璈不卑不亢,义正辞严地答道:诚然。然城土也,兵纸也,而民心铁也! 孤拔见台湾早有准备,且有 31 营兵驻守,未敢轻举妄动,便离开台南,直扑基隆、淡水(沪尾)和台北。

---

① 吴鸿藻《丁中丞文鉴》卷 4,转引自郭伟川《丁日昌的海防策略及其深远影响》,见《第五届潮学国际研讨会论文集》,〔香港〕容斋出版社,2005 年。

② 《中国近代史资料丛刊·洋务运动》第二册,上海人民出版社,1961 年。

为了加强台湾的防卫指挥和抵御法军的入侵,6月26日,清廷特诏"刘铭传著赏加巡抚衔督办台湾事务"。

刘铭传(1836—1896)字省三,安徽肥西县人,为李鸿章手下一员大将,曾任直隶总督,1868年奉旨督办过陕西军务。清廷为使刘铭传全力督办台湾事务,在授予其福建巡抚之职时,特加兵部尚书衔。张之洞为支援台湾抗法,从所筹饷银中拿出2万两送刘铭传,并支援洋枪1400支,子弹52万发,火药600桶。

台北知府陈星聚闻讯,立即部署台北军民全力准备,随时给入侵者以痛击。

刘铭传于7月16日(闰五月二十四)抵达台湾,随行而来的有军事教习134人,旧将提督王贵扬等10余人,携带毛瑟后门枪3000支,前门炮10尊、后门小炮20尊及饷银54万两。刘铭传经过考察,决定以基隆为防御重点,同时加强了淡水、台北的防务。

7月31日,孤拔奉命进攻基隆。8月4日(六月十四),在法国远东舰队副司令利士比率领下,侵略者战舰炮击基隆。刘铭传亲临前线指挥反击,炮火击中敌舰两艘。法军凭借炮火威力,占领了港口。面对侵略者的坚船利炮,刘铭传感到:非诱之陆战不足以折彼凶锋。第二天,他命令总兵曹志忠以退为进,撤出阵地,诱敌上岸,出其不意地对进入埋伏圈之敌三面夹击,法军手忙脚乱,死伤100多人,1中队长被击毙,溃退时又溺死于海水中多人。清军生擒敌兵1人,缴得大炮4门和帐篷数十顶,取得了胜利。

法军在台受挫后,退到马祖,并利用海上快速转移的优势,于8月23日(七月初三)对福州马江水师发动突然袭击。由于毫无准备,清军11艘战舰全部被击沉,死伤官兵1000余人,南洋水师几乎全军覆没。26日,清廷在国内强大压力下对法宣战。

法军在解除后顾之忧后,经过稍事休整,又集中全力掉头进攻台湾。9月30日(八月十二),孤拔率军舰5艘进攻基隆,意在尽快使军舰得到岸上的煤炭补给;利士比率军舰3艘进攻淡水,意在威胁台北府。时法军有军舰11艘,另外3艘泊于海上为后援。10月1日(八月十三),孤拔率军以猛烈炮火轰击并攻占了基隆,之后又分出兵力与利士比一起攻击淡水(沪尾)。鉴于淡水距离屯集辎重粮饷的台北仅30里,淡水若有所失则必然影响台湾全局。刘铭传力排众议,当机立断,孤注一掷,下令基隆守军立即驰援淡水。法军攻占基隆后,也回师支援淡水。10月8日,法军在淡水登陆。淡水3000守军在总兵孙开华与章高元、刘朝孤等人指挥下,士气高昂,仍用"地营"伏击之法,诱敌进入丛林埋伏圈中。双方短兵相接,法军不惯陆战,被台湾军民击杀100余人,惊慌失措的法军不顾陆战队司令方丹首级被割,狼狈逃回舰上。第三天,刘铭传所率清军赶到淡水,使兵力达6000人。法军见大势已去,遂退向基隆。

淡水大捷沉重地打击了法国侵略军的嚣张气焰,使抗法保台取得了决定性的胜利。

法军占领基隆后,遭到当地军民的抗击。1895年1月、3月的两次月眉山交锋,双方战斗激烈,死伤惨重。法国政府见法军无法在台湾立足,就把目光盯在了澎湖。1885年3月29日(光绪十一年三月十三),孤拔率远东舰队8艘战舰进攻澎湖,清军死伤惨重,守将梁景夫虽率众死战,但最终失利,澎湖失陷。不料当年夏天疾疫流行,法军近千名士兵染病身亡,孤拔也因而命丧黄泉。同年3月,老将冯子材率军在镇南关—谅山取得抗法大捷,全线击溃法军。侵略者见损失惨重,胜利无望,表示愿意停战议和。清廷惧怕法军占领台湾,也"乘胜即收"。1885年6月9日(光绪十一年四月二十七日),双方在天津签订了《中法合订越南条约》,条约规定,清廷承认越南是法国的保护国,中国开放蒙自、龙州为通商口岸,法军撤出基隆和澎湖。

鉴于中法战争中台湾是一重要战场,而且基隆、澎湖被法军以武力侵占,清廷也感到台湾隶属福建,中间有海峡相隔阻,不利于加强台湾的海防。光绪十一年九月五日(1885年10月12日),清廷终于接受了上一年六月负责督办福建军务的钦差大臣左宗棠提出过的建议,决定台湾正式建省,并任命抗法有功的刘铭传为第一任台湾巡抚。

(三)台北保卫战

1884年8月,法军入侵台湾,台北府城虽然已经建成,但尚未经受过战火考验。为确保台北无虞,陈星聚丝毫不敢懈怠,未雨绸缪,亲率军民日夜巡防。

在知府的影响与感召下,台北绅士林维源先后捐纹银70万两,陈星聚将其全部用于购置守城武器。

为增强守卫能力,陈星聚还向奉命驻守台北的湘军将领孙开华、曹志忠提出建议:在百姓中招募义勇军。台北百姓纷纷响应,不久,便有数千人报名。经过挑选,募民军1500人,由台北府自备军械然后交哨官奚松林统领。

10月1日法国殖民军占领基隆,经过休整后气焰更加嚣张,一方面集中兵力攻打台北之门户淡水,一方面派兵攻打台北。

当时台北方面兵十分单薄,淡水只有孙开华部湘军两个营,形势不容乐观。刘铭传亲自在淡水指挥,陈星聚负责台北的防卫。虽然陈星聚此时年已68岁且身患有疾,但面对来犯之敌,他精神格外抖擞,日夜在城头巡守。他对守城的将士说,洋鬼子不可怕,洋枪洋炮威力也有限,只要大家众志成城,就能打败红毛鬼子。由于台北备战较早,军需充裕,军民士气高昂,同仇敌忾,誓与城池共存亡,因而虽守如攻,非常主动。

陈星聚也做好了台北失守的准备。在形势最危急的那天,他将自己的妻子、女儿叫到跟前,神情严肃地对他们说;洋鬼子可能疯了,不要命地攻城。如果城墙倒塌,台北就会不保。我们一家生为大清之人,死为中华之鬼,决不能落入夷人手中。他说,如果台北不保,他就会与红毛鬼子在城头同归于尽,不可能再回到家中。

刘铭传深知淡水的重要性,在法军调兵遣将的同时,急速将兵力调至淡水,并进行了精心的部署。10月8日,当法军再一次向淡水发动进攻时,清军采用以逸待劳法,在山冈和树林中预设阵地,部署伏兵。当法军进入埋伏圈后,清军呼啸而出,从北、东、南三面实施夹击,火力十分猛烈。法军立即乱了阵脚,胡乱开枪,四散奔向海滩,逃向军舰。此战共击毙法军300余人,砍杀25人,俘获14人。遭此溃败后,法军惊魂难定,再也不敢上岸,只能以舰只封锁淡水河口。台北保卫战取得了重大胜利。

法军全面占领台湾的企图受阻,翌年春又遭越南镇南关惨败,执政的茹费理内阁以此而倒台。但由于清廷惧怕战事扩大,在形势有利的情况下不思出兵驱逐法军,却下诏"乘势即收",并于1885年6月在天津与法国签订了《中法合订越南条约》,以承认法国占领越南和开放通商口岸为条,换取了法军撤离台、澎。

由于积劳成疾,加之背上毒疽发作,《天津条约》消息传来,陈星聚心情更加忧郁,从此一卧不起。光绪十一年(1885)夏,终因病势加重,不治而逝,终年68岁。

四、永远的怀念

陈星聚病逝任上,台北士人闻讯大恸,士民缙绅联名上奏清廷,要求予以旌表。清廷为彰其德,追封陈星聚为三品道台,"御赐祭葬如例"。作为一位勤政、爱民、清廉、爱国的民族英雄,陈星聚的英名永远刻在了闽台及故乡的大地上,台北曾为其修建了"陈公祠",年年追祀;《顺昌县志》、《古田县志》、圳缶颖县志》均载其事迹,连横先生所撰《台湾通史》,其《循吏》中专为他立了传。

陈星聚逝世后不久,由其部属及家人抚榇,将其遗体渡海至闽,再由水路至浙江,之后沿大运河北上,再转内河至河南西华县逍遥镇,又陆行数十里至故里。

陈星聚墓园始建于清光绪十一年(1885),按照清廷追封他为三品道台、"御赐祭葬如例"的规制和要求,墓园修建了四年,至光绪十五年(1889)落成。陵园有神道、翁仲并石马、石羊,另有石碑数通,其中有"清光绪十五年皇清授诰通议大夫陈星聚墓"碑和"皇清诰授通议大夫陈长公星聚耀堂三品夫人张太君郭太君之墓"碑。

20世纪50年代末,陈官陵园遭到破坏,80年代之后又陆续有所恢复,并定为县级文物保护单位。鉴于陈星聚在台湾发展史上的卓著贡献,为存史育人,当地政府决定在原墓园的基础上进行扩建,此举受到了河南省领导人的重视。

2008年3月27日,中共河南省委书记徐光春专程考察陈星聚墓园,他指出,开发和保护好陈星聚墓园,对进一步促进两岸关系,加强文化交流具有十分重要的意义。

在当地政府和群众的努力下,陈星聚陵园的恢复、扩建工作得到了全面落实。扩建后的陵园占地近两公顷,并修建了"陈星聚纪念馆"。工程总投资1500多万元,于2008年年底全部竣工。2009年3月31日,在蒙蒙春雨中,陈星聚纪念馆举行了隆重的落成暨开馆典礼。海峡两岸关系协会副会长王富卿、河南省政协主席王全书、台湾亲民党主席宋楚瑜、副主席张昭雄等出席庆典并为纪念馆落成剪彩。河南省政协主席王全书在讲话中盛赞陈星聚在台湾的功绩,对纪念馆的落成表示热烈祝贺。宋楚瑜在讲话中说,陈星聚在任台北知府期间保家卫国,做了许多兴利除弊的事,不愧是爱国的典范。他说,今天参加这样的活动,不仅要缅怀过去的先贤,更要一起为两岸的未来加油。宋楚瑜在王富卿等人陪同下参观了纪念馆,并为之词:"德泽台北,保家卫国,亲民至善,河南之光"。

第二节　凤山知县曹谨

曹谨(1786—1849)初名瑾,字怀朴,号定庵,清代河内(今河南沁阳市)人。曹谨虽然家境不贫,但由于幼年丧父,母亲为抚育其成人也是历尽酸辛。曹谨聪慧,除每日苦读之外,奉母至尊至孝。嘉庆十二年(1807),他乡试一举夺魁,中为解元(第一名),由此闻名乡里。但命运不济,在其后 8 年中,他三次会试均榜上无名。嘉庆二十年(1815)会试后,朝廷为表示"路无遗贤",对落榜举子又进行了一次挑选,他有幸被列为"大挑"一等,从而得到了破格任用。

"大挑"一等与中进士还是有差别的。进士可直接任命为知县,没试用期,"大挑"则有"试用期"。曹谨虽然先后担任过直隶平山、曲阳、宁津、饶阳等县知县,但一直为"试用"。其间,他牢记古训,兢兢业业,勤廉奉职,视百姓如父母,政声如颂。

道光三年(1832)夏,饶阳发生了百年不遇的干旱,遍地为赤,颗粒难寻。不久,又遭大水,灾民流离失所。曹谨亟请于朝廷,要求调运钱物,开仓赈民。据县志载,为保证杯水车薪一样的钱粮能发放到嗷嗷待哺、奄奄一息的饥民手中,曹谨不仅亲自查看灾情,对饥民人数一一坐实,为防止吏胥盘剥克扣,他还亲自押解粮物,之后一一分发放给百姓。

曹谨的干练作风及务实精神受到了直隶总督蒋砺堂的首肯与赞许,道光五年(1825),在蒋砺堂的极力保荐之下,朝廷正式任命曹谨为广平府威县知县,长达 10 年的试用期方告结束。在威县五年间,他主持修建了文庙和城隍庙。之后,他又到丰润任职。由于他刚正不阿,难免有时会开罪有司,遭人诬陷。在丰润县时,他曾两次为此落职。但很快就真相大白,其嵚崎磊落之品格更令世人景仰。

道光十四年(1834),曹谨拣发福建,任将乐知县。十六年(1836)正月,已有 20 年知县经历且已过天命之年的他又奉调闽县知县兼署福州府海防同知,"是时,公年逾强,仕学益邃,识益卓,治亦愈懋矣"①。由于能力、品行出众,曹谨受到兼署闽浙总督福建巡抚魏元烺的欣赏。是年底,"时台湾岁歉多盗,制府(即魏元烺)以公廉能,补凤山县"。道光十六年十二月初六日,曹谨离闽从泉州蹈海赴台湾凤山任。

一、兴修"曹公圳"

道光十七年(1837)正月二十四日,已逾天命之年的曹谨跨越海峡,来到了因大旱刚刚遭遇过饥馑灾荒的凤山。当天,凤山大雨。雨中的凤山,山川美丽如画。第二天,阳光高照,曹谨正式就任凤山知县。

凤山县位于台湾南部,气候适宜,雨量充沛,但由于地势不平,很好的水利条件未能得到有效的利用。道光十六年,台南一带遭遇旱灾,禾苗枯死,颗粒不收。台南一带连连出现盗匪。曹谨到任伊始,一面奉命缉盗,擒获匪首刘兰及其爪牙260多人。一面到各地视察灾情。"亲视陇亩,至下淡水溪畔,慨然叹曰:是造物者之所置,而以待人经营者"②。

经过一番调查之后,曹谨来到台南,谒见台湾府知府熊一本,提出了自己治理凤山县的方略。他说:先哲早有言曰,衣食足而民知耻。今凤山有盗,盖因饥荒;凤山之荒,则因良田乏水;而凤山并非无水,实为无堰而失。因此,"弭盗"仅能治标,"粮足"方能治本。治本之基在于治水兴利。

熊一本对曹谨的一番议论与分析大加赞赏,并由衷地表示支持。他说:"吾来台之初,即有凿陂筑圳之念,奈无有识肯为之人。今公'本末'之论,与某洽合,实天赐凤地悉民福祉也!"

曹谨在福建任海防同知时曾结识了同安金门名士林树梅。林树梅是一位饱学之士,善诗词,精书画,通地理,喜农林,谙水利。在凤山开塘建圳的主张得到熊一本肯定之后,曹谨即召林树梅渡海至凤山,请其主持筑圳工程的全部设计与施工。

为了使工程顺利进行,曹谨召集乡绅耆旧,晓之以理,并请其代向百姓说明,

---

① 李棠阶《曹谨墓志铭》,墓志存曹瑾墓园。下同不另注。
② 连横《台湾通史》列传6,华东师范大学出版社,2006年。

以使人人树立大局意识。经过三个月的准备,工程于道光十七年四月十六日
(1837年5月20日)正式开工。

工程先在九曲塘筑堤设闸蓄水,再依地势高低,开圳凿埤,引下淡水溪(高
屏溪)至高雄平原各处。期间,渠道所经之处难免有百姓祖宅或坟茔,因惑于风
水,别说穿过,即使绕行,或前或后,因意见不一,有时不得不暂时停工。面对百
姓的情绪、利益,曹谨反复向吏胥交待,宜安勿躁,稳妥处理。有时他通过当地有
威望的士绅出面排解,有时由他亲自出面协商。经过两年努力,到道光十八年
(1838)冬天,共修涵闸5座,开圳44条,全长40360丈(约132公里),可灌溉今
大寮、凤山、苓雅、前镇及小港区农田3150甲(每甲约为9699平方米,即0.9699
公顷)。

工程告竣,台湾知府熊一本十分高兴,第二年春,亲率属僚到凤山实地履勘
观光。工程之巨,设计之巧,熊一本从未见过;耗资63700多元,曹谨也从未上
求,全为凤山所筹。为了用好管好这一工程,曹谨还制定了八条《圳务规约》,由
乡民自治管理。"耆老历述开圳经过皆归功于曹公"(《曹公圳记》)。熊一本睹
此啧啧称赞不已,慨叹道:"得俗吏百,不如得才吏一;得才吏百,又不如得贤吏
一也。曹公,千万中一贤吏也!"为嘉许曹谨之功,熊一本除上奏朝廷表彰外,
还亲自命名工程为"曹公圳"并撰《曹公圳记》勒碑以记其事。旱作改为水田之
后,高雄之南一带数千农人受惠,谷物收成成倍增加。

农家是最讲实际的。道光二十一年(1841),凤山又遇干旱,曹谨决定再开
新圳以解决高雄之北平畴灌溉问题。百姓闻讯,欢喜雀跃,争先恐后出丁捐资。
曹谨派贡生郑兰、附生郑宣治负责筹划此项工程。

七月,曹谨奉调淡水厅同知,上任前,他又召集有关部属进行叮咛:工程一定
抓紧施工,以保明年农夫无虞,并捐俸银3000两,以示支持。在座诸人无不感
动。工程进行中,郑宣治不幸患病,临终前泣握其弟郑宣孝之手曰:"莫负曹公!
莫负曹公!"

道光二十四年(1844),新圳告竣,源头在旧圳上游300余米处,全长12700
余丈(约42公里),可浇灌今鸟松、仁武、左营、三民区农田2033甲。为区别旧
圳,此圳以"曹公新圳"为名。两圳合称"曹公圳"。

新圳通水,曹谨感到十分高兴。道光二十五年(1845)春天,他身体虽然有

些不适,但还是决定再到凤山走一遭。故地重游,所到之处,百姓莫不称颂。看到一望无际的禾苗,听到哗哗的流水,想到凤山的未来,他脸上露出了欣慰的笑容。

曹公圳为台南地区最早的水利工程,曹谨凿埤修圳为高雄平原农业发展、经济繁荣贡献巨大,给百姓带来的福祉无限,因此,当地人感激地赞誉他为"禹王",将"曹公圳"称作凤山的"都江堰"。

看到当地农业连年丰收,百姓生活无虞,士人不禁高歌咏唱。

侯官人刘家谋也是"大挑"出身,道光三十年((1850)任台湾府学教谕,他写了许多咏赞台湾山川名物、历史人文以及风俗时事的诗,其中《曹公圳》①一诗称颂曰:

> 谁修水利济瀛东?旱潦应资蓄泄功!
> 溉遍陂田三万亩,至今遗圳说曹公。

参与主要设计并亲历开圳全过程的林树梅更是抑不住兴奋之情,挥笔写下了《曹侯既兴水利乃巡田劝农,赋此以颂》②诗:

> 山郭新晴野草香,熏风吹动葛衣凉。劝农遍种三怀粟,引水新开九曲塘。
> 事事便民真父母,心心报国大文章。昨朝应有村儿女,争看先生笠屐忙。

咸丰十年(1860),凤山县士民因感念曹谨开圳德泽,在凤仪书院东侧建"曹公祠"一座,每年农历九月二十六曹公诞辰之日,民众在此举行公祭以示怀念。日本占领台湾时期,曹公祠迁至今曹公路25号。

1992年,高雄农田水利会根据民众的要求,将曹公祠内所立长生牌位改换

---

① 转引自台湾凤邑赤山文史工作室:曹公圳文化网《曹公旧圳》。
② 林树梅《啸云诗钞初编》。转引台湾凤邑赤山文史工作室:曹公圳文化网《曹公旧圳》。

为曹谨雕塑金身,并于当年11月1日曹公诞辰之日,举行仪式,将"曹公祠"正式改为"曹公庙",配祀注生、福德二神。庙额为金色大字"功同禹王",一则楹联曰:"为政重盖藏百世功勋垂史册,开圳资灌溉千秋遗泽在人间"。2003年11月1日祭拜时,连战先生赠"泽被苍生"匾额一方,宋楚瑜先生赠"溥惠德泽"匾额一方。曹谨不愧称为水利专家。曹公圳的设计除大面积浇灌农田外,还有两点精妙之处令人赞叹不止。

其一是水流从凤山县城穿过,从而疏通了护城壕,使得外壕沟与内壕沟长年有水(其中内壕沟宽、深近4米,长3584米),不仅使环境得到了美化,而且大大增强了县城的防御能力。

其二是水流从县署经过,便于随时观察水位水情。修筑曹公圳时,曹谨专门要求圳水从内壕沟经由顶横街沟、左仓池引入县署内小池塘中,并命人在塘中修水心亭一座。时人不解其意,多以为曹谨要在此休闲,乘凉小憩。后来才发现,站在水心亭上观看小池塘中水位之高低,即可知整个圳中流水之多寡——只要小池塘中有水,就说明远在20里之遥的九曲塘闸门已经开放;只要小池塘中不断有水流淌,也可知下游凤山的五甲、七老爷等地区农田有水可用。水心亭实际上是一座曹公圳水情的监测站。今人论及此事,也仍佩服曹谨这一创意的高明与巧妙。曹知县足智多谋由此可见一斑。

凤山人民为了纪念他,不仅修建了"曹公圳纪念碑"和"曹公亭",同时还命名了"曹公路"、"曹公里"、"曹公桥"和"曹公第一小学"等。

二、三次击退侵台英军

1840年6月,鸦片战争爆发,英国侵略者先后在广州、厦门、定海、上海、浦口、天津等地向清军发动进攻并连连得势,翌年5月,侵略者的魔爪又伸向台湾和澎湖列岛。

道光二十一年(1841)七月,曹谨由凤山知县奉调淡水同知。到任后,他立即到各处查看地形,了解保甲,在城防要害处增设炮位,加固炮台,并以袋囊沙,填堵一些水道或渡港,以防来犯之寇舰靠泊。

农历八月十五日,英军舰只"纽布达"号抵犯基隆(鸡笼),之后以猛烈炮火轰击二沙湾炮台,时在三沙湾炮台的曹谨立即命令予以狠狠还击。守军群情激奋,所发炮火连连击中敌舰,英军士兵在败逃中纷纷落水,不少敌寇被清军追杀。数小时的拼战,清军共击沉英军战舰 1 艘、舢板 3 只,杀死英军 32 人,生俘 133 人,其中曹谨亲属郝芝与家丁等在海上生擒英军 5 人。这是鸦片战争爆发后我国军民首次取得的胜利。

道光二十一年(1841)秋,侵华英军集中兵力向大陆浙江沿海发动进攻,并占领了定海、宁波等地。侵台英军战果不佳,于是蠢蠢欲动。道光二十二年(1842)正月二十四日,侵台英舰再次炮击港口,企图在淡水强行登陆。因曹谨及总兵达洪阿早有准备,英军很快又被击退。

正月三十日,英舰 1 艘与舢板 3 只悄悄驶向淡水与彰化之间的大安港,妄图寻机上岸。大安军民在曹谨带领下予以反击,英军见无隙可乘,只好败走。曹谨见状,心生一计,使粤船渔民夜近敌舰,谎称悉知大安空虚,袭而可胜。英舰译员亦为粤人,信以为真,报与英人。英军在粤渔民带领下从土地公港而入。英酋见水面宽阔,两岸悄无人影,暗自高兴,于是下令舰只加速行驶。不料舰只刚刚提速,即撞于暗礁之上。此时岸上突然杀声四起,各种炮火直击英舰。在曹谨指挥下,此次成功围歼,除将敌舰击沉外,还击毙英军 10 人,俘获 49 人,缴获大炮 20 门及一批枪械物品,取得了完全的胜利①。按察使衔台湾兵备道姚莹在道光二十二年正月二十五日奏中专门提及曹谨,并为其请功:"淡水同知曹谨。该员督率屯勇,在沙湾堵御,复遣派役勇出洋追击,又至外洋草屿搜捕,均有斩获,并取夷书图册。夷船二次来犯,复会督兵勇守无伕。可否以知府升用,先换顶戴。"②淡水三胜之役使清廷十分高兴,道光闻讯也很兴奋,朱批邸报曰:"智勇兼备,大扬国威",四月二十六日,内阁奉上谕特颁旨加达洪阿太子太保,赏兵备道姚莹二品顶戴,嘉勉曹谨戍守海疆擒夷有功,论功以知府升用。不久,又赏戴花翎。

第一次鸦片战争期间,道光帝虽然有抗击英军入侵之意,但在主和派的压力下也不断动摇,并最终于 1842 年 8 月 29 日,由钦差大臣耆英等与英签订了丧权辱国的《南京条约》。英国殖民者在获得广州、福州、宁波、厦门、上海五口通商、香港割让和 2100 万两白银之后并不满足,又以"商船"在台湾遭到炮击为由,要

①　姚莹《逆夷复犯大安破舟擒俘奏》,《东溟奏稿》卷之二,台北大通书局,1984 年。
②　姚莹《查明鸡笼夷案出力人员奏》,《东溟奏稿》卷之二,台北大通书局,1984 年。

求惩处台湾抗英官吏。仰帝国主义鼻息的投降派不敢说半个不字。道光二十三年(1843)三月,闽浙总督怡良奉耆英之命人台,将"冒功误国"之罪名强加于达、姚、曹三人。达洪阿、姚莹被解京交由刑部查办,曹谨被摘除花翎,注销所升官阶。怡良明知不妥,以"奉旨行事"、"圣命难违"为由向曹谨表白,并说:"事将若何?"。曹谨坦然道:"某官可不做,为人之道不可弃;吾可罚,但百姓出死力捉贼不宜有所负!"怡良听后为之动容曰:"真好汉也!""以是夺花翎,注销所升官阶"(李棠阶《曹谨墓志铭》)。曹谨见当局如此昏腐,即生退归林下之念。

道光二十四年(1844)底,曹谨看到凤山二期水利工程已经告竣,久悬之心渐平,遂将请求"病退"奏折递上。道光二十五年秋,辞请被清廷批准。十月,经历了8年海岛风风雨雨生涯的他,轻舟简从,扬帆渡海,经澎湖马公,至厦门后从陆路再到福州,几经辗转,回到了久违的故乡。

三、劝抑械斗

清朝中后期,尤其是道、咸年间,闽粤迁台移民因土地、山林之争、商贾之利等不断发生械斗。这不仅是一个严重的社会问题,也成了当地政府的心腹之患,被视之为"民变"或"匪徒倡乱"[①]。一些官员也因处置不当遭到惩处,如乾隆四十八年(1783)嘉义、彰化械斗,淡水厅同知焦长发因处置不力而被前来查处的福建黄仕简所处决;乾隆五十一年(1786)诸罗知县冷震金被革职。

(一)械斗之因

清乾隆朝后期,由于海禁废止,闽粤移民至台湾者日多,尤其是闽南百姓,迁移到台湾北部地区的更多,其中又以漳州的同安,泉州的安溪、晋江、南安、惠安人最多。

为了生产、生活方便,这些迁台闽人,绝大多数是同地聚集;在同地范围内,又多是同族聚集。这样,由于大家彼此熟悉,语言相通,生产方式相同,生活习俗一致,平时又来往方便,相互帮助,因而对当地的发展起到了很大的促进作用。

这一时期的迁台移民不论三三两两或数十成群,全都出于自发,他们至台时间、地点、从业方式等也全是不固定的。

---

① 陈培桂《淡水厅志·兵燹》,同治十年本,台北大通书局,1984 年。

这就为其后他们之间的冲突留下了潜在的基因——因同地聚集、同族聚集而形成了不同的地域利益派系。曾任台湾兵备道的姚莹说："台湾大势,漳泉之民居十之六七,广民在三四之间。台湾之民不以族分,而以府为气类。漳人党漳,泉人党泉,粤人党粤,潮虽粤而亦党漳。"①又由于漳泉人性情好胜,倔强仗义,言辞硬直,故往往因宵小之事不谐,即由口角而演化为武力拼打,若不能及时制止,双方各有互援,则又蔓延为大规模的械斗。曾任台湾鹿港厅同知的陈盛韶在道光六年写成的《问俗录》中说:"小有不平,一闽人出,众闽人从之;一粤人出,众粤人和之。"②这种依祖籍地而区分的群族械斗,他称其为"分类械斗"。

考察18世纪中叶到19世纪中叶台湾闽粤人尤其是漳泉人械斗之缘由,多为以下几个方面的原因。

土地纠纷——因垦殖荒山、草地、沼泽、修建住宅、店铺、祠庙等引起的土地之争;山林纠纷——因砍伐、出售、栽种树木引起的林权之争;水利纠纷——因灌溉、排水、筑堰引起的水利之争;商业纠纷——因店铺位置、货物价格、客户、债务引起的商业矛盾;习俗信仰纠纷——因习惯、宗族、礼俗引起的冲突;其他民事纠纷——由亲友、子弟、眷属矛盾以及赌博等引起的邻里不和;

官府公信力低——官府的不作为使人感到必须依靠群族才能维护自身利益与安全。

由于上述原因,械斗在各地尤其北部地区时常发生,其中有闽粤之争,漳泉之争,也有同为泉人之争。此外还有一些宗姓和行业之争。一些地方械斗数年不息,有的甚至影响20余年,给当地经济、社会发展带来严重的恶劣后果。

(二)械斗恶果

大规模的械斗造成的恶果令人难以想象,不仅影响了社会进步、生产发展,而且往往造成两败俱损,人员伤亡,加深了族群间的矛盾。

1. 财产毁损

大规模的械斗往往使双方丧失理性,一方要战胜,一方要报复,因而也往往不择手段。最常见是纵火焚烧房屋。其结果不仅使一家或数家财产荡然无存,

---

① 姚莹《东溟奏稿》卷四,《台湾文献丛刊·第49种》,台北大通书局,1984年。
② 陈盛韶《问俗录》卷6,书目文献出版社,1983年。

有甚者则使一个乃至数个村庄全部被夷为平地。如发生在咸丰九年(1859)的台北桃园械斗,漳人八芝兰(士林)村庄全部被毁,以致不得不退到芝山岩暂避。又如道光六年(1826)四月,彰化县东螺堡睦宜庄(今员林大烧)的客家人李通偷了闽南人的一只鸡,结果闽、粤人大打出手,相互纵火烧毁村舍、见人即砍杀,械斗扩大到大甲溪之北及嘉义县的虎尾溪之南。[①]

2. 人员伤亡

大规模的械斗人员不仅使用棍棒、农具,也往往使用致人死伤的各种刀械,也有使用自制火药、火枪者。由于杀伤力极大,因而往往造成无辜生命的戕害。如咸丰三年(1853)发生在埔顶土牛沟的械斗,一方死亡26人,一方死亡2人。发生在基隆鲂顶的械斗死亡108人。

3. 族群对立

一场惨劫过后,不仅在成年人心中留下族群间的仇恨,也在很多幼小的心灵中罩上了难以消失的阴影。为防止伤害再次发生,一些族群不得不暂时迁离了自己的家园,一些村庄则规定界限,画地为牢,互不来往;一些村庄则进一步构筑工事(如新八芝兰的街道就类似城堡),以预防不测。

(三)劝抑械斗

曹谨在闽县任知县时,曾处理过旗军与当地百姓械斗之事。曹谨感到,械斗多由积怨所致,因而要制止械斗,就必须从消解思想上的恩恩怨怨开始,地方官必须亲自出面,多加劝诫,多加诱导,多加安抚,晓之以理,动之以情,使大多数人明了械斗任何一方都得不到好处,而只会使骨肉相残,两败俱伤、家庭遭难,社会倒退。

1. 琅峤释仇

道光十七年(1837)七月,正当凤山开圳凿埤处于紧张阶段之时,地处台湾最南端的琅峤地区(屏东县恒春一带)的土著居民与闽粤村寨之间因争夺水资源等发生了械斗。

琅峤是排湾族语的译音,指的是车城、海口海岸地带,是台湾原住民居住区,多为排湾族人,清代称其为番。乾隆时期,一些闽粤人不顾清廷限令,自行武装,

---

① 陈盛韶《问俗录》卷6,目录文献出版社,1983年。

强行进入该地区垦殖，因而这一带既有番寨，也有闽村和粤村。久之，闽粤移民与番人女子通婚，其第二代被称为"土生囝"。土生囝在闽、粤、番杂居区曾因偷窃水牛而发生过争斗，双方因此杀伤、焚庄之事时常发生。

曹谨不敢掉以轻心，本要亲自前往，但因正在处理开圳所遇纠纷，无法分身，于是就派林树梅率人前往，并叮嘱他要慎之又慎，施以教化，劝谕释怨。

林树梅不敢怠慢，先海后陆赶到出事地点柴城（今名车城）。这里道路崎岖，各村寨都有木栅或竹围相护，村庄和番寨还建有炮台，闽、粤、番之间积怨甚深，互视为仇。林树梅首先到番人中做工作，劝告他们不要攻打柴城，之后又到主要是闽人居住的柴城和广东人居住的粤庄，教育他们不要侵扰土著人的利益。当众人情绪逐渐稳定之后，他又召集各方头人，晓谕大家只有和睦相处，才能有利今天，造福后代，否则只会两败俱伤。他还邀头人共同议定水源界区，并要求各方必须信守承诺，否则，官府将出面干涉。

林树梅还深入番寨之家，了解他们的生活及习俗情况。他感到，土著人虽然生活原始、性情剽悍，但他们待人热情友好。他请番人与土生囝在一起吃饭、喝酒，解说同血脉、一家人的道理，教育他们应携手合作，不能仇杀拼命；合作则共有美好前途，仇杀则只能走向绝路。番人和土生囝听后都非常感动，不仅点头称是，还立即握手致歉，表示以后要和睦相处。林树梅深知，化解矛盾绝非一朝一夕之功，要形成一定的保证机制。为缓解冲突，他要求双方坐下来商谈，把地界、林界、田界等标画清楚，以相互遵守。他还建议官府应在这里派驻人员，以便及时发现问题并随时解决，才能避免矛盾激化和升级，才能有利于从根本上解决族群间的积怨和避免械斗。

林树梅不辱使命，在琅峤居留一个多月，终使各方矛盾化解，械斗得以平息。他一方面感到高兴，另一方面仍感到问题严重。为此，他利用自己擅长测绘之优势，将琅峤山川、道路、村寨、番社绘为一图，并配以文字说明和自己的建议，名之《琅峤图记》，呈送曹谨。他在记中说：树梅裹粮入险，劝息民番，特暂戢其峰。而习俗剽悍，动以细故启争端。似宜相扼塞，请设官目，中察奸徒，时与教导，庶

几弭乱未形,跻于雅化①。他曾赋《题琅峤图》诗四首纪其事:

> 琅峤当一面,置戍虑孤军。却为番民杂,常贻战斗纷。
> 羁縻原上策,剿抚尚虚文。从此知威信,同声颂使君。
>
> 履险非尝试,无疑示不贪。夷心诚可感,蛮语渐相谙。
> 误事征姑息,兹游快壮谈。凤山王土远,更至凤山南。
>
> 日接琉球屿,因之鼓棹过。神鱼衔亦日,恨鸟睨沧波。
> 史志千秋误,风烟八月多。归期原有约,未可恋渔蓑。
> 此乡饶沃土,形胜捍全台。山角千旌竖,潮头万马来。
> 解纷吾舌在,劝俗坦怀开。况是施仁爱,贤侯济世才。②

诗中,林树梅不仅叙写了劝番、交友、止斗的经过,歌颂曹谨仁爱、济世的心怀,还写了这里美丽、富饶的风物,重要战略的地位,表达了自己对台湾的热爱及对未来加强管理与开发的期望。

2. 中垄止斗

长期以来,生活在淡水的漳、泉百姓非仇即党,常因一些日常琐事发生摩擦。道光二十四年(1844),中港、后垄地区漳泉居民又因一些矛盾而出现了械斗苗头,曹谨闻讯后立刻赶到当地进行制止。他召集双方耆老了解情况,晓以大义,请他们通过各自的影响,首先约束好自家子弟,其次出面劝解那些年轻气盛者。之后他又约见双方的头人,听取他们的发泄与不满,严厉指出他们的缺点与错误,强调械斗的恶果,并警告他们不可蛮干。为了抑制事端,曹谨与所带随从人员遂在大甲驻扎下来,连续40多天做双方的工作。由于工作细致,入理入心,双方虽未能握手言欢,但最终都有所克制,从而避免了一场人为的灾难。

制止了一场械斗,远比消除了一场天灾意义重大,它不仅避免社会财产的巨

---

① 林树梅《啸云文钞初编》卷4《琅峤图记》,道光甲辰(1844年)刊本,转引自台湾凤邑赤山文史工作室:曹公圳文化网《风山事迹》。

② 林树梅《啸云诗钞初编》,转引台湾凤邑赤山文史工作室曹公圳文化网《曹公旧圳》。

大损失,更避免了一场巨大的社会动荡,并有力地冲击了以往群族争斗中被扭曲的心态,使对立的族众在寻找和谐相处的道路上看到了光明和前途。因此,曹谨劝抑中垅泉漳械斗一事声誉极高,震动朝野。就在曹谨辞职归里的第二年,即道光二十六年九月十九日(1846年11月7日),清廷颁发"上谕",对曹谨不仅要复其官职,而且还加了知府衔,明确候补待用。翌年六月二十一日(1847年8月1日),又颁"上谕",重申对制止械斗一事进行表彰。曰:"台湾漳泉民人械斗案内,捐输抚恤及获犯出力之官绅、义民人等,自量予恩施,以昭激劝。告病淡水厅同知曹谨,著赏戴花翎,加升衔。"①

为了使械斗者汲取教训,友好相处,之后曹谨还特地写了《劝中垅泉漳和睦碑记》。在碑记中,曹谨依古人之训,宣"四海兄弟"之义,析"祸起无端"之害,明"互相保结"之利,倡"守望相助"之风。他说,如果族众之间,"尔虞我诈,我无尔虞,不惟出入相友,共敦古处之风,行将睦姻任恤,耦俱无猜,同享升平之乐,岂不休哉"该碑作为历史见证,内容极富人文价值,特录于后以资共飨。

此碑现立于苗栗县竹南镇中美里民生路之中港慈裕宫,其碑文台湾大学图书馆珍藏有拓片,《新竹县采访册》有收录。

四、革弊兴利

曹谨是一位有远见卓识的地方官,其在台期间,除修圳抗英之外,还作了许多兴利除弊之事。如他重视教育事业,在淡水厅兴建了学海书院;为防御外侮,他募集乡勇进行训练;重视社会安定,亲自劝止百姓械斗;他倡廉肃贪,严禁胥吏恶行等。

(一)兴建书院

曹谨在凤山时,非常重视教育事业,每年都到明伦堂为生员讲解四书五经,依圣人之训,阐发经义;为宣讲"百事孝为先",他还专门刊印了《孝经》发给大家。凤仪书院也是他经常光顾之处。他还大力鼓励有条件的乡村、里社开办私塾,使子弟们能及时受到教育。曹谨最关心的还是淡水兴建书院一事。

道光十六年(1836),娄云由惠安知县升任淡水同知,第二年,他提议在草店

---

① 洪安全总编辑《清宫谕旨档台湾史料》第五册,台北故宫博物院,1996年。

尾祖师庙北则建一座书院,士绅林国楗听说要建书院,表示愿将下嵌庄一处土地献出。但因涉及讼案,加之不久娄云又调任他职而未果。道光十八年(1838)龙大悖接任,但上任不久,同年内由魏瀛前来接任。魏瀛上任仅一年,道光十九年(1839)又卸任给了刘继祖。刘继祖上任一年多,于道光二十一年(1841)年初又卸任给范学恒。范学恒任职半年,道光二十一年七月二十六日,曹谨调任淡水同知。曹谨上任后,立即着手兴建,后得知停建原因之一是经费不足时,马上拿出自己的俸银,从而保证了工程进度。地方乡贤见新任同知如此重视教育,也纷纷解囊相助。道光二十三年,书院落成,曹谨为其名曰"文甲书院"。"文甲"者,艋舺之雅称也。由于淡水有了自己的书院,当地青少年踊跃前来求学,故自道光二十六年(1846)起,台北一带举人、贡生人数倍增。时曹谨已辞职返乡,万里闻此喜讯,十分欣慰。

道光二十七年(1847),闽浙总督刘韵珂巡视台湾,闻文甲书院之名前来巡顾。淡水同知曹士桂知道上峰擅书法,特请题额,刘韵珂很是高兴,提笔书"学海书院"以赠。曹士桂见此,遂将书院改名为学海书院,①并亲任院长。同治三年(1864),学者陈维英任学海书院院长,并对学院设施进行了维修,工程告竣时他为学院正厅题写了挂联一副:"学知不足教知困自反自强古人云功可相长也,海祭于后河祭先或原或委君子日本其当务"。

学海书院位于今台北市河南路二段,作为台湾三级古迹而受到保护。前来观光游览者睹往昔之庠序,诵古人之楹联,无不感曹公之恩德,赞前贤之远谋。

(二)募练乡勇

鸦片战争之前,清朝对台湾的重要战略地位不以为然,对帝国主义列强觊觎宝岛的野心似无察觉,因而台湾虽有兵备,但因无编制,形同虚设。

清朝借口财力不足,一向不在台湾招募兵员,台湾兵备道所属各营兵士均从驻守在福建的各营兵士中抽调,任期3年,任满后仍回福建本营,由另外兵士前来轮换。因轮班替调,故而被称作"班兵"。

这种"一丁二兵"的班兵制弊端很多。一是因语言、习俗不同,使人台后训练和稽查十分不便;二是同籍兵士因聚于一营而往往结伙闹事或欺凌当地百姓;

---

① 连横《台湾通史·教育志》,华东师范大学出版社,2006年。

三是同籍分散驻防后又失于纪律涣散,难以训练;四是从福建各营抽兵时,各营多以素质怠惰之员搪塞;五是因海峡两岸交通不便,致使任满后不能及时返营的兵士牢骚不已,往往因无法约束而成了"兵痞",为当地一害。因此,在台班兵并无真正的战斗力,遇有战事,还要从内地调兵。康熙六十年平朱一贵起事时蓝廷珍入台、乾隆五十一年平林爽文起事时福康安率湘、桂、黔、川兵万人入台,其因盖出于此。"台湾班兵之不可用明矣。"①

道光中期,面对英、法殖民军咄咄逼人的情势和"台湾班兵积弊已甚"的局面,不少有识之士皆提出改革班兵制的要求,"嘉义陈震曜上书大府,请裁绿营、募乡勇","台湾道亦主其议,同知姚莹以为不可"。后达洪阿为台湾总兵,"达洪阿以台湾班兵废弛,颇有意整剔",但兵备道姚莹认为方法过于简单,不予支持。②

时曹谨为凤山知县,闻此,表示支持达洪阿裁班兵的建议,但不同意他仅将班兵分为精兵、常兵的做法,而力主削费用,练乡勇。他在所上的条陈中既指出了台湾兵力之不足、班兵制之弊端,又分析了募乡勇之便利可行。他说:"台湾孤悬海外,中征内地五十二营之兵,三年一班,更番拨戍,人既杂则材力不一,时既暂则考校多疏,将与将不相习,兵与兵不相知。从前偾事,职此之由。则训练诚岌岌也。顾练之云者,讵惟是有兵六百,遂可持无虞哉?"因而他明确指出,挑选精兵六百进行特别训练,实无济于事。"台地绵亘一千余里,精兵六百,以之自卫则有余,以之卫人则不足。"他特别指出,如果战线拉长,尤不可收拾:"一旦南北交警,此六百人者,顾此则失彼,顾彼则失此,势不能不驱未练之人相与从事。"那时必误大事。

他进而分析道,练兵需要财力,而目前老百姓则无力负担。"若取之于民,则台民数经兵燹,十室九空,加以亢旱频年,则素封之家所人不敷所出。此取之民者之不可行也。"因此,惟一可行的是"就现练精兵之中,择其年力精强、技艺娴熟者,分插各营,使之转相教习。"此外,再加上乡勇,则"通台皆宿重兵,人人可成劲旅。官民之间,胥受其福。"③姚莹通达事理,虽不十分赞成曹谨意见,但

① 连横《台湾通史·军备志》。华东师范大学出版社,2006 年。
② 连横《台湾通史·军备志》,华东师范大学出版社,2006 年。
③ 连横《台湾通史·军备志》,华东师范大学出版社,2006 年。

对招募乡勇之事,予以了支持。曹谨为淡水同知后,又提出停防洋经费,专募乡勇,姚莹恐乡勇过多难以驾驭,予以驳议,但准备采纳其关于整饬班兵的建议,以精兵六百渐及各营,可惜未成而去。

实践表明,曹谨重视乡勇之见是正确的。在其后的抗击英国殖民者的斗争中,曹谨招募乡勇加以训练,乡勇成了一支很有战斗力的地方武装,他们为保卫自己的家乡,作战勇敢,不怕牺牲,发挥了重要作用。道光二十八年(1848),徐宗干为按察使衔分巡台湾兵备道时,力主加强台湾防务,先前曹谨之建议,多有实行。由是,台湾乡勇、团练日渐壮大。

(三)加固城池

凤山县城于康熙四十三年(1704)设在兴隆庄(即今左营旧城),无城墙。康熙六十年(1721)朱一贵在台湾南部举事,首先占领了凤山。有鉴于此,第二年修了土城墙。乾隆五十一年(1786)林爽文举事后庄大田,曾两度攻破凤山。乾隆五十三年(1788)平林爽文后,福康安决定将县城迁至比较繁荣的埤头衙(今凤山市)。新县城由于也不很坚固,嘉庆十年(1805)又被自称为"镇海王"的福建同安人蔡牵与当地人吴淮泗攻破。道光四年(1824)十月,凤山人杨良斌自称元帅,也率众攻城,以至人心惶惶,纷纷议论将县城重新迁回旧城。曹谨上任后,为了加强县城的安全,曾多方征求地方耆老士绅的意见,众人都认为对新城进行加固为万全之策。问之林树梅,林具《添设埤头城望楼炮台并浚壕沟议》以呈。林树梅认为:壕以卫城,望楼远眺以为豫,炮台以拒贼不得近壕也。三者不备,与无城等。埤头城插竹作城,资为根本,然无壁堞捍护,猝有变急,民鲜固心。往者吴淮泗、蔡牵、杨良彬、许成诸逆,先后寇扰,非无备之明征。[①] 曹谨采纳了林树梅的建议,于道光十八年(1838)在原有六座城门之上加修了城楼,以便巡视与瞭望,同时在城墙的四角修筑了六座炮台。他还动员百姓疏浚了3700多米护城河,使壕堑宽达4米,深3.7米,引圳水人濠,使之常年有水,从而增加了人们的安全感。

当年新增城楼,今仍存东便门一座,所筑炮台今存三座,分别为位于曹公路

---

① 林树梅《啸云文钞初编》卷4,道光甲辰(1844年)刊本,转引自台湾风邑赤山文史工作室:曹公圳文化网《凤山事迹》。

的平成炮台、位于中山路的澄澜炮台和位于立志街的训凤炮台。东便门及三座炮台均被列为三级古迹,为高雄县所保护。

(四)清庄靖匪

道光十六年(1836),台湾南部因饥荒引发了严重的社会动乱,盗贼四起,他们聚众劫粮、焚烧村庄、袭杀驻守兵丁等。如嘉义匪首沈知焚抢下加冬粮馆后竖旗造反,后被达洪阿讨平。不久,官兵又将北路响应者林埔陈燕、南路岗山吴幅捉拿。但凤山的匪首刘蓝因藏匿而未能归案。曹谨道光十七年正月底到任后,遇到的第一个棘手问题就是缉拿逃亡匪盗。曹谨深知此举之重要,它关系着今后事业的成败。于是,他立即与地方耆绅商议,决定利用10天时间,急招乡勇加以训练。之后,他又采纳了林树梅的建议,以迅雷不及掩耳之势突击围剿匪穴,并于二月十一日擒获匪首刘蓝及其爪牙260余人。凤山治安形势遂初步稳定。

为使凤山长治久安,曹谨在使民"足食"的同时,也没有放松继续"弭盗"。如何进一步稳定凤山县的治安形势,曹谨请林树梅拿出一个具体意见来。林树梅于是呈报了《与曹怀朴明府论凤山县事宜书》。该意见书详细地分析了台湾南部的形势,指出:自康乾以来,台湾发生民变14起,其中凤山占9起,如朱一贵事件、林爽文事件、吴淮泗事件等。为什么匪盗屡禁不止?原因之一是幅员广大,民番杂居,饥荒连年,之二则是每次荒乱之后盗贼余党逃至穷乡野林藏匿,官府未能斩草除根,以致往往伺机死灰再燃。因而他建议应吸取既往教训,急捕务尽。

道光十七年(1837)十一月,曹谨与林树梅等幕宾经过精心计划,决定利用他在直隶清庄之经验,通过清庄稽甲,整顿村社治安。曹谨与清军驻台湾南路营参将余跃龙相约后,率兵士、乡勇500多人,开始丁一次全县范围内的乡镇大清查,以追捕境内乱匪余党。

此次行动,由于"树梅戎服以从",所以他对六天六夜的搜捕清剿记述得十分详尽。为达到清查目的,曹谨听取林树梅意见,不取便道,专门走"鸟道悬绝、人迹罕至"之路,以达"匪盗出没之区"。为不给百姓增加负担,对村民所送食物,一律婉言谢绝。对匪盗经常潜伏的村社,曹谨等向众人宣讲朝廷之律规,晓以大义,并散发《孝经》及有关民约社规,教育山民奉法守约。进行途中,曹谨还选择山野空旷之处,让兵士和乡勇进行阵法操练和炮铳射击演习。严整的军威及轰鸣的炮声使残匪闻而丧胆;此次清剿,除抓获匪盗主要案犯外,还有数十名匪人投案自首,一些有劣迹者也纷纷表示要与匪人一刀两断,改邪归正。①

清庄靖匪行动取得了显著效果,凤山县社会治安状况得到极大改善。

(五)倡廉肃贪

蓝鼎元字玉霖,号鹿州,清代知名学者,康熙六十年(1721)曾随蓝廷珍奉命入台平息朱一贵之乱。《清史稿》称:蓝鼎元对台湾社会情况比较了解,曾从政治、经济、军事诸方面提出治理台湾十九事:"信赏罚、惩讼师、除草寇、治客民、禁恶俗、儆胥吏、革规例、崇节俭、正婚嫁、兴学校、修武备、严守御、教树畜、宽租赋、行垦田、复官庄、恤彭民、抚土番、招生番"等。后之治台者,多以为法。②

这里他提到了"儆胥吏"一事。胥者,封建官府中从事文案书办的小吏。儆者,惩治也。从蓝鼎元提出"儆胥吏"可知,胥吏在台湾社会中已成了一大公害。

台湾之所以有胥吏之害,与清廷的吏制有关。清时,台湾的官员皆由内地汉人充任,由于语言及风俗之异,加之任期不长,多者二、三年,少者一年或数月即调任,因而这些官员不仅事业心不强,而且对当地情势了解很少,从而对很多事情不知道如何处理。那些具体办事的小吏多为本地人,于是趁机暗揽大权,欺上瞒下,为非作歹。蓝鼎元感到,胥吏恶行已经严重影响到了社会的安定,为政者尤应注意。他指出:"台中胥役,比内地更炽。一名皂快,数十帮丁;一票之差,索钱六七十贯或百余贯不等。吏胥权势,甚于乡绅;皂快赫,甚于风宪,由来久矣!"③

曹谨对胥吏恶行也深为了解并下决心予以治理。怎么治理呢?曹谨采取的办法很简单、也很可行。首先,他把手下所有胥皂勤杂人众召集在一起,进行严肃地训示。他语重心长地讲说了为官之道,为人之道,为政之道,并当场与众约勤政三章。他说,从政之道,黎元为本;上报天恩,下怀庶民;勤廉德威,祖宗之训;鱼肉百姓,人神共愤。其次,他又亲自榜书八字,以木刻之,置于县署最显眼之迎壁上以为警示:"严拿胥差勒索资费。"第三,以身作则,廉洁白守。年薪500

① 林树梅《清庄纪行》,见《啸云山人文钞》,转引自台湾凤邑赤山文史工作室:曹公圳文化网《风山事迹》。

② 《清史稿》卷477《蓝鼎元列传》,中华书局,1977年1月。

③ 蓝鼎元《与吴观察论治台湾事宜书》,《鹿州文集》(中),(台北)台湾文献史料丛刊第三辑,台北大通书局,1984年。

多两银子,多少用于职事,多少用于家人,多少用于亲朋,一律公之于众。

曹谨此举相当有效,加之违者一律革职或拿办,毫不姑息,当地胥吏鱼肉百姓之风得到了很大遏止,一时风清弊绝,阖境肃然。

五、故里遗爱

曹谨辞官回归故里的同时,道光二十六年(1846),他的好友李棠阶也回到了家乡。

李棠阶(1798—1865)字树南,号强斋,河内人,道光二年(1822)进士,累官至户部尚书。李棠阶比曹谨小11岁,当年曾在覃怀书院共读并一同进京应试,他在所写《曹谨墓志铭》中回忆说:二人情同手足,"共笔砚,通有无,恳恳以道义相切磨"。李棠阶为广东学政,因违例录取老年武生被革职回里。

自幼一起读书,又同有在外为官的经历,加之有很多共同语言,故二人过从甚密,李棠阶经常从乡下的住所到城里看望住在北街的曹谨。李棠阶有《强斋日记》16卷存世,中有多处记述两人来往的文字。如道光二十六年九月二十六日的日记中写道:"傍晚到郡,往看怀朴兄。伊自淡水同知告病。谈至二更,身世家国无所不尽,多年阔惊一为倾泻。自以为名心未尽,审察精矣。夜寝久不能寐。"从"身世家国无所不尽"、"夜寝久不能寐"之句可知,曹谨虽远离朝廷,但心情是不平静的。十二月十三日的日记中也有相同的记述:"午刻入城,访曹怀朴,谈至夜。"曹谨向他谈了些什么呢?"说台湾各情形及英夷情形:除却船炮,无他技能。惟在大洋中难与争锋,近岸即无能为。平日沿海牧令能信孚于民,真可制梃挞之矣。然孰能为,孰肯为乎!"曹谨谈到当年抗英的体会,豪情满怀,越说越激动,"劝其敛,约二更寝。"不是李棠阶劝止,他可能还要说下去!如此壮怀激烈,又谁能说"廉颇老矣"!

在其后的日子里,曹谨、李棠阶除建议怀庆府兴修了引济水穿过府城再入沁河的水利工程和引沁灌田工程外,二人还倡议捐资修缮了覃怀书院、天宁寺和三圣塔。

道光二十九年(1849)闰四月十八日,曹谨因病逝于家,享年63岁。

曹谨病逝后,次子曹榕将其葬城南曹氏祖茔内,并请赐进士出身、前太常寺少卿、翰林院侍读李棠阶为其撰写了墓志铭。

值得曹公在天之灵欣慰的是：

为了弘扬曹公精神，沁阳市对曹谨故里与墓园进行了整修，沁阳市文化局、文物局抽出专人对有关曹谨事迹的文献、资料、文物等进行了搜集与整理。

曹谨故里旧址在今沁阳市城内北大街中段，坐西向东，占地面积约 4800 平方米，由平行的三个北方传统的四合院组成。正院临街房面阔五间，前后两进；两侧院房均面阔三间，东南角为一花园。曹氏故宅之房因年久失修和改建，今貌全非，然旧有之基石、柱础仍在，默默地印证着历史的沧桑变化。

第三节　噶玛兰厅通判阎炘

阎炘为清代河南新郑县城西鲁楼村人。嘉庆二十五年（1820）进士，曾任福建罗源县知县，后调任闽县知县，道光十八年（1838）正月到道光十九年（1839）四月任台湾噶玛兰厅（光绪元年改为宜兰县）通判，后升任台湾县知县。阎炘在台政绩颇多，择其大端胪列于下。

（一）保护土著居民利益

噶玛兰地区三面环山，东临大海，虽然有无际沃土，但当地的土著人却不善耕作，开发甚少。嘉庆初年，漳州人吴沙率漳州、泉州及粤地居民渡海到此垦殖，致使良田万顷，人口繁衍，经济得到了迅速增长，嘉庆十六年 1811），清朝在此设厅建制，进行管理。闽南人的不断拥入，虽然使这里的农业生产得到了较快的发展，但由于汉人常常借故侵占当地人的土地，由此产生的矛盾以至打杀现象常常发生。阎炘到任后，不断遇到土著居民与漳泉人之间的土地纠纷。经过调查，他采取了断然措施，即将漳泉人所垦土地范围与当地人已垦土地画定界线，立界牌明确标示，不允许漳泉人越界寻衅滋事生非。与此同时，他还免除了一些杂税，如噶玛兰人的换戳费，实行新的长行戳记，准予长行盖用，减轻了土著居民的负担，从而保障了少数民族的利益。

（二）救助落难

阎炘在任通判时，有浙江杭县女子柳玉娘因父母双亡而落难烟花，后因染病，被鸨母弃于土地庙中，病苦交加，命在旦夕。时有噶玛兰厅幕僚唐静仙，为人豪爽多义，偶于庙中发现玉娘生命垂危，便延请医生予以诊疗。不数月而玉娘痊愈。鸨母闻此,欲强行接玉娘回院。静仙告知通判,阎炘痛责鸨母无义,命将玉娘许配静仙,曰:"此奇缘也!"及成婚,阎炘作《奇缘吟》10首以贺。其一曰:"空闺寂寞岁华深,海样秧春何处寻。山下麻芜山上李,柳枝曲变白头吟。"

(三)兴学重教

阎炘还将中原兴学重教的优良传统带到了台东地区,在任职期间修建文庙,开办学校,培育人才。他还上书朝廷和上峰,为当地争取科举名额,以使当地学子能较多地走出噶玛兰地区。

阎炘初任知县时恰值县学小考,一生员听说新任县令为河南人,就当众说:诸位不必紧张,岂不闻"河南秀才,错字布袋"之谚欤!新任大人学问也不过尔尔,至于命题,也仍是"学而时习之"而已而已。时阎炘正微服路过,听后暗暗发笑。第一场开考,作文命题果然是"学而时习之",考生忍俊不禁,个个轻松过去。接着二场,仍是"学而时习之",要求行文不准与前场重复,否则取消考试资格。考生方知其苦,个个蹙眉汗流,咋舌唏嘘。试后,一考生趋前致敬并曰:愿闻先生之教,更愿先生挥毫三篇以长我等见识!阎炘微微一哂,取出早就备好的文房四宝,不假思索,不两时辰,九十余篇而成。不仅篇篇各呈风采,而且书法流丽华茂,众人惊讶不已,慨叹天外有天,山外有山,"阎百篇"之誉不胫而走,传遍巷间。

(四)廉洁为政

阎炘调任县知后,一改官场积习,对当地乡绅豪门一个也不拜会。一些乡绅为了讨好知县,便带着大枣、槐豆、黄花菜之类的礼品拜见他。阎炘除了以礼相迎,谈笑款待外,礼品一律不受,反而要送他们一些这样的礼物。大枣、槐豆、黄花菜非台湾所产,当时在台湾相当珍贵,有人断定这是他受贿所得,便暗中到知府那里告状。知府听后哈哈笑,对来人说:槐豆、大枣在台湾固然难得,岂不知阎炘家乡新郑,本是大枣、槐豆之乡啊!

(五)革除陋习

在封建思想的影响和禁锢下,台湾南部地区有一陋俗,即富家所用婢女长而不嫁,终身为役。由于婢女地位低下,遭遇非常悲惨,或终身囚老于富家,或被转鬻他人,或流落烟花娼家,"致使生为无依之人,死为无托之鬼"(阎炘《锢婢积习示禁碑记》)。阎炘调任台湾知县后,决心荡涤此一陋习。

阎炘首先走访了一些开明的地方士绅。不少乡绅对此恶习也很反感,认为这种做法很不人道,"良心丧尽,天理奚存?冤气郁结,幽愤莫伸。"且过去官府曾明令禁绝,但屡禁屡犯,同意予以废除,"安知异时彼之儿女不沦于下贱而见辱于他人乎?"之后,阎炘将陋习危害及革除措施向台湾最高行政长官、按察使衔台湾兵备道姚莹作了报告。姚莹对此早就深恶痛绝,同意立即发布命令予以废除。于是,阎炘于道光二十年(1840)颁发布告,晓示全县。

(六)剿匪平乱

道光十九年(1839)四月至二十四年(1844)四月,阎炘任台湾县(治所在今台南市)知县。时嘉义、凤山有匪患,且不断扰掠台湾县。阎炘奉命协助台湾道姚莹进行清剿,他亲自带领乡勇的兵丁截击匪人,除俘获匪首陈细、张从等近百人外,还击毙南路匪贼50余人。

由于他表现出众,姚莹在道光二十二年四月初六日上疏报功时,"谨将南路逆匪陈冲案内最为出力文武员弁义首人等,开列清单",将阎炘列为第三名并为他请赏:"台湾知县阎炘。该员当凤山、嘉义三县匪徒滋事,台湾界在其中,遣派丁役,雇募乡勇,防堵两路,均无贻误。复带领义勇会营,往南路击贼溃散。拿获南路凌迟股首陈细、通夷伪军师张从及匪伙军犯许士、林发、林照、蓝连,北路逆匪吴添、曾赛、陈猪批、吴戆、陈登牛、杨八等犯。可否以同知直隶州尽先升用,先换顶戴。"①

(七)抵御外侮

阎炘任台湾知县时正值英国殖民者入侵台湾,阎炘在兵备道姚莹、台湾知府熊一本的领导下,组织台湾县民众积极配合清军作战,给入侵之敌以沉重打击。

阎炘除了配合姚莹塞港、守城之外,在肃清奸匪方面也有突出的成绩。姚莹在写给皇帝的奏折中说,抵御外侮必须采取五项措施:"一曰塞港……二曰御炮……三曰破其鸟枪……四曰守城……五曰稽察奸民。"他在说明肃清奸匪的重要性时,专门表彰了阎炘的功绩。他说:"夷虽猖獗,皆由所在奸民勾引。广东、厦门、宁波,本洋商所聚,通市已久,无赖之徒,素食夷利,故为之用。台湾向无洋商,夷舶不到,似无此患。而民情不靖,则此患更深。昨获凤山逆首张从,竟以广

---

① 姚莹《查明南北两路逆案出力人员奏(夹片)》,《东溟奏稿》卷之三,台北大通书局,1984年。

西逃军,在广东与通夷奸民勾结,回台纠人,为夷内应。幸逆党首从伏诛,该逆为台湾县知县阎炘所获,并究出夷用汉奸刘相、苏旺为主谋。"①

阎炘因其协同剿匪有功,获得朝廷嘉奖,道光二十二年(1842)八月二十二日得到恩准:"台湾县知县阎炘著以同知直隶州,尽先使用,先换顶戴"②(《东溟奏稿》卷之二)。道光二十三年,台湾县因折银征收仓谷不公引起民怨民乱——当时,市价每石谷仅值 1 圆 5 角,而台湾知府熊一本却规定按每石谷改折六八秤银 2 圆,兼有火耗之损。于是台湾县保西里人不服,有的拒绝交银,有的交谷而不交银,交谷者将粮置于道旁,堆积如山,以至城东门内外堵塞。官兵出面弹压,并声言要捉拿带头闹事者郭光侯,从而引起地方社会秩序混乱,几至激变。郭光侯潜行渡海经天津到北京,上告于御史陈庆镛,陈为福建泉州晋江人,对此深表同情,上疏代诉。后郭光侯以聚众抗官处以流刑。时阎炘虽因病卸事,新任王德润处理不当,但阎炘不能辩其咎,受到革职处分。

主要参考资料:

1. 连横《台湾通史》,华东师范大学出版社,2006 年 4 月。

2. 江日升《台湾外纪》,齐鲁书社,2004 年 5 月。

3.《台湾历史人物小传》(明清暨日据时期),(台湾)国家图书馆,2003 年。

4.《苗栗县志》,《台湾文献丛刊·第 159 种》,台北大通书局,1984 年。

5.《淡水厅志》,《台湾文献丛刊·第 172 种》,台北大通书局,1984 年。

6.《清史稿》,中华书局,1977 年 1 月。

7.《重修凤山县志》,《台湾文献丛刊·第 146 种》,台北大通书局,1984 年。

8.《凤山县采访册》,《台湾文献丛刊·第 73 种》,台北大通书局,1984 年。

9. 姚莹《东溟奏稿》,《台湾文献丛刊·第 49 种》,台北大通书局,1984 年。

10. 陈传安陈盛韶《蠡测汇钞问俗录》,目录文献出版社,1983 年。

11. 李棠阶《曹谨墓志铭》(存曹谨陵园)。

12. 林树梅《啸云山人文钞》,台湾古籍出版有限公司,2005 年。

13. 黄典权辑《台湾南部碑文集成》,《台湾文献丛刊·第 218 种》,台北大通书局,1987 年。

14.《重修福建台湾府志》,《台湾文献丛刊·第 74 种》,台北大通书局,1984 年

---

① 姚莹《遵旨筹议覆奏》,《东溟奏稿》卷之三,台北大通书局,1984 年。
② 连横《台湾通史·田赋志》,华东师范大学出版社,2006 年 4 月。

后　记

　　以洛阳、嵩山为中心的河洛地区地处"天下之中",为中华民族最早踏入人类文明门槛的地域。导源于远古,产生于夏商,成熟于周代,发达汉魏唐宋,传承至明清的河洛文化,不仅博大精深,为中华民族文化的源头,而且影响辐射四海,成为了中华民族文化的核心文化。为了深入研究河洛文化,从 20 世纪 80 年代至今,洛阳的专家教授及文化工作者作了大量卓有成效的工作并带动和促进了整个中原地区的河洛文化研究。从 1989 年至 2008 年,河南省政协、河南省社会科学院、洛阳市政协、洛阳历史学会、洛阳大学(今洛阳理工学院)、洛阳师范学院、河南科技大学等单位与全国政协港澳台侨委员会及有关部门,先后召开了十数次不同规模的河洛文化研讨会。众所周知,由于历史上河洛地区(也即中原地区)数次大规模的汉人南迁至赣、闽、粤等地区,从而促成了我国南方客家民系的形成,也正由于这——原因,河洛文化对闽台地区的政治、经济、文化和社会发展产生了深远的影响。因此,深入持久地研究河洛文化,不仅对进一步探讨中华文明起源在学术上有重要意义,而且对海内外华人华侨在民族认同、文化认同、国家认同方面有重要意义,对海峡两岸携手共同完成祖国和平统一大业有重要意义。鉴于此,河洛文化的研究也引起了国家有关部门和领导的重视,2004、2006、2009 年,国家社科规划办就河洛文化研究已三次下达重大委托项目给河南(承担者分别是河南社科院、洛阳大学、河南社科院),本书撰稿人之一的杨海中也荣幸成了河南社科院两次承担项目的负责人。

　　本书的撰写在编委会的统一指导下进行,洛阳大学赵金昭教授、史善刚教授对本书指导思想、篇章结构、文字内容提出了很多宝贵的意见,并进行了具体指导。全书共 10 章,河南社科院杨海中撰写了导言及第 1、2、7、8、10 章,郑州航空工业管理学院鲁庆中撰写了第 3、4、5 章,洛阳大学扈耕田撰写了第 6、9 章,最后由杨海中在技术上作了统一处理。在书稿撰写和出版过程中,得到了国务院台湾事务办公室和河南省人民政府台湾事务办公室的指导、支持和资助,河南省台办刘广才处长、常岩峰处长在百忙中审阅了全部书稿并提出了宝贵的意见。在此,我们一并表示衷心的感谢。

人文与社会科学研究历来十分重视田野调查工作。本书在撰写中不厌其烦地引征了许多资料,有些是历史文献,有些是今人的成果,其目的有二:一是在于说明这个课题的研究,很多人已作出了无数的努力,一些前辈是公认的拓荒者,我们只不过是后来者;二是为了让读者了解更多的原始资料,让事实说话,以便考察和判断我们的结论是否正确,是否带有偏见。这也是为了我们在初步达到目标时能更好地认识自己。为了避免冗长的引用和沉闷的叙述,有些资料没有直接引征,而是融化在撰文之中。除在此说明外,特别对这些受人崇敬的前辈及同仁表示诚挚的谢忱。

　　　　　　　　　　　　　　　　　　杨海中识于己丑年季春